이한우의

태종실록

재위 15년

새로운 해석, 예리한 통찰

이한우의 **태종실록**

재위 15년

이한우 옮김

# 삶과 세계에 대한 뿌리 깊은 지혜,
# 그 치밀한 기록

2001년부터 2007년까지 7년 동안 『조선왕조실록』을 완독했으니 완독을 끝마친 지 10년이 지났다. 그동안 관심은 사서삼경을 거쳐 진덕수(眞德秀)의 『대학연의(大學衍義)』, 『심경부주(心經附註)』에 이어 지금은 『문장정종(文章正宗)』 그리고 반고(班固)의 『한서(漢書)』 번역으로 확장돼왔다.

원점인 2001년으로 돌아가보자. 나는 왜 『조선왕조실록』을 다 읽기로 결심한 것일까? 그것은 다름 아닌 선조들의 정신세계를 탐구해 우리의 정신적 뿌리를 확인해보려는 것이었다. 그런데 정작 7년간의 실록 읽기가 끝났을 때는 이룬 것보다 앞으로 해야 할 일이 많음을 깨달았다. 우리 선조들의 뛰어난 능력과 치열했던 삶의 태도를 확인했지만 그 뿌리를 제대로 알지 못했던 것이다. 그래서 완독을 끝내자마자 시작한 것이 한문(漢文) 공부다. 위에서 언급한 책들은 한문 공부를 마치고서 우리나라에 번역되지 않은 탁월한 한문책들을 엄선해 우리말로 옮긴 것이다. 이때 중요한 것은 '우리말'이다.

우리말이란 대한민국에서 일정한 교육을 받은 사람들이 편안하게 쓰는 말을 뜻한다. 과도한 한자 사용을 극복하고 지나친 순우리말 또한 일정하게 거리를 뒀다. 그리고 쉬운 말로 풀어 쓸 수 있는 한자어는 가능한 다 풀어냈다. 그래서 나는 '덕(德)'이라는 말은 '은덕(恩

德)'이라고 할 때 외에는 쓰지 않는다. '다움'이 우리말이다. 부덕(不德)도 그래서 '부덕의 소치'라고 하지 않고 '임금답지 못한 때문'이라고 옮긴다.

특히 정치를 다룬 역사서에서 중요한 용어가 '의(議)'와 '논(論)'이다. 그런데 실록 원문에서는 분명히 이 둘을 엄밀하게 구분해 '의지(議之)', '논지(論之)'라고 표현했는데, 번역 과정에서 의(議)도 의논이라고 번역하고 논(論)도 의논이라 번역하면 이는 원문의 뜻을 크게 왜곡하는 것이다. 의(議)란 책임 있는 의견을 내는 것을 말한다. 의정부(議政府)를 논정부(論政府)라고 해서는 안 되는 것과 같다. 논(論)은 일반적으로 책임을 떠나 어떤 사안에 대한 논리적 진단을 하는 것이다. 오늘날 '논객(論客)'이 그런 경우다. 그러나 '의객(議客)'이란 말은 애당초 성립할 수가 없다. 다만 법률과 관련해서는 의(議)보다 논(論)이 중요하다. 그래서 '논죄(論罪)'나 '논핵(論劾)'이라는 말은 현실적 구속력을 갖는다. 재판은 의견을 내는 것이 아니라 기존 법률에 입각해 죄의 경중을 논리적으로 가려내는 일이라는 점에서 논(論)이지 의(議)가 아닌 것이다. 이처럼 기존의 실록 번역은 예나 지금이나 정치에서 대단히 중요한 역할을 할 수밖에 없는 의(議)와 논(論)을 전혀 구분하지 않아 의미를 제대로 전달하지 못한다. 사실 이런 예는 일일이 거론하기 힘들 만큼 많다.

이런 우리말화(化)에 대한 생각을 직접 번역으로 구현해내면서 다시 실록을 읽어보았다. 기존의 공식 번역은 한자어가 너무 많고 문투도 1970년대 식이다. 이래가지고는 번역이 됐다고 할 수가 없다. 게다가 너무 불친절해서 역주가 거의 없다. 전문가도 주(註)가 없으면 정확히 읽을 수 없는 것이 실록이다. 진덕수의 『문장정종』 번역을 통해 한문 문장의 문체에 어느 정도 눈을 뜨게 된 것도 실록을 다시 번역해야겠다는 결심을 부추겼다. 특히 실록의 뛰어난 문체가 기존의 번역 과정에서 제대로 드러나지 못했다는 인식이 있었기 때문에 이 점을 개선하는 데 많은 노력을 쏟았다. 그리고 사소한 오역은 그냥 두더라도 심한 오역은 주를 통해 바로잡았다. 누구를 비판하려는 것이 아니라 미래를 향한 개선의 기대를 담은 것이다.

물론 이런 언어상의 문제 때문에 실록 번역에 뛰어든 것은 아니다. 실은 삶에 대한, 그리고 세계에 대한 깊은 지혜를 얻고 싶어서다. 이런 기준 때문에 여러 왕의 실록 중에 『태종실록(太宗實錄)』을 번역하기로 결심했다. 일기를 포함한 모든 실록 중에서 『태종실록』이야말로 어쩌면 오늘날 우리에게 반드시 필요한 지혜를 담고 있는지 모른다고 생각했기 때문이다.

지난 10년간 사서삼경과 진덕수의 책들을 공부하고 옮기는 과정에서 공자의 주장에 대해 새롭게 눈뜰 수 있었다. 그것은 다름 아닌 '일[事]'의 중요성이다. 성리학이 아닌, 공자의 주장으로서의 유학은 리더가 일하는 태도를 가르치는 이론이다. 기존의 학계는 성리학의 부정적 영향 때문인지 유학을 철학의 하나로만 국한해서 가르치는 경향이 있다. 그러나 내가 공부한 바에 따르면 공자는 리더의 바람직한 모습 그리고 그런 리더가 되기 위한 수양 과정을 지독할 정도로 치밀하게 이야기하고 가르쳤던 인물이다.

이런 깨우침에 기반을 두고서 이번에는 공자가 제시했던 지도자상을 태종이 얼마나 체화하고 구현했는지를 확인하고 싶었다. 이런 부분들을 주를 통해 드러낼 것이다. 그렇게 할 때 경학과 역사가 통합된 경사(經史) 통합적인 공부가 될 수 있다.

그렇다면 '왜 세종이 아니고 태종인가?'라는 질문을 던질 수 있겠다. 물론 세종의 리더십을 탐구하는 것도 대단히 중요하다. 그러나 그의 아버지 태종의 리더십을 충분히 탐구하지 않으면 세종에 대한 탐구는 피상적인 데 그칠 우려가 있다. 따라서 이 작업은 추후 세종의 리더십을 제대로 탐구하기 위한 기초 작업이기도 하다는 점을 밝혀둔다.

이 책에는 새로운 시도가 담겨 있다. '실록으로 한문 읽기'라는 큰 틀에서 번역을 진행했다. 월 단위로 원문과 연결 독음을 붙인 것도 그 때문이다. 번역문 중에도 어떤 말을 번역했는지를 대부분 알 수 있게 표시했고 번역 단위도 원문 단위와 거의 일치하기 때문에 어떤 문장을 어떻게, 심지어 어떤 단어를 어떻게 옮겼는지를 남김없이 알 수 있도록 했다. 물론 '착할 선(善)', '그 기(其)', '오를 등(登)' 수준의 뜻풀이는 생략했다. 아무런 의미가 없기 때문이다. 이러한 장치를 통해 조금이라도 살아 있는 한문을 익히고 우리 역사와 조상들의 사고방식을 가까이하는 데 도움이 되기를 바란다.

역주는 워낙 방대한 작업이기 때문에 앞에서 언급했다고 해서 다시 언급하지 않는 것이 아니라 그때그때 필요하면 중복되더라도 다시 달았다. 편집의 아름다운 완결성을 다소 희생하더라도 독자들의 읽는 재미와 속도를 감안했기 때문이다.

재위 1년 단위로 한 권씩 묶어 태종의 재위 기간 18년─18권을 기본으로 하고, 태조와 정종 때의 실록에 있는 기록과 세종 때의 실록에 담긴 상왕으로서의 기록을 묶은 2권을 별권으로 삼아 모두 20권으로 구성했다. 이를 통해 우리 사회에 태종의 리더십에 대한 제대로 된 탐구가 시작되기를 기대한다.

21세기북스 김영곤 대표의 결단이 없었다면 이 책은 세상에 나오지 못했을 것이다. 이 자리를 빌려 깊이 감사드린다. 더불어 계획 초기부터 함께 방향을 고민했던 정지은 이사와 편집 실무자들에게도 고맙다는 말을 전한다. 그리고 함께 공부하는 즐거움을 누리고 있는 우리 논어등반학교 대원들께 진심으로 고맙다는 말을 전하고 싶다. 마지막으로 내 글쓰기 작업의 원동력인 가족들에게도 깊은 감사를 올린다.

서울 상도동 보심서실(普心書室)에서

탄주(灘舟) 이한우

| 일러두기 |

1. 실록은 무엇보다 인물과 역사적 배경이 중요하기 때문에 문맥에서 필요한 범위 내에서 충실하게 주(註)를 달았다.

2. 기존의 번역 중 미세한 오역이나 번역이 누락된 경우는 번역의 어려움을 감안해 지적하지 않았지만 중대한 오역이거나 향후 한문 번역에서 같은 잘못이 반복될 수 있다고 판단되는 경우에는 주를 통해 지적했다.

3. 간혹 역사적 흐름에 대한 설명이 필요한 경우 간략한 내용을 주로 달았다. 그러나 독자들의 해석과 평가에 영향을 미치지 않도록 최소한의 범위에서만 언급했다.

4. 『논어(論語)』를 비롯해 동양의 고전들을 인용한 경우가 많은데 기존의 번역에서는 출전을 거의 밝히지 않았다. 그러나 당시 우리 선조들이 실제 정치를 행사하는 데 고전의 도움을 얼마나 받았는지를 알려면 그들의 말과 글 속에 동양 고전들이 얼마나 자연스럽게 녹아 있는지를 살피는 것이 중요하다. 하여 확인 가능한 고전 인용의 경우 주를 통해 그 전거를 밝혔다.

5. 분량이 워낙 방대하기 때문에 설사 앞서 주를 통해 언급한 바 있더라도 다시 찾아보는 번거로움을 덜기 위해 중복이 되더라도 다시 주를 단 경우가 있음을 밝혀둔다.

6. '원문 읽기를 위한 도움말'의 경우 단조로운 문장은 그대로 두고 한문 문장의 독특한 구조를 보여주는 구문에 초점을 맞췄다.

7. 한자는 대부분 우리말로 풀어쓰고 대괄호([ ]) 안에 독음과 함께 한자를 표기했다. 그래서 '천명(天命)'이라고 표기한 경우도 있지만 대부분 '하늘의 명[天命]'이라는 방식으로 표기했다. 또한 한자 단어의 경우 독음을 붙여쓰기로 표기하여 한문 문장을 이해하는 데 도움이 되고자 했다.

8. 문단 맨 앞의 'ㅇ' 표시는 같은 날 다른 기사임을 구분한 것이다.

태종 15년 을미년
1월

# 一月

　　경자일(庚子日-1일) 초하루에 상이 백관을 거느리고 제정(帝正-황제의 정월)을 요하(遙賀)[1]하고, 드디어 (상왕이 기거하는) 인덕궁(仁德宮)으로 나아가 칭하(稱賀)했다. 상왕을 광연루(廣延樓) 아래에 모시고 맞이해 술자리를 베풀어 극진히 즐겼고, 문무(文武) 여러 신하에게도 연회를 베풀어주었다.

　　○ 지신사(知申事) 유사눌(柳思訥)이 각 도(道)의 방물(方物)을 검열하고, 경상도 도관찰사(慶尙道都觀察使)가 교지(敎旨)를 따르지 않고 가죽을 써서 갑옷을 엮어 만든[編甲] 죄를 청하니 가르쳐 말했다
　　　　　　　　　　　　　　　　　　　　　　　　편갑
[敎曰].
　교왈
　　"아직 이 뜻을 (지방을 다녀)온 사신에게 알리지 말라."

　　○ 대전 행수(大殿行首) 박안명(朴安命)이 모상(母喪)을 당하니, 병조에서 그 빈자리[闕=窠闕]를 채우고자 마침내 5인의 이름을 쓰고
　　　　　　　　　　　　　　　궐　과궐
다시 이름 아래에다 아무의 아들, 아무의 사위, 아무의 보거(保擧)[2]라고 주(註)를 달았다. 상이 이를 보고 승정원(承政院)에 뜻을 전해 말했다.

---

1　멀리서 하례를 올린다는 뜻이다.
2　관리를 임명할 때 보증 천거하는 제도다. 보거법(保擧法)에 "천거한 사람이 용렬하면 죄가 천거한 사람에게 미친다"라고 했다.

"이 법은 언제부터 나온 것인가? 아무의 아들, 아무의 사위라고 하면서 나더러 낙점(落點)을 하라면 내가 또한 누구를 취하고 누구를 버리겠는가? 경 등은 임금이 있다고 생각하는가?"

사눌(思訥-유사눌) 등이 황공해 몸 둘 바를 몰랐다[無措]. 가르쳐 말했다.

"이후부터는 모든 일을 아뢸 적에 정밀하게 살펴서 아뢰도록 하라."

사눌이 대답했다.

"이것은 신이 제대로 살피지 못한 잘못[不審之過]입니다."

계묘일(癸卯日-4일)에 경칩(驚蟄) 이후에는 불을 놓지 말라는 금령을 거듭 엄격하게 했다[申嚴].

충청도 도관찰사 정역(鄭易)이 보고했다.

'생(生)을 좋아하고 사(死)를 싫어하는 것은 사람이나 생물이나 같습니다. 전(傳)에 이르기를 "갓 나온 벌레는 죽이지 않고 갓 자라난 풀은 꺾지 않는다[啓蟄不殺 方長不折]"[3]라고 한 것은 바로 이런 까닭입니다. (그런데) 지금 무지한 농부들이 경칩에 만물이 처음으로 소생하는 때를 맞아 불을 놓아서 전답을 태우는데, 산과 들에까지 타들어 가 드디어 모든 벌레가 다 타 죽게 만드니 천지가 만물을 생성하는 마음에 어긋남이 있습니다. 이 또한 화기(和氣)를 손상시키는 한

---

3  『소학(小學)』「계고(稽古)」에 나오는 말이다.

가지 일입니다. 바라건대 이제부터는 경칩 이후에 방화하는 것을 일
절 엄하게 금지하소서.'

상이 말했다.

"2월 안에는 산림에 불을 놓지 말라는 것이 이미 나타난 금령에
있으니, 거듭 밝혀 거행함이 옳겠다."

○ 최렴(崔濂, ?~1415년)⁴을 검교 의정부 우의정(檢校議政府右議政)으
로 삼았다. 최렴은 소혜궁주(昭惠宮主) 노씨(盧氏)⁵의 외조부다. 뜻을
전해 말했다.

"지금까지는 녹(祿)을 받는 검교를 10명으로 한정했으나, 이제부터
검교는 겸직의 유무(有無)를 막론하고 아울러 모두 녹을 지급하라."

○ 외방(外方) 각 도(道)의 노비 결절(決絶)을 2월로 한정(限定)하
고 명했다. 형조판서 심온(沈溫)이 아뢴 것을 따른 것이다.


**을사일(乙巳日-6일)**에 이조(吏曹)에서 녹과(祿科-녹봉 규정)를 상정
(詳定)해 보고했다. 아뢰어 말했다.

"정승으로 아직 영돈녕부사(領敦寧府事-돈녕부 영사)를 지내지 못
했으면 종1품과(從一品科)에 준해 녹을 줍니다. 또 구제(舊制)에 각
도의 도관찰사·도절제사와 경력(經歷)·도사(都事)는 실직(實職)에서

---

4  1389년 이성계(李成桂) 일파가 창왕을 신돈(辛旽)의 아들이라는 이유로 폐위시킬 때 창
   왕의 외할아버지인 이림(李琳)과 한패로 몰려 유배됐다가 곧 사면됐다. 이림은 최렴의 외
   할아버지이기도 했기 때문이다. 조선이 건국된 후인 1411년(태종 11년), 외손녀가 태종의
   후궁이 돼 소혜궁주(昭惠宮主)에 봉해졌다. 이때인 1415년(태종 15년) 검교의정부우의정
   (檢校議政府右議政)에 올랐으나 곧 죽었다.
5  태종의 후궁으로, 노귀산(盧龜山)의 딸이다.

1등급을 내려 녹을 주다가 갑오년(甲午年-1414년)에 비로소 실직에서 반을 줄였으나, 청컨대 이제부터 하비(下批)⁶하신 산관(散官)의 예에 따라 녹을 지급하소서. 또 지금까지 내시부(內侍府)의 검교 자헌판사(檢校資憲判事)는 정4품과에 준했으나 이제 정5품과로 고쳐서 검교 좌우참찬(檢校左右參贊)·검교 판공안(檢校判恭安)·검교 판한성(檢校判漢城)과 동일하게 하고, 가정판사(嘉靖判事)·가선판사(嘉善判事)는 종4품과였으나 이제 종5품과로 고쳐서 호조참의·공조참의와 동일하게 하소서. 통정지사(通政知事)·통훈지사(通訓知事)는 종6품과였으나, 이제 그대로 판사재감사(判司宰監事)와 동일하게 하소서. 중직대부(中直大夫)·중훈대부(中訓大夫)는 정7품과였으나, 이제 그대로 사재감 정(司宰監正)과 동일하게 하소서. 봉정대부(奉正大夫)·봉렬대부(奉列大夫)는 종7품과였으나, 이제 그대로 한성 소윤(漢城少尹)과 동일하게 하소서. 조산대부(朝散大夫)·조봉대부(朝奉大夫)는 종8품과였으나, 이제 정8품으로 고쳐서 사재 부정(司宰副正)과 동일하게 하소서."

그것을 모두 따랐다. 이에 내시부의 검교 자헌 이하와 동반(東班)의 검교 참찬 이하의 녹과가 비로소 정해졌다.


**병오일(丙午日-7일)**에 유성(流星)이 북극성 남쪽에서 나와 곧장 떨어지다가 없어졌는데, 형상이 술잔[杯]과 같았다.

○ 대호군(大護軍) 이군실(李君實)을 안삭(安朔)과 이천(伊川) 등지

---

6  신하가 올린 글장에 대해 임금이 그 가부(可否)를 비답(批答)해 내리던 일을 말한다.

로 보내 강무(講武)할 땅을 살피게 했다.

　무신일(戊申日-9일)에 태실(太室)에 친히 강신하고[裸], 세자로 하여
금 창주(鬯酒-울창주)를 붓고 폐백(幣帛)을 드리게 했다. 상이 초헌례
(初獻禮)를 행하고 세자는 아헌(亞獻)이 됐다.
　○ 검교 의정부 우의정(檢校議政府右議政) 최렴(崔濂)이 졸(卒)하니,
3일 동안 정조(停朝)하고 사제(賜祭)·치부(致賻)하라고 명했다. 시호
를 양정(良靖)이라 했다.

　경술일(庚戌日-11일)에 영길도(永吉道)·강원도·평안도·풍해도의 도
관찰사에게 명해 좋은 매를 진상하도록 했다. 또 충청도 도관찰사에
게 뜻을 전해 사렵(私獵)을 금하게 했다.

　신해일(辛亥日-12일)에 검교 판한성부사 유한우(劉旱雨)를 영길도(永
吉道)로 보내, 한식일(寒食日)에 영흥백(永興伯) 최씨(崔氏)와 부인(夫
人)의 묘(墓)를 가축(加築)하게 했다. 임금의 진외조고비(陳外祖考妣)
이기 때문이다.
　○ 송득사(宋得師)의 직첩(職牒)을 주라고 명했다. 득사(得師)가 일
찍이 경기수군 첨절제사(京畿水軍僉節制使)가 돼 배를 침몰시키고 군
사를 빠져 죽게 한 죄에 연루됐는데, 이때에 이르러 직첩을 돌려주
었다.

　임자일(壬子日-13일)에 올량합(兀良哈) 천호(千戶) 등 14인이 와서 토

산물을 바쳤다.

계축일(癸丑日-14일)에 형조에서 결송(決訟)의 사의(事宜)를 아뢰었다. 아뢰어 말했다.

"지금까지 변정도감(辨正都監)에서 수교(受敎)한 조획(條畫) 안의 한 조목에 '계사년 9월 이후의 일을 가지고 새로 신정(申呈)한 노비 송첩(訟牒-소장) 안에서, 원고(元告)가 정(定)한 날짜에 친히 착명(着名-서명)한 3일 이내에 현신(現身)하지 않는 자는 그 원래 신정한 송첩을 불살라 없애버리고 청리(聽理)를 허락하지 않으며, 피고[隻]가 자신이 피고(被告)가 된 것을 알고도 3일 동안 현신하지 않는 경우와 현신한 뒤 3일이 차도록 현신하지 아니한 경우에는 소송하는 노비는 당시에 소송하는 자에게 판결하여준다'라고 했으니, 지금 새로 신정(申呈)한 것 가운데 노비의 청단(聽斷)은 빌건대 이 교지에 의거해 시행하게 하소서."

그것을 따랐다.

갑인일(甲寅日-15일)에 사헌부에서 행랑조성 감역관(行廊造成監役官)의 죄를 청했다.

아뢰어 말했다.

"감역관(監役官) 원인찬(元仁贊)·정충좌(鄭忠佐)·정하(鄭夏)·신핵(申翮)·서치(徐稚)와 제조관(提調官) 박신(朴信)·박자청(朴子靑) 등은 일찍이 마음을 쓰지[用慮=用心] 않아, 그들이 영조(營造)한 것이 겨우
용려    용심

몇 달이 지나자 9개의 기둥이 기울어져 무너지고 또 50여 개의 기둥이 거의 기울어져 엎어지게 됐습니다. 위임한 뜻에 어긋남이 있으니 모두 죄주시기를 청합니다."

상이 제조관(提調官)은 친히 감독한 것이 아니라 해 용서하고, 다만 인찬(仁贊) 등을 율문에 비춰 죄를 부과하라고 명했다.

○ 예조에서 복제(服制)의 법식을 올렸다. 아뢰어 말했다.

"전조(前朝-고려) 구속(舊俗)에서의 혼인(婚姻)의 예법은 남자가 여자의 집으로 장가들어 아들과 손자를 낳아서 외가(外家)에서 자라게 하기 때문에, 외가 친척의 은혜가 중해서 외조부모와 처부모의 복(服)을 당하면 모두 30일을 급가(給暇-휴가를 냄)했습니다. 본조(本朝)에 이르러서도 아직 그대로 옛 풍속을 따르고 있는데, 친소(親疏-가깝고 멂)에 차등이 없음은 실로 잘못입니다. 빌건대 이제부터는 외조부모의 대공(大功)[7]에는 말미를 20일 주고, 처부모의 소공(小功)[8]에는 15일 주도록 하소서."

그것을 따랐다. 이에 앞서 예조에 명해 친영(親迎)하는 예법을 의논하게 하니, 예조에서 상정(詳定)해 아뢰었으나 일은 끝내[竟] 시행되지 않았다.
경

**을묘일(乙卯日-16일)**에 의정부(議政府)와 육조(六曹)를 인견해서 약

---

7  5복의 하나로, 9개월 동안 입는 복제를 말한다.
8  5복의 하나로, 5개월 동안 입는 복제를 말한다.

산(藥山)⁹에 성 쌓는 일을 토의하고서 그 참에 술자리를 베풀었다. 이
조참의 허조(許稠)에게 성자(城子)의 모습들을 살펴본 바에 관해 물
으니 조(稠)가 대답하기를 성을 쌓을 만한 곳 몇 군데 더 얻었다고
했는데, 그 대답이 임금의 뜻에 맞지 않았다[未稱旨]. 상이 말했다.
                                         미 칭지

"경이 갔던 것은 단지 성을 쌓을 만한 곳을 찾는[覓] 것만이 아니
                                              멱
라, 지세의 평탄하고 험한 것과 인구가 많고 적은 것과 군량이 많고
적은 것을 살펴서 오래도록 지킬 수 있는가 하는 것이었다."

상이 좌우(左右)에 일러 말했다.

"오늘날 의원[醫家]들은 약방서(藥方書)에 밝지 못하니, 양홍달(楊
            의가
弘達)이나 조청(曹聽)¹⁰같은 사람도 역시 마찬가지다. 궁중에서 10세
남짓한 아이가 일찍이 병이 났는데, 청(聽)에게 약을 지어 올리라고
명했더니 마침내 성인(成人)들이 복용하는 약과 같은 것을 지어왔다.
내가 그 약이 같지 않아야 할 것 같아 의아하게 여겨서[訝] 사람을
                                            아
시켜 물었더니 대답하기를, '방서(方書)에서 소아(小兒)라 함은 바로
5~6세를 가리키는 것입니다'라고 했다. 그러나 오히려 그것이 터무니
없는 말로 생각돼 두루 방서(方書)를 열람했더니, 『천금방(千金方)』¹¹
에 이르기를 '2~3세는 영아(嬰兒)라 하고, 10세 이하를 소아(小兒)라
하고, 15세 이하를 소아(少兒)라 한다'라고 했다. 그래서 청에게 보여
주었더니, 청이 마침내 부끄러워하며 굴복했다. 이와 같은 행위가 어

---

9  평안도 영변(寧邊)의 옛 이름이다.
10  판전의감사(判典醫監事)를 지냈다.
11  중국 당나라 사람 손사막(孫思邈)이 쓴 의학서다.

찌 사람을 그르치지 않겠는가? 또 약재의 진위(眞僞) 또한 알기 어렵다. 옛날에 도벽지(塗壁紙)를 파고지(破古紙)라고 한 것처럼 매우 가소롭다.[12] 대체로 의업(醫業)을 하려면 반드시 먼저 『본초(本草)』를 배워서 약성(藥性)의 한열(寒熱)을 갖춰 알아야만[備諳] 거의 착오가
비암
없을 것이다. 일찍이 『본초』로써 시험을 하도록 명했으니, 의학 한 권의 책도 매우 긴요하고 절실한 것이다."

이어서 일찍이 약을 마심으로 인해 여러 번 환후가 상쾌해진 연고를 말하니, 좌의정 남재(南在)가 대답했다.

"금석(金石)의 약뿐 아니라 비록 초목(草木)의 약이라 하더라도 역시 가벼이 복용할 만한 것이 못됩니다."

상도 그렇다고 여겼다.

○ 우부대언(右副代言) 서선(徐選)이 예조에서 올린 종묘작헌 의주(宗廟酌獻儀註-종묘에서 술을 올리는 의례)를 아뢰었다. 상이 영의정부사 하륜(河崙)을 쳐다보며[目] 이를 물으니, 륜(崙)이 대답했다.
목

"이것은 신이 모르는 바이지만, 다름 아닌 허조(許稠)가 찬(撰)한 것입니다. 당나라와 송나라의 의례에 '작헌(酌獻-술잔을 올림)'할 때 그 실(室)에서 물러서서 약간 서쪽에서 재배(再拜)하고 약간 동쪽에서 재배한다'는 글이 있으니 전조(前朝-고려)에서 그대로 따랐는데, 5실(五室) 이외에 또 공로와 다움[功德]이 있어 옮기지 않는 신주[不遷
공덕                                                            불천

---

12  도벽지(塗壁紙)를 초배지로 사용되는 파고지(破古紙)와 같이 생각하는 것이 우습다는 말이다. 일의 전말을 모르면서 일부만으로 전체를 인식하는 것을 비유적으로 표현한 것으로 보인다.

之主]¹³가 아울러 11실이 되므로 절하는 수가 매우 많습니다. 그래서 역대 임금들이 예를 행하기를 꺼려해 혹 한 해에 한 차례 들어가거나 혹 자기 세대가 끝나도록[終世] 들어가지 않아서, 종묘에 들어가는 것만으로도 광세(曠世)¹⁴의 성전(盛典)이라고 여기기에까지 이르렀던 것입니다.

  삼가 황조(皇朝-명나라)에서 반강(頒降)¹⁵한 예제(禮制)를 살펴보건대 모든 주현(州縣)의 성황신(城隍神)의 제사에서는 참신(參神)과 사신(辭神)¹⁶의 두 차례에 걸쳐 재배한다는 글이 있고, 신이 태조(太祖)를 부묘(附廟)할 때 상정(詳定)해 아뢰어 일찍이 윤허를 받아 시행했습니다. (그런데) 지금 허조는 황조(皇朝)의 공후(公侯) 제례(祭禮)에 '한 차례의 작헌이 끝나자마자 섬돌로 나아가 북향하고 재배한다'는 예문(禮文)을 갖고서 예(例)를 들어 청했습니다. 그러나 술을 권함은 곧 독축(讀祝)이 끝나자마자 신위(神位)마다 재배함이 옳다고 생각하는데, 지금 곧 여러 신위에 모두 작헌하고 나서 이에 곧 절하고 권하게 돼 있으니 아마도[似] 이치에 맞지 않는[不倫] 듯합니다. 또 참신(參神)과 사신(辭神)에는 모두 서쪽을 향해 절하게 돼 있는데, 헌작하는 절만 홀로 북쪽을 향하는 것 또한 아마도 근거가 없는 것[無稽] 같습니다. 이미 당(唐)·송(宋)의 제도도 아니요 황조(皇朝)의 예전(禮

---

13 큰 공이나 큰 덕이 있는 사람의 신위(神位)를 영원히 사당에 모셔두는 일을 이른다.
14 한 세대에 없었던 일을 뜻한다.
15 천자가 제후에게 역서나 법제를 내려주는 일을 가리킨다.
16 참신(參神)은 신주(神主)에 절하여 뵈는 것이며, 사신(辭神)은 신주에 절하여 하직하는 것이다.

典)도 아닙니다. 또 어찌 황조의 공후(公侯)가 민사(民社)[17]를 업신여기는 자가 아닌 것을 알겠습니까?"

조(稠)가 아뢰어 말했다.

"무릇 예제(禮制)에서 빼고 더하는 것[損益]은 마땅함에 따라서 중정(中正)에 맞추는 것이니[從宜適中], 어찌 망령되이 자기 뜻대로 행하고 옛 법을 모두 폐해서 후세 사람들로 하여금 옛사람의 성제(盛制)를 얻어볼 수 없게 하겠습니까?"

륜은 아무 말이 없었다. 남재(南在)가 말했다.

"공자(孔子)께서 말하기를 '종묘의 예는 번거로우면 게을러지고 간략하면 소홀해진다'라고 했으니, 번거롭지도 않고 간략하지도 않아야[不煩不簡] 마침내 오래 행할 수 있을 것입니다."

상이 말했다.

"영의정의 말이 진실로 옳다. 그러나 요사이 항상 비뉵(鼻衄-코피나는 증세)을 앓기 때문에 혹시 종묘에 들어가 작헌할 때에 갑자기 피가 나올까 두려워 감히 창주(鬯酒)를 붓지 못하고 세자로 하여금 창주 붓는 것을 섭행(攝行-대행)하도록 했는데, 행사 다음날 비뉵이 마침내 나왔다. 만약에 제사 지낼 때 피가 나왔다면 어찌 혐의스럽지 않았겠는가?"

그러나 조는 고문(古文)을 끌어다가 증거로 삼아 고집을 부리며 의견을 고치지 않았다. 그의 의주(儀注)는 이러했다.

'역대로 종묘(宗廟)에서는 작헌(酌獻)한 후에 배례했습니다. 당나라

---

17 동리의 100가(家)마다 세우던 토지신(土地神) 사당이다.

는 주(周)나라의 제도에 의거해 매번 작헌한 후마다 신주(神主) 앞에서 북향해 배례했고 송나라는 하나같이 당나라의 제도를 따랐으니 『문공가례(文公家禮-주문공가례)』 또한 같은데, (명나라) 조정(朝廷)의 『공후사선의주(公侯祀先儀注)』에는 "작헌(酌獻)한 뒤에 자리에 돌아가 북향해 배례한다"라고 했습니다. 전조(前朝)에서는 당나라 제도에 의거해 매번 작헌한 후에는 신전(神前)에 북향해 배례했고 본조(本朝)에서도 국초(國初)에는 역시 당나라와 송나라의 제도에 의거해 매번 작헌한 후에 신위(神位) 앞에서 북향해 배례했는데, 계사년에 상정(詳定)한 의주에는 작헌한 후 내려와 자리에 돌아와서 서향(西向)해 배례(拜禮)하게 했습니다. 가만히 생각건대, 작헌한 후에 배례하는 것은 유주(侑酒)[18]하는 까닭이라고 하겠는데 북향해 작헌하고 서향해 유주(侑酒)한다는 것은 조금도 근거가 없습니다. 빌건대 『문공가례』에 의거해 5실(五室)에 작헌한 후 영외(楹外)[19]의 한복판에서 북향해 재배하는 것이 예법의 뜻에 거의 합치합니다.'

그것을 따랐다. 또 종묘의 묘실(廟室)이 너무 좁아 궤전(饋奠)[20]에 어려움을 겪는 것을 토의했다. 상이 또 류을 쳐다보며[目] 말했다.
<sub>목</sub>

"당초에 영선(營繕-수리)할 때부터 유사(有司)가 집을 지음에 잘못이 있었으니, 이제 이것을 고치고자 하는데 어떠한가?"

---

18 제사 때, 잔을 신에게 올려 술을 권하는 하나의 순서다.
19 종묘의 건물에는 툇기둥이 있는데, 이 기둥을 중심으로 해서 그 안을 영내(楹內)라 하고 그 밖을 영외(楹外)라고 한다.
20 신에게 음식을 올리는 것을 말한다.

륜이 말했다.

"만약 음양(陰陽)의 이치에 구애되는 것이라면 신은 감히 알지 못합니다만, 진실로 그것이 옳지 못하다는 것을 안다면 제도를 고친다고 해서 무엇이 해롭겠습니까[何害=何傷]? 종묘(宗廟)의 제도로서 당(堂)을 같이하고 실(室)을 다르게 하는 것은 한(漢)나라 명제(明帝) 때 시작됐습니다. 경솔한 마음으로 옛것을 고치거나 역대의 제도를 그대로 따르게 된다면 결국 3대(三代)의 제도를 회복할 수 없습니다. 송(宋)나라 신종(神宗)에 이르러 복고(復古)에 뜻을 두었으나 마침내 이루지는 못했지만, 송나라 유자(儒者)들은 이것을 아름답게 여겼습니다. 이제 복고(復古)할 수 있다면 만세에 더욱 다행한 일이겠습니다."

박신(朴信)이 말했다.

"재목과 기와가 없다거나 인력을 아까워해서 하는 말은 아닙니다. 다만 종묘는 지중(至重)한 것이니 경솔하게 고치기에는 쉽지 않다는 것일 뿐입니다."

○ 또 변정도감(辨正都監)에서 판결한 것 중에서 지금에 와 오결(誤決)이라고 정장(呈狀-접수)한 것을 육조(六曹)에 나눠 보낼 것을 토의했다. 륜(崙)이 말했다.

"비록 2월까지로 기한을 삼았다 해도 반드시 일을 끝낼 수는 없을 것이니, 청컨대 모두 중분(中分)해야만 바야흐로 속히 처결될 수 있을 것입니다."

황희(黃喜)와 박신(朴信)이 한목소리로 맞서 말했다[應曰].

"요즈음[比] 육조로 나눠 보낸 것을 보니 대부분이 신축년(辛丑

年-1361년) 이전의 사건으로, (당시에) 수리(受理)하지 않았던 것들인데 지금은 도리어 수리(受理)하지 않은 것이 잘못이라고 합니다. 만약 함부로 오결(誤決)이라고 고(告)하더라도 (자세한 연유를) 묻지 않고 모조리 중분(中分)하게 한다면, 결절(決絶)은 비록 빠르다고 하더라도 특히 전후의 교지(敎旨)를 잃게 되니 불가할 것이 틀림없습니다."

좌부대언(左副代言) 조말생(趙末生) 또한 류의 의견에 아부해 가부를 묻지 말고 일체 중분(中分)할 것을 청하니 상이 자못 옳게 여겼으나, 육조의 판서들은 모두 잘못해서 수리하지 않았던 것을 분간해야 한다는 주장을 고집했다.

"지금 오결(誤決)이라고 정장한 것 가운데 생각건대 한쪽에 온전히 주는 것은 백에 겨우 두셋 정도만이 수리(受理)하지 않았으나 오결(誤決)인 경우이고, 대저 수리하지 않는 것이 옳다고 한 경우에도 간혹 능히 분석(分釋)할 수 없을 때도 있겠으나 수리하지 않은 것이 잘못된 예도 있을 것입니다. 그런데도 대개 모두 연한(年限)에 구애돼 수리하지 않아서 이제 얻기만을 탐하는 무리가 몽롱하게 북을 울려 도리어 중분(中分)을 얻게 된다면, 어찌 외람되이 얻는 것이 심하여 소인들의 요행이 되는 것이 아니겠습니까? 마땅히 그전대로 분간하게 해서 사헌부로 하여금 기한 내에 감독해 결절을 끝내게 하는 것이 편하겠습니다."

류이 다시 말했다.

"한 그릇의 밥을 두 사람이 같이 먹으면 비록 배는 부르지 않더라도 오히려 한 사람이 혼자만 배부른 것보다는 나을 것입니다. 또 오결을 수리하지 않는 것도 엄하게 징계하는 것이 마땅합니다."

류이 또 청했다.

"양민(良民)이라고 소송하는 무리 가운데 천인(賤人)의 문적이 분명하지 못하면 종량(從良)하는 것이 마땅합니다."

재(在)와 희(喜)가 말했다.

"양민의 문적이 명백하면 종량(從良)하고 천인의 문적이 명백하면 종천(從賤)하며 양민과 천인의 문적이 모두 분명하지 못하면 사재감(司宰監)에 소속시킨다는 것이 영전(令典)에 실려 있는데, 어찌 가볍게 취(取)하여 어지럽게 고칠 수 있겠습니까?"

류은 말문이 막혔다[語塞]. 당시 사람들이 모두 이렇게 말했다.
             어색

"류이 일찍이 최부(崔府)의 종을 받아들여[納] 딸과 아들이 있었
                                          납
는데, 일찍이 변정(辨正)에 정장했으나 양민과 천인의 적이 분명치 못하여 사재감에 소속시켰기 때문에 진대(進對)하는 기회를 틈타 이런 말이 나오게 됐다."

○ 형조가 아뢴 항목[啓目]은 이러했다.
                     계목
"사재감(司宰監) 수군(水軍)의 딸(女)은 사재감에 소속시키고, 그전의 소생 또한 사재감에 소속된 뒤의 소생의 예(例)에 의거해 아비를 따라서 결절(決絶)하게 하소서."

그것을 따랐다.

○ 호조에 뜻을 전해 말했다.

"금년엔 평안도(平安道)·영길도(永吉道) 두 도에 추가로 정했던 공물(貢物)을 면제해주고 그 전토(田土)의 조세도 이제부터는 1결(結)마다 20두(斗)를 거둬들이는 것으로써 항식(恒式)으로 삼으라."

○ 효자와 절부(節婦)의 문려(門閭)에 정문(旌門)²¹하라고 명했다.

경상도 도관찰사가 보고했다.

'영해(寧海) 사람 상좌(上佐)란 자는 나이 겨우[纔] 13세인데, 임진년(壬辰年-1412년)에 그 집에 전염병이 들어 부모가 모두 앓았습니다. 어미가 죽어 장사지내려고 했는데 이웃 사람들이 그 뜻을 불쌍히 여겨 여러 사람이 모여서 어깨에 메고[擔=負] 산중에 이르러 땅을 파니 물이 솟아 나왔고, 여러 사람이 물을 퍼내고[挹水] 이곳에다 장사지내려 했습니다. 상좌가 시체를 안고 통곡하면서 다른 곳으로 옮겨 묻기를 청했으나, 여러 사람이 모두 수고하기를 꺼리고[憚勞] 해도 저물어서 모두 흩어져 가버리니, 상좌는 홀로 시체의 곁에 앉아 밤을 새웠습니다[經夜]. 다음날 이웃 사람들이 그 효성에 감동해 다시 모여들어 이장(移葬)했습니다.

또 신녕 감무(新寧監務) 유혜지(柳惠至)의 아내 정씨(鄭氏)는 임진년 겨울에 그 남편이 죽자 집에다 빈소를 차려 아침저녁으로 전(奠)과 제(祭)를 지냈고, 이듬해 11월에야 마침내 장사지내고 묘(墓) 곁에 여묘(廬墓)살이를 했는데, 계집종 둘과 세 살 난 어린 딸을 데리고 무덤을 지키면서 복제를 마쳤습니다[終制].

또 의령(宜寧) 사람 학생(學生) 심치(沈致)의 아내는 전 부령(副令) 석사진(石斯珍)의 딸입니다. 나이 20세에 이르러 그 남편이 죽자 상

---

21 충신(忠臣)이나 효자(孝子), 열녀(烈女) 등을 표창(表彰)하기 위해 그 집이나 마을의 앞에 세우는 붉은 문을 가리킨다.

사를 3년 동안 끝마쳤습니다. 그 시어머니 주씨(朱氏)의 나이가 바야흐로 80세로 풍질(風疾)을 앓아 항상 누워 있었는데, 시어머니를 봉양하는 데 조금도 게을리하지 않았으며 끝까지 (다시) 시집갈 뜻[嫁意]이 없었습니다. 그 아비가 뜻을 빼앗고자 하자 석씨는 이에 말하기를, "양인(良人)이 독자로서 일찍 세상을 떠났고 더구나 다른 자식도 없는데, 아버지가 만약 뜻을 빼앗는다면 누가 앞으로 시어머니를 봉양하겠습니까?"라고 하고는 마침내 아비의 말을 따르지 않고 시어머니 봉양을 더욱 부지런히 했습니다. 시어머니가 변소에 가고자[如廁] 하면 몸소 업고 왕래했습니다.'

영길도 도순문사(永吉道都巡問使)가 보고했다.

'함주(咸州) 사람 임영수(林永守)의 아내 막장(莫莊)은 학생 이만송(李萬松)의 딸입니다. 나이 29세에 이르러 그 남편이 죽으니 3년상을 마친 후에, 형제들이 그가 과부로 살고 있는 것[寡居]을 애처롭게 여겨 정을 빼앗고자[奪情] 했으나 막장이 말하기를, "시부모님[舅姑]은 나이가 많아 모두 70이 넘었고 다른 자식도 없는데, 내가 만약 다른 데로 시집간다면[他適=他嫁] 누가 봉양을 하겠느냐?"라고 하고는 지금까지 효도하고 봉양함[孝養]에 변함이 없습니다[無替].'

그래서 이런 명이 있었다.

○ 외방(外方)의 민간에서 포물(布物)을 사용하는 것을 허가하라고 명했다.


호조판서 박신(朴信)이 아뢰어 말했다.

"오늘날 경중(京中)의 시장 안 상인과 외방에서 사사로이 서로 매매하는 사람들에게 모두 저화(楮貨)를 사용하고 포물(布物)을 사용할 수 없게 하니 장사하는 사람이 나오지 아니하고, 또 경상도는 저화가 적고 포물이 많은데 그 무역을 할 때 포물 사용을 금하는 까닭에 있는 것으로써 없는 것을 바꿀 수[以有易無] 없게 돼 먹고살기가 어려운 자가 있게 되었습니다. 더욱이 경상도에서 납세하는 사람들이 전에 모두 포물을 가지고 충주(忠州)에 가서 쌀을 바꿔 납부하기도 했으니, 아울러 한꺼번에 금하게 하면 생활이 곤궁해질 것입니다."

상이 말했다.

"오로지 저화만을 쓰고 포물을 쓰지 못하게 한 것은 상인[商賈]들이 금법(禁法)을 두려워하지 않고 또 저화를 사용하지 않기 때문이다. 금후로는 외방(外方)의 각 고을에서 속죄(贖罪)로 거두어들이는 것 이외에, 무릇 민간에서 토산물로 무역하는 것은 포물도 금하지 말아 민간의 일용을 편하게 하라."

정사일(丁巳日-18일)에 정월 대보름날[上元日]의 연등(燃燈)을 혁파(革罷)했다.

○ 사간원(司諫院)의 우사간대부(右司諫大夫) 이맹균(李孟畇, 1371~1440년)[22] 등이 소(疏)를 올렸다. 소는 대략 이러했다.

---

22 할아버지는 이색(李穡)이며, 아버지는 지밀직사사(知密直司事) 이종덕(李種德)이다. 1385년(우왕 11년) 문과에 합격해 성균직학(成均直學)·사재소감(司宰少監)·내서사인(內書舍人)·지단양군사(知丹陽郡事)·예문관직제학을 지냈다. 1406년(태종 6년) 사헌부집의로 있으면서 사송(司訟)을 지체한 죄로 원주에 유배됐다가 사면됐다. 그 뒤 지영천군사

'예로부터 정치를 (제대로) 하는 도리는 문(文)과 무(武)뿐입니다. 지금 전하께서는 문교(文敎)를 크게 일으켜 옹희(雍熙)[23]에 이르기를 기약하시는데, 봄가을 강무(講武)에서도 편안할 때 위태로움을 잊지 않고 잘 다스려질 때 어지러워짐을 잊지 않는 도리[安不忘危 不忘亂之道]<sub></sub>[24]를 얻었다고 하겠습니다. 그러나 전하께서는 계사년(癸巳年-1413년) 봄에 해주(海州)로 행차했고 가을에 임실(任實)에 이르렀으며 작년 가을에는 횡천(橫川)으로 행차했으니, 경기(京畿) 이외의 지방에서 수렵하는 일이 해마다 그치지 않아 그 공억(供億-음식 물자 제공)과 비만(飛輓-군량 수송)하는 때에 백성 중에서 이맛살을 찌푸리는[蹙額] 자들이 간혹 있었습니다. (그런데) 지금 강무한다는 가르침이 이미 내려왔건만, 전하께서 또 장차 어디로 가시려는지 알지 못하겠습니다. 신 등은 생각건대 군사를 사열하고 병졸을 훈련시킴이 비록 국가의 떳떳한 법이라 하더라도 하늘을 두려워하고 백성에게 부지런함이 실로 임금의 큰 다움이라고 여깁니다. 지난해의 한재

---

(知永川郡事)·지승문원사(知承文院事)·판승문원사(判承文院事)·성균관대사성·좌사간·예조참의·경승부윤(敬承府尹)·충청도관찰사·판한성부사(判漢城府事)를 차례로 지냈다. 1421년(세종 3년) 사은부사(謝恩副使)로 명나라에 다녀와서 예조참판·경기도관찰사·공조판서·예조판서를 지냈고, 1425년 진위사(陳慰使)가 돼 명나라에 다녀와서 이조와 병조판서를 지냈다. 1427년 좌빈객(左賓客)이 되어 세자를 가르쳤고, 그 뒤 의정부참찬 겸 대사헌·이조판서·예문관대제학을 역임했다. 1429년 사은부사로 북경에 갔다가 다음해 돌아와서 의정부참찬이 된 뒤 성균관대사성·판한성부사·이조판서·예문관대제학을 지냈다. 1437년(세종 19년) 예문관대제학 겸 판이조사(藝文館大提學兼判吏曹事)가 되니, 판이조사를 겸한 것이 이로부터 시작됐다. 그 뒤 우찬성 겸 판이조사·판의주목사·좌찬성을 역임했다.

23  화합해 빛난다는 말로, 태평성대를 가리킨다.
24  『주역(周易)』「계사하전(繫辭下傳)」에 나오는 공자의 말이다.

가 매우 심한 것으로 보아 금년에 흉년[歉]이 들 것을 알 수 있으니,

지금은 진실로 전하께서 몸을 돌이켜 반성하고 백성을 긍휼(矜恤)히

여겨야 할 때[秋=時期]인데 어찌 군중을 동원해 일을 시키고 놀고 즐

기겠습니까?

옛날에 부열(傅說)[25]이 (은나라) 고종(高宗)을 경계시켜 말하기를

"선(善)을 생각하며 움직이되 움직일 때는 그 때에 맞아야 합니다

[慮善以動 動惟厥時]"[26]라고 했습니다. 강무는 비록 폐지할 수 없다고

하더라도 지금 사냥 가시는 것은 적당한 시기가 아닙니다. 엎드려 바

라건대, 전하께서는 특별히 권도(權道-임시방편)로써 정지한다[權停]

는 명을 내려 간언을 따르는[從諫] 아름다움을 이루소서.'

상이 그것을 읽어보고 말했다.

"사간원에서 풍해도(豊海道)의 올해 곡식이 풍년이 들지 못했다 해

강무를 정지할 것을 청했다. 내가 듣건대 강원도는 약간 풍년[稍豊]

이라 하니 그곳으로 가고자 한다."

대언(代言) 등이 아뢰어 말했다.

"공억(供億)을 이미 풍해도에 준비했는데, 이제 만약 갑자기 강원

도로 행차하신다면 민생(民生)이 소요(搔擾)해질 것입니다."

결국 행차를 과연 실행하지는 않았다. 사간원의 소 중에 '백성 중

---

25 부암(傅巖)에서 담장을 쌓는 노예였다고 한다. 고종이 꿈에서 성인(聖人)을 보았는데, 이
  름이 열이라고 했다. 기억을 더듬어 인상을 그리게 하고 부암의 들판에서 찾았다고 한다.
  고종이 부열에게 "가물 때라면 너를 장맛비로 삼겠다"라고 했다.

26 이는 사리에 맞게 움직이되 움직일 때는 반드시 때에 적중해야 한다는 말로, 공자의 시
  중(時中)과 그대로 통한다.

에 이맛살을 찌푸리는 자가 있다'라는 말이 있었으므로, 상이 승전환자(承傳宦者)[27] 최한(崔閑)에게 말했다.

"너는 이맛살을 찌푸린다는 뜻을 알지 못한다. 후세의 사람들이 이 사실을 본다면 어찌 봄가을의 강무(講武)를 그만두게 하는 것이라고만 하겠는가? 여섯 대언(代言)을 모두 봄가을에 데리고 갔는데, 어찌 (그들이) 나의 아첨하는 신하[佞臣]들이겠는가? 이제부터 대성(臺省)에서 말해야 할 일이 있으면 먼저 대언사(代言司-승정원)에 나아가 말하게 하라. 그렇게 하면 가부(可否)를 서로 도와주는 이로움이 있게 되므로 이와 같은 데에 이르지는 않을 것이다."

마침내 유사(攸司)에 명해 말했다.

"간쟁(諫諍)과 탄핵(彈劾)은 그 정당한 것을 얻으려고 힘써야 하는데, 근래에 대간(臺諫)에서 봉장(封章)해 일을 논하는 것이 아직도 그 이유를 자세하게 알지 못해서 말이 혹 사리에 적중함을 잃고 있다[失中]. 이 뒤로는 임금의 과실 가운데 은휘(隱諱)해야 할 일과 대소인원(大小人員) 가운데 종사(宗社)에 불충(不忠)·불효(不孝)해 풍속을 더럽히는 따위에 관계되는 일들은 실봉(實封)해 아뢰고, 그 밖의 크고 작은 말할 만한 일들은 모두 승정원(承政院)으로 나아와 직접 전달하게 함으로써 언로(言路)를 넓히도록 하라."

○ 호조에서 저화(楮貨)를 통행(通行)할 사의(事宜)를 올렸다. 아뢰어 말했다.

"경중(京中)의 매매에는 저화를 나란히 사용하게 했습니다. (그러

---

27 왕명(王命)을 출납(出納)하는 일을 맡아보던 내시(內侍)다.

나) 외방(外方-지방)은 고찰(考察)을 가하지 않아 흥리(興利)하는 사람들이 오로지 쌀과 베만 쓰고 저화를 쓰지 않으며, 각 고을에서는 그 수속(收贖)할 때를 당해 포물(布物)을 징납(徵納)하고는 고을 중의 저화로써 대신 숫자를 채워 시행합니다. 이제부터는 외방 사람으로서 향중(鄕中)에서 생산되는 잡물(雜物)을 매매하는 경우를 제외하고는 경중 사람으로서 (외방에) 내려가[下去] 흥리하는 자는 저화를 아울러 쓰게 하며, 여전히 쓰지 않는 자는 교지(敎旨)를 따르지 않은 것으로 논죄하고 그 수속할 때를 당해 잡물로 징납하는 자도 율(律)에 의거해 파직해야 할 것입니다."

그것을 따랐다.


무오일(戊午日-19일)에 우부대언(右副代言) 서선(徐選)을 평안도로 보내 (영변의) 약산(藥山)과 묵방(墨方) 등의 성(城)을 쌓을 땅을 살펴보고[相=相地] 마땅함에 따라[隨宜] 성을 축조하게 했다. 조정의 의견은 약산성(藥山城)이 안주(安州)와 가깝기 때문에 쌓을 필요가 없다고 했으나, 병조판서 김승주(金承霔)가 마땅히 성을 쌓아야 한다고 힘써 진언한 까닭에 선(選)을 보내 그곳을 살펴보게 한 것이다.

○ 사헌부에서 전 공홍주도 수군 도절제사(公洪州道水軍都節制使) 최용화(崔龍和)의 죄를 청하니 외방에 부처(付處)하라고 명했다. 용화(龍和)가 임지에 있을 때 병선과 군기(軍器)를 수리하지 않아 파훼(破毀)시켰기 때문이다.


기미일(己未日-20일)에 형조판서 심온(沈溫) 등이 소(疏)를 올렸다.

36

소는 대략 이러했다.

'하늘이 백성을 낼 적에 본래 양민(良民)과 천민(賤民)이 없었건만 일반 천민(天民-하늘이 내린 백성)을 갖고서[將=以] 사사로운 재물(財物)로 여겨 아비와 할아비의 노비라 칭하며 서로 다투어, 송사(訟事)가 끝이 없어 골육상잔(骨肉相殘)에 이르고 풍속을 해치는 데 이르니 가슴 아픈 일[痛心]이라 하겠습니다. 공손히 생각건대, 성상(聖上)께서는 만세의 폐단을 훤하게 뚫어보고 대의(大義)로써 결단해 무릇 여러 해를 두고 서로 소송하던 일들을 모조리 중분(中分)하게 해서, 사환(使喚)을 고르게 함으로서 쟁송(爭訟)의 실마리를 끊어버렸으니 진실로 우리 국가 만세의 아름다운 법입니다. 이어 유사(攸司)에서 각각 소견(所見)을 헌의(獻議)해 말씀을 올린 조목들이 자못 많았으나, 소송하는 자가 구실을 붙이고[藉口] 말을 꾸며 신문고(申聞鼓)를 쳐서 신정(申呈)하므로 육조(六曹)에 나눠주어 그 진위(眞僞)를 변정(辨正)하게 했습니다.

만약 육조로 하여금 이미 자세하게 변정해 판결한 것이 이미 바르다고 하더라도, 노비를 얻은 자는 정당한 판결이라 할 것이고 노비를 얻지 못한 자는 오결(誤決)이라 할 것이니 반드시 오늘과 다름이 없을 것입니다. 원척(元隻-원고와 피고)으로 하여금 마음으로 기뻐하고 정성으로 복종하게 한 다음에 공문(公文)을 만들고자 한다면 결코 수년 안에 성효(成效)를 보지 못할까 두렵습니다. 더욱이 오늘날 오결이라 하는 것들도 반드시 흑백(黑白)을 분별하는 일과 같은 것이 아니고 모두가 모호해서, 일이 이렇게도 될 수 있고 저렇게도 될 수 있는 것들[事可東西者]입니다. 엎드려 바라건대 전하께서는 대의로써 결단하시어 신정(申呈)한 소장 가운데 양민(良民)이라 소송하는 것과 공처노비(公處奴婢)를 서로 다투는 것을 제외하고, 한쪽에 온전히 판결해준 사건과 잘못해서 수리(受理)하지 아니한 사건과 아직 이송(移送)하기를 끝내지 못한 사건은 기한 내에 정장(呈狀)하게 하고, 일찍이 변정(辨正)을 거친 것은 시비를 묻지 말고 모조리 중분(中分)해 영원히 쟁송의 실마리를 끊어버림으로써 여러 해 묵은 폐단을 혁파하소서.'

그것을 따랐다. 형조에서 또 말씀을 올렸다.

"육조에 나눠주어 신정(申呈)한 노비 사건은 날짜를 한정하고 변정(辨正)해 처리했으나, 노비를 당시 거집(據執)하고 있는 사람이 역사(役事)시키는 것만을 달갑게 여겨 화명(花名-노비의 이름이나 문서)을 바치지 아니합니다. 빌건대 그 노비의 반을 속공(屬公)하고, 화명(花名)을 낙부(落付-호적에 등재)한 노비 또한 일찍이 내린 교지(教旨)에 의거해 속공시키소서."

그것을 따랐다.


**경신일(庚申日-21일)**에 사헌부에서 홍려시(鴻臚寺-명나라 관직) 소경(少卿) 이무창(李茂昌, ?~1421년)[28]의 죄를 청했으나 윤허하지 않았다.

---

28 부친은 광록소경(光祿少卿) 이문명(李文命)이다. 1413년 소경(少卿) 여귀진(呂貴眞)의 조카 여간(呂幹)과 함께 경사(京師)에 갔다. 1414년 경사에서 돌아올 때 황제가 그에게 아비의 작위(爵位)를 이어받도록 명하고, 이어서 백금(白金)·채증(綵繒)·안마(鞍馬)를 내려주었다. 같은 해 황제가 북정(北征)하자 기거(起居-안부)를 흠문(欽問)하기 위해 권영균(權永均)·임첨년(任添年)·최득비(崔得霏)·여간과 함께 경사에 갔다. 1416년 권영균·임첨년·정윤후(鄭允厚)·최득비와 함께 경사(京師)로 가니, 대군(大君)과 여러 종친에게 명하여 종부시(宗簿寺)

아뢰어 말했다.

"내자시(內資寺)의 종 황득룡(黃得龍)이 몰래 무창을 따라 명나라에 들어갔습니다. 득룡(得龍)의 죄는 우리나라에 정해진 형전(刑典)이 있으니 진실로 율에 의거해 시행함이 마땅한데, 무창이 몰래 공천(公賤-공노비)을 이끌고 함부로 명나라에 들어간 죄는 상(上)께서 재결(裁決)해 시행하소서."

명해 말했다.

"득룡은 그 아뢴 바대로 들어주겠다. 무창의 죄는 용서 못 할 만한 일이 아니며, 또 그는 황제의 친척이니 마땅히 내버려두고 묻지 않는 것이 좋겠다."

○ 박은(朴訔)에게 노비(奴婢) 7구(口), 박자청(朴子靑)에게 노비 13구를 주라고 명했다. 상이 말했다.

"황단유(黃丹儒)의 손자 등이 송사한 노비는 전계(傳係-계통)가 불분명하기 때문에 아울러 모두 속공시켰다. 그러나 자청(子靑)은 부지런히 봉공(奉公)했고 은(訔)은 공신(功臣)인데, 집안에서 여러 해 부리던 노비를 속공(屬公)시켰으니 그 실상이 안쓰럽다."

이에 이런 명이 있었다.

○ 각 도에 명해 제언(堤堰-물을 가두는 시설)을 쌓게 했다.

○ 강화(江華)에 새 목장이 완성되니 둘레가 6만 7,148척(尺)이었다. 호조판서 박신(朴信)이 아뢰었다.

---

에서 전송하게 했다. 1417년 임첨년·이무창(李茂昌)·최득비·송희경(宋希璟) 등을 불러 편전(便殿)에서 잔치를 했다. 임첨년 등은 황제가 북경(北京)에서 하연(下輦)할 때 기거사(起居使)로 입조(入朝)하게 됐으므로, 임금이 황친(皇親)이라 하여 그들을 전별한 것이다.

"강화에서 말 치는 목장의 목자(牧子)로는 일찍이 그곳의 백성을 정속(定屬)시켰는데, 그들이 마음으로 생각하기를 '한 번 목자라고 칭하게 되면 종신토록 면치 못하고, 또 자손에 이르기까지도 목자라는 이름을 면치 못하게 된다'라고 해 유리(流離)한 자가 이미 40여 호(戶)가 됩니다. 빌건대 목장 부근의 백성으로써 번갈아 돌려가면서 사육을 돌보게 해서 선군(船軍)의 예와 같이 목자의 이름을 없애버린다면 유이(流移)하는 폐단이 없어질 것입니다."

상이 말했다.

"경은 내 뜻을 알지 못한다. 나는 강화의 백성으로 하여금 이사 가게 하고자 하는 것이다. 일찍이 제주(濟州)의 말을 (황해도) 용매도(龍媒島)로 옮겨다 키웠는데, 그 말이 제주의 말보다 나았다. 용매도는 땅에 돌과 자갈이 많아 교박(磽薄-척박)했는데도 오히려 이와 같았다. 더욱이 강화는 땅이 기름지고 풀이 풍부한데야 말할 것이 있겠는가? 만약 강화의 땅으로 온전히 목장을 만들 수 있다면 제주보다 못하지 않을 줄로 나는 안다. 제주는 중국에서 자주 지칭(指稱)하지만 또한 해로(海路)가 험조(險阻)해 왕래할 때에 사람이 많이 빠져 죽으니, 갑자기 급한 일이 있더라도 사용하게 되지 못하면 어찌 한갓 제주만 바라고 염려하지 않을 수 있겠는가? 마땅히 강화부(江華府)로 이문(移文)해서, 이사한 백성이 경작하던 전답을 백성으로 하여금 더 점유하지 못하게 해서 황야가 되도록 내버려두어 강화 땅이 모두 목장이 되도록 한다면 어찌 군국(軍國)의 말을 사용하는 데 여유가 있지 않겠는가? 비록 양향(糧餉-군량미)이 여유가 있다 하더라도 도보(徒步)로 무엇을 할 수 있겠는가?"

신유일(辛酉日·22일)에 살곶이[箭串]에 행차해 매사냥을 구경했다.
이날 아침에 사헌(司憲) 지평(持平) 금유(琴柔)가 대궐에 나아와 아뢰
어 말했다.

　　"근일에 전지(傳旨-뜻을 전함)가 있기를, '대간(臺諫)으로서 할 말이
있으면 마땅히 대언사(代言司)에 나아가 진달하도록 하고 장(章)·소
(疏)를 사용하지 말라' 하셨는데, 진실로 아름다운 법입니다. 그러나
비록 장(章)·소(疏)를 사용한다 하더라도 오히려 그것을 자세하게 전
달할[細達] 수 없을까 두려운데, 어찌 말로써 그 오묘한 것을 곡진하
게 말할 수 있겠습니까? 또 말을 전하는 때에 어쩌다가 본래의 취지
를 잃을까도 두렵습니다. 더욱이 지난해부터는 조계(朝啓)에 들어가
지도 못하는데, 이제 또 장(章)·소(疏)를 사용하지 못하게 한다면 하
정(下情)을 상달할 수 없을까 두렵습니다. 오늘날과 같이 밝은 때는
진실로 결함[虧欠]이 없지만, 가만히 생각건대 후세에서 법식(法式)
으로 이어받는다면 장차 말류(末流)의 폐단이 있지나 않을까 두렵습
니다."

　　지신사(知申事) 유사눌(柳思訥)이 말했다.

　　"오늘 동교(東郊)에 행차하시기 때문에 승여(乘輿)에 이미 말을 맸
으니[駕], 다시 내일까지 기다렸다가 말 하시오."

　　유(柔)는 마침내 물러갔다.


　　계해일(癸亥日·24일)에 비가 오고 큰바람이 불었다.


　　갑자일(甲子日·25일)에 4월 8일의 연등(燃燈)을 없애라고 명했다.

○ 환자(宦者) 이촌(李村)을 의금부(義禁府)에 내렸다. 주방(酒房)의 수부(水夫)[29]가 어수(御水-임금이 쓰고 마시는 물)를 드릴 때는 반드시 어정(御井)의 물을 길어야 하는데, 지금 다른 물을 드렸고 촌(村)은 이를 알면서도 고하지 않았기 때문이다. 이어서 가르쳐 말했다.

"이름은 어정(御井)이지만 마을 거리 가운데 있어서 실은 깨끗하지 못하다. 또 어째서 반드시 물을 가려야 하겠는가? 마땅히 한 개의 우물을 대궐 안에다 파서 쓰면 각 전(殿)의 수부가 모두 없어질 것이다."

○ 공사(公私)의 환영과 전송에 연음(宴飮)을 금지했다. (다만) 일반 백성이 탁주(濁酒)를 마시는 것과, 술을 팔아서 생활하는 자는 금지하는 사례[禁例]에 두지 말게 했다.
금례

**을축일(乙丑日·26일)**에 관제(官制)를 고쳐, 의정부 좌참찬(左參贊)을 찬성(贊成) 종1품으로, 우참찬(右參贊)을 참찬(參贊) 정2품으로, 판돈녕부사(判敦寧府事)를 내려서 정2품으로 했으며, 검교 판공안부사(檢校判恭安府事)는 2원(員)에서 1원(員)을 줄이고, 판한성부사(判漢城府事)도 2원에서 1원을 줄이고, 한성부윤(漢城府尹)은 10원에서 3원을 줄이고, 공조참의(工曹參議)는 6원에서 2원을 줄이고, 한성소윤(漢城小尹)·사재부정(司宰副正)·한성판관(漢城判官)·군기판관(軍器判官)은 각각 2원에서 1원을 줄였으며, 검교 의정부 찬성(檢校議政府贊成) 1원과 검교 판삼군도총제부사(檢校判三軍都摠制府事) 각각 1원씩과, 내

---

29 궁중(宮中)에서 어정(御井)의 물을 길어 어수(御水)를 바치던 주방(廚房)의 종을 말한다.

시부 좌·우승직(內侍府左右承直) 각 2원과 좌·우부승직(左右副承直) 각 2원을 더했다. 이성도 도병마사(泥城道都兵馬使)를 삭주도 병마절제사(朔州道兵馬節制使)로, 강계도 도병마사(江界道都兵馬使)를 강계도 병마절제사(江界道兵馬節制使)로, 평양부 토관(土官)과 군기시(軍器侍)와 전빈시(典賓寺)를 서(署)로, 정설시(正設寺)·장작시(將作寺)를 국(局)으로, 예의사(禮儀司)를 전례국(典禮局)으로, 도진시(都津寺)를 도진서(都津署)로, 제학원(諸學院)을 유학원(儒學院)으로, 용흥부(龍興部)를 융흥부(隆興部)로, 용덕부(龍德部)를 융덕부(隆德部)로 고쳤다.

○ 이숙번(李叔蕃)을 의정부 찬성(議政府贊成), 유정현(柳廷顯)을 의정부 참찬(參贊), 정역(鄭易)을 판한성부사(判漢城府事), 이래(李來)와 민여익(閔汝翼)을 세자 좌·우빈객(左右賓客), 변계량(卞季良)을 예문관 제학(藝文館提學), 안등(安騰)을 충청도 도관찰사(都觀察使), 이지강(李之剛)을 경상도 도관찰사로 삼았다.

○ 경승부 소윤(敬承府少尹) 조종생(趙從生)의 직을 파면하고 경승부 승(丞) 신숙화(辛叔和)를 좌천시켜 사섬시 직장(司贍寺直長)으로 삼으니, 둘 다 세자전(世子殿)에 몰래 출입하는 사람을 규찰하지 못한 까닭이었다.


**병인일(丙寅日-27일)**에 서연관(書筵官)과 시위(侍衛)하는 사람에게 명해 각각 본사(本司)로 출근하게 하니, 세자가 이를 걱정해 저녁 수라[夕膳]를 들지 않았다.
석선

○ 소격전 제조(昭格殿提調) 김첨(金瞻, 1354~1418년)[30]이 『성수경(星宿經)』[31]을 올렸다. 첨(瞻)은 배움이 넓었지만, 잡설을 좋아하고 시세(時勢)에 좇으며 세력가에 빌붙었다[趨時附勢].
추시 부세

정묘일(丁卯日-28일)에 예문관 대제학 조용(趙庸)을 경사(京師)로 보냈으니, 성절(聖節)[32]을 하례하기 위함이었다.

---

30  1376년(우왕 2년) 문과에 급제한 뒤 친종호군(親從護軍)·우사간(右司諫)·예조전서(禮曹典書)·예문관제학(藝文館提學)·대사헌·경연관(經筵官) 등의 관직을 거쳤다. 1390년(공양왕 2년)에 개성의 5부와 각 도의 목(牧)·부(府)에 있는 유학교수관(儒學敎授館)에 원자와 종실의 자제들이 입학하도록 상소했고, 1392년(태조 1년)에는 정몽주와 내란을 음모했다는 혐의로 관직을 박탈당하고 유배됐다가 복직했다.
1404년(태종 4년)에 태종이 성수초례(星宿醮禮)를 상정(詳定)하게 하자, 도관(道觀)인 태청관(太淸觀)의 보수와 천황대제(天皇大帝)의 재초(齋醮-도교 의식의 하나인 하늘·땅·별에 지내는 초제(醮祭))도 함께 진언했다. 이에 대해 권근(權近)·하륜(河崙) 등이 반대하자 고려시대의 사례를 들어 도교 신앙의 중요성을 역설했으며, 같은 해 계품사(計稟使)가 돼 명나라에 가서 여진족과 영토 문제를 해결했다. 이 공로로 태종은 밭 50결을 하사했다.
1407년에 옥사(獄事)에 걸려 구금됐다. 그러나 도교를 깊이 신봉한 태종은 그를 아주 버리지는 않고, 소격전(昭格殿)의 제조(提調)로 삼아 도교에 관한 자문을 구했다. 1411년에 태종이 다시 도교의 신인 삼성(三聖)과 주작(朱雀)·대국(大國)에 관해서 하문하자, 고려의 전례를 들어 주작은 시좌궁(時坐宮) 남쪽에 단을 설치하도록 건의하고, 삼성과 대국도 폐지함이 불가함을 주장했다. 이때인 1415년에 『성수경(星宿經)』을 태종에게 올렸다. 같은 해에 하륜이 그의 박학함을 높이 평가해 육조판서에 봉하도록 상소했으나, 태종은 과거 민무구(閔無咎)·민무질(閔無疾) 형제와 무리 지어 불충한 죄를 지었다는 이유로 거절했다. 1417년 태종에게 사전(祠典) 제정의 명을 받았으나, 그 이듬해 죽었다. 유교의 기반이 굳혀지는 조선 초기에 도교의 부흥을 위해서 노력한 인물이었으며, 불교에도 관계가 있어 문묘(文廟)의 석전(釋奠)에 쇠고기를 못 쓰게 해 유사(有司)의 탄핵을 받은 일도 있었다.
31  도교의 경전 중 하나다.
32  중국 황제의 생일을 가리키는 말이다. 당나라 태종(太宗) 때까지는 황제의 생일을 그냥 '생일(生日)'이라고만 했는데, 당나라 현종(玄宗)의 생일을 처음 '천추절(千秋節)'이라고 한 데서부터 황제의 생일을 '절(節)'이라고 칭했다. 이후로 황제와 황태후의 생일을 성절(聖節), 황태자의 생일을 천추절, 임금과 왕비의 생일을 탄일(誕日), 왕세자의 생일을 생신(生辰)이라고 불렀다.

○ 세자 빈객(世子賓客) 이래(李來)와 변계량(卞季良)을 경연청(經筵廳)에 불러 만나서 사람들을 물리치고[屛人] 가르쳐 말했다.

"근래에 세자를 보면 사사로이 간사한 소인들[憸小]을 가까이하던데, 경(卿) 등은 직책이 보도(輔導)에 있는데 어찌 간언해서 말리지[諫止] 못했는가? 사우(師友-임금의 스승과 붕우)를 설치한 것은 바로 덕성(德性)을 함양해서 효제충신(孝悌忠信)의 도리를 배우게 하려는 것이었는데, 이 네 가지 가운데 과연 하나라도 있는가? 전(傳)에 이르기를 '다움이 재주보다 나은 것을 군자(君子)라 이르고, 재주가 다움보다 나은 것을 소인(小人)이라 이른다[德勝才 謂之 才勝德謂之小人]'33라고 했다. 세자는 타고난 자질이 괴위(魁偉-남달리 재주가 크고 뛰어남)해 단순히 나와는 같지 않으니 불미(不美)하다고 할 수는 없으나 학문 함양의 경우에는 도무지[都] 아무런 공효가 없으니, 경 등이 마땅히 잘 생각해야 할 일이 아니겠는가? 서연(書筵)의 소유(小儒-잔챙이 유학자) 등이 생각하기를 '장차 임금이 될 것이다'라고 해 외축(畏縮)돼 간언하지 못하고, 대간(臺諫) 또한 그렇다. 경 등은 이미 재상이 됐건만 무엇을 꺼려 감히 바른길로 보필해 인도하지 못하는가?"

래(來) 등이 황공해서 드디어 이사(貳師) 유창(劉敞), 빈객(賓客) 민여익(閔汝翼)과 함께 서연관(書筵官)을 거느리고 동궁(東宮)으로 나아가 상의 명을 두루 알리고[歷致] 그 참에 전후로 실덕(失德)한 것을 낱낱이 들어[枚擧] 말했으니, 창(敞)이 땅에 엎드려 눈물을 흘리며

---

33 사마광(司馬光)이 『자치통감(資治通鑑)』에서 한 말이다.

슬픔을 스스로 이기지 못했다. 세자가 말했다.

"근일에 내가 아무것도 한 것이 없는데, 상께서 화가 난 이유를 아직 자세히 모르겠다."

래가 말했다.

"이것이 바로 저하(邸下)의 병근(病根)입니다. 저하의 뱃속에 가득 찬 것은 모두 사욕(私慾)입니다. 저하께서는 벌써 적장자로서 바로 동궁(東宮)에 자리 잡으신 지도 이제 여러 해가 됐으니, 밤낮으로 깊이 생각해 위로는 전하(殿下)의 뜻을 받들고 아래로는 백성의 소망을 붙들어야 마땅할 것입니다. 효도 가운데 큰 것은 이보다 더한 것이 없는데, 지금은 그렇지 못해 자주 과실(過失)로 인해 상에게 견책을 당하셨습니다[取譴]. 그 자리는 참으로 어려운 자리인데, 어찌 동궁의 지위를 반석(磐石)과 같이 평안하게 여기는 것이 옳겠습니까? 전하의 아들이 단지[止] 저하뿐입니까? 용렬하고 어리석은 신이 서유(書帷-서연)를 모신 지 14년이 됐으나 보도(輔導)를 잘하지 못했습니다. 이제 교지(敎旨)를 받드니 땅속으로 들어가고 싶은 마음뿐입니다. 그래도 잘못을 뉘우치고 스스로 새로워지지 않으신다면 신은 감히 보양(輔養)하는 직에 있을 수 없습니다. 그러나 뜻하는 바를 크게 하시고 빼어난 사람이 될 것[作聖]을 잘 생각하시어, 바라건대 종묘(宗廟)를 받들고 전하를 섬기는 도리를 생각해 여자와 환관[婦寺]을 멀리하고 바른 선비[正士]를 친근하게 함으로써 마음을 씻고 생각을 고치면 종묘와 사직(社稷)에 심히 다행하겠습니다."

눈물과 콧물[涕泗]이 마구 턱으로 흘러내리며 말씨가 서글프고 간절했다. 여익(汝翼)·계량(季良)과 좌우에 있던 사람들까지 감격해 울

46

지 않는 사람이 없었다. 세자도 멍하니[憮然] 부끄러워하며 사과했다.
<sub>무연</sub>
상이 이 소식을 듣고 서연관(書筵官)에게 명해 모두 서연(書筵)으로
도로 출근하게 했다.

　○ 상이 또 세자전(世子殿) 안에 무뢰(無賴)한 공장(工匠)들의 출입
이 매우 많다고 해, 이래(李來) 등을 불러서 말했다.

"어찌 쓸데없는 사람들[閑人]의 출입을 이렇게 막지 못하는가?"
<sub>한인</sub>
　○ 천첩(賤妾) 자손의 속신법(贖身法)을 증립(增立-조항을 늘임)했다.


　형조에서 아뢰었다.

"신축년 이후에 당사자가 물고(物故-사망)한 2품(品) 이상의 천첩
자손도 앞서 수교(受敎)한 가운데 당사자가 현존(顯存)하는 예(例)에
의거해 나이가 서로 같은[相若] 노비로써 속신(贖身)하게 하소서."
<sub>상약</sub>
　유원(柳源)의 천첩의 아들 유천귀(柳天貴) 등이 신문고를 쳐서 억
울한 사정을 신정(申呈)했으므로 토의해 결론을 얻었는데[議得], 그것
을 따랐다.
<sub>의득</sub>
　○ 상호군(上護軍) 김월하(金月下)의 아들 부(富)가 서울에 머물러
살기를 청하니 허락했다.


　부는 모련위(毛憐衛)<sup>34</sup>에 살면서 중조(中朝-명나라 조정)의 천호(千

---

34　1405년 여진의 올량합족(兀良哈族)이 명나라의 초무(招撫)에 응해 입조(入朝)하자 설치
　　했다. 정통 연간(正統年間, 1436~1449년)에는 건주위(建州衛)에 있는 것과 두만강 밖에 있
　　는 것으로 2분 됐으며, 명나라와의 관계도 조공(朝貢)과 이반(離叛)을 되풀이했다. 이곳의
　　여진족이 조선을 자주 침범하자 1460년(세조 6년) 신숙주(申叔舟)로 하여금 이를 치게 했

戶) 벼슬을 받았는데, 와서 그 아버지를 근친(覲親)하고 그대로 머물러 살기를 청하니 상이 의정부에 명해 이 일을 토의하게 했다. 하륜(河崙)과 이직(李稷)이 말했다.

"부가 비록 중조(中朝)의 벼슬을 받았다고 하더라도 일찍이 직사(職事-실질 업무)가 없었습니다. 어버이를 위해 머물기를 원하니, 그 청을 따르는 것이 좋겠습니다. 혹 조정에서 명소(命召)한다면 사실대로 대답하는 것이 무슨 해가 되겠습니까?"

남재(南在)가 말했다.

"우리나라는 지성으로 대국(大國)을 섬기는데, 그 벼슬을 받은 사람을 머물러 두게 하는 것은 마땅하지 않습니다[非義]."
<sub>비의</sub>

상이 륜 등의 의견을 따랐다.

○ 편전(便殿)을 고쳐 지으라[改營]고 명했다. 일을 보는 전이 좁기 때문에 겸 판선공감사(判繕工監事) 박자청(朴子靑)에게 명해 고쳐 짓게 했다[改造].

**무진일(戊辰日-29일)**에 군사(軍士)가 사문(私門)에 들고나는 것을 거듭 금지했다.

병조판서 김승주(金承霔)가 말씀을 올렸다.
"재상(宰相)의 집에 사사로이 출입하는 군사를 엄하게 금지하도록 하소서."

---

는데, 이것이 경진북정(庚辰北征)이다.

상이 말했다.

"일찍이 나타난 법령이 있으니, 엄하게 살펴서 법을 무너뜨리지 말라. 일찍 이 법을 시행했더라면 무인년(戊寅年-1398년)의 어려움[難]
이 어떻게 하여 일어났겠는가? 송(宋)나라 태조(太祖)가 사병(私兵)을 금한 것은 진실로 까닭이 있었던 것[有以]이다."

또 각 영(領)의 대장(隊長)과 대부(隊副)는 서반(西班) 호군(護軍) 이상의 집에 출입할 수 없도록 금지했다.

庚子朔 上率百官 遙賀帝正 詣仁德宮稱賀. 奉迎上王於廣延樓下
경자 삭 상솔 백관 요하 제정 예 인덕궁 칭하 봉영 상왕 어 광연루 하

置酒盡歡 且賜宴于文武群臣.
치주 진환 차 사연 우 문무 군신

知申事柳思訥閱各道方物 請慶尙道都觀察使不從敎旨 用皮編甲
지신사 유사눌 열 각도 방물 청 경상도 도관찰사 부종 교지 용 피 편갑

之罪 敎曰: "毋姑諭此意于來使."
지 죄 교왈 무고유 차의 우 내사

大殿行首朴安命母喪 兵曹欲充其闕 乃書五人 且註某子 某壻 某
대전 행수 박안명 모상 병조 욕충 기궐 내서 오인 차주 모자 모서 모

之保擧于名下. 上覽之 傳旨承政院曰: "此法出自何時? 稱某子壻
지 보거 우 명하 상 람지 전지 승정원 왈 차법 출자 하시 칭 모 자서

而使予落點 予亦何取何捨乎? 等以爲有君乎?" 思訥等惶恐無措.
이 사여 낙점 여역 하취 하사 호 등 이위 유군 호 사눌 등 황공 무조

敎曰: "自今以後 凡啓事精察以聞." 思訥對曰: "此則臣之不審之過
교왈 자금 이후 범 계사 정찰 이문 사눌 대왈 차즉 신지 불심 지과

也."
야

癸卯 申嚴驚蟄後放火之禁. 忠淸道都觀察使鄭易報曰: '好生
계묘 신엄 경칩 후 방화 지금 충청도 도관찰사 정역 보왈 호생

惡死 人與物. 傳曰: "啓蟄不殺 方長不折" 正以此也. 今無知農夫
오사 인여물 전왈 계칩 불살 방장 부절 정 이차 야 금 무지 농부

當驚蟄萬物之時 而放火焚田 延及山野 遂使百蟲皆被焚死 有違於
당 경칩 만물 지시 이 방화 분전 연급 산야 수사 백충 개피 분사 유위 어

天地生物之心 此致傷和氣之一端也. 願自今驚蟄後放火 一皆痛禁.'
천지 생물 지심 차 치상 화기 지일단 야 원 자금 경칩 후 방화 일개 통금

上曰: "二月內勿焚山林 已有著令 宜申明擧行." 以崔濂爲檢校
상왈 이월 내 물분 산림 이유 저령 의 신명 거행 이 최렴 위 검교

議政府右議政. 濂 昭惠宮主盧氏之外祖也. 傳旨曰: "前此受祿檢校
의정부 우의정 렴 소혜궁주 노씨 지외조 야 전지 왈 전차 수록 검교

限一十員. 自今檢校勿論兼職有無 竝皆給祿."
한 일십 원 자금 검교 물론 겸직 유무 병개 급록

外方各道奴婢決絶 命以二月爲限 從刑曹判書沈溫之啓也.

乙巳 吏曹詳定祿科以聞. 啓曰: "政丞未行領敦寧府事 準從一品科給祿. 又舊制 各道都觀察使 都節制使及經歷都事 從實職降一等頒祿 甲午年始從實職減半 請自今 從下批散官給祿. 又前此內侍府檢校資憲判事 準正四品科 今正五品科 與檢校左右參贊判恭安 判漢城同; 嘉善判事 從四品科 今改爲從五品科 與工曹參議同; 通政 通訓知事 從六品科 今仍與判司宰監事同; 中直 中訓正七品科 今仍與司宰監正同; 奉正 奉列 從七品科 今仍與漢城少尹同; 朝散 朝奉 從八品科 今改正八品 與四宰副正同." 皆從之.

於是 檢校資憲以下及東班檢校參贊以下祿科始定.

丙午 流星出北極南 直下而滅 狀如杯.

遣大護軍李君實于安朔 伊川等處 觀講武之地也.

戊申 親太室 令世子灌奠幣. 上行初獻 世子爲亞獻.

檢校議政府右議政崔濂卒 命停朝三日 賜祭致賻 諡曰良靖.

庚戌 命永吉 江原 平安 海道都觀察使進善鷹. 又傳旨忠淸道都觀察使 禁私獵.

辛亥 遣檢校判漢城府事劉旱雨于永吉道 以寒食日 加築崔氏及夫人之墓. 上之陳外祖考妣也.

命給宋得師職牒. 得師曾爲京畿水軍僉節制使 坐敗船溺軍罪至是還給之.

壬子 兀良哈千戶等十四來獻土物.
임자 올량합 천호 등 십사 내현 토물

癸丑 刑曹啓決訟事宜. 啓曰: "前此辨正都監受敎條內一款: '以
계축 형조 계 결송 사의 계왈 전차 변정도감 수교 조획 내 일관 이

癸巳九月以後事 奴婢訟牒內 元告定日親着 三日內不者 其元呈
계사 구월 이후 사 노비 송첩 내 원고 정일 친착 삼일 내 불 자 기 원정

訟牒燒毀 不許聽理; 隻知其被告 而三日不現身者及現身後滿不
송첩 소훼 불허 청리 척지기 피고 이 삼일 불 현신 자급 현신 후 만불

現身者 所訟奴婢 於時訟者決給.' 新呈內奴婢聽斷 乞依此敎施行."
현신 자 소송 노비 어시 송자 결급 신정 내 노비 청단 걸의 차교 시행

從之.
종지

甲寅 請行廊造成都監監役官罪. 啓曰: "監役官元仁贊 鄭忠佐
갑인 청 행랑조성도감 감역관 죄 계왈 감역관 원인찬 정충좌

鄭夏 申 徐雉及提調官朴信 朴子靑等曾不用慮 其所營造 經數月
정하 신해 서치 급 제조관 박신 박자청 등 증 불 용려 기 소영조 경 수월

九楹傾頹 且五十餘楹幾於傾覆 有乖委任之意. 請皆罪之." 上以
구영 경퇴 차 오십 여 영 기어 경복 유괴 위임 지의 청 개 죄지 상 이

提調官非親督 原之 只命仁贊等按律科罪.
제조관 비 친독 원지 지명 인찬 등 안율 과죄

禮曹上服制式. 啓曰: "前朝舊俗 婚姻之禮 男歸女家 生子及孫
예조 상 복제 식 계왈 전조 구속 혼인 지례 남귀 여가 생자 급 손

長於外家 故外親爲恩重而外祖父母 妻父母之服 俱給暇三十日.
장어 외가 고 외친 위 은중 이 외조부모 처부모 지복 구 급가 삼십일

至本朝尙仍其舊 親疎無等 實爲未便. 乞自今 外祖父母大功 給暇
지 본조 상잉 기구 친소 무등 실위 미편 걸 자금 외조부모 대공 급가

二十日 妻父母小功 十五日." 從之. 前此 命禮曹議親迎之禮 禮曹
이십일 처부모 소공 십오일 종지 전차 명 예조 의 친영 지례 예조

詳定以聞 然事竟不行.
상정 이문 연 사 경 불행

乙卯 引見議政府及六曹 議城藥山 仍置酒. 上問吏曹參議許稠
을묘 인견 의정부 급 육조 의성 약산 잉 치주 상 문 이조참의 허조

以相視城子狀 稠對以加得可築成者數處 對未稱旨. 上曰: "卿之行
이 상시 성자 상 조 대이 가득 가 축성 자 수처 대 미 칭지 상왈 경지행

不但覓可城之處 宜相地勢 人口衆寡 糧餉多少 以爲可守於經久."
부단 멱 가성 지처 의상 지세 인구 중과 양향 다소 이위 가수 어 경구

上謂左右曰: "今醫家不曉方書 如 曹聽亦然. 宮中有十餘歲兒嘗病
상 위 좌우 왈 금 의가 불효 방서 여 조청 역연 궁중 유 십여 세 아 상병

命聽進藥 與成人所服之劑同. 吾訝不同 使人問之 對以: '方稱小兒
명 청 진약 여 성인 소복 지제 동 오 아 부동 사인 문지 대이 방 칭 소아

乃指歲也.' 然猶慮其無稽 閱方書 千金方云: '二三歲稱兒 十歲
내 지 세 야　연 유 려 기 무 계　편열 방서　천금방 운　이삼 세 칭 영아　십세

以下稱小兒 十五以下稱少兒.' 故以示於聽 聽乃愧服. 所爲 豈不
이하 칭 소아　십오 이하 칭 소아　고 이 시어 청　청 내 피복　소위　기불

誤人? 且藥材之眞僞 亦難知. 如昔者以塗壁紙爲破古紙 甚爲可笑.
오인　차 약재 지 진위　역 난지　여 석자 이 도벽지 위 파고지　심위 가소

大抵業醫 須先學 備藥性寒熱 庶致不差. 嘗以本草爲試 醫學一書
대저 업의　수 선학　비약성 한열　서치 불차　상 이 본초 위시　의학 일서

甚是緊切." 因以曾因 屢致爽候之故 左議政南在對曰: "不但金石之
심 시 긴절　인 이증인　누치 상후 지고　좌의정 남재 대왈　부단 금석 지

藥 雖草木之藥 亦輕服." 上然之.
약 수 초목 지약　역 경복　상 연지

　右副代言徐選啓禮曹所上宗廟註 上目領議政府事河崙而問之
우부대언 서선 계 예조 소상 종묘 주　상 목 영의정부사 하륜 이 문지

崙對曰: "此 臣所不知 乃之所撰也. 唐宋儀有酌獻 其室退立 少西
륜 대왈　차 신 소부지 내지 소찬 야　당송 의 유 작헌　기실 퇴립 소서

再拜 少東再拜之文 前朝仍之. 五室之外 又有功德不遷之主 幷
재배 소동 재배 지문 전조 잉지　오실 지외　우유 공덕 불천 지주 병

十一室 拜數極多. 歷代之君 憚於行禮 或一歲一入 或終世不入 至
십일실 배수 극다　역대 지군 탄어 행례　혹 일세 일입　혹 종세 불입 지

令以入廟曠世盛典. 謹按 皇朝頒降禮制 凡州縣城隍之祀 有參神
령 이 입묘 광세 성전　근안 황조 반강 예제　범 주현 성황 지사 유 참신

辭神二次再拜之文. 臣於太祖附廟[廟]之祭 詳定以聞 曾蒙施行. 今
사신 이차 재배 지문　신 어 태조 부묘 부묘 지제 상정 이문 증몽 시행　금

稠以皇朝公侯 祭禮有一獻畢 就階北向再拜之文 援例以請 然以爲
조 이 황조 공후　제례 유 일헌 재필　취계 북향 재배 지문 원례 이청　연 이위

勸酒則宜讀祝畢 而逐位再拜 今乃盡獻諸位 方乃拜勸 似爲不倫.
권주 즉 의 독축 재필　이 축위 재배　금 내 진헌 제위　방 내 배권 사위 불륜

且 參神 辭神皆向西而拜 獨獻酌之拜 亦似無稽. 旣非唐宋之制 又
차 참신 사신 개 향서 이배　독 헌작 지배　역사 무계　기비 당송 지제 우

非皇朝之典 又安知皇朝公侯 非爲無民社者乎?" 稠啓曰: "凡禮制
비 황조 지전　우안지 황조 공후 비위 무 민사 자호　조 계왈　범 예제

損益 從宜適中 豈可妄行己意 盡廢古法 使後人 無從得見古人盛制
손익 종의 적중　기가 망행 기의　진폐 고법　사 후인 무종 득견 고인 성제

哉?" 崙默然. 南在曰: "孔子稱宗廟之禮 煩則 簡則慢 不煩不簡 乃
재　륜 묵연　남재 왈　공자 칭 종묘 지례 번즉 간즉만 불번 불간 내

可久行." 上曰: "領議政之言誠然. 近日常患鼻衄 故恐或入廟酌獻
가 구행　상 왈　영의정 지언 성연　근일 상환 비뉵　고 공혹 입묘 작헌

之際猝出 不敢灌 令世子攝行灌 行事翼日鼻衄乃出. 若當祭而衄
지제 졸출 불감 관창 영 세자 섭행 관창　행사 익일 비뉵 내출　약 당제 이 뉵

豈不慊哉?” 然稠議古文 猶執不改. 其儀注曰:
기불 겸 재　연조의 고문 유집 불개 기 의주 왈

‘歷代宗廟 酌獻後拜禮. 唐因周制 每酌獻後 神前北向拜 宋一依
역대 종묘 작헌 후배례 당인 주제 매 작헌 후 신전 북향 배 송 일의

唐制 文公家禮亦同. 朝廷公侯祀先儀注 酌獻後復位北向拜 前朝
당제 문공가례 역 동 조정 공후 사선 의주 작헌 후 복위 북향 배 전조

依唐制 每後 神前北向拜. 本朝國初 亦依唐宋制 每酌獻後神位
의 당제 매후 신전 북향 배 본조 국초 역 의당 송제 매 작헌 후 신위

前北向拜. 癸巳年詳定儀注 酌獻後降復位西向拜. 竊謂 酌獻後拜
전 북향 배 계사년 상정 의주 작헌 후 강 복위 서향 배 절위 작헌 후배

侑酒 北向酌獻 西向侑酒 無所據. 乞依文公家禮 五室酌獻後 於
유주 북향 작헌 서향 유주 무 소거 걸의 문공 가례 오실 작헌 후 어

楹外當中 向北再拜 禮意.’
영외 당중 향북 재배 예의

從之. 又議廟室太狹 難於饋奠 上目崙曰: “當初營繕 有司失於
종지 우의 묘실 태협 난어 궤전 상목 륜왈 당초 영선 유사 실어

經營 今欲改之如何?” 崙曰: “若拘陰陽 則臣不敢知 苟知其不可
경영 금 욕 개지 여하 륜왈 약구 음양 즉신 불감 지 구지 기 불가

改之何害? 宗廟之制 異實 始於漢明. 率意改古 歷代因循 遂不敢
개지 하해 종묘 지제 이실 시어 한명 솔의 개고 역대 인순 수 불감

復三代之制. 及至宋神宗有意復古 竟不能遂而宋儒美之 今能復古
복 삼대 지제 급지 송 신종 유의 복고 경 불능 수이 송유 미지 금 능 복고

萬世幸甚.” 朴信曰: “非謂無材瓦而愛人力也 特宗廟爲至重 而輕改
만세 행심 박신 왈 비위 무 재와 이 애 인력 야 특 종묘 위 지중 이 경개

爲不易耳.”
위 불이 이

又議辨正 而今呈誤決 分送六曹. 崙曰: “雖二月爲限 必不能畢
우의 변정 이금 정 오결 분송 육조 륜왈 수 이월 위한 필 불능 필

請一切中分 方可速決.” 黃喜與信同聲應曰: “比見分送六曹者 多是
청 일체 중분 방가 속결 황희 여신 동성 응왈 비견 분송 육조 자 다시

因辛丑年前事 不受理者. 反誤不受理 若不問妄告誤決 而盡令中分
인 신축년 전사 불 수리 자 반 오 불 수리 약 불문 망고 오결 이 진령 중분

則決絶雖速 殊失前後敎旨 其不可也必矣.” 左副代言趙末生亦附
즉 결절 수속 수실 전후 교지 기 불가 야 필의 좌부대언 조말생 역부

崙議 請令無問 一切中分 上頗然之 而六曹判書皆固執誤不受理之
륜 의 청령 무문 일체 중분 상 파 연지 이 육조판서 개 고집 오 불 수리 지

說以爲: “今呈誤決之內 以爲一邊全給者 百二三 而以受理爲誤決.
설 이위 금정 오결 지내 이위 일변 전급 자 백 이삼 이이 수리 위 오결

夫係是不受理者 亦容有不能分釋 而誤不受理矣. 然大槪皆以拘於
부 계시 불 수리 자 역 용유 불능 분석 이 오 불 수리 의 연 대개 개이 구어

年限 不受理矣. 今貪得之徒 朦朧擊鼓 而反得中分 豈非濫得之
연한 불 수리 의 금 탐득 지도 몽롱 격고 이 반득 중분 기비 남득 지

甚 爲小人之幸哉? 宜仍令分揀 而令憲府督於限內畢決之爲便."
심 위 소인 지행재 의잉령분간 이영 헌부 독어 한내 필결 지 위편

崙又曰: "一簞食 二人共食 雖不能飽 猶愈於一人獨飽也. 且誤不
륜 우왈 일단 사 이인 공식 수불능 포 유 유어 일인 독포 야 차 오불

受理 亦宜痛懲." 崙又請: "訴良之輩賤籍不明 則宜從良." 在與喜
수리 역의 통징 륜 우청 소량 지배 천적 불명 즉의 종량 재여희

曰: "良籍明白 則從良 賤籍明白 則從賤 良賤籍俱不明 則屬司宰監
왈 양적 명백 즉 종량 천적 명백 즉 종천 양천적 구 불명 즉속 사재감

載在令典 何可輕取而紛更乎?" 崙語塞. 時人皆謂: "崙曾納崔府之
재재 영전 하가 경취 이 분경호 륜 어색 시인 개위 륜 증납 최부 지

婢 有女及子 曾呈辨正 以良賤不明屬司宰 故因進對而及此." 云.
비 유 여녀 급자 증정 변정 이 양천 불명 속 사재 고인 진대 이 급차 운

刑曹啓目: "水軍女屬司宰 前所生 亦依屬司宰後所生例 從父
형조 계목 수군 여속 사재 전 소생 역의 속 사재 후 소생 예 종부

決絶." 從之.
결절 종지

傳旨戶曹曰: "免今年平安 永吉兩道加定貢物 其田租自今每一結
전지 호조 왈 면 금년 평안 영길 양도 가정 공물 기 전조 자금 매 일결

收二十斗 以爲恒式."
수 이십 두 이위 항식

命旌表孝子 節婦之閭. 慶尙道都觀察使報: '寧海人 上佐者 年
명 정표 효자 절부 지려 경상도 도관찰사 보 영해인 상좌 자 연

在壬辰 其家有疫 父母俱病. 母死欲葬 哀其志 群聚擔至山中 掘地
재 임진 기가 유역 부모 구병 모사 욕장 애 기지 군취 담지 산중 굴지

水湧 衆欲水而葬之. 上佐抱屍痛哭 請移他地 衆皆憚勞 日且暮
수용 중 욕 수이 장지 상좌 포시 통곡 청 이 타지 중개 탄로 일 차모

皆散 上佐獨在屍側經夜. 明日 隣人感其孝誠 還聚而移葬. 又新寧
개산 상좌 독재 시측 경야 명일 인인 감기 효성 환취 이 이장 우 신령

監務柳惠至妻鄭氏 壬辰冬 其夫死 殯于家 晨夕奠祭. 翼年仲冬乃
감무 유혜지 처 정씨 임진 동 기부 사 빈 우가 신석 전제 익년 중동 내

葬 廬于墓側 率二婢子與三歲幼女 守墳終制.
장 여 우 묘측 솔 이 비자 여 삼세 유녀 수분 종제

又宜寧人學生沈致妻者 副令石斯珍之女也. 年至二十 其夫死
우 의령 인 학생 심치 처자 부령 석사진 지 녀야 연지 이십 기부 사

喪畢三年. 其姑朱氏年方八十 風疾常臥 奉養姑不小怠 終無嫁意.
상필 삼년 기고 주씨 연방 팔십 풍질 상와 봉양 고 불 소태 종무 가의

其父欲奪志 石氏曰: "良人以獨子早逝 更無他子. 父若奪志 誰將
기부 욕 탈지 석씨 왈 양인 이 독자 조서 갱무 타자 부약 탈지 수장

養姑?" 遂不從. 養姑益勤 姑欲如 親負往來.'
양고　수　부종　양고　익근　고욕여　친부　왕래

永吉道都巡問使報: '咸州人林永守妻莫莊 李萬松之女也. 年至
영길도　도순문사　보　함주인　임영수　처　막장　이만송　지녀야　연지

二十九 其夫死 喪畢三年之後 兄弟哀其寡居 欲奪情 曰: "舅姑年高
이십구　기부사　상필삼년지후　형제애기과거　욕탈정　왈　구고연고

皆過七十 又無他子 若他適 誰爲奉養?" 至今孝養無替.'
개과칠십　우무타자　약타적　수위봉양　지금효양무체

故有是命.
고유시명

命外方民間許用布物. 戶曹判書朴信啓曰: " 京中市廛商賈人
명외방민간허용포물　호조판서　박신계왈　경중시전상고인

外方私相買賣人 皆令楮貨 而不得用布物 故市者不出. 且慶尙道
외방사상매매인　개령저화　이부득용포물　고시자불출　차경상도

楮貨少 而布物多 當其貿易 禁用布物 故不得以有易無 而艱食者
저화소　이포물다　당기무역　금용포물　고부득이유역무　이간식자

有之. 況慶尙道納稅之人 在前皆齎布物 至忠州易米而納 竝令皆禁
유지　황경상도납세지인　재전개재포물　지충주역미이납　병령개금

則生理窮困."
즉생리궁곤

上曰: "專用楮貨 不用布物者 以商賈人等不畏法禁 不用楮貨也.
상왈　전용저화　불용포물자　이상고인등불외법금　불용저화야

今後外方各官贖罪所收外 凡於民間土物貿易 不禁布物 以便民用."
금후외방각관속죄소수외　범어민간토물무역　불금포물　이편민용

丁巳 罷上元日燃燈.
정사　파상원일연등

司諫院右司諫大夫李孟畇等上疏. 疏略曰:
사간원　우사간대부　이맹균등상소　소약왈

'自古爲治之道 文與武而已. 今殿下大興文教 期致雍熙 而春秋
자고위치지도　문여무이이　금전하대흥문교　기치옹희　이춘추

講武 其於安不忘危 治不忘亂道 可謂得矣. 然殿下歲在癸巳 春幸
강무　기어안불망위　치불망난도　가위득의　연전하세재계사　춘행

海州 秋至任實 且於前秋 行幸橫川 而畿外蒐狩 頻年不已 其供億
해주　추지임실　차어전추　행행횡천　이기외수수　빈년불이　기공억

飛輓之際 民之蹙額者 間或有之. 今講武之教已下 未審殿下又將
비만지제　민지축액자　간혹유지　금강무지교이하　미심전하우장

何所之乎? 臣等以爲 閱兵訓卒 雖之常典 畏天勤民 實人主之大德.
하소지호　신등이위　열병훈졸　수지상전　외천근민　실인주지대덕

前歲之旱太甚 今年之可知 是誠殿下省躬 恤民之秋也. 豈宜動衆而
전세지한태심　금년지가지　시성전하성궁　휼민지추야　기의동중이

從事遊豫乎? 傅說戒高宗曰: “慮善以動 動惟厥時.” 講武雖不可廢
而動非其時 伏望殿下 特降權停之命 以成從諫之美.'

上覽之曰: “以海道年穀不登 請停講武. 予聞 江原道稍 焉.” 代言
等啓曰: “供億已備於海 今猝幸江原 則民生搔擾矣.” 卒不果行. 以
諫院疏中有民有蹙額之語 謂承傳宦者崔閑曰: “汝不識蹙額之意.
使後人見此 則豈謂止行春秋講武哉? 六代言皆帶 豈吾臣耶? 自今
臺省有可言之事 先詣代言司而言 則有可否相濟之益 不至於若是
矣.” 乃命攸司曰: “諫諍彈劾 務得其當 近來臺諫封章論事 未能
悉知其由 言或失中. 今後人君過失所當隱諱事 大小員人關係宗社
不忠不孝 汚染風俗等事 實封啓聞 其他大小可言之事 皆進承政院
直達 以廣言路.”

戶曹楮貨通行事宜. 啓曰: “京中買賣 竝用楮貨. 外方不加考察
興利人專用米布 不用楮貨 且各官其收贖 以布物徵納 將官中楮貨
代數. 自今外方人 除鄕中所産雜物買賣外 京中人下去興利者 竝用
楮貨 如前不用者 以敎旨不從論罪 當其收贖 以雜物徵納者 依律
罷職.” 從之.

戊午. 遣右副代言徐選于平安道 相藥山 墨方等城之地 而隨宜
造築也. 朝議藥山城近安州不必築 兵曹判書金承力陳當築 遣選
觀之.

司憲府請前公洪州道水軍都節制使崔龍和罪 命付處外方. 龍和

之在任也 不修兵船 以致破毀故也.
지 재임 야 불수 병선 이치 파훼 고야

己未 刑曹判書沈溫等上疏. 疏略曰:
기미 형조판서 심온 등 상소 소 약왈

'天之生民 本無良賤 將一般天民 以爲私財 稱父祖奴婢 相爲
천 지 생민 본무 양천 장 일반 천민 이위 사재 칭 부조 노비 상위

爭訟 無有紀極 以至骨肉相殘 風俗 可謂痛心. 恭惟 聖上明見萬世
쟁송 무유 기극 이지 골육상잔 풍속 가위 통심 공유 성상 명견 만세

之弊 大義 凡累年相訟之事 悉令中分 以均使喚 以絶爭端 誠我
지 폐 대의 범 누년 상송 지사 실령 중분 이균 사환 이절 쟁단 성아

國家萬世之令典也. 繼而攸司各將所見 獻議上言 條頗多 訟者藉口
국가 만세 지 영전 야 계이 유사 각장 소견 헌의 상언 조희 파다 송자 자구

飾辭 擊鼓申呈 分下六曹 辨其眞僞. 使六曹辨之已詳 決之已正
식사 격고 신정 분하 육조 변기 진위 사 육조 변지 이상 결지 이정

其得者以爲正決 其不得者以爲誤決; 必無異於今日矣. 欲使元隻
기득 자 이위 정결 기 부득 자 이위 오결 필 무이 어 금일 의 욕사 원척

心悅誠服 然後成公文 則竊恐數年之內 未見成效也. 況今稱爲誤決
심열 성복 연후 성공문 즉 절공 수년 지내 미견 성효 야 황금 칭위 오결

者 必非如黑白之事 皆涉曖昧 而事可東西者也. 伏望殿下 斷以
자 필비여 흑백 지사 개섭 애매 이 사가 동서 자야 복망 전하 단이

大義 將申呈所志內 除訴良及公處奴婢相爭之外 其全給一邊事 誤
대의 장 신정 소지 내 제 소량 급 공처노비 상쟁 지외 기 전급 일변 사 오

不受理事 與未畢移送事 限內呈狀 曾經辨正者 無問是非 悉令中分
불수리 사 여 미필 이송 사 한내 정장 증경 변정 자 무문 시비 실령 중분

永絶爭端 以革積年之弊.'
영절 쟁단 이혁 적년 지폐

從之. 刑曹又上言: "分下六曹申呈奴婢事 限日辨理 然奴婢時執
종지 형조 우 상언 분하 육조 신정 노비 사 한일 변리 연 노비 시집

人 甘心役使 花名. 乞以其奴婢 一半屬公 花名落付 亦依曾降敎旨
인 감심 역사 화명 걸 이기 노비 일반 속공 화명 낙부 역 의 증강 교지

屬公." 從之.
속공 종지

庚申 司憲府請鴻少卿李茂昌罪 不允. 啓曰: "內資寺奴黃得龍
경신 사헌부 청 홍려소경 이무창 죄 불윤 계왈 내자시 노 황득룡

潛隨入朝. 得龍之罪 邦有常刑 固當依律 其茂昌潛率公賤 汎濫
잠수 입조 득룡 지죄 방유 상형 고당 의율 기 무창 잠솔 공천 범람

入朝之罪 上裁施行." 命曰: "得龍則聽其所申; 茂昌之罪 非係不赦
입조 지죄 상재 시행 명왈 득룡 즉 청기 소신 무창 지죄 비계 불사

且若皇親 可宜置而勿問."
차 약 황친 가 의치 이 물문

命給奴婢七口 朴子青奴婢十三口. 上曰: "黃丹儒孫子等所訟
명급 노비 칠구 박자청 노비 십삼구 상왈 황단유 손자 등 소송

奴婢 以傳係不明 竝皆屬公 然子青勤勞奉公 朴功臣也. 家內累年
노비 이 전계 불명 병개 속공 연 자청 근로 봉공 박은 공신 야 가내 누년

使用奴婢屬公 其情可矜." 乃有是命.
사용 노비 속공 기정 가긍 내 유 시명

命各道築堤堰.
명 각도 축 제언

江華新牧場成 周回六萬七千一百四十八尺. 戶曹判書朴信啓:
강화 신 목장 성 주회 육만 칠천 일백 사십 팔척 호조판서 박신 계

"江華馬場牧子 曾以其民定屬 其心 一稱牧子 終身未免 且至子孫
강화 마장 목자 증이 기민 정속 기심 일칭 목자 종신 미면 차지 자손

亦未免牧子之名 而流離者 已四十餘戶. 乞以牧場附近之民 輪番
역 미면 목자 지명 이 유리 자 이 사십 여호 걸 이 목장 부근 지민 윤번

看飼 如船軍例 使無之名 則流移之弊息矣." 上曰: "卿不識予意 予
간사 여 선군 례 사무 지명 즉 유이 지 폐 식의 상왈 경 불식 여의 여

欲令江華之民移徙也. 曾移濟州之馬於龍媒島牧養之 其馬勝於
욕령 강화 지민 이사 야 증이 제주 지마 어 용매도 목양 지 기마 승어

濟州之馬. 龍媒地多石薄而猶能 況江華土厚草乎? 若以江華之地
제주 지마 용매 지다 석박 이유 능 황 강화 토후 초호 약 이 강화 지지

全爲牧場 則予知不下於濟州矣. 濟州 屢稱之 而且海路阻險 往來
전위 목장 즉 여지 불하 어 제주 의 제주 누 칭지 이차 해로 조험 왕래

之際 人多溺死 卒有緩急 不及於用 豈可徒仰濟州而不慮乎? 宜
지제 인다 익사 졸유 완급 불급 어용 기가 도앙 제주 이 불려 호 의

移文江華府 將移徙之民所耕田畓 毋使民加占 棄爲荒野 期至江華
이문 강화부 장 이사 지민 소경 전답 무사 민 가점 기위 황야 기지 강화

之境 盡爲牧場 則軍國之馬 豈不有餘用? 雖糧餉有餘 徒步何能
지경 진위 목장 즉 군국 지마 기불 유 여용 수 양향 유여 도보 하능

有爲?"
유위

辛酉 幸箭串 觀放鷹. 是朝 司憲持平琴柔詣闕啓曰: "近日有旨
신유 행 전곶 관 방응 시조 사헌 지평 금유 예궐 계왈 근일 유지

言事當進代言司陳達 毋用章疏 誠爲美法. 雖用章疏 猶恐其不能
언사 당진 대언사 진달 무용 장소 성위 미법 수용 장소 유공 기 불능

細達 豈可以口舌曲盡其奧? 又恐傳語之際 或失指趣 自去年不入
세달 기가 이 구설 곡진 기오 우공 전어 지제 혹실 지취 자 거년 불입

朝啓 今又不用章疏 恐下情無以上達. 在今明時 固無虧欠 竊恐
조계 금우 불용 장소 공 하정 무이 상달 재금 명시 고무 휴흠 절공

後世承式 將有末流之弊." 知申事柳思訥曰: "今日以之幸 乘輿已駕
후세 승식 장유 말류 지폐 지신사 유사눌 왈 금일 이지 행 승여 이가

更俟明日." 柔乃退.
갱사 명일　유내퇴

癸亥 雨 大風.
계해　우　대풍

甲子 命除四月八日燃燈.
갑자　명제 사월 팔일 연등

下宦者李村于義禁府. 酒房水夫進御水 必汲御井 今以他水進 村
하 환자 이촌 우 의금부　주방 수부 진 어수 필급 어정 금이 타수 진 촌

知而不告故也. 仍敎曰: "名爲御井 而在里巷間 實爲不淨. 且何必
지이 불고 고야　잉 교왈　명위 어정　이재 이항간 실위 부정　차 하필

擇水? 宜鑿一井於闕內用之 各殿水夫 皆除之."
택수　의착 일정 어 궐내 용지 각전 수부　개제지

禁公私宴飮迎餞. 小民飮濁酒及賣酒資生者 不在禁例.
금 공사 연음 영전　소민 음 탁주 급 매주 자생 자 부재 금례

乙丑 改官制以議政府左參贊爲贊成從一品 右參贊爲參贊正二品
을축 개 관제 이 의정부 좌참찬 위 찬성 종일품　우참찬 위 참찬 정이품

判敦寧府事降爲正二品 檢校判恭安府事二減一 判漢城府事
판돈녕부사　강위 정이품　검교 판공안부사 이감 일　판한성부사

二減一 漢城府尹十減三 工曹參議六減二 漢城少尹 司宰
이감 일　한성부윤 십감 삼　공조참의　육감 이　한성 소윤　사재

副正 漢城判官 軍器判官各二減一 加設檢校議政府贊成一 檢校
부정　한성판관　군기판관 각 이감 일　가설 검교 의정부 찬성 일　검교

判三軍都摠制府事各一 內侍府左右承直各二 左右副承直各二.
판삼군도총제부사 각 일　내시부 좌우 승직 각 이　좌우 부승직 각 이

泥城道都兵馬使改爲朔州道兵馬節制使 江界道都兵馬使改爲
이성도　도병마사　개위 삭주도 병마절제사　강계도　도병마사　개위

江界道兵馬節度使 平壤府土官 軍器寺 典賓寺改爲署 正設寺
강계도　병마절도사　평양부　토관　군기시　전빈시 개위 서　정설시

將作寺改爲局 禮儀司改典禮局 渡津寺改渡津署 諸學院改儒學院
장작시 개위 국　예의사 개 전례국　도진시 개 도진서　제학원 개 유학원

龍興部改隆興部 龍德部改隆德部.
용흥부 개 융흥부　용덕부 개 융덕부

以李叔蕃爲議政府贊成 柳廷顯議政府參贊 鄭易 李來 閔汝翼
이 이숙번 위 의정부 찬성　유정현 의정부 참찬　정역　이래　민여익

世子左右賓客 卞季良藝文館提學 安騰忠淸道 李之剛慶尙道
세자 좌우빈객　변계량 예문관제학　안등 충청도　이지강 경상도

都觀察使.
도관찰사

罷敬承府少尹趙從生職 左遷敬承府升辛叔和爲司贍直長 皆以
파 경승부 소윤 조종생 직　좌천 경승부 승 신숙화 위 사섬 직장　개 이

不能糾察世子殿潛出入人也.
불능 규찰 세자전 잠 출입 인야

丙寅 命書筵官及侍衛人各仕本司 世子憂之 不進夕膳.
병인 명 서연관 급 시위 인각사본사 세자 우지 부진 석선

昭格殿提調金瞻上星宿經. 瞻學博而雜好 趨時附勢.
소격전 제조 김첨 상 성수경 첨 학박이잡호 추시 부세

丁卯 遣藝文館大提學趙庸如京師 賀聖節也.
정묘 견 예문관대제학 조용 여 경사 하 성절 야

引見世子賓客李來 卞季良於經筵廳 屛人敎曰: "比見 世子私近
인견 세자 빈객 이래 변계량 어 경연청 병인 교왈 비견 세자 사근

小 卿等職在輔導 何不諫止? 設置師友 正欲涵養德性 而學孝悌
소 경등직재보도 하불 간지 설치 사우 정욕 함양 덕성 이학 효제

忠信之道也. 四者之中 果有一乎? 傳云: '德勝 謂之君子 才勝德
충신 지도야 사자 지중 과 유일 호 전운 덕승 위지 군자 재승덕

謂之小人.' 世子天資 殊不類我 則不可謂不美也 而學問涵養 則都
위지 소인 세자 천자 수 불류 아 즉 불 가위 불미야 이 학문 함양 즉도

無成效 非卿等所當熟慮哉? 書筵小儒等以爲 將爲其君 畏縮不諫
무 성효 비경등 소당 숙려 재 서연 소유 등 이위 장위 기군 외축 불간

臺諫. 卿等旣爲宰相 何憚而不敢以正輔導?"
대간 경등 기위 재상 하탄 이 불감 이정 보도

來等惶悚 遂與貳師劉敞 賓客閔汝翼率書筵官詣東宮 歷致上命
래등 황송 수여 이사 유창 빈객 민여익 솔 서연관 예 동궁 역치 상명

因枚擧前後失德 敞伏地流涕 悲不自勝. 世子曰: "近日我無所爲
인 매거 전후 실덕 창 복지 유체 비불 자승 세자왈 근일 아무 소위

未審上怒之由." 來曰: "此正邸下之病根也. 邸下滿腔子 皆是私慾.
미심 상 노지유 래왈 차정 저하 지 병근 야 저하 만 강자 개시 사욕

邸下旣以嫡長 正位東宮 歷年于玆 所宜日夜 上承殿下之意 下繫
저하 기 이 적장 정위 동궁 역년 우자 소의 일야 상승 전하 지의 하계

百姓之望. 孝之大者 無過於此 今乃不然. 屢以過失 於上. 厥位惟
백성 지망 효지 대자 무과 어차 금내 불연 누이 과실 어상 궐위 유

艱 何可以東宮之位爲如磐石之安乎? 殿下之子 止邸下? 臣以庸愚
간 하가 이동궁지위위여 반석 지안호 전하 지자 지 저하 신이 용우

得侍書 十有四年 輔導無狀 今奉敎旨 思欲入于地下. 猶不悔過
득시 서유 십유 사년 보도 무상 금봉 교지 사 욕입 우지하 유불 회과

自新 則臣不敢居輔養之任. 然惟狂作聖 願思所以奉宗廟 事殿下之
자신 즉 신 불감 거 보양 지임 연유 광 작성 원사 소이 봉 종묘 사 전하 지

道 遠婦寺 親近正士 洗心滌慮 宗社幸甚." 涕泗交 辭氣慨切. 汝翼
도 원 부시 친근 정사 세심 척려 종사 행심 체사 교의 사기 개절 여익

季良及其在左右者 無不感泣 世子憮然愧謝. 上聞之 命書筵官皆令
계량 급 기재 좌우 자 무불 감읍 세자 무연 괴사 상 문지 명 서연관 개령

還仕書筵.
환사 서연

上又以世子殿內 無賴工匠出入者頗多 召李來等曰: "何不防閑
상 우 이 세자전 내 무뢰 공장 출입 자 파다 소 이래 등 왈  하불 방한

若是也?"
약시 야

增立賤妾子孫贖身法. 刑曹啓: "辛丑年已後 當身物故二品已上
증립 천첩 자손 속신 법  형조 계  신축년 이후 당신 물고 이품 이상

賤妾子孫 依前受敎內當身顯存者之例 以年相若奴婢贖身." 因柳源
천첩 자손 의전 수교 내 당신 현존 자지례 이연 상약 노비 속신  인유원

賤妾子柳天貴等擊鼓申呈 而議得也. 從之.
천첩자 유천귀 등 격고 신정 이 의득 야  종지

上護軍金月下子富請留居于京 許之. 富居毛憐衛 受中朝千戶
상호군 김월하 자 부청 유거 우경 허지  부거 모련위 수 중조 천호

來覲其父 仍請留 上命議政府議之. 河崙 曰: "富雖受命中朝 曾無
내근 기부 잉 청류 상명 의정부 의지  하륜 왈  부수 수명 중조 증무

職事 爲親 從其請可也. 朝廷命召 以實對之何害?" 南在曰: "我國
직사 위친 종 기청 가야  조정 명소 이실 대지 하해  남재 왈  아국

至誠事大 而留其受命者 非義也." 上從崙等議.
지성 사대 이유 기 수명 자 비의 야  상종 륜등 의

命改營便殿. 以之殿狹隘 命兼判繕工監事朴子靑改造.
명 개영 편전  이지전 협애 명겸 판선공감사 박자청 개조

戊辰 申軍士進退私門之禁. 兵曹判書金承上言: "宰相家 私自
무진 신 군사 진퇴 사문 지금  병조판서 김승 상언  재상 가 사자

進退軍士 嚴加禁斷." 上曰: "曾有 嚴加考察 勿致陵夷. 若早行此法
진퇴 군사 엄가 금단  상왈  증유 엄가 고찰 물치 능이  약 조행 차법

戊寅之難 何由作乎? 宋太祖禁私兵 良有以也." 又禁各領隊長
무인 지 난 하유 작호  송 태조 금 사병 양 유이 야  우금 각령 대장

隊副毋得進退西班護軍已上之家.
대부 무득 진퇴 서반 호군 이상 지 가

태중 15년 을미년
2월

# 二月

　기사일(己巳日-1일) 초하루에 사헌부 지평(持平) 김익렴(金益濂)과 사간원 우정언(右正言) 김상직(金尙直)이 대궐에 나아와 강무(講武)를 정지할 것을 청했고, 참의(參議) 허조(許稠)도 울면서 청했으나 모두 윤허하지 않았다.

　경오일(庚午日-2일)에 전 호군(護軍) 최안국(崔安國)에게 장(杖) 100대를 속하라고 명했다. 안국(安國)이 노비를 송사해 이기지 못하자 호조판서 박신(朴信)을 배척해 불충한 간신이라고 하니, 의금부에 내려 핵실(覈實)하고 이러한 명이 있었다.

　신미일(辛未日-3일)에 강무(講武)할 장소를 정했다. 병조에 뜻을 내려 말했다.
　"충청도의 순제곶이[蓴堤串] 내와 전라도의 임실(任實) 등지에서는
　　　　　　순제곶
사렵(私獵)을 금하지 말고, 백성이 전답을 개간할 수 있게 하라. 강원도의 평강(平康), 횡천(橫川), 이천(伊川), 평창(平昌), 강릉(江陵)의 진보(珍寶)·방림(芳林)·대화(大和), 원주(原州)의 각림사(覺林寺)·실미원(實美院) 등지와 풍해도(豐海道)의 우봉(牛峯)·대둔산(大芚山), 경기(京畿)의 임강(臨江)·수회(水回)·마성(馬城)·장단(長湍)·칠장(七墻) 및 유후사(留後司)의 태정곶이[笞井串]·덕련동구(德連洞口), 안협(安
　　　　　　　　　　　　　　　　　　태정곶

峽)·광주(廣州)·양근(楊根) 등지에서는 사렵(私獵)을 금지해 강무하는 장소로 하는 것이 마땅하다."

○ 형조에서 한외 정장인(限外呈狀人)을 논죄하는 사의(事宜)를 올렸다. 아뢰어 말했다.

"갑오년(甲午年-1414년) 12월 말일(末日) 안에 미쳐 신정(申呈)하지 못한 뒤에 떼를 지어 정장(呈狀)해 마구[汎濫] 쟁송하는 사람은, 내방(內方) 사람이든 외방(外方) 사람이든 각각 붙여 사는 고을의 군역(軍役)에 정속(定屬) 안치(安置)한 뒤 때때로 정기적이 아닌 고찰(考察)을 시행해 함부로 출입하지 못하게 하고, 서울에서 사는 사람은 변정도감(辨正都監)의 예(例)에 의거해, 직첩(職牒)을 거두는 경우를 제외하고는 모두 논죄(論罪)하소서."

그것을 따랐다.

○ 육조(六曹)에 내린 노비(奴婢)의 소장[所志] 가운데 계사년(癸巳年-1413년) 9월 이후에 새로 신문고(申聞鼓)를 쳐서 정장(呈狀)한 사건은 모조리 사헌부로 보내 바른 원칙에 따라[從正] 변정 처리하되, 다만 형조에 내린 사건은 그대로 판결해 변정하게 했다[決正].

○ 사헌부에서 전 별안색 별감(別鞍色別監)¹ 이대종(李大從)·문태(文迨)와 녹사(錄事) 최균(崔均) 등의 죄를 청했다. 대종(大從) 등은 관물(官物)을 사사로이 사용했으므로 율에 의거해 논죄하되 다만 자자(刺字-문신을 새기는 형)는 면제하라고 명했다.

○ 가벼운 죄를 사면했다.

---

1  궁중에서 말안장의 제조(製造)를 맡아보던 별감(別監)으로, 후에 공조(工曹)에 소속됐다.

○ 대간(臺諫)에서 강무(講武)에 호종(扈從)할 것을 청했으나 윤허하지 않았다.

임신일(壬申日-4일)에 경상도 경력(慶尙道經歷) 서적(徐勣)과 강원도 경력 정환(鄭還)을 의금부(義禁府)에 가두었는데, 계월(季月)의 감옥 계본(監獄啓本)²을 머물러 두고 늦추었기[稽遲] 때문이다. 얼마 후에
계지
[旣已=俄而] 그들을 불러 가르쳐 말했다.
기이      아이
"너희들은 교지(敎旨)를 따르지 않아 일을 지연시켰으니 법으로 징계해야 마땅하나, 잠정적으로[姑] 용서해 다시 직사에 나아가게 하니
고
앞으로는 감히 이같이 하지 말라."

○ 대간(臺諫)에서 교장(交章)해 신축년(辛丑年-1361년) 이전의 노비 사건을 중분(中分)하게 하지 말기를 청했으나 윤허하지 않았다. 상이 교지(敎旨)를 따르지 않고 작은 일을 실봉(實封)했다고 꾸짖고 또 말했다.

"이미 대신들과 실상에 맞게 토의해[擬議] 정한 것이지 나의 독단
의의
이 아니다."

○ 왜인(倭人) 부사정(副司正) 우원지(禹原之)가 근친(覲親)하기를 비니, 쌀을 주어 보냈다.

대호군(大護軍) 평도전(平道全)이 아뢰었다.

---

2  각 도의 도사(都事)나 경력(經歷)이 3개월마다 그 계절의 마지막 달에 감옥(監獄)의 죄수(罪囚)에 관한 현황을 형조(刑曹)에 보고하던 계본(啓本)을 말한다.

"원지(原之)의 어미는 나이가 이미 72세로 대마도(對馬島)에 살고 있습니다. 원지가 돌아가 근친하지 못한 지 이제 벌써 18년이 됐고, 그 장인[婦翁]도 죽었습니다. 원지가 휴가를 얻어 늙은 어미에게 근친하고 장인을 장사지내기를 애걸합니다."

그것을 따랐다.

○ 경상·전라도 도안무사(都安撫使) 이은(李殷)에게 쌀·콩과 종이를 내려주었다.


하륜(河崙)이 아뢰어 말했다.

"이은이 처의 상복(喪服)을 만났으니[値=當] 슬픔을 위로해[助哀] 우대함이 마땅합니다. 만약 복(服)으로 인해 일을 보지 않는다면 권농(勸農)이 늦어질까 두렵습니다."

이러한 까닭으로 미두(米豆) 20석(石)과 종이 100권을 내려주고 그대로 일을 보게 했다[治事=視事].

○ 대언(代言)에게 호피자리[虎皮茵]와 활·화살[弓矢]을 내려주었으니, 강무(講武)의 행차가 있기 때문이다.

○ 경상도 도관찰사(慶尙道都觀察使) 이지강(李之剛)과 충청도 도관찰사(忠淸道都觀察使) 안등(安騰) 두 사람에게 그 직책을 바꾸라고 명했다. 등(騰)의 노모는 상주(尙州)에 있고 지강(之剛)의 처부모는 평택(平澤)에 있었기 때문이다.

○ 호조(戶曹)에 명해 공안부(恭安府)의 부족한 물자를 주급(周給)하게 했다.

공안부에서 아뢰었다.

"상왕(上王)의 용도(用度)가 긴절치 못하여 창고에 한 섬의 저축[儲]도 없습니다."
저

이런 까닭으로 이러한 명이 있었다.


갑술일(甲戌日-6일)에 해주(海州)에서 강무했는데, 내시별감(內侍別監)을 보내 지나가는 도중의 임진(臨津)·송악(松岳)·기탄(岐灘)의 신에게 제사를 지냈다.


병자일(丙子日-8일)에 대가(大駕)가 개성 유후사(開城留後司)에 이르렀을 때 맹인(盲人) 20여 명이 궁핍함을 고하니, 창고를 열어[發倉]
발창
묵은쌀[陳米] 각각 1석씩을 내려주도록 명했다.
진미


경진일(庚辰日-12일)에 전라도 도관찰사(全羅道都觀察使) 김정준(金廷雋)이 양마(良馬) 2필을 바쳤다.


신사일(辛巳日-13일)에 거가(車駕)가 해주에 이르렀다. 해주(海州) 창고의 미두(米豆)를 꺼내 거가를 수종(隨從)한 사람들에게 10일 동안의 사람과 말의 식량을 나눠주었다. 내시별감(內侍別監)을 보내 해주(海州)의 성황(城隍)과 우이산(牛耳山)·구월산(九月山) 및 서해(西海)의 신(神)에게 제사를 지냈다.

○ 강원도 도관찰사 이안우(李安愚)가 경력(經歷) 정환(鄭還)을 보내 방물(方物)을 바쳤다.

임오일(壬午日-14일)에 유관촌(鍮串村)에 머물렀다[次].

계미일(癸未日-15일)에 고읍(古邑) 상촌(商村)에 머물렀다. 이백온(李伯溫)과 유습(柳濕)·황자후(黃子厚) 등이 북경(北京)으로부터 돌아오다가 행궁(行宮)에서 알현하니, 습(濕)에게 명해 대가(大駕)를 따르게 하고 이어서 궁시(弓矢)를 내려주었다.

정해일(丁亥日-19일)에 박습(朴訔, 1367~1418년)[3]을 전라도 도관찰사로 삼았다.

형조판서 심온(沈溫)이 말씀을 올렸다.

"전라도 도관찰사 김정준(金廷雋)과 도사(都事) 권극중(權克中)이 금일에 이르도록 겨울 3삭(朔) 동안의 죄수 계본(罪囚啓本-감옥 계본)을 보고하지 않았습니다. 도사(都事)를 소환해 그 연고를 묻고자 했으나 도사는 병이라 핑계하고 오지 않으니, 마땅히 관찰사를 소환해

---

3  1383년(우왕 9년) 문과에 급제했다. 1400년(정종 2년) 좌간의(左諫議)를 거쳐 1409년(태종 9년) 우간의(右諫議)를 지냈다. 1411년 강원도관찰사를 역임했고, 그 이듬해 인녕부윤(仁寧府尹) 재직 당시에 정조사(正朝使)로 명나라에 다녀왔다. 1413년 강원감사 재직 시의 뇌물 사건에 연루돼 붕당을 만들고 패를 지었다는 이유로 탄핵을 받아서 장(杖) 70대에 처해졌다. 이때인 1415년 전라도관찰사로 부임했는데, 당시 김제의 벽골제(碧骨堤)를 수축해 송덕비가 세워졌다. 1416년 의금부제조로 임명돼 민무질(閔無疾) 사건과 관련된 이지성(李之誠)을 심문해서 이에 연루된 하륜(河崙)을 국문할 것을 청하기도 했다. 같은 해 호조참판을 거쳐 1417년 경상도관찰사를 역임하고, 대사헌에 임명돼 이방간(李芳幹) 등을 치죄할 것을 청했으나 허락받지 못했다. 그 이듬해 형조판서를 거쳐 병조판서에 임명됐다. 세종 즉위 후 병사(兵事)를 상왕(上王)에게 품의하지 않고 처리한 것이 문제가 돼 사천에 유배됐다가 참수(斬首)됐다.

교지(敎旨)를 따르지 않은 죄로써 논해야 하겠습니다."

가르쳐 말했다.

"그 죄는 서울로 돌아가서 다시 토의하기로 하자."

즉시 습(習)을 관찰사로 삼고 권전(權專)을 경력(經歷)으로 삼았다.

○ 향마촌(香磨村)에서 머물렀다. 손인유(孫仁宥)가 유시(流矢)에 맞아 발을 다치고 조치(趙菑)는 말에서 떨어져 눈을 다치니, 상이 놀라 말했다.

"만약 대간(臺諫)에서 이를 듣는다면 나더러 이런 짓을 했다고 달게 여길 것이다. 강무(講武)는 옛 제도인 까닭으로 순행해 여기까지 왔으나, 마땅히 빨리 대가(大駕)를 돌이켜야겠다."

**경인일(庚寅日-22일)**에 해주(海州)로 돌아가 머물렀다. 상이 2일 동안 치재(致齋)했으니, 의비(懿妃-친어머니)의 기신(忌辰)이었기 때문이다.

○ 해주(海州) 창고의 미두(米豆)를 꺼내 대가(大駕)를 수행한 대소 인원(大小人員)에게 4일 동안의 사람과 말의 식량을 나눠주게 했다.

○ 충청도 도관찰사 이지강(李之剛)과 경상도 도관찰사 안등(安騰)이 사람을 보내 방물(方物)을 바쳤다.

○ 활과 화살을 구군(驅軍) 총패(摠牌)⁴ 등에게 내려주었다.

**계사일(癸巳日-25일)**에 우박이 내렸다.

---

4   임금이 강무(講武)할 때 짐승을 몰이하던 구군(驅軍)의 우두머리를 가리킨다.

○ 풍해도 도관찰사 이발(李潑)에게 표리(表裏)를 내려주었다. 발(潑)이 성찬(盛饌)을 올렸으나 받지 않고, 경력(經歷) 김습(金習)에게는 옷을 내려주었다.

**을미일(乙未日-27일)**에 개성 유후사(開城留後司)로 돌아와 머물렀다. 세자를 거느리고 제릉(齊陵)에 배례한 뒤 미두(米豆)를 각각 10석(石)씩 연경사(衍慶寺)에 내려주었다.

○ 유후사(留後司)에 사는 검교 한성윤(檢校漢城尹) 임광의(任光義)와 강문진(姜文進)에게 각각 쌀 10석씩을 내려주었다.

○ 한녀(漢女-중국 여자) 삼저(三姐)와 원합희(元哈希)는 나이가 모두 80여 세이고 춘향(春香)은 70세였는데, 대가(大駕) 앞에 나와 알현하고서 굶주림과 궁핍함을 고하니 쌀 3석, 면포(綿布) 1필, 정포(正布) 1필씩을 각각 내려주었다.

○ 낮에 판적평(板積坪)에 머물러 대가를 수종(隨從)한 대소신료(大小臣僚)에게 잔치를 베풀어주었다. 유후(留後) 정구(鄭矩)와 부유후(副留後) 황자후(黃子厚), 경기도 관찰사 구종지(具宗之) 등이 모두 시연(侍宴)했다.

**병신일(丙申日-28일)**에 검교 참찬문하부사(檢校參贊門下府事) 홍언수(洪彦修)가 졸(卒)했다. 부의(賻儀)로 미두(米豆)를 아울러 30석을 보내고, 이어서 경기 도관찰사에게 명해 치제(致祭)하게 했다.

○ 상왕(上王)이 내관(內官) 김길부(金吉富)를 보내 길에서 잔치를 베풀고, 정비전(靜妃殿)에서도 사람을 보내 진찬(進饌)했다.

정유일(丁酉日-29일)에 궁으로 돌아왔다. 병조에서 아뢰었다.

"의장(儀仗)에 충돌(衝突)하는 죄는 율문에 실려 있습니다. 이제부터 행재 숙소(行在宿所)와 주정소(晝停所)[5] 및 노차(路次)[6]의 의장 안에 갑자기 뛰어드는 사람이 있게 되면, 그 사금위(司禁衛)·내금위(內禁衛)·내시위(內侍衛)·별시위(別侍違)의 진무(鎭撫)·보패(步牌)·창패(槍牌)·갑사(甲士) 등은 교지(敎旨)를 따르지 않은 죄로 논하고, 충호위(忠扈衛)·사옹방(司饔房)·사복시(司僕寺)·유우소(乳牛所)의 관원(官員)·제원(諸員)과 세수간 별감(洗手間別監)은 잡인(雜人)을 용납해두고 고하지 않았으니 또한 위의 것에 의거해 논죄하소서."

그것을 따랐다.

○ 상이 말했다.

"강무(講武)하는 때에 종묘에서 기청(祈晴-날씨가 개기를 비는 것)하는 것은 실로 미편(未便)하다. 나갈 때 고(告)하고 돌아와서 아뢰는 것은 예(禮)에서 당연한 것이지만, 기청하라고 제사를 지냈다가 혹시 비가 온다면 나에게는 감격하는 정성이 없는 것이 되고 조종도 자손을 도와주는 은혜가 없는 것이 된다. 금후로는 종묘에서 기청하는 것을 파(罷)하는 것이 좋겠다. 비록 빌지 않더라도 조종(祖宗)의 혼령(魂靈)이 자손이 비를 무릅쓰고 가는 것을 달갑게 여기겠는가?"

---

5  임금이 멀리 행차할 때 낮참에 머물러서 수라(水剌)를 들던 곳이다. 대개 임시로 마련했으나, 나중에 일정한 곳을 정하기도 했다.
6  임금이 행차할 때 도중에 잠깐 쉬기 위해 길가에 마련한 임시 막차(幕次)다.

무술일(戊戌日-30일)에 황주 판관(黃州判官) 김상보(金尙保)를 파직했다. 애초에 상보(尙保)가 강무(講武)의 행차를 지응(支應-지원)하는데 많은 인마를 거느리고 갔는데, 유사(攸司)에서 불응위(不應爲)의 율에 연좌시켜 장(杖) 80대에 처하기를 청하니 상이 말했다.

"행행(行幸)에 지응하는 것은 이미 도차사원(都差使員) 1인과 역승(驛丞) 1인에게 이 일을 관장하게 했다. 상보는 교지를 따르지 않아 그 죄가 가볍지 않으니 속단(速斷)할 수가 없다."

서울에다 가두라고 명했다가 이때에 이르러 파직했다.

○ 대마도(對馬島)의 종정무(宗貞茂)가 사람을 보내 예물(禮物)을 바치고 인삼을 구했다.

○ 약산(藥山)에 성을 쌓았는데, 대호군(大護軍) 전흥(田興)을 보내 성 쌓는 상황을 살피게 했다.

己巳朔 司憲持平金益濂 司諫院右正言金尙直詣闕請停講武
參議許稠亦泣請 皆不允.

庚午 命前護軍崔安國贖杖一百. 安國訟奴婢不得 斥戶曹判書
朴信爲不忠奸臣① 下義禁府覈實 有是命.

辛未 定講武所. 下旨兵曹曰:"忠淸道 蓴堤串內 全羅道 任實
等處 勿禁私獵 聽民墾田. 江原道 平康 橫川 伊川 平昌 江陵之
珍寶 芳林 大和 原州之覺林寺 實美院等處及豊海道 牛峰 大芚山
京畿 臨江 水回 馬城 長湍 七墻 留後司 笒井串 德連洞口 安峽
廣州 楊根等處 宜禁私獵 以爲講武之所."

刑曹上限外呈狀人論罪事宜. 啓曰:"甲午十二月晦日內 未及申呈
後 成群呈狀 汎濫爭訟人 內外方人 各其接鄉軍役 定屬安置 時
不定考察 毋得擅便出入 京居人依辨正都監例 除收職牒 並皆論罪."
從之.

下六曹奴婢所志內 癸巳年九月以後新呈擊鼓事 悉送司憲府
從正辨理 惟下刑曹事 仍令決正.

司憲府請前別鞍色別監李大從 文迪 錄事崔均等罪. 大從等私用

官物 命依律論罪 只除刺字.
관물 명 의율 논죄 지 제 자자

宥輕罪.
유 경죄

臺諫請扈從講武 不許.
대간 청 호종 강무 불허

壬申囚慶尙道經歷徐勣 江原道經歷鄭還于義禁府 以季月
임신 수 경상도 경력 서적 강원도 경력 정환 우 의금부 이 계월

監獄啟本稽遲故也.
감옥계본 계지 고야

臺諫交章請勿令中分辛丑年前奴婢事 不允. 上責以不從敎旨而
대간 교장 청 물령 중분 신축년 전 노비 사 불윤 상 책 이 부종 교지 이

實封小事 且曰: "已與大臣擬議而定 非予獨斷."
실봉 소사 차 왈 이여 대신 의의 이정 비여 독단

倭副司正禹原之乞覲親 賜米遣之. 大護軍平道全啓曰: "原之之
왜 부사정 우원지 걸 근친 사미 견지 대호군 평도전 계왈 원지 지

母 年已七十二歲 居對馬島 原之未歸覲 今已十有八年 且其婦翁
모 연이 칠십 이세 거 대마도 원지 미 귀근 금이 십유 팔년 차 기 부옹

物故. 原之願乞假覲老母 葬婦翁." 從之.
물고 원지 원걸 가근 노모 장 부옹 종지

賜慶尙 全羅道都安撫使李殷米豆及紙. 河崙啓曰: "李殷值妻服
사 경상 전라도 도안무사 이은 미두 급지 하륜 계왈 이은 치 처복

宜助哀以優之. 若以服而不治事 則恐勸農之晩也." 故賜米豆幷
의 조애 이 우지 약 이복 이불 치사 즉공 권농 지 만야 고사 미두 병

二十石 紙百卷 仍令治事.
이십 석 지 백권 잉령 치사

賜六代言虎皮茵及弓矢 以有講武之行也.
사 육대언 호피 인 급 궁시 이유 강무 지 행야

命慶尙道都觀察使李之剛 忠淸道都觀察使安騰 兩易其職. 以騰
명 경상도 도관찰사 이지강 충청도 도관찰사 안등 양 역 기직 이 등

之老母在尙州 之綱之妻父母在平澤故也.
지 노모 재 상주 지강 지 처부모 재 평택 고야

命戶曹周恭安府之乏. 恭安府啓: "上王用度不節 庫無一石之儲."
명 호조 주 공안부 지핍 공안부 계 상왕 용도 부절 고무 일석 지 저

故有是命.
고 유 시명

甲戌 講武于海州 遣內侍別監 祭所過臨津 松岳 歧灘之神.
갑술 강무 우 해주 견 내시별감 제 소과 임진 송악 기탄 지 신

丙子 駕至開城留後司 盲人二十餘名告乏 命發倉 賜陳米各一石.
병자 가 지 개성 유후사 맹인 이십 여명 고핍 명 발창 사 진미 각 일석

庚辰 全羅道都觀察使金廷雋獻良馬二匹.

辛巳 車駕至海州 發海州倉米豆 分賜隨駕人十日人馬料. 遣

內侍別監 祭海州城隍及牛耳山 九月山 西海之神.

江原道都觀察使李安愚遣經歷鄭還獻方物.

壬午 次于鍮串村.

癸未 次古邑商村. 李伯溫 柳濕 黃子厚還自北京 謁見于行宮 命

濕隨駕 仍賜弓矢.

丁亥 以朴習爲全羅道都觀察使. 刑曹判書沈溫上言:"全羅道

都觀察使金廷雋 都事權克中 迨今不報多三朔罪囚啓本 召都事

欲問其由 都事稱病不來. 當召觀察使 論以敎旨不從之罪." 敎曰:

"其罪則還京更議." 卽以習爲觀察使 權專爲經歷.

次于香磨村. 孫仁宥中流矢傷足 趙菑墜馬傷目 上驚曰:"若臺諫

聞之 肯以我爲是乎? 講武古制 故巡幸至此 當速還駕."

庚寅 還次海州. 上致齋二日 以懿妃忌辰也.

發海州倉米豆 分賜隨駕大小人四日人馬料.

忠淸道都觀察使李之剛 慶尙道都觀察使安騰遣人獻方物.

賜弓矢于驅軍摠牌等.

癸巳 雨雹.

賜表裏于豐海道都觀察使李潑 潑進盛饌不受 又賜衣于經歷

金習.

乙未 還次開城留後司 率世子拜齊陵 賜米豆各十石于衍慶寺.
을미 환차 개성유후사 솔 세자배제릉 사미두 각 십석 우 연경사

賜留後司住檢校漢城尹任光義 姜文進各米十石.
사 유후사 주 검교 한성윤 임광의 강문진 각 미 십석

漢女三姐 元哈希年皆八十 春香年七十. 見於駕前 告以飢乏 各
한녀 삼저 원합희 연 개 팔십 춘향 연 칠십 현어 가전 고이 기핍 각

賜米三石 綿布一匹 正布一匹.
사미 삼석 면포 일필 정포 일필

晝次板積坪 賜宴于隨駕大小臣僚. 留後鄭矩 副留後黃子厚 京畿
주차 판적평 사연 우 수가 대소 신료 유후 정구 부유후 황자후 경기

都觀察使具宗之等皆侍宴.
도관찰사 구종지 등 개 시연

丙申 檢校參贊門下府事洪彦修卒. 致賻米豆幷三十石 仍命京畿
병신 검교 참찬문하부사 홍언수 졸 치부 미두 병 삼십 석 잉 명 경기

都觀察使致祭.
도관찰사 치제

上王遣內官金吉富于路設享 靜妃殿亦遣人進饌.
상왕 견 내관 김길부 우로 설향 정비전 역 견인 진찬

丁酉 還宮. 兵曹啓曰: "衝突儀仗 載在律文. 自今行在宿所
정유 환궁 병조 계왈 충돌 의장 재재 율문 자금 행재 숙소

晝停所及路次儀仗內 有突入人 則其司禁 內禁衛 內侍衛 別侍衛
주정소 급 노차 의장 내 유 돌입 인 즉 기 사금 내금위 내시위 별시위

鎭撫 步牌 槍牌 甲士等 以敎旨不從論; 忠扈衛 司饔房 司僕寺
진무 보패 창패 갑사 등 이 교지 부종 논 충호위 사옹방 사복시

乳牛所官員 諸員及洗手間別監 容置雜人而不告 亦依上論罪."
유우소 관원 제원 급 세수간 별감 용치 잡인 이 불고 역 의상 논죄

從之.
종지

上曰: "當講武之時 祈晴於宗廟 實爲未便 出告反面 禮之所當然.
상왈 당 강무 지시 기청 어 종묘 실위 미편 출고 반면 예지 소당연

祭以祈晴而或致雨 則在我無感格之誠 在祖宗無佑扶之私 今後可
제 이 기청 이 혹 치우 즉 재아 무 감격 지성 재 조종 무 우부 지사 금후 가

罷宗廟祈晴. 雖不祈之 祖宗之靈 肯令子孫冒雨而行乎?"
파 종묘 기청 수 불 기지 조종 지령 긍 령 자손 모우 이행 호

戊戌 罷黃州判官金尙保職. 初尙保支應講武之行 多率人馬 攸司
무술 파 황주판관 김상보 직 초 상보 지응 강무 지행 다솔 인마 유사

請坐以不應爲 杖八十 上曰: "行幸支應 旣令都差使員一 驛丞一人
청좌 이 불응 위 장 팔십 상왈 행행 지응 기 령 도차사원 일 역승 일인

掌之 尙保不從敎旨 其罪匪輕 不可速斷." 命囚于京 至是罷職.
장지 상보 부종 교지 기죄 비경 불가 속단 명수 우경 지시 파직

對馬島 宗貞茂使人獻禮物 求人蔘.
대마도　종정무　사인 헌 예물　구 인삼

城藥山 遣大護軍田興 往觀築城之狀.
성 약산 견 대호군 전흥 왕관 축성 지 상

| 원문 읽기를 위한 도움말 |

① 斥戶曹判書朴信爲不忠奸臣: 斥~爲…의 구문이다. '~를 배척해 …라고
척 호조판서 박신 위 불충 간신 척 위
하다'는 뜻이다.

태종 15년 을미년
3월

# 三月

　　**기해일(己亥日-1일)** 초하루에 대호군(大護軍) 유한(柳漢)을 파직하고 호군(護軍) 지함(池含)을 의금부(義禁府)에 내렸는데, 대가(大駕) 앞에 함부로 몰려들어 신정(申呈)하는 사람들을 능히 금하지 못했기 때문이다.

　　○ 영길도 도순문사(永吉道都巡問使) 이원(李原)이 풍속을 바꿀 사의(事宜)를 보고했다. 아뢰어 말했다.

　　'각 고을[各官]에 산재한 향화인(向化人-귀화인)들이 장가들고 시집가는데, 이성(異姓) 4~5촌(寸)도 꺼리지 않고 심지어는 형(兄)이 죽으면 형수(兄嫂)를 데리고 살므로 윤리(倫理)를 어그러지게 하고 해칩니다[悖傷]. 바라건대, 이제부터 일절 금단(禁斷)해 더러운 풍속[汙俗=汚俗]을 변화시키고, 만약 어기는 자가 있다면 율에 의하여 죄를 주어야 할 것입니다.'

　　그것을 따랐다.

　　○ 전 전라도 도관찰사 김정준(金廷雋)과 도사(都事) 권극중(權克中)을 외방(外方)으로 유배했다[流].

　　○ 의정부와 육조(六曹)에 명해 그 재주가 장수(將帥)를 감당할 만한 자를 천거하도록 했다.

　　**경자일(庚子日-2일)**에 검교 한성부윤(檢校漢城府尹) 양홍달(楊弘達)

과 판전의감사(判典醫監事-전의감 판사) 조청(曹聽) 등의 직첩(職牒)을 거두었다가 얼마 후에 돌려주었다. 홍달(弘達)은 다시 제생원(濟生院)에서 일을 맡아보게 하고, 청(聽)에게는 혜민국(惠民局)에서 일을 맡아보라고 명했다. 비록 보잘것없는 자의 질병이라 하더라도 친히 진찰해 치료하는지를 살펴보고, 만약에 삼가지 않는 것이 있으면 신문(申聞)하여 죄를 주게 했다. 중궁(中宮)이 몸이 불편해 복약(服藥)하는데, 가려야 할 음식[食忌]을 아뢰지 않았기 때문이다.
식기

**신축일(辛丑日-3일)**에 인덕궁(仁德宮)에 나아가 헌수(獻壽)했다.

○ 예조(禮曹)와 의례상정소(儀禮詳定所)에서 여러 제사의 의식을 올렸다. 고전(古典)과 오늘날 조정(朝廷-명나라 조정)의 예제(禮制)를 참고하고 고찰해서[參稽] 종묘친협의(宗廟親祫儀)·섭사의(攝事儀)·
참계
삭망전의(朔望奠儀)·기고의(祈告儀)·천신의(薦新儀)·제중류의(祭中霤儀)·문소전친향의(文昭殿親享儀)·풍운뢰우단 기우의(風雲雷雨壇祈雨儀)를 상정해 바쳤다.

○ 명을 내려 범죄인의 직첩(職牒)을 동반(東班-문관)은 이조(吏曹)에서 수납하게 하고 서반(西班-무관)은 병조(兵曹)에서 하게 하니, 이조의 청을 따른 것이다. 이전까지는 형조(刑曹)·사헌부(司憲府)·의금부(義禁府)에서 죄가 결정된 사람의 직첩을 각각 그 사(司)에다 수납했다.

○ 건원릉(健元陵)의 불을 금지하는 지역[禁火地] 이외의 땅에는 백
금화 지
성이 경작(耕作)하는 것을 허용하라고 명했다. 이양달(李陽達)이 풀과 나무가 무성하므로 만약 들판에 갑자기 불이 나게 되면 *끄기*[撲滅]
박멸

가 어렵다고 말했기 때문이다.

임인일(壬寅日-4일)에 명을 내려 도성 안의 5가(家)마다 우물 하나
씩을 공동으로 파게 했다. 지금까지는 서울에 가뭄이 들면 물이 부
족해져서[乏水] 백성이 자못 고생했는데, 이때에 이르러 편하게 됐다.
<sub>핍수</sub>
○ 검교 의정부 참찬(檢校議政府參贊) 설미수(偰眉壽, 1359~1415년)[1]
가 졸(卒)했다. 미수(眉壽)의 자(字)는 천용(天用)으로 원(元)나라 고
창(高昌) 사람인데, 숭문감 승(崇文監丞) 백료손(伯僚遜)[2]의 아들이다.
어머니 조씨(趙氏)는 성품이 엄격해 그를 가르침에 법도가 있었다
[有法]. 병진년(丙辰年-1376년) 18세에 문과에 합격해[中第] 두루 중
<sub>유법</sub>                                            <sub>중제</sub>
외(中外)에서 벼슬하고, 영락(永樂) 계미년(癸未年-1403년)에 공조 전
서(工曹典書)로 중국 조정(朝廷)에서 무역하러 가는 마적(馬籍)[3]을 가
지고 경사(京師)로 나아가서 상주(上奏)해 수(數) 안에서 줄어든 말
22필을 면제받았다. 정해년(丁亥年-1407년)에는 판한성부사(判漢城府
事)로 표문(表文)을 받들고 경사(京師)로 나아가서 감로(甘露)[4]와 예
천(醴泉)[5]을 하례하고, 이어서 상주해 실가(失加)의 소관(所管)인 찰
한실라불화(察罕失剌不花)의 12호 인구의 기취(起取)를 면제받았다.
때마침 황후가 붕서(崩逝)하자 예부(禮部)에 품고(稟告)해 최질(衰絰)

---

1  설장수(偰長壽)의 동생이다.
2  설손(偰遜)이다.
3  말을 기록한 장부를 가리킨다.
4  임금이 선정(善政)을 베풀 때 하늘에서 내린다고 하는 단 이슬을 말한다. 상서로움의 상
   징이다.
5  중국에서 태평(太平)한 시대에 땅에서 솟아난다고 하는 단 샘을 말한다.

로 들어가 곡(哭)하니, 황제가 예의를 지키는 나라이므로 다른 번방(藩邦)과 다르다며 칭찬하고 깊이 탄상(嘆賞)해 사여(賜與-하사품을 내림)함이 더욱 두터웠다. 돌아와서 지의정부사(知議政府事)에 제배됐다. 기축년(己丑年-1409년)에 성절(聖節)을 진하(進賀)하고, 이어서 조공하는 금(金)·은(銀)을 면제해주도록 청하려고 했으나 예부에서 꾸짖고 힐난해 상주하지 못했다. 졸(卒)하자 철조(輟朝)하고 사제(賜祭)하고 치부(致賻)했다.

미수는 효도와 우애에 공근(恭謹)했다. 네 사람의 형이 먼저 죽으니, 어린아이들을 돌봐 구제했다. 중형(仲兄) 설연수(偰延壽)는 사자(嗣子)가 없었으나 시비(侍婢)에게 한 여식(女息)이 있었는데, 이름은 척혼(戚混)이다. 형수가 미수에게 예속시키니, 형수에게 고하고 양민(良民)이 되도록 허락한 뒤 양육해서 치장하고 시집보냈다. 정부(政府)에 있을 때는 관대(寬大)함을 힘써 숭상하고 분경(紛更-인사 청탁)을 좋아하지 않아, 그가 가는 곳마다 위엄과 은혜가 아울러 이루어졌다. 시호를 공후(恭厚)라 했고, 외아들이 유(猷)이다.


계묘일(癸卯日-5일)에 의정부와 육조(六曹)에 명해 인심(人心)을 화합하는 일을 강구해 아뢰라고 했다.


상이 말했다.

"아조(衙朝)를 받은 후에는 의정부와 육조 이외의 대소신료(大小臣僚)도 시정(時政)의 잘잘못과 민간의 이해를 모두 나와서 아뢸 수 있다. 그리고 평상시에 행하는 공사(公事)는 각각 그 앙조(仰曹-해당

관서)에 정보(呈報)해 시행하게 하라."

참찬(參贊) 유정현(柳廷顯)이 말씀을 올렸다.

"인심을 화합하게 하는 방도는 도리를 얻는 데 있고, 도리를 얻는 방법은 조회에 앉아 있는 것[坐朝]보다 나은 것이 없습니다. 바라건대 육아일(六衙日)⁶ 때 정전(正殿)에 좌정(坐定)해 대소신민(大小臣民)의 신소(申訴)를 몸소 스스로 핵실해서 대의로써 결단하신다면 막히거나 가리는 폐단이 없어져 인심이 화합해질 것입니다."

상이 이를 읽어보고 그 말미에다 비답(批答)을 써서 말했다.

'위의 조목은 인화하는 방법이 아니다. (왜냐하면) 지극히 어리석고 무지한 사람[至愚無知]은 아일(衙日)마다 조회(朝會)를 받고 날마다 항상 정부·육조(六曹)·공신(功臣)들에게서 정사(政事)의 실상을 듣더라도 알 수가 없다. 쓸데없이 임금과 신하의 허물을 널리 드러내는 것은 정부 대신(政府大臣)이 할 말이 아니다.'

정현(廷顯)이 대궐에 나아가 사죄했다.


을사일(乙巳日-7일)에 허조(許稠)를 한성부윤(漢城府尹), 황자후(黃子厚)를 인녕부윤(仁寧府尹), 이귀산(李貴山)을 개성 부유후(開城副留後), 우희열(禹希烈)을 충청도 도관찰사로 삼았다.


병오일(丙午日-8일)에 의정부와 육조(六曹)에서 인심을 화합시킬 조

---

6 매달 여섯 번씩 백관(百官)이 모여 조회(朝會)하는 일을 말한다. 고려 초에는 초1일·5일·11일·15일·21일·25일이었으나, 조선조 때는 초1일·초6일·11일·16일·21일·26일이었다. 조참일(朝參日)이라고도 한다.

목을 토의해 아뢰었다[議啓].

"하나, 2품(品) 이상의 비첩(婢妾) 소생은 이미 성상의 윤허를 받아 한품수직(限品受職)했습니다만, 3품 이하의 비첩 소생은 아직도 아울러 윤허를 받지 못했습니다. 3품 소생은 6품에 한하고, 4품 소생은 7품에 한하고, 5~6품 소생은 8품에 한하고, 7~8품 소생은 9품에 한하고, 9품 권무(權務)의 소생은 학생(學生)에 한하고, 서인(庶人)의 소생은 백정(白丁)에 한하도록 하며, 신축년(辛丑年-1361년) 뒤에 당사자가 죽은 자의 자손과 신축년 전에 양민이 돼 직첩(職牒)을 받은 자로서 명문(明文)이 있는 자의 자손을 모두 '한품자손(限品子孫)'이라고 칭하는 것을 허용해 군역(軍役)에 세워야 할 것입니다. 위 조목의 각 품관의 천첩 자손의 소생으로 스스로 속신(贖身)할 수 있는 자도 위 항목의 예에 의거해 군역에 세우며, 조부모의 골육(骨肉)을 역사(役事)시키기를 달갑게 여겨서 현신(現身)해 고하지 않은 자가 있다면 여러 사람이 진고(陳告)하는 것을 허용하도록 하며 그 조부모 전래의 노비를 반은 진고한 자에 상으로 충당해주고 반은 속공(屬公)하소서.

하나, 공신의 아들·사위·아우·조카로서 3품 이하는 '공신자제위(功臣子弟衛)'라 칭해 번갈아서 시위(侍衛)하기를 허락하소서.

하나, 대소 각품(大小各品)의 아들·사위·아우·조카로서 역사가 없는 자도 역시 위 항목의 예에 의거해 '각품자제위(各品子弟衛)'라 칭해 번(番)을 나눠 시위하게 하소서.

하나, 수전(受田)한 각 품관(品官)으로서 나이 66세 이상 되는 자와 질병이 현저한 자는 아들이나 사위로 하여금 대신해 시위하도록 하는 것을 허용하소서.

하나, 농(農)·공(工)·상고(商賈-상인)도 모두 국민이지만 농가의 괴로움은 더욱 심한데도 오히려 10분(分)에 1로 세(稅)를 내는데, 공인(工人)과 상고(商賈)는 일찍이 세가 없습니다. 비록 10분의 1을 세로 받지 못한다고 하더라도 30분의 1을 세로 받도록 허용해 군국(軍國)의 용도에 보태소서. 그 월세(月稅)를 면하고 30분의 1을 취하니, 저화(楮貨) 30장(張)마다 1장(張)을 취하되 30장에 차지 못해 그 세가 한 장이 되지 못할 경우에는 종이와 쌀로써 원래의 가격을 계산해 받고, 두 장에 상당하지 못하는 경우에는 면세하고 농기(農器)를 무역하는 자도 면세하소서.

하나, 옛날에는 백성을 모집해 속(粟-곡식)을 요새(要塞) 안으로 들여 군수(軍需)에 보충했습니다. 여러 사람으로 하여금 곡식을 바치는 것을 허용하고, 동북면(東北面)·서북면(西北面) 각 고을에서 남도(南道)의 각 고을과 바꾸어 받되 겉곡식[皮穀]이나 찧은 쌀[造米]을 막론하고 그 스스로 준비하는 데 따라 납입하게 하고, 잡물로 무역하는 것을 금하지 마소서.

하나, 군정(軍政)은 엄하게 하지 않을 수 없으니, 대소 장수부터 사졸까지의 서로 접하는 예절과 계급의 고하(高下)를 유사(攸司)로 하여금 명백하게 상정(詳定)하게 해서 군율(軍律)과 아울러 반포해 시행하게 하고 사람마다 외우도록 하면, 몸에 익숙해져서 교만한 기운이 저절로 사라지고 자연히 화순(和順)하게 될 것이니 그때에 임해 임사(任使)하소서.

하나, 전일(前日)의 5승포(五升布)를 쓰던 때를 따라서, 외방(外方)

의 모든 무역에는 (저화를) 전용하지 말고 빌건대 각 호(戶)에서 내는 저화(楮貨)와 속전(贖錢)을 거두는 이외에는 잡물(雜物)로 무역하는 것을 금하지 마소서.

하나, 제색 장인(諸色匠人)은 공작(工作)을 제외하고는 사령(使令)과 구종(丘從-잡역부)을 금단하소서.

하나, 각 도의 군정(軍丁)으로 하여금 모두 사사로이 군기(軍器)를 갖추게 하고, 각 도의 절제사영(節制使營)과 각 진(鎭)에는 전례대로 월과(月課)[7]해서 계수관(界首官)의 월과 수목(數目)을 추고(推考)해 줄이도록 하소서."

상이 모두 따랐으나, 공인(工人)과 상고(商賈)에게 과세하는 한 구절[一節]은 윤허하지 않았다.

일절

○ 비로소[始] 보충군(補充軍)을 두었다. 의정부와 육조에서 가르침

시

을 받아[受敎] 실상에 맞게 토의해[擬議] 아뢰었다.

수교            의의

"각 영(領)의 대부(隊副)는 잡역(雜役)을 면하게 허용해서 전적으로 무예(武藝)를 강습하고 번(番)을 나눠 시위하게 하소서. 중외(中外)에서 간(干)이라 칭하고 척(尺)이라 칭하는 자[稱干稱尺][8]를 가지고 전

칭간칭척

조의 예에 의거해 보충군(補充軍) 3,000명을 정해 세우고, 6,000명으로 봉족(奉足)을 삼되 그 가운데 염간(鹽干)만은 옛날 그대로 본역(本役)에 둠이 어떠하겠습니까?"

---

7 나라에서 각 지방 관아(官衙)나 군영(軍營)에 매달 군기(軍器)를 제조(製造)해 공물(貢物)로 바치게 하는 일을 말한다.

8 칭간칭척(稱干稱尺)이란 신분(身分)은 양인(良人)이면서 하는 일[役]은 천역(賤役)을 하는

역

사람을 말한다. 즉 간척(干尺)이 그들이다.

실상에 맞게 토의해 아뢴 바대로 시행하라고 명했다.

○ 병조(兵曹)에서 아뢰었다.

"대소인원(大小人員)의 한품자손(限品子孫)⁹으로 일찍이 사재감(司宰監)의 수군(水軍)에 소속된 자와 누락돼 한역(閑役)에 있는 자는 추쇄(推刷)해 모두 보충군(補充軍)에 소속시키고, 또 이제부터 각 품(品)의 비첩(婢妾) 소생은 그 아비가 죽은 뒤에 사재감에 소속하는 것을 면제해 아울러 보충군에 소속시키며, 또 각 품직의 천첩 소생으로 속신(贖身)한 자는 자기비첩 소생의 예(例)에 의거해 보충군에 소속시키소서."

그것을 따랐다.

○ 종친(宗親)들을 불러 광연루(廣延樓) 아래에서 격구(擊毬)를 하고 이어서 술자리를 베풀어 극진히 즐겼다.

○ 의금부(義禁府)에 명해 이당(李堂)과 이초(李椒)로부터 수속(收贖)한 것을 돌려주게 했다. 상이 그 집이 매우 가난하다고 들었기 때문이다.

○ 사헌부 대사헌(大司憲) 이은(李垠)이 대간(臺諫)의 조계(朝啓) 참여를 청했으나 윤허하지 않았다. 상이 말했다.

"경이 대언(代言)이었을 때 대간에서 들어와 참여했던가?"

은(垠)이 대답했다.

"그런 적이 있었습니다."

---

9  신분(身分)이 미천해 벼슬이 한정된 자손이다. 대개 양반(兩班)의 비첩 소생(婢妾所生)을 말한다.

상이 말했다.

"요즘은 무슨 까닭으로 참여하지 않는가?"

유사눌(柳思訥)이 대답했다.

"대간에서 들어와 참여할 때는 잠자코 한마디 말도 없다가 물러가서는 작은 일을 가지고 갑자기 규탄(糾彈)을 행하니, 이 때문에 참여하지 못하게 한 것입니다."

은이 말했다.

"이는 대체(大體)를 모르는 사람의 행동입니다. 대간에서 관계하는 바는 지극히 무거우니, 근일에 대사(大事)를 논하는데도 대간(臺諫)에서 참여하지 못하는 것을 신은 적이 한스럽게 여깁니다."


**경술일(庚戌日-12일)**에 동교(東郊)에 행차했다가 비가 배려 환궁했다.

○ 평안도 정주(定州) 애도(艾島)에서 돌이 스스로 30자쯤을 옮겨갔다. 서운관(書雲觀) 관원을 보내 해괴제(解怪祭)[10]를 지내게 했다.


**신해일(辛亥日-13일)**에 동교(東郊)에서 매사냥을 구경했다.


**임자일(壬子日-14일)**에 사간원(司諫院)에서 소(疏)를 올렸다. 소는 대략 이러했다.

---

10 자연의 이변(異變)이 있을 때 나라에서 재앙(災殃)의 조짐을 풀기 위해 행하는 제사를 말한다.

'요즘 엎드려 보건대, 아조(衙朝) 뒤마다에 정부(政府)와 육조(六曹) 외의 대소신료들이 민간의 이해와 시정(時政)의 득실(得失)을 말하고 자 할 때는 그 날짜보다 하루 앞서 보단(報單)[11]을 예조(禮曹)에 바치 고, 예조에서는 통례문(通禮門)으로 하여금 승정원에 나아가 고하게 합니다[進告]. 신 등이 가만히 생각건대, 대간(臺諫)이란 본래 언관(言 官)인데 예조에 보고해야만 마침내 언사(言事)를 행할 수 있게 됐으 니 흡족하지 못한 듯합니다[未愜]. 빌건대 보단을 없애고 직접 승정 원에 보고해 아뢰게 하소서.'

또 말했다.

"저부(儲副-세자)를 위해 설관(設官)한 것은 국가의 근본[國本=세 자]을 중히 여기기 때문입니다. 오늘날 경승부(敬承府-세자부)의 원리 (員吏)들이 아사(衙仕-출근)와 시위(侍衛)를 하지 못하는 것은 진실로 바르지 못합니다. 원리들의 죄는 마땅히 징계해야 하나, 원리들의 아 사를 오래도록 폐지하는 것은 안 될 일입니다."

상이 그것들 모두를 따랐다.


**계축일(癸丑日-15일)**에 사헌 장령 강종덕(姜宗德)에게 다시 직사에 나아오라고 명했다.


형조좌랑 이반(李胖)이 부름을 받고[承召] 대궐에 나아갈 때 영사 (令史) 2인이 그를 따랐는데, 도총제 박자청(朴子靑)이 문을 파수하던

---

11 신하가 임금에게 보고할 사항을 먼저 기록해 예조에 바치는 단자(單子)를 말한다.

갑사(甲士)로 하여금 영사를 구타하게 해 들어가지 못했다. 헌부에서 법관(法官)을 가벼이 여기고 업신여겼다고 탄핵하니, 상이 종덕(宗德)을 불러 이 일을 묻고 또 말했다.

"세세한 일을 가지고 대신(大臣)에게 갖춰 묻지 말라고 이미 교지(教旨)를 내렸는데 어찌하여 따르지 않았는가?"

자문(紫門)[12]으로 하여금 청가(請暇)하게 하고 조례(皂隸)를 시켜 그 집으로 압송(押送)하도록 했다. 이윽고 닷새가 지나 종덕에게 출사(出仕)하게 하고 말했다.

"너를 복직(復職)시킨 것은 자청(子靑)을 탄핵한 것이 옳아서가 아니라 육조(六曹)의 청을 따른 것일 뿐이었으니, 지금부터는 이에 그런 일을 조심해야 할 것이다."

○ 의학 제조(醫學提調)에게 명해 의사(醫士)가 읽고 있는 방서(方書)를 고찰하게 했다. 이에 제조가 아뢰어 말했다.

"『본초(本草)』라는 한 책은 상고(上古) 때에 신농씨(神農氏)가 저술한 것으로, 역대의 명의(明醫)들이 (보충해) 편찬(編撰)한 것입니다. 대체로 초목(草木)·금석(金石)·조수(鳥獸)·충어(蟲魚) 등 의약(醫藥)이 될 만한 모든 종류의 것들이 거의 실려 있지 아니함이 없어서, 의가(醫家)의 근본(根本)이 되고 배우는 자가 가장 먼저 힘써야 할 것입니다. 의학을 배우는 자로 하여금 먼저 『본초』를 익히게 하고 의학에 재주 있는 사람을 뽑을[取才] 때도 제일 먼저 이 책을 강(講)하게 해, 그들로 하여금 먼저 약리(藥理)를 밝게 안 뒤에 방서를 읽게 하소서.”

그것을 따랐다.

○ 없어진 절[亡寺]의 종(鍾)을 거둬다가 화통(火㷱)을 주조(鑄造)하도록 명했다.

망사


을묘일(乙卯日-17일)에 상이 상왕을 모시고 동교(東郊)에 행차해 매사냥을 구경하고, 이어서 술자리를 마련했다. 세자 이하 종친(宗親)·대신(大臣)들이 시연(侍宴)해 매우 즐기고서 마쳤다.

○ 의정부 찬성 이숙번(李叔蕃)이 양마(良馬)를 바쳤다.


병진일(丙辰日-18일)에 동부대언(同副代言) 홍여방(洪汝方)[13]을 면직시켰다. 이에 앞서 여방(汝方)이 겸 지형조(知刑曹-형조지사)로 있을 때 정랑 김자양(金自養)과 함께 문성부원군(文城府院君) 유량(柳亮)의 아들 금석(金石)의 노비 송사를 맡아 '영구히 준수(遵守)해야

---

13 아버지는 판서 홍길민(洪吉旼)이다. 1401년(태종 1년) 증광문과에 병과로 급제했다. 이듬해에 원자우동시학(元子右同侍學)이 된 뒤 예문관검열과 사헌부감찰 등을 지냈다. 1410년 지평이 되고, 1414년 집의가 되었다. 이듬해에 동부대언(同副代言)과 지형조사(知刑曹事)를 겸했으나 판결을 잘못한 책임으로 면직됐다. 1415년 복관돼 좌부대언(左副代言)이 된 뒤 1417년 이조참의에 임명됐다. 이어 강원도관찰사가 됐으나, 어머니의 병으로 인해 일시 사직했다가 곧 순승부윤(順承府尹)이 됐다. 1418년 세종이 즉위하자 인수부윤(仁壽府尹)을 거쳐 예조·형조 참판으로 옮겼다. 다음해에는 사은부사(謝恩副使)로 명나라에 다녀온 뒤 대사헌이 됐다. 그러나 병조의 아전(衙前)을 불법으로 책문해 문외출송(門外黜送)을 당했다. 처음에는 장기(長鬐)에 유배됐다가 다시 장단으로 이배됐다. 1426년에 풀려나서 인순부윤(仁順府尹)·평안감사·한성부윤 등을 거쳐 좌군총제(左軍摠制)가 됐다. 이어 경상도관찰사가 됐으나, 진상한 문어가 정결하지 못하다 해서 파직됐다. 1433년 복관돼 전주부윤이 됐고, 1437년 판한성부사에 올랐다.

한다'라는 조항에 따라 4분의 1을 주게 했는데, 사헌부에서 『속육전(續六典)』에 따라 3분의 1을 주고 이어서 여방 등이 오결(誤決)한 죄를 청해 파직된 바 있었다. 이에 여방이 글을 올려 스스로 송사했다[自訟]. 대략 이러했다.

'신이 겸 지형조로 있을 때 금석이란 자가 "수양(收養) 노비"라 일컫고서 전적으로 사역시키려고[全役] 해 그 본종(本宗)의 사람으로 하여금 이것을 다투게 했습니다. 금석이 바친 문서 기록[文記]을 보았더니 "수양(收養)"이라 칭하지 아니하고 마침내 "시양(侍養)"이라 했기 때문에 그 전부를 주는 것은 불가하고, 감등(減等)해서 분급(分給)하고 나머지는 본종(本宗)으로 돌려보냄이 마땅했습니다. (이렇게) 의견이 정해져 결정[決等]이 났는데, 얼마 안 가서 3분과 4분의 숫자가 바뀌어졌으니 이는 신이 아는 바가 아닙니다.'

상이 이 글을 읽어보고 도로 직책에 나오라고 명했다. (그런데) 헌사에서 자양(自養)에게 물었더니, 자양은 여방도 4분의 뜻을 알고 있었다고 했다. 대사헌 이은(李垠)이 아뢰어 말했다.

"여방은 이미 그 직책을 파면했다가 즉시 환직(還職)을 명하셨는데, 불가하지 않겠습니까?"

상이 즉시 여방과 자양을 의금부에 내리고 그 판결 때의 입안초(立案草)를 빙문(憑問)했더니 그 내용에 여방이 윤색(潤色)한 말이 있어, 의금부는 여방 역시 4분의 뜻을 알면서도 거짓으로 망령되게 글을 올린 죄를 청했고 (마침내 상이) 가르쳐 말했다[敎曰].

"여방은 공신의 아들이니 단지 그 직책만 파면하라. 자양은 오결(誤決)뿐 아니라 전일에 승정원에서 빙핵(憑覈)할 때도 사실대로 아뢰지 않았으니 장(杖) 100대, 도(徒) 3년에 처하라."

○ 각 역(驛)의 역승(驛丞)의 인(印)을 고쳤으니 예조(禮曹)가 아뢴 것을 따른 것이다.

○ 개국·정사·좌명(開國定社佐命) 3공신(三功臣)의 영정[影子]을 나눠 내려주었다[分賜]. 영의정부사(領議政府事) 하륜(河崙) 등이 대궐에 나아와 배사(拜謝)했다.

○ 대장(隊長)·대부(隊副)가 당번을 할[入番] 때는 모두 환도(環刀)와 지병(枝兵)[14]을 지참하도록 명했다.

○ 각 도에서 번상(番上)한 시위군(侍衛軍)을 되돌려보내 농사일로 돌아가게 했다[歸農].

○ 상호군 최주(崔宙)를 보내 평안도 도순문사(平安道都巡問使)와 평안도 도안무사(平安道都安撫使)에게 내온(內醞-궁궐의 술)을 내려주고, 상호군 이춘생(李春生)을 보내 영길도(永吉道) 도순문사와 도안무사에게 내온을 내려주었으니 성(城) 쌓기를 감독한 것을 위로한 것이다. 전흥(田興)이 약산성(藥山城)으로부터 돌아오자, (상이) 승정원에 뜻을 전해 말했다.

"정주목사(定州牧使) 우박(禹博)과 도안무사(都安撫使) 신유정(辛有定)은 성 쌓는 감독에 부지런했는데, 우박이 주동이 됐다. 내가 표리(表裏)를 박(博)에게 내려주고 술을 신유정에게 내려주려고 하는데, 어떠하겠는가?"

대답해 말했다.

---

14 가지가 달린 병기(兵器), 예를 들어 삼지창(三枝槍) 같은 것을 말한다.

"군민(軍民)을 영솔해 성루(城壘)를 쌓는 것은 신하의 직무로 마땅히 해야 할 일인데, 어찌 반드시 표리(表裏)로써 상 줘야 하겠습니까?"

상이 옳게 여겼다.


경신일(庚申日-22일)에 동교(東郊)에서 매사냥을 구경했다.

○ 전 진주목사(晉州牧使) 민약손(閔若孫)을 외방(外方)에 유배 보냈다. 약손(若孫)이 진주에 있을 때 정사를 어지럽히고 폐단을 일으켰으며[亂政作弊] 관물(官物)을 사사로이 사용해 헌사(憲司)에서 그
난정 작폐
죄를 청했기 때문이다.


신유일(辛酉日-23일)에 경외(京外)의 죄수 중에서 사죄(死罪)와 불충(不忠)·불효(不孝)를 제외하고는 모두 자원(自願)에 따라 수속(收贖)하도록 명했다. 또 명해 말했다.

"이제부터 노비를 서로 다투는 일과 대소인원(大小人員)의 민망(憫望)한 일은 격고(擊鼓-신문고를 침)해 신문(申聞-호소)하게 하라."


계해일(癸亥日-25일)에 동교(東郊)에 행차해 화통(火㷁) 놓는 것을 구경했다.

○ 공안부(恭安府)·인녕부(仁寧府)·경승부(敬承府)·한성부(漢城府)의 윤(尹) 각 1원(員)과 삼군 총제(三軍摠制) 각 1원, 동지총제(同知摠制) 각 2원, 첨총제(僉摠制) 각 1원을 더 두었다[加設]. 종전에 삼
가설
군(三軍)의 대장(隊長)·대부(隊副)가 매 일군(一軍)마다 각 20인씩이

98

었는데, 이제 중군(中軍)에 대장(隊長) 4인, 대부(隊副) 24인, 좌·우군(左右軍)에 각각 대장 3인, 대부 23인을 더했다. 종전에 십사(十司)의 40령(領)에 대장·대부가 모두 1,750인이었는데, 이제 이를 줄여 670인으로 했다. 삼군(三軍)에 사직(司直) 각 1인, 부사직(副司直) 각 2인, 사정(司正) 3인, 부사정(副司正) 4인을 더 두었다. 원평(原平)·밀양(密陽)·선산(善山)·평산(平山)·춘천(春川)·성천(成川)·숙천(肅川) 등 7개 군(郡)은 1,000호(戶) 이상으로 이를 승격시켜 도호부(都護府)로 삼고, 서흥(瑞興)·재령(載寧) 2개 현(縣)은 1,000호(戶) 이상으로 이를 승격시켜 군(郡)으로 삼았다. 애초에 가르쳐 말했다.

"각 고을[官]을 병합한 것을 백성이 모두 원망하니, 종전대로 하는 것이 어떻겠는가?"

병조판서 김승주(金承霔)가 말했다.

"마땅히 병합할 만한 것은 합쳐 군자(軍資)를 보충해야 합니다. 비록 소민(小民)들이 원망한다 하더라도 어찌 반드시 가볍게 고쳐야겠습니까?"

이조판서 한상경(韓尙敬)이 말했다.

"도리(道里-거리)와 지경(地境-지역)의 멀고 가까움을 다시 상고해, 그 가까운 것은 병합하고 먼 것은 종전대로 나누소서."

상이 옳게 여겨서 다시 승정원과 육조에 명해 갑오년(甲午年-1414년)에 병합한 18개 군(郡)의 편부(便否)를 토의해 아뢰게 했다. (그 결과) 하동(河東)·거창(居昌)·부령(扶寧)·이성(泥城)·풍천(豊川)·덕천(德川)·자산(慈山) 7개 읍(邑)은 옛 이름으로 되돌리고, 거제(巨濟)·남해(南海)·석성(石城)·보안(保安)·은률(殷栗)·맹산(孟山)·박천

(博川)·은산(殷山) 8개 읍을 다시 세웠다. 성달생(成達生)[15]을 우군총제(右軍摠制)로서 경성 병마절제사(鏡城兵馬節制使)와 판경성군사(判鏡城郡事)를 겸하게 하고, 신열(辛悅)을 우군동지총제(右軍同知摠制)로서 삭주도 병마절제사(朔州道兵馬節制使)와 판삭주도호부사(判朔州都護府事)를 겸하게 했다. 총제(摠制)가 번진(蕃鎭)을 겸하는 것은 이때부터 시작된 것이다.

을축일(乙丑日-27일)에 육조에 명해 포백(布帛)으로 세(稅)를 매기는

---

15 아버지는 개성유후사 유후(開城留後司留後) 성석용(成石瑢)이다. 1390년(공양왕 2년) 생원시에 급제하고 부음(父蔭)으로 벼슬에 나갔다. 1400년(정종 2년) 2월 낭장 재직 시에 평소부터 성달생을 총애했던 왕세자(王世子) 정안군(靖安君-태종)의 천거로 호군(護軍)에 초수(超授)됐다. 1402년(태종 2년) 조선 시대 처음 실시된 무과에서 장원으로 급제, 대호군에 승진됐다. 1407년에는 흥덕진병마사(興德鎭兵馬使)로서 그곳에 침입한 왜구를 격퇴했다. 1410년 무과 중시에서 2등으로 급제, 다시 판예빈시사(判禮賓寺事)에 승진했으며, 그 뒤 웅무시위사첨절제사(雄武侍衛司僉節制使)·판성주목사 등을 역임했다. 1415년에는 경성절제사로 파견돼 뛰어난 무예로써 야인 위무에 공헌했고, 다음해 중군동지총제(中軍同知摠制)가 됐다. 1417년 전라도도관찰사 겸 병마도절제사, 1418년(세종 즉위년) 동지총제를 거쳐 내금위 삼번절제사(內禁衛三番節制使)가 됐다. 이해 9월에 상왕(上王)과 세종이 모화루(慕華樓)에서 명나라 사신을 전송할 때, 성달생이 별운검총제(別雲劒摠制)가 되어 칼을 차고 시립(侍立)했다가 세종의 질책을 받고 파직됐다. 같은 해 함길도병마도절제사 겸 판경주목사로 파견되면서 복직됐으나, 곧 강상인(姜尙仁) 옥사에 연루돼 자원안치(自願安置)됐다. 그러나 곧 재능을 발휘할 수 있는 인물이라는 배려로 사면됐다. 1419년 중군총제에 서용됐고, 같은 해 대마도정벌과 관련돼 전라·경상·충청도 수군도처치사(水軍都處置使)에 제수됐다. 그러나 승선을 꺼려 무단 하륙한 일로 논죄된 뒤 연산(連山)에 유배됐다가 곧 사면되고, 다시 좌군동지총제에 서용됐다. 1420년 사은사가 돼 명나라를 다녀온 뒤 경상우도 수군도절제사·경상우도 수군도안무처치사·좌군총제를 거쳤다. 1422년 여연(閭延)에 침입한 야인의 격퇴를 위해 특별히 평안도도관찰사로 파견됐으나, 다음해 관내의 기민을 구휼하지 못했다는 이유로 파직됐다. 1424년에 다시 총제에 서용됐고, 다음해에는 다시 평안도도절제사로 파견됐다. 1427년 공조판서로 입조했다가 진응사(進鷹使)가 돼 두 번째로 명나라를 다녀왔다. 그 뒤 도총제·함길도병마도절제사·함길도도절제사·지중추원사 등을 역임했다. 1444년 안질을 치료하기 위해 충청도 초수리(椒水里)에 행행(行幸)한 세종을 수가(隨駕)했다가 갑자기 사망했다. 성삼문의 친할아버지다.

것을 없애는 것이 편리한지를 토의하게 하고, 또 명해 호패(戶牌)를 고쳐 만들어주는 것을 금년 12월로 한정하라고 했으니, 사간원이 아뢴 것을 따른 것이다.

병인일(丙寅日·28일)에 상이 상왕(上王)을 광연루(廣延樓) 아래로 맞이해 연회를 베풀었다. 세자와 종친이 시연(侍宴)했고, 지극히 즐기고서 마쳤다.

己亥朔 罷大護軍柳漢職 下護軍池含于義禁府 以不能禁駕前
기해 삭 파 대호군 유한 직 하 호군 지함 우 의금부 이 불능 금 가전

汎濫申呈人也.
범람 신정 인 야

永吉道都巡問使李原報易俗事宜. 啓曰: "各官散在向化人 婚嫁
영길도 도순문사 이원 보 역속 사의 계왈 각관 산재 향화인 혼가

不忌異姓四五寸 甚至兄亡取嫂 悖傷倫理. 乞自今一切禁斷 以變
불기 이성 사오 촌 심지 형망 취수 패상 윤리 걸 자금 일절 금단 이변

汙俗 如有違者依律坐罪." 從之.
오속 여유 위자 의율 좌죄 종지

流前全羅道都觀察使金廷雋 都事權克中于外方.
유 전 전라도 도관찰사 김정준 도사 권극중 우 외방

命議政府 六曹擧才堪將帥者.
명 의정부 육조 거재 감 장수 자

庚子 收檢校漢城尹楊弘達 判典醫監事曺聽等職牒 旣已還給
경자 수 검교 한성윤 양홍달 판전의감사 조청 등 직첩 기이 환급

更命弘達仕于濟生院; 聽仕于惠民局. 雖微者疾病 親診 候療治
갱명 홍달 사우 제생원 청 사우 혜민국 수 미자 질병 친진 후요치

如有不謹 申聞罪之. 以中宮未寧服藥 而不啓食忌故也.
여유 불근 신문 죄지 이 중궁 미령 복약 이 불계 식기 고야

辛丑 詣仁德宮獻壽.
신축 예 인덕궁 헌수

禮曹與儀禮詳定所上諸祀儀. 參稽古典及今朝廷禮制 詳定
예조 여 의례상정소 상 제 사의 참계 고전 급금 조정 예제 상정

宗廟親祫儀 攝事儀 朔望奠儀 祈告儀 薦新儀 祭中霤儀
종묘친협의 섭사의 삭망전의 기고의 천신의 제중류의

文昭殿親享儀 風雲雷雨壇祈雨儀以獻.
문소전친향의 풍운뢰우단기우의 이헌

命犯罪人職牒 東班收納吏曹 西班兵曹 從吏曹之請也. 先是
명 범죄인 직첩 동반 수납 이조 서반 병조 종 이조 지청 야 선시

刑曹 司憲府 義禁府決罪人職牒 各收納於其司.
형조 사헌부 의금부 결죄 인 직첩 각 수납 어 기사

102

命健元陵禁火地外 聽民耕墾. 以李陽達言 草樹暢茂 若卒有野火
난어 박멸 고야

難於撲滅故也.

壬寅 命城中五家共鑿一井. 先是 京都旱則乏水 民頗苦焉 至是
便之.

檢校議政府參贊偰眉壽卒. 眉壽字天用 大元 古昌人 崇文監丞
伯僚遜之子也. 母趙氏 性嚴 敎之有法. 歲丙辰 年十八中第 歷仕
中外. 永樂癸未 以工曹典書 齎朝廷易換馬籍赴京 奏免數內欠少馬
二十二匹. 丁亥 以漢城府判事 奉表赴京 賀甘露醴泉 仍奏免 起取
失加所管 察罕失剌不花十二戶人口. 時適皇后崩逝 告稟禮部 以
衰絰入哭 帝稱其秉禮之邦 異於他蕃 深加嘆賞 錫與尤厚. 還拜
知議政府事. 己丑 進賀聖節 仍乞免貢金銀 爲禮部誚詰不奏. 卒
輟朝 賜祭致賻. 眉壽孝友恭謹 四兄皆失歿 撫恤孤幼. 仲兄延壽
無嗣 於侍婢有息一女戚混. 嫂隷眉壽 告嫂氏俾許爲良 携養裝嫁.
其在政府 務崇寬大 不喜紛更 所在威惠竝濟. 諡曰恭厚. 一子猷.

癸卯 命議政府 六曹 講究和人心之事以聞. 上曰:"受衘朝後
議政府 六曹外大小臣僚 皆得進啓時政得失 民間利害. 其常行公事
各於仰曹呈報施行." 參贊柳廷顯上言:"人和之道 在於得道 得道
之術 不過坐朝. 願於六衙日坐正殿 大小臣民申訴 親自覈實 斷以
大義 則無壅蔽之患 而人心和矣." 上覽之 批其末云:"右條非人和
之術 乃至愚無知之人 不識每衙日受朝 每日常與政府 六曹 功臣

聽政之實 徒布揚君臣之過 非政府大臣之言也." 廷顯惶恐 詣闕
청정 지실 도 포양 군신 지과 비 정부 대신 지언야 정현 황공 예궐

謝罪.
사죄

乙巳 以許稠爲漢城府尹 黃子厚仁寧府尹 李貴山開城副留後
을사 이 허조 위 한성부윤 황자후 인녕부윤 이귀산 개성 부유후

禹希烈忠淸道都觀察使.
우희열 충청도 도관찰사

丙午 議政府 六曹議啓和人心條目:
병오 의정부 육조 의계 화 인심 조목

"一 二品已上婢妾所生 已蒙上許限品受職 三品已下婢妾所生
일 이품 이상 비첩 소생 이몽 상허 한품 수직 삼품 이하 비첩 소생

未蒙幷許. 三品所生限六品 四品所生限七品 五六品所生限八品
미몽 병허 삼품 소생 한 육품 사품 소생 한 칠품 오륙 품 소생 한 팔품

七八品所生限九品 九品權務所生限學生 庶人所生限白丁 以
칠팔 품 소생 한 구품 구품 권무 소생 한 학생 서인 소생 한 백정 이

辛丑年後 當身故者子孫及辛丑年前 從良受職有明文者之子孫 皆
신축년 후 당신 고자 자손 급 신축년 전 종량 수직 유 명문 자지 자손 개

許稱爲限品子孫 以立軍役. 上項各品賤妾子孫所生 能自贖身者 亦
허 칭위 한품 자손 이립 군역 상항 각품 천첩 자손 소생 능자 속신 자 역

依上項例立軍役. 有以祖父母骨肉 甘心役使 不爲現告者 許諸人
의 상항 례 입 군역 유 이 조부모 골육 감심 역사 불위 현고 자 허 제인

陳告 以其祖父母傳來奴婢 一半告者充賞 一半屬公.
진고 이기 조부모 전래 노비 일반 고자 충상 일반 속공

一 功臣子壻弟姪三品已下 稱爲功臣子弟衛 許令分番侍衛.
일 공신 자서 제질 삼품 이하 칭위 공신 자제위 허령 분번 시위

一 大小各品子壻弟姪無役者 亦依上項例 稱爲各品子弟衛 分番
일 대소 각품 자서 제질 무역 자 역 의 상항 례 칭위 각품 자제위 분번

侍衛.
시위

一 受田各品官年六十六歲以上及疾病現著者 許令子壻代立
일 수전 각 품관 연 육십 육세 이상 급 질병 현저 자 허령 자서 대립

侍衛.
시위

一 農工商賈 均爲國民 農家之苦尤甚 猶且十分稅一 工及商賈
일 농공 상고 균위 국민 농가 지고 우심 유차 십분 세일 공급 상고

不曾有稅. 雖不十分稅一 許令三十分稅一 以補軍國之用 免其月稅
부증 유세 수불 십분 세일 허령 삼십 분 세일 이보 군국 지용 면 기 월세

三十分取一. 每楮貨三十張 取其一張 未滿三十張 其稅不滿一張者
삼십 분 취일 매 저화 삼십 장 취 기일 장 미만 삼십 장 기세 불만 일장 자

以紙及米 計取原物價 未直二張者免稅 農器貿易者免稅.
이 지 급 미 계취 원물가 미직 이장 자면세 농기 무역 자면세

一 古者 募入民粟塞下 以補軍需. 許令諸人納穀 東西北面各官
일 고자 모입 민속 새하 이보 군수 허령 제인 납곡 동 서북면 각관

換受南道各官 勿論皮穀造米 隨其自備而納 勿禁雜物貿易.
환수 남도 각관 물론 피곡 조미 수기 자비 이납 물금 잡물 무역

一 軍政不可不嚴 自大小將至於士卒 相接之禮 階級高下 令攸司
일 군정 불가 불엄 자 대소 장 지어 사졸 상접 지례 계급 고하 영 유사

明白詳定 幷軍律頒布施行 使人人講誦 習於耳目 潛消驕氣 自然
명백 상정 병 군율 반포 시행 사 인인 강송 습어 이목 잠소 교기 자연

和順 臨機任使.
화순 임기 임사

一 從前日五升布時 外方凡貿易 不專用之 乞令戶楮貨及收贖外
일 종 전일 오승포 시 외방 범 무역 부전 용지 걸령 호 저화 급 수속 외

以雜物貿易勿禁.
이 잡물 무역 물금

一 諸色匠人工作外 使令及丘從禁斷.
일 제색장인 공작 외 사령 급 구종 금단

一 令各道軍丁 皆備私軍器. 各道節制使營及各鎭前例月課
일 영 각도 군정 개비 사 군기 각도 절제사 영 급 각진 전례 월과

界首官月課數目 推考減省."
계수관 월과 수목 추고 감생

上皆從之 唯稅工商一節不允.
상 개 종지 유세 공상 일절 불윤

始置補充軍. 議政府 六曹受敎擬議啓: "各領 隊副 許免雜役
시 치 보충군 의정부 육조 수교 의의 계 각령 대부 허면 잡역

全爲講習武藝 分番侍衛. 以中外稱干稱尺者 依前朝例 定立補充軍
전위 강습 무예 분번 시위 이 중외 칭간 칭척 자 의 전조 례 정립 보충군

三千 以六千爲奉足 其鹽干依舊本役何如?" 命依擬議所啓施行.
삼천 이 육천 위 봉족 기 염간 의구 본역 하여 명 의 의의 소계 시행

兵曹啓: "大小人員限品子孫 曾屬司宰監水軍者及遺漏閑役
병조 계 대소인원 한품자손 증 속 사재감 수군 자 급 유루 한역

者推刷 皆屬補充軍. 且自今各品婢妾所生 其父歿後 除屬
자 추쇄 개 속 보충군 차 자금 각품 비첩 소생 기부 몰후 제 속

司宰監 幷屬補充軍. 又各品賤妾所生贖身者 依自己婢妾所生例 屬
사재감 병 속 보충군 우 각품 천첩 소생 속신 자 의 자기비첩 소생 례 속

補充軍." 從之.
보충군 종지

召宗親 擊毬於廣延樓下 仍置酒極歡.
소 종친 격구 어 광연루 하 잉 치주 극환

命義禁府還給李堂 李椒收贖 上聞其家甚貧也.

司憲府大司憲李垠請令臺諫入參朝啓 不允. 上曰: "卿爲代言時

臺諫入參乎?" 垠對曰: "有之." 上曰: "近何故未參?" 柳思訥對曰:

"臺諫入參時 黙不一言 退以小事輒行彈糾 是以未參." 垠曰: "是

未知大體者之所爲也. 臺諫所係至重 近日論議大事 而臺諫不與 臣

竊以爲恨."

庚戌 幸東郊 以雨還.

平安道定州艾島有石自移三十尺許. 遣書雲觀員 行解怪祭.

辛亥 觀放鷹于東郊.

壬子 司諫院上疏. 疏略曰:

'近伏見 每衙朝後 政府六曹外 大小臣僚欲言民間利害 時政得失

者 前一日呈報單于禮曹 禮曹許令通禮門進告承政院. 臣等竊謂

臺諫本是言官 報於禮曹 乃得言事 似爲未愜. 乞令除報單 直告

承政院以聞.'

又言:

"爲儲副設官 以其重國本也. 今敬承府員吏 不得衙仕侍衛 誠爲

未便. 員吏之罪 在所當懲 員吏衙仕 不可曠廢."

上皆從之.

癸丑 命司憲掌令姜宗德復就職. 刑曹佐郎李胖承召詣闕 令史

二人隨之. 都摠制朴子靑令把門甲士歐令史不得入 憲府劾其輕慢

法官. 上召宗德而問之 且曰: "毋以細事問備大臣 已有教旨 何爲
不從?" 令紫門請暇 使皂隷押送其家. 旣五日 令宗德出仕曰: "俾爾
復職 非以彈劾子靑爲是 因六曹之耳 自今其謹之."

命醫學提調 考察醫士所讀方書. 於是 提調啓曰: "本草一書 上古
神農之所著 歷代明醫之編撰. 凡草木 金石 鳥獸 蟲魚等庶類 可以
爲醫藥者 無不該載 醫家之根本 學者之先務也. 使學醫者先習本草
又於醫學取才時 首講此書 使之先明藥理 後及方書." 從之.

命收亡寺鍾 鑄火㷁.

乙卯 上奉上王幸東郊 觀放鷹 仍置酒. 世子以下宗親大臣侍宴
極歡而罷.

議政府贊成李叔蕃獻良馬.

丙辰 同副代言洪汝方免. 先是 汝方兼知刑曹 與正郎金自養將
文城府院君柳亮子金石所訟奴婢 從永爲遵守條畫 給四分之一.
司憲府從續六典給三分之一 仍請汝方等誤決之罪而罷職. 汝方
上書自訟. 略曰:

'臣於兼知刑曹時 有金石者稱收養奴婢欲全役 使其本宗之人
爭之. 臣觀金石所納文記 不稱收養 乃侍養也. 不可全給 宜減等
分給之 餘當歸於本宗. 定議出決等未久 而得代其三分 四分之數
則非臣所知.'

上覽之 命還就職. 憲司問於自養 自養對以汝方亦知四分之意.

大司憲李垠啓曰: "汝方旣罷其職 而卽命還職 無乃不可乎?" 上

卽下汝方 自養于義禁府 憑問其決立案草內 有汝方潤色之語 故

義禁府啓請汝方亦知四分之意 而誣妄上書之罪 敎曰: "汝方 功臣

之子 但罷其職; 自養不唯誤決 前日承政院憑覈之時 啓不以實 杖

一百 徒三年."

改各驛丞印 從禮曹之啓也.

分賜開國 定社 佐命功臣影子. 領議政府事河崙等詣闕拜謝.

命隊長隊副入番時 皆持環刀及有枝兵.

放各道番上侍衛軍歸農.

遣上護軍崔宙 賜醞于平安道都巡問使 都安撫使; 上護軍李春生

賜醞于永吉道都巡問使 都安撫使 慰監築城子也. 田興還自藥山城

傳旨承政院曰: "定州牧使禹博與都安撫使辛有定勤於監築 而禹博

爲主. 予欲賜表裏於博 賜醞於有定何如?" 對曰: "率軍民築城壘

臣職所當爲 何必賞以表裏?" 上然之.

庚申 觀放鷹于東郊.

流前晉州牧使閔若孫于外. 若孫在晉州 亂政作弊 私用官物 憲司

請其罪也.

辛酉 命京外罪囚 除死罪及不忠不孝外 皆許自願收贖. 且命曰:

"自今奴婢相訟事 大小員人 閔望事 擊鼓申聞."

癸亥 幸東郊 觀放火熥.

加設恭安 仁寧 敬承 漢城府尹各一 三軍摠制各一 同知摠制

各二 僉摠制各一. 在前三軍隊長隊副每一軍各二十 今加中軍隊長

四 隊副二十四 左右軍各隊長三 隊副二十三. 在前十司四十領隊長

隊副並一千七百五十 今減六百七十 加設三軍司直各一 副司直各二

司正三 副司正四.

原平 密陽 善山 平山 春川 成川 肅川七郡以一千戶已上陞爲

都護府 瑞興載寧二縣以一千戶已上陞爲郡. 初 敎曰: "各官併合

民皆怨之 依前若何?" 兵曹判書金承霔曰: "可當併者合之 以補

軍資. 雖小民怨之 何必輕改?" 吏曹判書韓尙敬曰: "更考道里

地境之邅近 其近者併之 其遠者依舊分之." 上然之 又命承政院及

六曹 議甲午年併合十八郡便否以聞. 河東 居昌 扶寧 泥城 豐川

德川 慈山七邑復舊號 巨濟 南海 石城 保安 殷栗 孟山 博川 殷山

八邑復立. 成達生 右軍摠制 鏡城兵馬節制使兼判鏡城郡事 辛悅

右軍同知摠制 朔州道兵馬節制使兼判朔州都護府事. 以摠制兼

藩鎭 自此始.

乙丑 命六曹議布帛著稅革除便否 且命號牌改成給 限以今年

十二月 從司諫院之啓也.

丙寅 上迎上王于廣延樓下設享 世子及宗親侍宴 極歡而罷.

태종 15년 을미년
4월

# 四月

무진일(戊辰日-1일) 초하루에 동교(東郊)에서 매사냥을 구경했다. 거가(車駕)를 살곶이[箭串]에 멈추고 갑사(甲士)·방패(防牌)로 하여금 각투(角鬪)하게 하고 또 화통군(火㷁軍)으로 하여금 화통을 쏘게 해서 구경하고, 능한 자에게는 상을 주었다.

○ 예조에서 산천(山川)의 제례(祭禮)를 아뢰었다. 아뢰어 말했다.

"종전까지는 춘추(春秋)의 중월(仲月)을 당할 때마다 제사를 행했는데, 갑오년부터 「월령(月令)」에 의거해 5월에 이르러 또 제사를 지내고 있습니다. 빌건대 구제(舊制)에 의거해 단지 춘추의 중월에만 제사하게 하소서."

그것을 따랐다.

○ 대가 앞[駕前]에서 신정(申呈-호소)하는 것을 금지했다. 가르침을 내려 말했다.

"노비를 서로 송사하는 것이 본래 국가의 대체(大體)에 관계되는 것은 아니다. 다만 여러 해 동안 판결을 끝내지 못해 골육(骨肉)끼리 상잔(相殘)함에 이르게 된 까닭에 계사년(癸巳年-1413년) 9월 초1일 이전에 신정해 노비를 서로 소송한 것은 모조리 중분(中分)하도록 하고, 또 갑오년(甲午年-1414년) 6월에 변정도감(辨正都監)을 설치한 후 한정한 연내[限年]에 신정하지 않고 잉집(仍執)·거집(據執)·합집(合執)하고 있는 사건 및 이전의 판결로 인해 움직일 수 없는 사건, 그리고 경진년(庚辰年-1400년)에 변정도감에 이송한 공문[關字]이 아직 회부되지 아니한 사건과, 병술년(丙戌年-1346년)에 친히 서명함에 미치지 못한 사건 등은 모두 중분하게 했다. 그러나 대소(大小)의 인민 중에서 경외(京外)의 변정도감에서 판결한 사건을 가지고 오결(誤決)이라 칭하며 대가 앞에서 친히 신정하는 자가 분분히 일어났으므로, 이를 즉시 육조(六曹)에 나눠주어 분간(分揀)하게 했다. (그리고) 지난해 12월에 사실을 오결(誤決)한 것과 잘못을 수리(受理)하지 아니한 것 등의 사건은 격고(擊鼓)해 신정(申呈)하되 이를 한정하기를 갑오년 12월 30일로 하고, 을미년(乙未年-1415년) 1월 초1일을 시작으로 한결같이 모두 금지하라는 일로써 다시 교지(教旨)를 내렸으니, 신정한 고소장[所志]의 수가 800여 통에 이르렀다. 이리하여 형조(刑曹)의 아룀에 따라, 시비(是非)를 묻지 말고 모조리 중분해 쟁단(爭端)을 영구히 끊어 없애려고 기한(期限)을 보였다. (그랬더니) 간사한 무리가 고(擊鼓)함을 당해 스스로 그 잘못을 알고 외축(畏縮)돼 소장을 올리지 못하다가 시비를 묻지 말고 모조리 중분하라는 말을 듣고서는 서로 탐을 내며 노비를 얻는 것을 달게 여기고 대체(大體)를 돌보지 아니하여, 교지(教旨)를 따르지 않고 대가 앞에서 신정하게 되니, 떼를 이뤄 사로이 모임에 죄악이 심중(深重)하다. 이 뒤로 만약에 위 조항에 해당하는 사람들이 있으면 수속(收贖)하지 말고 율에 의거해 장형(杖刑)으로 처결하고, 현재 부리고 있는 노비는 모조리 속공(屬公)하도록 하라."

기사일(己巳日-2일)에 금주령을 내렸다.

○ 호조에서 수세법(收稅法)을 올렸다. 호조와 2품 이상이 의견을 모아[同議] 아뢰었다.
<sub>동의</sub>

"공장(工匠)·상고인(商賈人)의 세(稅)는 이익을 취하는 다소에 따라 3등분해서, 상등(上等)은 매월 저화(楮貨) 3장을, 중등(中等)은 2장을, 하등(下等)은 1장을 바치게 하고, 행상(行商)의 세는 매월 2장, 좌고(坐賈-좌판 상인)의 세는 1장을 바치게 하되 항시(巷市)[1]는 이 한계에 두지 마소서. 그리고 장랑세(長廊稅-일종의 점포세)는 매 한 칸마다 봄가을 두 차례에 각각 1장씩을 바치게 하소서."

그대로 따랐는데. 이는 대개 저화를 통행시키기 위해서였다.

○ 제주(濟州)의 수조법(收租法)을 정했다.


목사(牧使) 오식(吳湜)이 보고했다.

'본 고을은 땅이 척박하고 백성이 가난한 데다가 전세(田稅)도 법(法)이 없어서 백성이 매우 괴롭게 여깁니다. 정해진 법식(法式)에 따라 조세를 거두게 허용해주소서.'

가르쳐 말했다.

"그곳 지품(地品-토지 등급)에 따라 차등을 두어 시행하라."

○ 첨총제(僉摠制) 엄유온(嚴有溫)에게 장(杖) 100대를 수속(收贖)하도록 명했다. 유온(有溫)이 호조(戶曹)의 영사(令史) 정부(鄭富)를 꾀어 전지(田地)의 문서를 위조해서 조세(租稅)를 거뒀는데, 헌사(憲司)

---

1  국가에 국상(國喪)이 있거나 한재(旱災) 등이 발생했을 때, 시장(市場)을 일시 닫고 대신 각 마을의 저잣거리에서 장(場)을 열어 생필품을 거래하는 일을 말한다.

에서 그 죄를 청했기 때문이다.


  신미일(辛未日-4일)에 화통군(火㷁軍) 400명을 더 두어[增置] 이전
의 600명과 합쳐 1,000명으로 했다. 섭대장(攝隊長)·섭대부(攝隊
副)와 보충군(補充軍)과, 사재감(司宰監) 소속의 자기비첩(婢妾) 자
손 중 장실(壯實)한 자들로써 인원을 채워 넣어[充額] 연습하게 했다
[肄習].


  임신일(壬申日-5일)에 동해(東海)의 물이 넘쳤다. 영일(迎日)부터 길
주(吉州)까지 바닷물의 높이가 5척에서 13척까지나 돼 육지를 덮은
것이 어떤 곳은 5~6척이었고 어떤 곳은 100여 척에 이르렀으니, 물
이 들고나는 것이 조수(潮水)와 같았다. 또 삼척(三陟)과 연곡(連谷)
등지에서는 바닷물이 줄고 넘치기[縮溢]를 5~6차례나 했는데, 넘칠
때는 5~60척에 달했고 줄 때도 40여 척이나 됐다.


  계유일(癸酉日-6일)에 경상도 밀양(密陽) 사람 최원(崔元)의 아내가
한꺼번에 두 아들을 낳으니, 명해 쌀과 장(醬)을 내려주었다. 그 부인
은 일찍이 신묘년(辛卯年-1411년)에도 한꺼번에 두 아들을 낳았다.
  ○ (경상도) 제창현(濟昌縣-거제현과 거창군이 합친 행정 역) 김양덕(金
陽德) 집의 소가 한꺼번에 송아지 2마리[二犢]를 낳았다.


  갑술일(甲戌日-7일)에 영흥부(永興府) 가법이(加法伊)의 바닷물이 혹
은 넘치고 혹은 줄어들었는데, 그것이 넘칠 때는 45척이나 됐다가

미시(未時)에 이르러 보통 때는 20척으로 줄어들었고 신시(申時)에 이르러서야 그전의 물길이 됐다.

○ 삼군(三軍)에 사직(司直) 2원(員)과 부사직(副司直) 4원, 사정(司正) 5원, 부사정(副司正) 6원씩을 추가로 두었다[加設].
가설

**을해일(乙亥日-8일)**에 명해 송충(松蟲)을 잡게 했다. 백악산(白岳山)과 사한(沙閑) 등지의 솔잎을 먹었기 때문이다.

**병자일(丙子日-9일)**에 공안부윤(恭安府尹) 민무회(閔無悔, ?~1416년)[2]와 전 병조참의(兵曹參議) 윤사영(尹思永), 전 황주목사(黃州牧使) 염치용(廉致庸), 전 판전농시사(判典農寺事-전농시 판사) 권집지(權執智) 등을 의금부에 내렸다.

---

2  1402년(태종 2년) 주부(主簿)로서 생원시에 합격하고, 같은 해 식년 문과(式年文科)에 을과로 급제했다. 1407년 이성군(利城君)에 봉해지고 벼슬이 공안부윤(恭安府尹)에 이르렀다. 1415년 공안부윤으로 있을 때 황주목사(黃州牧使) 염치용(廉致庸)이 노비 문제에 관하여 충성스럽지 못한 말을 한 것을 듣고도 보고하지 않은 죄로 연루돼 그해 직첩(職牒)을 빼앗기고 서인이 됐다. 애초에 이 사건은 비교적 단순한 노비 결송 사건(奴婢決訟事件)에 지나지 않았는데, 그러던 것이 옥사로 발전돼 마치 민무구(閔無咎)·민무질(閔無疾) 형제의 옥을 연장한 것과 같은 양상을 띠게 됐다. 같은 해 6월, 민무회와 형 민무휼(閔無恤)에 대한 세자의 갑작스러운 발언으로 형세가 더욱 불리하게 됐다. 그것은 전년 4월 원경왕후가 병이 들었을 때 세자와 민무휼과 함께 병을 돌보는 자리에서, 민무회와 민무휼이 성격을 고치려는 생각이 전혀 없고 허망한 말만 하고 다닌다는 내용이었다. 당시 세자는 학문에 뜻을 두지 않고 성격이 호탕해 태종의 뜻에 맞지 않았다. 이런 상황에서 세자는 자신의 불명예를 씻고 입지를 세워보려는 목적에서 자신과 행동을 같이해온 민무회·민무휼의 죄를 드러냈던 것 같다. 민무회는 세자와 대질해 대체로 일이 밝혀짐에 따라 원하는 곳에서 유배 생활을 하게 됐다. 그 뒤 대간의 상소로 원윤(元尹) 이비(李裶)의 참고사건(慘苦事件)이 밝혀지자, 민무휼과 함께 유배지에서 압송되어 국문을 받게 됐다. 이때 민무회는 형 민무구 등이 죄없이 죽었다고 항변하다가 오히려 목숨을 단축시키고 말았다. 국문이 끝나자 청주로 쫓겨나서, 4일 만에 유배지에서 스스로 목숨을 끊었다.

애초에 치용(致庸) 등이 내섬시(內贍寺)에서 덕천고(德泉庫)의 선두안(宣頭案)³을 합속(合屬)할 때, 현재 전전(殿前)에 소속시킨 강보검(姜甫儉)이 잉진의(芿珍衣)의 딸에게 장가들어 낳은 자식을 갖고서 조상(祖上) 윤석(尹碩)의 아내 이씨(李氏)가 중[僧] 일분(日芬)에게서 전해 받은 비(婢) 점물(占勿)의 소생이라 해서, 도관(都官)에게 판결을 얻어 역사(役使)시키는 것처럼 사연을 꾸미니, 보라진(甫羅進)과 함께 형조(刑曹)에서 대론(對論-대질 심문)했다. 형조에서 핵실(覈實-실상을 파헤침)해 아뢰어 말했다.

"덕천고의 선두안(宣頭案) 중에서 기해년(己亥年-1359년)에 이미 소속시킨 경우에는 판결을 통해 내섬시에 소속하게 하니, 그 판결을 통해 얻은 노비를 윤석의 자손 쪽[處]에 결급(決給)하는 것이 어떻겠습니까?"

상이 아직도 상고(相考)함에 미진(未盡)한 곳이 있다고 여겨 사헌부에 내려 핵실하게 했다. 사헌부에서도 신축년(辛丑年-1361년)의 한년(限年) 이전의 일이라 해서 어렵게 여기고 의견이 형조와 같았는데, 상은 여전히 그것이 마땅하지 못한 것을 의심스럽게 여겨서 육조(六曹)와 대언(代言) 등에게 명해 다시 옳고 그름을 토의하게 했다. (마침내) 모두 내섬시에 소속시키게 되자, 치용이 그 분을 이기지 못해 무회(無悔)의 집에 가서 거짓말로 이렇게 말했다.

"종 서철(徐哲) 등은 큰 부자(富者)인데, 뇌물로 은정(銀釘)을 혜선

---

3  내수사(內需司)에 속하는 노비(奴婢)를 20년마다 자세히 조사해서 새로 만들어 임금에게 바치던 원적부(原籍簿)를 말한다.

옹주(惠善翁主) 홍씨(洪氏)⁴에게 상납하고[納賂] 좋은 말을 영의정 하류(河崙)에게 주어, 이를 인연(夤緣)으로 삼아서 상(上)께 계청(啓請)해 내섬시에 속하게 됐습니다."

며칠 있다가 무회가 충녕대군(忠寧大君)을 만나뵙고[謁] 그 노비의 근각(根脚)을 고하고 또 치용의 말을 고했다. 대군이 즉시 상에게 아뢰니, 상은 승전환관(承傳宦官) 최한(崔閑)을 시켜 승정원에 명을 전해 말했다.

"내가 부끄러운 말[慙愧之言]을 들으니 도리어 경들을 보기에 부끄럽다."

호조판서 박신(朴信), 예조판서 황희(黃喜), 지신사 유사눌(柳思訥), 좌부대언(左副代言) 조말생(趙末生)과 무회를 부르고 이어서 치용과 사영(思永)·집지(執智) 등을 불러서, 이미 분간해 속공한 노비를 가지고서 도리어 오결(誤決)이라고 억지 변정한 이유가 무엇인가라고 묻자 치용·사영·집지 등이 말했다.

"억지로 변정한 말은 없습니다."

상이 말했다.

"내가 듣건대 치용은 나더러 대신 하륜과 그의 시첩(侍妾) 가이(加伊)의 말을 듣고 내섬시에 소속시켰다고 했다. 그렇다면 내가 아무 일[某事]에 있어서 대신과 그 시첩의 말을 듣고서 일을 부당하게 처리했다는 말인가? 마땅히 치용에게 물어야겠다."

---

4  기생 출신 후궁이다. 기생 관명은 가희아(可喜兒)이며, 보천 출신으로 가무에 능한 무기로 기록돼 있다.

치용이 황송해 제대로 대답하지 못했다.

뜻을 전해 말했다.

"사영 등 3인은 '공처노비(公處奴婢-공노비)를 숨겨서[容隱] 사용한
일'로써 죄를 정하고[取勘], 치용에 대해서는 '없는 일을 가지고 대신
과 그 시첩이 뇌물을 받았다고 말해 해를 끼친 것'을 아울러 취해서
죄를 정하라."

공사(供辭)를 받기[受辭]를 마치자 치용을 의금부에 내렸다. 집지
는 무회의 장인[婦翁]이다.

○ 2품 이상에게 명해, 성안의 집터[家基]와 시중(市中)의 포백(布
帛)에 대해 세(稅)를 거두는 것의 편리함 여부를 토의하게 했다. 병조
판서 김승주(金承霔) 등이 말했다.

"포백세(布帛稅)[5]는 거둘 수 있으나 가기세(家基稅)[6]는 면제해야 합
니다."

호조판서 박신(朴信) 홀로 이렇게 말했다.

"두 가지 세를 마땅히 다 거둬야 합니다."

(두) 의견이 올라가니 상이 이를 어렵게 여겨 우대언(右代言) 한상
덕(韓尙德)으로 하여금 3의정(議政-정승)의 집에 가서 묻게 했다. 남
재(南在)와 이직(李稷)은 모두 일러 말했다.

"민호에 세를 거두는 법[稅戶之法]은 옛 제도에도 약간 있고 시행
한 지도 여러 해가 됐으며, 더욱이 저화(楮貨)를 사용해 세금을 받는

---

5   포백(布帛)을 사고팔 때 거두는 세금이다.
6   서울의 집터에 해마다 매기는 세금이다.

것은 마땅한 일이어서 해(害)가 없을 것입니다. 포백세 같은 것으로 말하면 옛날에는 없었던 것이며, 이미 장사치[商賈]에게 세를 매기면서[征] 또다시 세전(稅錢)을 받는다면 이것은 두 차례나 세를 받는 것입니다. 더구나[況] 원방(遠方)의 군졸(軍卒)들이 포(布)를 지고 와서 쌀을 살 때 세월을 보내는[度日] 자가 많아져서 백성이 반드시 괴롭게 여길 것입니다."

하륜(河崙)이 말했다.

"이제 하나의 법[一法]을 제정해 마땅히 만세(萬世)에 드리워야 할 것입니다. 집터에 대해 세를 받는 것은 전해오는 기록에 실려 있지 아니하고 중국에서도 포백에 대해 세를 받는 일은 없습니다만, 조정(朝廷-명나라 조정)에서 바야흐로 쓰고 있고 저화의 법을 쓰는 데 도움이 된다면 취하지 않을 수 없습니다."

상덕(尙德)이 마침내 두 의정의 의견을 륜(崙)에게 고하니, 륜이 대답해 말했다.

"만약 그렇다면[儻爾則] 갑사(甲士)는 세를 면제해주는 것이 좋을 것이다."

다음날 상이 여러 판서에게 '어제의 하륜의 의견'을 갖고서 말하니 모두 함호(含糊)[7]하고 대답하지 못했는데, 오직 박신만은 마땅히 거둬야 한다고 힘써 말했다. 상이 이 말을 옳게 여겨, 드디어 포백세와 가기세를 모두 거두도록 명하고, 이어서 외방(外方)에서 번상(番上)한 숙위 별패(宿衛別牌)와 외패(外牌)·갑사(甲士) 등은 쌀을 바꿀 포백을

---

7 말을 입안에 우물거리고 분명치 않게 말한다는 뜻이다.

병조에 고해 표(標)를 달고 저자로 나아가게 해서 모두 세를 받지 말도록 명했다.

정축일(丁丑日-10일)에 선공감(繕工監)에 명해 목수(木手)의 적(籍)을 두게 했다. 선공에 새로 소속된 목수 중에서, 본 주인[本主]이 데리고 있는 종[奴子]과 외방(外方)에 사는 사람을 제외하고, 이전의 소속을 통산해 재주가 숙련된 자 100명을 잘 골라 적(籍)에 올리게 했다.

무인일(戊寅日-11일)에 편전(便殿)에서 일을 보았다[視事]. 하륜(河崙)·남재(南在)·이직(李稷)과 육조판서·대언 등을 불러서 만나보고 일을 토의하고[議事], 이어 술자리를 베풀었다.

○ 검교 한성윤(檢校漢城尹) 오진(吳眞)에게 그 향(鄕-본향)을 해주(海州)로 내려주었다. 진(眞)은 한인(漢人-중국 사람)인데, 향(鄕)을 내려서 적(籍)을 붙여달라고 청했기 때문이다.

○ 전 대흥현감(大興縣監) 홍여간(洪汝簡)을 의금부에 내리고 그 직첩(職牒)을 거두고서 과단(科斷)했다. 애초에 검교 참찬(檢校參贊) 홍잠(洪潛)이, 그 비첩(婢妾) 송덕(松德)이 시병(侍病)을 지성껏 했다[盡孝]고 해서 그녀에게 가재(家財)·잡물(雜物)과 함께 노비를 아울러 20구(口)를 주고 죽었는데, 그 아들 여간(汝簡)이 송덕을 구타해 다치게 하고 가재와 노비를 빼앗아 갔다. 송덕이 헌부(憲府)에 송사하니, 헌부에서 여간을 '탐오(貪汚)하고 풍속을 깨트리고 어지럽힌 죄'로 논했기 때문이다.

○ 김정준(金廷雋)을 경외종편(京外從便)[8]하도록 명했다.

○ 민무회(閔無悔) 등 4인을 풀어줬다. 지신사(知申事) 유사눌(柳思訥)과 대언(代言) 서선(徐選) 등이 아뢰었다.

"무회(無悔)는 실로 치용과 같이 내통해 '뇌물의 말'을 망령되게 발설해 혜선옹주(惠善翁主)를 함부로 지적해서[汎指] 말이 군상(君上)에게까지 미쳤습니다. 그리고 대신(大臣)을 슬그머니 배척해[陰斥] 자기의 사욕을 채우려 했으니, 그 불충한 형적이 이미 드러났습니다. 지금 만약 용서하고서 죄를 주지 않는다면, 그는 장차 꺼리는 바가 없어 마침내 금할 수 없게 돼 두헌(竇憲, ?~92년)[9]의 일과 다름이 없을 것입니다."

윤허하지 않았다.


기묘일(己卯日-12일)에 다시 민무회(閔無悔) 등 4인과 환자(宦者) 윤흥부(尹興阜)를 가두었다. 유사눌(柳思訥)이 의금부에 선명(宣命)해 말했다.

"이번 초8일에 환관 윤흥부에게 명해, 노비를 제점(提點)[10] 윤상(尹

---

8  죄수로 하여금 서울이나 외방(外方) 등 어디든지 그 편한 곳을 골라서 살게 하는 제도다. 가벼운 유배형의 일종이다.

9  후한 제3대 황제 장제(章帝-숙종(肅宗))의 황후인 두씨의 오빠다. 77년에 여동생이 궁중으로 들어가자 그 연줄로 승진하고, 89년에 화제(和帝)가 황제의 자리에 오르자 시중(侍中)이 돼 여동생 두태후와 정치를 마음대로 했다. 한때 죄를 지어 갇혀 있었으나 북흉노(北匈奴)를 토벌한 공이 있어 대장군에 올랐고, 이후 한집안 사람들이 모두 조정의 요직을 맡아보았다. 92년 황제를 죽이려고 했으나, 사전에 발각돼 자살했다. 『한서(漢書)』를 쓴 반고(班固)도 두헌에 연루돼 옥사했다.

10  고려 때 서운관(書雲觀)·사의서(司醫署)의 정3품(正三品) 또는 사온서(司醞署)·사선서(司

祥)의 처에게 환급(還給)하도록 허여(許與-인정이나 허락)했다. 흥부(興阜)가 회답하는 말을 듣고 즉시 계달(啓達)하지 아니하고, 바로 치용의 집으로 가서 노비를 도로 얻게 되리라고 억설(臆說)하고 생계 문제로 머물러 두었던 사손(使孫)을 모았다가, 날이 저물 무렵에 또 윤상의 처가로 가서 돌아가 회답할 말을 토의해 정한 뒤에 대궐로 나아와 아뢰었는데 곧게 고하지 않았다. 그리고 이날에 다시 치용의 집에 가서 말하기를 '위의 노비를 국구(國舅-임금의 장인)에게 보내드리는 일을 분명히 하교를 통해 들었다'고 했으니, 무릇 행위에 대해 일일이 국문하라."

마침내 무회(無悔)·사영(思永)·집지(執智)·치용(致庸)과 염치용의 처 윤씨(尹氏), 흥부를 도로 가두고 빙문(憑問)한 다음에 무회의 직(職)을 없애라고 명했다.

○ 이은(李殷)을 판상주목사(判尙州牧使-상주목 판사), 오진(吳眞)을 공안부윤(恭安府尹)으로 삼았다.

○ 풍해도(豊海道) 구참(九站)에 관승(館丞) 1인을 두어 '금교경천도관 승(金郊敬天道館丞)'이라고 했다.

경진일(庚辰日-13일)에 병조에서 자제시위법(子弟侍衛法)을 올렸다.
'하나, 삼공신(三功臣)의 자(子-아들)·서(壻-사위)·제(弟-동생)·질(姪-조카) 212명을 나눠 좌우(左右) 1번(番)으로 하고, 원종공신(原從功臣)의 자서제질(子壻弟姪) 533명을 나눠 좌우 2, 3번(番)으로 한다.

膳署)·사설서(司設署)·자운방(紫雲坊)의 정5품 벼슬을 말한다.

매 번은 2품 이상의 절제사(節制使) 2원(員)이 6일씩 서로 교대해 시위(侍衛)하게 하고, 내금위(內禁衛)·내시위(內侍衛)·별시위(別侍衛)·응양위(鷹揚衛)의 갑사(甲士)·별패(別牌)·외패(外牌)·내시다방(內侍茶房) 행수(行首)를 제외하고, 수전패(受田牌)·무수전패(無受田牌) 및 사사로운 반당(伴儻) 등은 모두 자제위(子弟衛)에서 시위하게 한다.

하나, 각 품(品)의 역(役)이 없는 자서제질(子壻弟姪) 1,056명을 나눠 좌우 5번(番)으로 하고, 매 번(番)에 역시 2품 이상의 절제사 2원을 두어 10일마다 서로 교대해 시위하게 한다.

하나, 위 항(項)의 자서제질로서 성균관(成均館)과 소학당(小學堂), 외방(外方)의 향교(鄕校)에 취학(就學)하는 자는 각각 그 번내(番內)의 역을 면제해서[頉下=免除] 학문을 권장한다.
탈하  면제

하나, 위 항(項)의 사람들의 입직소(入直所)는 돈화문(敦化門) 밖에 있는 각사(各司)의 조방(朝房) 아래 행랑(行廊)으로, 왼편을 공신자제위(功臣子弟衛)로 하고 오른편을 각품자제위(各品子弟衛)로 해서 숙직(宿直)을 분급(分給)한다.

하나, 위 항(項)의 자제 내에 혹시 질병이나 상중(喪中)에 있는 자 및 외방(外方)에 있어서 미처 단자(單子)를 바치지 못한 자는 모두 속(贖)하게 한다.

이와 같이 시행함이 어떠하겠습니까?'

그대로 윤허했으나 일은 끝내 시행되지 못했다.

○ 향리(鄕吏)의 갓의 제도[笠制]를 상정(詳定)했다. 예조(禮曹)와 의
입제
례상정소(儀禮詳定所)에서 의견을 모았다.

'홍무(洪武) 20년간에 고친 의관(衣冠)의 예(例)에 의거해 참고한

것으로, 호장(戶長)과 기관(記官)은 평정건(平頂巾)이고 통인(通引)과 장교(將校)·역리(驛吏)는 두건(頭巾)입니다. 비나 눈이 오는 날에는 유지모(油紙帽)를 함께 쓰고, 관청의 문을 출입할 때와 대소(大小) 사객(使客)을 영접할 때는 그 겉에 흑색 죽감(竹坎)을 붙인 두첨(頭簷-모자 둘레)을 쓰는데, 그 너비[廣]가 2촌(寸)입니다.'
광

그것을 따랐다. 예조판서 황희(黃喜)가 아뢰어 말했다.

"영의정 하륜(河崙)이 일찍이 말하기를 '조정(朝廷-명나라 조정)의 관리는 모두 항상 사모(紗帽)를 쓴다'고 했는데, 본국의 경우에는 노상(路上)에서는 입(笠-갓)을 쓰고 사모(紗帽)는 단지 공처(公處-공공장소)에서만 쓰니 매우 불륜(不倫)합니다. 두 가지 물건을 아울러 갖추는 것도 실로[亦] 어려운 일이니, 조관(朝官)으로 하여금 항상 사모를 쓰게 함이 옳겠습니다."
역

상이 말했다.

"영의정의 말이 진실로 마땅하나, 다만 물론(物論-여론)이 그 불편함을 싫어할 것이다. 그 법을 세움에 있어서, 무지(無知)한 사람들은 실로 마땅히 의혹(疑惑)을 가질 것이나 사리를 아는 사람들이 또한 그들을 따라 떠들어대는 것은[咻之] 매우 괴이한 일이다. 나라를 다
휴지
스리는 도리가 어찌 노씨(老氏-노자)의 무위(無爲)와 같아서 백성이 스스로 교화됨을 기다릴 수 있겠는가? 그러나 일 중에 어쩔 수 없는 것[不獲已]은 떠맡아서 욕과 책망을 받는 것이니, 이 같은 작은 일들
불획이
의 경우에는 일단은 예전 제도 그대로 두어야 많은 말이 거의 없어질 것이다."

희(喜)가 재삼 청했으나 윤허하지 않았다.

○ 감로(甘露)가 (영길도) 함주(咸州) 덕산동(德山洞)에 내렸는데, 길이가 50보(步), 너비가 10보쯤 됐고 동네 안의 나뭇잎과 냇가의 돌 위에도 내려 그 맛이 꿀과 같았다.

○ 형조에서 결송(決訟)의 사의(事宜)를 올렸다. 아뢰어 말했다.

"양천(良賤)이 모두 불분명해 사재감(司宰監) 수군(水軍)에 소속시킨 자들 가운데 그 오결(誤決)을 주장하면서 정장(呈狀)해서 종천(從賤)하려는 자는 그 청리(聽理)를 허용하지 말아야 합니다. 격고(擊鼓)해 신정(申呈)한 것 가운데 이미 관가의 판결을 거쳐 소량(訴良)한 사건은, 앞서 판결한 도수(度數)의 많고 적음을 보고서 그 많은 것을 따라 결절(決絶)해야 합니다. 종량(從良)·종천(從賤)의 도수(度數)가 서로 같을 경우, 수군에 소속되어 한 번 종량(從良)했으니 움직일 수 없는 앞서의 판결에 따라 한 차례 종천(從賤)한 뒤 다시 분간(分揀) 고열(考閱)하게 하면 쟁송(爭訟)이 영원히 끊어질 것입니다."

그것을 따랐다.

○ 사헌부 대사헌 이은(李垠) 등이 소(疏)를 올렸다.

'하나, 수령(守令)은 백성을 가까이하는 직책이니 마땅히 정밀한 선발을 더해야 합니다. (그런데) 근래에 용렬하고 어리석은[闒茸] 무리가 간혹 인연(夤緣)을 내세워 모람되게 나아오고[冒進], 해마다 도목(都目) 때는 별와요(別瓦窯)·동서요(東西窯), 내시다방(內侍茶房) 각 성중관(成衆官)과 제 도감(諸都監)의 각색 원리(員吏)에 재주가 있고 없음을 가리지 않은 채 모두 제수(除授)하기 때문에, 그 직책에 맞지 않아 정치가 아름답지 못하니 실로 잘못입니다. 빌건대 위의 항의 인원들은 경직(京職)에 제수하고, 그중에서 재품(才品)이 특이해 여러 사람이 다 함께 (그 재주를) 아는 자만 수령으로 제수하게 허락하소서.

하나, 대소신료의 비첩(婢妾) 소생에게 한품수직(限品受職)을 허용하고 있습니다. 전조(前朝-고려)의 제도를 가만히 살펴보건대, 비첩 소생은 자기의 역(役)만을 면제하는 데 그치고 그 자손들은 추고(推考)해 환천(還賤)시켜 부리면서 직책을 주어 조정의 반열(班列)에 섞일 수 없게 하고, 다만 그중에서 공사(公私) 천구(賤口)로서 특별히 공적(功績)을 세운 자는 특지(特旨)로 천인(賤人)을 면제해 한품수직하게 했습니다. 개국(開國)한 이래로 태조(太祖)께서는 위의 항(項)의 소생들을 영원히 양민으로 만들어주고 본손(本孫)들을 강제로 명령해 부리지 못하게 했으니 은혜가 지극히 두터웠습니다[至渥]. 그러나
<sub>지악</sub>
오히려 그들이 조정의 반열에 섞일 것을 염려해 사재감(司宰監)의 수군에 정속(定屬)시키도록 한 것이 『육전(六典)』에 실려 있어 성헌(成憲-이뤄진 법)이 됐습니다. 만약 한품수직한다면 그 부형(父兄)이 골육(骨肉)의 사사로운 애정 때문에 촉탁(囑托)해 벼슬을 받게 할 것이니, 조사(朝士-조정 선비)들과 어깨를 나란히 해 귀한 사람과 천한 사람이 섞이게 될 것입니다. 또한 위 항의 천구들이 국가의 깊은 은혜를 생각지 아니하고 도리어 불령(不逞)한 계책을 내 본주인(本主人)을 해치려고 꾀하는 자도 간혹[容或] 있을 것입니다. 이러한 풍습이 한
<sub>용혹</sub>
번 일어나게 되면 사람들이 귀천(貴賤)을 논하지 않은 채 모두 비첩의 사랑에 빠지게 돼 선비의 기풍이 음란[淫靡]해질 것입니다. 빌건
<sub>음미</sub>
대 위 항의 1품 이하 각품의 비첩 소생들에게 한품수직하지 말도록 하고, 한결같이 태조가 만든 법에 따라 영구적으로 양민으로 만들

128

어 모조리 사재감 수군에 소속시켜서 조정의 반열을 맑게 하소서.

하나, 병조(兵曹)의 수교(受敎) 안에 "칭간칭척(稱干稱尺)이라 하는 자는 모두 보충군(補充軍)에 소속시키라"고 했습니다. 그러나 간척(干尺)이란 전조(前朝)의 제도에서는 역천신량(役賤身良)[11]으로 적(籍)에 올려서 역(役)을 정해 조정의 반열에 들어오지 못하게 했습니다. 지금 만약 이들을 보충군에 소속시키게 되면 서반(西班)의 대장(隊長)과 대부(隊副)의 직책을 받게 돼 그 실마리가 이미 열리게 되니, 실로 잘못입니다. 또 외방의 주군(州郡)에서는 이미 간척인(干尺人)들을 역사시키고 있으므로, 지금 주군(州郡)으로 하여금 정군(正軍) 1,000명에 봉족(奉足) 2,000명을 정(定)하게 한 것 또한 실로 어렵게 됩니다. 바라건대 위 항의 간척들을 보충군에 소속시키지 말고, 전역(前役-예전의 역사)에 환속(還屬)시켜 주군(州郡)을 알차게 하소서.

하나, 예의염치(禮義廉恥)는 국가의 네 벼리[四維]입니다.[12] 국가가
　　　　　　　　　　　　　　　　　　　　　　　　사유
법제(法制)를 처음 세워 교화를 닦고 밝혀야 백성의 풍습[民風]과 선
　　　　　　　　　　　　　　　　　　　　　　　　　　민풍
비의 습속[士習]이 밝게 일신(一新)됩니다. 그러나 혹 용렬(庸劣)한 무
　　　사습
리가 그 틈을 타서 무릅쓰고 나아와[冒進] 탐욕[貪墨]을 마구 행해
　　　　　　　　　　　　　　모진　　　　탐묵
서 우리 성조(盛朝)의 청렴하고 맑은 기풍에 누를 끼치니 진실로[良]
　　　　　　　　　　　　　　　　　　　　　　　　　　　　　양
마음이 아프다 할 것입니다. 바라건대, 이제부터는 대소인민 중에서 만약 불법 탐오하거나 사풍(士風)을 무너뜨리는 자가 있을 것 같으면 가벼이 용서하지 말고, 율(律)에 따라 시행해 그 죄를 엄격히 징계하

---

11　신역(身役)은 천하나 신분(身分)은 양인(良人)이라는 뜻이다.
12　춘추시대 제나라 재상 관중(管仲)이 『관자(管子)』「목민(牧民)」에서 한 말이다.

고 외방으로 물리쳐서 영구히 서용하지 않음으로써 염치를 격려하고 사풍을 바로잡으소서.

하나, 두루 듣고[兼聽] 널리 받아들이는 것[廣納]은 남의 임금 된 자[人主]의 큰 다움[大德]입니다. 전하께서 친히 만기(萬機-온갖 주요 사안)를 결단하시어 옹폐(壅蔽-막히거나 가리워짐)됨이 없게 하시는 것은 실로 당우(唐虞-요순)의 밝은 눈과 통달한 귀[明目達聰]의 아름다운 뜻입니다. 그중에서 대소인원(大小人員) 가운데 혹 자신의 죄를 면할까 엿보거나 혹 사욕(私慾)을 이루려고 도모해 함부로 글을 올려서 옳고 그름을 뒤바꿔 (전하의) 맑은 귀 밝음[淸聽]을 기망하려는 자가 종종[比比] 있습니다. (이는) 군신(君臣)의 근엄한 도리를 어그러뜨릴 뿐 아니라, 특히 신하가 돼 임금을 공경하는 뜻이 없다고 할 것입니다. 빌건대 이제부터는 무릇 글을 올려 계문(啓聞)한 뒤에는 (반드시) 그 옳고 그름을 상고해서, 그 말한 바가 알맞으면[中] 즉시 시행해 옹폐된 것을 터주고[決], 만약 위 항(項)대로 자기 죄를 면하려고 엿보거나 자기 욕심을 이루려고 꾀하는 자가 있다면 모조리 본부(本府)에 내려 그 죄를 국문케 해서 간악하고 음험한 신하를 징계하고 임금과 신하의 분수를 엄격하게 하소서.'

상이 이 글을 읽어보고 말했다.

"이 끝의 조항은 근래에 대간(臺諫)들이 착오로 인해 많이 파면을 당했기 때문에 그 신소(申訴)하기를 싫어하는 자를 말한 것일 뿐이다. 이는 언로(言路)를 막아 하정(下情)을 상달(上達)할 수 없게 하려고 함이니, (언로를 맡고 있는) 대원(臺員)이 청(請)할 바는 아니다."

마침내 장령(掌令) 정지당(鄭之唐)을 불러 물었다.

"자기의 욕심을 이루려 꾀하고 자기의 죄를 면하려고 엿본다는 사람은 누구냐?"

지당(之唐)이 대답해 말했다.

"홍여방(洪汝方)과 민약손(閔若孫)의 상서(上書)가 바로 자기의 죄를 면하려고 엿보는 것입니다."

또 물었다.

"자기 욕심을 이루려 꾀한 자는 누구냐?"

지당이 대답하기를 본래 범칭(汎稱)해 말한 것이지 딱히 누구라고 지적한 것[指點]은 아니라고 하자, 상이 노해 소를 궁중에 머물러 두고 내려보내지 않았다.

○ 민무회(閔無悔)·윤사영(尹思永)·권집지(權執智)를 구금에서 풀어 주었다. 의금부 제조(提調) 이천우(李天佑)·박은(朴訔)·윤향(尹向) 등이 아뢰어 말했다.

"무회(無悔)는 치용(致庸)의 불충한 말을 듣고서도 즉시 아뢰지 않았으니 그 죄가 가볍지 않은데도 지금 공초를 받는 때를 맞아 특별히 방면의 은혜를 입었습니다. 신 등이 생각건대, 아직 죄명도 이뤄지지 못했는데 이를 용서한다면 무엇으로써 장래를 경계하시겠습니까[垂戒]?"

상이 말했다.

"늙은 어미가 자식의 연고 때문에 음식을 물리고 근심하고 있으니 차마 옥중에 가둬둘 수 없다. 그 죄상도 무구(無咎)나 무질(無疾)에 비교할 바가 아니다."

윤향(尹向)이 말했다.

"민무회는 중궁(中宮)의 지친(至親)이면서도 치용(致庸)의 난언(亂言)을 듣고 여러 날 동안 계류(稽留)했다가 마침내 노비의 연고로 인해 그 말을 비로소 폭로했으니, 그 마음 씀[設心]이 (민무구와 민무질) 두 사람과 무엇이 다릅니까? 마땅히 그 죄를 밝게 바로잡아야 할 것입니다."

들어주지 않았다.

임오일(壬午日-15일)에 염치용(廉致庸)에게 장(杖) 100대를 때려 (영길도) 경성(鏡城)으로 유배(流配) 보내게 하고 가산(家産)을 적몰(籍沒)했으며, 윤흥부(尹興阜)에게 장(杖) 100대를 속(贖) 받아 (전라도) 나주(羅州)에 유배 보내게 했다.

의금부에서 아뢰었다.

"치용(致庸)은 모반대역조(謀叛大逆條)에 견주어 마땅히 능지처사(凌遲處死)하고, 그 처첩(妻妾)은 종으로 삼고 그 가산은 모두 관(官)에 몰수하소서. 윤흥부는 '근시(近侍)와 교결(交結)한 율(律)'에 견주어 마땅히 참수(斬首)하고, 그 처자는 2,000리에 유배를 보내 안치(安置)하소서."

명하여 모두 등급을 낮춰 시행하게 했다. 육조(六曹)에서 계사(啓事)를 마치고 나가는데 지신사 유사눌(柳思訥)과 좌대언 조말생(趙末生)이 뒤에 처져 있으므로, 상이 치용의 일을 말하니 사눌(思訥)이 아뢰어 말했다.

"죄는 무거운데 벌은 가벼우니 여러 사람이 마음으로 분하고 한스럽게 여깁니다. 청컨대 법대로 논해야 할 것입니다."

상이 법대로 따를 수 없다는 뜻을 비치자 사눌이 말했다.

"율(律)에는 노비가 그 주인을 죽이고 비유(卑幼)가 그 존장(尊長)을 욕한 것[詈]에 대한 조문은 있으나 대역부도(大逆不道)에 관한 조항은 없고, 다만 모반(謀叛)의 조항에 있을 뿐입니다. 그러나 모반은 조문이 빠진 것이 아니라 성인(聖人)이 법을 만들어 천하의 방(防-금법(禁法))을 만세(萬世)에 둔 것입니다. 그러므로 그 조문을 깊이 묻어두었을[深沒] 뿐입니다. 치용이 범한 죄는 가볍지 아니한데 단죄(斷罪)하기를 너무 가볍게 하셨으므로, 이 점을 신 등은 분읍(憤悒)하게여기고 있습니다."

상이 재삼 도탑게 타일렀는데[敦諭], (신하들이) 무회도 그 모의에참여했다고 말했기 때문이다. 육조의 판서(判書)들이 물러나 편전(便殿)의 문밖에 이르러 아뢰어 말했다.

"치용은 죄상이 중대한데도 특별히 성상의 은혜를 입어 그 머리를보존했으니 어질다면 어지신 것입니다[仁則仁矣]. (하지만) 악을 징계하기를 너무 가볍게 하면 사람들이 두려워할 줄 모르니, 청컨대 법대로 논해야 합니다."

상이 말했다.

"경 등의 말이 진실로 좋다만, 그러나 치용 한 사람만이 죄가 있는것이 아니다. 게다가 어리석고 미련한 일개 물건[一物]을 어찌 반드시죽여야만 하겠는가?"

대답해 말했다.

"치용의 죄는 진실로 큽니다만, 그러나 이미 상의 은혜가 있었으니

늦추는 것도 무방합니다[無害]. 다만 무회도 의논에 참여했는데 홀로
국문을 하지 않으니 신 등이 실망하는 것입니다."

상이 말했다.

"진실로 그렇다. 다만 늙은 어미가 집에 있어 그 뜻을 상하게 하지
않으려고 해서다. 이제 관직을 파면하고 문밖에 나오지 못하게 했으
니, 마땅히 그 허물을 반성할 것이다."

황희(黃喜)가 말했다.

"여항(閭巷-저잣거리)의 서민(庶民)들도 오히려 친한 사람에 대해서
는 그와 친한 사람의 허물을 감히 말하지 아니하는데, 무회는 척리
(戚里)를 인연(夤緣)으로 삼아 은혜를 입음[荷恩=蒙恩]이 특별히 깊었
으니, 이같이 함은 마땅하지 못합니다."

상이 말했다.

"내가 어찌 알지 못하겠는가? 다만 이리저리[反覆] 생각해보았더
니 그를 처리하기를 이같이 하는 데 불과할 뿐임을 알았다. 그는 벌
써 죄 때문에 견책을 받았으니 어찌 다시 나에게 마음을 다하기
[盡心]를 바랄 수 있겠는가? 다만 늙은 어미의 마음을 위로하지 않
을 수 없었을 뿐이다. 경 등은 다 알고 있으니 많은 말을 하지 말라."

이에 신료(臣僚)의 집에서 대내(大內)로 들어갔던 화자(火者-환관)
7명을 모두 내쫓았다. 흥부(興阜)와의 인연으로 거짓을 행해서다.


**갑신일(甲申日-17일)**에 민무회(閔無悔)의 직첩(職牒)을 거뒀다.


사간원에서 말씀을 올렸다.

"요즘 의금부(義禁府)에서 교지(敎旨)를 받들어 염치용(廉致庸)과 윤흥부(尹興阜)를 율에 비춰[照律=擬律] 아뢰었는데, 전하께서 등급을 낮춰 시행하셨습니다. 신 등이 생각건대 염씨(廉氏)[13]는 전조(前朝-고려) 때 탐오(貪汚-부패)로 인해 패가(敗家)했으니, 치용(致庸)은 그 일을 목격했을 뿐 아니라 도피해 숨어서 화(禍)를 모면했습니다. (따라서) 그로서 도모해야 할 일이란 격려(激勵)하고 근신(謹愼)하며 이익을 버리고 마땅함을 따름으로써[棄利趨義] 자신을 매적(邁迹)[14]하는 것이 옳을 것입니다. 요행히 성은(聖恩)을 입어 여러 벼슬을 거쳐 판황주목사(判黃州牧使-황주목 판사)에까지 이르렀으나 드디어 탐오로 인해 파면돼 그 죄가 자자(刺字-묵형)에 이르렀는데, 또다시 성은을 입어 마침내 자자를 면할 수 있게 됐으니 더욱 마음을 고치고 생각을 바꿔 성은에 보답하기를 도모해야 마땅할 것입니다. 그러나 창적(蒼赤-노비)의 일로 문득 난언(亂言)을 발설해 그 말이 승여(乘輿-임금)에까지 미쳤으니, 이것은 불충(不忠)임이 분명합니다. (따라서) 법에 의해 처치함이 마땅할 것인데, 전하께서 특별히 너그러운 법[寬典]을 따르셨으니 형벌을 쓰는 도리에 있어서 실로 찜찜함이 있습니다[有慊]. 흥부는 가까이 모시는 내관(內官)으로서 그 속내에 불충(不忠)을 품었으나 전하께서 다만 속(贖)만 거두고 그 고향에 안치(安置)하게 했으니, 어찌 불충한 정을 지녔는데도 속만 거두는 이치가 있을 수 있습니까? 빌건대 유사(攸司)에 명해 치용과 흥부의 그 죄를

---

13 고려 때 문벌이었던 파주염씨(坡州廉氏)를 가리킨다.
14 전철(前哲)의 발자취를 따른다는 뜻이다.

밝게 바로잡아서 후래(後來)를 경계하게 하소서.

전 부윤(府尹) 민무회는 중궁(中宮)의 지친(至親)이니 진실로 휴척(休戚-평안과 근심)을 함께해서 만약에 일이 궁금(宮禁-임금의 가족)에 관계되면 보고 듣는 대로 마땅히 곧장 아뢰어야 할 것인데, 치용의 난언(亂言)을 듣고도 여러 날을 머물러 두었다가 마침내 노비의 연고로 인해 비로소 그 말을 발설했으니 죄가 역시 무겁습니다. (그런데도) 전하께서는 그를 석방하고 죄를 주지 아니하니 신 등은 또한 유감이 있습니다. 바라건대 아울러 유사(攸司)에 내려서 율문에 따라 죄를 결단하소서."

가르쳐 말했다.

"치용과 흥부의 죄는 내가 이미 마땅함을 요량해[量宜] 시행했고, <sub>양의</sub> 무회는 늙은 어미가 있어 사사로운 정리[私情]로 갑자기 버릴 수가 <sub>사정</sub> 없다. 경 등도 물러가서 이 일을 생각해보라."

사간원에서 굳게 청하기를 그치지 않으니, 명해 무회의 직첩을 거두게 하고 치용과 흥부는 더는 거론하지 말라고 했다.

○ 종친(宗親)들을 불러 광연루 아래에서 격구(擊毬)하고 술자리를 베풀어 마음껏 즐겼다.

**을유일(乙酉日-18일)**에 조흡(曹恰)을 영길도 도순문사(永吉道都巡問使), 김만수(金萬壽)를 도안무사(都安撫使) 겸 판길주사(判吉州事), 최윤덕(崔閏德, 1376~1445년)[15]을 우군총제(右軍摠制)로 삼았다.

---

15 아버지는 지중추부사 최운해(崔雲海)다. 태어나면서 어머니를 여의고 아버지는 국경의 수

136

○ 정조(正朝)와 탄일(誕日)에 진상(進上)할 때 작은 말[小馬]을 바치라고 명했다. 가르쳐 말했다.

"내가 듣건대 탄일과 정조의 진상마를 물색해 고를 때 각 호(戶)에서 숨기는 자가 있다고 한다. 이제부터는 각 호에서 구하지 말고 사복시(司僕寺)의 말로 바치게 하라."

유사눌(柳思訥)이 아뢰어 말했다.

"제주(濟州)는 편벽하고 작은 땅인데도 오히려 말을 바치는데, 하물며 온 나라를 통틀어 정조와 탄일에 진상하는 말이거늘 어찌 얻는 데 어려움이 있겠습니까? 빌건대 예전의 예대로 하소서."

상이 말했다.

"그렇다면 말이 좋고 큰 것을 고르려 하지 말고 향마(鄕馬)를 바치게 하라."

---

비에 나가 있어 한마을에 사는 양수척(楊水尺)에 의해 양육됐다. 음관(蔭官)으로 기용돼 아버지를 따라 여러 번 전공을 세우고 부사직이 됐다. 1402년(태종 2년)에 낭장이 되고, 곧 호군을 거쳐 이듬해 대호군이 됐다. 1406년 지태안군사(知泰安郡事)가 됐다가 1410년 무과에 급제해 상호군이 됐다. 동북면조전병마사(東北面助戰兵馬使)가 됐다가 이듬해 우군동지총제(右軍同知摠制)에 올랐다. 1413년 경성등처절제사(鏡城等處節制使)가 돼 동맹가첩목아(童孟哥帖木兒)를 복속시켜서 야인들의 준동을 막았다. 영길도도순문찰리사(永吉道都巡問察理使)·우군총제·중군도총제 등을 역임했다. 1419년(세종 1년)에 의정부 참찬으로 삼군도통사가 되어 체찰사 이종무(李從茂)와 함께 대마도를 정벌했다. 1421년에는 공조판서가 되어 정조사(正朝使)로 명나라에 다녀와서 곧 평안도도절제사가 됐다. 1426년 좌군도총제부사, 1428년에 병조판서에 올랐다. 1433년 파저강(婆猪江)의 야인인 이만주(李滿住)가 함길도 여연(閭延)에 침입했을 때 평안도도절제사가 되어 이만주를 대파했고, 이 공으로 우의정에 특진됐다. 이듬해 적이 또 변방을 침입하자 평안도도안무찰리사(平安道都安撫察理使)로 나가 이를 진압했다. 돌아와서는 무관으로서 재상의 직에 있을 수 없다는 소를 올려 무관직에 전임할 수 있도록 요청했으나 허락되지 않았다. 1435년에 좌의정으로 승진했고, 이듬해 영중추원사에 전임된 뒤 1445년에 궤장(几杖)을 하사받았다.

병술일(丙戌日-19일)에 전 서령(署令) 김척(金滌)이 글을 올렸다.

'하나, 각 도에 흩어져 있는 관민(官民)의 자서제질(子壻弟姪)을 시위군(侍衛軍)과 기선군(騎船軍)에 정속(定屬)시킨다면 조사(朝士)가 될 수 없으므로 영구히 서인(庶人)이 되는 자가 더욱 많아질 것입니다. 바라건대 이제부터 만약 그 역(役)에 종사하고자 하는 자라면 외방역처(外方役處)를 불문하고 본인이 원하는 대로 들어주고, 만약 군역(軍役)을 피해 그 역(役)에 종사하지를 않으려 하는 자가 있다면 율(律)에 의거해 논죄(論罪)해서 영구히 벼슬살이에 종사하지 못하게 하소서.

하나, 신하가 군상(君上)에 대해 간언하기를 두세 번씩 거듭해 윤허(允許)를 얻은 뒤에야 그만두고 외방 수령(守令)이 불의(不義)한 일이 있다 하더라도 고을 사람들은 바라보기만 하며 한숨만 쉬고 감히 말 한마디도 못 하니, 그 인습(因襲)의 폐단이 마침내 수령으로 하여금 횡렴(橫斂)을 그치지 않게 하여 백성을 부리는 데 때가 없고 형벌을 행하면서 실상에 맞지 않는[不中부중] 경우가 자주 있습니다. 바라건대 이제부터는 관찰사(觀察使)가 주부군현(州府郡縣)에 신명색(申明色)[16]을 임명해 정하되 큰 고을[大官대관]에는 3인, 작은 고을[小官소관]에는 2인으로 하여, 그들로 하여금 각각 그 수령이 탐포(貪暴)하고 불법(不法)하여 폐단이 생민(生民)에게 미치는 일들을 규찰해 간언하게 하소

---

16 각 도의 관찰사(觀察使)가 수령(守令)이 탐포(貪暴)하고 불법(不法)한 것을 규찰하기 위해 주부군현(州府郡縣)에 파견하던 관원 또는 그 관사(官司)를 말한다. 큰 고을에는 3명, 작은 고을에는 2명을 파견해 정책을 규찰하고, 간(諫)하다가 듣지 않으면 감사에게 보고해 폄출시켰다.

서. 만약 두세 번 간언해도 자신의 잘못을 고치지 않으면 이 사실을 낱낱이 감사(監司)에게 고해 폄출(貶黜)하게 행하되, 그중에 신명색이 사사로운 마음을 품고 죄를 나직(羅織-억지로 짜맞춤)해 망령되게 고하는 자가 있을 것 같으면 엄히 징계해서 그 향리(鄕里)로 쫓아내게 하는 것이 어떠하겠습니까?'

상이 읽어보고 승정원에 명해 말했다.

"이 사람은 쓸 만하니 뒤에 벼슬을 제수하는 날이 되면 잊지 말고 아뢰어라."

명해 이 글을 호조에 내려 실상에 맞춰 토의해[擬議] 시행하게 했다.
의의

○ 각 전(殿)에 공상(供上)하는 잣[松子]은 모두 피송자(皮松子-껍질
송자
을 까지 않은 잣)를 쓰라고 명했다. 이전까지 여러 전(殿)에 공상하는 잣은 모두 실송자(實松子-껍질을 깐 잣)를 썼었는데, 문소전(文昭殿)과 성비전(誠妃殿) 외에는 모두 피송자를 쓰라고 명했다.

○ 병조에서 군사(軍士)를 고찰(考察)하는 사의(事宜)를 아뢰었다. 아뢰어 말했다.

"대소인원(大小人員)은 숙위(宿衛)와 순작(巡綽) 외에는 다른 직사(職事)가 없는데, 그중에 간혹 질병을 사칭해 휴가를 얻는 자가 있으므로 숙위(宿衛)가 허술할 뿐 아니라 군정(軍政)이 엄하지 못한 지경에 이르게 됩니다. 이 뒤로는 기고(忌故)를 고한 자는 기안(忌案)을 가져다가 그 허실(虛實)을 고험(考驗)하고, 병(病)을 고한 자는 의원을 보내 병세를 진찰하게 해서, 만약 거짓이 있을 것 같으면 2품 이상은 취지(取旨-임금의 뜻을 받음)하게 하고 3품 이하는 진무소(鎭撫所)로

이첩(移牒)해 즉시 벌을 결정해 시행하게 하되, 무릇 범법자가 있게 되면 위의 항(項)의 예(例)에 따라 논죄(論罪)하소서."

그것을 따랐다.


정해일(丁亥日-20일)에 강원도 도관찰사 이안우(李安愚)가 글을 올리니, 의정부와 육조에 내려 실상에 맞춰 토의하게 했다.

'금을 캐는 한 가지 일은 진실로 국가가 사대(事大)하는 데 쓰기 위한 것인데, 이번에 도내의 회양(淮陽)과 정선(旌善)에서 금 200여 냥을 캤습니다. 이는 곧 땅이 보물을 아끼지 않고 대에 응하여 나오게 한 것이며 우연히 그리된 것이 아닙니다만, 채방(採訪)할 때 미흡한 점이 있었으므로 감히 고하지 않을 수가 없습니다. 차견(差遣-파견)한 채방사(採訪使)가 정월 그믐께 이 지방에 내려와 주현(州縣)을 독령(督令)해 백성을 모으니 먼 변읍(邊邑)에 있는 백성 중에는 10일 만에 이른 자도 있었는데, 익숙하지 못한 백성으로 하여금 기계(器械)를 수리하게 해 밤낮으로 독려하니 일을 시작도 하지 않아 백성은 도리어 피로하게 돼 20일이 걸려서야 역사를 마칠 수 있었습니다.

어리석은 신이 가만히 듣건대 이 지방에 금을 생산하는 곳이 두 군데 있다고 하고 영길도(永吉道)에도 두세 군데 있다 하니, 마땅히 금이 나는 현(縣)에 있는 민호(民戶)의 다소를 헤아려서 일개 고을을 1소(所)에 전부 붙이거나 한두 군현(郡縣)을 합쳐 1소(所)에 붙여서 그 경작하는 바의 조세(租稅)만 받고 기타의 요역(徭役)과 공부(貢賦)는 모두 면제해주며, 향중(鄕中)의 강기염간(綱紀廉幹)한 자를 골라 감고(監考)로 삼아서 때때로 장려하거나 금지하게 해[勵禁] 금의 생
여금

140

산의 많고 적음에 따라 상공(常貢)의 수량을 정하소서. 가령 1개소에서 한 절기에 20냥을 공납(貢納)한다면, 5개소면 100냥(兩)이 되고 봄과 가을이면 200냥이 됩니다. 봄가을을 맞을 때마다 장인(匠人)을 나눠 보내고 감사(監司)와 수령(守令)이 소상하게 고찰해서 캔 금을 분간해 바치게 하되, 만약 수량에 미달한 자나 고찰하는 데 정밀하지 못해 유실한 자가 있으면 율에 따라 죄를 논하소서. 그리하면 온 도내(道內)가 소동하는 폐단이 없고 일은 잘 성취될 수 있을 것입니다.'

위의 조목에 대해 토의해 이런 결론을 얻었다.

"나라의 쓰임새[國用]의 많고 적음을 갖고서 헤아려 적당한 수량을 정하면 될 것이니, 봄가을의 중월(仲月)에 백성을 모았다가 돌려보내는 것을 반드시 연례(年例)로 할 필요는 없겠습니다."

'하나, 공부(貢賦)의 제도에 대해서는 우리 태조(太祖)께서 개국한 초기인 임신(壬申-1392년) 연간에 쓰임새를 참작해 그 수량을 상정(詳定)했으니, 그 뜻은 만세토록 정해 폐단이 없게 하고자 한 것입니다. 시기에 따라 덜고 더함[損益]이 20여 년이 됐으나 나라의 쓰임새에 궁핍함[匱乏]이 없었습니다. 근래에 각사(各司)에서 모두 양(量)을 더하자는 의견의 기미가 있고, 인삼(人蔘)·당추자(唐楸子-호두)·대추[大棗]와 지지(紙地)·석자(席子-돗자리)·유청(油淸)·촉밀(燭蜜) 등까지 수량도 너무 많아서 간혹 오는 해[來歲]의 공물을 앞당겨서 바치는 사례가 있습니다. 바라건대 유사(攸司)로 하여금 수량을 적당히 다시 정하도록 해야 할 것입니다.'

위의 조목에 대해 토의해 이런 결론을 얻었다.

"마땅히 다시 서로 고찰해봐야겠습니다."

'하나, 월과(月課) 군기(軍器)는 국가가 외적을 막는[禦侮] 비축(備蓄)으로 진실로 하루도 그 수조(修造-수리와 제조)를 폐기할 수 없는 것입니다. 그러나 근래에 조령(條令)에 의해 군현(郡縣)부터 서민(庶民)까지 모두 비축하게 하니 절제영(節制營-절제사의 군영)과 계수관(界首官), 각 진(鎭)에서 날마다 두들겨 만들어서 야장(冶匠)이 된 자는 밤낮으로 관청에 있게 된 까닭에, 그 생리(生理-생계)를 잃게 돼 처자들이 굶주려 우는[啼飢] 탄식을 면치 못하니 진실로 딱한 일입니다[憫也]. 바라건대 이제는 3월부터 7월까지는 방환(放還)해 귀농(歸農)케 했다가 8월부터 이듬해 2월까지 몰아쳐 역사에 나아가게[赴役] 한다면 거의 국가는 비축을 폐기하지 않을 것이며 장인(匠人)들 또한 그 삶을 이룰 것입니다.'

위의 조목에 대해 토의해 이런 결론을 얻었다.

"4월부터 7월까지 귀농하게 하소서."

'하나, 일찍이 내리신 조령(條令) 안에 1~2품 이상의 천첩(賤妾) 소생은 5품, 3품의 천첩 소생은 6품, 4품의 천첩 소생은 7품에 한정해 차례로 음직(蔭職)을 제수하라고 하셨으니 참으로 전하의 어진 마음이 깊고 은혜가 두텁습니다[深仁厚澤]. 그러나 변정(辨正)하기를 일찍 해놓지 않는다면 서제(噬臍)[17]해봤자 어찌 미치겠습니까? 바라건대 앞으로 이 무리는 각 그 동류들과 서로 혼인하게 해서 양반(兩

---

17 사향노루가 사람에게 잡혀 죽을 때 배꼽에 사향이 있기 때문에 죽게 됐다고 해서 자기 배꼽을 물어뜯으면서 후회한다는 뜻이다.

班) 집안과는 삼가 혼인하지 못하게 하고, 별도로 잡직(雜職)을 제수해 서용(敍用)해서 문무(文武)의 관작(官爵)에 섞이지 못하도록 하소서. 저들에게 일정한 직분이 없으면 은혜를 소홀히 하고 사랑에 겨워[狎恩昵愛] 기어올라서 하지 못하는 짓이 없을 것입니다. 예로부터
<sub>압은   닐애</sub>
음흉(陰譎)하여 변란을 일으키는 자들은 대부분 이 같은 무리에서 나왔으니, 이는 한갓 재용(才勇)에만 힘쓰고 정대고명(正大高明)한 아량이 없었기 때문일 뿐입니다. 이것을 옛일에 징험해본다면 아득할 것 같지만, 전조(前朝-고려)의 석기(釋器)[18]와 근래의 목인해(睦仁海, ?~1408년)[19]가 모두 목전(目前)의 뚜렷한 경험[明驗]입니다.
<sub>명험</sub>

---

18 고려 충혜왕의 아들로, 은천옹주(銀川翁主) 임씨(林氏)의 소생이다. 은천옹주는 사기(沙器) 상인(商人) 임신(林信)의 딸로 충혜왕의 총애를 받았다. 처음에 충정왕(忠定王)이 석기를 축발(祝髮-삭발)시켜 만덕사(萬德寺)에 두었는데, 공민왕(恭愍王) 때 원나라에서 부르므로 왕이 불러들였다. 공민왕 5년에 임중보(林仲甫) 등이 석기(釋器)를 내세워 왕으로 모신다고 하는 말이 돌았다. 여기서 그들의 일파를 잡아 이안(李安)과 정보(鄭寶)를 시켜 제주도로 압송케 했다. 바다를 건너갈 때 물에 던졌으나 석기는 죽지 않고 숨었다. 공민왕 12년, 평양에 석기가 나타났다는 소리가 들리자, 서북면도순무사(西北面都巡撫使) 전녹생(田祿生)과 서해도도순무사(西海道都巡撫使) 김유(金庾)가 석기라고 자칭하는 자를 잡아 죽이고 그 머리를 서울로 보내 효시(嚆矢)했다. 그러나 석기의 역모사건(逆謀事件)도 밝혀지지 않은 채 죽인 것이 미심쩍다 해서 모두 믿지 않았다. 한편 석기는 평양에서 위기를 모면하고 도망가 안협(安峽) 민가에 숨었다. 우왕(禑王) 원년에 경복흥(慶復興), 이인임(李仁任)이 이 말을 듣고 석기의 얼굴을 아는 목인길(睦仁吉)과 조인벽(趙仁壁)을 보내 찾아보니 과연 석기였다. 형체와 모습이 기위(奇偉)하고 언어가 심상치 않아 참으로 왕자다웠다. 처음에는 모두 용서해주고자 했으나, 나중에 이인임이 죽이라 하여 최인철(崔仁哲)이 석기를 죽였다.

19 원래는 김해(金海)의 관노로, 고려 우왕이 기녀(妓女)와 관계해 낳았다고 한다. 힘이 세고 활을 잘 쏘아 정안군(靖安君) 이방원(李芳遠)을 섬기다가 호군(護軍)에 올랐다. 1398년(태조 7년) 1차 왕자의 난이 일어나 정도전(鄭道傳) 일파가 제거될 때 그들과 한패라는 누명을 쓰고 청해(青海)의 수군에 충군됐으나 곧 풀려났다. 1400년 2차 왕자의 난이 일어났을 때는 이방원을 도와 회안대군(懷安大君) 이방간(李芳幹)과 박포(朴苞) 일당을 무찌르는 데 공을 세웠다. 1405년(태종 5년)에는 남편의 3년상도 채 치르지 않은 자기 여동생을 상호군(上護軍) 김만수(金萬壽)에게 재가시켜 탄핵을 받았다. 1408년 자신의 출세를 위해

또 세가(世家)의 자제 중에는 재주를 품고 도리를 가슴에 안고서도 이 밝은 시대에 쓰이지 못한 자가 아직도 많습니다. (그런데) 부정(不正)한 무리를 어찌 써서 관작을 제수해 명분(明分)을 혼동케 하겠습니까? 이런데도[此而] 변정하지 않는다면 재세(再世) 뒤에 그 주인의 친척을 간음해[蒸] 인륜(人倫)을 어지럽힐 자도 있을 것이며, 혹은 조열(朝列-조정 반열)에 섞여 그 주인을 음해(陰害)할 자도 있을 것입니다. 우리 동방(東方)을 예로부터 "예의(禮義)의 나라"라고 호칭하는 것은, 다름이 아니라 존비(尊卑)의 등급과 귀천(貴賤)의 분수가 하늘이 세우고 땅이 베푸는 것과 같이 질서정연해서 범(犯)할 수 없기 때문입니다. 더욱이 우리 성조(聖朝-빼어난 조정)에서는 개국(開國) 초로부터 예의(禮義)를 닦고 밝혀 후세에 밝게 보이셨으니, 만약 일찍이 변정하지 아니하면 밝은 시대의 성전(盛典)에 결함이 있지 않을까 두렵습니다.'

위의 조목에 대해 토의해 이런 결론을 얻었다.

"마땅히 거행하는 것이 좋겠습니다."

가르쳐 말했다.

"월과 장인(月課匠人)은 3월부터 7월까지 귀농케 하고, 천첩 소생은 한품(限品)해 벼슬을 주되 조반(朝班)에 섞이지 못하게 별도로 잡직(雜職)을 제수하자는 일은 실상에 맞춰 토의해 아뢴 대로 하라."

○ 병조에서 말씀을 올렸다.

---

태종의 부마인 조대림(趙大臨)이 역모를 꾀한다고 조작했다가 지신사(知申事) 황희(黃喜)에 의해 무고로 밝혀져 능지처참됐다.

"각 품(品)의 비첩(婢妾) 소생(所生)을, 경중(京中)은 한성부(漢城府), 외방(外方-지방)은 감사(監司)·수령(守令)으로 하여금 추쇄(推刷)하게 하되, 경중은 7월에 한정하고 외방은 10월에 한정해서, 본 주인(本主人) 및 족친(族親)과 그 한 동리 사람으로 하여금 진고(陳告)하게 하소서. 만약 스스로 현신(現身)하지 않는 자나 숨겨두고 알리지 않는 자, 그리고 경외(京外)의 관리 중에 추쇄하는 데 마음을 쓰지 않는 자는 율에 의거해 논죄하소서."

그것을 따랐다.


**무자일(戊子日-21일)**에 의정부에서 백관(百官)을 거느리고 감로(甘露)의 상서(祥瑞)를 하례했으나 받지 않았다. 상이 말했다.

"감로는 비록 가장 좋은 상서로움이라고 하겠으나 근래에 바닷물이 넘치고 큰 돌이 스스로 이동했으니, 변괴(變怪) 또한 크므로 어찌 하례할 일이 있겠는가?"

함주(咸州) 천호(千戶) 위신충(魏臣忠)을 역마(驛馬)로 불러[驛召] 대궐로 나아오게 해서 물었다.

<sub>역소</sub>

"감로가 내렸다니 정말인가 아닌가? 내 덕(德-다움)을 가지고 이 일을 헤아려볼 때 분명코 이는 헛소문일 것이다."

신충(臣忠)이 본 대로 낱낱이 아뢰니 상이 말했다.

"그렇다면 진짜 감로다. (하지만) 돌아보건대 내가 다움이 없는데 어찌 그것을 감당하겠는가?"

○ 겸 상서소윤(尙瑞小尹) 변처후(邊處厚)와 주부(注簿) 이수(李隨), 직장(直長) 김종서(金宗瑞) 등을 의금부에 내려 태형 40대를 속(贖)

받고 그 직(職)을 파면했으니, 순패(巡牌)를 주는 데 친히 관여하지 않았기 때문이다.

기축일(己丑日-22일)에 공안부윤(恭安府尹) 오진(吳眞)을 경사(京師)에 보내 천추절(千秋節)을 하례하게 했다. 예부(禮部)에 자문(咨文)을 보냈다.

'의약(醫藥)은 사람을 살리는 것이라 진실로 중대한 일입니다. 우리나라는 외로이 해외에 떨어져 있는 데다가 침구(針灸)의 방서(方書)도 적고 훌륭한 의원[良醫]도 없는 까닭에, 무릇 병을 앓게 되면 경락도(經絡圖)를 살펴가며 침도 놓고 뜸도 뜨지만, 흔히 효험을 보지 못합니다. 만약 주문(奏聞)에 힘입어 동인(銅人)<sup>20</sup>을 내려주시어 이를 본받아 시행하게 한다면 심히 편익(便益)하겠습니다.'

○ 대마도(對馬島) 두지포(豆地浦) 만호(萬戶) 조전(早田)이 사람을 시켜 예물(禮物)을 바치고 인구(人口)를 돌려줄 것을 청했다. 축전주(筑前州) 종상사(宗像社) 무현(務顯)도 토산물[土宜]을 바치고 범종(梵鍾)을 구했다.

○ 경안궁주(慶安宮主)가 졸(卒)했다. 궁주는 상의 셋째 딸이다. 나면서부터 정숙하고 예뻤으며[淑婉] 총명과 지혜도 보통 사람과 달라서 상과 중전[兩宮]의 사랑을 한데 모았고[鍾愛=鍾情], 길천군(吉川君) 권규(權跬)에게 시집갔다. 부덕(婦德)이 있어서 시부모를 섬기는

---

20 온몸에 침혈(鍼穴)을 뚫어 침술(鍼術)을 연습할 때 쓰는, 구리로 만든 사람의 형상을 말한다.

데 예절을 극진히 했고 가정을 다스림에 법도가 있었는데, 죽을 때 나이가 23세였다. 아들 둘과 딸 하나를 낳았다. 상이 애도(哀悼)해 3일 동안 조회를 정지했다. 집안이 가난해 대·소렴(大小斂)에 소용되는 물건이 부족하므로 명하여 상의원(尙衣院)의 의대(衣襨)로 부의(賻儀)를 주게 하고, 장사는 종친(宗親)의 상등례(上等禮)를 쓰게 했다. 규(珪)가 불사(佛事)를 행하지 못하게 청하고 한결같이 『예경(禮經)』의 제도를 따랐다. 궁주와 충녕대군(忠寧大君)은 천성과 기품이 서로 닮아 궁중에서 그 뛰어남[賢]을 함께 일컬었는데, 궁주는 늘 충녕의 다움과 그릇[德器]이 날로 이뤄짐이 보통 사람과 다르다고 감탄했다.

신묘일(辛卯日-24일)에 경상도 영덕현(盈德縣) 오포(烏浦) 등지의 바닷물이 검게 흐렸으므로, 사람을 보내 남해신(南海神)에게 제사를 지내 푸닥거리를 했다[禳之].

戊辰朔 觀放鷹于東郊 駐駕箭串 令甲士防牌角鬪 且令火㷁軍
무진 삭 관 방응 우 동교 주가 전곶 영 갑사 방패 각투 차 영 화통 군

放火以觀 能者賞之.
방화 이관 능자 상지

禮曹啓山川祭禮. 啓曰:"前此每當春秋仲月行祭 自甲午年依月令
예조 계 산천 제례 계왈 전차 매당 춘추중월 행제 자 갑오년 의 월령

至五月又祭. 乞依舊止用春秋仲月." 從之.
지 오월 우제 걸 의구 지용 춘추중월 종지

禁駕前申呈. 下敎曰:"奴婢相訟 本非關於國家大體 特以累年
금 가전 신정 하교왈 노비 상송 본비 관어 국가 대체 특이 누년

未得畢決 以致骨肉相殘 故將癸巳九月初一日前 呈狀相訟奴婢 悉
미득 필결 이치 골육상잔 고장 계사 구월 초일일 전 정장 상송 노비 실

令中分. 又於甲午六月 爲設辨正都監 以限年未呈仍執 據執 合執
령 중분 우어 갑오 육월 위설 변정도감 이 한년 미정 잉집 거집 합집

事及前決不動事 庚辰年辨正都監移送關字不付事 丙戌年親着不及
사 급 전결 부동사 경진년 변정도감 이송 관자 불부사 병술년 친착 불급

等事 竝令中分. 然大小人民將京外辨正所決事 稱爲誤決 駕前親呈
등사 병령 중분 연 대소 인민 장 경외 변정 소결사 칭위 오결 가전 친정

者 紛紜而起 故隨卽分下六曹 使之分揀矣. 前年十二月 以實爲誤決
자 분운 이기 고 수즉 분하 육조 사지 분간 의 전년 십이월 이실 위오결

及誤不受理等事 擊鼓申呈 限以甲午十二月三十日 乙未正月初一日
급 오 불수리 등사 격고 신정 한이 갑오 십이월 삼십일 을미 정월 초일일

爲始 一皆禁止事 更下敎旨. 申呈所志 數至八百餘通. 以刑曹啓聞
위시 일개 금지사 갱하 교지 신정 소지 수지 팔백 여통 이 형조 계문

無問是非 悉令中分 永絶爭端 以示限期. 奸詐之徒 當其擊鼓 自知
무문 시비 실령 중분 영절 쟁단 이시 한기 간사 지도 당기 격고 자지

其非 畏縮不呈 及聞無問是非悉令中分之敎 甘於貪得 不顧大體
기비 외축 부정 급문 무문 시비 실령 중분 지교 감어 탐득 불고 대체

敎旨不從 駕前申呈 成群私聚 罪惡深重. 今後如有上項人等 除
교지 부종 가전 신정 성군 사취 죄악 심중 금후 여유 상항 인등 제

收贖 依律決杖 時使用奴婢 竝皆屬公."
수속 의율 결장 시 사용 노비 병개 속공

己巳 下禁酒令.
기사 하 금주령

戶曹上收稅法. 曹與二品以上同議以啓:"工匠 商賈人之稅 因
호조 상 수세법 조여이품 이상 동의 이계 공장 상고 인지세 인

取利多少爲三等 上等每月楮貨三張 中等二張 下等一張. 行商之稅
취리 다소 위 삼등 상등 매월 저화 삼장 중등 이장 하등 일장 행상 지세

每月二張 坐賈稅一張 巷市不在此限. 長廊稅 每一間春秋兩等各
매월 이장 좌고 세 일장 항시 부재 차한 장랑세 매 일간 춘추 양등 각

一張." 從之 皆以要行楮貨也.
일장 종지 개 이 요행 저화 야

定濟州收租法. 牧使吳湜報:"本州地塉民貧 田稅無法 民甚苦之
정 제주 수조법 목사 오식 보 본주 지척 민빈 전세 무법 민 심고 지

許令定式收租." 教曰:"隨其地品 差等施行."
허령 정식 수조 교왈 수 기 지품 차등 시행

命僉摠制嚴有溫贖杖一百. 有溫誘戶曹令史鄭富 僞造田地關字
명 첨총제 엄유온 속장 일백 유온 유 호조 영사 정부 위조 전지 관자

收租 憲司請罪故也.
수조 헌사 청죄 고야

辛未 增置火㷠軍四百名 通前六百爲一千. 以攝隊長 攝隊副
신미 증치 화통군 사백 명 통전 육백 위 일천 이섭 대장 섭 대부

補充軍 司宰監屬自己婢妾子孫壯實者 充額肄習.
보충군 사재감 속 자기비첩 자손 장실 자 충액 이습

壬申 東海水溢. 自迎日至吉州 海水高五尺 或十三尺 沒陸地或
임신 동해 수일 자 영일 지 길주 해수 고 오척 혹 십삼 척 몰 육지 혹

五六尺 或百餘尺 進退如潮. 又三陟及連谷等處 海水縮溢者至五六
오륙 척 혹 백여 척 진퇴 여조 우 삼척 급 연곡 등처 해수 축일 자 지 오륙

度 其溢五六十尺 其縮四十餘尺.
도 기일 오륙십 척 기축 사십 여척

癸酉 慶尙道密陽人崔元妻一産二男 命賜米及醬. 其婦曾於
계유 경상도 밀양 인 최원 처 일산 이남 명 사미 급 장 기부 증 어

辛卯年亦一産二男.
신묘년 역 일산 이남

濟昌縣金陽德家牛一産二犢.
제창현 김양덕 가 우 일산 이독

甲戌 永興府加法伊海水或溢或縮 其溢也四十五尺 至未時縮於
갑술 영흥부 가법이 해수 혹일 혹축 기일 야 사십 오척 지 미시 축어

常時二十尺 至申時依舊道.
상시 이십 척 지 신시 의구 도

加設三軍司直各二 副司直各四 司正各五 副司正各六.
가설 삼군 사직 각이 부사직 각사 사정 각오 부사정 각육

乙亥 命捕松蟲. 以食白岳山 沙閑等處松葉故也.

丙子 下恭安府尹閔無悔 前兵曹參議尹思永 前黃州牧使廉致庸

前判典農寺事權執智等于義禁府. 初 致庸等將內贍寺合屬德泉庫

宣頭案 現付殿前姜甫儉娶芿珍衣女所生 以爲祖上尹碩妻李氏 於

僧日芬處傳得婢占勿所生 以都官得決 役使爲辭 與甫羅進對論

刑曹. 刑曹覈實啓云：“德泉庫宣頭案 己亥年已付者 決屬內贍寺

其得決奴婢 尹碩子孫處決給何如?”上以有未盡相考處 下司憲府

覈實. 憲府亦以辛丑限年前事爲難 議同刑曹之啓 上猶嫌其未當 命

六曹 代言等 更議是非 而竝屬于內贍寺. 致庸不勝其憤 往于無悔

家誣言曰：“奴徐哲等大富者 納賂銀釘于惠善翁主洪氏 又贈良馬

於領議政河崙 夤緣啓請于上 得屬內贍寺.”居數日 無悔謁忠寧大君

告其奴婢根脚 且告致庸之言. 大君卽啓于上 上使承傳宦官崔閑

傳命于承政院曰：“予聞慙愧之言 反有愧於見卿等矣.”召戶曹判書

朴信 禮曹判書黃喜 知申事柳思訥 左副代言趙末生及無悔 仍召

致庸 思永 執智等 問將已曾分揀屬公奴婢 反稱誤決强辨之由 致庸

思永 執智等曰：“無强辨之語.”上曰：“予聞 致庸謂我聽大臣河崙及

侍妾加伊之言 屬於內贍寺. 然則予於某事 聽大臣與侍妾之言 處之

不當乎? 宜當問於致庸.”致庸惶悚不能對. 傳旨曰：“思永等三人

取勘以公處奴婢容隱使用事 於致庸竝取以虛事致害大臣侍妾受賂

之言.”受辭訖 下致庸等于義禁府. 執智 無悔之婦翁也.

命二品以上議城中家基及市中布帛收稅便否. 兵曹判書金承霔
명 이품 이상 의 성중 가기 급 시중 포백 수세 편부　병조판서　김승주

等謂: "布帛稅可收 而家基稅可免." 戶曹判書朴信獨謂: "二稅當
등 위　포백세 가수 이 가기세 가면　호조판서　박신 독위　이세 당

盡收." 議上 上難之 令右代言韓尙德就三議政第問之. 南在 李稷
진수　의상 상 난지 영 우대언 한상덕 취 삼의정 제 문지　남재 이직

皆謂: "稅戶之法 稍有古制 且行之有年 尤宜於用楮貨 取之無害.
개 위　세호 지법 초유 고제 차 행지 유년 우 의어 용 저화 취지 무해

若布帛稅 古所未有 且旣征商賈 又取稅錢 是二次取之. 又況遠方
약 포백세 고 소미유 차 기정 상고 우 취 세전 시 이차 취지　우 황 원방

軍卒 齎布買米以度日者多 民必苦之." 河崙謂: "今制一法 宜垂
군졸 재포 매미 이 도일 자 다 민 필 고지　하륜 위　금제 일법 의수

萬世. 家基取稅 傳記不在 而中國亦無布帛取稅. 朝廷方用且助用
만세　가기 취세 전기 부재 이 중국 역 무 포백 취세　조정 방용 차 조용

楮貨之法 不可不取." 尙德乃以二議政之議告崙 崙答曰: "儻爾則令
저화 지법 불가 불취　상덕 내 이 이의정 지의 고륜 륜 답왈　당이 즉 영

甲士免稅可矣." 翼日 上語諸判書以昨日河崙之議 皆含糊不對 唯
갑사 면세 가의　익일 상 어 제 판서 이 작일 하륜 지의 개 함호 부대 유

朴信力言當收 上然之 遂命布帛 家基兩稅皆收. 因命外方番上宿衛
박신 역언 당수 상 연지 수명 포백 가기 양세 개수　인명 외방 번상 숙위

別牌 外牌 甲士等換米布帛 告於兵曹 着標詣市 勿幷取稅.
별패 외패 갑사 등 환미 포백 고어 병조 착표 예시 물 병 취세

丁丑 命繕工監 置木手籍. 繕工新屬木手內 除本主率居奴子及
정축 명 선공감 치 목수 적　선공 신속 목수 내 제 본주 솔거 노자 급

外方接人外 通計舊屬選揀才熟一百名置籍.
외방 접인 외 통계 구속 선간 재숙 일백 명 치적

戊寅 視事于便殿. 引見河崙 南在 李稷及六曹判書 代言等議事
무인 시사 우 편전　인견 하륜 남재 이직 급 육조판서　대언 등 의사

仍設酌.
잉 설작

賜檢校漢城尹吳眞鄕海州. 眞 漢人 請賜鄕着籍故也.
사 검교 한성윤 오진 향 해주　진 한인 청 사향 착적 고야

下前大興縣監洪汝簡于義禁府 收其職牒科斷. 初 檢校參贊洪潛
하 전 대흥현감 홍여간 우 의금부 수기 직첩 과단　초 검교 참찬 홍잠

以婢妾松德侍病盡孝 給家財 雜物 奴婢幷二十口而卒. 其子汝簡
이 비첩 송덕 시병 진효 급 가재 잡물 노비 병 이십 구 이졸　기자 여간

打傷松德 又取家財及奴婢. 松德訟于憲府 憲府論其貪汚 敗毁風俗
타상 송덕 우 취 가재 급 노비　송덕 송우 헌부 헌부 논기 탐오 패훼 풍속

之罪故也.
지 죄 고야

命金廷雋京外從便.
<small>명 김정준 경외종편</small>

釋閔無悔等四人. 知申事柳思訥 代言徐選等啓曰: "無悔實與
<small>석 민무회 등 사인 지신사 유사눌 대언 서선 등 계왈 무회 실여</small>

致庸通同 妄說賄賂之言 汎指惠善翁主 辭連君上. 且陰斥大臣
<small>치용 통동 망설 회뢰 지언 범지 혜선옹주 사련 군상 차 음척 대신</small>

以濟己私 其不忠之迹已著矣. 今宥而勿罪 彼將無忌憚 終莫之禁
<small>이제 기사 기 불충 지적 이저 의 금유 이물죄 피 장 무기탄 종 막지 금</small>

與竇憲之事無異矣." 不允.
<small>여 두헌 지사 무이 의 불윤</small>

己卯 復囚閔無悔等四人及宦者尹興阜. 柳思訥宣命於義禁府曰:
<small>기묘 부수 민무회 등 사인 급 환자 윤흥부 유사눌 선명 어 의금부 왈</small>

"今初八日 命宦官尹興阜 將奴婢許與還給於提點尹祥妻氏. 興阜
<small>금 초팔일 명 환관 윤흥부 장 노비 허여 환급 어 제점 윤상 처씨 흥부</small>

聽回話 不卽啓達 乃歸致庸家 臆說奴婢還得 有生理 留連使孫聚會
<small>청 회화 부즉 계달 내귀 치용 가 억설 노비 환득 유 생리 유련 사손 취회</small>

至日暮 更歸尹祥妻家 議定回話之言 然後詣闕啓達 不以直告.
<small>지 일모 갱귀 윤상 처가 의정 회화 지언 연후 예궐 계달 불 이직 고</small>

是日 又往致庸之家言曰: '右奴婢贈上國舅事 分明聽敎.' 凡其所爲
<small>시일 우왕 치용 지가 언왈 우 노비 증상 국구 사 분명 청교 범 기 소위</small>

一一鞫問." 乃還囚無悔 思永 執智 致庸及致庸妻尹氏 與興阜憑問
<small>일일 국문 내 환수 무회 사영 집지 치용 급 치용 처 윤씨 여 흥부 빙문</small>

命罷無悔職.
<small>명파 무회 직</small>

以李殷爲判尙州牧使 吳眞恭安府尹.
<small>이 이은 위 판상주목사 오진 공안부 윤</small>

豐海道九站置館丞一人 號金郊敬天道館丞.
<small>풍해도 구참 치 관승 일인 호 금교경천도관 승</small>

庚辰 兵曹上子弟侍衛法:
<small>경진 병조 상 자제 시위 법</small>

'一 三功臣子壻弟姪二百十二 分爲左右一番; 原從功臣子壻弟姪
<small>일 삼공신 자서제질 이백 십이 분위 좌우 일번 원종공신 자서제질</small>

五百三十三 分爲左右二三番. 每番二品以上節制使二員 六日相遞
<small>오백 삼십삼 분위 좌우 이삼 번 매번 이품 이상 절제사 이원 육일 상체</small>

侍衛 其中除內禁 內侍衛 別侍衛 鷹揚衛 甲士 別牌 外牌 內寺茶房
<small>시위 기중 제 내금 내시위 별시위 응양위 갑사 별패 외패 내시 다방</small>

行首外 受田無受田 私伴黨等 於子弟衛侍衛.
<small>행수 외 수전 무수전 사반당 등 어 자제위 시위</small>

一 各品無役子壻弟姪一千五十六 分爲左右五番 每番亦置二品
<small>일 각품 무역 자서제질 일천 오십육 분위 좌우 오번 매번 역 치 이품</small>

以上節制使二員 十日相遞侍衛.

一 上項子壻弟姪內 成均館小學堂 外方鄉校赴學者 各其番內

頒下施行 勸學.

一 上項人等入直所 敦化門外各司朝房下行廊 左邊功臣子弟衛

右邊各品子弟衛 分給直宿.

一 上項子弟內 或疾病 在喪及在外未及呈單子者 皆贖施行

何如?'

依允 事竟不行.

詳定鄉吏笠制. 禮曹與儀禮詳定所同議: '依洪武二十年間改衣冠

例參考 戶長 記官平頂巾 通引 將校 驛吏頭巾 雨雪日俱用油紙

帽. 官門進退及大小使客迎接時 外着黑色竹坎 頭簷廣二寸.' 從之.

禮曹判書黃喜啓曰: "領議政河崙嘗謂朝廷官吏皆常着紗帽 而本國

則路上着笠 而紗帽只着於公處 甚爲不倫. 且二物幷備亦難 宜令

朝官常着紗帽." 上曰: "領議政之言固當 但物論厭其不便也. 其於

立法也 無知之人固宜疑惑; 識理之人亦隨而咻之 甚爲可怪. 爲國

之道 安能如老氏之無爲而俟民自化乎? 然事之不獲已者 任受詬責

如此細事 姑仍其舊 庶息多言." 喜再三請之 不許.

甘露降于咸州德山洞 長五十步 廣十步許 洞中木葉及川邊石上

其味蜜.

刑曹上決訟事宜. 啓曰: "良賤俱不明 屬司宰監水軍內 其主誤決

呈狀 欲從賤者 不許聽理. 擊鼓申呈內 已經官決訴良事 以前決
정장 욕 종천 자 불허 청리 격고 신정 내 이경 관결 소량 사 이 전결

度數多少 從多決絶. 從良從賤度數相等; 則屬水軍; 一度從良 不動
도수 다소 종다 결절 종량 종천 도수 상등 즉속 수군 일도 종량 부동

前決; 一度從賤 更令揀閱 永絶爭訟." 從之.
전결 일도 종천 갱령 간열 영절 쟁송 종지

司憲府大司憲李垠等上疏:
사헌부대사헌 이은 등 상소

'一 守令 近民之職 宜加精選. 近因闒茸之徒或夤緣冒進 又於
일 수령 근민 지직 의가 정선 근인 탑용 지도 혹 인연 모진 우어

每歲都目 別瓦窯 東西窯 內寺茶房各成衆官及諸都監各色員吏
매세 도목 별와요 동서요 내시 다방 각 성중관 급 제도감 각색 원리

不分才否 竝皆除授 故不能稱職 政治不美 實爲未便. 乞令上項
불분 재부 병개 제수 고 불능 칭직 정치 불미 실위 미편 걸령 상항

人員授以京職 其中才品特異 衆所共知者 許除守令.
인원 수이 경직 기중 재품 특이 중 소공지 자 허제 수령

一 大小臣僚婢妾所生 許令限品授職. 竊詳前朝之制 婢妾所生
일 대소 신료 비첩 소생 허령 한품수직 절상 전조 지제 비첩 소생

止放己役 推考其孫 還賤使用 不使受職 混雜朝班. 其中公私賤口
지방 기역 추고 기손 환천 사용 불사 수직 혼잡 조반 기중 공사 천구

特立功績者 特旨免賤 限品授職. 開國以來 太祖以上項所生 永放
특 입공적 자 특지 면천 한품수직 개국 이래 태조 이 상항 소생 영방

爲良 使本孫不得勒令使用 恩至渥也. 然猶慮其混於朝班 定屬司宰
위량 사 본손 부득 늑령 사용 은 지악 야 연 유려 기혼 어 조반 정속 사재

水軍 載在六典 以爲成憲. 若令限品授職 則父兄以骨肉私愛 囑托
수군 재재 육전 이위 성헌 약령 한품수직 즉 부형 이 골육 사애 촉탁

受官 比肩朝士 貴賤混殽. 上項賤口 亦將不念國家深恩 反生不逞
수관 비견 조사 귀천 혼효 상항 천구 역장 불념 국가 심은 반생 불령

之計 謀害本主者 容或有之. 且此風一起 人無貴賤 皆將溺愛婢妾
지계 모해 본주 자 용혹 유지 차 차풍 일기 인무 귀천 개장 익애 비첩

士風淫靡. 乞將上項一品以下各品婢妾所生 勿令限品授職 一依
사풍 음미 걸장 상항 일품 이하 각품 비첩 소생 물령 한품수직 일의

太祖成憲 永放爲良 悉屬司宰水軍 以淸朝列.
태조 성헌 영방 위량 실속 사재 수군 이청 조열

一 兵曹受敎內 以稱干稱尺者 悉屬補充軍. 然干尺者 前朝之
일 병조 수교 내 이 칭간칭척 자 실속 보충군 연 간척 자 전조 지

制 以役賤身良 付籍 使不通於朝班. 今也屬補充軍 則受西班隊長
제 이 역천신량 부적 사 불통 어 조반 금야 속 보충군 즉 수 서반 대장

隊副之職 其端已開 實爲未便. 且外方州郡以干尺人等役使之 今
대부 지직 기단 이개 실위 미편 차 외방 주군 이 간척 인등 역사 지 금

令州郡於正軍一千名 定奉足二千名 亦且難矣. 願上項干尺 勿屬
補充軍 還屬前役 以實州郡.

一 禮義廉恥 國之四維. 國家創立法制 修明敎化 民風士習 煥然
一新. 然或有庸劣之徒 乘間冒進 恣行貪墨 累我盛朝廉淨之風 良
可痛心. 願自今大小人民如有汚不法 敗毀士風者 勿輕赦宥 依律
施行 痛懲其罪 屛之外方 永不敍用 以激廉恥 以正士風.

一 兼聽廣納 人主之大德. 殿下親斷萬機 俾無壅蔽 實唐虞明目
達聰之美意. 其中大小人員 或窺免身罪 或圖濟己欲 汎濫上書
轉換是非 欺罔淸聽者 比比有之. 不唯有乖君臣謹嚴之道 殊無爲臣
敬上之意. 乞自今凡所上書啓聞之後 考其是非 所言中則卽令施行
以決壅蔽 如有上項窺免己罪 圖濟己欲者 悉下本府 鞫問其罪 以懲
奸險之臣 以嚴君臣之分.'

上覽之曰: "此末條 近來臺諫多以錯誤見罷 惡其申訴者云耳. 是
欲防言路 使下情不得上達 非臺員之請也." 乃召掌令鄭之唐問:
"圖濟己欲 窺免己罪者爲誰?" 之唐對曰: "洪汝方 閔若孫之上書 乃
窺免己罪者也." 又問: "圖濟己欲者爲誰?" 之唐對以本自汎稱 不是
指點爲某 上怒 留中不下.

釋閔無悔 尹思永 權執智囚. 義禁府提調李天祐 朴訔 尹向等
啓曰: "無悔聞致庸不忠之言 不卽啓達 其罪匪輕 今當取招之際
特蒙免放之恩. 臣等以爲 未成罪名而宥之 則何以垂戒將來?" 上

曰: "老母以子之故 徹食憂勞 不忍逮獄. 且其罪非無咎 無疾之比."
왈　노모이자지고　철식우로　불인체옥　차기죄비무구　무질지비

尹向曰: "無悔以中宮至親 聞致庸亂言 稽留數日 乃因奴婢之故 始
윤향왈　무회이중궁지친　문치용난언　계류수일　내인노비지고　시

露其言 其設心 何異於二人乎? 宜明正其罪." 不聽.
로기언　기설심　하이어이인호　의명정기죄　불청

壬午 杖廉致庸一百 流于鏡城 籍沒家産; 尹興阜贖杖一百 流于
임오　장염치용일백　유우경성　적몰가산　윤흥부속장일백　유우

羅州. 義禁府啓: "致庸比謀反大逆條 當凌遲處死 妻妾爲奴 家産
나주　의금부계　치용비모반대역조　당능지처사　처첩위노　가산

竝沒官; 尹興阜比交結近侍之律當斬 妻子流二千里安置." 命皆
병몰관　윤흥부비교결근시지율당참　처자유이천리안치　명개

減等施行. 六曹啓事畢 出 知申事柳思訥 左代言趙末生後 上語
감등시행　육조계사필　출　지신사유사눌　좌대언조말생후　상어

致庸之事 思訥啓曰: "罪重罰輕 群情憤恨 請論如法." 上諭以不能
치용지사　사눌계왈　죄중벌경　군정분한　청론여법　상유이불능

從法之意 思訥曰: "律有奴婢殺主 卑幼罵尊長之文 而無大逆不道
종법지의　사눌왈　율유노비살주　비유매존장지문　이무대역부도

之條 止有謀叛. 謀反非關文也 乃聖人作法 存天下之防於萬世也.
지조　지유모반　모반비궐문야　내성인작법　존천하지방어만세야

故深沒其文於律耳. 致庸所犯匪輕 而斷之太輕 此臣等所憤悒也."
고심몰기문어율이　치용소범비경　이단지태경　차신등소분읍야

上再三敦諭之以無悔亦與其謀云. 六曹判書退至便殿門外啓曰:
상재삼돈유지이무회역여기모운　육조판서　퇴지편전문외계왈

"致庸罪重 特蒙上恩 得全首領 仁則仁矣. 懲惡太輕 人不知懼 請論
치용죄중　특몽상은　득전수령　인즉인의　징악태경　인부지구　청론

如法." 上曰: "卿等之言固善 然不獨致庸一人有罪耳. 且愚暗一物
여법　상왈　경등지언고선　연부독치용일인유죄이　차우암일물

何必殺之?" 對曰: "致庸罪固大矣 然已有上恩 緩之無害. 但無悔
하필살지　대왈　치용죄고대의　연이유상은　완지무해　단무회

亦與議論 獨不鞫問 臣等缺望." 上曰: "誠然. 但老母在堂 不欲傷
역여의론　독불국문　신등결망　상왈　성연　단노모재당　불욕상

其意. 今已免官杜門 宜省其愆." 黃喜曰: "閭巷庶民 猶對所親之人
기의　금이면관두문　의성기건　황희왈　여항서민　유대소친지인

不敢言所親之人之過. 無悔夤緣戚里 荷恩殊深 不當如是." 上曰:
불감언소친지인지과　무회인연척리　하은수심　부당여시　상왈

"吾豈不知? 但反覆思之 知其處之不過如是耳. 彼旣以罪得譴 豈復
오기부지　단반복사지　지기처지불과여시이　피기이죄득견　기부

可望盡心於我? 但老母之心 不可以不慰故耳. 卿等悉知 毋用多言."
가망진심어아　단노모지심　불가이불위고이　경등실지　무용다언

156

於是 自臣僚家 入內火者七人 皆逐之. 緣興阜行詐之故也.

甲申 收閔無悔職牒. 司諫院上言: "今者義禁府奉敎旨 將致庸
興阜照律以聞 殿下減等施行. 臣等以爲 廉氏在前朝 以貪汚敗家
致庸非唯目擊其事 逃匿免禍. 爲其計者 激勵謹愼 棄利趨義 邁迹
自身可也. 幸蒙聖恩 歷至判黃州 遂以貪汚見罷 罪至刺字 又蒙
聖恩 乃得免刺 尤當改心易慮 圖報聖恩 乃以蒼赤之事 遽發亂言
辭連乘輿 其爲不忠明矣. 宜置於法 而殿下特從寬典 其於用刑之
道 實有慊焉. 興阜以近侍內官 情攝不忠 殿下只令收贖 安置其鄕
豈有情攝不忠 而收贖之理乎? 乞命攸司將致庸興阜 明正其罪
以戒後來.

前府尹閔無悔 中宮至親 實同休戚 事干宮禁 隨所聞見 宜輒以聞
而聞致庸亂言 稽留數日 乃因奴婢之故 始露其說 罪亦重矣. 殿下
釋之不罪 臣等亦有憾焉. 乞幷下攸司 依律斷罪."

敎曰: "致庸 興阜之罪 予已量宜施行. 無悔老母在焉 私情不可
頓去 卿等亦退思之." 司諫院固請不已 命收無悔職牒; 致庸 興阜
更勿擧論.

召宗親 擊毬於廣延樓下 置酒盡歡.

乙酉 以曹恰爲永吉道都巡問使 金萬壽爲都安撫使兼判吉州事
崔閏德右軍摠制.

命正朝 誕日進上 以小馬供之. 敎曰: "予聞 誕日 正朝進上馬

搜擇時 各戶有隱匿者. 自今毋求諸各戶 以司僕寺馬供之." 柳思訥

啓曰: "濟州以僻小之地 尙且貢馬 況擧一國而正朝 誕日進上之馬

何難得之有? 乞依舊例." 上曰: "然則毋擇馬之良且大者 可以鄕馬

供之."

丙戌 前署令金滌上書:

'一 各道散在官民子壻弟姪 定屬侍衛 騎船軍 則不得爲朝士 而

永爲庶人者 猶多有之. 願自今若欲從仕者 不問外方役處 聽從自願

如有避軍不肯從仕者 依律論罪 永不從仕. 一 臣之於上 諫之再三

蒙允而後已. 外方守令 雖有不義之事 州人仰視咨嗟而不敢言 其

因襲之弊 遂使守令橫斂無已 使民無時 刑罰不中者 往往有之.

願自今觀察使於州府郡縣 差定申明色 大官三人 小官二人 各其

守令貪暴不法 弊及生民之事 俾令規諫. 若諫之再三而不改 則具告

監司 以行貶黜 其中申明色挾私羅織妄告者 痛懲黜出其鄕何如?'

上覽之 命承政院曰: "此人可用 後値除授日 毋忘以啓." 命下

其書于戶曹 擬議施行.

命各殿供上 皆用皮松子. 先是 諸殿供上 皆用實松子 命文昭殿

誠妃殿外 皆用皮松子.

兵曹啓考察軍士事宜. 啓曰: "大小人員宿衛巡綽外 無他職事 而

其中或有詐稱疾病式暇者 非但宿衛虛疎 致軍政不嚴. 今後告忌者

取其忌案 考驗虛實; 告病者 遣醫診候 如有罔冒者 二品已上取旨

三品已下移鎭撫所 直行決罰 凡有犯法者 亦依上項例論罪." 從之.
삼품 이하 이 진무소 직행 결벌 범유 범법자 역의 상항 례 논죄 종지

丁亥 江原道都觀察使李安愚上書 下議政府六曹擬議. '一 採金
정해 강원도 도관찰사 이안우 상서 하 의정부 육조 의의 일 채금

一事 國家事大之用 而今道內 淮陽 旌善採金二百餘兩. 此則地
일사 국가 사대 지용 이금 도내 회양 정선 채금 이백 여량 차즉 지

不愛寶 應時而出 非偶然而致 然探訪之際 有未便者 不敢不告.
불애 보 응시 이출 비우연 이치 연 채방 지제 유 미편 자 불감 불고

差遣探訪 正月旣晦下界 督令州縣聚民 其邈在邊邑之民 或旬日
차견 채방 정월 기회 하계 독령 주현 취민 기막 재 변읍 지민 혹 순일

乃有至者. 以不習之民 令修器械 日夜督之 事未就而民反瘁 纔至
내 유 지자 이 불습 지민 영수 기계 일야 독지 사 미취 이민 반췌 재지

二旬而罷役. 臣愚竊聞 此界産金之地有二 而永吉道亦有二三處焉.
이순 이 파역 신우 절문 차계 산금 지지 유이 이 영길도 역유 이삼 처 언

宜於所産之縣 計民戶多少 或全一州屬一所 或幷一二郡縣屬一所
의어 소산 지현 계 민호 다소 혹전 일주 속 일소 혹 병 일이 군현 속 일소

只取所耕租稅 其他徭役貢賦一皆蠲免. 擇鄕中有綱紀廉幹者 定爲
지취 소경 조세 기타 요역 공부 일개 견면 택 향중 유 강기 염간 자 정위

監考 以時勵禁 隨産金多寡 以定常貢之數. 假令一所於一節貢二十
감고 이시 여금 수 산금 다과 이정 상공 지수 가령 일소 어 일절 공 이십

兩 則五所爲一百兩 而春秋爲二百兩矣. 每當春秋 分遣匠人 監司
량 즉 오소 위 일백 량 이 춘추 위 이백 량 의 매당 춘추 분견 장인 감사

守令詳加考察 採揀貢獻 如有不滿數者 考察有不精遺失者 依律
수령 상가 고찰 채간 공헌 여유 불만수 자 고찰 유 부정 유실 자 의율

論罪 則無擧道擾動之弊 而事可就矣.'
논죄 즉 무 거도 요동 지폐 이사 가취 의

右條議得: "以國用多少 量宜定數 春秋仲月 聚會還放 不必爲
우조 의득 이 국용 다소 양의 정수 춘추 중월 취회 환방 불필 위

年例."
연례

'一 貢賦之制 我太祖開國之初 於壬午年間 參酌所用 詳定其數
일 공부 지제 아 태조 개국 지초 어 임오 연간 참작 소용 상정 기수

意欲傳之萬世而無弊也. 因時損益 至今二十餘年 國無匱乏. 近者
의욕 전지 만세 이 무폐 야 인시 손익 지금 이십 여년 국무 궤핍 근자

各司皆有加定之議 微而若人蔘 唐楸子 大棗 至於紙地 席子 油淸
각사 개유 가정 지의 미이 약 인삼 당추자 대조 지어 지지 석자 유청

燭蜜 厥數猥多 或引納來歲之貢. 願令攸司量宜更定.'
촉밀 궐수 외다 혹 인납 내세 지공 원령 유사 양의 갱정

議得: "右條宜更相考."
의득 우조 의 갱 상고

‘一 月課軍器 國家禦侮之備 誠不可一日廢其修造也. 然近因條令
일　월과군기　국가　어모 지비　성불가　일일폐기 수조 야　연근인 조령

自郡縣至於庶民 皆有其備 而節制營與界首各鎭日常打造 其爲
자 군현 지어 서민　개유 기비　이 절제영　여 계수 각진 일상 타조　기위

治匠者 日夜在官 失其生理 未免妻子啼飢之嘆 亦可憫也. 願自今
치장 자　일야 재관　실기 생리　미면 처자 제기 지탄　역 가민 야　원 자금

三月至七月則放還歸農 自八月至明年二月 驅而赴役 則庶乎國
삼월 지칠월 즉 방환 귀농　자 팔월 지 명년 이월　구이 부역　즉 서호 국

不廢備 而匠亦遂其生矣.
불폐 비 이 장 역 수 기생 의

　　議得: “右條自四月至七月歸農.”
　　의득　　우조 자 사월 지 칠월 귀농

　‘一 曾降條令內 一二品已上賤妾所生限五品 三品賤妾所生限
　일　증강 조령 내　일이품 이상 천첩 소생 한 오품　삼품 천첩 소생 한

六品 四品賤妾所生限七品 以次除授蔭職 誠殿下深仁厚澤也. 然
육품　사품 천첩 소생 한 칠품　이차 제수 음직　성 전하 심인 후택 야　연

辨之不早 噬臍何及? 願將此輩 宜各以其類而相婚 愼勿犯婚於
변지 부조　서제 하급　원장 차배　의각 이 기류 이 상혼　신물 범혼 어

兩班家裏 又別除雜職而敍用 不可混於文武官爵 彼無定分 則狎恩
양반 가리　우 별제 잡직 이 서용　불가 혼어 문무 관작　피무 정분　즉 압은

昵愛 無所不至. 自古陰譎生變者 多從此輩而出 是徒務才勇 而無
닐애　무 소부지　자고 음휼 생변 자　다 종 차배 이 출　시 도무 재용　이무

正大高明之量耳. 徵諸古昔則邈矣 前朝之釋器 比年之仁海 是皆
정대 고명 지량 이　징저 고석 즉 막의　전조 지 석기　비년 지 인해　시개

目前之明驗.
목전 지 명험

　　且世家子弟懷才抱道 未得見用於明時者尙多矣. 何用不正之徒
　　차 세가 자제 회재 포도　미득 견용 어 명시 자 상 다의　하용 부정 지도

除授官爵 以混名分乎? 此而不辨 再世之後 或蒸於其主之親戚而
제수 관작　이혼 명분 호　차이 불변　재세 지후　혹 증어 기주 지 친척 이

亂倫者有之; 或混於朝列而陰害其主者亦有之. 吾東方 自古號稱
난륜 자 유지　혹 혼어 조열 이 음해 기주 자 역 유지　오 동방　자고 호칭

禮義之國者 無他 尊卑之等 貴賤之分 如天建地設 秩然而不可犯
예의 지국 자　무타　존비 지등　귀천 지분　여 천건 지설　질연 이 불가 범

也. 況我聖朝開國之初 修明禮義 昭示後世 若不早辨 則恐有虧於
야　황 아 성조 개국 지초　수명 예의　소시 후세　약 불 조변　즉 공유 휴어

明時之盛典.’
명시 지 성전

　　議得: “右條宜擧行.” 敎曰: “月課匠人 自三月至七月歸農; 賤妾
　　의득　　우조 의 거행　　교왈　　월과 장인　자 삼월 지 칠월 귀농　천첩

160

所生限品授職 不混朝班 別除雜職事 依擬議所申."
소생 한품 수직 불혼 조반 별제 잡직 사 의 의의 소신

　　兵曹上言: "各品婢妾所生 令京中漢城府 外方監司守令推刷
　　병조 상언 각품 비첩 소생 영 경중 한성부 외방 감사 수령 추쇄

京中限七月 外方限十月 令本主及族親與其同里人陳告. 若不自
경중 한 칠월 외방 한 십월 영 본주 급 족친 여기 동리 인 진고 약불 자

現身者 容隱不報者及京外官吏不爲用心推刷者 依律論罪." 從之.
현신 자 용은 불보 자급 경외 관리 불위 용심 추쇄 자 의율 논죄 종지

　　戊子 議政府率百官 賀甘露之瑞 不受. 上曰: "甘露雖云上瑞 然
　　무자 의정부 솔 백관 하 감로 지서 불수 상왈 감로 수운 상서 연

比者 海水漲溢 大石自移 變亦大矣 何賀之有?" 驛召咸州千戶
비자 해수 창일 대석 자이 변역 대의 하하 지유 역소 함주 천호

魏臣忠詣闕問曰: "甘露之降眞歟 否歟? 以予德揆之 定是虛矣."
위신충 예궐 문왈 감로 지강진여 부여 이 여덕 규지 정시 허의

臣忠具以所聞 上曰: "然則眞甘露也. 顧予無德 何以當之?"
신충 구이 소견 문 상왈 연즉 진 감로 야 고여 무덕 하이 당지

　　下兼尙瑞小尹邊處厚 注簿李隨 直長金宗瑞等于義禁府 笞四十
　　하 겸 상서소윤 변처후 주부 이수 직장 김종서 등 우 의금부 태 사십

收贖罷職 以不親關授巡牌也.
수속 파직 이불 친관 수 순패 야

　　己丑 遣恭安府尹吳眞如京師 賀千秋也. 就咨禮部曰: '醫藥活人
　　기축 견 공안부 윤 오진 여 경사 하 천추 야 취자 예부 왈 의약 활인

實惟重事. 本國僻居海外 爲緣針灸方書鮮少 且無良醫 凡有疾病
실유 중사 본국 벽거 해외 위연 침구 방서 선소 차무 양의 범유 질병

按圖針灸 多不見効. 如蒙奏聞 給降銅人 取法施行 深爲便益.'
안도 침구 다 불견효 여몽 주문 급 강 동인 취법 시행 심위 편익

　　對馬島 豆地浦萬戶早田使人獻禮物 請還人口. 築前州 宗像社
　　대마도 두지포 만호 조전 사인 헌 예물 청환 인구 축전주 종상사

務顯亦獻土宜 求梵鍾.
무현 역헌 토의 구 범종

　　慶安宮主卒. 宮主 上之第三女也. 生而淑婉 聰慧異常 兩宮
　　경안궁주 졸 궁주 상 지 제삼 녀야 생이 숙완 총혜 이상 양궁

鍾愛 適吉川君權跬. 有婦德 事舅姑盡禮 治家有法 卒年二十三.
종애 적 길천군 권규 유 부덕 사 구고 진례 치가 유법 졸년 이십삼

生男二女一. 上哀悼 輟朝三日. 家貧 大小斂所用之物不足 命
생 남이여일 상 애도 철조 삼일 가빈 대소렴 소용 지물 부족 명

以尙衣院衣襨賻給 葬用宗親上等禮. 跬請不作佛事 一遵經制.
이 상의원 의대 부급 장용 종친 상등 례 규청 부작 불사 일준 경제

宮主與忠寧大君性氣相類 宮中竝稱其賢 宮主每歎 忠寧德器日成
궁주 여 충녕대군 성기 상류 궁중 병칭 기현 궁주 매탄 충녕 덕기 일성

非常人也.
비상 인 야.

辛卯 慶尙道 盈德縣 烏浦等處海水黑濁 遣人祭南海神以禳之.
신묘 경상도 영덕현 오포 등처 해수 흑 탁 견인 제 남해신 이 양지

태종 15년 을미년
5월

# 五月

정유일(丁酉日-1일) 초하루에 일식(日食)이 있었다. 상이 소복(素服) 차림으로 인정전(仁政殿)의 월대(月臺)에 나아가 일관(日官)으로 하여금 북을 쳐서 이를 구원하게 했다.

○ 판상주목사(判尙州牧使-상주목 판사) 이은(李殷)에게 명해 부근 여러 고을의 제방[堤堰]을 살펴보게 했다.
제언

무술일(戊戌日-2일)에 의정부와 육조가 대궐에 나아와 육선(肉膳-고기 반찬)을 들기를 권했으나 윤허하지 않았다. 경안궁주(慶安宮主)가 졸했기 때문에 상이 육선을 들지 않았다[不御]. 상이 허락하지 않고서 말했다.
불어

"상왕(上王)께서도 오히려 아직 육선을 들지 않으셨는데 나에게 들기를 권함은 옳지 못하다."

그 참에 지신사 유사눌(柳思訥)에게 명해 말했다.

"내일 아침에 인덕궁(仁德宮)에 나아가 육선을 올리게 하라."

기해일(己亥日-3일)에 사복시(司僕寺)의 문을 파수하는 군사들에게 명해 그 출입(出入)을 엄하게 했다. 삼군(三軍) 진무(鎭撫)에게 명해 말했다.

"사복시의 문을 파직(把直)하는 군사를 엄히 신칙해서 출입하는

사람을 자세히 살피게 하라. 서연(書筵)을 시위(侍衛)하는 군사와 공
역(供億-지원)하는 사람도 그 물색(物色)을 고찰해서 출입을 허용하
게 하라. 만약 난잡(亂雜)한 사람을 함부로[罔冒] 출입하게 했다가 일
이 발각될 것 같으면, 내 마땅히 너희들을 엄하게 징치(懲治)할 것
이다."

경자일(庚子日-4일)에 사헌부 대사헌 이은(李垠)과 집의(執義) 이유
희(李有喜), 장령(掌令) 강종덕(姜宗德)·정지당(鄭之唐), 지평(持平) 김
익렴(金益濂)·금유(琴柔)를 의금부에 내렸다. 의금부에 뜻을 내려
[下旨] 말했다.

"민무회(閔無悔)와 염치용(廉致庸) 등이 노비의 일을 갖고서 불충
한 말을 떠벌렸기[揚說] 때문에 의금부에 내려 국문하게 했다. 이에
[其] 조율(照律)해 아뢰기를 '대역(大逆)으로 논죄하도록 청합니다'라
고 했는데, 치용(致庸)은 감등(減等)해 시행했고 무회(無悔)는 의친
(議親)¹이라 해 논하지 말게 했다. 육조와 의금부·승정원·사간원에
서도 율에 의거해 시행하라고 청했는데, 헌부는 그 직책이 나라의 법
을 관장하면서도 이를 듣지 못해 그 죄를 청하지 않았다. 또 그들이
아뢴 조목 안에는 '대소인원(大小人員)이 함부로 글을 올려, 어떤 자
는 자기의 죄를 모면하기를 도모하고 어떤 자는 자기의 욕심을 이루

---

1  팔의(八議)의 하나다. 곧 임금의 단문이상친(袒免以上親), 왕대비(王大妃)·대왕대비(大王大
妃)의 시마이상친(緦麻以上親), 왕비(王妃)의 소공이상친(小功以上親), 세자빈(世子嬪)의 대
공이상친(大功以上親)의 범죄자를 처벌할 때 형(刑)의 감면(減免)을 의정(議定)하던 일을
말한다.

려고 도모한다'라고 했다. 이는 반드시 누군가를 위해 발설한 것이다. 또 이중무(李仲茂)와 장수(張脩) 등이 노비를 서로 다툰 일에 대해서도 마음을 써서 정밀하게 살피지 아니하고 다만 방장(房掌)인 호조좌랑 하지명(河之溟)의 죄만 청했으니, 이는 한쪽으로 치우친 것이 특히 신하로서의 충의(忠義)가 없기 때문이다. 낱낱이 갖춰 국문해 아뢰도록 하라."

대언(代言)을 두 의정(議政)의 집에 보내 헌부 관원을 의금부에 내린 까닭을 일러주었다. 하륜(河崙)과 남재(南在)·이직(李稷)·유정현(柳廷顯) 등이 대궐에 나아와 아뢰어 말했다.

"의금부에서 상의 교지를 의정부에 고하지 않았기에 은(垠) 등을 옥에 가둔 까닭을 알지 못했으나, 어제 전하신 교유(教諭)를 받고서야 상의 뜻을 알게 됐습니다. 사헌부 관원들이 그 직책에 부응하지 못함[不稱=不副]은 진실로 예감(睿鑑-임금의 살핌)과 같습니다."
불칭   불부

상이 말했다.

"본래는 인견(引見)하고 면대해 일러주고자 했으나, 다만 재계(齋戒)로 인해 결과적으로 그러지 못했다. 치용과 무회의 일은 4월 초6일에 발단됐는데, 내가 초9일에 육조에게 추핵(推覈)하기를 명해 거짓말이 현저하게 드러났으므로 곧장 의금부에 내려 그들을 국문해 치용과 무회의 불충한 실상을 훤하게 알 수 있었다. 내가 특별히 말감(末減)을 좇으니 육조와 사간원 대언(代言) 등은 재삼 죄주기를 신청했으나, 헌부는 풍기(風紀)를 맡은 관청으로서 생각해보면 이것을 마침내 편안히 여겨서 염려하지 않은 것이다. 내 진실로 그들의 간사한 마음가짐을 더럽게 여겼으나 꾹 참고 지금에 이르렀는데, 끝까지 참을 수 없어서 지금 옥에 내려 다스리는 것일 뿐이다. 우리나라는 본래부터 군신(君臣)의 예절이 있는 나라라고 일컬어 오는 터에 헌사에서 감히 이럴 수가 있는가? 정승들은 지위가 높고 직품도 높으니 진실로 세미(細微)한 임무에 친히 응할 수 없다고 하겠으나, 어찌 감히 (사헌부가) 강기(綱紀)를 바로잡는 자루[柄]를 쥐고서도 이같이 도리어 심하게 하는가? 우리나라의 기강(紀綱)이 진실로 가소로울 뿐이다."

류(崙) 등은 서로 쳐다보면서 놀라 머리만 수그리고 잠잠히 있었고, 이직은 황공해하는 것이 더욱 심했다. 이윽고 류이 아뢰어 말했다.

"앞서 육선(肉膳)을 다시 드시기를 청했으나 윤허를 받지 못했습니다만, 이제 여름철을 맞았으니 속히 육선을 도로 드시는 것[復膳]이 옳겠습니다."

상이 말했다.

"내 본래부터 병이 없고 명일(明日)에 별에 제사를 지내기로 했으니, 이것만 지나면 마땅히 복선(復膳)하겠다."


신축일(辛丑日-5일) 단오(端午)에 상이 건원릉(健元陵)에 참배했다가, 산릉에 수목(樹木)이 무성한 것을 보고 일자(日者-풍수 전문가) 이양달(李陽達)을 불러 물었다.

"소나무와 밤나무를 함께 심는 바람에 소나무에 해로울까 걱정되니, 밤나무를 제거하는 것이 어떻겠는가?"

양달(陽達)이 대답했다.

"밤나무는 쉽게 쇠약해지니 번거롭게 베어낼 것이 없습니다."

○ 명을 내려 이제부터 어안(御鞍-임금이 타는 말의 안장)의 땀갈이 [汗替]의 연식(緣飾-가장자리 장식)으로 전피(旬皮-염소 가죽)를 사용하지 말고 소가죽이나 말가죽으로 대신하라고 했다.


**임인일(壬寅日-6일)**에 독법령(讀法令)[2]을 내렸다. 형조에서 아뢰었다.

"서울과 지방의 어리석은 백성이 율문(律文)을 알지 못해 죄고(罪辜)에 빠지니 불쌍하게 여길 만합니다. 이제 『대명분류율(大明分類律)』을 간행했으니, 빌건대 경중(京中)의 오부(五部)와 외방(外方)의 각 관(官)에 반행(頒行)토록 하소서. 경중은 율학(律學) 각 1명씩을 나눠 보내 매 아일(衙日)에 오부의 관리(官吏)가 각 관령(管領)과 이정(里正)을 거느리고 혹은 문자(文字)로써, 혹은 강론(講論)으로써 대중을 깨우쳐주게 하소서. 외방은 각 고을의 수령이 신명색(申明色)과 율학 생도(律學生徒)로 하여금 6아일(六衙日)마다 모이게 해서 각 이방별감(里方別監)과 이정(里正)에게 문자나 강론으로 전해가며 깨우치게 하고, 부령(部令)과 수령은 어리석은 백성으로 하여금 율문을 잘 깨우치게 한 자와 한갓 문구(文具)로만 삼아 봉행(奉行)하는 데 마음을 쓰지 않은 자를 무시로 고찰케 하소서. 경중은 본조(本曹)에서, 외방(外方)은 감사(監司)가 때때로 고찰해 상과 벌을 가하소서."

그것을 따랐다.

---

2  나라에서 제정한 법률(法律)을 일반 백성에게 알려주기 위해 관리가 관령(管領)·이정장(里正長)을 통해 율문(律文)을 글이나 말로써 깨우쳐주던 제도다.

○ 안동부(安東府) 관노(官奴)의 집에서 소가 한꺼번에 송아지 2마리를 낳았다.

**계묘일(癸卯日-7일)**에 이은(李垠)을 장(杖) 80대, 도(徒-징역형) 2년에 처하고, 이유희(李有喜) 등 4인은 장(杖) 70대에 도(徒) 1년 반, 금유(琴柔)는 속장(贖杖) 60대에 처했다.

의금부에서 이은 등의 죄를 조율(照律)해 아뢰어 보고한 것 안에 이런 내용이 있었다.

'은(垠)은 헌부의 장(長)으로서 치용(致庸)과 무회(無悔)의 불충한 죄를 청하지 않다가 상의 말씀이 있고서야 "대소인원이 마구 글을 올려 자기의 죄를 모면하기를 엿보고, 혹은 자기의 욕심을 이루기를 꾀한다"라는 등의 말을 했습니다. 동료와 더불어 원의(圓議)도 하지 않고 제 손으로 초안(草案)을 만들었으니, 누구를 위해서 낸 것이기에 뚜렷하게 성명(姓名)도 구체적으로 지적하지 않았겠습니까? 또 호조판서 박신(朴信)이 오결한 죄는 청하지 않고 유독 방장(房掌) 등의 죄만 청했으니 죄가 마땅히 장(杖) 100대, 유(流-유배형) 3,000리에 해당하며, 그 종범(從犯)인 유희와 종덕(宗德), 지당(之唐), 익렴(益濂)은 장(杖) 100대, 도(徒) 3년에 해당합니다. 금유(琴柔)는 그 죄가 다른 사람과 동일하지만 그때에 병을 앓아[移病] 집에 있으면서 편지를 동료에게 전하기를 "속히 치용 등의 죄를 청함이 옳다"라고 한 까닭에 불충한 죄에는 관계되지 아니하나, "글을 올린 것이 거짓되고 사실대로 하지 않은 죄"와 "관사(官司)에 고의로 사람을 출입하게 한

죄"의 율문에 따라 장(杖) 90대에 도(徒) 2년 반에 처하소서.'

상이 이를 읽어보고서 말했다.

"은 등이 범한 바는 매우 간악하다. 그러나 치용은 머리를 보전함을 얻었고 무회는 다만 직첩만 거두었는데, 은을 치용과 같이 죄주는 것은 불가하다. 은에게 장(杖) 100대를, 유희 등은 장 90대를 때리고 모두 직첩을 회수하는 것이 좋겠다."

또 말했다.

"은 등 5인은 다시 쓰는 데 부적당한 사람들이니 어찌 꼭 그들에게 장(杖)을 때려야 하겠는가? 다만 말로써 유사(攸司)에게 전해 수속(收贖)하게 하면 될 뿐이다."

사눌(思訥)이 여러 대언에게 눈짓하며[目] 말했다.
목

"어떻게 이를 처리해야 하겠는가?"

여러 대언(代言)이 깜짝 놀라[愕然] 서로 바라보고만 있으니, 사눌
악연
이 홀로 아뢰어 말했다.

"'반역(反逆)을 토죄(討罪)하지 않으면 그 죄와 같다'고 해서 율문에 정조(正條)로 되어 있는데, 전하께서 특별히 말감(末減)하셨으니 참으로 살리기를 좋아하는 성대한 다움[好生之盛德=仁]입니다. 그
호생 지 성덕 인
러나 불충(不忠)과 불효(不孝)에 대해 수속(收贖)을 허용하지 아니함은 성법[著令]에 명백히 있습니다. (그런데) 지금 만약 수속한다면 입
저령
법(立法)한 뜻에 어긋날까 두렵습니다. 신은 감히 봉행하지 못하겠습니다."

상이 말했다.

"지신사(知申事)의 말이 진실로 옳지만, 내가 장(杖) 100대면 죽지

나 않을까 염려한 까닭에 이제 가볍게 하고자 하는 것이다."

즉시 명해 은에겐 장(杖) 80대를, 유희 등 4인에겐 장(杖) 70대를 때리게 했다. 사눌이 다시 아뢰었다.

"은은 6등(等)을 감(減)하고 유희 등은 5등을 감했는데, 감하고 또 감하시니 법령(法令)이 해이해져 난신적자(亂臣賊子)의 마음을 징계할 수 없습니다. 비록 그 장(杖)의 도수는 더하지 못한다 하더라도 도역(徒役)이나마 더하기를 원합니다."

상이 그것을 따라서 이 같은 명이 있었다. 은 등을 나눠 외방으로 귀양 보냈는데, 길이 청파역(靑坡驛)에 이르자 도년(徒年)을 수속(收贖)하도록 명했다. 이전까지는 의금부에 하옥한 자는 비록 장형에 해당하는 죄를 범했다 하더라도 직첩을 회수하지 않았었는데, 이때에 이르러 비로소 회수했다. 의금부 제조 박은(朴訔)이 대궐에 나아와서 말씀을 올렸다.

"은 등의 죄가 불충에 관계돼 신 등이 장(杖) 100대에 유(流) 3,000리로 조율(照律)해 아뢰고도 오히려 너무 가벼울까 두려웠는데, 또 말감(末減-경감)을 받으니 법제(法制)에 어긋날까 두렵습니다."

가르쳐 말했다.

"치용이 이미 머리를 보전했는데 무엇을 여기에 더하겠는가?"

승정원에 뜻을 전해 말했다.

"남의 신하 된 자[人臣]는 장(將-장차 도모함)[3]이 없어야 하고, 장
인신

---

3  『춘추공양전(春秋公羊傳)』에서 말하기를 "임금의 친척에게는 장(將)이 없고, 장(將)이 있으면 반드시 벤다"라고 했는데, 『한서(漢書)』 「숙손통전(叔孫通傳)」을 보면 "인신(人臣)에게는 장(將)이 없어야 한다" 하고 그 주(註)에 "장(將)은 역란(逆亂)을 말한다"라고 했다.

(將)이 있으면 반드시 형벌을 당해야 된다고 했는데, 이것은 무엇을 말함인가? 너희들은 '장(將)' 자를 해석해 아뢰라. 내 생각으로는, 만약 금장(今將)의 마음을 가지고 있는 자라면 토죄할 수 있다고 생각한다. 근자에 여러 신하가 치용 등은 금장(今將)의 마음이 없는데도 나더러 형벌을 함부로 썼다고 하는 자가 간혹 있다."

사눌이 대답했다.

"인신(人臣)은 장(將)이 없어야 하고, 장(將)이 있으면 반드시 형벌을 받음은 『춘추(春秋)』의 법입니다. 난신적자(亂臣賊子)를 죄주는 사람은 반드시 먼저 그 당여(黨與)를 다스리는 법입니다. 만약 치용을 가지고 금장(今將)의 마음이 없다고 하는 자라면, 이 또한 금장(今將)의 마음이 있는 자입니다."

○사간원에서 소를 올렸는데 대략 이러했다.

'신 등이 거듭 반복해 생각건대, 남의 신하 된 자로서 불충(不忠)을 범해 불충의 형을 받는 것은 고금(古今)의 바꿀 수 없는 일정한 법입니다. 지금 치용(致庸)으로 말하면 그 죄의 괴수로서 머리를 보전함을 얻었고, 무회(無悔)는 비록 직첩(職牒)을 거두었다 하더라도 편안히 집에 있어 처자(妻子)의 즐거움이 평소와 다름이 없습니다. 윤흥부(尹興阜)는 그 죄만을 속(贖)해 그의 고향에서 편안하게 지내니, 형벌을 써서 계칙(戒勅)을 후세에 보이는 도리에 있어 크게 혐의가 있습니다. 엎드려 바라건대, 전하께서 특별히 유사(攸司)에 내리시어 치용과 흥부(興阜)를 법에 의해 처치하고 무회는 그 연유를 국문(鞫問)

---

금장(今將)이라고도 한다.

해 율문에 따라 시행하소서.'

이어서 대궐로 나아가[進闕=詣闕] 명을 기다렸으나 윤허하지 않았다.

갑진일(甲辰日-8일)에 우박(雨雹)이 떨어지고 우레와 번개가 쳤다. 평안도 영녕(永寧) 사람 김천(金天)과 그 딸 영태(迎台)가 벼락에 맞았고, 강서(江西) 사람 거마대(巨亇大), 검송(檢松) 및 김부지(金夫知)와 그 아내 소사(召史)와 어린아이도 벼락에 맞았으며, 경기도 수안(守安) 사람 허겸(許兼)의 말도 벼락에 맞았다.

○ 형조에 명해 의정부를 핵문(劾問)하게 했다.

의금부 제조(義禁府提調) 완산부원군(完山府院君) 이천우(李天祐)와 금천군(錦川君) 박은(朴訔)이 대궐에 나아와 아뢰었다.

"전날에 신 등이 치용의 불충한 죄를 모반대역(謀反大逆)의 율(律)을 좇아 아뢰었으나 상의 자애(慈愛)를 입어 감등(減等)해 시행했습니다. (그런데) 이제 우의정 이직(李稷)의 말을 들으니 '치용은 노비를 얻지 못한 이유 때문에 분한(忿恨)함을 이기지 못해 이 같은 허탄(虛誕)한 말을 발설한 것뿐인데, 지금 모역(謀逆)의 율(律)에 해당시킴은 잘못이다'라고 했습니다. 신 등은 이 말을 듣고서는 감히 출사(出仕)할 수 없습니다. 청컨대 신 등을 유사(攸司)에 내려 변명(辨明)하게 해주소서."

상이 명해 육조(六曹)를 불러 그 진위(眞僞)를 추핵(推覈)하게 하고, 또 명해 대언(代言) 조말생(趙末生)을 영의정 하륜(河崙)의 집에, 한상덕(韓尙德)을 좌의정 남재(南在)의 집에, 탁신(卓愼, 1367~1426년)⁴을 우의정 이직(李稷)의 집에 보내 의금부에서 조율(照律)한 것이 '맞지 않는다[不協]'는 뜻을 물어서 오게 했다. 대언(代言) 등이 복명(復命)
불협
했는데, 조금 있다가 륜(崙)과 재(在)·직(稷) 등이 대궐에 나아와서 륜이 말씀을 올렸다.

"치용의 죄를 감등하는 것에 대해 여러 신하가 실망하고 있습니다[缺望]. 특히 치용이 신을 가리켜 '뇌물을 받았다'고 한 까닭에 신은
결망
혐의를 피해[避嫌] 감히 죄를 청하지 못했을 따름입니다."
피혐
직이 아뢰어 말했다.

"치용은 불충한 말을 드러내놓고 말했으니[揚說] 그 죄는 주륙(誅
양설
戮)에 해당합니다. 그러나 상께서 감등하신 일도 이치에 심히 합당하므로 주륙을 청함은 마땅하지 않습니다. 또 대신이 일을 청하는 것을 가볍게 할 수 없고, 생각건대 '모역(謀逆)'이란 두 글자가 합당하지 못하다고 여긴 것뿐이지 반드시 의금부의 조율(照律)이 잘못됐다고 한 것이 아닙니다."

---

4   1389년(공양왕 1년) 생원으로 식년문과에 동진사(同進士)로 급제했으나 부모가 연로해 고
    향에 돌아와서 감지(甘旨)를 지냈고, 아버지가 병사한 뒤 1398년(정종 즉위년) 효행으로
    천거돼 우습유(右拾遺)가 됐다. 용담현령을 거쳐 1404년(태종 4년) 사간원 좌정언에 임명
    되었고, 누천(累遷)해 장령에 승진됐다. 1408년 집의를 거쳐, 그해 8월 언관으로서 태종
    의 사위 평양군(平壤君) 조대림(趙大臨)이 군사를 발병한 사건에 그의 죄를 청하는 소를
    올렸는데, 이로 인해 태종의 노여움을 사서 1409년 나주에 장류(杖流)됐다. 곧 사면돼
    1410년 전농시정(典農寺正)·사성에 임용되었다. 1411년 동부대언(同副代言)에 제수되고,
    이때인 1415년 좌대언으로서 병사(兵事)에 관한 6개조의 비사책(備事策)을 올려 병권 정
    비에 심혈을 기울였다. 1416년 지신사(知申事)·경승부윤(敬承府尹)·이조참판을 지냈고,
    1418년(세종 즉위년) 예조참판·동지경연사(同知經筵事)에 올랐다. 1419년 예문관제학을
    지냈고, 1423년 의정부참찬에 올랐다. 경학(經學)에 밝고 무예·음률에도 능했다.

상이 말했다.

"그대가 같이 일을 토의한 것은 대신들이다. 신하로서 정승(政丞)에 이르기는 어려운 것인데, 경은 사람들이 우러러보는 바로서 지위가 극품(極品)에 있다. 비록 사리를 알지 못하는 대신이라 하더라도 응당 이 같은 말은 발설하지 않았을 것이다. 하물며 경은 대체(大體)를 알지 않는가? 내 또한 생각건대 반드시 이 같은 말은 하지 않았을 것이라 여긴다."

직이 말했다.

"신을 유사(攸司)에 내려 분명히 밝힐 수 있게 해주소서."

이미 (직이) 물러가자 참찬(參贊) 유정현(柳廷顯)을 불러 그 까닭을 물으니, 정현(廷顯)이 대답했다.

"4월 27일에 찬성(贊成) 이숙번(李叔蕃)이 사람을 시켜 신을 부르기에 신이 그 집으로 갔습니다. 숙번(叔蕃)이 말하기를 '치용과 무회의 말이 상에게까지 미쳤으니 그 죄가 주륙에 해당하지만, 상께서 말감(末減)을 좇아 시행하셨다. 헌사(憲司)에서도 한 번도 죄를 청하지 아니하니, 이제 무슨 낯으로 다시 죄를 청하겠는가? 우리들이 진실로 죄를 청해야 한다'라고 하기에, 신이 말하기를 '옳다'고 했습니다. 숙번이 말하기를 '이직의 사위가 무회의 형이니 반드시 그 죄를 청하려 하지 않을 것이다'라고 하므로, 신이 말하기를 '대의(大義) 앞에서는 친족(親族)도 없다. 어찌 인척(姻戚)의 도당 때문에 공의(公義)를 폐하겠는가?'라고 하고서 즉시 사인(舍人) 조서로(趙瑞老)를 보내 3의정(議政)에게 통지했습니다. 서로(瑞老)가 돌아와 그 회답을 말하기를, 영의정은 말하기를 '치용이 나를 가리켜 뇌물을 받았다고 했으므로 (나는) 혐의가 있어 죄를 청하기 어렵다'라고 했고, 좌의정은 말하기를 '부(府)에서 합하여 죄를 청하고자 한다면 그에 따르겠다'라고 하면서 여전히 어물쩍거리며[依違] 결단을 내리지 못했고, 우의정은 말하기를 '염치용의 죄는 상께서 단안을 내렸기에 여지가 없으니, 다시 죄를 청함은 옳지 못하다'라고 했다고 전했습니다. 그들의 말뜻을 들으니 모두가 죄를 청하려 하지 않음이었습니다.

5월 초하루에 일식(日食)을 구제하기 위해 자문(紫門)에 모였는데 의정부의 영의정은 오지 않았고 좌의정과 우의정이 자리에 있기에 신이 또 앞서의 의견을 말하니, 직이 힘써 말하기를 '치용은 노비를 빼앗긴 데 격분해 원망의 말을 낸 것뿐이지 위계(危計)를 꾀하고 악역(惡逆)을 한 것도 아니다. 가산(家産)을 적몰(籍沒)하는 것은 너무 무거운 듯하고, 본래 상소(上疏)에 따라서 다스렸으니 어찌 감히 다시 청해 그 죄를 더하겠는가?'라고 했습니다. 신이 이 말을 듣고 얼굴빛을 바꿔 말하기를 '이 일은 마땅히 해야 할 것인데 장관(長官)이 하려고 하지 않으니, 이를 어쩔 것인가?'라고 했습니다. 초7일에 이르러 3정승과 함께 대궐에 나아와 교지(教旨)를 들은 뒤 집으로 돌아갈 때 직이 길에다 말을 세우고 신을 기다리고 있기에 신이 말에 채찍질을 가해 그 앞으로 갔는데, 직이 저에게 말하기를 '지난번에 죄를 청할 것을 토의하다가 이루지 못했는데, 지금 상의 명을 듣고 보니 부끄럽고 후회스러움을 이기지 못하겠고 공의 말을 듣지 않았던 것을 한스러워한다'라고 했습니다. 신이 말하기를 '내가 죄를 청하고자 했으나 공이 들어주지 않아 지금 일이 여기에 이르렀으니, 과연 징험이 되지 않았는가?'라고 하니, 직이 '실로 그러하다. 그러나 그 죄를 청하지 않은 것이 도리어 임금의 임금다움을 보충하는 소이(所以)가 될지 어찌 알겠는가?'라고 했습니다."

상이 즉시 육조에 명해 의금부에서 조율(照律)한 것이 타당치 못하다고 한 까닭을 묻게 하고 형조로 하여금 이 일을 관장하게 했다.

○ 형조에서 소를 올려 이직의 죄를 청했는데 대략 이러했다.

'치용(致庸)이 중궁(中宮)과 지친(至親)인 민무회(閔無悔)와 더불어 감히 불충한 말을 발설하고 서로 논설(論說)했는데, 무회가 일찍이 계문(啓聞)하지 않은 것은 돌아보건대 노비를 얻으려고 꾀한 것이요 처음에 왕자(王子)와 함께 몰래 말을 한 것은 상의 뜻을 엿본 것입니다. 그는 본래부터 임금을 없다고 여기는 마음[無君之心]을 품었으므로 그 간악하고 불충함은 전하께서 밝게 알고 있는 바입니다. 다만 너그럽고 어지신 큰 도량(度量)으로 아직 너그러운 법[寬典]에 두니, 치용과 죄는 같은데 벌이 다른 것입니다. 남의 신하 된 자라면 진실로 마땅히 목욕재계(沐浴齋戒)하고 그 죄를 신청(申請)해 밝게 법에 의거해 처치해야 옳았을 것입니다. (그런데) 직은 도리어 동렬(同列)들의 충분(忠憤)에 가득 찬 논을 저지했으니 대신(大臣)의 마땅함에 어긋남이 있습니다. 빌건대 유사(攸司)에 내려 그 죄를 국문해 간악(奸惡)함을 징계하소서.'

○ 근신(近臣)이 대신(大臣)의 집에 왕래하는 것을 금지했다. 이에 앞서 지신사 유사눌(柳思訥)이 아뢰었다.

"안성군(安城君) 이숙번(李叔蕃)이 말하기를 '정부(政府)에서 치용(致庸)과 무회(無悔)의 죄를 청하려고 했으나 우의정 이직(李稷)이 이를 저지한 까닭에 이루지 못했다'라고 했습니다."

상이 말했다.

"어디에서 숙번(叔蕃)을 만났는가?"

사눌(思訥)이 대답했다.

"어제 숙번이 사람을 보내 말하기를 '만나서 의논할 일이 있으니 조정에서 물러 나온 뒤에 내 집으로 오는 것이 좋겠다'라고 했으므로 신이 그 집으로 가서 이 말을 들었습니다."

가르쳐 말했다.

"경이 근신(近臣)으로서 권신(權臣)의 집에 출입(出入)한 것은 잘못이다."

드디어 이런 금령(禁令)이 있었다.


**을사일(乙巳日-9일)**에 거듭 병조(兵曹)에 명해 대간원(臺諫員)과 대소인원(大小人員)이 서로 통래(通來)함을 금지하게 했다.

○ 예조에서 육선(肉膳-고기 반찬)을 올렸다.

○ 명해 우의정 이직(李稷)을 (경상도) 성주(星州)에 안치(安置)하고, 좌의정 남재(南在)의 직(職)을 파면시켰다.


사간원(司諫院) 우사간대부(右司諫大夫) 이맹균(李孟畇) 등이 소(疏)를 올려 말했다.

'염치용(廉致庸)·민무회(閔無悔)·윤흥부(尹興阜) 등은 죄가 용서할 수 없는 것입니다. 육조(六曹)와 승정원·의금부에서 모두 나란히 죄를 청했는데, 오직 의정부만이 휴척(休戚-평안과 근심)을 같이해야 할 대신(大臣)이면서도 한 번도 죄 주기를 청하지 않았습니다. (이에) 본원(本院)에서 그 까닭을 핵문(劾問)했더니 이렇게 대답했습니다.

남재(南在)는 대답하기를 "너무 다급해 제대로 살피지 못해 늦게야 시행했다"라고 했고, 이직은 대답하기를 "치용(致庸) 등의 죄상에 대해 이숙번이 사인(舍人) 조서로(趙瑞老)를 보내 이르기를 '죄를 청함이 좋겠다'라고 하기에 내가 대답하기를 '주상이 감등(減等)으로 결재하여 벌써 하교(下敎)가 있은 일이니, 다시 합좌(合坐)해 의논함이 좋겠다'라고 했다. 그 뒤에 자문(紫門)에서 합좌했는데, 남재(南在)·유정현(柳廷顯) 등과 함께 그들의 죄상이 매우 간악하다고 토의했으나, 상께서 어진 다움[仁德]으로 포용해 재단(裁斷)하고 '정부(政府)의 대신(大臣)으로서 그 죄를 청하려거든 반드시 이치에 합당한 말로 아뢰라'라 했으므로 서로 사색(思索)해보는 것이 가하다고 여겼는데, 아직까지 결의(決議)를 하지 못한 채 파했다"라고 했습니다.

이숙번은 대답하기를 "지난 4월 초4일에 처음으로 (다리가 붓는) 수중다리가 나서[發瘇] 병상에 누웠다가 치용과 흥부·무회 등의 죄를 감등해 시행했다고 하는 것을 들었는데, 혼자 생각하기를 헌사에서 반드시 장차 죄를 청할 것이라고 여겼다. 27일에 이르러서 마침내 유정현과 함께 토의해 의견을 같이하기를 '이들의 죄는, 율문에 의거해 죄를 청하지 않을 수 없다'라고 하고 조서로를 시켜 당상관(堂上官)들에게 두루 알렸더니, 서로가 돌아와 말하기를 '어떤 한 재상(宰相)이 말하기를 "염치용은 오직 사죄(死罪)만이 남았고, 민무회의 죄는 염치용의 죄보다는 못하나[降] 특별히 의친조(議親條)에 따라 이미 직첩을 거두었으니 무얼 다시 죄를 청할 게 있는가"라고 했다'라

180

고 하기에, 내가 옳지 않게 여겨 마음속으로 죄를 청했으나 다만 앓고 있는 부종이 차도가 없으므로 인하여 지금까지 머물러 두었다[稽留]"라고 했습니다.

유정현은 대답하기를 "치용과 홍부·무회 등의 죄를 감등해 시행했다는 말을 듣고 숙번과 함께 토의해 의견을 같이하기를 '육조(六曹)와 간원(諫院)이 모두 죄를 청했으나 사헌부만이 청하지 않았으니, 지금 정부에서 죄를 청하는 것이 실로 마땅하다'라고 하고 바로 조서로를 불러 여러 의정(議政)에게 가서 고하게 했더니, 서로가 돌아와 말하기를 '우의정이 말하기를, 염치용의 죄는 상께서 이미 감등하셨고 무회의 죄는 본래 염치용보다는 못하고 의친조(議親條)에 따라 이미 직첩을 회수했으니, 무얼 다시 죄를 청할 게 있겠는가라고 하셨다'라고 하기에 내 생각으로는 편안치 못하게 여겨 반드시 죄를 상청(上請)하고자 했다. 그래서 이달 초1일에 합좌(合坐)해 청죄(請罪)에 대한 일을 창의(倡議)했더니, 직이 말하기를 '치용과 무회의 죄는 상의 재결(裁決)이 이미 합당하고 이들의 죄명(罪名)도 더욱 듣고 본 바가 없는 것이라, 적지 아니한 아문(衙門)에서 가볍게 신청(申請)함은 옳지 못하다'라고 했다. 그래서 내가 대답하기를 '치용은 자기 노비(奴婢)의 일로 해서 상을 향해 불충한 말을 발설했고, 무회는 중궁(中宮)의 지친(至親)으로서 치용의 불충한 말을 들었으면 마땅히 빨리 아뢰었어야 할 것인데도 안이하게[恬] 아무 생각도 하지 않고 있다가 여러 날 뒤에 대궐에 나아와 우연히 노비의 일로 인해 그 말을 비로소 발설했고, 홍부는 근시(近侍)의 내수(內竪)로서 치용의 말을 듣고도 즉시 상달(上達)하지 않았으니, 이런 이유로 본다면 이 세 사람의 죄는 모두 불충함에 있다'라고 하니, 직이 또 말하기를 '의금부에서 무슨 조항을 가지고 조율(照律)했는가?'라고 하기에 내가 대답하기를 '이것은 비록 여러 사람을 불러 모아 모사(謀事)한 것은 아니라 하더라도 일이 불충(不忠)을 연 까닭에 조율(照律)한 것이 이와 같았다'라고 했더니, 직이 또 말하기를 '그렇다고 해도 모반(謀反)으로 조율함은 잘못이다. 만약 치용이 모반을 했다면 적몰함이 가하지만, 사실은 모반이 아닌데 적몰함은 옳지 못하다[未便]. 만약 상달(上達)한다고 핑계한다면 내가 대답하기를 대인(大人)들의 뜻이 각각 다르다고 하지, 내 어찌 감히 내 마음대로 하겠는가?'라고 했다"라고 했습니다.

하륜은 대답하기를 "치용과 무회 등이 망령된 말로써 내 몸을 헐뜯으니[毁謗] 내가 피혐(避嫌)하지 않을 수 없어서 감히 죄를 청하지 못했다"라고 했습니다.

다시 숙번에게 "한 재상으로서 죄를 청하려 하지 아니한 자의 성명(姓名)"을 물었더니 숙번이 답하기를 "이직(李稷)이다"라고 했습니다. 다시 직에게 숙번과 정현에게 대답한 말속의 사연(辭緣)을 물었더니 직은 "불충한 죄가 가볍다 하여 토의를 저지한 것이 아니고, 다만 치용 등은 본래 불충한 죄인이나 모반을 꾀해 모여서 한 말이 아직 나타나지 아니했으니 '모반'이란 글자의 뜻에 매우 가깝지 못하다고 한 것뿐이다. 이것은 위에 말한 바와 같은 일인데도 유사(攸司)에서 극형의 조항에다 비율(比律)해 계문(啓聞)함에 이르렀으나, 상께서 포용하는 도량으로 감등(減等)해 재단(裁斷)하고 '정부(政府)의 대신(大臣)으로서 만약 죄를 다시 청하려거든 말이 반드시 이치에 합당해야 하니, 각각 생각을 잘 하는 것이 옳겠다'라고 하셨으므로 모두 '어렵다'라고 말했다. 또 역대의 인신(人臣)들이 행사(行事)한 자취가 모두 사책(史冊)에 실려 있는데, 비록 임금이 이미 결정한 일이라 하더라도 조금이라도 미편(未便)한 것이 있으면 이를 굳게 붙잡아[固執] 봉서(封書)를 올려 논박한 것도 있으며 각각 소견을 가지고 가부(可否)를 서로 말한 것도 있다. 일찍이 나 스스로 생각하기를 '재주와 다움이 오활한 사람으로 상의 은혜를 특별히 입어 이 몸이 대신이 됐으니, 임금을 섬기는 일을 모두 옛사람을 본받겠다'라고 마음먹었기 때문에 이 일을 논의한 것뿐이지, 감히 치용과 무회의 죄가 가볍다고 하여 나 혼자 청죄(請罪)의 의논을 저지한 것은 아니다"라고 했습니다.

신 등이 생각건대, 직은 휴척(休戚)을 함께해야 할 대신입니다. 만약 불충한 사람이 있어 전하께서 너그러운 법전[寬典]을 따른다 하더라도 진실로 마땅히 그 죄를 강력히 청해 법대로 처치하게 함이 옳았을 것인데, 치용 등의 불충한 죄를 숙번과 정현 등이 청죄[請誅]하고자 함에 따르지 않았을 뿐 아니라 도리어 의금부의 조율(照律)이 잘못이라 하고 그 가산의 적몰이 너무 무겁다고 함에 이르렀으며, 장차 그들의 죄를 상달하고자 할 때도 청죄(請罪)의 의견을 저지해 마침내 상달하지 못하게 했고, 핵문(劾問)할 때를 당해서도 언사(言辭)를 아름답게 꾸몄으니, 그 마음이 음흉하고 불충함이 막심합니다. 빌건대 유사에 내려 국문해 그 죄를 바로잡아야 할 것입니다.

좌의정 남재(南在)의 경우에는 정현이 죄를 청하기를 주창하는데도 자신이 수상(首相)이면서 그대로 맡겨두고 청하지 않았으니, 그 정상이 불충에 관계됩니다. 빌건대 아울러 유사에 내려 율(律)에 따라 과단(科斷)하소서.

영의정 하륜(河崙)은 비록 혐의가 있다 하더라도 큰 마땅함으로 결단해 그 죄를 청했어야 마땅한데 자기 한 몸의 혐의를 피해 그 죄를 청하지 않았고, 찬성 이숙번과 참찬 유정현은 비록 죄를 청하기를 먼저 주창했다 하더라도 직의 말을 믿고 마침내 죄를 청하지 않았으니 모두 죄가 없다고 할 수 없습니다.'

소가 올라가니 상이 읽어보고 말했다.

"간원(諫院)의 청이 참으로 마땅하다."

마침내 이런 명이 있었다. 이어서 륜·숙번·정현의 죄는 논하지 말라고 명했다.


병오일(丙午日-10일)에 편전(便殿)에서 일을 보았다[視事]. 육조·승정원 및 공신(功臣)·총제(摠制)·사간원 등을 불러 말했다.

"치용이 노비를 빼앗긴 데 원망을 품어서 허언(虛言)을 짜내고 만들어[搆出] 나더러 뇌물을 받은 대신(大臣)과 궁녀(宮女)의 말을 듣고 노비의 소송을 잘못 판결했다고 했다. 내 어찌 그 청탁을 듣고 시비(是非)를 뒤집어 정치를 문란하게 했겠는가? 하물며 궁인(宮人)은 대궐 안에 깊숙이 거처해서 일찍이 친속(親屬)이나 옛 친구가 되어 보라진(甫羅進)과 서철(徐哲)의 사이에 왕래하지도 못했는데, 치용은 이같은 더러운 말[穢語]을 꾸며내 경내(境內)에 퍼트렸으니 그 본심(本心)을 따져볼 때 어찌 불충(不忠)이 아니겠는가? 그리고 무회는 지극히 가까운 친척으로서 도리어 치용의 편을 들어 사사로이 서로 의

논해서 노비를 다시 얻을 것을 꾀했으니[覬覦] 어찌 치용의 죄보다
작다 할 수 있겠는가? 의금부에서 그 죄를 청할 때도 내가 율문에
따라서 단죄해야 한다는 것을 알지 못한 바가 아니었으나, 언사(言
辭)의 연고로 인해 인명(人命)을 중상(重傷)할 것 같아서 사형(死刑)
아닌 죄를 가지고 처리했다. 무회의 가문(家門)은 근래에 종묘사직의
대계(大計) 때문에 어쩔 수 없이 국론(國論)을 좇아 그 두 형(兄)을
죄주었는데, 지금 그 늙은 어미가 집에 살고 있으므로 차마 법에 의
해 처치하지는 못했다. 사람의 지극한 정리로서 어느 누가 사사로운
은혜가 없겠는가? 그러므로 직첩(職牒)만 회수했을 뿐이다.

임금이 일을 행함에 있어서는[行事] 구차하게 특이한 짓[苟異]을
숭상하지 않는 법이니, 일찍이 당태종(唐太宗)이 사죄(死罪) 400명을
놓아 보냈다가 다시 죽인 것[5]을 옳지 못하다고 했다. 만약 가벼운 법
에 처했다가 국론(國論)을 기다려서 그 죄를 더한다면, 이는 마치 사
람이 술을 마시는 것과 같아서 더 권하기를 기다린 뒤에야 다하게
될 것이다. 특별히 헌부(憲府)에서 개의(介意)치 아니하는 까닭에 아
전에 내려보내 이 일을 다스리게 했을 뿐 이 옥사(獄事)가 대신(大臣)
에게 미침이 이처럼 심할 줄은 알지 못했던지라, 진실로 슬퍼서 자
나 깨나 긴 한숨만 지을 뿐이다[永歎]. 직이 그 처벌이 너무 중하다

---

5  『자치통감(資治通鑑)』에 따르면 당태종은 정관 6년(632년)에 친히 갇혀 있는 죄수들을 살
   펴보다가 특히 사형수들을 보고 마음 아프게 생각해, 390명을 풀어서 집으로 돌아갔다
   가 이듬해 가을에 와서 사형을 받도록 했다. 실제로 그해 가을이 되자 단 한 사람도 도망
   치거나 숨은 사람이 없이 390명 모두 형을 받으러 조당(朝堂)에 나아왔다. 그러나 태종
   은 이를 구차하게 특이한 짓[苟異]이라고 말한 것이다.

고 의심한 것은 실로 내 마음과 같을 뿐이다. 다만 자세히 살피지 못해 너무 두터움에 치우쳤으니 실로 무죄라고 여길 수는 없다만, 그러나 그의 개국(開國)의 공훈을 생각해야 할 것이다. 내 재위 시절에 이르러서는 좌우(左右)에서 협력해 우리 국가를 도와 난(亂)을 평정하고 영원히 길(吉)하게 했으며, 여러 번 중국(中國)에 사신(使臣)으로 갔었다. 또 나라에 대의(大議-큰 논란)가 있었을 때도 그와 두세 대신(大臣)이 아니었던들 바른 것을 취할 수 없었다. 근자의 임신년에도 대의(大議)를 도왔으며 무인년을 당해서도 나에게 충성을 다하여 시종 변하지 아니했으니, 비록 그의 농담과 익살이 터무니없는 말로 과장하는 듯한 점은 있지만, 그 적심(赤心)을 남들이 따라갈 수 없음을 생각할 때 어찌 이런 죄로써 그 큰 공(功)을 가릴 수 있겠는가? 본래 다투던 일을 풀고서 상소를 처리해 허물을 밝게 씻고자 함이었으나, 돌아보건대 육조(六曹)와 간원(諫院)에서 같은 말로 죄를 청하게 되니 공의(公義)에 몰려서 따르지 않을 수 없었다. 그러므로 특별히 이직은 그 고향에 안치(安置)하고 남재는 면직(免職)했으니, 경 등은 마땅히 내 뜻을 체화해 다시는 이 일을 논하지 말라."

이맹균(李孟畇)이 민무회·염치용의 죄와, 이직이 죄를 청하지 아니한 죄를 갖추어 아뢰었다.

"전하께서 만약 율문에 의하여 과단(科斷)하셨다면 신 등이 어찌 감히 다시 의논하겠습니까? 진실로 그 벌이 죄에 합당치 못하여 뭇 사람의 마음에 만족치 못하다면, 신 등이 비록 중책(重責)을 받는다 하더라도 어찌 감히 (그 죄를) 청하지 않겠습니까?"

상이 웃으며 말했다.

"그런 것이 아니다."

드디어 대언 탁신(卓愼)을 이직의 집으로 보내 죄를 용서해 고향으로 돌려보낸다는 뜻을 타이르게 하니, 직이 사례해 말했다.

"신이 정부(政府)의 긴요한 자리에 채워진 뒤로 홍조(洪造-큰 은혜)에 보답해 군덕(君德-임금의 임금다움)을 보태려고 했으나, 일을 생각하는 데 자세히 살피지 못해 만 번 죽을죄를 범했습니다. 생각건대 전하께서 호생성덕(好生盛德-살리기를 좋아하는 성대한 다움)으로 공훈(功勳)을 기억해[記功] 죄를 용서하시고 시골로 돌아가서 여생(餘生)을 보전케 하시니, 신은 감격하고 다행함을 이길 수 없습니다."

마침내 성주(星州)로 돌아갈 것을 청하고, 이윽고[旣而] 탄식해 말했다.

"노신(老臣)이 죄를 얻었으니 정좌(正坐)하여 글이나 읽을 뿐이다."

○ 북교(北郊)에서 비를 오게 해달라고 빌었는데, 유사(攸司)에 명해 이제부터 화룡기우(畫龍祈雨)[6]는 송조(宋朝)의 경덕(景德) 3년에 반행(頒行)한 법식에 의거해 시행하라고 했다.

정미일(丁未日-11일)에 사간원에서 소를 올려 치용(致庸)과 이직(李稷) 등의 죄를 청했으니, 소는 이러했다.

'신 등이 가만히 생각건대[竊惟], 치용·무회·이직·홍부의 죄는 왕법(王法)에 반드시 주륙(誅戮)해야 하는 바이니, 기어코 죄를 청해 허

---

6 용(龍)의 그림을 그려놓고 간략한 의식을 갖추고 제문(祭文)을 지어 비를 비는 일을 말한다. 기우제를 지낸 뒤에 비가 오면 3일 만에 보사제(報祀祭)를 지내고 그림을 물속에 던져 넣었다.

락을 얻은 뒤에야 그만두겠습니다. 그러니 감히 천총(天聰)을 더럽히는 바입니다. 신 등이 가만히 생각건대 전하의 눈 밝으심은 해와 달처럼 밝아 온 나라 신민(臣民)들이 다 함께 아는 바입니다. 치용이 사사로운 분한(憤恨)을 이기지 못해 갑자기 근거 없는 난언(亂言)을 퍼뜨려 전하의 눈 밝음에 누(累)를 끼치려고 했으나, 그것이 전하에게 있어서 밝은 다음에 무슨 손상이 있겠습니까? 그러나 신자(臣子)의 마음에 어찌 내버려두고 논하지 않을 수 있겠습니까? 또한 남이 나의 부모를 욕한 것과 같은 것이니 그 아들 된 자가 무슨 방법으로 이를 처치할 것이며, 남의 자식이 되어 스스로 그 부모를 욕했다면 선비나 스승 된 자가 무슨 방법으로 이를 처치할 것입니까? 치용은 신자(臣子)로서 전하의 없는 허물을 퍼뜨렸으니, 법에 있어서 마땅히 죽여야 합니다. 이것이 바로 신 등이 주륙하기를 청해 마지않는 것입니다. 전하께서는 어찌하여 한 사람의 소인(小人)을 아끼시어 만세(萬世)의 강상(綱常)을 폐기하려 하십니까? 지금 직의 죄도 치용이 그 머리를 보전한 때문입니다. 바라건대 치용의 죄를 밝게 바로잡아 뒷사람을 경계시켜야 할 것입니다.

무회는 중궁(中宮)의 지친(至親)으로서 치용에게 편당해 전하의 은혜를 생각지 않았으니 이는 무회가 전하를 먼저 배신한 것인데, 전하께서는 어찌하여 사사로운 은혜를 민무회에게 베푸십니까? 옛날에 도응(桃應)[7]이 맹자(孟子)에게 묻기를 "순(舜)임금이 천자(天子)가 되

---

7  전국 시대 사람으로 맹자의 제자다.

시고 고요(皐陶)[8]는 사(士-법률 책임자)가 되었는데, 고수(瞽叟-순임금의 아버지)가 사람을 죽였다면 어떻게 하겠습니까?"라고 하니 맹자가 대답하기를 "고수를 잡을 뿐이다"라고 했고, "순임금은 어찌하겠습니까?"라고 물으니, 대답하기를 "몰래 업고 도망하여 바닷가를 따라가 살 것이다"라고 했습니다. 즉 순임금도 사사로이 은혜를 그 아비에게 베풀 수 없었고, 고요도 천자의 아버지를 위해 법을 폐할 수 없었습니다. 오늘날 무회는 다만 궁중의 친척일 뿐이라 고수가 천자의 아비가 된 것과는 그 윤리를 비길 수가 없습니다. 전하께서는 아직도 사사로이 은혜를 보여서 그 공의(公義)를 가리니, 신민들이 전하께 대순(大舜)을 기대하는 뜻에 있어서 어떻겠습니까?

직은 그 몸이 대신(大臣)이 되었으니 진실로 휴척(休戚)을 같이하여 만약 불충한 사람이 있으면 강력히 그 죄를 청해 난(亂)의 싹을 막아야 옳을 것인데, 한두 대신이 치용과 무회를 주륙하자고 청하니 한갓 승낙하지 않았을 뿐 아니라 따르며 그를 위해 말하기를 "의금부에서 조율(照律)한 것이 잘못이다"라고 했고, 전하가 가벼운 법을 좇아 적몰(籍沒)한 것을 과중하다고 양언(揚言)하면서 상달(上達)해서 죄주기를 청하자는 의논을 저지하다가 끝에 가서는 침묵을 지키고 말하지 않았고, 핵문(劾問)할 때 이르러서야 옛사람을 끌어다가 봉서(封書)로서 가부(可否)의 뜻을 논박해서 지난 일의 잘못을 꾸며대 전하를 허물이 있는 곳에다 두었으니, 그 불충함이 이보다 심한

---

8  유우(有虞) 시대의 사람으로 순(舜)임금의 가장 뛰어난 신하(臣下)다. 법리(法里)의 장(長)으로서 법(法)을 세워 형(刑)을 다스렸다.

것은 없습니다. 지금 전하께서 특별히 관대한 법을 좇아서 그 고향에 안치하셨으니, 그것은 걸신(乞身)[9]하여 전리(田里)로 돌아감과 다름이 없습니다. 어찌 죄가 불충에 있으면서 향정(鄉井-고향 마을)에서 편안히 지낼 이치가 있겠습니까?

빌건대 무회와 직 등을 유사(攸司)에 내리시어 그 까닭을 국문하고 그 죄를 밝게 바로잡으소서. 그리고 흥부 같은 자는 일개의 소수(小竪-어린 환관)에 불과하니 논할 것이 못 됩니다만, 그 정상이 불충에 관계되는데 그 죄를 속(贖)하는 데 그치는 것은 매우 미편(未便)하게 여겨지니 바라건대 유사로 하여금 율문에 의거해 시행하게 하소서.'

이어서 대궐로 나아와 명을 기다렸으나 윤허하지 않았다.


무신일(戊申日-12일)에 햇무리가 있었다.

○ 개국정사좌명공신(開國定社佐命功臣) 성석린(成石璘) 등이 소를 올려 치용(致庸) 등의 죄를 청했으니, 소는 이러했다.

'남의 신하 된 자[人臣]의 죄 중에 불충보다 더 큰 것이 없고, 불충한 죄 중에 임금을 업신여긴 것[無君]보다 더 큰 것은 없습니다. 예로부터 난신적자(亂臣賊子)는 모두 불충(不忠)한 마음으로 말미암아 일어났습니다. 그런 까닭에 성인(聖人-공자)이 『춘추(春秋)』를 지으면서 반드시 주의(誅意)의 형(刑)을 가한 것은 이 때문입니다. 역신(逆臣) 치용의 불충한 말에 대해 온 나라 신민들이 분노하지 않는 사람

---

9  나이가 많은 신하가 고향(故鄉)에 돌아가 묻히기를 임금에게 비는 일로, 걸해골(乞骸骨)이라고도 한다.

이 없으니, 마땅히 극형에 처해 뒷사람을 경계하소서. 무회는 중궁 [中壼]의 지친(至親)으로서 치용의 불충한 말을 들었으면 즉시 허겁 지겁[顚倒] 달려와서 상에게 고해야 마땅한데도 마침내 이를 숨기고 [隱忍] 여러 날이 경과하도록 발설하지 않다가 장획(臧獲-노비)의 연 고로 인해 비로소 말했으니, 전하의 은혜를 입고도 전하를 사랑하는 마음에 있어서 어떻다고 하겠습니까? 그 마음을 본다면 치용과 다 를 게 무엇입니까? 시인(寺人-환관) 흥부(興阜)는 내정(內庭)에서 가까 이 모시면서 밖으로 치용과 결탁해서 치용의 말을 조작해 상을 비 방하는 모의(謀議)에 참여했으니, 그 죄를 엄히 징계해야 합니다. 대 체로 법이란 고금(古今)의 인군(人君)이 천하와 국가를 다스리는 공기 (公器)이므로 사사로운 은혜로써 굽힘은 불가합니다. 바라건대 전하 께서는 대의(大義)로써 결단하시어 의금부에서 과죄(科罪)한 율(律) 을 굽어 좇아, 이들을 모두 법에 의해 처치해서 만세토록 난신적자가 나오는 길을 막으소서.'

윤허하지 않았다.


**기유일(己酉日-13일)**에 비가 내렸다.

○ 하륜(河崙)과 이숙번(李叔蕃)·유정현(柳廷顯)을 불러 직책에 나 오라고 명했다. 세 사람이 함께 대궐에 나아오자 마침내 지신사 유 사눌(柳思訥)에게 명해 륜(崙) 등에게 의견을 밝혔다.

"국가에서 금은을 생산하지 않는데 해마다 (명나라) 조정(朝廷)에 이를 진헌(進獻)해야 하니, 수속(收贖)할 때 은을 징수하는 것이 어떻 겠는가?"

사눌(思訥)이 다시 여형(呂刑)[10]의 속금법(贖金法-금으로 수속함)과 황조율(皇朝律-명나라 형률)에서 소매은(燒埋銀)[11]을 징수하는 법, 전조(前朝-고려)에서 동을 징수하던 예(例)를 인용해[援引] 강력하게 그 의견을 주장하고 겸하여 동도 징수하고자 하니, 륜은 옳다고 했으나 정현(廷顯)은 잠자코 있었다. 숙번(叔蕃)이 홀로 말했다.

"은은 본토(本土)에서 생산되는 것도 아니고 민간에 흩어져 있는 것 또한 많지 않은데, 만약 죄를 범해 정신없고 어려운 때[倥偬之時]에 모두 은으로 징수한다면 백성이 살 곳을 잃음이 심할 것입니다. 저화(楮貨)로 말하면 비록 관(官)에서 만들고 있으나 민간에 유포(流布)돼 있으니, 만약 물건을 가지고 바꾼다면 하루아침에 많이 얻을 수 있어서 찾기 힘든 은과는 같지 아니할 것입니다. 그러므로 수속(收贖)할 때 은과 동과 저화를 모두 함께 수납하게 하는 것이 편할 것입니다."

사눌이 또 감사(監司)가 수령(守令)을 포폄(褒貶-인사 평가)할 때 그 실정을 많이 잃고 있으므로 각 고을의 교수(教授)로 하여금 그 수령을 포폄하게 할 것을 말하자 륜이 "옳습니다. 만약에 이같이 한다면 수령들이 반드시 두려워할 것입니다"라고 했는데, 숙번이 말했다.

"만약 이같이 한다면 교수의 권한은 중해지고 감사는 가만히 앉아서 휘파람만 불 뿐입니다. 또 교수관이라고 해서 반드시 뛰어난 것

---

10 『서경(書經)』의 편 이름이다.

11 살인(殺人)을 당해 죽은 사람의 장례비(葬禮費)를 살인자에게 징수하던 은(銀)을 가리킨다. 매장은(埋葬銀)이라고도 한다.

은 아니니, 더욱 번거로워지기만 할 것이므로 결코 시행해서는 아니 됩니다."

○ 의정부에서 소를 올려 치용(致庸)과 무회(無悔) 등의 죄를 청했는데, 소는 이러했다.

'신 등이 가만히 생각건대, 염치용은 망령된 말을 날조해[構] 상의 임금다움에 누를 끼치고자 했으니 진실로 불충입니다. 민무회는 그 말을 듣고 따라서 이를 부연(敷衍)해 말을 퍼뜨렸으며 윤흥부(尹興阜)는 치용에게 아첨해 상의 귀 밝음[上聰]을 기망(欺罔)했으니, 모두가 불충합니다. 전하가 살리기를 좋아하는 다움[好生之德=仁]으로 가벼운 법을 좇도록 허락하셨으나 남의 신하 된 자의 죄 중에 불충보다 더 큰 것은 없는데, 죄가 있어도 벌하지 않는다면 무엇으로써 다스리겠습니까? 엎드려 바라건대 전하께서는 대의(大義)로써 결단해 그 죄를 밝게 바루어서 뒷사람을 경계하소서.'

애초에 이숙번과 유정현(柳廷顯) 등이 토의해 말했다.

"지난번에 치용과 무회·흥부 등의 죄를 청하려고 했으나 이직이 거절함으로써 우리들로 하여금 사간원(司諫院)의 탄핵을 받아 똑같이 죄를 청하지 아니한 죄를 받게 했으니, 이번에는 이직의 죄도 아울러 기록해 신청(申請)함이 좋겠다."

하륜이 따르지 않고서 말했다.

"먼저 치용 등의 죄를 청하고 추후에 이직의 죄를 청하는 것이 좋겠다."

마침내 다만 치용과 무회의 죄만 청하기로 하고, 여럿이 서명을 하고 먼저 냈다. 숙번과 정현이 서로 토의해 말했다.

"이직의 죄도 청하지 않을 수 없다."

이에 두 사람이 단독으로 서명을 해 신청한 것이었다. 상이 이 글을 보고 사인(舍人) 조서로(趙瑞老)와 이희로(李希老)를 불러 하륜에게 장신(狀申)<sup>12</sup>에 참여하지 아니한 사유를 묻게 했고, 이어 유사눌 등에게 일러 말했다.

"내 말을 잘 들어라. 륜은 나에게 공(功)도 있고 충성도 있으니, 가볍게 그를 버릴 수는 없다. 이직의 경우에는 개국하던 초기에 흥안군(興安君) 이제(李濟)의 종형(從兄)인 까닭에 그를 발탁해 지신사(知申事)로 삼아서 공신(功臣)의 반열에 참여시켰다. 무인년에는 남은(南誾)과 정도전(鄭道傳)에게 편당(偏黨)해서 그 집에서 모여 잤으나 다행히 그 화(禍)를 면할 수 있었다. 그러나 그 재주와 다움[才德]을 버

릴 수 없었기 때문에 그 지위가 우상(右相)에 이르러 오늘에 이른 것이다. 그에게 액운이 있어서 실언(失言)한 것을 사간원과 육조에서 상언해 죄주기를 청하니, 내 어쩔 수 없어서 그 고향에 안치시킨 것이다. 지금 또 륜으로 하여금 이간(離間)하여 홀로 있게 하니, 나라에는 하루도 노신(老臣)이 없을 수 없다. 다시 륜과 잘 토의해[完議] 함

께 서명해서 그 죄를 청함이 옳겠다."

그 소는 궁중에 머물러 두고 내려보내지 않았다.

○ 기생 초궁장(楚宮粧)을 내쫓았다. 세자가 사사로이 상기(上妓)인 초궁장을 가까이하자 상이 이를 알고서 내쫓은 것이었다. 상왕(上王)이 일찍이 이 기생을 가까이했는데[御], 세자가 이를 알지 못하고 사

---

12 소를 올려 신청하는 일을 말한다.

통했기[私之] 때문이다.
사지

경술일(庚戌日-14일)에 의정부에서 소를 올려 이직(李稷)의 죄를 청했다. 하륜(河崙)이 이숙번(李叔蕃)·유정현(柳廷顯)과 함께[同=與] 말씀을 올렸다.
동 여

"신 등이 가만히 생각건대, 남의 신하 된 자의 죄 중에 불충보다 더 큰 것은 없으며, 특히나 당악(黨惡)보다 더 큰 것은 없습니다. 이 때문에 『춘추(春秋)』의 의리는 당여(黨與)에 대해 더욱 엄격합니다. (그런데) 오늘날 치용(致庸)과 무회(無悔)는 근거 없는 말을 지어내 상의 임금다움[德]에 누를 끼쳤으니, 비록 반역한 모의는 없었다고 하더라도 그들의 불충한 마음이 벌써 나타났으므로 그 죄가 주륙(誅戮)으로도 용납할 수 없습니다. 의금부와 육조·간원에서 서로 잇달아 죄를 청했는데 헌사에서는 청하지 않았으니, 이 또한 불충이 됩니다. 본부(本府)에서 토의해 죄를 청하려고 했으나 우의정 이직이 한사코 거절하여 듣지 않았으니, 특히 신하 된 도리를 매우 잃었습니다. 소식(蘇軾)의 「칩룡(蟄龍)」[13]이라는 시(詩)를 읊기까지 하면서 그 죄를 풀려고 했고, 전에 남은(南誾)에게 편당(偏黨)하여 그 집에 모여서 잤으나 다행히 그 화(禍)를 면했습니다. 그리고 무구(無咎)에게 편당해 헌사(憲司)의 장(長)이 돼서 한 번도 죄를 청한 적이 없었으니, 그의 당악(黨惡)함이 일찍이 여러 번 이와 같았습니다. 오늘

___

13 송(宋)나라 소식(蘇軾)이 지은 "뿌리는 구천에 이르도록 굽어짐이 없으리니, 세상에서 오직 칩룡만이 알리라"라는 시(詩)로, 숨어 있는 용(龍)이 때를 얻지 못함을 비유해 읊은 것이다.

날에 이르러서도 당악이 또한 이와 같으니, 비록 미미한 공[微功]이 있다 하나 그 죄를 가리기에는 부족합니다. 엎드려 바라건대 전하께서는 대의(大義)로 결단해 유사(攸司)로 하여금 율문에 의거해 시행하게 해서 뒷사람을 경계하소서."

상이 윤허하지 않고서 말했다.

"지금 이미 외방으로 내쫓았는데, 어떻게 죄를 더하겠는가?"

사간원에서도 소를 올려 이직과 무회·치용의 죄를 청했으나 윤허하지 않자, 마침내 모두 사직했다.


**임자일(壬子日-16일)**에 상의 탄신(誕辰)이라 가벼운 죄인을 석방했으니, 정부(政府)의 청을 따른 것이었다.


○ 충청도 도관찰사 우희열(禹希烈, 1354~1420년)[14]이 둥근 살부채[輪扇]를 올렸으나 이를 물리치며 말했다.

"나는 그저 단선(團扇)만 쓸 뿐이다."

마침내 승정원(承政院)으로 내려보냈다.

---

14 음서(蔭敍)로 관직에 나아갔다. 1408년(태종 8년)에 민무구(閔無咎) 사건에 관련돼 하옥되기도 했으나 곧 풀려났으며, 이듬해 3월에 제언(堤堰) 수축을 통한 수리의 개발을 주장해 태종대의 수리 시설 확장 사업에 중심적인 역할을 했다. 1413년에는 충청도 도관찰사의 직임을 띠고 조운(漕運)의 편의를 위해 시도된 태안반도 운하 개통 사업, 즉 축제(築堤-제방을 쌓는 일) 사업을 주관했다. 그 이듬해에는 경기·충청 양도의 권과농상사(勸課農桑使)로 나가 제언수축과 식상(植桑-뽕나무를 심음)의 일을 권장했다. 1415년에 다시 충청도관찰사, 같은 해 말에 경기도관찰사에 이어 판광주목사(判廣州牧事)가 되었다. 1418년 판청주목사로 있을 때 전국 각지에 제방과 관개 시설의 목록을 갖춰 매년 수치하게 하고 경차관을 보내 감독하게 하자는 건의를 올려 이를 실현시켰다. 김제 벽골제(碧骨堤), 부평 수용제(水桶堤) 등의 수축에 큰 공을 세웠으며 농업 전문가로서의 활약이 컸다.

○ 육조에서 소를 올려 치용(致庸)·무회(無悔)·이직(李稷) 등의 죄를 청했는데, 소는 이러했다.

'불충한 신하는 천지(天地)도 용납하지 않는 것이요, 왕법(王法)에서 용서하지 않는 것입니다. (그런데) 지금 치용과 무회 등은 자기의 탐욕(貪慾)과 분한(憤恨)을 이기지 못하고서 감히 헛말[虛言]을 지어내 상의 임금다움에 누(累)를 끼치려고 했으니, 그들이 임금을 업신여긴 마음을 품은 것이 분명합니다. (이처럼) 불충한 죄가 드러났는데도 가벼운 형벌을 받아 생명을 보전했으니, 왕법에 어긋남이 있습니다[有乖]. 바라건대 대의(大義)로써 결단해 법에 의해 밝게 처치함으로써 후세의 신하들로 하여금 두 가지 마음을 품는 자를 경계하소서. 신 등은 또 생각건대, 신하로서 불충한 죄는 비록 오척동자(五尺童子)라 하더라도 모두 미워할 줄 알고 있습니다. 이직은 정부의 대신으로서 스스로 돌이켜 충분(忠憤)이 없으면 죄를 청하려는 마음이 없이 도리어 의금부의 조율(照律)이 옳지 못하다 해서 동렬(同列)들의 의논을 굳이 거부했으니, 치용과 무회 등의 행위와 무엇이 다르겠습니까[奚擇]? 또 무인년 사이에 있어서는 간당(奸黨)에게 아부해 전하를 저버리려고 했으니, 사람들이 모두 알고 있는 바입니다. 그러므로 그가 전하에게 불충함은 본래부터 그러한데도 지금 그 고향에 안치했으니, 그의 존영(尊榮)을 누리는 바가 평소와 다름이 없는데 악을 징계하는 뜻이 어디에 있습니까? 엎드려 바라건대, 유사에 내려서 그 죄를 밝게 바로잡도록 명해 온 나라 백성의 분함을 터주소서.'

계축일(癸丑日-17일)에 날씨가 가을과 같아 서늘한 바람[凄風]이 그치지 아니하므로, 유사에 명해 여러 도(道)에 부처(付處)한 죄인들을 석방하게 했다.

○ 영의정부사(領議政府事) 하륜(河崙)을 파(罷)해 진산부원군(晉山府院君)으로, 찬성(贊成) 이숙번(李叔蕃)을 안성부원군(安城府院君)으로, 이조판서 한상경(韓尙敬)을 서원군(西原君)으로, 병조판서 김승주(金承霔)를 평양군(平壤君)으로 삼았다. 상이 이조와 병조에 명해 말했다.

"공신(功臣)을 보전(保全)하려면 마땅히 일을 맡기지 않아야 한다."

전대(前代)의 성패(成敗)한 자취와, 송(宋) 태조(太祖)가 석수신(石守信)[15]·왕심기(王審琦)[16] 등에게 회유한 말과, 심지어 무인년 개국공신(開國功臣)이 실패한 연유까지를 낱낱이 들었다. 이로 말미암아 륜 등이 모두 물러났고 다만 봉군(封君)만 갖게 됐다.

○ 유정현(柳廷顯)을 의정부 찬성으로 삼고, 유관(柳觀)을 의정부 참찬, 황희(黃喜)를 이조판서, 박신(朴信)을 병조판서, 윤향(尹向)을 형조판서, 성발도(成發道)를 판한성부사, 심온(沈溫)을 호조판서, 정역(鄭易)을 예조판서로 삼았다.

○ 지금산군사(知錦山郡事-금산군 지사) 송희경(宋希璟)에게 장(杖) 100대를 때렸다. 희경(希璟)이 고을 아전[郡吏]을 시켜 사냥꾼을 데

---

15 송(宋)나라 태조(太祖) 때의 공신(功臣)이다. 준의(浚儀) 사람으로 시호는 무열(武烈)이다. 귀덕군 절도사(歸德軍節度使)로서 이균(李筠)을 토평하고 위국공(魏國公)에 봉해졌다.

16 송(宋)나라 태조(太祖) 때의 공신(功臣)이다. 요서(遼西) 사람으로 자는 중보(仲寶)다. 송나라 때 중국을 평정하고 동평장사(同平章事)가 됐다.

리고 사냥을 하게 했으니, 정향포(丁香脯)¹⁷를 공상(供上)하고자 함이
었다. 그런데 고을 아전 두 사람이 그 잡은 짐승을 사사로이 차지하
고 바치지 아니하자, 희경이 노해 곤장을 때렸는데 두 사람이 다 죽
었다. 이에 그들의 집에서 원통함을 호소했기 때문이다.

갑인일(甲寅日-18일)에 육조에서 다시 소를 올려 치용(致庸)·무회
(無悔)와 이직(李稷) 등의 죄를 청했다.

을묘일(乙卯日-19일)에 공신(功臣) 창녕부원군(昌寧府院君) 성석린(成
石璘) 등이 이직(李稷) 등의 죄를 청했다. 소는 이러했다.

'신 등이 가만히 생각건대, 불충의 죄는 천지(天地)가 용납지 아니
하고 편당하여 악한 짓을 행한 사람은 왕법(王法)에서 용서치 않는
것입니다. 오늘날 치용(致庸)과 무회(無悔) 등이 분심(憤心)을 품고 원
한(怨恨)을 가져서 망령된 말을 꾸며내어 상의 임금다움에 누를 끼
쳤으니, 그들의 불충한 마음이 이미 드러나서 그 죄가 주륙(誅戮)으
로도 용서받을 수 없습니다. 그러므로 의금부와 육조·사간원에서 모
두 그들의 죄를 청했으나 아직까지 윤허를 받지 못했고, 헌부에서는
그들의 죄를 청하지 않았으니 그 죄가 불충과 같습니다. 엎드려 바
라건대, 전하께서는 대의(大義)로써 결단하시어 치용과 무회 등을 모
두 법에 의해 처치하소서. 우의정 이직은 전에 남은(南誾)과 교결(交

---

17 정향(丁香)에 저민 고기다. 대개 공상(供上)에 쓰기 위한 것인데, 정향의 기름에 저미면서
   그 부패를 방지했다.

結)해 그 집에 모여 자면서 그 연유를 들었고, 또 헌사(憲司)의 장(長)이 돼 가지고 민무구(閔無咎) 등의 죄를 청하지 않았으니, 그 당악(黨惡)한 바를 온 나라 사람이 다 아는 바입니다. 그러나 요행히 그 죄를 면하여 오늘날에 이르렀으니 의리상 마땅히 (상과) 휴척(休戚)을 같이해야 할 것인데, 정부의 대신으로서 동료들의 죄를 청하자는 의논을 굳이 거부했을 뿐 아니라 「칩룡(蟄龍)」의 시(詩)를 암송해 치용과 무회의 불충한 죄를 풀어주려고까지 했으니 그 죄가 같습니다. 비록 미미한 공(功)이 있다 하나 그 죄를 가릴 수 없습니다. 전하께서 특별히 호생지덕(好生之德)을 베푸시어 그 고향에 안치했는데, 죄가 있으면 반드시 벌해야 한다는 도리에 어긋남이 있습니다. 엎드려 바라건대, 명하여 유사(有司)에 내려보내 그 죄를 밝게 바로잡아서 후세(後世)에 임금을 섬김에 충성되지 못한 자의 경계를 삼게 하소서.'

○ 이직(李稷)의 직첩과 공신녹권(功臣錄券)을 거두도록 명하고, 그 참에 사간원에 명해 일을 보게 했다.


**병진일(丙辰日-20일)**에 사헌 집의(司憲執義) 안망지(安望之) 등이 소를 올려 치용(致庸)·무회(無悔)·흥부(興阜)·이직(李稷)의 죄를 청했으나 윤허하지 않았다. 상호군(上護軍) 박리(朴履)를 남재(南在)의 집에 보내 뜻을 전해[宣旨] 말했다.
선지
"이직(李稷)이 개국(開國)에 참여했다 하나 무슨 모의(謀議)가 있었는가? 다만 이제(李濟)의 연고로 해서 한 축에 끼일 수 있었던 것뿐이다. 내 어찌 알지 못하겠는가? 또 무인년에는 남은(南誾)에게 편당해 난(亂)이 발생하던 날에 남은이 있는 곳에서 모여 자다가 그 일에 발각됨에 이르러 봉두(蓬頭-흐트러진 머리)로 뛰쳐나왔으니, 이는 사람들이 다 아는 바다. 이무(李茂)와 비교한다면, 무(茂)는 오히려 왕래하면서 유세(遊說)해 몰래 서로 통한 공(功)이나 있지만, 직은 그렇지도 못했으니 대체로 무보다도 우심(尤甚)한 자다. 이것은 경이 다 알고 있는 바다. 그런데 경은 어찌 직에게 아부해 수서양단(首鼠兩端-양다리 걸치기)하는가? 근자에 헌사(憲司)에서 법에 의거해 다투는데, 나는 이것을 매우 어렵게 여긴다."

재(在)가 대답했다.

"신의 죄가 중하나 면직[褫職]에 그치었으니, 황송함을 이기지 못해 조석(朝夕)으로 죄를 기다리고 있습니다. 신이 직에게 아부하여 죄를 청하지 않으려고 한 것이 아니라, 다만 하륜(河崙)이 피혐(避嫌)하는 까닭에 즉시 신청(申請)하지 못한 것일 뿐입니다. 신의 죄는 만 번 죽어 마땅하니 전하가 양찰(諒察)하소서."

상이 다시 리(履)를 보내 재를 타일렀다.

"사람으로서 어느 누가 과실이 없겠는가? 과실이 있으면 고치면 되는 것이다. 어찌 좌상(左相)으로서 우상(右相)의 명령을 듣고, 아직까지 영상(領相)이 피혐한다 하여 말하려 하지 않는단 말이냐?"

리는 남재의 매부(妹夫)다.

○각 도 도관찰사(都觀察使)에게 명해 정치의 대체[治體]를 아는 자를 두루 찾아서 유직(有職)과 무직(無職), 노소(老少)를 물론하고 이름을 써서 아뢰게 했다.

○우사단(雩祀壇)과 산천단(山川壇)에 비를 빌었다.

○ 인녕부 윤(仁寧府尹) 황자후(黃子厚, 1363~1440년)[18]에게 명해 동남(童男) 30명을 모아 석척기우(蜥蜴祈雨)를 광연루(廣延樓) 아래서 행하게 했다.

정사일(丁巳日·21일)에 형조판서 윤향(尹向) 등이 소를 올려 치용(致庸) 등의 죄를 청했다. 소는 이러했다.

'치용과 무회(無悔)는 불충의 죄가 같습니다. 율문에 밝은 형벌 조항이 있어 진실로 용서할 수 없는데, 치용은 다만 장류(杖流)의 죄를 받았고 무회는 다만 직첩(職牒)을 회수하는 데 그쳐 온전하게 집에 있으니 일국의 신민들이 마음 아파하지 않은 자가 없습니다. 이직은 불충(不忠)에 편당해 군부(君父)의 은혜를 잊었으니 그 정상이 도리어 치용보다 심한데, 공신녹권(功臣錄券)과 직첩(職牒)만 회수함에 그쳐 죄를 가하지 아니했으니 악을 징계하는 뜻이 어디에 있습니까? 엎드려 바라건대, 대의(大義)로써 결단하시어 모두 극형에 처해서 신민들의 분한 마음을 터주소서.'

소를 궁중에 머물러 두었다. 향(向)이 또 사간(司諫) 이맹균(李孟

---

18 음서로 출사했다. 태종 초에 성주목사를 거쳐 1412년(태종 12년) 인녕부사윤(仁寧府司尹)을 지내고, 이듬해 형조좌참의가 되어 호패법(戶牌法) 제정을 건의했다. 1414년 호조참의·경기도관찰사·개성유후사부유후를 역임했다. 이듬해 충청도관찰사를 거쳐 공안부윤(恭安府尹)이 되어 동전의 사용을 건의했다. 1416년 가짜 약재 구입 사건이 있었는데, 당시 전의감 제조로서 여기에 연루돼 귀양 갔다가 두 달 만에 풀려났다. 1421년(세종 3년) 좌군총제(左軍摠制)가 되어 정조사(正朝使)의 부사로 명나라에 다녀왔다. 그 뒤 여러 해 관직을 떠났던 것으로 보인다. 1431년 한성부윤을 거쳐 이듬해 중추원부사가 되고, 1436년 동지중추원사, 이듬해 중추원사에 제수되었다. 이 무렵 침구(鍼灸)의 전문직을 둘 것을 건의했다. 1438년 노령으로 은퇴했다. 의약(醫藥)에 정통해 항상 전의감의 제조를 맡았다.

眴) 등과 함께 대궐에 나아와 다시 청했으나 윤허하지 않았다.

○ 염치용(廉致庸)을 (전라도) 해진군(海珍郡)으로 이배(移配)했다. 상이 의금부에 명해 말했다.

"치용이 지금 (함경도) 경성(鏡城)에 유배(流配)됐으나, 그가 상국(上國-중국)으로 도망쳐 들어가 말을 꾸며내 일을 일으킬까[造言生事] 염려되니 다른 곳으로 옮겨두는 것이 좋겠다."

○ 대마도(對馬島) 수호(守護) 종정무(宗貞茂)가 사람을 보내 토산물을 바쳤다.

**무오일(戊午日-22일)**에 (상이) 경복궁(景福宮)으로 이어(移御)했다.

○ 북교(北郊)에서 중앙토룡(中央土龍)에게 제사를 지냈는데, 송(宋)나라의 제도에 의거해 사방(四方)의 용(龍)에게 각각 그날에 제사 지냈다.

**기미일(己未日-23일)**에 비가 조금 내렸다.

○ 중외(中外)의 길례(吉禮)와 흉례(凶禮) 때 홍대촉(紅大燭)[19]의 사용을 금하고, 대신 횃불[松炬]을 쓰도록 했다. 나라의 풍속에 5승포(五升布)를 붉게 물들이고 밀랍을 먹여 길이가 한 자가 넘도록 끊어서 불을 켜는 용도에 공급하는데, 이것을 '홍대촉'이라 부른다. 상이 재물을 허비하고 이익이 없다 해 이를 금한 것이다.

---

19 길례(吉禮)와 흉례(凶禮)에 사용하던 초의 하나다. 닷새베[五升布]를 붉게 물들이고 밀랍을 먹여서 길이가 한 자가 넘게 끊어서 불을 켜는 데 사용하던 것이다.

**신유일(辛酉日-25일)**에 비가 내렸다.

○ 사헌부와 사간원에서 소를 올려 치용(致庸)의 죄를 청했으나 들어주지 않았다.

○ 구주(九州)의 회회 사문(回回沙門)이 언차랑(彦次郞)을 보내 예물(禮物)을 바쳤고, 일기(一岐)의 상만호(上萬戶) 도영(道永)이 또한 토산물을 바치고 포로 된 인구를 돌려보냈다.

○ 날마다 술 1병씩을 의화궁주(義和宮主) 안씨(安氏)에게 내려주었으니, 곧 전조(前朝)의 공민왕의 정비(定妃)다.


**임술일(壬戌日-26일)**에 공신(功臣)과 육조(六曹)가 대궐에 나아와 치용 등의 죄를 청하며 아뢰어 말했다.

"간원(諫院)과 헌부(憲府)의 청이 이치에 심히 합당합니다. 빌건대 그대로 따르시어 율문에 의거해 시행하소서."

뜻을 전해 말했다.

"치용 등의 죄는 이미 결단했으니 이에 더는 논하지 말라."

성석린(成石璘) 등이 또 아뢰어 말했다.

"전하께서 비록 이미 결단하셨다 하더라도, 불충하기 이를 데 없는 죄를 감등(減等)해 시행한 까닭에 신 등이 감히 재삼(再三) (천총을) 번거롭게 하여 상의 귀 밝음[上聰]을 더럽힙니다."
                                                     상총

유사눌(柳思訥)이 상의 뜻을 전해[宣傳] 말했다.
                                   선전
"오늘은 몸이 좀 불편하니 잘 말하여 보내라."

마침내 물러갔다.

○ (상이) 뜻을 전해 말했다.

"전날 조계(朝啓)에서 내가 삼십세일지법(三十稅一之法)[20]을 시행하려고 했으나, 예조판서 정역(鄭易, ?~1425년)[21]이 불가(不可)하다고 했다. 이 법은 옛날 성왕(聖王)의 유제(遺制)로서 중국에서도 준행(遵行)하는 양법(良法)이거늘, 중국 성왕의 제도를 버리고 다시 무엇을 따르겠는가? 역(易)이 이 법을 달갑지 않게 여기니, 이로써 재상(宰相)은 모름지기 글을 읽은 사람을 써야 한다는 사실을 알게 되었다."

유사눌이 아뢰어 말했다.

"값이 필수(匹數)에 차는 물건이면 그 세(稅)를 마땅히 저화(楮貨)로 취(取)해야 하겠지만, 한 필(匹)에 차지 못하는 물건이면 지장(紙張)으로 받아들이기가 매우 불편합니다. 청컨대 동전(銅錢)을 주조해 반행(頒行)하소서."

가르쳐 말했다[教曰].
<small>교왈</small>

"이 법은 실로 송사를 일으킬까[致訟] 염려된다. 승정원(承政院)에
<small>치송</small>
서 먼저 가부를 토의해 그 의견이 육조(六曹)에 미치게 하고, 진산부원군(晉山府院君) 하륜과 토의한 연후에 거행할 수 있을 것이다."

○ 사헌부에서 소를 올려 전 좌의정 남재(南在)의 죄를 청했으나 답하지 않았다[不報]. (남재가) 치용(致庸)과 무회(無悔)의 죄를 청하
<small>불보</small>

---

20 곡물(穀物)이나 상품(商品)에서 30분의 1을 세(稅)로 거두던 법이다.
21 1383년(우왕 9년) 이방원(李芳遠)과 함께 문과에 급제해 친밀한 사이가 됐다. 좌정언·교주도안렴부사(交州道按廉副使)·사헌부지평·참지의정부사(參知議政府事) 등을 역임했고, 1411년(태종 11년)에 한성부윤으로 정조부사(正朝副使)가 되어 명나라에 다녀와서 다음 해 대사헌이 됐다. 1414년 충청도관찰사로 나갔다가 이듬해 예조·형조의 판서를 지내고, 1416년 대제학을 거쳐 호조판서가 됐다. 1419년(세종 1년)에 판한성부사·좌찬성, 다음해에 호조판서를 거쳐 대제학이 됐다. 1427년(세종 7년) 세상을 떠났다.

지 않았기 때문이다.

○ 일본의 서도(西都) 경조윤(京兆尹) 종정징(宗貞澄)이 사람을 보내 토산물을 바쳤다.

○ 의정부 찬성 유정현(柳廷顯)과 참찬 유관(柳觀) 등이 치용 등의 죄를 청했으나 윤허하지 않았다.

**계해일(癸亥日-27일)**에 (황해도) 해주곶(海州串) 안의 땅을 백성이 경작하도록 허락하라고 명했다. 상이 말했다.

"곶 안의 강무(講武)하는 곳은 땅이 기름져 살 만한 까닭에 일찍이 백성에게 들어가 살라고 명했으며 오늘날 벌써 들어가 살고 있으니, 이익이 일세(一世)에만 그치는 것이 아니라 앞으로 만세(萬世)의 이익이 될 것이다. 새나 짐승이 사는 것과 백성이 경작하는 것 중 어느 것이 좋겠는가? 이에[其] 빨리 백성으로 하여금 그곳에 들어가 살게 하라."
<sub>기</sub>

○ 의정부 찬성 유정현(柳廷顯)과 참찬 유관(柳觀) 등이 염치용과 이직 등의 죄를 청했으나 윤허하지 않았다. 지신사 유사눌(柳思訥)이 정현(廷顯)에게 일렀다.

"상께서 신에게 말씀하시기를 '치용(致庸)이 비록 망령된 말을 꾸몄다고는 하나 반드시 일을 일으키지는[生事] 못했을 것이니, 어찌
<sub>생사</sub>
꼭 죽이고야 말겠는가? 무회의 죄는 무구의 죄와 같은 유(類)가 아니고, 또 늙은 어미가 있으니 어찌 중죄에 처할 수 있겠는가? 이직의 죄는 어찌 이거이(李居易)의 죄보다 크겠는가? 거이(居易)도 외방에 안치(安置)해 평생을 마치게 했으니, 직의 안치도 이와 같은 것이다.

206

너희들은 내 뜻을 알 터인데 어찌하여 대신(大臣)들에게 상세히 말하지 않는가?'라고 하기에, 신이 대답하기를 '소신도 분하고 원망스러워 그 죄를 벌하고 싶은데, 집법(執法)한 관리로서 어찌 감히 잠자코 청하지 않겠습니까?'라고 했습니다."

정현이 사눌의 말을 듣고 대답해 말했다.

"신하로서 금장(今將)의 마음을 가지면 매우 불충(不忠)한 것이 된다. 하물며 망령된 말을 꾸며 내 상에게 누(累)를 끼치려고 한 자이겠는가? 그런 자와는 한 나라에서 같이 살고 싶지 않다."

**을축일(乙丑日·29일)**에 의정부에서 다시 치용(致庸)·무회(無悔)와 이직(李稷)의 죄를 청했다.

○ 일본의 이온도로(二溫都老)가 사람을 보내 말 한 필을 바쳤다.

○ 왜선(倭船) 23척이 제주(濟州)에 들어와 도적질했다[入寇]. 집을 불사르고[焚燬] 백성과 물건을 노략질했다는 말을 상이 듣고 제주 사람 송전(宋全)을 보냈는데, 큰 병선(兵船) 3척과 화통(火㷁)·병기(兵器)를 가지고 가게 했다. 전(全)에게 옷 한 벌을 내려주었다.

丁酉朔 日有食之. 上素服御仁政殿月臺 令日官擊鼓救之.
정유 삭 일유 식지 상 소복 어 인정전 월대 영 일관 격고 구지

命判尙州牧使李殷 考察附近諸邑堤堰.
명 판상주목사 이은 고찰 부근 제읍 제언

戊戌 議政府 六曹詣闕進肉膳 不允. 以慶安之卒 上不御肉膳
무술 의정부 육조 예궐 진육선 불윤 이 경안 지졸 상불어 육선

也. 上不許曰: "上王猶未進肉膳 不宜勸進." 因命知申事柳思訥曰:
야 상불허 왈 상왕 유미진 육선 불의 권진 인명 지신사 유사눌 왈

"明朝詣仁德宮 進肉膳."
명조 예 인덕궁 진육선

己亥 命司僕門守把軍士 嚴呵出入. 命三軍鎭撫曰: "嚴勑司僕門
기해 명 사복문 수파 군사 엄가 출입 명 삼군 진무 왈 엄칙 사복문

把直軍士 審察出入之人. 其書筵侍衛士及供億之人 考其物色 許令
파직 군사 심찰 출입지인 기 서연 시위사 급 공억지인 고기 물색 허령

出入 如有亂雜之人 罔冒出入而事覺 則予當痛懲汝輩."
출입 여유 난잡 지인 망모 출입 이사각 즉여 당 통징 여배

庚子 下司憲府大司憲李垠 執義李有喜 掌令姜宗德鄭之唐 持平
경자 하 사헌부대사헌 이은 집의 이유희 장령 강종덕 정지당 지평

金益濂琴柔于義禁府. 下旨義禁府曰: "閔無悔 廉致庸等以奴婢事
김익렴 금유 우 의금부 하지 의금부 왈 민무회 염치용 등 이 노비 사

揚說不忠之言 故下府鞫問. 其照律啓聞云: '請以大逆論.' 然而致庸
양설 불충 지언 고 하부 국문 기 조율 계문 운 청 이 대역 논 연이 치용

減等施行 無悔以議親勿論. 六曹 義禁府 承政院 司諫院竝請依律
감등 시행 무회 이 의친 물론 육조 의금부 승정원 사간원 병청 의율

施行 而憲府職掌邦憲 罔聞知而不請其罪 且陳言條目內: '大小
시행 이 헌부 직장 방헌 망 문지 이 불청 기죄 차 진언 조목 내 대소

員人汎濫上書 或窺免己罪 或圖濟己欲.' 是必有爲而發. 又李仲茂
원인 범람 상서 혹 규면 기죄 혹 도제 기욕 시 필유위 이발 우 이중무

張脩等相爭奴婢之事 不爲用心精察 但請房掌戶曹佐郎河之溟之罪
장수 등 상쟁 노비 지사 불위 용심 정찰 단청 방장 호조좌랑 하지명 지죄

過乎一偏 殊無人臣之忠義. 備細鞫問以聞."
과호 일편 수무 인신 지 충의 비세 국문 이문

遣代言於兩議政之第 諭以憲府員吏 下義禁府之故. 河崙 南在
李稷 柳廷顯詣闕啓曰: "義禁府不將上旨告於政府 故未知垠等繫獄
之由 昨蒙傳諭 得知上旨. 憲府官員不稱其職 誠如睿鑑." 上曰: "本
欲引見面告 但以齋戒未果. 致庸 無悔之事 發於四月初六日 予於
初九日六曹推覈 誣詐見著 卽下義禁府鞫之. 致庸 無悔不忠情狀
昭然可知 予特從末減. 六曹 諫院 代言等申請再三 而憲府爲風紀
之司 顧乃恬不致慮 予固鄙其懷奸 隱忍至今 而終不能忍 今下獄
治之耳. 本國素稱有君臣之禮 憲司乃敢爾耶? 政丞等位尊秩高 固
不應親細務矣. 何敢操持綱紀之柄 而反若是之甚乎? 本國紀綱
亦可笑已." 崙等相視驚愕 垂首默然 李稷惶悚尤甚 俄而崙啓曰:
"前請復膳 未蒙允許 今當夏月 宜速復膳." 上曰: "吾固無疾 且明日
拜星 過此則當復膳."

辛丑 端午. 上拜健元陵 見山陵樹木蓊茂 召日者李陽達問曰: "松
與栗同植 恐妨松 去之若何?" 陽達對曰: "栗木易衰 不煩剪伐."

命自今 御鞍汗替緣飾 毋用甸皮 代以牛馬之皮.

壬寅 下讀法令. 刑曹啓: "京外愚民不知律文 陷於罪辜 可爲
矜恤. 今刊大明分類律 乞於京中五部 外方各官頒行. 京中則律學
各一人分差 每衙日五部官吏各率管領里正 或以文字 或以講論
諭衆; 外方則各官守令 使申明色與律學生徒 以六衙日聚會 各里方
別監 里正 文字 講論傳傳教諭 部令及守令無時考察 其中令愚民

有能通曉者及徒爲文句 不爲用心奉行者 京中本曹 外方監司以時
考察 仍加賞罰." 從之.

安東府官奴家牛一産二犢.

癸卯 杖李垠八十 徒二年; 李有喜等四人七十 徒一年半; 琴柔
贖杖六十. 義禁府照律李垠等罪啓聞內: "垠以憲府之長 不請致庸
無悔不忠之罪 及上言 '大小員人汎濫上書 或窺免己罪 或圖濟己欲'
等語 不與同僚圓議 自手成草 有爲而發 不現指其姓名. 且不請
戶曹判書朴信誤決 而獨請房掌等罪 罪當杖一百 流三千里. 爲從
有喜 宗德 之唐 益濂 杖一百 徒三年. 琴柔罪同他人 但其時移病
在家 而傳簡同僚曰: '宜速請致庸等罪.' 故不干不忠之罪 而只坐
上書詐不以實及凡官司故出入人罪之律 杖九十 徒二年半." 上覽之
曰: "垠等所犯甚姦 然致庸得全首領 無悔只收職牒 不可以垠而
與致庸同罪. 垠杖一百 有喜等杖九十 皆收職牒可也." 又曰: "垠等
五人 所不當再用之人 何必杖之? 止當口語攸司 令收贖耳." 思訥
目諸代言曰: "何以處此?" 諸代言愕然相視 思訥獨啓曰: "不討
反逆 與同罪 律有正條 殿下特從末減 誠好生之盛德也. 然不忠
不孝 不許收贖 明有著令. 今若收贖 恐違立法之意 臣未敢奉行."
上曰: "知申事之言誠是 予恐杖百致死 故今欲輕之." 卽命垠杖八十
有喜等四人杖七十. 思訥復啓: "垠減六等 有喜等減五等 而減之又
減 法令緩弛 無以懲亂臣賊子之心. 雖不能加其杖數 願加徒役." 上

從之 乃有是命. 垠等分配外方 行至靑坡驛 命收徒年之贖. 先是
종지 내유 시명 은등 분배 외방 행지 청파역 명수 도년 지속 선시

下義禁府者 雖犯杖罪 不收職牒 至是始收之. 義禁府提調朴訔
하 의금부 자 수범 장죄 불수 직첩 지시 시 수지 의금부 제조 박은

詣闕上言: "垠等罪干不忠 臣等以杖一百 流三千里照律以聞 猶恐
예궐 상언 은등 죄간 불충 신등 이장 일백 유 삼천리 조율 이문 유공

太輕 又蒙末減 恐違法制." 敎曰: "致庸旣全首領 何以加此?" 傳旨
태경 우몽 말감 공위 법제 교왈 치용 기전 수령 하이 가차 전지

承政院曰: "人臣無將 將而必誅 何謂也? 爾等解將字以聞. 予意
승정원 왈 인신 무장 장이 필주 하위 야 이등 해 장자 이문 여의

若有今將之心者 皆得討之. 比見 群臣以致庸等無今將之心 而謂予
약유 금장 지심자 개득 토지 비견 군신 이 치용 등 무 금장 지심 이위여

爲濫刑者 間或有之." 思訥對曰: "人臣無將 將而必誅 春秋之法. 誅
위 남형 자 간혹 유지 사눌 대왈 인신 무장 장이 필주 춘추 지법 주

亂臣賊子者 必先治其黨與 若以致庸爲無今將之心者 是亦有今將
난신적자 자 필 선치 기 당여 약 이 치용 위무 금장 지심자 시역 유 금장

之心者矣."
지심자 의

司諫院上疏 略曰:
사간원 상소 약왈

'臣等反復惟念 人臣犯不忠 而坐不忠之刑 古今不易之常典. 今
신등 반복 유념 인신 범 불충 이좌 불충 지형 고금 불역 지 상전 금

致庸以其罪魁 得保首領; 無悔雖收職牒 安然在家 妻子之樂 無異
치용 이 기 죄괴 득보 수령 무회 수수 직첩 안연 재가 처자 지락 무이

平日; 興阜只贖其罪 而安處其鄕 其於用刑垂戒之道 大有嫌焉.
평일 흥부 지속 기죄 이 안처 기향 기어 용형 수계 지도 대유 혐언

伏望殿下 特下攸司 將致庸 興阜置之於法; 將無悔鞫問其由 依律
복망 전하 특하 유사 장 치용 흥부 치지 어법 장 무회 국문 기유 의율

施行.' 仍進闕待命 不允.
시행 잉 진궐 대명 불윤

甲辰 雨雹 雷電. 震平安道永寧人 金天及女迎台 江西人 巨亇大
갑진 우박 뇌전 진 평안도 영녕 인 김천 급 녀 영태 강서인 거마대

檢松 金夫知及妻召史與小兒 又震京畿守安人 許兼之馬.
검송 김부지 급 처 소사 여 소아 우진 경기 수안 인 허겸 지마

命刑曹劾問議政府. 義禁府提調完山府院君李天祐 錦川君朴訔
명 형조 핵문 의정부 의금부 제조 완산부원군 이천우 금천군 박은

詣闕啓曰: "前日臣等將致庸不忠之罪 比謀反大逆之律以聞 蒙上慈
예궐 계왈 전일 신등 장 치용 불충 지죄 비 모반 대역 지율 이문 몽 상자

減等施行. 今聞 右議政李稷之言曰: '致庸以不得奴婢之故 不勝
감등 시행 금문 우의정 이직 지언 왈 치용 이 부득 노비 지고 불승

忿恨 發此虛誕之言耳 今乃當以謀逆之律誤矣.' 臣等聞此 不敢

出仕 請下臣等于攸司 使得辨明." 上命召六曹 推覈眞僞 命遣代言

趙末生于領議政河崙 韓尙德于左議政南在 卓愼于右議政李稷等

第 問義禁府照律不協之意以來. 代言等復命. 俄而 崙及在 稷等

詣闕 崙上言曰: "減等致庸之罪 群臣缺望. 特以致庸指臣爲受贈 故

臣避嫌不敢請罪耳." 稷啓曰: "致庸揚說不忠之言 其罪應誅. 然上

之減等 甚合於理 不應請誅. 且大臣請事 不可輕擧 又意逆謀二字

之不合耳 非必以義禁府之照律爲娛也." 上曰: "君之所與者議事

大臣 臣之至於政丞者爲難. 卿以人所瞻望 位於極品 雖不識理之

大臣 不應發如此之言 況卿知大體乎? 吾亦意其必不爲如此言也."

稷曰: "下臣攸司 俾得發明." 旣退 召參贊柳廷顯問其故 廷顯曰:

"四月二十七日 贊成李叔蕃使人呼臣 臣到其家 叔蕃曰: '致庸 無悔

言及於上 罪當誅戮 上從末減施行 憲司一不請罪 今將何顔以復請

乎? 吾等固當請罪.' 臣曰: '諾.' 叔蕃曰: '稷之女婿 無悔之兄也 必

不肯爲.' 臣曰: '大義滅親 豈以姻黨 廢公義乎?' 卽遣舍人趙瑞老

通於三議政 瑞老回答言: '領議政云: 致庸指我爲受賂 有嫌難聽.

左議政云: 合府欲請則從之. 依違不決. 右議政云: 致庸之罪 上

斷之無餘 不應復請也. 聽其言. 詮皆不欲爲.' 五月初一日 以救日食

會于紫門. 議政府領議政不來 左右議政在坐 臣又發 前議 稷力言:

'致庸特忿於見奪奴婢 而出怨言 不是謀危惡逆. 籍沒家産 似爲

甚重 固應疏理 何敢復請而增之?' 臣聞而作色曰: '此事在所當爲
심중 고응소리 하감 부청 이증지 신문 이 작색 왈 차사 재 소당위

然長官不欲 何以爲之?' 及至初七日 同三相詣闕聽旨之後還家.
연 장관 불욕 하이 위지 급지 초칠일 동 삼상 예궐 청지 지후 환가

時 稷在途駐馬俟臣 臣策馬而前 稷謂臣曰: '向者議請罪而未果
시 직재도 주마 사신 신 책마 이전 직위신왈 향자 의 청죄 이 미과

今聞上命 不勝慙悔 恨不用公言.' 臣曰: '吾欲請之 公不見聽 今事
금문 상명 불승 참회 한불용 공언 신왈 오욕 청지 공불견청 금사

至如此 果不驗歟?' 稷曰: '誠然. 然安知其不爲 乃所以反補君德
지 여차 과 불험 여 직왈 성연 연 안지 기 불위 내 소이 반보 군덕

也歟?'" 上卽命六曹 問議政府以義禁府照律爲未協之由 使刑曹
야여 상 즉명 육조 문 의정부 이 의금부 조율 위 미협 지유 사 형조

掌之.
장지

刑曹上疏 請李稷之罪 略曰:
형조 상소 청 이직 지죄 약왈

'致庸與中宮至親 閔無悔敢發不忠之言 互相論說 而無悔曾不
치용 여 중궁 지친 민무회 감발 불충 지언 호상 논설 이 무회 증불

啓聞 顧乃奴婢 始與王子私自談說 窺覘上意 其素畜無君之心
계문 고 내 노비 시여 왕자 사자 담설 규첨 상의 기 소축 무군 지심

而奸惡不忠 殿下之所明知也. 但以寬仁大度 姑置寬典 與致庸
이 간악 불충 전하 지 소명지 야 단 이 관인 대도 고치 관전 여 치용

罪同罰異 爲人臣者 固當齋沐申請 明置於法. 稷反沮同列忠憤之論
죄동벌이 위인신자 고당 재목 신청 명치 어법 직 반저 동렬 충분 지론

有乖於大臣之義 乞下攸司 鞫問其罪 以懲奸惡.'
유괴 어 대신 지의 걸하 유사 국문 기죄 이징 간악

禁近臣往來大臣之家. 先是 知申事柳思訥啓: "安城君李叔蕃言:
금 근신 왕래 대신 지가 선시 지신사 유사눌 계 안성군 이숙번 언

'政府欲請致庸 無悔等罪 右議政李稷沮之 故未果.'" 上曰: "何處見
정부 욕청 치용 무회 등죄 우의정 이직 저지 고 미과 상왈 하처 견

叔蕃乎?" 思訥對曰: "昨日叔蕃使人曰: '有面議事 朝退後宜來.' 臣
숙번 호 사눌 대왈 작일 숙번 사인왈 유 면의사 조퇴후 의래 신

往其第聞之." 敎曰: "卿爲近臣 出入權臣之家非也." 遂有是禁.
왕 기제 문지 교왈 경위 근신 출입 권신 지가 비야 수 유 시금

乙巳 申命兵曹 禁臺諫員與大小人員相通.
을사 신명 병조 금 대간 원 여 대소인원 상통

禮曹進肉膳.
예조 진 육선

命安置右議政李稷於星州 免左議政南在稷. 司諫院右司諫大夫
명 안치 우의정 이직 어 성주 면 좌의정 남재 직 사간원 우사간대부

李孟畇等上疏日:
이맹균 등 상소 왈

'廉致庸 閔無悔 尹興阜等 罪在不宥. 六曹 承政院 義禁府竝皆
염치용 민무회 윤흥부 등 죄재 불유 육조 승정원 의금부 병개

請罪 獨議政府以同休戚大臣 一不請罪. 本院劾問其由 南在答以:
청죄 독 의정부 이동 휴척 대신 일불 청죄 본원 핵문 기유 남재 답이

"緩急不察 遲晚施行." 李稷答以: "致庸等罪狀 李叔蕃送使人
완급 불찰 지만 시행 이직 답이 치용 등 죄상 이숙번 송 사인

趙瑞老來告言: '宜請罪.' 吾對以爲: '上裁減等 已敎下之事 宜更
조서로 내고 언 의청죄 오대 이위 상재 감등 이교하지사 의갱

合坐議論.' 其後紫門合坐 與南在 柳廷顯等同議: '本人等罪狀甚奸
합좌 의논 기후 자문 합좌 여 남재 유정현 등 동의 본인 등 죄상 심간

然上以包容仁德裁斷. 政府大臣欲請其罪 必以當理之辭啓聞乃可.'
연 상이 포용 인덕 재단 정부 대신 욕청 기죄 필 이 당리 지사 계문 내가

相與思索 未能決議而罷." 李叔蕃答以: "去四月初四日 始發瘇臥床
상여 사색 미능 결의 이파 이숙번 답이 거 사월 초사일 시 발종 와상

聞致庸 興阜 無悔等罪減等施行 意憲司必將請罪. 至二十七日 乃
문 치용 흥부 무회 등 죄 감등 시행 의 헌사 필장 청죄 지 이십 칠일 내

與柳廷顯同議以謂: '本人等罪 不可不依律請罪.' 使趙瑞老徧告
여 유정현 동의 이위 본인 등 죄 불가 불의율 청죄 사 조서로 편고

堂上 瑞老回言: '有一相言: "致庸唯餘死罪 無悔之罪 降於致庸
당상 서로 회언 유 일상 언 치용 유여 사죄 무회 지죄 강어 치용

特從議親條 已收職牒 何更請罪?" 吾以爲未便 心欲請罪 只緣
특종 의친 조 이수 직첩 하갱 청죄 오 이위 미편 심욕 청죄 지연

患瘇未差 至今稽留."
환종 미차 지금 계류

柳廷顯答以: "聞致庸 興阜 無悔等罪減等施行 與叔蕃同議以謂:
유정현 답이 문 치용 흥부 무회 등 죄 감등 시행 여 숙번 동의 이위

'六曹 諫院皆已請罪 憲司獨否 今政府固宜請罪.' 乃喚瑞老 使往告
육조 간원 개이 청죄 헌사 독부 금 정부 고의 청죄 내환 서로 사왕 고

諸議政 瑞老回言: '右議政言: "致庸之罪 上旣以減等 無悔之罪 本
제 의정 서로 회언 우의정 언 치용 지죄 상기이 감등 무회 지죄 본

降於致庸 而從議親條 已收職牒 何更請罪?" 吾意以謂未安 必欲
강어 치용 이종 의친 조 이수 직첩 하갱 청죄 오의 이위 미안 필욕

上請 月初一日 合坐倡議請罪事 稷言: '致庸 無悔之罪 上裁已當
상청 월 초일일 합좌 창의 청죄 사 직언 치용 무회 지죄 상재 이당

且右人等罪名 更無聞見 不小衙門 輕易申請不宜.' 吾答日: '致庸
차 우인 등 죄명 갱무 문견 불소 아문 경역 신청 불의 오 답왈 치용

以自己奴婢事 向上發不忠之言; 無悔以中宮至親 聞致庸不忠之
이 자기 노비 사 향상 발 불충 지언 무회 이 중궁 지친 문 치용 불충 지

言 宜急上聞 恬不爲意 累日而後詣闕 偶因奴婢事 始發其言; 興阜
언 의급 상문 염불위 의 누일 이후 예궐 우인 노비 사 시발 기언 흥부

以近侍內竪 聽致庸之言 不卽上達. 以此觀之 三人之罪皆在不忠.'
이 근시 내수 청 치용 지언 부즉 상달 이차 관지 삼인 지죄개재 불충

稷又言: '雖然 以謀反照律誤矣. 致庸謀反 則籍沒可矣 實非謀反
직 우언 수연 이 모반 조율 오의 치용 모반 즉 적몰 가의 실비 모반

而籍沒未便 欲以上達.' 爲辭. 吾答言: '大人意量各異 吾敢以吾心
이 적몰 미편 욕이 상달 위사 오 답언 대인 의량 각이 오감 이 오심

爲之乎'" 河崙答以: "致庸 無悔等以妄言毁謗吾身 不得不避嫌
위지호 하륜 답이 치용 무회 등이 망언 훼방 오신 부득 불 피혐

不敢請罪." 再問叔蕃以有一相不肯請罪者姓名 叔蕃答云: "李稷."
불감 청죄 재문 숙번 이유 일상 불긍 청죄 자성명 숙번 답운 이직

再問於稷以叔蕃 廷顯所答內辭緣 稷答以: "不忠之罪 非以爲輕而
재문 어직 이숙번 정현 소답 내사연 직 답이 불충 지죄 비이 위경 이

沮議也. 但致庸等固是不忠罪人 用謀聚會 言語未現於謀反字義
저의 야 단 치용 등 고시 불충 죄인 용모 취회 언어 미현 어 모반 자의

不甚切近. 此是屬上事 攸司以至極條比律啓聞 上以包容之量 減等
불심 절근 차시 속 상사 유사 이지 극조 비율 계문 상이 포용 지량 감등

裁斷. 政府大臣如更請罪 言必當理 各宜致慮 皆曰: '難矣.' 且歷代
재단 정부 대신 여갱 청죄 언필 당리 각의 치려 개왈 난의 차 역대

人臣行事之迹 皆載史冊. 雖上已定之事 小有未便 則固執封駁者
인신 행사 지적 개재 사책 수상 이정 지사 소유 미편 즉 고집 봉박 자

有之; 各以所見相可否者有之. 嘗自以謂 無才德迂生 特蒙上恩
유지 각이 소견 상 가부 자 유지 상자 이위 무 재덕 우생 특몽 상은

身爲大臣 事君之事 皆欲法古人 以此論議云耳 非敢以致庸 無悔
신위 대신 사군 지사 개욕 법고인 이차 논의 운이 비감 이 치용 무회

爲輕而沮獨請罪之議也."
위경 이 저독 청죄 지의 야

臣等以爲 稷同休戚大臣也. 如有不忠之人 殿下雖從寬典 固宜
신등 이위 직동 휴척 대신 야 여유 불충 지인 전하 수종 관전 고의

力請其罪 以置於法 而致庸等不忠之罪 叔蕃 廷顯等欲請誅之 非徒
역청 기죄 이치 어법 이 치용 등 불충 지죄 숙번 정현 등 욕청 주지 비도

不從 反以義禁府照律爲誤 至以籍沒爲重 將欲上達 而乃沮請罪
부종 반이 의금부 조율 위오 지이 적몰 위중 장욕 상달 이내 저 청죄

之議 終不果達 當其劾問 文飾言辭 其心回譎 不忠莫甚. 乞下攸司
지의 종 불과 달 당기 핵문 문식 언사 기심 회휼 불충 막심 걸하 유사

鞫問正罪 左議政南在則廷顯倡議請罪 身爲首相 而任置不請 情涉
국문 정죄 좌의정 남재 즉 정현 창의 청죄 신위 수상 이 임치 불청 정섭

不忠. 乞幷下攸司 依律科斷. 領議政河崙雖有嫌疑 斷以大義 當請
불충 걸병하 유사 의율 과단 영의정 하륜 수유 혐의 단이 대의 당청

其罪 而以一己避嫌 不請其罪. 贊成李叔蕃 參贊柳廷顯 雖首倡
기죄 이이 일기 피험 불청 기죄 찬성 이숙번 참찬 유정현 수 수창

請罪 而信稷之說 終不請罪 皆不得無罪.'
청죄 이신 직지설 종불 청죄 개부득 무죄

疏上 上覽之曰: "諫院之請固當." 乃有是命. 仍命崙 叔蕃 廷顯之
소상 상람지왈 간원 지청 고당 내유 시명 잉명륜 숙번 정현지

罪勿論.
죄 물론

丙午 視事于便殿. 召六曹 承政院及功臣 摠制司 諫院等曰:
병오 시사 우편전 소 육조 승정원 급 공신 총제사 간원 등왈

"致庸怨奴婢見奪 搆出虛言 以予聽受賂大臣 宮女之言 誤決奴婢.
치용 원 노비 견탈 구출 허언 이여청 수뢰 대신 궁녀 지언 오결 노비

予何曾聽其請托 而顚倒是非 以紊政治乎? 況宮人深居闕內 未嘗
여하 증청 기청탁 이 전도 시비 이문 정치 호 황 궁인 심거 궐내 미상

以親屬舊故往來於甫羅進 徐哲之間 而致庸搆此穢語 流布境內 原
이 친속 구고 왕래 어 보라진 서철 지간 이 치용 구차 예어 유포 경내 원

其本心 豈非不忠 而無悔乃以至親 反黨致庸 私相論議 覬覦復得
기 본심 기비 불충 이 무회 내이 지친 반당 치용 사상 논의 기유 부득

奴婢 豈能大遠於致庸哉? 義禁府請罪 予非不知依律以斷 直以
노비 기능 대원 어 치용 재 의금부 청죄 여비 부지 의율 이단 직이

言辭之故 重傷人命 待以不死. 無悔家門 頃以宗社大計 不得已而
언사 지고 중상 인명 대이 불사 무회 가문 경이 종사 대계 부득이 이

聽從國論 罪其二兄 今其老母在堂 故不忍置法. 人之至情 誰無
청종 국론 죄기 이형 금기 노모 재당 고 불인 치법 인지 지정 수무

私恩 是以但收職牒耳.
사은 시이 단수 직첩 이

人君行事 不尙苟異 嘗非唐太宗縱死罪四百 復令就死. 若姑置
인군 행사 불상 구이 상비 당태종 종 사죄 사백 부령 취사 약 고치

輕典 以俟國論 而乃加其罪 則是如人之飮酒 待加勸而後盡之也.
경전 이사 국론 이내 가기죄 즉시 여인 지 음주 대 가권 이후 진지 야

特以憲府殊不爲意 故下吏治之. 不知此獄延及大臣 如此之甚 良用
특이 헌부 수 불위 의 고 하리 치지 부지 차옥 연급 대신 여차 지심 양용

惕然 寤寐永歎. 稷之疑其太重 亦如我心耳. 但不審精察 失於過厚
척연 오매 영탄 직지 의기 태중 역여 아심 이 단불심 정찰 실어 과후

固不爲無罪 然念其開國之勳 及至我時 左右協力 相我國家 靖難
고 불위 무죄 연 념기 개국 지훈 급지 아시 좌우 협력 상아 국가 정난

永吉 歷使上國. 且國有大議 非玆二三大臣 莫能取正. 頃在壬申
영길 역사 상국 차 국유 대의 비자 이삼 대신 막능 취정 경재 임신

贊襄大議 又當戊寅 盡忠於我 終始不渝 雖其謔浪詼諧 有似虛誇
찬양 대의 우당 무인 진충 어아 종시 불투 수기 학랑 회해 유사 허과

216

然其赤心 人鮮能及 豈可以此罪 掩其大功? 本欲解紛疏治 昭雪
연 기 적심 인선 능급 기가 이 차죄 엄기 대공 본 욕 해분 소치 소설

愆過 顧以六曹 諫院同辭請罪 迫於公義 不可不從 特令李稷安置
건과 고이 육조 간원 동사 청죄 박어 공의 불가 부종 특령 이직 안치

其鄕 南在免職 卿等當體予意 不可復論.”
기향 남재 면직 경등 당체 여의 불가 부론

李孟畇具陳無悔 致庸之罪及李稷不請之罪曰:“殿下若依律科斷
이맹균 구진 무회 치용 지죄급 이직 불청 지죄왈 전하 약 의율 과단

則臣等何敢復議? 苟其不合於罪 而不厭衆心 則臣等雖受重責 安敢
즉 신등 하감 부의 구기 불합 어죄 이 불염 중심 즉 신등 수수 중책 안감

不請?”上笑曰:“不如是也.”遂遣代言卓愼于李稷家 諭以宥罪歸鄕
불청 상 소왈 불 여시 야 수견 대언 탁신 우 이직 가 유이 유죄 귀향

之意 稷謝曰:“臣備員政府 欲報洪造 以補君德 而慮事不審 犯萬死
지 의 직 사왈 신 비원 정부 욕보 홍조 이보 군덕 이 여사 불심 범 만사

之罪. 顧蒙殿下好生盛德 記功赦罪 俾歸鄕曲 保全餘生 臣不勝
지죄 고몽 전하 호생 성덕 기공 사죄 비귀 향곡 보전 여생 신 불승

感幸.”遂請歸星州 旣而嘆曰:“老臣得罪 正坐讀書耳.”
감행 수 청귀 성주 기이 탄왈 노신 득죄 정좌 독서 이

祈雨於北郊 命攸司自今畫龍祈雨 依宋朝景德三年頒行規式
기우 어 북교 명 유사 자금 화룡 기우 의 송조 경덕 삼년 반행 규식

行之.
행지

丁未 司諫院上疏 請致庸 李稷等罪 疏曰:
정미 사간원 상소 청 치용 이직 등죄 소왈

'臣等竊惟 致庸 無悔 李稷 興阜之罪 王法所必誅 期於得請而後
신등 절유 치용 무회 이직 흥부 지죄 왕법 소필주 기어 득청 이후

已 故敢瀆天聰. 臣等竊謂 殿下之明 昭如日月 一國臣民所共知也.
이 고 감독 천총 신등 절위 전하 지명 소여 일월 일국 신민 소공지 야

致庸不勝私憤 遽發無根之亂言 欲累其明 其在殿下 何損於明? 然
치용 불승 사분 거발 무근 지 난언 욕루 기명 기재 전하 하손 어명 연

於臣子之心 豈可置而不論? 且如人罵我父母 爲其子者 何以處之?
어 신자 지심 기가 치이 불론 차 여인 매아 부모 위 기자 자 하이 처지

爲人子者 自罵其父母 爲士師者 又何以處之耶? 致庸以臣子而揚
위인자자 자매 기 부모 위 사사 자 우 하이 처지 야 치용 이 신자 이양

殿下所無之累 在法當死 是乃臣等請誅之不已也. 殿下何惜一小人
전하 소무 지루 재법 당사 시내 신등 청주 지불이 야 전하 하석 일 소인

而廢萬世之綱常乎? 今稷之罪 亦致庸保全首領之所致也. 願將
이 폐 만세 지강상 호 금 직 지죄 역 치용 보전 수령 지 소치 야 원장

致庸明正其罪 以戒後來. 無悔以中宮至親 黨於致庸 不念殿下之恩
치용 명정 기죄 이계 후래 무회 이 중궁 지친 당어 치용 불념 전하 지은

是無悔先負殿下也. 殿下何用施私恩於無悔乎? 昔桃應問於孟子
시 무회 선부 전하 야　전하 하용 시 사은 어 무회 호　석 도응 문어 맹자

曰: "舜爲天子 皐陶爲士 瞽瞍殺人 則如之何?" 答曰: "執之而已."
왈　순위천자 고요위사 고수 살인 즉 여지하　답왈　집지 이이

問: "舜如之何?" 答曰: "竊負而逃 遵海濱而處." 然則舜不得施私恩
문　순 여지하　답왈　절부 이도 준 해빈 이처　연즉 순 부득 시 사은

於其父 皐陶亦不得爲天子之父而廢法. 今 無悔但中宮之親耳 與
어 기부　고요 역 부득 위 천자 지부 이 폐법　금 무회 단 중궁 지친 이 여

瞽瞍之爲父不可得而擬倫也. 殿下猶示私恩 而掩其公義 於臣民期
고수 지위부 불가득 이 의륜 야　전하 유시 사은 이엄기공 의 어신민 기

殿下以大舜之意何如? 李稷身爲大臣 實同休戚 如有不忠之人 力請
전하 이 대순 지의 하여　이직 신위 대신 실동 휴척 여유 불충 지인 역청

其罪 以杜亂萌宜也. 一二大臣欲請誅致庸 無悔 非徒不諾 又從而
기죄 이두 난맹 의야　일이 대신 욕 청주 치용 무회 비도 불락 우종 이

爲之辭曰: "義禁府照律誤矣." 且以殿下從輕籍沒爲重 揚言上達
위지 사왈　의금부 조율 오의　차 이 전하 종경 적몰 위중 양언 상달

以沮請罪之議 終則含默不言 而至於劾問之際 援引古人封駁可否
이저 청죄 지의 종즉 함묵 불언 이 지어 핵문 지제 원인 고인 봉박 가부

之義 以飾己非 置殿下於有過之地 其爲不忠莫甚焉. 今殿下特從
지의 이식 기비 치 전하 어 유과 지지 기위 불충 막심 언 금 전하 특종

寬典 安置於鄕 其與乞身歸田無異矣. 焉有罪在不忠 而安於鄕井之
관전 안치 어향 기여 걸신 귀전 무이 의 언유 죄재 불충 이 안어 향정 지

理乎? 乞將無悔 李稷等下攸司鞫問其由 明正其罪. 若興皐一小豎
리호 걸장 무회 이직 등하 유사 국문 기유 명정 기죄 약 흥부 일 소수

耳 不足論也. 然情涉不忠 而止贖其罪 殊爲未便 乞令攸司依律
이 부족 논야 연 정섭 불충 이지속 기죄 수위 미편 걸령 유사 의율

施行.'
시행

仍詣闕待命 不允.
잉 예궐 대명 불윤

戊申 日珥.
무신 일이

開國定社佐命功臣成石璘等上疏 請致庸等罪 疏曰:
개국정사좌명공신 성석린 등 상소 청 치용 등죄 소왈

'人臣之罪 莫大於不忠 不忠之罪 莫大於無君. 自古亂臣賊子 皆
인신 지죄 막대 어 불충 불충 지죄 막대 어 무군 자고 난신적자 개

由不忠之心而起也. 是故 聖人作春秋必加誅意之刑 以此也. 逆臣
유 불충 지심 이기 야 시고 성인 작 춘추 필가 주의 지형 이차 야 역신

致庸不忠之言 一國臣民罔不憤怒 宜致極刑 以戒後來. 無悔以中壼
치용 불충 지언 일국 신민 망불 분노 의치 극형 이계 후래 무회 이 중곤

至親 聞致庸不忠之言 卽當顚倒奔告于上 而乃隱忍 經日而不發 因

臧獲之故始言之 其於蒙殿下之恩 愛殿下之心爲如何哉? 觀其心則

與致庸何異乎? 寺人興阜 近侍內庭 外結致庸 與於致庸造言訕上之

謀 罪在痛懲. 蓋法者 古今人君治天下國家之公器 不可以私撓. 願

殿下大義斷之 俯從義禁府科罪之律 皆置於法 以杜萬世亂臣賊子

之門.'

不允.

己酉 雨.

召河崙 李叔蕃 柳廷顯命就職. 三人俱詣闕 乃命知申事柳思訥

議於崙等曰: "國家不産金銀 而每年進獻朝廷 當收贖之時 徵銀

若何?" 思訥且援引呂刑 贖金及皇朝律徵燒埋銀 前朝徵銅之例

力主其議 又欲兼徵納銅 崙以爲宜 廷顯默然. 叔蕃獨謂: "銀非

本土所産 散在民間 亦不多有. 若當犯罪徵償之時 盡皆徵銀 人民

失所爲甚. 若楮貨則雖造於官 多布於民 若以物貿 一朝多得 不若

銀之難覓也. 當收贖之際 銀銅 楮貨一切竝收爲便." 思訥又以監司

襃貶守令 多失其實 欲以各官敎授襃貶其守令 崙曰: "可. 若果

如此 則守令必懼矣." 叔蕃曰: "如此則敎授權重 監司但坐嘯耳. 且

敎授官不必皆賢 尤爲煩瑣 決不可行."

議政府上疏 請致庸 無悔等罪 疏曰:

'臣等竊謂 廉致庸構爲妄言 欲累上德 實爲不忠. 閔無悔聽從

其言 敷衍揚說; 尹興阜阿意致庸 欺罔上聰 俱爲不忠. 殿下以
기언 부연 양설 윤흥부 아의 치용 기망 상총 구위 불충 전하 이

好生之德 許從輕典 然人臣之罪 莫大於不忠 有罪不罰 何以爲治
호생지덕 허종 경전 연 인신 지죄 막대 어 불충 유죄 불벌 하이 위치

乎? 伏望殿下 斷以大義 明正其罪 以戒後來.'
호 복망 전하 단이 대의 명정 기죄 이계 후래

初 李叔蕃 柳廷顯等議曰: "曩者欲請致庸 無悔 興阜等罪 而爲
초 이숙번 유정현 등 의왈 낭자 욕청 치용 무회 흥부 등죄 이위

李稷所拒 使吾等被諫院彈劾 等蒙不請之罪 今宜幷錄李稷之罪而
이직 소거 사오등 피 간원 탄핵 등몽 불청 지죄 금의 병록 이직 지죄 이

申請." 河崙不從曰: "先請致庸等罪 隨後請李稷之罪可也." 乃但請
신청 하륜 부종 왈 선청 치용 등죄 수후 청 이직 지죄 가야 내 단청

致庸 無悔等罪 僉名而先出. 叔蕃 廷顯相與議曰: "李稷之罪 不可
치용 무회 등죄 첨명 이 선출 숙번 정현 상여 의왈 이직 지죄 불가

不請也." 於是 二人獨僉名申請. 上覽之 召舍人趙瑞老 李希老 問
불청 야 어시 이인 독 첨명 신청 상람지 소 사인 조서로 이희로 문

河崙不與狀申之由 仍謂柳思訥等曰: "明聽予言. 崙於予有功有忠
하륜 불여 장신 지유 잉위 유사눌 등왈 명청 여언 륜 어여 유공 유충

不可輕易去之. 若李稷則於開國之初 以興安君李濟從兄之故 擢爲
불가 경역 거지 약 이직 즉 어 개국 지초 이 흥안군 이제 종형 지고 탁위

知申事 得與功臣之列. 歲在戊寅 黨南誾 道傳 會宿其家 而幸免
지신사 득여 공신 지열 세재 무인 당 남은 도전 회숙 기가 이 행면

其禍 然其才德不可以棄 位至右相. 乃至今日 有厄失言 諫院 六曹
기화 연기 재덕 불가이 기 위지 우상 내지 금일 유액 실언 간원 육조

上言請罪 予不得已安置其鄕 今又使河崙離間獨立 則國家不可
상언 청죄 여 부득이 안치 기향 금우 사 하륜 이간 독립 즉 국가 불가

一日無老臣 更與崙完議 同署名請罪可也." 留中不下.
일일 무 노신 갱여 륜 완의 동 서명 청죄 가야 유중 불하

黜妓楚宮粧. 世子私近上妓楚宮粧 上知而逐之. 上王曾御此妓
출기 초궁장 세자 사근 상기 초궁장 상지이 축지 상왕 증어 차기

世子不知而私之.
세자 부지 이 사지

庚戌 議政府上疏請李稷罪. 河崙同李叔蕃 柳廷顯上言: "臣等
경술 의정부 상소 청 이직 죄 하륜 동 이숙번 유정현 상언 신등

竊謂 人臣之罪 莫大於不忠 尤莫大於黨惡. 是故 春秋之義 尤嚴
절위 인신 지죄 막대 어 불충 우 막대 어 당악 시고 춘추 지의 우엄

於黨與. 今致庸 無悔搆無根之言 以累上德 雖無反謀 其不忠之心
어 당여 금 치용 무회 구 무근 지언 이루 상덕 수무 반모 기 불충 지심

已著 罪不容誅. 義禁府六曹 諫院相繼請罪 憲司不請 亦爲不忠.
이저 죄 불용 주 의금부 육조 간원 상계 청죄 헌사 불청 역위 불충

本府議欲請罪 右議政李稷固拒不聽 殊失爲臣之義 至誦蘇軾蟄龍
본부 의 욕 청죄 우의정 이직 고거 불청 수실 위신 지의 지송 소식 칩룡

之詩 欲解其罪. 昔者黨於南誾 會宿其家 幸免其禍 黨於無咎 長于
지시 욕해 기죄 석자 당어 남은 회숙 기가 행면 기화 당어 무구 장우

憲司 一不請罪 其爲黨惡 累曾如此 及至今日 黨惡又如此 雖有
헌사 일불 청죄 기위 당악 누증 여차 급지 금일 당악 우 여차 수유

微功 不足掩罪. 伏望殿下 斷以大義 許令攸司 依律施行 以戒
미공 부족 엄죄 복망 전하 단이 대의 허령 유사 의율 시행 이계

後來." 上不允曰: "今旣貶黜于外 何以加罪?" 司諫院亦上疏 請
후래 상 불윤 왈 금기 폄출 우외 하이 가죄 사간원 역 상소 청

李稷 無悔 致庸之罪 不允 乃皆辭職.
이직 무회 치용 지죄 불윤 내개 사직

壬子 上誕辰 宥輕罪 從政府之請也.
임자 상 탄신 유 경죄 종 정부 지청 야

忠淸道都觀察使禹希烈進輪扇 上却之曰: "予止用團扇耳." 乃下
충청도 도관찰사 우희열 진 윤선 상 각지 왈 여 지용 단선 이 내하

承政院.
승정원

六曹上疏 請致庸 無悔 李稷等罪 疏曰:
육조 상소 청 치용 무회 이직 등죄 소왈

'不忠之臣 天地所不容 王法所不赦也. 今致庸 無悔等不勝自己
불충 지신 천지 소불용 왕법 소불사 야 금 치용 무회 등 불승 자기

貪憤 敢搆虛言 欲累上德 其蓄無君之心明矣; 不忠之罪著矣. 乃
탐분 감구 허언 욕루 상덕 기축 무군 지심 명의 불충 지죄 저의 내

蒙輕典 得保性命 有乖王法. 願斷以大義 明置於法 以戒後來之爲
몽 경전 득보 성명 유괴 왕법 원 단이 대의 명치 어법 이계 후래 지위

人臣而懷二心者. 臣等又謂 人臣不忠之罪 雖五尺童子 皆知疾之.
인신 이회 이심 자 신등 우위 인신 불충 지죄 수 오척동자 개지 질지

李稷以政府大臣 顧無忠憤請罪之心 返以義禁府照律爲不切 固拒
이직 이 정부 대신 고무 충분 청죄 지심 반이 의금부 조율 위 부절 고거

同列之議 其與致庸 無悔等奚擇哉? 且於戊寅年間 阿附奸黨 欲負
동렬 지의 기여 치용 무회 등 해택 재 차 어 무인 연간 아부 간당 욕부

殿下 人所共知 其不忠於殿下有自來矣. 乃今安置其鄕 其爲尊榮
전하 인 소공지 기 불충 어전하 유 자래 의 내금 안치 기향 기위 존영

與平日無異 懲惡之義安在? 伏望命下攸司 明正其罪 以快一國
여 평일 무이 징악 지의 안재 복망 명하 유사 명정 기죄 이쾌 일국

臣民之憤.'
신민 지분

癸丑 天氣如秋 凄風不止 命攸司放諸道付處罪人.
계축 천기 여추 처풍 부지 명 유사 방 제도 부처 죄인

罷領議政府事河崙爲晋山府院君 贊成李叔蕃爲安城府院君
파　영의정부사　하륜 위　진산부원군　찬성　이숙번 위　안성부원군

吏曹判書韓尙敬爲西原君 兵曹判書金承霔爲平陽君. 上命吏兵曹
이조판서　한상경 위 서원군　병조판서　김승주 위 평양군　상 명 이병조

曰: "欲保全功臣 宜不任以事." 因歷擧前代成敗之迹及宋太祖諭
왈　욕 보전 공신 의 불입 이사　인 역거 전대 성패 지적 급 송태조 유

石守信 王審琦等語 以至戊寅開國功臣見敗之由. 由是崙等皆罷
석수신　왕심기 등 어 이지 무인 개국공신 견패 지유　유시 륜 등 개 파

只令封君.
지 령 봉군

以柳廷顯爲議政府贊成 柳觀議政府參贊 黃喜吏曹判書 朴信
이 유정현 위 의정부 찬성　유관 의정부 참찬　황희 이조판서　박신

兵曹判書 尹向刑曹判書 成發道判漢城府事 沈溫戶曹判書 鄭易
병조판서　윤향 형조판서　성발도 판한성부사　심온 호조판서　정역

禮曹判書.
예조판서

杖知金山郡事宋希璟一百. 希璟使郡吏率獵人而畋 欲以爲供上
장 지금산군사 송희경 일백　희경 사 군리 솔 엽인 이 전 욕 이위 공상

丁香脯 而郡吏二人私其獸不進 怒而杖之 二人皆死 其家訟寃故也.
정향포 이 군리 이인 사 기수 부진 노 이 장지 이인 개사 기가 송원 고야

甲寅 六曹復上疏 請致庸 無悔 李稷等罪.
갑인 육조 부 상소 청 치용 무회 이직 등 죄

乙卯 功臣昌寧府院君成石璘等請李稷等罪. 疏曰:
을묘 공신 창녕부원군 성석린 등 청 이직 등 죄 소왈

'臣等竊謂 不忠之罪 天地之所不容 黨惡之人 王法之所不赦.
신등 절위 불충 지죄 천지 지 소불용 당악 지인 왕법 지 소불사

今者致庸 無悔等懷憤挾怨 構爲妄言 以累上德 其不忠之心已著 罪
금자 치용 무회 등 회분 협원 구위 망언 이루 상덕 기 불충 지심 이저 죄

不容誅. 義禁府 六曹 諫院皆請其罪 未蒙兪允 憲府不請 罪同不忠.
불용 주 의금부 육조 간원 개청 기죄 미몽 유윤 헌부 불청 죄동 불충

伏望殿下 斷以大義 將致庸 無悔等皆置於法. 右議政李稷 昔者
복망 전하 단이 대의 장 치용 무회 등 개 치어 법　우의정 이직 석자

交結南誾 會宿其家 與聞其故. 又爲憲司之長 不請無咎等罪 其爲
교결 남은 회숙 기가 여문 기고　우 위 헌사 지장 불청 무구 등 죄 기위

黨惡 國人所知 幸免其罪 及至今日 乃以義同休戚 政府大臣 固拒
당악 국인 소지 행면 기죄 급지 금일 내 이의 동 휴척 정부 대신 고거

同僚請罪之議 至誦蟄龍之詩 欲解致庸 無悔不忠之罪 厥罪惟均
동료 청죄 지의 지 송 칩룡 지시 욕해 치용 무회 불충 지죄 궐죄 유균

雖有微功 不足以掩其罪. 殿下特垂好生之德 安置其鄕 有乖於有罪
수유 미공 부족이 엄 기죄　전하 특 수 호생 지덕 안치 기향 유괴 어 유죄

必罰之義. 伏望命下有司 明正其罪 以爲後世事君不忠者之戒.'
필벌 지 의 복망 명하 유사 명정 기죄 이위 후세 사군 불충 자 지 계

命收李稷職牒及功臣錄券 仍命司諫院視事.
명수 이직 직첩 급 공신녹권 잉명 사간원 시사

丙辰 司憲執義安望之等上疏 請致庸 無悔 興阜 李稷之罪 不允.
병진 사헌 집의 안망지 등 상소 청 치용 무회 흥부 이직 지죄 불윤

遺上護軍朴履於南在家 宣旨曰:
견 상호군 박리 어 남재 가 선지 왈

"李稷之與於開國 有何謀議? 特以李濟之故 得攀拊耳 予豈不知?
이직 지 여어 개국 유하 모의 특이 이제 지고 득 반부 이 여기 부지

且在戊寅 黨於南誾 至亂發之日 會宿南誾之在處 及其事發 蓬頭
차 재 무인 당어 남은 지 난발 지일 회숙 남은 지 재처 급기 사발 봉두

走出 人所共知. 比之李茂 茂尙有往來遊說 潛相交通之功 而稷則
주출 인 소공지 비지 이무 무 상유 왕래 유세 잠상 교통 지공 이직 즉

不然 蓋尤甚於茂矣. 卿所悉知 卿何附李稷 而首鼠兩端乎? 邇者
불연 개 우심 어무 의 경 소실지 경 하부 이직 이 수서양단 호 이자

憲司據法以爭 吾甚難之."
헌사 거법 이쟁 오심 난지

在對曰: "臣罪重 止蒙遞職 不勝惶悚 朝夕竢罪. 臣非敢阿附於稷
재 대왈 신죄중 지몽 체직 불승 황송 조석 사죄 신 비감 아부 어직

而不欲請罪 特以河崙避嫌之故 未卽申請耳. 臣罪當萬死 惟殿下
이 불욕 청죄 특이 하륜 피혐 지고 미즉 신청 이 신죄 당 만사 유 전하

諒察." 上復遣履諭在曰: "人誰無過 過而能改 斯爲可矣. 豈可以
양찰 상 부견 리유 재왈 인 수 무과 과이 능개 사위 가의 기 가이

左相 反聽命於右相 而猶以領相避嫌 不欲爲辭乎?"
좌상 반 청명 어 우상 이유 이 영상 피혐 불욕 위사 호

履 在之妹夫也.
리 재지 매부 야

命各道都觀察使 搜訪識治體者 不拘有無識老少 具名以聞.
명 각도 도관찰사 수방 식치체 자 불구 유무식 노소 구명 이문

祈雨於雩祀壇 山川壇.
기우 어 우사단 산천단

命仁寧府尹黃子厚 聚童男三十 行蜥蜴祈雨於廣延樓下.
명 인녕부윤 황자후 취 동남 삼십 행 석척기우 어 광연루 하

丁巳 刑曹判書尹向等上疏 請致庸等罪. 疏曰:
정사 형조판서 윤향 등 상소 청 치용 등죄 소왈

'致庸 無悔等不忠之罪 律有明刑 固當不赦. 致庸止蒙杖流之罪
치용 무회 등 불충 지죄 율유 명형 고당 불사 치용 지몽 장류 지죄

無悔止收職牒 完然在家 一國臣民罔不痛心. 李稷黨於不忠 忘君父
무회 지수 직첩 완연 재가 일국 신민 망불 통심 이직 당어 불충 망 군부

之恩 其情反甚於致庸 止收功券職牒 不加以罪 其懲惡之義安在?
지은 기정 반 심어 치용 지수 공권 직첩 불가 이죄 기 징악 지의 안제

伏望斷以大義 皆置極刑 以快臣民憤."
복망 단이 대의 개치 극형 이쾌 신민 분

疏留中. 向又與司諫李孟畇等詣闕復請 不允.
소 유중 향우 여 사간 이맹균 등 예궐 부청 불용

移配廉致庸於海珍郡. 上命義禁府曰: "致庸今流鏡城 恐其逃入
이배 염치용 어 해진군 상명 의금부 왈 치용 금유 경성 공기 도입

上國 造言生事 可以移置."
상국 조언 생사 가이 이치

對馬島守護 宗貞茂使人來獻土物.
대마도 수호 종정무 사인 내헌 토물

戊午 移御景福宮.
무오 이어 경복궁

祭中央土龍於北郊 依宋制四方龍 各以其日祭之.
제 중앙 토룡 어 북교 의 송제 사방 룡 각이 기일 제지

己未 小雨.
기미 소우

禁中外吉凶用紅大燭 代以松炬. 國俗紅染五升布 蠟而斷之 長尺
금 중외 길흉 용 홍대촉 대이 송거 국속 홍염 오승포 납 이 단지 장척

餘 以供燃火 謂之紅大燭. 上以虛費無益禁之.
여 이공 연화 위지 홍대촉 상이 허비 무익 금지

辛酉 雨.
신유 우

司憲府 司諫院上疏 請致庸罪 不聽.
사헌부 사간원 상소 청 치용 죄 불청

九州回回沙文遣彦次郞獻禮物 一岐上萬戶道永亦獻土宜 發還
구주 회회사문 견 언차랑 헌 예물 일기 상만호 도영 역 헌 토의 발환

被擄人口.
피로 인구

日賜酒一瓶于義和宮主安氏 卽前朝恭愍王定妃也.
일 사주 일병 우 의화궁주 안씨 즉 전조 공민왕 정비야

壬戌 功臣六曹詣闕 請致庸等罪 啓曰: "諫院 憲府之請 甚當於理
임술 공신 육조 예궐 청 치용 등죄 계왈 간원 헌부 지청 심당 어리

乞許聽從 依律施行." 傳旨曰: "致庸等罪 吾已斷矣 其勿復論."
걸허 청종 의율 시행 전지 왈 치용 등죄 오이 단의 기 물 부론

成石璘等又啓曰: "殿下雖已決斷 不忠莫大之罪 減等施行 故臣等
성석린 등우 계왈 전하 수이 결단 불충 막대 지죄 감등 시행 고 신등

敢煩再三 以瀆上聰." 柳思訥宣傳曰: "今日稍有不寧 善辭以遣."
감번 재삼 이독 상총 유사눌 선전 왈 금일 초유 불녕 선사 이견

乃退.

傳旨曰: "前日朝啓 予欲行三十稅一之法 禮曹判書鄭易以爲 不可. 此法 古昔聖王之遺制 中國遵行之良法. 棄中國聖王之制 而 更何遵乎? 易乃不肯 以此知宰相須用讀書人也." 柳思訥啓曰: "價 盈匹數之物 則其稅固以楮貨取之 不盈一匹之物 則以紙張取之 甚爲不便. 請鑄銅錢頒行." 敎曰: "此法實恐致訟 承政院先議可否 議及六曹 又議晉山府院君河崙 然後可以擧行."

司憲府上疏 請前左議政南在罪 不報. 以不請致庸 無悔之罪也.

日本西都京兆尹宗貞澄使人來獻土物.

議政府贊成柳廷顯 參贊柳觀等請致庸等罪 不允.

癸亥 命海州串內許民耕作. 上曰: "串內講武之地 沃饒可居 故曾 命人民就居 今已入居于此 不唯利止一世 將爲萬世之利. 禽獸居之 孰與民耕? 其速令民居之."

議政府贊成柳廷顯 參贊柳觀等請致庸 李稷等罪 不允. 知申事 柳思訥謂廷顯曰: "上語臣曰: '致庸雖構妄言 必不能生事 何必殺 而後已? 無悔罪不類於無咎 且老母在 何可坐以重罪? 李稷之罪 豈 大於李居易之罪乎? 居易尙安置于外 以終平生. 稷之安置 亦此類 也. 汝等知予意 何不詳言於大臣乎?' 臣對以小臣亦憤怨 而欲誅 其罪 執法之官豈緘默不請?" 廷顯聞思訥之言 答曰: "人臣有今將 之心 大爲不忠 況構妄言 欲累上乎? 願不與同國而居."

乙丑 議政府復請致庸 無悔 李稷等罪.
을축 의정부 부청 치용 무회 이직 등죄

日本二溫都老遣人獻馬一匹.
일본 이온도로 견인 헌마 일필

倭船二十三艘寇濟州. 上聞其焚燬廬舍 擄掠人物 遣州人宋全 持
왜선 이십삼 소구 제주 상문기 분훼 여사 노략 인물 견 주인 송전 지

大兵船三艘及火㷁兵器以往. 賜全衣一襲.
대 병선 삼 소급 화통 병기 이왕 사전의 일습

태종 15년 을미년
6월

# 六月

**병인일(丙寅日-1일)** 초하루에 창덕궁으로 돌아왔다.

○ 사헌부·사간원과 공신(功臣)들이 치용(致庸) 등의 죄를 청했으나 들어주지 않았다.


**정묘일(丁卯日-2일)**에 고신(告身)은 세 번 제좌(齊坐)[1]를 거쳐 계문(啓聞-보고)하는 법을 세웠다.


지신사 유사눌(柳思訥)이 아뢰었다.

"헌납(獻納) 장진(張晉)의 고신이 대간(臺諫)에 이른 지 벌써 만 50일이 되었습니다."

가르쳐 말했다.

"이제부터 고신은 한 번 제좌를 거치면 계문하라. 다시는 대간원(臺諫員)을 제수하지 않겠다."

이조판서 황희(黃喜)가 아뢰어 말했다.

"다행히 경각(警覺)하여 한 번 제좌를 거치는 자도 있으나, 청컨대 세 번 제좌를 거친 뒤에 계문하게 하소서."

---

1  사헌부(司憲府)나 사간원(司諫院)의 관원(官員)이 고신(告身)을 서경(署經)하기 위해 모두 모여 앉는 일을 말한다.

그것을 따랐다. 그 참에 말했다.

"만약 경제(經濟)의 재주가 없다면 비록 문벌(門閥)이 있다 하더라도 치체(治體)에 무슨 이익이 되겠는가?"

○ 의정부와 공신이 소를 올려 치용(致庸)과 이직(李稷) 등의 죄를 청했다. 정부의 소는 이러했다.

'전(傳)에 이르기를 "임금에게 무례(無禮)를 보이면 그자를 벌하기를 사나운 매[鷹鸇]가 참새[鳥雀]를 쫓는 것처럼 해야 한다" 했습니다. 하물며 근거 없는 말로 분한(憤恨)을 품고 비방하는[謗讟] 자이겠습니까? 지금 만약 불충대역(不忠大逆)한 사람을 너그러이 용서하고 징계하지 않는다면 뒤에 이 같은 사람이 있을 때 장차 무엇으로 대처하겠습니까? 전일에 신 등이 치용과 무회 등의 죄를 청할 때 그 의견을 저지해 청하지 아니한 자도 있었으니, 그 죄가 또한 그들과 같습니다. 엎드려 바라건대 전하께서는 유사(有司)의 청을 따라 대의(大義)로써 결단하시어 그 죄를 밝게 바로잡아 군신(群臣)의 소망에 답하소서.'

공신들의 소는 대략 이러했다.

'치용과 무회 등의 불충한 죄는 왕법(王法)에 반드시 베어야 하는 것이고 이직(李稷)의 당악(黨惡)한 죄 또한 용납할 수 없는 것이어서, 신 등이 두 번씩이나 신청했는데 아직까지 윤허를 받지 못했습니다. 전 좌의정 남재(南在)의 죄도 실로 이직의 죄보다 가볍지 아니합니다. 신 등이 가만히 생각건대, 상의 호생지덕(好生之德)이 요(堯)·순(舜)의 어짊보다도 지나칩니다. (『서경(書經)』) 「우서(虞書)」에도 오히려 말하기를 "고의로 지은 죄는 작은 것을 막론하고 형벌한다[刑故]

無小]"라고 했고, 중니(仲尼-공자)가 『춘추(春秋)』를 지을 때 더욱 벌
하는 뜻에 엄격했습니다. 엎드려 바라건대 전하께서는 대의로 결단
하여 율문에 따라 시행해 만세(萬世)의 인신(人臣) 중에 불충한 자의
경계로 삼으소서.'

사헌부와 사간원에서도 대궐에 나아와 신청(申請)했으나 모두 윤허
하지 않았다.


무진일(戊辰日-3일)에 종묘(宗廟)와 명산대천(名山大川)에 비를 빌
었다. 예조에서 아뢰었다.

"수(隋)나라·당(唐)나라의 고제(古制)에 의하면, 대체로 경도(京都)
에서 맹하(孟夏) 이후에 가물면 악진(岳鎭)·해독(海瀆)과 산천(山川)
에 제사해서 운우(雲雨)를 일으킬 수 있는 것에게 북교(北郊)에서 비
를 빌고 사직(社稷)과 종묘(宗廟)에서 빌되, 7일마다 한 번씩 빌었습
니다. 그래도 비가 내리지 않으면 다시 악진·해독에 비를 빌기를 처
음과 같이 했습니다. 지금 비를 빌기를 어느 신(神)에게도 거행하지
않은 것이 없는데도 오늘날까지 비가 내리지 아니하니, 비를 빌기를
고전(古典)에 의하여 시행하소서."

그것을 따랐다.


기사일(己巳日-4일)에 사역원 판관(司譯院判官) 강유경(姜庾卿)을 보
내 도망쳐 온 군사[逃軍] 박몽사(朴蒙舍) 등 23명을 압령(押領)해 요
동(遼東)으로 가게 했다. 승문원(承文院)에서 요동으로 보낼 자문(咨
文)과 안인(安印-도장을 찍는 것)한 것을 올렸는데, 지신사 유사눌(柳

思訥)이 그 자문 속의 일월(日月)이 잘못된 것을 발견했다. 이에 지사(知事) 윤회(尹淮)와 부교리(副校理) 정인지(鄭麟趾)를 의금부에 가뒀다. 그 참에 뜻을 전해 말했다.

"이제부터 사대문서(事大文書)에 안인할 때는 안인할 빈자리만 남겨놓는 것을 항식(恒式)으로 삼으라."


경오일(庚午日-5일)에 육선(肉膳)을 거두고 술을 끊었다. 승정원에 명해 말했다.

"내가 부덕(否德)해 크나큰 왕업[丕基]을 이어받아 해마다 한재(旱災)가 이르니 매우 두려운 마음[慄慄]이 든다. 오늘 정사(政事)를 보고자 해도 진실로 하늘이 무서워 감히 못 보겠다. 너희들은 육조(六曹)와 더불어 나의 부족한 점을 힘껏 개진해 숨기지 말라. 내 장차 행실을 고치면 한재를 거의 면할 것이다."

유사눌(柳思訥)과 한상덕(韓尙德)·서선(徐選)이 함께 육조의 청사로 나아가 이런 뜻을 선포하니 육조의 판서(判書) 등이 대답했다.

"신 등은 얕은 소견으로 높디높은[巍巍] 성덕(盛德)을 감히 토의하겠습니까? 신 등이 가만히 생각건대, 이것은 바로 변정(辨正-노비변정)의 여독(餘毒)인가 여겨집니다. 그러나 뉘우쳐도 어찌할 수 없는 일이니 말한들 무슨 이익이 있겠습니까?"

얼마 있다가[有頃] 또 뜻을 전해 말했다.

"나도 역시 변정(辨正)에 따른 원망이라 생각해 스스로 책(責)하며 뉘우칠 뿐이다."

이에 육조와 승정원이 함께 한재가 이르게 된 까닭을 토의해 아뢰었다.

"첫째, 오결(誤決)한 관원과 망령되게 오결이라 고(告)한 인원의 사첩(謝牒-직첩) 및 중사(重事)에 관계된 자를 제외한 잡범(雜犯) 인원의 사첩은 환급(還給)하도록 허락할 것.

둘째, 위 항(項)의 인원의 전지(田地)를 일찍이 내린 교지에 의하여 환급할 것.

셋째, 소의 도살(屠殺)은 금령(禁令)이 있는데 근래에 도살이 더욱 심하니 이를 붙잡아 고발하는 자가 있으면 그 범인의 가산(家産)을 상(賞)으로 충당하고 대소인원은 쇠고기를 먹지 못하게 하며, 이를 어기는 자는 논죄(論罪)하소서. 그리고 저절로 죽은 소의 고기는, 경중(京中)은 한성부에서 세(稅)를 매기고 외방(外方)은 관사(官司)의 명문(明文)을 받은 뒤에 그 매매(賣買)를 허락하며, 이를 어기는 자 또한 율(律)에 의거해 논죄하소서."

그것을 따랐다. 승정원에 뜻을 전해 말했다.

"내가 (임금 자리를) 물러나 쉬면서 한재를 피하려고 한다."

유사눌이 말했다.

"만약 상의 가르침대로 하신다면 온 나라 신민 중에 어느 누가 마음 아파하지 않겠습니까? 몸을 반성하고 행실을 닦는 것만 못합니다."

조금 있다가[有間] 또 뜻을 전해 말했다.
유간

"크게 가무는 재앙에 대해 그 단서를 알 수가 없어 매우 두렵다. 이것은 특히 원망과 탄식의 소치일 뿐 아니라 반드시 음흉하고 사특한 기운이 아래에 막히고 뭉쳐서일[壅鬱] 것이다."
옹울

사눌이 아뢰어 말했다.

"앙앙(怏怏)하여 분심(憤心)을 품은 자를 없애면 거의 비를 오게 할 수 있을 것입니다."

상이 말했다.

"아무런 도움이 되지 않는 말이다."

승정원에 뜻을 전해 말했다.

"군사를 일으키고 무리를 동원해 원망과 한숨을 짓게 한 일이 있는가? 남녀로서 아직 장가나 시집을 가지 못한 자가 있는가? 내가 궁녀(宮女)를 내보내려고 하나 내보낼 만한 자가 없는데, 가뭄은 더욱 심하니 그 까닭이 무엇인가?"

사눌이 대답했다.

"군사를 일으킨 일은 오늘날 전혀 없는 일이고, 무리를 동원한 것이라면 신이 가만히 헤아려보건대 근래에 약산(藥山)에 성을 쌓고 강원도에서 금을 캔 일입니다. 궁녀(宮女)로 말할 것 같으면, 옛날에 내보낸 궁녀의 수가 3,000에 이르렀다는 기록이 역사[簡冊]에 실려 있는데, 오늘날 궁녀의 수는 많아야 20명에 불과하니 어찌 내보낼 수 있겠습니까? 지금 전하가 상천(上天)에 부끄럽다고 해 오랫동안 정사를 보지 않으나, 어제 육조에서 상언하기를 '천도(天道)의 자강불식(自强不息)을 본받아서[2] 정사 보기를 그치지 말라'고 했는데 소신의 원(願)함도 이와 같습니다."

상이 말했다.

---

2 『주역(周易)』 건괘(乾卦)에 대한 풀이다.

"내가 태만해서 정사를 보지 않는 것이 아니라, (내가 하는) 일이 천도(天道)에 부합하지 못해 가뭄이 이 지경에 이르렀으니 내 실로 부끄러울 뿐이다."

○ 병조에 명해 여러 도(道)의 별패(別牌)를 놓아 보내 귀농(歸農)케 하고, 밤을 줍게 해 식량의 쓰임새를 넉넉히 하게 했으며, 방패군(防牌軍)으로 대직(代直)하게 했다.

○ 권보(權堡)와 이란(李蘭)·김서(金敍)·이맹유(李孟畎)를 의금부에 내려 율(律)에 따라 논죄(論罪)하게 했다. 보(堡) 등은 태조의 기신(忌晨)에 박거비(朴去非)³의 집에 모여 술을 마시면서 기생을 불러 풍악을 베풀었는데, 이때에 이르러 일이 발각돼 헌부(憲府)에 의해 규탄을 당한 것이다. 거비(去非)는 공신(功臣)의 자제이기 때문에 논하지 않았다.

신미일(辛未日-6일)에 대간과 형조에서 무휼(無恤)·무회(無悔)의 죄를 탄핵했다.

일찍이 상이 편전(便殿)에 나아오자 세자와 효령대군(孝寧大君)·충녕대군(忠寧大君) 두 대군이 모시고 있었는데, 세자가 아뢰어 말했다.
"지난[去] 계사년(癸巳年-1413년) 4월에 중궁(中宮)이 편찮아서 [違豫] 신(臣)과 효령·충녕이 궐내(闕內)에 있었는데, 무회와 무휼도 문안을 왔습니다. 두 아우가 약(藥)을 받들고 안으로 들어가서 신과

---

3  박석명의 아들이다.

두 민씨만이 있게 됐는데, 무회의 말이 가문(家門)이 패망하고 두 형이 득죄(得罪)한 연유에 미치기에 신이 책망하기를 '민씨의 가문은 교만 방자해 불법(不法)함이 다른 성(姓)에 비할 바가 아니니, 화(禍)를 입음이 마땅하다'고 했더니 무회가 신에게 이르기를 '세자는 우리 가문에서 자라지 않으셨습니까?'라고 하므로 신은 잠자코 있었습니다. 조금 있다가 안으로 들어가는데 무휼이 신을 따라와 말하기를 '무회가 실언(失言)을 했으니 이 말을 드러내지 마십시오'라고 하기에 신이 오래도록 여쭙지 못했습니다. 오늘날에도 개전(改悛)할 마음이 없고 또 원망하는 말이 있으므로 감히 아룁니다."

상이 즉시 무휼과 무회를 불러 이 일을 물었으나 두 사람은 그런 일이 없다고 했다. 상이 말했다.

"이들[此輩]의 일은 다만 늙은 어미가 당(堂)에 있기 때문에 차마 법에 의거해 처치하지 못할 뿐이다."
<sub>차배</sub>

얼마 후에 유사눌(柳思訥)을 대내(大內)에서 불러 만나보고 이 사실을 알려주니, 사눌(思訥)이 유사(攸司)에 내려 고검(考檢)해 물을 것을 청했다. 뒤에 세자가 우사간(右司諫) 이맹균(李孟畇)과 집의(執議) 안망지(安望之) 등을 불러서 일러 말했다.

"지난 계사년에 중궁께서 편찮으실[未寧] 때 나와 두 대군이 병구완[侍疾]을 하고 있는데, 무휼과 무회도 대궐에 나아와 문안하느라고 한자리에 있었다. 두 대군이 탕약(湯藥)을 받들고 안으로 들어가자 내가 말하기를 '외삼촌 댁[舅氏]의 가문(家門)은 깨끗하지[淸修] 못합니다'라고 했더니, 무회가 대답하기를 '세자는 우리 가문에서 자라나지 않으셨습니까?'라고 했다. 내가 이 말을 듣고 마음속으로 언

짧았지만 그대로 일어나고 말았더니, 무휼이 나에게 말하기를 '잡담 (雜談)이니 잊어버리시기 바랍니다'라고 했다. 내가 즉시 상달하려고 했으나, 때마침 중궁께서 병환이 낫지 않으셨기 때문에 상의 귀 밝음[上聰]을 번거롭게 하는 것이 불가하여 아뢰지 못했다. 근일에 다행히 나 스스로 반성하고 깨달아 이미 아뢰었다. 경들도 직책이 대간 (臺諫)에 있으니 또한 이 일을 아는 것이 마땅하다."

이때에 이르러 대간과 형조에서 무휼과 무회를 핵문(劾問)하기를 세자가 말한 바를 갖고서 하고, 두 사람의 집을 수직(守直)⁴하게 했다. 세자 이사(貳師-세자 시강원 관리) 유창(劉敞) 등이 대궐에 나아와 말씀을 올렸다.

"세자가 신 등에게 계사 연간에 민무회 등이 말한 바를 일러주었습니다. 또 말하기를 '무회·무휼이 도리어 나더러 부실한 말을 한다고 하나, 내 어찌 감히 말을 조작해 외척(外戚)을 해치겠는가? 그들의 곧지 못함[不直]이 이와 같다'라고 했습니다. 신 등은 이 말씀을 듣고 몸이 떨립니다[戰越]. 청컨대 무회 등을 유사(攸司)에 내려 국문하소서."

상이 말했다.

"내가 이미 알고 있었으나, 다만 대부인(大夫人)께 미안해서 이 때문에[用是=以是] 아직 결정하지 못하고 있을 뿐이다."

창(敞) 등이 말했다.

---

4  죄인이 도망가지 못하도록 대간(臺諫)이나 형조(刑曹)에서 서리(胥吏)를 보내어 그 집을 지키는 일을 말한다.

"사사로운 은혜로 공의(公義)를 해칠 수 없고, 왕자(王者-임금다운 임금)에게는 사(私)가 없는 법입니다."

상이 말했다.

"내 마땅히 묻겠으나, 열(熱)이 심하니 경 등은 마땅히 물러가 집에서 쉬는 것이 좋겠다."

사헌 장무(司憲掌務) 정촌(鄭村)을 불러 말했다.

"늙은 할미[老姑]가 병으로 누워 있으니 수직(守直)하지 말게 하라."

임신일(壬申日-7일)에 대간과 형조에서 교장(交章)해 염치용(廉致庸) 등의 죄를 청했다. 소(疏)는 이러했다.

'신 등이 근래에 치용·무회(無悔)·이직(李稷)·남재(南在)·흥부(興阜) 등의 불충한 죄에 대해 각각 장소(章疏)를 갖춰 두세 번 신청(申請)했으나, 아직까지 윤허를 받지 못해 송구함[隕越]을 이기지 못하겠습니다. 가만히 생각건대, 남의 신하 된 자로 임금을 업신여기는 마음[無君之心]을 품고 불충한 죄를 범했다면 천하만세(天下萬世)에 용납될 수 없으며, 마침내 신자(臣子)들의 불공대천(不共戴天)의 원수일 것입니다. (그런데) 치용은 단지[止] 장류(杖流)의 죄에만 처하고, 무회는 직첩(職牒)을 거두는 데 그치시어 온전하게 집에 있게 했으며, 직(稷)은 직첩과 녹권(錄券)을 회수해 그 고향에 안치(安置)함에 그쳤고, 재(在)는 그 직책만 정파시켜 그 집에 완취(完聚)⁵하게 했

───────────

5  가족이 온전히 한데 모여 사는 것을 말한다.

으며, 윤흥부는 장속(杖贖)⁶을 거두어 고향에서 편안히 살게 하는 데 그쳤으니, 성조(盛朝)에서 형벌을 쓰는 도리를 크게 잃어 온 나라 신민들이 마음 아파하지 않는 이가 없습니다. 엎드려 바라건대 전하께서는 대의(大義)로써 결단하시어 모두 극형에 처해 뒷사람을 경계하소서.'

무휼과 무회를 불러 대궐에 나오게 해 육조와 대간으로 하여금 힐문(詰問)하게 했다. 대간에서 교장(交章)해 또 무휼과 무회 등의 죄를 청했는데, 그 대략은 이러했다.

'계사년에 중궁(中宮)께서 편찮았을 때 무휼·무회 등이 세자와 한 말을 재삼(再三) 갖춰 물었으나, 잊어버렸다고 핑계 대며 솔직하게 대답하지 않았습니다. 그래서 드디어[肆] 6월 초6일에 무회를 대궐로
 사
나아오게 해 친히 사단(事端)을 물었는데도 오히려 굴복하지[款服]
 관복
않았습니다. 신 등이 가만히 살펴보건대, 무회의 경우 세자에게 말한 것을 도리어 불실한 말이라 하니, 그 마음을 헤아리기 어려워 임금을 업신여기는 마음이 더욱 뚜렷합니다. 무휼의 경우에는 그때 무회의 말을 자세히 듣고 세자에게 "누설하지 말라"고 청했는데, 지금 삼성(三省-사헌부·사간원·형조)에서 핵문(劾問)할 때를 당해 상의 은혜와 군신의 대의를 돌보지 않고 다만 형제의 사사로운 정리 때문에 서로 숨기며 대답을 솔직하게 하지 아니하니, 청컨대 직첩을 회수하고 무회와 함께 형벌을 가하여 국문(鞫問)하소서.'

상이 이 글을 읽어보고 승정원에 명해 말했다.

---

6 　장형의 속전을 말한다.

"지금 큰 가뭄을 만났으니 일을 행함에 있어 차오(差誤)가 있어서 는 안 된다. 후세에 반드시 '우리 부자(父子)가 의사(疑似-불확실)한 것을 나직(羅織-없는 죄를 억지로 짜내다)하여 무고(無辜)한 사람을 모 함했다' 하고 말할 것이다. 너희들은 육조(六曹)·대간(臺諫)·세자(世 子)와 함께 한곳에서 진실과 거짓을 대질 변정[對辨]해서 온 나라 사 람으로 하여금 그 곡직(曲直)을 밝게 알게 하라."
<sub>대변</sub>

조금 있다가 육조 판서들이 대궐에 나아와 아뢰어 말했다.

"오늘날 무휼 등이 그 죄를 서로 숨겨준다 하더라도 그 정상이 이 미 나타났으니, 대변(對辨)을 기다리지 않더라도 그 곡직이 스스로 판명된 것입니다. 하물며 세자와 함께 대변하는 것은 서로 송사하는 것과 같으니, 신 등이 어찌 차마 같이 앉아서 그것을 듣겠습니까? 이 일은 반드시 사필(史筆)에 전할 것이니 매우 편(便)치 못합니다."

상이 말했다.

"예전에도 이 같은 일이 있어서 내 일찍이 몸소 처결해 그 진망(眞 妄)을 변정했는데, 별로 해(害)됨이 없었다."

판서 등이 또 아뢰어 말했다.

"이무(李茂)의 일은 전하께서 친히 결단해 마침내 그 죄가 밝혀져 서 천토(天討)를 당했으나, 이 일은 그에 비할 바가 아닙니다."

상이 말했다.

"내가 그것을 몰라서 그러는 것이 아니니, 모름지기 서로 대질 변 론하게 함으로써 그 진망(眞妄)을 결정해야 한다."

이조판서 황희(黃喜), 병조판서 박신(朴信), 호조판서 심온(沈溫), 형 조판서 윤향(尹向), 예조판서 정역(鄭易), 의금부제조 이천우(李天祐),

공신(功臣) 한평군(漢平君) 조연(趙涓), 지신사 유사눌(柳思訥), 대언 한상덕(韓尙德)·조말생(趙末生)·서선(徐選), 우사간 이맹균(李孟畇), 헌납 서진(徐晉), 집의 안망지(安望之), 장령 정촌(鄭村), 의정부사인(議政府舍人) 조서로(趙瑞老), 형조좌랑 이반(李胖) 등으로 하여금 병조(兵曹) 정청(政廳)에 모이게 했다. 세자가 나와 앉으니, 무휼과 무회도 함께 이르렀다. 세자가 말했다.

"계사년에 중궁(中宮)께서 편찮으실 때 내가 두 대군(大君)과 함께 병구완[侍病]을 하고 있는데, 두 외삼촌과 민계생(閔繼生)이 병문안을 하기 위해 와서 모두 자리에 앉아 있었습니다. (마침) 두 대군이 탕약(湯藥)을 받들기 위해 안으로 들어가자 내가 말하기를 '외숙[舅氏]의 가문(家門)은 깨끗하다[淸修]고 말할 수 없다'라고 하니 무회 숙부께서 대답하기를 '세자께서는 우리 가문에서 생장(生長)하지 않았습니까?' 하기에, 내 마음속으로 언짢아서 바로 일어나 안으로 들어가니 무휼 숙부가 따라와서 나를 멈추고서 말하기를 '잡담(雜談)이니 잊어버리기 바랍니다'라고 한 일이 있었는데, 이상의 말들을 두 숙부께서 말하지 않았습니까?"

무회가 대답했다.

"혼매(昏昧)함이 너무 심해 기억해낼 수 없습니다."

세자가 말했다.

"힘없는 백성의 일이라 할지라도 하늘의 귀 밝음[天聰]을 속일 수 없는 것입니다. 외숙이 말하지 않았다면 내가 무슨 까닭에 이런 망령된 말을 하겠습니까? '혈친들을 제 몸같이 여겨 백성을 사랑하고, 백성을 사랑해 만물까지 사랑한다[親親而仁民 仁民而愛物]'라고 했습니다. 내 어찌 두 외숙을 남 보듯 하겠습니까?"

무회가 말했다.

"다시 자세히 생각해보니, 그때에 세자께서 말한 것을 제 마음속으로 생각하기로는 다만 두 형의 연고 때문에 저희 일문(一門)을 싸잡아 욕하는 것으로 여겨지기에 속으로 불편한 생각을 품고서 그렇게 말했던 것입니다."

무휼이 곧장 말했다.

"저는 그 말을 듣지 못했습니다."

윤향(尹向)과 대간이 무휼에게 물었다.

"그렇다면 세자의 말씀이 도리어 사실이 아니란 말인가?"

무휼은 계속해서 듣지 못했다고 했다.

형조와 대간에서 말했다.

"무회는 이미 자복(自服)했는데, 공은 조정(朝廷)이 모인 곳에서 (어찌) 솔직하지 못한 말로 대답을 하는가?"

무휼이 또 말했다.

"비록 다시 생각해봐도 저는 진실로 듣지 못했습니다."

모두가 말했다.

"무회가 이미 자복(自服)했으니, 공이 비록 말하지 않는다 하더라도 무슨 상관이 있겠는가?"

드디어 아뢰어 말했다.

"무회가 자복(自服)해 진정(眞情-실상)을 다 말했는데도 무휼은 간사하기가 더욱 심해 아직도 스스로 숨기고 있으니, 청컨대 유사(攸司)에 내려서 고문[拷掠]을 가해 국문(鞫問)하소서."
고략

상이 말했다.

"그들의 노모(老母)가 근일에 병을 얻었으니, 아직은 그만두어라."

형조와 대간에서 재삼 신청(申請)하니 상이 말했다.

"내 마땅히 물을 것이다."

환관(宦官) 최한(崔閑)을 시켜 무휼에게 물었다.

"너는 육조(六曹)·대간(臺諫)과 나를 모두 어리석고 미혹하다 여겨 사실대로 대답하지 않는 것인가? 너는 심문을 해도 스스로 말하지 않겠는가?"

무휼이 대답했다.

"다시 생각해보니 '잡담(雜談)이니 잊어버리기 바랍니다' 한 것은 신의 말입니다."

이에 가르침을 전해[傳敎] 말했다.
전교

"너는 무슨 마음을 품었길래 이런 말을 했는가?"

무휼이 대답했다.

"그때 헤어져야 했기 때문에 신이 말하기를 '잡담이니 잊어버리기 바랍니다'라고 하고 각자 돌아갔을 뿐입니다. 무슨 다른 마음이 있어서 이런 말을 하겠습니까?"

상이 말했다.

"내가 평상시에 항상 너희들을 경계함에 있어 왕도(王導)[7]와 왕돈

---

7 진(晉)나라 명제(明帝) 때의 중신(重臣)이다. 자는 무홍(茂弘), 시호는 문헌(文獻)이다. 승상 (丞相)이 되어 조야에서 중부(仲父)라고 부를 정도로 신망을 얻었고, 뒤에 태부(太傅)가 됐다.

(王敦)[8], 주공(周公)[9]과 관(管)·채(蔡)[10]의 일들을 인용하기까지 하면서 간절하게 말했는데, 너는 아직도 살피지 못하고 묻는 일에 대해 사실대로 고하지 않는단 말이냐?"

무휼이 다시 대답했다.

"헤어질 때 '잡담이니 잊어버리기 바랍니다'라고 한 말은 각자 집으로 돌아갈 때 한 말로서, 실로 그냥 한 말일 뿐이니 무슨 마음이 있어서 그런 말을 냈겠습니까?"

육조와 대간이 아뢰어 말했다.

"잠깐 동안에 처음 전한 말과 두 번째 전하는 말이 서로 다르니, 만약 3~4일만 지난다면 반드시 다른 꾀가 나올 것입니다. 청컨대 오늘 안에 초사(招辭-죄상을 자백받은 글)를 받아 성안(成案)하고, 대부인(大夫人)의 병환이 뜸하기를 기다리소서."

상이 말했다.

"더위가 한창 심한 데다가 몸도 좀 불편하니, 내일 조계(朝啓) 때에 내가 친히 결단하겠다."

○ 풍해도(豊海道) 각 고을의 응사(應師)[11]에 대해 모두 군역(軍役)

---

8  진(晉)나라 명제(明帝) 때의 권신(權臣)이다. 왕도(王導)의 중형으로, 부마(駙馬)가 되어 공(功)을 믿고 권세를 부리다가 마침내 난을 일으켰다.

9  주(周)나라 성왕(成王) 때의 명신(名臣)이다. 문왕(文王)의 아들로서 형 무왕(武王)을 받들어 은(殷)의 주왕(紂王)을 치고 성왕을 도와 주(周) 왕실의 기초를 다졌다.

10  관숙(管叔)과 채숙(蔡叔)이다. 주공(周公)의 형제들로서, 중앙 정부에 반감을 품고 마침내 은(殷)의 반경(盤庚)과 더불어 삼감(三監)의 난을 일으켰다.

11  매를 길들이는 사람이다. 특수한 신분이라 군역(軍役)을 면제했으나, 이때인 태종 15년(1415년)부터 군역을 정했다.

244

을 정하도록 명했다.

    ○ 여자 무당들을 모아 백악산(白岳山)에서 비를 빌었다.

    ○ 대간(臺諫)으로 하여금 가뭄이 든 이유를 토의해 아뢰게 했다.


    상이 장무(掌務)를 불러 명해 말했다.

    "내가 즉위(即位)한 이래로 해마다 한재를 만났는데, 금년은 더욱 심하다. 오늘 아침에 한재가 이르게 된 까닭을 묻고자 했으나 너희들이 분(憤)을 내어 현안에 대해 말한 까닭에 아직 묻지 못했으니, 이를 토의해 아뢰라."

    전 대제학(大提學) 정이오(鄭以吾)와 예문관 제학(藝文館提學) 변계량(卞季良)의 집으로 주서(注書)를 나눠 보내 비가 올 시기[雨期]를
우기
점쳐보라고 명했다.


    **계유일(癸酉日-8일)**에 명하여 민무휼(閔無恤)의 직첩을 거두게 했다.


    육조(六曹)와 대간(臺諫)에 뜻을 전해 말했다.

    "지금 이 가뭄은 마침내 큰일이다. 지난번에 무구(無咎)와 무질(無疾)이 모두 이미 복주(伏誅)됐는데, 지금은 무휼과 무회(無悔)가 또다시 이와 같으니 진실로 부끄러운 바[慙色]가 있다. 옛날에 빼어난 임
참색
금이나 뛰어난 임금의 시절에도 간혹 간악한 자가 있어 그로 인해 한재를 불렀다. 내가 부덕해 이 같은 변고를 불렀으니 참으로 이상할 것도 없다."

    육조와 대간에서 그 참에 청해 말했다.

"전하께서는 지극히 밝아서[至明] 선(善)을 좋아하고 악(惡)을 미워함이 마치 거울이 물건을 비치는 것과 같은데, 어찌 손해를 더함이 있다고 부끄럽겠습니까? 청컨대 유사(攸司)에 내려 율(律)에 의거해 과단(科斷)하소서."

상이 말했다.

"이 일은 일단 정지하고 먼저 한재를 이르게 한 까닭을 토의하라."

모두가 대답해 말했다.

"가뭄이 이르게 된 이유는 전적으로[全] 이 같은 어긋나는 기운에 있습니다. 아들이 아비에 대해 불효한 마음을 품게 되면 천지의 기운이 어찌 화(和)할 수 있겠으며, 신하가 임금에 대해 불충한 마음을 품게 되면 천지의 기운이 어찌 순(順)할 수 있겠습니까? 이들 간악한 무리를 제거하면 비를 오게 할 수 있을 것입니다. 지금 만약 경계하지 아니하면 뒷일을 진실로 예측하기 어렵습니다. 그래서 '악을 알고도 제거하지 않는 것은 인주(人主)의 커다란 근심[大患]이다'라고 했던 것입니다. 청컨대 유사에 내려서 율(律)에 의거해 단죄(斷罪)하소서."

찬성 유정현(柳廷顯)과 참찬 유관(柳觀) 등도 그들의 죄를 청하니, 마침내 무휼의 직첩을 거두도록 명했다.

○ 의정부와 육조에서 재앙을 그치게 할[弭災] 사목(事目)을 조목별로 올리니, 정부와 육조·대간에 명해 조계청(朝啓廳)에 모여 재앙을 그치게 할 방법을 함께 토의해 아뢰게 했다. 그 실상에 입각해 토의해 결정한 조목이다.

'하나, 노비(奴婢)의 공문(公文)을 자원(自願)에 의해 만들어줄 것

[成給].
성급

하나, 찢어졌거나 못쓰게 된 저화를 그것에 준해 바꿔줄 것.

하나, 일찍이 내린 교지(敎旨)에 의거해 환과고독(鰥寡孤獨)을 진휼(賑恤)할 것.

하나, 나이 70세가 넘고 전지(田地)를 받지 아니한 전함 검교 한성윤(前衛檢校漢城尹)이 자원할 경우 경외(京外)에 거주하게 할 것.

하나, 사처(私處) 노비(奴婢)에게 본주인이 귀를 베고 코를 베고 문면(文面-얼굴 문신)하고 단근(斷筋-힘줄 절단)하는 일을 금할 것.

하나, 직첩(職牒)을 거둔 자 이외에는 비록 장형(杖刑)의 죄를 범했다고 하더라도 과전(科田)을 거두지 말 것.

하나, 각 도에서 혁파한 각 고을을 관찰사(觀察使)로 하여금 분간해 그 마땅함을 헤아려[量宜] 복립(復立)시킬 것.'
양의

아울러 모두 그대로 윤허했다.

○비를 빌었다. 예조에서 아뢰었다.

"전례(前例)에 가뭄[旱氣]이 매우 심해 일이 절박(切迫)함에 관계되
한기
면 7일을 기다리지 않고 기도(祈禱)했습니다. 청컨대 서운관(書雲觀)에서 택일한 12일에는 북교(北郊)에서 비를 빌고, 14일은 사직(社稷)에서, 15일은 삼각산(三角山)·목멱(木覓-남산)·양진(楊津)·한강(漢江)등지에서 비를 빌게 하소서."

또 산선(繖扇-양산과 부채)을 금단(禁斷)하기를 청하니, 그것을 모두따랐다.

○각 전(殿)의 점화탄(點火炭)을 정지하도록 명했으니, 매우(霾雨)의 시기가 아니었기 때문이다.

○ 윤회(尹淮)와 정인지(鄭麟趾)를 풀어주고 그 직(職)을 복구시켰다.

**갑술일(甲戌日-9일)**에 형조와 대간에서 교장(交章)해 무휼(無恤)과 무회(無悔)의 죄를 청했다. 소(疏)는 대략 이러했다.

'무회는 계사년에 세자(世子)의 말씀을 갖고서 감히 불령(不逞-불경)한 말을 했으니, 그가 평소에 임금을 업신여기는 마음[無君之心]무군지심이 있음이 드러난 것입니다. 또 치용(致庸)과 함께 근거도 없는 말을 꾸며내 상의 덕(德)에 누(累)를 끼치려고 했으니, 그가 반역의 마음을 품은 것이 더욱 드러났습니다. 지금 전하가 세자에게 들은 말씀으로 그 근본적 이유[根由]근유를 물었으나 도리어 세자의 말씀을 아직 듣지 못했다고 하고, 세자가 육조·대간과 더불어 당시의 일을 상세히 말함에 이르러서는 그 어의(語意)가 정녕(丁寧-거짓됨이 없음)하자 무회가 그 정상을 숨기지 못한 뒤에야 마침내 굴복했으니, 임금을 업신여기는 마음이 또한 심합니다.

무휼은 그 아우의 불령한 말을 듣고 그 말이 상의 귀 밝음[上聰]상총에 이르게 될까 염려하여 세자께 누설하지 말라고까지 청했으니, 어찌 (무회가) 말하지 않았다고 하겠습니까? 오늘날에 이르러 상께서 두 번 세 번 묻는데도 오히려 억지로 변명을 하고 사실대로 대답하지 아니하니, 이는 그 아우가 있다는 것만을 알 뿐이요 전하가 있는 것을 알지 못하는 것입니다. 그가 임금을 업신여기는 마음이 무회와 무엇이 다르겠습니까? 신 등이 전일에 소(疏)를 갖추어 그 죄를 묻기를 청했으나 전하께서는 다만 사사로운 은혜로 인해 즉시 윤허하지

않으셨으니, 종사(宗社)의 계책에 있어[其於] 어떻겠습니까? 바라건대
전하께서는 대의(大義)로 결단해 무회와 무휼에게 그 까닭을 국문
(鞫問)하여 그 죄를 밝게 바로잡아야 할 것입니다.'

대간과 형조에서 대궐에 나아와 다시 그 죄를 청하고 의정부와 세
공신(功臣)도 상소해 그 죄를 청했으나, 모두 윤허하지 않았다.


**을해일(乙亥日-10일)**에 포백세(布帛稅)를 거두지 말라고 명했으니, 아
직 다시 상정(詳定)되지 않았기 때문이다.

○ 종묘에서 비를 빌었다.

○ 검교(檢校) 각 품(品)의 녹과(祿科)를 정했다.


이조에서 아뢰었다.

"검교의 녹과를 정1품은 정4품과를 따르고, 종1품은 종4품과를,
정2품은 정5품과를, 종2품은 종5품과를, 정3품 참의(參議)는 정6품
과를, 판사(判事)는 종6품과를, 종3품은 정7품과를, 정4품은 종7품
과를, 종4품은 종8품과를, 정·종5품은 종8품과를, 정·종6품은 정
9품과를 따르게 하소서."

그것을 따르고, 다만 공신(功臣)의 친부(親父) 검교의 녹과만은 그
전대로 두었다[仍舊].


**병자일(丙子日-11일)**에 달이 심성(心星)의 앞 별을 범(犯)했다.

○ 대간(臺諫)·형조(刑曹)와 공신 유사(功臣有司)가 민무휼(閔無恤)
등의 죄를 청했다.

○ 경승부 지인(敬承府知印) 박추(朴崗)를 참했다. 애초에 추(崗)가 승정원에 나아가 고해 말했다.

"본방(本房-임금의 장인 집)의 지인(知印) 고덕생(高德生) 등 20여 명이 평양군(平陽君) 김승주(金承霍, 1354~1424년)[12]와 더불어 난을 일으킬 것을 도모해 지난달 27일에 의견을 함께하고 서명해 문안(文案)까지 세웠습니다."

이어서 문안을 올리니, 곧바로 의금부에 명해 덕생(德生) 등을 체포해서 추와 더불어 빙문(憑問)하게 했다. 지신사 유사눌(柳思訥)이 승주(承霍)도 아울러 옥(獄)에 내릴 것을 청하니 상이 말했다.

"평양군이 비록 뛰어나지는 못해도[未賢] 어찌 이 모의에 참여했
<sub>미현</sub>겠는가? 아비와 임금을 시해하는 일은 실로 따르지 않을 것이다."[13]

---

12  1380년(우왕 6년) 흥위위별장(興威衛別將)으로 관직에 들어선 뒤 군기시소윤(軍器寺少尹)을 거쳐 1389년(창왕 1년) 풍주수령으로 임명됐다. 그때 풍주 연해를 노략질하던 왜구를 무찌르는 데 큰 공을 세웠다. 조선이 건국되자 1393년(태조 2년)에 전중경(殿中卿)에 오르고, 이어서 이성만호(泥城萬戶)가 됐다. 1394년에 의흥삼군부첨절제사가 되었다가 그해 형조전서로 전임했다. 1396년 동북면청해도안무 겸 찰리사로 나가 야인 진압에 공을 세웠고, 호조전서·이조전서·중추원부사·경상도병마절제사·경상도병마도절제사를 지냈다. 1400년(정종 2년)에 좌군총제로 2차 왕자의 난을 평정하고 태종이 왕위에 오르는 데 협력한 공으로 1401년(태종 1년) 익대좌명공신(翊戴佐命功臣) 4등에 책록되고 여산군(麗山君)에 봉해졌다. 태종 초에 강계만호에 이어 공조판서·지의정부사(知議政府事)를 지냈다. 1406년에 사은사가 되어 명나라에 다녀왔다. 1407년에 동북면병마도절제사 겸 영흥부윤·도순문찰리사 등을 지냈다. 1410년(태종 10년)에 야인이 경원(慶源)에 침입하자 왕명을 받고 나가 이를 격퇴했다. 이듬해 참찬의정부사에 이어 1413년 서북면도순문사 겸 평양부윤을 지냈다. 1414년 병조판서로 있다가 이듬해인 1415년에 평양군(平陽君)으로 개봉되었으며, 판중군도총제(判中軍都摠制)가 됐다. 그 뒤 평양부원군에 진봉됐다.

13  『논어(論語)』「선진(先進)」에 나오는 공자의 말을 인용한 것이다. 계자연(季子然)이 공자에게 물었다. "중유와 염구는 대신이라고 이를 만합니까?" 공자가 말했다. "나는 그대가 남과는 다른 빼어난 질문을 하리라고 생각했는데 기껏 유(자로)와 구(염유)에 관한 질문을 던지는구나! 이른바 대신이란 것은 도리로써 군주를 섬기다가 더는 도로써 섬기는 것

의금부에서 사실을 조사하니, 추와 본방(本房) 간에 틈이 생겼고 [有隙] 승주가 병조판서가 됐을 때 추가 차서(次序)를 무시하고 직책을 요구했다가 뜻을 이루지 못했던 까닭에 무고한 것이었다. 이에 즉시 덕생 등을 석방했다. 승주가 대궐에 나아와 울면서 사례했다. 의금부에서 아뢰어 말했다.

"추의 죄는 사죄인(死罪人)에 견주어서 무고율(誣告律)에 의거해 장(杖) 100대에 유(流) 3,000리에 처하고 도역(徒役) 3년을 가하소서."

상이 명했다.

"이것은 곧 모반(謀叛)을 무고한 것이다."

육조와 정부에 내려 토의해 아뢰게 하니 실상에 맞게 토의해 아뢰어 말했다.

"추는 대신(大臣)이 모반했다고 무고했으니 그 정상이 매우 무겁습니다. 바라건대 참형(斬刑)으로 시행하시고, 뒤에 만약 이와 같은 사람이 있으면 역시 이 예(例)에 의해 시행하는 것을 항식(恒式)으로 삼아야 할 것입니다."

그것을 따랐다.

○ 각 도에서 생육(生肉-생고기)을 진상(進上)하는 것을 금했다. 상이 말했다.

"각 도의 도관찰사(都觀察使)·절제사(節制使)·도순문사(都巡問使)가 생육의 진상으로 인해 무시(無時)로 사냥해서[田獵] 농사를 방해

---

이 불가능해지면 그만두는 것이다. 지금 유와 구는 숫자나 채우는 신하[具臣]라고 이를 만하다." 이에 계자연은 "그렇다면 두 사람은 따르는 사람[從之者]입니까?"라고 묻는다. 공자가 말했다. "아버지와 군주를 시해하는 것은 실로 따르지 않을 것이다."

하고 백성을 해치니[妨農害民], 모두 금지하라."

○ 예문관 제학(藝文館提學) 변계량(卞季良)에게 명해 진산부원군(晉山府院君) 하륜(河崙)의 집에 가서 동전법(銅錢法)을 토의하게 했다. 상이 말했다.

"포백(布帛)으로 세(稅)를 거두는 것은 중국의 명왕(明王-밝은 임금)들의 유법(遺法)이다. 오늘날 30분의 1을 세로 받았는데, 20장에 차지 못하는 것은 종이로 계산해 거두게 되니, 어린아이 장난과 같다. 『문헌통고(文獻通考)』에 동(銅)·철(鐵)·연(鉛)·석(錫) 4등(等)의 전법(錢法)이 있으므로, 이제 이 법을 시행하려고 한다. 그러면 포백으로 세를 거두는 것보다 편하고 제사 고기[胊]를 기화로 하는 근심도 없어질 것이다. 다만 몰래 돈을 주조(鑄造)할까 두렵지만, 마땅히 금주(禁鑄)의 영(令)이 있을 것이며 옛날에 포(布)를 사용할 때도 백성이 직조(織造)함을 들어주었으니 비록 돈을 몰래 주조한다 하더라도 어찌 해로울 것이 있겠는가?"

계량(季良)이 상의 뜻을 전하니 륜(崙)이 말했다.

"중국 조정[中朝]의 저폐(楮幣)는 1,000문(文)에 준하는 것 외에 900문에서 100문짜리까지 있습니다. 당초에 저폐의 법을 세워 시행할 때 소저폐(小楮幣)를 또한 만들어 중국의 제도를 모방할 것을 계속해 청하려고 했으나 천연(遷延)되어 이루지 못했습니다. 민간(民間)으로 하여금 중(重)함은 있고 경(輕)함은 없게 하는 데 이르러서는, 행용(行用)할 때 영축(盈縮)이 없을 수 없음은 진실로 상의 교지와 같습니다만, 동전을 주조하더라도 반드시 (경(輕)한) 동전은 무겁고 (중(重)한) 저폐는 가벼워서 백성이 더욱 사용하지 않게 될 것입니다.

청컨대 작은 저폐를 만들어 오늘날 대초(大鈔)를 1,000문에 준하게 하시고, 차차 이를 10으로 삼아 강등해서 900문에서 100문까지 9개 등급의 저폐를 만들면, 거의 포백으로 세를 거두는 것보다 편할 것이고 민간에서 되[升]를 헤아려 매매하는 것보다 더욱 이로울 것입니다."

이에 계량이 복명(復命)하니 육조에 명해 다음날 의견을 올리라고 했다. 이어서 환관(宦官) 최한(崔閑)에게 명해 소저화(小楮貨)를 만드는 것의 편부(便否)를 승정원에 왕복하며 논난(論難)하게 하고, 또 물었다.

"소저화(小楮貨)의 신문(信文-화폐 가치의 표준이 되는 물건)은 어떤 물건을 사용해야 좋겠는가?"

지신사 유사눌(柳思訥)이 말했다.

"중국에서는 예전부터 동전을 사용했기 때문에 전관(錢貫)의 많고 적음으로써 저화의 신문(信文)을 삼았습니다. 쌀되[米升] 같은 경우는 쌀값의 많고 적음이 때에 따라서 오르고 내리기 때문에 준거로 삼을 수 없습니다. 본국에서는 이미 포필(布匹)로써 저화의 신용을 삼고 있으니, 진실로 마땅히 포필의 척수(尺數)로써 그 등급[等第]을 나눔이 좋겠습니다. 즉 35척을 극수(極數)로 해서 3척씩 내려 나눠 9등급으로 하면 거의 사용에 편리할 것입니다. 그러나 아직도 영수(零數)가 있어서 추이(推移)할 수 없습니다. 가령 저화 1장으로 종이 60장을 사고 1되의 쌀을 가지고 종이 6장을 살 것 같으면, 세(稅)를 부과하는[着稅] 법은 목면(木綿) 1필에 종이 30장을 거두고 정5승포(正五升布) 1필에는 종이 10장을 거두게 되는데 지금은 정5승포 1필에 종이 12장을 거두고 있으니 너무 많고, 이를 감해서 받는다면 작은 것이 쌓여 많게 될 것이니 이익을 버리는 것이 너무 많습니다. 진실로 돈을 주조해 행용(行用)하는 것만 같지 못하니, (돈을 주조해 행용하면) 낱낱이 세를 거둬 편리하고 또 정제(整齊)할 것입니다."

좌대언(佐代言) 탁신(卓愼)이 말했다.

"대초(大鈔) 외에 10분의 1의 소초(小鈔)만 만들어서 다만 대소(大小)로만 사용하게 한다면, 거의 어리석은 백성이라도 간사한 상인에게 속임을 당하지 않을 것이며 사용하는 데도 편할 것입니다."

좌부대언 조말생(趙末生)이 류의 말을 따를 것을 청했다.

"더하거나[盈] 줄이는[縮] 물건은 세(稅)를 거두는 예(例)에 두지 마소서."

의견들이 분분해 결정을 보지 못했다. 상이 최한(崔閑)에게 명해 선포했다.

"내가 장차 『문헌통고』를 승정원에 내려보내 동전의 주조법을 자세히 상고하게 하겠다. 또 생각건대, 전조(前朝)에서 나라를 소유한 지 500여 년인데 일찍이 이 법을 사용하지 못했고 태조(太祖)께서도 일찍이 이 법을 사용하지 않았으니, 내 몸에 이르러서 어찌 노심초사(勞心焦思)해가며 백성의 원망을 사겠는가? 수세(收稅)의 법은 역시 사용하지 않음이 마땅하겠다."

(이 같은) 상의 뜻은 대개 초법(鈔法)은 백성이 사용하기를 즐겨 하지 않음을 염려해서 동전(銅錢)을 행용(行用)해 백성을 길들여서 고치려고 한 것인데, 사눌이 이렇게 인도했다고 한다[云].

정축일(丁丑日-12일)에 교방(敎坊)¹⁴에서 음악을 익히는 것을 정지시켰다. 상이 말했다.

"한재(旱災)가 매우 심하니 교방의 여악(女樂)은 잠시 연습[肄習]을 중지하라."
<sub>이습</sub>

유사눌(柳思訥)과 판서 황희(黃喜)가 아뢰어 말했다.

"그것은 음악을 하는 것이 아니라 다만 연습을 하는 것일 뿐이니, 모름지기 정지할 필요는 없습니다."

상이 말했다.

"이것이 이치를 안다는 사람[識理者]의 말인가? 비록 음악을 하는 것은 아니라고 해도 이같이 심한 한재를 만났으니 진실로 음악을 연습할 때가 아니다."

희(喜)와 사눌(思訥)이 부끄러워하며 따랐다[慙服].

○ 상호군(上護軍) 평도전(平道全)이 한강(漢江)에 비를 빌 것을 청했다. 도전(道全)이 청해 말했다.

"일본국(日本國)의 중 몇 사람을 데리고 일본의 예(禮)에 의거해 한강의 물가에서 사리(舍利)를 가라앉히고 소고(小鼓)를 울려서 기도하면 거의 비를 얻을 수 있습니다."

그것을 따르고, 또 말했다.

"사리를 가라앉히며 기도하는 것은 진실로 망령된 것이다. 더욱이 온 나라 사람들이 기도해도 비를 얻지 못했는데, 도리어 왜놈[倭竪]
<sub>왜수</sub>

---

14 조선조 때 장악원(掌樂院)의 좌방(左坊)·우방(右坊)을 아울러 일컫는 말이다. 좌방은 아악(雅樂), 우방은 속악(俗樂)을 맡았다.

한 놈에게 기대어 비를 얻을 수 있겠는가? 지금의 이 한재는 신민(臣民)의 죄가 아니라 책임이 나에게 있는 것이다."

무인일(戊寅日-13일)에 각 도에서 매[鷹子]를 진상하는 것을 정지시켰다.
<sub>응자</sub>

○ 경안궁주(慶安宮主)의 빈소에 제사를 내렸다. 유사눌(柳思訥)의 계청(啓請)에 의해 사제(賜祭)한 것이다. 상이 말했다.

"옛날에는 (이런 경우에) 예문(禮文)이 있는가?"

사눌(思訥)이 대답했다.

"예문은 아직 상고하지 못했으나, 다만 정리에 입각해[緣情] 아뢴 것일 뿐입니다."
<sub>연정</sub>

상이 예조좌랑 주면(周冕)을 불러 판서 정역(鄭易)과 진산부원군(晉山府院君) 하륜(河崙)에게 묻게 하니, 모두 말했다.

"신자(臣子)가 죽으면 반드시 전(奠)을 드리니, 의리상 마땅히 제사를 내리는 것이 옳겠습니다."

마침내 사신을 보내 제사하게 했다.

기묘일(己卯日-14일)에 달 주변에 청적(靑赤)의 기운이 있었다.

○ 좋은 말을 구했다[求言].[15] 상이 말했다.
<sub>구언</sub>

"지금은 바야흐로 한창 농사 때인데 오래 가물고 비가 내리지 않

---

15 나라에 재앙(災殃)이 있을 때 임금이 정치의 잘잘못에 대해 널리 비판의 말을 구하여 정책에 반영하는 일을 가리킨다.

으니 인사(人事)에 잘못이 있지 않은가 한다. 각사(各司)와 2품 이상
으로 하여금 시정(時政)의 득실(得失)과 민생의 질고(疾苦)에 대해 모
조리 개진(開陳)하고 숨기는 게 없도록 하라[無隱]."
<sub>무은</sub>

상이 한재가 심하다 하여 하루에 한때만 진지를 들었다. 예조에서
기우(祈雨)에 대한 조목(條目)을 올리니, 읽어보고 말했다.

"요사이[今玆] 오랫동안 가물어 기도하는 방법 중에 사용해보지
<sub>금자</sub>
않은 것이 없는데, 아직도 비가 내리지 않으니 어찌 기도에만 전적으
로 기대겠는가? 마땅히 마음을 다해 공구수성(恐懼修省)[16]할 뿐이다.
만약에 기도를 행할 만한 일이 있을 것 같으면 예조에서 스스로 결
정해서 행하라."

○ 시녀(侍女)들의 삭료(朔料-월급)를 정지시켰다.


**경진일(庚辰日-15일)**에 형조와 대간에서 무회(無悔)·무휼(無恤) 등
의 죄를 청했다.


**신사일(辛巳日-16일)**에 서리가 내렸다.

○ 호조에서 전폐법(錢幣法)을 올렸다. 진산부원군(晉山府院君) 하
륜(河崙)이 대궐에 나아와 문안하니, 상이 편전(便殿)에서 인견했다.
륜(崙)이 밖으로 나와서 승정원에 말했다.

"상께서 동전(銅錢)을 행용하려고 하는데 진실로 좋은 법입니다."

---

16  두려워하며 몸을 닦고 반성한다는 뜻으로, 유가에서는 전통적으로 재이가 있을 경우 임
    금이 공구수성했다.

이윽고 호조에 명해 주전 제도(鑄錢制度)를 토의해 아뢰게 했다. 호조에서 말씀을 올렸다.

"신 등이 삼가 역대의 전적(典籍)에 실린 것을 상고해보니 3대(三代-하은주) 이래로 전폐(錢幣)를 썼는데, 회자(會子)[17]나 교자(交子)[18]로 겸행(兼行)했습니다. 오늘날 국가에서 이미 저화(楮貨)를 행용(行用)해 전조(前朝)의 포폐(布幣)의 사용을 혁파해서 백성이 그 이익을 받고 있습니다. 그러나 사용할 때 미진(未盡)한 것이 있습니다. 바라건대 당(唐)나라 개원(開元) 연간(年間)의 오수전(五銖錢)[19] 제도에 의거해서 조선통보(朝鮮通寶)를 주조해 저화와 겸행하게 하되, 구리 한 냥쭝으로 10전을 주조하고 100전으로 저화 한 장에 상당하게 해서, 경내(境內-나라 안)에 유행(流行)시켜 국용(國用)에 편리하게 하고 이 나라 백성을 구제하소서. 사사로이 주전하는 자는 사주동전율(私鑄銅錢律)[20]로 논죄하고 이를 고발한 자에게는 이것으로 상을 주며, 동전을 사용하지 않는 자 또한 이 율(律)에 의하여 시행하소서."

그것을 따랐다.

○ 사역원 판관(司譯院判官) 박무(朴茂)를 보내 도망쳐 온 군사 [逃軍] 김남길(金南吉) 등 6명을 요동으로 압송하게 했다.
<sub>도군</sub>

---

17 중국 북송(北宋) 시대에 통용되던 일종의 약속어음 같은 지폐(紙幣)다. 정부에서 관회(官會)를 남발해 나중에 폐지됐다.

18 중국 송(宋)나라 진종(眞宗) 때 사천(四川) 지방에서 사용하던 지폐다. 가장 오래된 지폐의 하나로, 인종(仁宗) 때 관영(官營)으로 바뀌었다.

19 한(漢)나라 무제(武帝) 때 쓰던 동전(銅錢)이다. 무게가 5수(銖)이며 "오수(五銖)"라는 문자를 넣었다. 1수(銖)는 24분의 1냥쭝을 말한다.

20 사사로이 동전을 주조한 자를 처벌하는 형률이다.

○ 임오년(壬午年-1402년)과 기축년(己丑年-1409년) 사이에 죄를 지은 사람들의 처첩(妻妾)과 자손(子孫)으로서 관청의 천인이 된 자들을 놓아주었다.

○ 예조에서 고전(古典)에 있는 행할 만한 기우(祈雨)의 사건(事件)을 올렸다.

"하나, 후위(後魏)의 화평(和平) 원년(元年)에는 주군(州郡)에 조칙(詔勅)을 내려서 그 경내(境內)의 신(神)에 대해 크고 작은 것을 가리지 않고 모두 깨끗이 물을 뿌려 쓴 뒤 주포(酒脯)로써 제사하고, 풍년이 든 뒤에는 각각 본질(本秩)에 따라 생뢰(牲牢-제사에 쓰는 희생)로 제사했습니다.

하나, 송나라의 소흥(紹興) 8년에는 제때에 올 비가 절후를 어겼기[愆候] 때문에 임안부(臨安府)로 하여금 사자(使者)를 보내 도량(道場)을 설치하고 비 오기를 기구(祈求)했습니다."

그것을 따랐다.


**임오일(壬午日-17일)**에 육조와 승정원에 명해 진언한 것 중에서 시행할 만한 사목(事目)을 토의하게 했더니 무릇 시산(時散-시임과 산관) 대소인원으로서 진언한 것이 총 140여 조항[道]에 이르렀는데, 그 가운데서 시무(時務)에 절실하지 못한 것은 버렸다. 이에 최한(崔閑)에게 명해 육조의 판서와 여러 대언에게 강무(講武)·저화(楮貨)와 육십(六十)[21]의 제하(除下) 및 조전(漕轉) 등 4가지 일에 관해 물었다.

---

21 고려 때와 조선 초기에 존재했던 군병의 하나다. 10사(司)의 각 령(領)마다 소속 대정(隊

"진언한 것 가운데 모두가 '멀리 가서 강무(講武)하는 것은 불가하다'라고 했다. 그러나 경기(京畿)에는 강무할 만한 곳이 없으니, 아예 없애고 하지 않을까 하는데 어떻겠는가?"

모두 대답해 말했다.

"강무는 군사(軍事)를 훈련하는 것이고 예(禮)를 행하는 것이라 폐할 수 없습니다."

상이 말했다.

"풍해도와 충청 양도에 공문을 보내[移文] 해주곶(海州串) 내와 순제(蓴堤) 등지에 백성이 들어가 경작하도록 허용하고, 사사로이 사냥하는 것을 금지하지 말라. 그리고 사냥할 일정한 장소[常所]를 토의해 아뢰라."

판서와 대언 등이 토의했다.

"강원도 횡천(橫川)과 진보(珍寶) 중에 한 장소를 강무장으로 삼고, 풍해도 평산(平山)과 영봉(迎鳳) 중에 한 장소를 강무장으로 삼으소서."

상이 말했다.

"영봉은 해주곶 내에서 거리가 멀지 않다. 내 이제 늙었으니 다시는 원행(遠行)하여 해주곶 내에 가지 않겠다. 후대의 임금 중에서 만약에 영봉에 가서 사냥하게 된다면 반드시 곶 내에서 사냥하겠다고 말하는 자가 있을 것이다."

즉시 명해 다시 다른 곳으로 정하게 했다. 이리하여 안협(安峽)과

---

正)과 오위(五衛)가 사령(使令)을 각각 20인, 40인씩 통솔한 데서 육십이라 했다.

평강(平康)을 한 장소로 삼아서 경기우도(京畿右道)를 아울러 사렵(私獵)을 금하고, 횡천(橫川)과 방림(芳林)을 한 장소로 삼아서 양근(楊根)·광주(廣州)·풍양(豊壤)·포천(抱川)·장단(長湍)·임강(臨江)을 아울러 사렵(私獵)을 금지했다.

상이 또 뜻을 전해 말했다.

"진언한 것 가운데 모두가 '저화(楮貨)를 사용하는 것이 불편하다'고 했는데, 이것을 어떻게 생각하는가?"

판서와 대언 등이 아뢰어 말했다.

"오늘날 저화는 이미 흥용(興用)되고 있으니, 세(稅)로 부과하는 값만 없앤다면 어찌 행용(行用)에 불편함이 있겠습니까?"

상이 말했다.

"저화를 쓰게 되면 세로 부과하는 값을 없앨 수 없다. 지난날에 세가(稅價)를 제거한 것은 영구히 제거한 것이 아니고 잠깐 정지한 것일 뿐이다."

이어 말했다.

"동전(銅錢)과 겸행(兼行)하면 어떻겠는가?"

판서와 대언 등이 아뢰어 말했다.

"겸행할 수 없습니다. 만약 동전을 사용하면 마땅히 저화는 사용하지 말고 전문(錢文)을 흥용(興用)해야 합니다. 예전에 저화를 처음 사용할 때 오승포(五升布)와 병행할 것을 허용했으나 백성이 저화를 사용하지 않기 때문에 그 오승포의 사용을 중단시켜 백성에게 (오승포를) 사용하지 못함을 보여준 뒤에야 저화가 흥용됐는데, 동전과 저화의 겸행 역시 그와 같은 것입니다."

상이 말했다.

"동전과 저화의 겸용은 내 능히 할 수 있다. 경들은 육경(六卿)으로서 어찌하여 이 같은 말을 먼저 하는가? 어리석은 백성에게 듣게 하기 위해서인가? 겸행하는 방법이 고전(古典)에 실려 있다."

이어서 『원사(元史)』와 『두씨통전(杜氏通典)』[22]을 내어 보였다. 즉시 총제(摠制) 이현(李玄)을 불러 '중국[大明]에서 동전과 저화(楮貨)를 겸행하는 법'을 묻고, 이어서 육조 판서에게 말하게 해서 이를 따지게 했다. 호조판서 심온(沈溫)이 동전(銅錢)과 저화를 흥용시킬 계목(啓目)을 올렸다. 대략 이러했다.

'하나, 오래 묵은 미두(米豆)를 사용하여 저화의 시가(時價)를 보인 뒤 주철(鑄鐵) 매 한 근(斤)씩에 저화 3장 값의 쌀을 주어 무역을 허락하며, 외방(外方) 각 고을에 이 예(例)에 의거해 무역해서 납부하게 할 것.

하나, 경외(京外)의 시산(時散) 각 품(品)에게 품질(品秩)에 따라 수를 정하여 수납(收納)하게 할 것.

하나, 범죄인의 가재(家財) 내에서 국용(國用)에 소용되는 것 외에는 그 잡물(雜物)로써 무역하게 할 것.

하나, 자원(自願)한 사람이 주철(鑄鐵) 3근을 관가(官家)에 납부하면 2근으로 동전을 만들어 환급(還給)해줄 것.

---

22 당(唐)나라 사학자 두우(杜佑, 735~812년)가 편찬한 총 200권으로 된 통전(通典)이다. 식화(食貨), 선거(選擧), 직관(職官), 예(禮), 악(樂), 병(兵), 형(刑), 변방(邊防)의 8문으로 나눠 황우(黃虞) 시대에서 당나라 천보(天寶) 연간(742~756년)까지 유질(劉秩)의 『정전(政典)』에 빠진 것을 보충했다.

하나, 경외의 범죄인에게 수속(收贖)하는 것을 이 뒤로는 저화와 주철을 반반씩 징수해 수납할 것.'

상이 그것을 따랐다. 다만 품질에 따라 철을 징납하자는 것과, 범죄인에 대한 수속(收贖)을 주철로 하자는 일은 윤허하지 않았다.

하나, 육십(六十)을 제하(除下)하는 일에 대해 판서 박신(朴信) 등이 말했다.

"이 무리는 직사(職事)에서 일하면서도 아직 늠록(廩祿-녹봉)이 없으니, 400명으로 한정해 녹(祿)을 주며 역사(役使)시키는 이들만도 못합니다."

신(信)이 그 참에 계목(啓目)을 올렸다.

"각 영(領)의 대장(隊長)과 대부(隊副)로서 각 품(品)의 근수(根隨)와 토목(土木)의 역사에 종사하는 것을 모두 면제하고[蠲免], 장실(壯實)한 자 1,000명을 선택해 정액(定額-정원)으로 삼아 각기 방패(防牌)를 받아 윤번(輪番)으로 시위(侍衛)하게 하는 것이 부병(府兵)의 양법(良法)입니다. 그 대장 230명과 대부 520명을 혁파하소서. 당초에 이번(二番)의 녹내(祿內)에서 각 품의 숫자를 증가시켜 부윤(府尹) 4명, 총제(摠制) 9명, 첨총제(僉摠制) 3명, 사직(司直) 6명, 부사직(副司直) 9명, 사정(司正) 18명, 부사정(副司正) 18명, 삼군(三軍) 근장(近仗) 80명 등으로 했으니, 이들 녹과(祿科)에 준해 계산하면 그 남은[餘剩] 쌀·보리·콩·포(布)로써 400여 명의 녹봉(祿俸)을 충당할 수 있습니다. 바라건대 매 1영(領)에 섭대장(攝隊長) 3명과 섭대부(攝隊副) 7명씩을 두어 40영(領)에 도합 400명을 임명해[差下] 녹봉을 반사(頒賜)하소서.

그리고 장번(長番)의 입역자(立役者)로서 부병(府兵) 중에 거관(去官)하는 자가 있으면 섭대장과 대부 가운데서 장실(壯實)한 자를 골라서 입역(立役)에 충당하시고, 그 섭대장과 대부의 천전(遷轉)으로 인해 결원이 생기면 비첩(婢妾)의 자식과 칭간칭척(稱干稱尺) 중에서 장실한 자를 골라서 입역에 충당하며, 각사(各司)의 도목(都目) 때에 우두머리[頭]가 된 이전(吏典)·조례(皂隸)·나장(螺匠)·소유(所由) 등과 대장·대부로서 거관(去官)하는 사람들을 아울러 섭직(攝職-섭대장·섭대부)으로 차하(差下)하소서. 이와 같이 하면 녹봉을 증가하지 아니하여도 부병(府兵)이 충실해지고 각처의 차비(差備)도 실(實)하게 되어, 보충군(補充軍)의 천전(遷轉)하는 길이 또한 궐(闕)하지 않을 것입니다. 그리고 각 품(品)의 비첩(婢妾) 자식과 칭간칭척(稱干稱尺)들을 모조리 추고(推考)하여 보충군으로 시행케 하고, 봉족(奉足)을 정해주어 번(番)을 나눠 입역(立役)시키며, 도총제(都摠制) 이하의 각배(各陪-각 배종(陪從))와 부득이한 영선(營繕) 등의 일은 임시(臨時)에 명령을 받들어 요량하여 결정해주게 하소서."

그것을 따랐다.

"하나, 조전(漕轉)의 일에 대해서는, 개인 소유의 배[私船]에 세(稅)를 주고 전운(轉運)하는 것만 같지 못합니다. 왜냐하면 올여름에 패선(敗船)할 때 개인 배가 패선한 율은 10에 하나이고 군선(軍船)으로 패선한 것은 많았으니, 이것은 개인 배 사람들은 배에 익숙해 수로(水路)를 잘 알기 때문입니다."

육조에서 토의해 아뢰니, 곧바로 개인 배로 쌀을 운반하고 군선으로 호송케 했다.

○ 가르쳐 말했다.

"저화(楮貨)를 행용(行用)할 때 1장(張) 이하는 무역하기가 매우 어렵다. 이제 호조(戶曹)의 아뢴 바에 따라 동전을 주조해 저화와 함께 통용[交行]시켜서 백성의 일상생활에 편하게 하려고 한다. (그러나) 어리석은 백성이 잘못 의심을 내어, 앞으로 저화를 쓸데없는 것으로 생각해서 시중(市中)에서 무역함에 배수(倍數)로 쳐서 사용할 것이니, 후일(後日)을 위한 장구한 계책이 못 된다. 주장관(主掌官)은 위항(項)의 사의(事意)를 방(榜)을 내걸어 모두 알게 하라."

○ 가기세(家基稅-집터세)를 거두지 말도록 명했으니, 진언(陳言)이 이를 언급했기 때문이다.


**계미일(癸未日-18일)**에 전함 양부(前銜兩府)[23]가 농사(農舍)에 왕래하는 것과, 나이 60세 이상의 검교 한성 윤(檢校漢城尹)이 경외에 거처하는 것은 그 자원(自願)에 따르라고 명했다.


**갑신일(甲申日-19일)**에 (황해도) 영강현(永康縣)에 청(靑)·흑(黑)의 충(蟲)이 생겨 벼를 갉아먹었다.

○ 이조판서 황희(黃喜)와 호조판서 심온(沈溫)은 그 직(職)을 파면하고, 전 이조판서 한상경(韓尙敬)과 전 병조판서 김승주(金承霔)는 공신(功臣)이라 해서 논하지 않고, 전 칠원 감무(柒原監務) 장수(張脩)는 율(律)에 의거해 논죄했다.

---

23 은퇴한 고위 관리를 가리킨다.

애초에 부윤(府尹) 이현(李玄)이 신정(申呈)했는데 대략 이러했다.

"현(玄)의 딸은 행수(行首) 이중무(李仲茂)의 아내인데, 이지호(李之浩)가 이를 수양(收養)으로 삼아 장획(臧獲-노비)과 가재(家財)를 모두 전해주었습니다. 갑오년 9월에 물고(物故-사망)하자 장수도 역시 지호(之浩)를 시양(侍養)으로 삼아 노비를 함께 다투었으나, 기한 내에 미처 신정하지 못했습니다. 그런데 접수한 것처럼 말을 꾸며서 헌사(憲司)에 정장(呈狀)했더니, 헌사에서 정밀히 살피지 못하고 호조판서 박신(朴信)에게로 나눠 보내 방장(房掌) 좌랑 하지명(河之溟) 등이 중무(仲茂)에게 판결해주었습니다. 이리하여 수(脩)가 호조의 판결이 오결(誤決)이라 해 신문고를 쳐서 신정(申呈)하니, 명하여 육조에 내려서 그 시비를 변정(辨正)하게 했습니다. 육조의 판서들이 모두 허물을 헌사의 접장(接狀)에 돌리지 아니하고 다만 수가 거짓을 꾸며 망령되게 신문고를 쳐서 신정한 죄만을 청하며, 전해준 문서가 있어 매우 뚜렷한데도 문서를 위조했다고 여겨 노비를 모조리 속공(屬公)시켰으니 매우 잘못됐습니다. 바라건대 다시 판결해 바르게 해주소서."

이에 승정원에 내려 사실을 조사하게 했더니 대언이 아뢰어 말했다.

"육조에서 과연 교지(敎旨)를 따르지 않았습니다."

상이 뜻을 전해 말했다.

"너희들은 그때 어찌하여 말하지 않았는가?"

유사눌(柳思訥)이 아뢰어 말했다.

"그때 신들은 육조가 잘못했다고 여겼으나, 다만 어리석고 용렬하여 아뢰지 못했습니다."

상이 말했다.

"오랫동안 가물며 비가 오지 않으니, 내가 임금답지도 못하면서 윗자리에 있어서인가? (아니면) 신하들이 서로 속여서 이런 것(재앙)을 부른 것인가?"

사눌(思訥)이 엎드려 대답하지 못했다. 조금 있다가 아뢰어 말했다.

"신하들이 직책을 잘 받들지 못해 그러한 것입니다."

상이 즉시 대간(臺諫)에 명해 다시 토의해 판결을 바로잡게 했다 [決正]. 대간에서 말씀을 올렸다.

"전 판서 한상경 등이 마땅히 '기한 내에 신정하지 않은 것이므로 수리(受理)하지 못합니다'라고 아뢰었어야 할 것인데, 이러한 계책으로 나오지 아니하고 교지(敎旨)를 어겨가며 청단(聽斷)했으니, 청컨대 그 죄를 다스리소서."

이에 희(喜) 등의 직책을 파했다. 상이 또 대언에게 일러 말했다.

"이 노비에 대한 일은 (너희들이) 일찍이 토의에 참여했는데, 어찌하여 정밀히 살피지 못하고 육조와 함께 통함이 이와 같았는가? 어찌 사슴을 가리켜 말이라고 한[指鹿爲馬] 자와 다르다 하겠느냐?"
지록위마

사눌이 황공해하며 아뢰었다.

"신 등의 마음은 본래 이와 같지 않았으나 일의 형편이 이렇게 됐으니, 상의 가르침이 마땅합니다. 신은 비록 죄를 얻어도 실로 유감이 없습니다."

○ 옥천군(玉川君) 유창(劉敞)이 개경사(開慶寺)에서 기우(祈雨)하기를 청하니 상이 말했다.

"예전(禮典)에 실려 있는 것은 시행하지 않은 것이 없는데도 오히려 비를 얻지 못했는데, 어찌 중의 무리와 더불어 기도한다고 해서 비를 얻을 수 있겠는가?"

○ 유량(柳亮)을 의정부 우의정, 박은(朴訔)을 이조판서, 윤향(尹向)을 호조판서, 정역(鄭易)을 형조판서, 이원(李原)을 예조판서, 유창(劉敞)을 옥천부원군(玉川府院君), 정탁(鄭擢)을 청성부원군(淸城府院君)으로 삼았다. 예전의 '공신(功臣)은 일을 맡기지[任事] 않는다'는 교지가 이때부터 고쳐졌다.


**을유일(乙酉日-20일)**에 군기감(軍器監)에서 수납(輸納)한 동불(銅佛)을 승록사(僧錄司)로 실어 보냈다. 뜻을 내려 말했다.

"각 도의 수령(守令)들이, 근래에 주철(鑄鐵)을 수납(輸納)하기 때문에 패망(敗亡)한 사사(寺社)의 동불을 모조리 가져다 바친다 하니 심하기가 이를 데 없다[無謂]. 이제부터 만약 이와 같은 일이 있을 것 같으면 중들에게 진고(陳告)를 허락해 논죄하겠다."

○ 사간원 우사간대부 이맹균(李孟畇) 등이 사직했으나 허락하지 않았다[不許=不允].


전 상의중추원사(商議中樞院事) 남실(南實)[24]이 진언해 말했다.

"전하의 눈 밝으심[明]은 요(堯)·순(舜)과 같으나 신하들은 고요(皋陶)나 기(夔)[25]와 같지 못해, 모두 녹(祿)만 바라고 자신만 용납해주기

---

24 남재·남은의 동생이다.
25 요순시대의 뛰어난 신하들이다.

를 바라며 그 임금을 사랑하지 않으니, 바야흐로 직책이 대간(臺諫)을 띤 자에게서도 이를 볼 수가 있습니다."

또 말했다.

"강무(講武)할 때 비추만속(飛芻輓粟)²⁶하면서 군사를 몰아치니 1일 간의 양식도 싸 가지고 가지 못하기 때문에 언덕과 골짜기 사이에 엎어져 쓰러지오며, 내구마(內廐馬)를 많이 기르기 때문에 초료(草料)를 (많이) 갖춰야만 합니다."

상이 이 글을 읽어보고 말했다.

"부끄럽다! 어찌하여 선정(善政)이 드러나지 않는가? 내가 내구마를 모두 목장(牧場)으로 내보내고 겨우 30여 필만 머물러 두었는데, 서울에 사는 재상도 이러한 일들을 알지 못하니 하물며 궁벽한 원지(遠地)에 있는 자이겠는가?"

실(實)이 이 말을 듣고 대궐에 나와 고두(叩頭-머리를 조아림)하며 사죄(謝罪)해 말했다.

"신이 진실로 헤아리지 못하고 망령된 말을 했습니다."

간원(諫院)에서는 그의 말이 대간(臺諫)에 미쳤기 때문에 피혐(避嫌)한 것이다.


**병술일(丙戌日-21일)**에 명해 동전(銅錢)의 주조를 정지했다.


사간원에서 소를 올려 말했다.

---

26  꼴을 급히 보내 식량을 운송하는 것을 말한다.

'대체로 법(法)이 세워지면 폐단이 생기게 마련입니다. 호패(號牌)의 법과 저화(楮貨)의 법이 시행되자 범법자(犯法者)가 많아져 백성이 그 폐해를 받고 있습니다. 지금 또 동전(銅錢)을 행용하게 되면, 동전은 저화에 비해 위조(僞造)하기가 더욱 쉬우므로 반드시 범법자가 많아질 것입니다. 하물며 때는 바야흐로 크게 가물어 백성에게 장차 기근(飢饉)이 들려 하는데, 지금 동전을 행용하려고 한다는 소문을 듣게 되면, 국가에서 비록 저화를 겸해 쓴다고 하더라도, 민심이 동요해서 가난한 백성이 저화를 가지고 쌀을 사려 해도 마침내 쌀을 얻지 못하게 될 것입니다. 이 때문에 아침은 끓이되 저녁을 끓이지 못하는 자가 반드시 있게 될 것이니, 법을 창설해 시행하는 것은 실로 미편(未便)합니다. 청컨대, 동전의 주조를 정파(停罷)하소서.'

이때 동전의 주조가 막 시작되었는데, 상이 소를 읽어보고 말했다.

"지금 가뭄의 근심을 당해 심중(心中)이 황홀(恍惚)해서, 마치 배를 타고 바다로 들어가 바람과 파도를 만난 것 같다. 백성이 만약 폐단을 받는다면 어찌 시행할 수 있겠는가?"

즉시 명해 주조하지 말게 했다. 이어서 말했다.

"훗날 명군(明君)이 나오면 이를 시행하게 될 것이다."

상이, 어떤 사람이 쌀 두 되를 가지고 저화 한 장을 바꾸려 하므로 경시서(京市署) 관원이 방(榜)에 준하여 매매하지 않는다 해 그를 때렸다는 말을 듣고, 승정원에 뜻을 전해 말했다.

"백성의 고통이 이와 같은데, 너희들은 어찌하여 고하지 않았는가?"

유사눌(柳思訥)이 아뢰어 말했다.

"신 등이 들었다면 어찌 아뢰지 않았겠습니까?"

상이 헌납(獻納) 서진(徐晉)을 불러 말했다.

"너희들이 말하기를 '동전이 시행되면 쌀이 귀해집니다'라고 하기에 내가 곧 이를 정파했다. 너는 어디서 보고 들었느냐?"

진(晉)이 대답해 말했다.

"거리[街里]에 앉아서 장사하는 자들[坐賈]은 반드시 됫쌀[升米]을 얻어야만 살아갈 수 있는데, 동전이 시행되면 쌀을 가지고 살 사람은 없고 동전을 가지고 살 사람은 많아져서 앉아서 장사하는 사람은 살아가기가 어려워질 것입니다. 신 등이 면밀히 생각하고 마음속으로 헤아려 상의 총명에 상달해 그 직책을 다했을 뿐입니다. 만약 백성의 고통을 들었다면 어찌 아뢰지 않았겠습니까?"

사눌(思訥)이 또 아뢰었다.

"찢어지고 떨어진 저화(楮貨)를 숫자대로 바꿔준다면 진실로 백성에게 편익(便益)할 것입니다. 그러나 간사하고 교활한 유수(遊手-놀고 먹는 사람)의 무리는 조금이라도 찢어진 곳이 있으면 도장의 흔적이 있고 없음을 분간하지 아니하고 다 바꾸려고 할 것입니다. 사섬서(司贍署)에서 도장 흔적이 분명한 것을 따진다고 하더라도 나가서 즉시 찢어 가지고 다시 들어와 교환해갈 것이니, 어찌 각 도의 민호(民戶)에게 공급하는 것을 갖고서 도리어 유수(遊手)들의 이익이 되게 할 수 있겠습니까? 바라건대 앞서의 법에 따라 떨어진 저화[軟楮貨] 2장으로 새 저화 1장을 바꿔주소서."

그것을 따랐다.

정해일(丁亥日-22일)에 비가 조금 내렸다. 의정부 찬성 유정현(柳廷顯)이 북교(北郊)에서 비를 빌고 복명(復命)해 말했다.

"제사가 끝나자 비가 와서 옷을 적시고 돌아왔으니, 기쁘고 경사스러움을 이길 수 없습니다."

상이 환관(宦官) 최한(崔閑)을 시켜 뜻을 전해 말했다.

"경의 진실함의 소치다. 그러나 경에게 기쁨이 있다면 나의 기쁨이야 어찌 잴 수 있겠는가?"

곧 구마(廐馬) 1필을 내려주었다. 정부와 육조에서 약주(藥酒)를 권해 올리며 말했다.

"바야흐로 지금 기후가 순조롭지 못해 가뭄을 근심해서 감선(減膳)하셨으니, 신 등은 병환이 나지 않을까 두렵습니다."

상이 말했다.

"비록 내가 술을 마시지 않는다 해서 어찌 하늘이 비를 주겠는가? 다만 백성에겐 금하면서 나 혼자만 마시는 것이 미편(未便)해서일 뿐이다. 경들이 나에게 권하니, 내 마땅히 따르겠다."

이어서 말했다.

"경들도 가무는 때를 만났으니 어찌 술을 마실 수 있었겠는가?"

곧 내관(內官)에게 명해 술을 권해서 보냈다. 상이 약주를 들지 아니한 지 27일이 됐는데, 이때에 이르러 다시 들었다.

○ 각 전(殿)의 수건(手巾)을 저포(苧布)로 쓰지 말도록 명했다.

○ 진언(陳言)을 육조(六曹)에 내려 토의하게 했다. 감사와 대소인원의 진언(陳言)이 총 200여 통인데, 예조에서 분류해 단초(單抄)해서 아뢰니 곧 육조에 내려보냈다.

무자일(戊子日·23일)에 황주(黃州)에 황(黃)·청(靑)·흑(黑)의 충(蟲)이 생겨 벼를 갉아먹었다.

○ 형조와 대간이 대궐에 나아와 치용(致庸)과 무휼(無恤)·무회(無悔)의 죄를 청했다.


기축일(己丑日·24일)에 햇무리가 있었다. 달이 묘성(昴星)을 범했다.

○ 대마도(對馬島)의 두지포(豆地浦) 도만호(都萬戶)가 사람을 보내 토산물을 바쳤다.

○ 상이 불편했다. 상이 이질(痢疾)을 앓으므로, 종친(宗親)과 정부(政府)·육조(六曹)가 대궐에 나아와 문안했다[起居].
<sub>기거</sub>


경인일(庚寅日·25일)에 명해 민무휼(閔無恤)과 민무회(閔無悔)를 외방에 자원거주(自願居住)하게 하고서, 무휼과 무회에게 일러 말했다.

"내가 만약 편안히 있게 되면 너희들은 마땅히 근심이 없으려니와, 내가 만약 편안치 못하면 너희들의 화단(禍端)은 더욱 빠를 것이다. 내가 특별히 늙은 어미를 염려해 국론(國論)을 굳이 거부하고 너희들에게 죄주지 않는다."

대언 등이 의금부로 하여금 압송할 것을 청하니, 상이 말했다.

"듣건대 대부인(大夫人)이 이르기를 '내가 늙었으니 어찌 이 세상에 오래 살 수 있겠느냐? 두 아들을 데리고 가고 싶다'라고 했다니, 그 말이 슬프다. 내 진실로 국론(國論)의 비평을 받을 줄 알지만, 사정(私情)에 압박을 받아 나로서도 어쩔 수가 없다. 굳이 의금부가 아니더라도 내 마땅히 사람을 보내 그들을 보내겠다."

○ 육조에서 시행할 만한[可行] 진언 사건(陳言事件)을 토의해 아뢰니, 모두 33조항이었다.

"하나, 전 강릉 부사(江陵府使) 이구(李龜)의 진언(陳言)입니다. '일찍이 수령(守令)이 돼 사람을 죽였거나 사람을 상해(傷害)해 이미 죄를 받은 자는 서용(敍用)하지 말아서 외방 관리(官吏)의 가혹한 정사(政事)를 제거하소서.' 토의해 결론을 얻기를 '중외(中外)의 관리(官吏)로 불법적으로 살인한 자와 탐오(貪汚)해 정사를 어지럽혀 이미 죄를 받은 자는 영구히 서용하지 말며, 몽롱(朦朧)하게 보거(保擧-천거를 보증함)한 자도 율(律)에 의거해 단죄할 것'이라고 했습니다.

하나, 우군도총제(右軍都摠制) 이화영(李和英) 등 86인이 진언한 것입니다. '성중애마(成衆愛馬)²⁷와 각사(各司)의 이전(吏典)·조례(皂隸) 등은 1년에 두 차례 도목(都目)에 거관(去官)하게 하소서.' 토의해 결론을 얻기를 '각사의 이전(吏典)으로 개월(箇月)이 이미 찬 자는 1년마다 많은 곳에는 2명을, 적은 곳엔 1명을 쓸 것'이라고 했습니다.

하나, 우부대언(右副代言) 서선(徐選) 등 6인이 진언한 것입니다. '종친(宗親)과 각 품의 서얼(庶孽-첩이나 노비 자식) 자손(子孫)은 현관직사(顯官職事-현달한 자리)에 임명하지 말아서 적첩(嫡妾)을 분별하소서.' 토의해 결론을 얻기를 '진언한 대로 시행할 것'이라고 했습니다.

하나, 전 판원주목사(判原州牧使-원주목 판사) 이상(李湘) 등 5인이 진언한 것입니다. '각사(各司)의 이전(吏典)으로 거관(去官)해 직책을

---

27 조선조 때 내금위(內禁衛)·충의위(忠義衛)·충찬위(忠贊衛)·충순위(忠順衛)·별시위(別侍衛)·족친위(族親衛) 등에 속해 궁궐의 숙위와 근시의 일을 맡은 직임이다. 성중아막(成衆阿幕)이라고도 한다.

받고 녹(祿)을 받지 못했는데도 개차(改差)되는 일이 간혹 있으니, 바라건대 이조와 병조로 하여금 녹(祿)을 받았는지의 여부를 고찰하게 한 뒤에 체차(遞差-교체)하소서.' 토의해 결론을 얻기를 '무릇 도목(都目)에 거관해 녹을 받지 못한 자는 체차하지 말 것'이라고 했습니다.

하나, 전 낭장(郎將) 황유중(黃有中)이 진언한 것입니다. '불충(不忠)한 난신(亂臣)의 자손은 서용(敍用)하지 말게 하소서.'

하나, 공조정랑 반영(潘泳) 등 2인이 진언한 것입니다. '근년에 물에 빠져 죽은 선군(船軍)의 성명을 각 소재관(所在官)에 이문(移文)해 추고(推考)하게 해서 그 집의 세(稅)를 면제하게 하소서.'

하나, 전 형조판서 유용생(柳龍生) 등 3인이 진언한 것입니다. '각 도의 시위군(侍衛軍)은 당번(當番)이 되면 서울로 올라와 시위(侍衛)하고 하번(下番)하면 본진(本鎭)에 나가 근무하게 되니, 두 가지 군역(軍役)은 진실로 어렵습니다. 바라건대 시위(侍衛)와 진속(鎭屬)을 나눠 정하소서.'

하나, 병조좌참의(兵曹左參議) 신개(申槪)가 진언한 것입니다. '각 역승(驛丞)이 부임할 때 포마(鋪馬-역마) 2필씩을 주어 보내소서.'

이상 네 가지 조항을 토의해 결론을 얻기를 '진언한 대로 시행할 것'이라고 했습니다.

하나, 진산부원군(晉山府院君) 하륜(河崙)이 진언한 것입니다. '저화(楮貨)의 일로 인하여 죄를 범한 사람의 가산(家産) 또한 사첩(謝牒-직첩)을 환급(還給)하는 예(例)에 의거해 환급하시고, 금후로 죄를 범하는 자는 중국에서 보초(寶鈔)를 사용하는 율(律)로 논죄하소서.'

위 조항은 을미년 6월 20일 이후부터 율문에 의하여 시행하소서.

하나, 흥해(興海) 호장(戶長) 최가해(崔可海)가 진언한 것입니다. '간악한 무리가 동기(同氣)·골육(骨肉)의 4~5촌의 가난한 집 딸을 그 종으로 하여금 강간(强奸)하게 해서 그 소생(所生)을 잡아다가 부리는 자가 있으니, 바라건대 철저히 추고(推考)해 비첩(婢妾) 소생의 예(例)에 따라 사재감(司宰監)에 채워 넣으소서.' 위 조항을 토의해 결론을 얻기를 '철저히 추고해 이혼시키고[離異], 그 소생은 속공(屬公)할 것'이라고 했습니다.

하나, 판내자시사(判內資寺事-내자시 판사) 이수(李穗) 등 14인이 진언한 것입니다. '자기비첩(自己婢妾)의 소생은 그 아비가 죽기를 기다려서 부리게 하소서.'

하나, 동지돈녕부사(同知敦寧府事-돈녕부 동지사) 김구덕(金九德)이 진언한 것입니다. '성중(城中)에서 가끔 인명(人命)을 함부로 살해해 저잣길 사이에 버리기도 하고 혹은 개천의 물에다 던지기도 합니다. 바라건대 헌사(憲司)로 하여금 조사하게 하고, 만약 고발하는 자가 있으면 범인의 가산의 반을 상으로 충당해 그 원통하고 억울함을 씻어주게 하소서.'

하나, 도총제 이화영(李和英) 등 11인이 진언한 것입니다. '양편이 모두 부당해 속공(屬公)시킨 노비가 도망쳤을 때, 그 정상이 현저한 자는 본 주인으로 하여금 대신 세우지 못하게 하소서.'

이상의 세 가지 조항을 토의해 결론을 얻기를 '진언한 대로 시행할 것'이라고 했습니다.

하나, 창녕부원군(昌寧府院君) 성석린(成石璘)과 옥천부원군(玉川府院君) 유창(劉敞) 등이 진언한 것입니다. '법(法) 하나를 고치는 것이 비록 소민(小民)에게 해가 없는 것 같으나 그 폐단이 다단함은 실로 쉽게 말하지 못할 것이 있습니다. 바라건대 이제부터는 일이 국가의 대체(大體)에 관계되고 민생(民生)에 커다란 폐해가 되는 것은 반드시 없애야만 할 것입니다. 그중에서 크게 이해(利害)가 없는 것은 마땅히 그전의 법을 따르는 것이 옳겠습니다.'

하나, 안성군(安城君) 이숙번(李叔蕃)이 진언한 것입니다. '활인원(活人院)에 나눠 소속시킨 무격(巫覡-무당)으로 하여금 병인(病人)들을 돌보아 보호하게 하고, 매년 세말(歲末)마다 활인(活人)한 인원의 많고 적음을 상고해서 10명을 살린 자는 상을 주어 뒷사람을 권장하고 마음을 쓰지 않은 자는 죄를 논하소서.'

하나, 대사성(大司成) 유백순(柳伯淳) 등이 진언한 것입니다. '연해(沿海) 어량(魚梁-어장)으로 호세가(豪勢家)에 의해 탈취 점령된 것[奪占]은 금령(禁令)을 엄히 가해 백성의 소망에 부응(副應)케 하소서.'

하나, 직예문관(直藝文館) 황현(黃鉉) 등이 진언한 것입니다. '벼슬하는 사람들은 원조(元朝)의 법에 의하여 유사(攸司)로 하여금 귀근(歸覲-고향에 가서 부모님을 뵘)·배소(拜掃-성묘)하는 제도를 정하게 해서 충효(忠孝)를 온전하게 하소서.'

하나, 진산부원군 하륜이 진언한 것입니다. '경기(京畿)의 예전에 초완(草薍-풀과 갈대)이 생산되던 곳이 함부로 경작(耕作)을 당해 일가(一家)에만 이익만 주는 것을 모두 다시 속공(屬公)시켜서 예전대로 초완이 성장(成長)하게 하고 백성이 베어가는 것을 허용하며, 선공감(繕工監)의 1년 경비(經費) 이외의 것은 즉시 나눠 방매(放賣)케 함이 편하겠습니다.'

이상 다섯 가지 조항을 토의해 결론을 얻기를 '진언한 대로 시행할 것'이라고 했습니다.

하나, 상호군(上護軍) 김사미(金思美)가 진언한 것입니다. '경기 감사(京畿監司)가 행행(行幸-임금의 행차)을 지응(支應-물자 지원)한다고 핑계 대고서 교초(郊草-들풀)를 엄청나게 베어 사사로이 단자(單子-물품 수량을 적는 종이)로 사용하니 인정(人情)에 매우 미편(未便)합니다. 금후로는 일절 금지하소서.' 위 조항을 토의해 결론을 얻기를 '강무장(講武場)의 상소(常所)로 상정(詳定)한 각관(各官)과 강무 때 경과하는 노변(路邊)의 각관 이외에는 교초를 베는 것을 금하고, 진언한 대로 시행할 것'이라고 했습니다.

하나, 정랑(正郎) 반영(潘泳) 등이 진언한 것입니다. '녹양(綠楊)·금양(衿陽)·고양(高陽) 등의 목장(牧場) 안에서 세 곳만 택해 삼군(三軍)에 정속(定屬)시키고, 그 나머지 목장은 모두 혁파해버리소서.' 위 조항을 토의해 결론을 얻기를 '오늘날의 갑사(甲士)의 수효는 감(減)했는데 목장만은 예전대로 두었으니 미편합니다. 바라건대 적당히 그 수를 감하는 것이 좋겠습니다'라고 했습니다.

하나, 진산부원군 하륜 등 29인이 진언한 것입니다. '각 호(戶)의 차역(差役-역사에 차출함)을 전지(田地)와 인구의 다소에 따라 상고해서 균등하게 정하라고 일찍이 교지(敎旨)가 있었는데, 관리(官吏)들이

다만 호패(號牌)에 의거해 인구수에 따라 역사에 차출하는 인원을 결정합니다. 청컨대 교지에 따르지 않는 것으로 논죄(論罪)하소서.' 위 조항을 토의해 결론을 얻기를 '진언에 의해 시행할 것'이라고 했습니다.

하나, 참찬 유관(柳觀)이 진언한 것입니다. '경기(京畿)에 있는 각 품(品)의 과전(科田)은, 빌건대 소재지 관사(官司)로 하여금 답험(踏驗)하게 한 뒤에 조세를 거두소서.' 위 조항을 토의해 결론을 얻기를 '진언한 내용에 의거해 소재지 관사(官司)에 손실답험(損實踏驗)²⁸의 첩자(帖字)를 만들어주어, 전객(佃客-소작인)이 경작한 전지(田地)의 손(損)이 10분의 8에 이른 것은 조세의 수납을 면제해 민생(民生)을 두텁게 하고, 공전(公田)도 이 예(例)에 의하소서'라고 했습니다.

하나, 전 판한성부사(判漢城府事-한성부 판사) 최용소(崔龍蘇) 등이 진언한 것입니다. 그 진언의 내용 중에 이런 말이 있습니다. '전라도의 조운(漕運)은 빌건대, 사선(私船)으로 값을 주어 상납(上納)하고 병선(兵船)으로 하여금 호송하게 하소서.' 위 조항을 토의해 결론을 얻기를 '진언에 의거해 시행하고, 나머지 미멸(米糩-싸라기)은 조운선(漕運船)을 이용해 상납하게 하소서'라고 했습니다.

하나, 중군총제(中軍摠制) 이징(李澄) 등이 진언한 것입니다. '저화(楮貨)를 만드는 닥나무[楮]를 민간(民間)에서 수납(收納)하니 그 폐단이 적지 않습니다. 바라건대 저화로써 (그 값을) 환급(還給)해서 교역(交易)해 민폐를 제거하소서.' 위 조항을 토의해 결론을 얻기를

---

28 전답(田畓)의 곡식이 여물고 여물지 않은 것을 실제로 답사해 조사하는 일을 가리킨다.

'관가에서 심은 닥나무 밭의 소출로써 (저화를) 만드소서'라고 했습니다.

하나, 사간원 우사간대부 이맹균(李孟畇) 등 5인이 진언한 것입니다. '외방(外方)에서 진사(眞絲-명주실)를 바치는 것을 면제하소서.'

하나, 공안부 윤(恭安府尹) 안성(安省)이 진언한 것입니다. '강원도에서 연례(年例)로 바치는 목재(木材)는 빠트릴 수 없는 것이니, 그 도(道)의 다른 공물(貢物)을 타도(他道)로 적당히 옮기어 그 백성을 부생(復生)하게 하소서.'

하나, 전 한성부 윤 민계생(閔繼生)이 진언한 것입니다. '각 도의 계수관(界首官)에 소재(所在)한 저화(楮貨)를 그 임내(任內)로 나눠 보내 분포(分布)시켜서, 사람들로 하여금 상경(上京)해 무역하는 폐단을 없애게 하소서.'

하나, 철성군(鐵城君) 이원(李原)이 진언한 것입니다. '부강(富强)한 사람은 전지(田地)를 많이 차지해 일가(一家)의 경작(耕作)이 이미 넉넉한데도 가난한 백성과 병작을 해 이익을 취하니, 고르지 못한 근심이 있습니다. 환과고독(鰥寡孤獨)으로서 자경(自耕)할 수 없는 자 이외에, 부강한 자가 병작하는 전답은 경작하고 있는 가난한 백성에게 지급해 그들의 생계를 이루게 하소서.'

하나, 사선 주부(司膳注簿) 진운수(秦云壽) 등이 진언한 것입니다. '기선군(騎船軍) 영전(營田)의 경우(耕牛)와 농기구는 관(官)에서 저화(楮貨)를 지급해 사줌으로써 스스로 비치하지 말게 하고, 번(番)을 나눠 일을 시키게 하소서.'

위 다섯 조항을 토의해 결론을 얻기를 '진언에 의거해 시행하소서'
라고 했습니다.

하나, 전 급사(給事) 김한의(金漢義) 등이 진언한 것입니다. '각 관
(官)에서 창고에 있는 묵은쌀[陳米]과 묵은 콩[陳太]을 상납할 때는,
빌건대 다시 말[斗]로 되어 제사(題辭-관청의 검사)를 매겨주어 출포
(出浦)하게 하소서.' 위 조항을 토의해 결론을 얻기를 '수량을 되어보
지도 않고 수령(守令)에게 그대로 지급한 자는 다른 사람이 진고(陳
告)하도록 허락해 논죄하소서'라고 했습니다.

하나, 전 사정(司正) 길충실(吉忠實)이 진언한 것입니다. '유후사(留
後司)에서 요역(徭役)을 배정하는 등의 일을 4현(縣)의 호장(戶長)에게
체지(帖紙)를 내려보내게 하나, 호장 등이 고르게 배정하지 않습니다.
바라건대 대관(大官-큰 고을)의 예(例)에 의거해 몸소 고르게 배정하
도록 하소서.' 위 조항은 토의해 결론을 얻기를 '진언에 의거해 시행
하소서'라고 했습니다.

하나, 유학(幼學) 배적(裵迪) 등이 진언한 것입니다. '조전선(漕轉船)
을 압령(押領)하는 만호(萬戶)·천호(千戶)가 진상(進上)을 명목으로
여러 섬에서 사냥해 폐단을 일으키니, 금후로는 배가 떠난 날을 빙
고(憑考)하여 그 폐단을 없애소서.' 위 조항을 토의해 결론을 얻기를
'추고(推考)하여 금지하되, 여전(如前)히 폐단을 일으키는 자는 다른
사람이 진고(陳告)하도록 허락해 논죄하소서'라고 했습니다.

하나, 흥해 호장 최가해가 진언한 것입니다. '충주(忠州)의 경원창
(慶源倉)에 쌀을 납입할 때 국가에서 상정(詳定)한 것 이외의 잡물(雜
物)을 거두는 것이 매우 많으니, 바라건대 전례(前例)에 의하여 상납

(上納)하게 해서 폐단을 제거하소서.' 위 조항을 토의해 결론을 얻기를 '상정한 것 이외의 잡물을 거두는 것을 엄히 금하소서'라고 했습니다."

모두 그것을 따랐다.


**신묘일(辛卯日-26일)**에 소나기가 내렸다.

○ 형조와 대간에서 대궐에 나아와 무휼(無恤) 등의 죄를 청했으나 윤허하지 않았다.

○ 종정무(宗貞茂)가 사람을 보내와서 토산물을 바쳤다.

○ 의정부에서 별선(別膳)을 권해 바쳤으나 윤허하지 않았다.


**임진일(壬辰日-27일)**에 소나기가 내렸다.

○ 외방(外方)의 악(嶽-산)·해(海)·독(瀆-강)·산천(山川)에 비를 빌었다. 지신사 유사눌(柳思訥)에게 명해 육조에 뜻을 전해 말했다.

"즉위한 이래로 오래 가물어 비가 오지 않음이 이처럼 극도에 달한 적은 없었다. 내가 왕위를 사양하지 않는다고 비방하는 자가 어찌 없겠는가? 마땅히 왕위를 세자(世子)에게 전해 하늘의 징계에 답해야겠다. 그러나 세자가 어려서 일의 경험이 없고, 사람들의 참혹(慘酷)함을 두려워하지 않을 수 없다. 병술(丙戌-1406년) 연간에 간악한 사람들이 틈을 엿보아 과궁(寡躬-내 몸)을 동요시키려고 했으니, 내가 오늘날까지 전위(傳位)할 뜻을 이루지 못한 것은 인심(人心)을 눌러서 복종시키려고 함이었다."

판서 박신(朴信) 등이 말했다.

"허! 그게 무슨 말씀이십니까? 전하가 정치(政治)를 근심하고 부지런하심은 진실로 전고(前古)에 부끄러울 바가 없습니다. 금년의 한재(旱災)는 다만 때의 운수[時數]가 마치 그러하여 그런 것일 뿐입니다. 그리고 신 등이 성상(聖上)의 마음을 몸 받지[體] 못한 때문일 뿐입니다."

○ 형조와 대간에서 치용(致庸)과 무휼(無恤) 등의 죄를 청했다.


**계사일(癸巳日-28일)**에 남양부(南陽府)에 지진(地震)이 있었다.

○ 형조와 대간에서 치용(致庸)과 무휼(無恤) 등의 죄를 다시 청했다.

○ 직산(稷山)의 남쪽 마을 관음사(觀音寺)의 산허리에 있는 작은 소나무가 벼락을 맞았다.

○ 또 수원(水原) 임내(任內)의 용성(龍城)에 거주하는 재인(才人) 김두언(金豆彦)과 그의 처자(妻子) 네 명이 벼락을 맞았고, 그 집에 화재가 났다.


**갑오일(甲午日-29일)**에 소나기가 내렸다. 영서역(迎曙驛) 정자(亭子)의 소나무 한 그루가 벼락을 맞았다.

○ 겸 지형조사(知刑曹事-형조 지사) 김효손(金孝孫)과 도관 좌랑(都官佐郎) 정치(鄭稚)의 직(職)을 파면했다. 애초에 평성군(平城君) 조견(趙狷)이 노비를 도관(都官)에 송사했는데, 제군(諸君)이 서제(書題)한 것을 가지고 김익(金翊)으로 하여금 대리 소송하게 했다. 익(翊)이 방장(房掌) 치(稚)를 능욕하자 치와 효손(孝孫)이 익을 때렸다. 이에 견

(狷)이 노하여 형조에 고발했다. 형조에서 탄핵해 청했다.

"견은 사사로운 일로 서제(書題)를 쓰게 했고 효손과 치는 익의 죄를 논하여 보고하지 않고 소송하는 사람을 함부로 때렸으니, 모두 죄를 주어야 마땅합니다."

효손 등의 직책을 파면하고, 견은 공신(功臣)이라 해 논하지 않았다.

○ (상이) 경복궁으로 이어(移御)했다.


을미일(乙未日·30일)에 형조와 대간에서 대궐에 나아와 치용(致庸)과 무휼(無恤) 등의 죄를 청했는데, 진시(辰時)부터 오시(午時)에 이르도록 (상에게) 주달하지 못하고 물러갔다.

○ 대마도(對馬島)의 종우마(宗右馬)와 좌위문대랑(左衛門大郞)이 사람을 보내 예물(禮物)을 바쳤다.

丙寅朔 還御昌德宮.

司憲府 司諫院及功臣等請致庸等罪 不聽.

丁卯 立告身三經齊坐啓聞之法. 知申事柳思訥啓: "獻納張晉

告身 到臺已滿五十日." 敎曰: "自今告身一經齊坐 則啓聞 更不除

臺諫之官." 吏曹判書黃喜啓曰: "幸以警覺而一經齊坐者有之 請經

三坐而後啓聞." 從之. 因曰: "若無經濟之才 雖有門閥 何益於治體

哉?"

議政府 功臣上疏 請致庸 李稷等罪. 政府之疏曰:

'傳曰: "見無禮於其君 誅之如鷹鸇之逐鳥雀." 況以無根之說

懷憤謗讟者哉? 今若不忠大逆之人 寬宥不懲 則後有如此之人 將

何以處之? 前日臣等請致庸 無悔等罪 有沮議不請者 厥罪惟均.

伏望殿下 許從有司之請 斷以大義 明正其罪 以答群臣之望.'

功臣之疏略曰:

'致庸 無悔等不忠之罪 王法所必誅; 李稷黨惡之罪 亦所不容

臣等再次申請 未蒙兪允. 前左議政南在之罪 亦不輕於李稷. 臣等

竊謂 好生之德 無如堯舜之仁 而虞書尙曰: "刑故無小." 仲尼作

春秋 尤嚴於誅意. 伏望殿下 斷以大義 依律施行 以垂萬世爲人臣
춘추 우엄 어 주의 복망 전하 단이 대의 의율 시행 이수 만세 위 인신

不忠之戒.'
불충 지 계

　憲府 諫院亦詣闕申請 皆不允.
헌부 간원 역 예궐 신청 개 불윤

　戊辰 禱雨于宗廟及名山大川. 禮曹啓: "隋唐古制 凡京都孟夏
무진 도우 우 종묘 급 명산대천 예조 계 수당 고제 범 경도 맹하

以後旱 則祈岳鎭 海瀆及祭山川 能興雲雨者於北郊 又祈社稷 又祈
이후 한 즉기 악진 해독 급 제 산천 능흥 운우 자어 북교 우기 사직 우기

宗廟 每七日一祈 不雨還從岳瀆如初. 今祈雨靡神不擧 迨今不雨
종묘 매 칠일 일기 불우 환종 악독 여초 금 기우 미신 불거 태금 불우

祈雨依古典施行." 從之.
기우 의 고전 시행 종지

　己巳 遣司譯院判官姜庾卿 管押逃軍朴蒙舍等二十三名赴遼東.
기사 견 사역원판관 강유경 관압 도군 박몽사 등 이십삼 명 부 요동

承文院進遼東移咨及安印 知申事柳思訥覺其咨中日月錯誤 乃下
승문원 진 요동 이자 급 안인 지신사 유사눌 각기 자중 일월 착오 내하

知事尹淮 副校理鄭麟趾于義禁府. 仍傳旨曰: "自今事大文書安印
지사 윤회 부교리 정인지 우 의금부 잉 전지 왈 자금 사대문서 안인

之時 幷備空押安印 以爲恒式."
지시 병비 공압 안인 이위 항식

　庚午 徹膳斷酒. 命承政院曰: "予以否德 續承丕基 頻年致旱
경오 철선 단주 명 승정원 왈 여이 부덕 찬승 비기 빈년 치한

深懷慄慄 今日欲視事 誠畏天不敢. 爾等與六曹 予之否德 力陳
심회 율률 금일 욕 시사 성 외천 불감 이등 여 육조 여지 부덕 역진

無隱 予將改行 庶免旱災." 柳思訥 韓尙德 徐選偕進六曹廳宣旨
무은 여장 개행 서면 한재 유사눌 한상덕 서선 해진 육조 청 선지

六曹判書等對曰: "以臣淺見 巍巍盛德 何敢議乎? 臣等竊意 此乃
육조판서 등 대왈 이신 천견 외외 성덕 하감 의호 신등 절의 차내

辨正之餘毒 然悔不可追 言之何益?" 有頃 又傳旨曰: "予亦以爲
변정 지 여독 연 회 불가추 언지 하익 유경 우 전지 왈 여 역 이위

辨正之怨 責躬自悔而已." 於是 六曹 承政院同議致旱之故以聞:
변정 지 원 책궁 자회 이이 어시 육조 승정원 동의 치한 지고 이문

"其一 誤決官員及妄告誤決人員謝牒及關係重事外 雜犯人員謝牒
기일 오결 관원 급 망고 오결 인원 사첩 급 관계 중사 외 잡범 인원 사첩

許令還給. 其二 上項人員田地 依曾降敎旨還給. 其三 宰牛曾有
허령 환급 기이 상항 인원 전지 의 증강 교지 환급 기삼 재우 증유

禁令 比來宰殺尤甚. 有能捕告者 將犯人家産充賞. 大小人員毋得
금령 비래 재살 우심 유능 포고 자 장 범인 가산 충상 대소인원 무득

286

食牛肉 違者論罪. 自死之肉 京中 漢城府著稅 外方則受官司明文
식 우육 위자 논죄 자사 지육 경중 한성부 저세 외방 즉수 관사 명문

後 方許買賣 違者 亦依律論罪." 從之. 傳旨承政院曰: "予欲退休
후 방허 매매 위자 역의율 논죄 종지 전지 승정원 왈 여욕 퇴휴

以避旱災." 柳思訥曰: "若如上敎 一國臣民 孰不痛心? 莫若側身
이피 한재 유사눌 왈 약여 상교 일국 신민 숙불 통심 막약 측신

修行耳." 有間 又傳旨曰: "大旱之災 莫知其端 深懷危懼. 此非特
수행 이 유간 우전지 왈 대한 지재 막지 기단 심회 위구 차 비특

怨咨之所致 必陰慝之氣 壅鬱於下也." 思訥啓曰: "怏怏懷憤者除之
원자 지소치 필 음특 지기 옹울 어하 야 사눌 계왈 앙앙 회분 자제지

則庶可致雨." 上曰: "無益之論也." 傳旨承政院曰: "有興師動衆而
즉 서가 치우 상왈 무익 지론 야 전지 승정원 왈 유흥사 동중 이

致怨咨歟? 有男女之未婚嫁者歟? 予欲出宮女 然無有出之者. 旱氣
치원자 여 유 남녀 지미 혼가 자여 여욕출 궁녀 연 무유 출지자 한기

太甚 其故何歟?" 思訥對曰: "興師今所固無 動衆則臣心以爲 近者
태심 기고 하여 사눌 대왈 흥사 금 소고무 동중 즉신심 이위 근자

築城藥山 採金江原. 若宮女則昔者出宮女 數至三千 載在簡冊 今
축성 약산 채금 강원 약 궁녀 즉 석자 출궁녀 수지 삼천 재재 간책 금

宮女多不過二十 何可出也? 今殿下以愧于上天 久不視事. 昨日
궁녀 다 불과 이십 하가 출 야 금 전하 이괴 상천 구불 시사 작일

六曹上言: '體天道之自强不息 而視事不已.' 小臣之願 亦如是也."
육조 상언 체 천도 지 자강불식 이 시사 불이 소신 지원 역 여시 야

上曰: "予非以怠惰而不視也. 事不合天 旱氣至此 予實愧焉耳."
상왈 여비이 태타 이불시 야 사불 합천 한기 지차 여실 괴언 이

命兵曹放還諸道別牌 歸農拾粟 以贍糧用 以防牌軍代直.
명 병조 방환 제도 별패 귀농 습률 이섬 양용 이 방패군 대직

下權堡 李蘭 金敍 李孟畭于義禁府 照律論罪. 堡等於太祖忌辰
하 권보 이란 김서 이맹유 우 의금부 조율 논죄 보등 어 태조 기신

會飮于朴去非家 招妓張樂 至是事覺 爲憲府所糾. 去非以功臣子
회음 우 박거비 가 초기 장악 지시 사각 위 헌부 소규 거비 이 공신 자

勿論.
물론

辛未 臺諫 刑曹劾無恤 無悔. 上嘗御便殿 世子及孝寧 忠寧兩
신미 대간 형조 핵 무휼 무회 상 상어 편전 세자 급 효령 충녕 양

大君侍 世子啓曰: "去癸巳年四月 中宮違豫 臣與孝寧 忠寧在闕內
대군 시 세자 계왈 거 계사년 사월 중궁 위예 신여 효령 충녕 재 궐내

無悔 無恤亦來問安. 二弟奉藥入內 獨臣與二閔在 無悔語及家門
무회 무휼 역래 문안 이제 봉약 입내 독신 여 이민 재 무회 어급 가문

見敗 二兄得罪之由 臣責之曰: '閔氏之門 驕恣不法 不比他姓 宜其
견패 이형 득죄 지유 신 책지 왈 민씨 지문 교자 불법 불비 타성 의기

得禍.' 無悔謂臣曰: '世子不長於吾家門乎?' 臣默然 俄而入內 無恤
<sub>득화 무회위신왈 세자부장어 오가문호 신묵연 아이 입내 무휼</sub>

追臣而語曰: '無悔失言 望勿露此言.' 臣久未上聞. 今者罔有悛心
<sub>추신 이어왈 무회실언 망물로 차언 신구미상문 금자 망유 전심</sub>

又有怨言 故敢以啓."
<sub>우유 원언 고감 이계</sub>

　上卽召無恤 無悔問之 二人辭以無之. 上曰: "此輩之事 但念老姑
<sub>상즉소 무휼 무회문지 이인 사이무지 상왈 차배 지사 단념 노고</sub>

在堂 不忍置法." 旣已 引見知申事柳思訥於內而告之 思訥請下攸司
<sub>재당 불인 치법 기이 인견 지신사 유사눌 어내 이 고지 사눌 청하 유사</sub>

考問. 後 世子召右司諫李孟畇 執義安望之等謂曰: "去癸巳年未寧
<sub>고문 후 세자소 우사간 이맹균 집의 안망지 등위왈 거 계사년 미령</sub>

時 我與兩大君侍疾 無恤 無悔亦詣闕問安在坐. 兩大君奉湯藥入內
<sub>시 아여양 대군 시질 무휼 무회 역 예궐 문안 재좌 양 대군 봉탕약 입내</sub>

余曰: '舅氏家門 不是淸修.' 無悔答曰: '世子不長於吾家門乎?' 吾
<sub>여왈 구씨 가문 불시 청수 무회 답왈 세자부장어 오가문호 오</sub>

聞之 心懷不平 因起 無恤告我曰: '雜談請除.' 吾卽欲上達 適以
<sub>문지 심회 불평 인기 무휼 고아왈 잡담 청제 오즉욕 상달 적이</sub>

中宮未愈 不可煩上聰 未果. 近日幸自省覺 旣已啓達 卿等職在
<sub>중궁 미유 불가 번 상총 미과 근일 행 자성각 기이 계달 경등 직재</sub>

臺諫 亦當知之."
<sub>대간 역 당 지지</sub>

　至是 臺諫 刑曹劾問無恤 無悔以世子所言 且守直二人家. 世子
<sub>지시 대간 형조 핵문 무휼 무회 이세자 소언 차 수직 이인 가 세자</sub>

貳師劉敞等詣闕上言: "世子告臣等以癸巳年間無悔等所說 且曰:
<sub>이사 유창 등 예궐 상언 세자 고신등 이 계사 년간 무회 등 소설 차왈</sub>

'無悔 無恤反以我爲不實之言 吾豈敢造言 以害外戚也? 其爲不直
<sub>무회 무휼 반 이아위 불실 지언 오 기감 조언 이해 외척 야 기위 부직</sub>

如此.' 臣等聞此戰越 請將無悔等下攸司鞫問." 上曰: "予已知之 但
<sub>여차 신등 문차 전월 청장 무회 등 하 유사 국문 상왈 여 이 지지 단</sub>

大夫人未安 用是未決耳." 敞等曰: "不以私恩害公義 且王者無私."
<sub>대부인 미안 용시 미결 이 창등왈 불이 사은 해 공의 차 왕자 무사</sub>

上曰: "予當問之 熱甚 卿等宜退休于家." 召司憲掌務鄭村曰: "老姑
<sub>상왈 여당 문지 열심 경등 의퇴 휴우가 소 사헌 장무 정촌 왈 노고</sub>

病臥在床 勿令守直."
<sub>병와 재상 물령 수직</sub>

　壬申 臺諫 刑曹交章請廉致庸等罪. 疏曰:
<sub>임신 대간 형조 교장 청 염치용 등죄 소왈</sub>

'臣等近以致庸 無悔 李稷 南在 興阜等不忠之罪 各具章疏 再三
<sub>신등 근이 치용 무회 이직 남재 흥부 등 불충 지죄 각구 장소 재삼</sub>

申請 未蒙兪允 不勝隕越之至. 竊惟人臣懷無君之心 犯不忠之罪

天下萬世之所不容 乃臣子不共戴天之讎也. 致庸止坐杖流之罪

無悔止收職牒 完然在家 穆止收職牒錄券 安置其鄉 在止停其職

完聚於家 興阜止收杖贖 安於故鄉 殊失盛朝用刑之道 一國臣民

罔不痛心. 伏望殿下 斷以大義 皆置極刑 以戒後來.'

召無恤 無悔詣闕 令六曹 臺諫詰問. 臺諫交章又請無恤 無悔等

罪 略曰:

'癸巳年中宮未寧時 無恤 無悔等與世子所言 再三問備 托以忘却

不以直對. 肆於六月初六日 進無悔于宮 親問事端 猶不款服. 臣等

竊觀 無悔則以世子所言 反謂不實之說 其心難測 無君之心益著;

無恤則其時細聽無悔之言 乃請世子以不用漏洩. 今當三省劾問之

時 不顧上恩及君臣之大義 但以兄弟私情 相爲容隱 對不以直 請收

職牒 將無悔一處 加刑鞫問.'

上覽之 命承政院曰: "今當大旱 行事不可差誤. 後世必謂父子

羅織疑似 以陷無辜. 惟爾等同六曹 臺諫 世子一處 對辨眞妄 使

國人灼知曲直." 有頃 六曹判書詣闕啓曰: "今者無恤等雖相容隱

其情已顯 不待對辨 曲直自判 況與世子對辨 有類相訟 臣等何忍

同坐聽之? 此事必垂史筆 殊爲不便." 上曰: "昔有如此事 予曾親

處決 辨其眞妄 殊無害矣." 判書等又啓曰: "李茂之事 殿下親斷

乃明致天討 非此比也." 上曰: "予非不知而爲之 須當對論 以決

眞妄." 乃令吏曹判書黃喜 兵曹判書朴信 戶曹判書沈溫 刑曹判書
尹向 禮曹判書鄭易 義禁府提調李天祐 功臣漢平君趙涓 知申事
柳思訥 代言韓尙德 趙末生 徐選 右司諫李孟畇 獻納徐晋 執義
安望之 掌令鄭村 議政府舍人趙瑞老 刑曹佐郎李胖等會兵曹政廳.
世子出坐 無恤 無悔俱至 世子曰: "癸巳年中宮未寧時 吾與兩大君
侍病 二叔及閔繼生因問安來 竝在坐. 兩大君因湯藥入內 吾語之
曰: '舅氏之門 不可謂之淸修.' 無悔叔答曰: '世子不生長吾門乎?'
我內懷不平 因起入 無恤叔追止我曰: '雜談請除.' 上項言說 兩叔
不言乎?" 無悔曰: "昏昧太甚 不能記得." 世子曰: "雖小民之事
不可以欺天聰 舅若不言 予何故而爲此妄言乎? 親親而仁民 仁民
而愛物 我豈以他人視兩舅哉?" 無悔曰: "更細商量. 其時世子所言
吾心以爲但以兩兄之故 而全辱一門 內懷不平而云然." 無恤則曰:
"吾未聞其言." 尹向及臺諫問無悔曰: "然則世子之言 反不實乎?"
無悔猶曰不聽. 刑曹 臺諫曰: "無悔已自服矣. 公於朝廷會處 對以
不直乎?" 無悔又曰: "雖更思之 我實不聽." 僉曰: "無悔已服 公雖
不言 庸何害乎?" 遂啓曰: "無悔已服 眞情說盡 無恤奸詐尤甚 猶
自容隱 請下攸司 拷掠鞫問." 上曰: "其老母近日得病 姑且休之."
刑曹 臺諫再三申請 上曰: "予當問之." 乃使宦官崔閑問無恤曰: "汝
以六曹 臺諫及予皆愚惑 對不以實 汝審不自言乎?" 無悔對曰: "更
思之 雜談請除 臣之言也." 傳敎曰: "汝懷何心而發此言乎?" 無恤

對曰: "時當罷散 故臣曰雜談請除 各自還歸而已 有何心而發此言

乎?"上曰: "予於平日 常戒汝輩 至引王導王敦 周公管蔡之事 語之

懇款 爾猶不察 而所問之事 猶不實告乎?"無恤復對: "退散時雜談

請除 各自還家之語 以何心而發此言乎?"六曹 臺諫因啓曰: "頃刻

之間 初入傳之說與再入傳之言 轉相變更 若隔三四日 必生異計.

請於今日取招成案 以俟大夫人病間."上曰: "暑氣方熾 稍有未寧

明日朝啓 予親斷焉."

命豐海道各官鷹師 皆定軍役.

聚女巫 禱雨于白岳.

令臺諫議致旱之由以聞. 上召掌務命曰: "予自卽位以來 頻年

遇旱 而今年尤甚. 今朝欲問致旱之由 以爾等發憤言事 故未之問

也 其議以聞." 分遣注書于前大提學鄭以吾 藝文館提學卞季良之第

命占雨期.

癸酉 命收閔無恤職牒. 傳旨六曹 臺諫曰: "今此旱氣 乃大事也.

往者無咎 無疾皆已伏誅 今也無恤 無悔亦復如此 誠有慙色. 古昔

聖賢之時 或有奸惡 以致旱災. 以予不德而致如此之故 誠無怪矣."

六曹 臺諫因請曰: "殿下至明 好善惡惡 如鑑之照物 奚有加損而

愧耶? 請下攸司 依律科斷."上曰: "姑停此事 先議致旱之由."皆

對曰: "致旱之由 全在此等乖戾之氣. 予之於父 懷不孝之心 則天地

之氣 焉得而和; 臣之於君 懷不忠之心 則天地之氣 焉得而順? 去此

奸惡 庶可致雨. 今若不懲 後實難測 故云: '知惡不去 人主之大患

也.' 請下攸司 依律斷罪." 贊成柳廷顯 參贊柳觀等亦請其罪 乃命收

無恤職牒.

議政府 六曹條上弭災事目 命政府 六曹 臺諫 會朝啟廳 同議

弭災之道以聞. 其擬議條目內: '一 奴婢公文 自願成給. 一 破軟

楮貨準換. 一 依曾降教旨 鰥寡孤獨賑恤. 一 年七十已上無受田

前銜檢校漢城尹 自願京外居住. 一 私處奴婢 禁本主割耳割鼻文面

斷筋. 一 職牒收取外 雖犯杖罪 勿收科田. 一 各道革去各官 令

觀察使分揀 量宜復立.' 竝皆兪允.

祈雨. 禮曹啓曰: "前例 旱氣深重 事干迫切 則不待七日祈禱. 請

以書雲觀所擇十二日北郊 十四日社稷 十五日三角 木覓 楊津 漢江

等處祈雨." 又請斷繖扇 皆從之.

命停各殿點火炭 以非霾雨時也①.

釋尹淮 鄭麟趾 復其職.

甲戌 刑曹臺諫交章無恤 無悔罪. 疏略曰:

'無悔於癸巳年間 因世子之語 敢發不逞之言 其素有無君之心

著矣. 又與致庸搆爲無根之言 欲累上德 其懷叛逆之心益著矣. 今

殿下將世子所聞 問其根由 反以世子之言爲所未聞 至於世子親與

六曹臺諫開說當時之事 語意丁寧. 無悔不能遁其情而後乃服 其

無君之心亦甚矣. 無恤聞其弟不逞之說 恐其達於上總 而爲之請

292

世子以勿洩 豈無謂也? 至於今日 上問之再三 尙且强辨 不以實對
세자 이 물설 기무 위야 지어 금일 상 문지 재삼 상 차 강변 불 이실 대

是知有其弟 不知有殿下也. 其無君之心 與無悔奚擇哉? 臣等前日
시 지유 기제 부지 유 전하 야 기 무군지심 여 무회 해 택재 신등 전일

具疏 請問其罪 殿下但以私恩 不卽兪允 其於宗社之計何? 願殿下
구소 청문 기죄 전하 단이 사은 부즉 유윤 기어 종사 지계 하 원 전하

斷以大義 將無悔 無恤鞫問其由 明正其罪.'
단이 대의 장 무회 무휼 국문 기유 명정 기죄

臺諫 刑曹詣闕復請 議政府 三功臣亦上疏請之 皆不允.
대간 형조 예궐 부청 의정부 삼공신 역 상소 청지 개 불윤

乙亥 命勿收布帛稅 以未便詳定也.
을해 명물 수 포백세 이 미편 상정 야

祈雨于宗廟.
기우 우 종묘

定檢校各品祿科. 吏曹啓:
정 검교 각품 녹과 이조 계

"檢校祿科 正一品從正四品科 從一品從四品科 正二品正五品
검교 녹과 정일품 종 정사품 과 종일품 종사품 과 정이품 정오품

科 從二品從五品科 正三品參議正六品科 判事從六品科 從三品
과 종이품 종오품 과 정삼품 참의 정육품 과 판사 종육품 과 종삼품

正七品科 正四品從七品科 從四品正八品科 正從六品從八品科
정칠품 과 정사품 종칠품 과 종사품 정팔품 과 정종육품 종팔품 과

正從六品正九品科." 從之 唯功臣親父檢校祿科仍舊.
정종육품 정구품 과 종지 유 공신 친부 검교 녹과 잉구

丙子 月犯心前星.
병자 월 범 심 전성

臺諫刑曹及功臣有司請無恤等罪.
대간 형조 급 공신 유사 청 무휼 등죄

斬敬承府知印朴酋. 初 酋詣承政院告曰: "本房知印高德生等
참 경승부 지인 박추 초 추 예 승정원 고왈 본방 지인 고덕생 등

二十餘人 與平陽君金承霍謀作亂 前月二十七日 同議署名 以立
이십 여인 여 평양군 김승주 모 작란 전월 이십 칠일 동의 서명 이립

文案." 仍以文案上 卽命義禁府捕德生等與酋憑問. 知申事柳思訥
문안 잉 이 문안 상 즉명 의금부 포 덕생 등 여 추 빙문 지신사 유사눌

請幷下承霍于獄 上曰: "平陽君雖未賢 豈與是謀者乎? 弑父與君
청 병하 승주 우옥 상왈 평양군 수 미현 기 여 시모 자호 시부 여군

亦不從也." 義禁府閱其實 乃酋與本房有隙 且承霍之爲兵曹判書也
역 부종 야 의금부 열 기실 내 추 여 본방 유극 차 승주 지위 병조판서 야

酋以非次乞職不得 遂誣告也. 卽釋德生等. 承霍詣闕泣謝. 義禁府
추 이 비차 걸직 부득 수 무고 야 즉석 덕생 등 승주 예궐 읍사 의금부

啓曰: "酋罪比死罪人誣告律 杖一百 流三千里 加役三年." 命曰: "此
乃誣告謀叛也." 下六曹 政府擬議以聞 擬議啓曰: "朴酋誣告大臣
謀叛 其情甚重 願以斬刑施行. 後若有如此之人 亦依此例 以爲
恒式." 從之.

　禁各道進生肉. 上曰: "各道都觀察使 節制使 都巡問使因生肉
進上 無時田獵 妨農害民 竝皆禁止.

　命藝文館提學卞季良 往晉山府院君河崙第 議銅錢法. 上曰:
"布帛收稅 中國明王之遺法. 今者三十稅一 其不滿二十張者 計紙
收之 有同兒戲. 文獻通考有銅鐵鉛錫四等錢法 今欲行之 庶便於
布帛收稅 無奇胱之患. 又恐盜鑄 然當有禁鑄之令 且昔日用布 亦
聽民織造 雖其盜鑄 亦何傷乎?"

　季良往傳上旨 崙謂: "中朝楮幣 準一千文之外 又有九百 至一百
文者. 初建行楮幣之時 亦欲續請造小楮幣 以倣華制 遷延未果 致
令民間有重無輕 用行之際 不無盈縮 誠如上旨. 然造銅錢 必致
錢重幣輕 民益不用. 請造小楮幣 以今大鈔準一千文 隆殺以十 自
九百至一百 作九等楮貨 庶便於布帛收稅 且尤利於民間數升買賣
矣."

　季良復命 命六曹於明日上議 仍命宦官崔閑往復論難造小楮貨
便否於承政院 且問: "小楮信文 當用何物?" 知申事柳思訥謂:
"中國舊用錢 故以錢貫多小 爲楮貨之信. 若以米升爲計 則米價

多小 隨時高下 不可準擬. 本國既以布匹爲楮貨之信 固當以布匹
尺數 分其等第 以三十五尺爲極數 降以三尺 分爲九等 庶便於用.
然尙有零數 不能推移. 假如今以楮貨一張 買紙六十張 一升米價
紙六張 着稅之法 木綿一匹收紙三十張 正五升布收紙十張. 今者
正五升布一匹 收紙十二張則太多 若減取則又積少成多. 遺利甚多
固不若鑄錢行用 箇箇取之之爲便 且整齊也."

左代言卓愼言: "大鈔之外 只造十分之一之小鈔 只以大小用之
庶愚民不見欺於奸商 且用之爲便." 左副代言趙末生請依河崙之
言 而或盈或縮之物 不在收稅之例 紛紜未決. 上命崔閑宣曰: "吾
將下文獻通考於承政院 令詳考造錢之法. 又念前朝有國五百餘年
未嘗用此法 太祖亦未嘗用之 至於吾身 何爲勞心焦思 以斂衆怨
乎? 收稅之法 亦當不用矣." 上意 蓋慮鈔法民不樂用 欲因行用銅錢
馴致改之 思訥贊之云.

丁丑 停敎坊習樂. 上曰: "旱災太甚 敎坊女樂 姑停肄習." 柳思訥
與判書黃喜啓曰: "非是樂爲 唯以肄習耳 不須停之." 上曰: "此識理
者之言乎? 雖非樂爲 當此旱災 固非習樂之時." 喜與思訥慙服.

上護軍平道全請祈雨於漢江. 道全請曰: "率日本國僧數人 依
日本禮 於漢江水邊 沈舍利 擊小鼓以禱 庶可得雨." 從之 且曰: "沈
舍利祈禱 固已妄矣. 況擧國祈禱而不得 反賴一倭豎而得乎? 今此
旱災 非臣民之罪也 責在於我."

戊寅 停各道進鷹子.
무인 정 각도 진 응자

賜祭於慶安宮主之殯. 柳思訥啓請賜祭 上曰: "古有禮文乎?"
사제 어 경안궁주 지 빈 유사눌 계청 사제 상왈 고유 예문 호

思訥對曰: "禮文則時未考也 但緣情以啓耳." 上召禮曹佐郎周冕
사눌 대왈 예문 즉시 미고 야 단 연정 이계 이 상소 예조좌랑 주면

問於判書鄭易 晉山府院君河崙 皆曰: "臣子之沒 必奠 義當賜祭
문어 판서 정역 진산부원군 하륜 개왈 신자 지몰 필전 의당 사제

也." 乃遣使祭之.
야 내 견사 제지

己卯 月傍有靑赤氣.
기묘 월방 유 청적 기

求言. 上曰: "方玆盛農之時 久旱不雨 恐有人事之失 令各司及
구언 상왈 방자 성농 지시 구한 불우 공유 인사 지실 영 각사 급

二品已上 時政闕失 民生疾苦 悉陳無隱." 上以旱甚 乃日進一膳.
이품 이상 시정 궐실 민생 질고 실진 무은 상이 한심 내 일진 일선

禮曹上祈雨條目 覽之曰: "今玆久旱 祈禱之典 非不悉擧 尙且不雨
예조 상 기우 조목 람지왈 금자 구한 기도 지전 비불 실거 상차 불우

奚專事於祈禱? 宜當盡心恐懼修省耳. 若有可行祈禱之事 則禮曹
해 전 사어 기도 의당 진심 공구수성 이 약유 가행 기도 지사 즉 예조

自爲之."
자 위지

停侍女朔料.
정 시녀 삭료

庚辰 刑曹 臺諫請無悔 無恤等罪.
경진 형조 대간 청 무회 무휼 등죄

辛巳 隕霜.
신사 운상

戶曹上錢幣法. 晉山府院君 河崙詣闕 上引見于便殿. 崙出語
호조 상 전폐법 진산부원군 하륜 예궐 상 인견 우 편전 륜 출어

承政院曰: "上欲行銅錢 誠良法也." 俄而 命戶曹議鑄錢制度以聞.
승정원 왈 상 욕행 동전 성 양법 야 아이 명 호조 의 주전 제도 이문

戶曹上言: "臣等謹稽歷代載籍 三代以來 皆用錢幣 或以會子 或以
호조 상언 신등 근계 역대 재적 삼대 이래 개용 전폐 혹이 회자 혹이

交子兼行. 今國家旣用楮貨 以革前朝布幣之用 民受其利 然其用使
교자 겸행 금 국가 기용 저화 이혁 전조 포폐 지용 민수 기리 연 기 용사

之際 有所未盡. 乞依唐開元 五銖錢制 鑄朝鮮通寶 與楮貨兼行
지제 유 소미진 걸의 당 개원 오수전 제 주 조선통보 여 저화 겸행

以銅一兩 鑄成十錢 以百錢當楮貨一張 流行境內 以便國用 以濟
이 동 일량 주성 십전 이 백전 당 저화 일장 유행 경내 이편 국용 이제

斯民. 私鑄者 以私鑄銅錢律論 告者充賞 不用者 亦依此律." 從之.

遣司譯院判官朴茂 押送逃軍金南吉等六名于遼東.

放壬午 己丑年間被罪人妻妾子孫爲官賤者.

禮曹進古典祈雨可行事件:

"一 後魏和平元年 詔州郡於其境內神無大小 悉皆灑掃 薦以

酒脯 年登之後 各以本秩 祭以牲牢. 一 宋紹興八年 以時雨愆候 令

臨安府差官建道場祈求."

上從之.

壬午 命六曹 承政院 議陳言內可行事目 凡時散大小人員陳言 摠

一百四十餘道 去其不切於時務者. 乃命崔閑問六曹判書 諸代言等

以講武 楮貨 除下六十 漕轉等四事目: "陳言內皆以爲 不可遠行

講武 然京畿無可講武之所 欲絶而不爲如何?" 皆對曰: "講武 訓鍊

軍事且禮行不可廢也." 上曰: "移文豐海 忠淸兩道 其海州串內 蕁堤

等處 許民入耕 毋禁私獵 擬議田獵常所以聞." 判書 代言等議: "以

江原道橫川珍寶爲一所 以豐海道平山 迎鳳爲一所." 上曰: "迎鳳

去串內不遠 予則老矣 不復遠行於串內. 後代人君若畋於迎鳳 則

必有以畋於串內爲言者." 卽命更定他所 乃以安峽 平康爲一所

京畿右道竝令禁私獵; 橫川 芳林爲一所 而楊根 廣州 豐壤 抱川

長湍 臨江 亦竝禁私獵.

上又傳旨曰: "陳言內皆以爲 用楮貨未便 何以爲之?" 判書 代言

等啓曰："今者楮貨已興用 而除着稅價 則何有於行之未便？" 上曰：
등 계왈　금자 저화 이 흥용　이 제착 세가　즉 하유 어 행지 미편　상왈

"用楮貨則着稅價 不可無也. 前日除稅價 非永除也 乃姑停之耳."
용 저화 즉 착 세가　불가 무야　전일 제 세가　비영제 야 내고 정지 이

因曰："與銅錢兼行如何？" 判書 代言等啓曰："不可以兼行 用銅錢
인왈　여 동전 겸행 여하　판서　대언 등 계왈　불가이 겸행　용 동전

則當不用楮貨 而興用錢文. 昔楮貨始用之時 許令與五升布竝行 而
즉 당 불용 저화　이 흥용 전문　석 저화 시용 지시　허령 여 오승포 병행 이

民不用楮貨 故中絶其布 示民不用 然後興用楮貨. 錢與楮貨之兼行
민 불용 저화　고 중절 기포　시민 불용　연후 흥용 저화　전여 저화 지겸행

亦類此也." 上曰："錢楮之兼用 吾能爲之. 卿等姑以六卿 而何先發
역 유차 야　상왈　전저 지겸용　오능 위지　경등 고이 육경　이하 선발

此言 以聽愚民乎？ 兼行之術 載在古典." 因出元史 杜氏通典示之
차언　이청 우민호　겸행 지술　재재 고전　인출 원사　두씨통전 시지

即召摠制李玄 問大明兼行錢楮之法 仍使言於六曹判書以質之.
즉 소 총제 이현　문 대명 겸행 전저 지법　잉 사언 어 육조판서　이 질지

於是 戶曹判書沈溫上錢幣興用啓目. 略曰：
어시　호조판서 심온 상 전폐 흥용 계목　약왈

'一 用久陳米豆 視楮貨之時價 於鑄鐵每一斤 給楮貨三張之價
일 용 구진 미두　시 저화 지시가　어 주철 매일근　급 저화 삼장 지가

之米 許令貿易. 其外方各官 亦依此例 貿易以納. 一 京外時散各品
지미 허령 무역　기 외방 각관　역 의차례 무역 이납　일 경외 시산 각품

隨品定數收納. 一 犯罪人家財內 國用限當外 以雜物貿易. 一 自願
수품 정수 수납　일 범죄인 가재내　국용 한당 외 이 잡물 무역　일 자원

人鑄鐵三斤納官 則以二斤所造錢還給. 一 京外犯罪人收贖 今後
인 주철 삼근 납관　즉 이 이근 소조 전 환급　일 경외 범죄인 수속　금후

楮貨鑄鐵相半徵納.'
저화 주철 상반 징납

上從之 唯隨品納鐵及贖罪鑄鐵之事 不允. 一 除下六十之事
상 종지　유 수품 납철 급 속죄 주철 지사 불윤　일 제하 육십 지사

判書朴信等曰："此輩事於職事 而未有廩祿 莫若限以四百 而給祿
판서 박신 등왈　차배 사어 직사　이 미유 늠록　막약 한이 사백　이 급록

以役之." 信仍進啓目曰：
이 역지　신 잉진 계목 왈

"各領隊長 隊副其各品根隨及土木之役 一皆蠲免 選壯實者一千
각영 대장　대부 기 각품 근수 급 토목 지역　일개 견면　선 장실 자 일천

以爲定額 各受防牌 輪番侍衛 府兵之良法也. 其革隊長二百三十
이위 정액　각수 방패　윤번 시위　부병 지양법 야　기혁 대장 이백 삼십

隊副五百二十 初二番祿內 各品加數 府尹四 摠制九 僉摠制三 司直
대부 오백 이십　초 이번 녹내　각품 가수　부윤 사　총제 구　첨총제 삼　사직

六 副司直九 司正十八 副司正十八 三軍近仗八十等 祿科準計 餘剩

米麥豆布 可充四百餘人祿俸. 願每一領攝隊長三 攝隊副七 四十領

合四百人差下 祿俸頒賜. 長番立役 有 府兵去官者 於攝隊長 隊副

中 擇壯實者充立 其攝隊長 隊副遷轉之闕 於婢妾子及稱干稱尺中

擇壯實者充立. 各司都目 爲頭吏典 皂隸 螺匠 所由等 隊長 隊副

去官人 並於攝職差下. 如此則祿俸不加 而府兵實; 各處差備有實

而補充軍遷轉之路 亦不闕矣. 各品婢妾子及稱干稱尺人 並令推考

補充軍施行 奉足定給 分番立役. 都摠制以下各陪及不得已營繕

等事 臨時承命 酌量定給."

從之.

一 漕轉之事 莫若私船給稅而轉運也. 何則? 今夏敗船之時 私船

之敗居一 而軍船之敗居多 以私船人便習舟楫而知其水路也.

六曹擬議以聞 乃許以私船運米 而以軍船護送.

教曰:"楮貨行用之際 一張以下 貿易最難. 今因戶曹之啓 欲鑄

銅錢 與楮貨交行 以便民用. 愚民曲生疑意 將以楮貨爲無用 市中

貿易倍數而用 甚非後日長久之計. 主掌官將上項事意 掛榜通曉."

命勿收家基稅 以陳言及之也.

癸未 命前銜兩府農舍往來及年六十以上檢校漢城尹京外居處 從

其自願.

甲申 永康縣有靑黑蟲食禾.

罷吏曹判書黃喜 戶曹判書沈溫等職 前吏曹判書韓尙敬 前
파 이조판서 황희 호조판서 심온 등직 전 이조판서 한상경 전

兵曹判書以功臣勿論 前漆原監務張脩依律論罪. 初 府尹李玄申呈
병조판서 이 공신 물론 전 칠원 감무 장수 의율 논죄 초 부윤 이현 신정

略曰:
약왈

"玄之女子 行首李仲茂之妻也. 李之浩作收養 臧獲家財竝皆
현 지 여자 행수 이중무 지처야 이지호 작 수양 장획 가재 병개

傳給. 甲午九月物故 張脩亦以之浩爲侍養 共爭奴婢 而未及呈於
전급 갑오 구월 물고 장수 역이 지호 위 시양 공쟁 노비 이 미급 정어

限內 以接狀爲要 飾辭呈狀于憲司 憲司不克精察 分送于戶曹 判書
한내 이 접장 위요 식사 정장 우 헌사 헌사 불극 정찰 분송 우 호조 판서

朴信 房掌佐郎河之溟等決給仲茂. 脩以戶曹之決爲誤 而擊鼓申呈
박신 방장 좌랑 하지명 등 결급 중무 수 이 호조 지결 위오 이 격고 신정

命下六曹辨其是非. 六曹判書等皆不歸咎於憲司之接狀 但請張脩
명하 육조 변기 시비 육조판서 등 개불 귀구 어 헌사 지 접장 단청 장수

飾詐妄呈之罪 且以傳契甚明奴婢 以爲僞造文契 竝皆屬公 甚爲
식사 망정 지죄 차 이 전계 심명 노비 이위 위조 문계 병개 속공 심위

未便 乞更決正."
미편 걸 경결 결정

下承政院閱實. 代言啓: "六曹果不從敎旨." 上傳旨曰: "爾等當
하 승정원 열실 대언 계 육조 과 부종 교지 상 전지왈 이등 당

其時何不言?" 柳思訥啓曰: "其時臣等以六曹爲未便 但以愚庸不能
기시 하 불언 유사눌 계왈 기시 신등 이 육조 위 미편 단 이 우용 불능

啓也." 上曰: "久旱不雨 以予無德而在上乎? 臣下相與欺罔而致之
계야 상왈 구한 불우 이여 무덕 이 재상 호 신하 상여 기망 이 치지

乎?" 思訥等俯伏不能對. 俄而啓曰: "臣下不能奉職而致然也." 上
호 사눌 등 부복 불능 대 아이 계왈 신하 불능 봉직 이 치연 야 상

卽命臺諫 更議決正. 臺諫上言: "前判書韓尙敬等 宜啓以限內未呈
즉명 대간 갱의 결정 대간 상언 전 판서 한상경 등 의계 이 한내 미정

不受理 計不出此 違敎聽斷 請治其罪." 於是 罷喜等職 且謂代言
불수리 계 불출 차 위교 청단 청치 기죄 어시 파 희등직 차위 대언

曰: "此奴婢事 汝等亦嘗參議 而何不精察 而與六曹通同如此乎?
왈 차 노비 사 여등 역상 참의 이 하불 정찰 이여 육조 통동 여차 호

何異於指鹿爲馬者歟?" 思訥等惶恐啓曰: "臣等之心 本不如此 然
하 이어 지록위마 자여 사눌 등 황공 계왈 신등 지심 본 불여 차 연

事勢至此 上敎宜矣. 臣雖獲罪 實無憾焉."
사세 지차 상교 의의 신수 획죄 실 무감 언

玉川君劉敞請祈雨於開慶寺 上曰: "禮典所載 無所不爲 尙不得
옥천군 유창 청 기우 어 개경사 상왈 예전 소재 무 소불위 상 부득

雨 豈可與僧徒祈禱而得雨乎?"
우 기가 여 승도 기도 이 득우 호

以柳亮爲議政府右議政 朴訔吏曹判書 尹向戶曹判書 鄭易
이 유량 위 의정부우의정 박은 이조판서 윤향 호조판서 정역

刑曹判書 李原禮曹判書 劉敞玉川府院君 鄭擢淸城府院君. 前日
형조판서 이원 예조판서 유창 옥천부원군 정탁 청성부원군 전일

功臣以事之敎 自是而改矣.
공신 이사 지교 자시 이 개의

乙酉 軍器監輸銅佛于僧錄司. 下旨曰: "各道守令近因輸納鑄鐵
을유 군기감 수 동불 우 승록사 하지 왈 각도 수령 근인 수납 주철

竝將敗亡寺社銅佛以納 甚爲無謂. 自今儻有如此者 許諸僧陳告
병장 패망 사사 동불 이납 심위 무위 자금 당유 여차 자 허저승 진고

論罪.
논죄

司諫院右司諫大夫李孟畇等辭職 不許. 前商議中樞院事南實
사간원 우사간대부 이맹균 등 사직 불허 전 상의 중추원사 남실

陳言曰: "殿下明如堯舜 而臣不如皋夔 皆持祿容身 不愛其君 方今
진언 왈 전하 명여 요순 이신 불여 고기 개 지록 용신 불애 기군 방금

職帶臺諫者 亦可見矣." 又曰: "講武之時 飛芻輓粟而驅軍 不齎
직 대 대간 자 역 가견 의 우왈 강무 지시 비추만속 이 구군 부재

一日之糧 顚仆丘壑之間. 且多畜內廐馬 以備草料." 上覽之曰:
일일 지량 전부 구학 지간 차 다축 내구마 이비 초료 상 람지 왈

"可愧. 奈何善政不彰乎? 予廐馬皆放牧場 而僅留三十餘匹. 京居
가괴 내하 선정 불창 호 여 구마 개방 목장 이 근유 삼십 여필 경거

宰相 尙不知如此等事 況僻在遠處者乎?" 實聞之 詣闕扣頭謝罪曰:
재상 상 부지 여차 등사 황 벽재 원처 자호 실 문지 예궐 구두 사죄 왈

"臣實不度而妄發也." 諫院以言及臺諫 故避嫌也.
신 실 불탁 이 망발 야 간원 이 언급 대간 고 피혐 야

丙戌 命停鑄錢. 司諫院上疏曰:
병술 명정 주전 사간원 상소 왈

'大抵法立弊生. 號牌 楮貨之行 犯法者多 民受其弊. 今又行銅錢
대저 법립 폐생 호패 저화 지행 범법자 다 민수 기폐 금우 행 동전

則銅錢比楮貨僞造尤易 必多犯法. 況時方大旱 民將飢饉 今聞欲
즉 동전 비 저화 위조 우이 필다 범법 황 시방 대한 민장 기근 금문 욕

行錢 則國家雖欲兼行楮貨 民心搖動. 貧民將楮貨買米而終不得米
행전 즉 국가 수욕 겸행 저화 민심 요동 빈민 장 저화 매미 이종 부득 미

因此朝不及夕者必有之. 創法施行 實爲未便 請停鑄錢.'
인차 조 불급 석 자필 유지 창법 시행 실위 미편 청정 주전

時 鑄錢方始 上覽疏曰: "今當憂旱 中心恍惚 如乘舟入海遇風濤
시 주전 방시 상 람소 왈 금당 우한 중심 황홀 여 승주 입해 우 풍도

也. 民若受弊 豈可行哉?" 卽命勿鑄. 仍曰: "後有明君出而行之."

上聞有一人將米二升 易楮貨一張 京市官員以其市準榜掠之 乃傳旨

于承政院曰: "民苦若此 汝等何不告乎?" 柳思訥啓曰: "臣等若聞之

何不啓乎?" 上召獻納徐晋曰: "爾等言銅錢行則米貴 余則停之. 爾

於何處見聞乎?" 晋對曰: "街里坐賈者 必得升米 以資生理. 銅錢

行則將米而買者無 將錢而買者多 坐賈者生理必艱. 臣等莫不周慮

而計之於心 以達上總 以盡其職而已. 若聞民苦 何不啓乎?" 思訥

又啓: "破軟楮貨 依數易換 誠爲便益於民 然奸猾遊手之徒 小有

所破 則不分印迹有無 而皆欲易換. 司贍署詰以印跡分明 則出而

卽便裂破還入換出 安能以各道民所供 反爲遊手之利乎? 乞依前法

以軟楮貨二張 易新一張." 從之.

丁亥 小雨. 議政府贊成柳廷顯祈雨于北郊 復曰: "祭畢而雨 霑服

而來 不勝喜慶." 上使宦官崔閑傳旨曰: "卿之眞實之致 然卿而

有喜 吾喜何可量也?" 仍賜廐馬一匹. 政府 六曹勸進藥酒曰: "方今

氣候不調 以憂旱減膳 臣等恐或致疾." 上曰: "予雖不飮 天何雨哉?

但以禁民而予獨飮 爲未便耳. 卿等勸我 我當從之." 仍曰: "卿等

當旱時 何得飮乎?" 乃命內官勸酒以遣之. 上徹(撤)藥酒二十七日

至是復進.

命各殿手巾 毋用苧布.

下陳言于六曹擬議. 各司及大小人員陳言 摠二百餘道 禮曹分類

單抄以聞 乃下六曹.
단초 이문 내 하 육조

戊子 黃州有黃靑黑蟲食禾.
무자 황주 유 황청 흑충 식화

刑曹 臺諫詣闕請致庸 無恤 無悔等罪.
형조 대간 예궐 청 치용 무휼 무회 등죄

己丑 日珥. 月犯昴星.
기축 일이 월 범 묘성

對馬島 豆地浦都萬戶遣人來獻土物.
대마도 두지포 도만호 견인 내헌 토물

上不豫. 上患痢疾 宗親 政府 六曹詣闕起居.
상 불예 상 환 이질 종친 정부 육조 예궐 기거

庚寅 命閔無恤 無悔於外方自願居住 且謂無恤 無悔曰:"予若
경인 명 민무휼 무회 어 외방 자원 거주 차위 무휼 무회 왈 여약

安居 則汝當無患 予若不安 則汝禍尤速矣. 予特以老姑爲念 堅拒
안거 즉여당무환 여약불안 즉여화우속의 여특이 노고 위념 견거

國論 不汝罪也." 代言等請令義禁府押送 上曰:"聞 大夫人云:'吾
국론 불여죄야 대언 등 청령 의금부 압송 상왈 문 대부인 운 오

老矣 安能久在此世? 欲挈二子而往.' 其言可哀. 予固知見譏於國論
노의 안능 구재 차세 욕설 이자 이왕 기언 가애 여 고지 견기 어 국론

然迫於私情 不能自已. 不須義禁府 予當自遣人送之."
연 박어 사정 불능 자이 불수 의금부 여 당 자 견인 송지

六曹擬議可行陳言事件以聞 凡三十三條:
육조 의의 가행 진언 사건 이문 범 삼십삼 조

"一 前江陵府使李龜陳言:'曾爲守令殺人傷人 已蒙罪者不敍
일 전 강릉부사 이구 진언 증위 수령 살인 상인 이 몽죄 자 불서

以除外吏苛亟之政.' 議得: 中外官吏非法殺人及貪污亂政 已蒙罪
이제 외리 가극 지정 의득 중외 관리 비법 살인 급 탐오 난정 이 몽죄

者 永不敍用; 朦朧保擧者 依律斷罪.
자 영불 서용 몽롱 보거 자 의율 단죄

一 右軍都摠制李和英等八十六人陳言:'成衆愛馬及各司吏典
일 우군도총제 이화영 등 팔십 육인 진언 성중애마 급 각사 이전

皂隸等 許一年兩都目去官.' 議得: 各司吏典箇月已滿者 每一年
조예 등 허 일년 양도목 거관 의득 각사 이전 개월 이만 자 매 일년

多處用二人 少處用一人.
다처 용 이인 소처 용 일인

一 右副代言徐選等六人陳言:'宗親及各品庶孽子孫 不任顯官
일 우부대언 서선 등 육인 진언 종친 급 각품 서얼 자손 불임 현관

職事 以別嫡妾之分.' 議得: 依陳言施行.
직사 이별 적첩 지분 의득 의 진언 시행

一 前判原州牧事李湘等五人陳言: '各司吏典去官受職 未受祿而
改差 容或有之. 乞令吏兵曹考受祿與否後遞差.' 議得: 凡都目去官
未受祿者 勿令遞差.

一 前郎將黃有中陳言: '不忠亂臣子孫 毋得敍用.'

一 工曹正郎潘泳等二人陳言: '近年溺水船軍姓名 各其所居官
移文推考 以復其家.'

一 前刑曹判書柳龍生等三人陳言: '各道侍衛軍當番則上京 下番
則赴鎭. 兩伴軍役實難 願侍衛鎭屬分定.'

一 兵曹左參議申槪陳言: '各驛丞赴任時 給鋪馬二匹以送.' 右
已上四條議得: 依陳言施行.

一 晉山府院君河崙陳言: '以楮貨事犯罪人家産亦用謝牒還給例
還給. 今後犯罪者 以中國寶鈔流行律論.' 右條子乙未六月二十日
以後 依律文施行.

一 興海戶長崔可海陳言: '奸惡之徒 將同氣骨肉四五寸貧乏之女
使奴子强奸 其所生各執使用者有之. 乞窮極推考 依婢妾所産例 充
司宰監.' 右條議得: 推考離異 所生屬公.

一 判內資寺事李穗等十四人陳言: '自己婢妾所生 待父之歿
役使.'

一 同知敦寧府事金九德陳言: '城中往往擅殺人命 或棄市路間
或投渠水. 乞令憲司考覈 如有告者 將犯人家産 一半充賞 以雪

冤抑.'
원억

一 都摠制李和英等十一人陳言: '兩邊不當屬公奴婢逃亡情狀
일 도총제 이화영 등 십일 인 진언 양변 부당 속공 노비 도망 정상

現著者 勿令本主代立.' 已上三條議得: 依陳言施行.
현저 자 물령 본주 대립 이상 삼조 의득 의 진언 시행

一 昌寧府院君成石璘 玉川府院君劉敞等陳言: '一法之更 雖若
일 창녕부원군 성석린 옥천 부원군 유창 등 진언 일법 지경 수약

無害於小民 其弊之多端 實有未易言者. 願自今事關國家大體 爲
무해 어 소민 기폐 지 다단 실유 미 이언 자 원 자금 사관 국가 대체 위

生民之巨害者 必須除之. 其無大利害者 宜仍其舊.'
생민 지 거해 자 필수 제지 기 무대 이해 자 의잉 기구

一 安城君李叔蕃陳言: '活人院分屬巫覡 俾令調護病人 每歲末
일 안성군 이숙번 진언 활인원 분속 무격 비령 조호 병인 매 세말

考其活人多少 能活十人者 給賞勸後; 不爲用心者論罪.'
고 기 활인 다소 능활 십인 자 급상 권후 불위 용심 자 논죄

一 大司成 柳伯淳等陳言: '沿海魚梁爲豪勢之家奪占者 嚴加
일 대사성 유백순 등 진언 연해 어량 위 호세 지가 탈점 자 엄가

禁令 以副民望.'
금령 이부 민망

一 直藝文館黃鉉等陳言: '仕宦者 依元朝之法 令攸司定其歸覲
일 직예문관 황현 등 진언 사환 자 의 원조 지법 영 유사 정기 귀근

拜掃之制 俾全忠孝.'
배소 지제 비전 충효

一 晉山府院君河崙陳言: '京畿在前草薍生處 冒受耕作 以利一家
일 진산부원군 하륜 진언 경기 재전 초완 생처 모수 경작 이리 일가

者 皆還屬公 依舊成長 聽民刈取. 其繕工監一年經費外 卽便分賣.'
자 개환 속공 의구 성장 청민 예취 기 선공감 일년 경비 외 즉편 분매

已上五條議得: 依陳言施行.
이상 오조 의득 의 진언 시행

一 上護軍金思美陳言: '京畿監司行幸支應依憑 郊草數多刈取
일 상호군 김사미 진언 경기감사 행행 지응 의빙 교초 수다 예취

用私單子 人情甚爲未便 今後一禁.' 右條詳定講武場常所各官及
용사 단자 인정 심위 미편 금후 일금 우조 상정 강무장 상소 각관 급

講武所經路邊各官外 郊草刈取 依陳言施行.
강무 소경 노변 각관 외 교초 예취 의 진언 시행

一 正郎潘泳等陳言: '綠楊 衿陽 高陽等牧場內 擇三所 定屬三軍
일 정랑 반영 등 진언 녹양 금양 고양 등 목장 내 택 삼소 정속 삼군

其餘牧場 一皆革去.' 右條今減甲士之數 而牧場則仍舊未便. 乞
기여 목장 일개 혁거 우조 금감 갑사 지수 이 목장 즉 잉구 미편 걸

量宜減數.
양의 감수

  一 晉山府院君河崙等二十九人陳言: '各戶差役 以田地人口多少
  일 진산부원군 하륜 등 이십 구인 진언 각호 차역 이 전지 인구 다소

相考均定 曾有敎旨. 官吏只以號牌 付人口數定役者 請以不從敎旨
상고 균정 증유 교지 관리 지이 호패 부 인구수 정역 자 청이 부종 교지

論.' 右條依陳言施行.
논 우조 의 진언 시행

  一 參贊柳觀陳言: '京畿各品科田 乞令所在官司踏驗 然後收租.'
  일 참찬 유관 진언 경기 각품 과전 걸령 소재 관사 답험 연후 수조

右條依陳言內 所在官司損實踏驗 帖字成給 佃客所耕田十分損至
우조 의 진언 내 소재 관사 손실답험 첩자 성급 전객 소경 전 십분 손 지

八分 除收租以厚民生 公田亦依此例.
팔분 제 수조 이후 민생 공전 역 의 차례

  一 前判漢城府事崔龍蘇等陳言內: '全羅道漕運 乞以私船給價
  일 전 판한성부사 최용소 등 진언 내 전라도 조운 걸이 사선 급가

上納 令兵船護送.' 右條依陳言施行 餘在米秔用漕運上納.
상납 영 병선 호송 우조 의 진언 시행 여재 미멸 용 조운 상납

  一 中軍摠制李澄等陳言: '楮貨造作之楮 民間收合 其弊不小. 願
  일 중군총제 이징 등 진언 저화 조작 지저 민간 수합 기폐 불소 원

以楮貨還給交易 以除民弊.' 右條以官種楮田所出造作.
이 저화 환급 교역 이제 민폐 우조 이 관종 저전 소출 조작

  一 司諫院右司諫大夫李孟畇等五人陳言: '除外方眞絲之貢.'
  일 사간원 우사간대부 이맹균 등 오인 진언 제 외방 진사 지공

  一 恭安府尹安省陳言: '江原道年例之木 不可闕也. 其道他貢
  일 공안부 윤 안성 진언 강원도 연례 지목 불가 궐 야 기도 타공

量移他道 以復其民.'
양이 타도 이복 기민

  一 前漢城尹閔繼生陳言: '各道界首官所在楮貨 分送任內分布 使
  일 전 한성윤 민계생 진언 각도 계수관 소재 저화 분송 임내 분포 사

人人無上京貿易之弊.'
인인 무 상경 무역 지폐

  一 鐵城君李原陳言: '富强人多執田地 旣足一家之耕 又與貧民
  일 철성군 이원 진언 부강인 다 집 전지 기족 일가 지경 우 여 빈민

幷耕取利 有不均之患. 鰥寡孤獨不能自耕者外 其富强者幷耕田畓
병경 취리 유 불균 지환 환과고독 불능 자경 자 외 기 부강 자 병경 전답

因給所耕窮民 以遂其生.
인 급 소경 궁민 이수 기생

  一 司膳注簿秦云壽等陳言: '騎船軍營田耕牛農器 官給楮貨買給
  일 사선 주부 진운수 등 진언 기선군 영전 경우 농기 관급 저화 매급

勿令自備 仍令分番役使.' 右五條 依陳言施行.

一 前給事金漢義等陳言: '各官倉庫陳米太上納時 乞令改斗量

題給出浦.' 右條不爲斗量 據給守令 許人陳告論罪.

一 前司正吉忠實陳言: '留後司徭役差定等事 下帖四縣戶長 戶長

等不均差定. 乞依大官例 親自均定.' 右條依陳言施行.

一 幼學裵迪等陳言: '漕轉船押領萬戶 千戶 進上爲名 獵於諸島

作弊. 今後發船日憑考 以革其弊.' 右條推考禁止 如前作弊者 許人

陳告論罪.

一 興海戶長 崔可海陳言: '忠州 慶源倉納米之時 詳定外雜斂

頗多. 乞依前例 上納除弊.' 右條詳定外雜斂者痛禁."

皆從之.

辛卯 驟雨.

刑曹臺諫詣闕請無恤等罪 不允.

宗貞茂遣人來獻土物.

議政府勸進別膳 不允.

壬辰 驟雨.

祈雨外方嶽海瀆山川. 命知申事柳思訥 傳旨六曹曰: "卽位以來

久旱不雨 未有如此之極. 豈無譏予不辭位者哉? 宜當傳位世子

以答天戒 然世子少不更事 且人之慘酷 不可不畏. 曩在丙戌年間

奸人伺隙 欲動搖寡躬 予之至今不遂志 所以鎭服人心也." 判書

朴信等曰: "惡是何言也? 殿下憂勤政治 實無愧於前古. 今年旱災
박신 등 왈　 오시 하언 야　전하 우근 정치 실 무괴 어 전고　 금년 한재

特時數之適然 且臣等不能體聖上之心所致耳."
특 시수 지 적연　차 신등 불능 체 성상 지 심 소치 이

刑曹 臺諫請致庸 無恤等罪.
형조　대간 청 치용　무휼 등 죄

癸巳 南陽府地震.
계사　남양부 지진

刑曹 臺諫復請致庸 無恤等罪.
형조　대간 부청 치용　무휼 등 죄

震稷山南村 觀音寺山腰小松.
진 직산 남촌　관음사 산요 소송

又震水原任內 龍城住才人金豆彦及妻子四人 其家災.
우 진 수원 임내　용성 주 재인 김두언 급 처자 사인　기가 재

甲午 驟雨. 震迎曙驛停松樹一株.
갑오　취우　진 영서역 정 송수 일주

罷兼知刑曹事金孝孫 都官佐郞鄭雉職. 初 平城君趙狷訟奴婢于
파 겸 지형조사 김효손　도관 좌랑 정치 직　초　평성군 조견 송 노비 우

都官 使諸君所書題 金翊代訟. 翊陵辱房掌鄭雉 雉與孝孫撻翊 狷
도관　사 제군 소서제 김익 대송　익 능욕 방장 정치　치 여 효손 달익　견

怒告于刑曹. 刑曹劾請: "狷以私事使書題; 孝孫與雉不論報翊罪 而
노 고우 형조　형조 핵청　견 이 사사 사 서제　효손 여 치 불론 보익 죄 이

擅撻訟者 宜竝坐罪." 乃罷孝孫等職 狷以功臣不論.
천달 송자 의병 좌죄　내 파 효손 등 직　견 이 공신 불론

移御景福宮.
이어 경복궁

乙未 刑曹 臺諫詣闕請致庸 無恤等罪 自辰至午 未得達而退.
을미　형조　대간 예궐 청 치용　무휼 등 죄 자진 지오　미득 달 이 퇴

對馬島宗右馬及左衛門大郞使人獻禮物.
대마도 종우마 급 좌위문 대랑 사인 헌 예물

| 원문 읽기를 위한 도움말 |

① 以非霖雨時也: 以~也는 '왜냐하면 ~때문이다'라는 구문이다.
이 비 매우 시 야　이　야

태종 15년 을미년
7월

# 七月

**병신일(丙申日-1일)** 초하루에 비가 조금 내렸다. 우의정(右議政) 유량 (柳亮) 등이 별선(別膳)을 들기를 권했으나 윤허하지 않았다.

○ 무휼(無恤)·무회(無悔)를 (황해도) 해풍(海豊)에 안치했다.

○ 임단현(臨湍縣) 사람 한동(韓同), 포천현(抱川縣) 사람 조성길(趙 成吉)과 여자 보화(寶花)가 벼락에 맞았다.

**정유일(丁酉日-2일)**에 장흥 도호부사(長興都護府使) 송극량(宋克良) 을 파직했다. 사헌 집의(司憲執義) 안망지(安望之) 등이 소를 올렸는 데 대략 이러했다.

'민생(民生)의 휴척(休戚-편안함과 힘듦)은 오로지 수령에게 달려 있 기에, 그래서 매번 교조(敎條)를 내리어 "중외(中外)의 관리가 탐오(貪 汚)해 정사를 어지럽혀 이미 죄를 받은 자는 영구히 서용하지 말고, 몽롱하게 보거(保擧)¹한 자는 율에 의거해 시행하라"라고 했습니다. 전 만호(萬戶) 송극량은 일찍이 선주(宣州)를 맡았을 때 탐오하고 정 사를 어지럽히어 이미 폄출(貶黜)을 당했는데, 신묘년(辛卯年)에 병조 에서 교지를 살피지 않고 천거해 수군 도만호(水軍都萬戶)로 삼았으 므로, 간원(諫院)에서 탐오해 정사를 어지럽힌 사유를 조목조목 갖

---

1  관리를 임명할 때 거주(擧主)가 보증 천거하는 일을 말한다.

취 계문해 파출(罷黜)했습니다. (그런데) 지금 이조판서 박은(朴訔)과 문선사(文選司) 정랑(正郎) 은여림(殷汝霖), 좌랑(佐郎) 배윤(裵閏) 등이 직책이 전선(銓選)에 있으면서 교지를 몸 받지 않고 몽롱하게 천거해 장흥 도호부사를 삼음으로써 전하께서 이 백성을 사랑하고 수령을 중하게 여기는 의의를 저버렸으니, 어찌 남의 신하 된 자로서 법을 받드는 뜻이겠습니까? 은(訔)·여림(汝霖)·윤(閏)의 몽롱한 죄를 상께서 재단(裁斷)해 시행하고, 극량(克良)을 파직해 한 고을의 백성을 편안하게 하소서.'

극량은 정직(停職)하고 은·여림·윤 등은 논하지 말라고 명했다. 극량은 본래 박은이 천거한 사람이다.

○ 종정무(宗貞茂)의 사인이 와서 토물을 바쳤다.

○ 풍해도(豊海道) 황주(黃州)·영강(永康)에 황충(蝗蟲)이 일자, 소작하는 자[佃者]를 시켜 잡아서 묻었다.
전자

○ (경상도) 초계현(草溪縣) 사람 쌍룡(雙龍), 산음현(山陰縣) 사람 김천화상(金千和尚)이 벼락에 맞았다.


**무술일(戊戌日-3일)**에 명빈(明嬪)[2]과 3궁주(宮主)가 본궁(本宮)으로 옮겼다.

○ 본궁(本宮) 서쪽에 집을 지었다.

○ 경기 도관찰사(京畿都觀察使) 구종지(具宗之, ?~1417년)[3]에게 명

---

2  태종의 후궁(後宮)으로, 김구덕(金九德)의 딸이다.

3  1399년(정종 1년) 형조의랑에 이어 1407년 호조참의가 됐다. 이때 평소 친하게 지내던

해 무휼(無恤)·무회(無悔) 등의 출입을 금지했다.

**경자일(庚子日-5일)**에 대간(臺諫)에서 교장(交章)해 완원부원군(完原府院君) 이양우(李良祐)의 죄를 청했다.

○ 조호(趙瑚, ?~1410년)⁴의 아들 수(須)·아(雅) 등에게 가재(家財)와 노비를 돌려주라고 명했다.

**신축일(辛丑日-6일)**에 큰비가 내렸다.

○ 이조판서(吏曹判書) 박은(朴訔)이 글을 올렸는데 글은 이러했다.

'수재(水災)와 한재(旱災)가 없는 해가 없으니, 진휼하는 정사 중에는 흉년에 대비하는 것보다 우선하는 것이 없습니다. 지금 기후가 순조롭지 못하고 비의 혜택이 때를 잃었으나, 100리 안에 비 오고 볕 나는 것이 곳이 다르고 하나의 현(縣) 안에 마르고 습한 것이 같지 않아서 비록 한건(旱乾)한 해를 만나더라도 반드시 풍등(豐登)하는

---

민무질(閔無疾)이 왕족 간의 이간을 꾀했다 하여 하옥되면서, 이와 관련되어 국문을 받았다. 그해에 1406년 이후 우리나라에 도망온 중국 사람의 쇄환(刷還) 상황을 알리기 위해 명나라에 사신으로 갔으며, 돌아올 때 명 황제가 태종에게 하사하는 서적을 받아왔다. 1416년 호조참판이 되었는데, 아우 구종수(具宗秀)가 왕명을 어기고 여색으로 세자를 자기 집에 유인해 향응을 베푸는 자리에 참석하여 갖은 방법으로 아첨하며 세 형제의 뒷날을 부탁한 사실이 발각되어, 이듬해 아우 구종유(具宗猷)·구종수와 함께 대역죄인으로 참수당했다.

4  1401년(태종 1년) 예문관태학사가 된 뒤 곧 검교참찬의정부사가 됐으나, 사헌부를 모독한 죄로 탄핵을 받아 평주(平州)에 유배됐다가 이듬해 복직됐다. 1405년 소를 사취(詐取)하여 나라에 바친 뒤 그 값을 돌려주지 않았다는 죄로 다시 평주에 유배되었다가 곧 풀려나서 적몰(籍沒)된 녹봉을 되돌려 받기도 했다. 그러나 1409년 왕실에 대한 불충한 일을 도모하다가 승니(僧尼) 묘음(妙音)의 고발로 다시 수금돼 이듬해 4월에 옥사했다.

곡식이 있습니다. 신이 두렵건대, 농민이 오늘의 주림에 부대끼어 내년의 계책을 미처 생각지 못하고 새 곡식을 모조리 먹어서 종자가 끊어지고 나면 비록 창름(倉廩)을 털어 진휼하더라도 구제할 수 없습니다. 엎드려 바라건대 유사(攸司)로 하여금 주현(州縣) 창름의 묵은 곡식을 많이 퍼내어 민간에서 먹는 새 곡식과 바꾸었다가 내년에 이르러 나눠주어 종자로 삼게 하고, 안팎으로 하여금 널리 구황(救荒)의 물자를 비축하게 해 생민의 목숨을 구제하소서.'

그것을 따랐다.

은(訔)이 또 말씀을 올리기를 "예전 제도를 변경하지 마소서"라고 하니, 상이 대언(代言) 등에게 일러 말했다.

"은의 말이 참으로 옳다[良是]. 예전 사람이 말하기를 '백성 다스리기를 헝클어진 노끈을 다스리듯 하라[治民如治亂繩]'[5]라고 했으니, 마땅히 육조와 함께 모두 나의 뜻을 잘 체화해서 새 법을 세우지 말고 다만 조용하게 다스리도록 하라."

○ 승정원(承政院)에서 아뢰었다.

"경기 연해(沿海)의 교동(喬桐) 거민(居民)이 충청도에서 황각(黃角)을 캐어 흉년에 대비하기를 청합니다."

허락했다.

○ 소목(蘇木-한약재)을 의정부(議政府)·육조(六曹)와 여러 대언(代

---

5 『십팔사략(十八史略)』에 나오는 공수(龔遂)의 말이다. 한나라 선제(宣帝)가 공수를 발해태수로 임명하면서 어떻게 다스릴 것이냐고 묻자 이렇게 대답했다. 매사 서둘지 않겠다는 말이다.

言)에게 내려주었는데, 왜국 사신이 바친 것이다.


임인일(壬寅日-7일)에 비가 내렸다. 육조 판서 등이 대궐에 나아와 하례하니 상이 말했다.

"지금 비록 비를 얻었으나, 농사에는 미치지 못한다."

판서 등이 다시 말했다.

"화가(禾稼-벼와 곡식)가 다시 소생하고 콩·팥·메밀이 또한 결실할 것이니, 그 이익이 어찌 적겠습니까?"

그 참에 각 도에서 진선(進膳)⁶하는 것을 회복하고 약주(藥酒) 올리기를 청하니, 상이 말했다.

"술은 다만 더 빚을 것은 없고, 예전에 빚은 것은 설령 쓰지 않는다 해봤자 무슨 소용이 있겠는가? 마땅히 쓰도록 하겠다. 각 도의 진선은 내가 각 역(驛)을 피곤하게 하는 것을 싫어하니 다시 말하지 말라. 다만 인덕궁(仁德宮)에 올릴 것이 없어서 걱정일 뿐이다."

그러고는 약주를 내려주라고 명했다.

○ 호조에 명해 묵은쌀·콩 2,000석을 내어 저화(楮貨)와 바꿨다.

○ 교하(交河) 사람 김문영(金文永)이 요언(妖言)을 지어낸 죄를 한 등 감했다.

의금부(義禁府)에서 아뢰어 말했다.

"문영(文永)은 율의 처참에 해당하고, 그 듣고서도 고하지 않은 고을 사람 조방삭(趙方朔)·호장(戶長) 김석견(金石堅)은 장(杖) 100대와

---

6 각 도에서 서울의 각 전(殿)에 바치는 물선(物膳)을 말한다.

도(徒) 3년에 해당합니다."

각각 감등해 시행하라고 명했다.

○ 형조와 대간(臺諫)에서 교장(交章)해 치용(致庸)·무휼(無恤) 등의 죄를 청했다.


**계묘일**(癸卯日-8일)에 보평전(報平殿)에 술자리를 마련해 일을 아뢰는[啓事] 신료에게 작(爵-술잔)을 내려주고, 입직(入直)하는 대소신료에게 술을 내려주어 두루 군사에게까지 미쳤다. 상이 한재(旱災)의 까닭을 논해 말했다.

"『춘추(春秋)』에 정월부터 비가 오지 않아서 가을 7월까지 이르렀다고 했고 또 역대로 5년 가뭄, 2년 가뭄이 있었으니, 내가 부덕(否德)한 사람으로서 어찌 감히 이를 피하겠는가? 또 가뭄[旱乾]의 재앙은 많은 사람을 동원해 백성을 수고롭게 하는 그때에는 일어나지 않고, 반드시 많은 사람을 동원해 백성을 수고롭게 한 뒤에야[後] 있었다. 태조(太祖)가 이 도성을 영건했으나 내가 깊이 살피지 못하고 [不審=不察] 송도(松都)로 돌아갔다가 오래지 않아서 돌아왔는데, 도읍(都邑)을 짓고 고치는 까닭으로 해마다 많은 사람을 동원해 백성을 수고롭게 했으니 오늘의 가뭄은 내가 실로 당할 만하다. 지난번 예조판서 이원(李原)이 중을 모아 비를 빌기를 청했으나 내가 즉시 허락하지 않았는데, 양(梁)나라 무제(武帝)는 호걸스러운 임금이었지만 이런 기도를 더욱 심히 좋아했으니 내가 어찌 감히 옳지 않다고 생각해서 하지 않은 것이겠는가? 우리나라에 지공대사(指空大師)·나옹대사(懶翁大師) 이후로는 내가 보고 아는 바로는 한 사람의 중도 그 도에 정통한 자가 없었다. 지금 빌어서 비를 얻으면 반드시 남의 비웃음을 받을 것이요, 만일 빌어서 비를 얻지 못하면 반드시 부처를 헐뜯은 까닭이라고 생각할 것이다. 그러므로 가볍게 허락하지 않은 것이다."

상이 그 참에 신선(神仙)의 도(道)를 논해 말했다.

"진시황(秦始皇)·한무제(漢武帝)가 (신선의 도를) 좋아하지 않은 바가 없었으나, 진서산(眞西山-송나라 유학자 진덕수)의 『대학연의(大學衍義)』를 보면 이를 배척하기를 극진히 했고 『문헌통고(文獻通考)』·『산당고색(山堂考索)』에는 그 말을 아울러 실었다. 근자에 내가 비를 근심하기를 심히 해서 황자후(黃子厚)로 하여금 태을초제(太乙醮祭)[7]를 행하게 했더니 과연 비를 얻었다.

어제 내가 「태을(太乙)」편을 강구(講求)하다가 병으로 끝내지 못했다. 예조에서는 천존(天尊-신선)에 호(號)를 올리는 예(例)를 상고해 아뢰어라."

○ 호조(戶曹)에 명해 말했다.

"가뭄 기운이 너무 심하니 화곡(禾穀)이 마른다. 각 도의 도관찰사(都觀察使)·도순문사(都巡問使)로 하여금 답험(踏驗)해 아뢰게 하라."

또 경기 경력(京畿經歷) 신이(辛頤)에게 뜻을 전해 말했다.

"도내의 이미 결실한 화곡은 큰바람이 불기 전에 백성으로 하여금

---

7  태을성(太乙星)에 지내는 제사다. 태을성은 하늘 북쪽에 있으면서 병란(兵亂)·재화(災禍)·생사(生死)를 맡아 다스린다고 한다.

빨리 베게 하라.”

○ 뜻을 내려[下旨] 말했다.
<sub>하지</sub>

“『육전(六典)』안에 ‘무릇 원통하고 억울함을 펴지 못하는 자는, 경중(京中)에서는 주장관(主掌官)에게 정장(呈狀)하고 외방에서는 수령·감사에게 정장하되, 끝까지 다스리지 않거든 헌사(憲司)에 갖춰 고하고, 역시 끝까지 다스리지 않거든 이에 와서 격고(擊鼓)하라’라고 했다. (그런데) 근년에 격고(擊鼓)하고 신정(申呈)하는 것은 모두 노비(奴婢)에 대한 일이고 그 밖에 법이 아니게 죄를 받은 것, 강포(强暴)로써 침핍(侵逼)한 것, 원통하고 억울함을 펴지 못한 것 등의 일은 아울러 신정(申呈)하지 않으니, 법을 세운 뜻에 어그러짐이 있어 화기(和氣)를 상하게 된다. 중외(中外) 대소인민이 만일 원통하고 억울함을 펴지 못하는 등의 일이 있거든 한결같이 육전에 의거해 시행하라.”

○ 형조·대간(臺諫)에서 치용(致庸)·무휼(無恤) 등의 죄를 청했고, 갑진일(甲辰日-9일)에도 그와 같이 했다.

○ 다시 장흥 도호부사(長興都護府使) 송극량(宋克良)에게 부임할 것을 명했다.


극량(克良)이 이미 파직되자 박은(朴訔)이 중외 관리가 탐오(貪汚)해 정사를 어지럽힌 조목을 육조(六曹)로 하여금 토의해 계문(啓聞)할 것을 청하니, 상이 그것을 따랐다. 예조(禮曹)에서 드디어 아뢰어 말했다.

“본조(本曹)와 여러 조(曹)에서 토의해 결론을 얻기를 ‘중외의 관리가 참으로 십악(十惡)[8]·감수자도(監守自盜)[9]·불법살인(不法殺人)·수재(受財) 등의 죄를 범해 이미 장(杖) 100대 이상에 좌죄(坐罪)된 자는 율에 의거해 서용(敍用)하지 말고, 죄가 거주(擧主)[10]에게 미치게 해야 합니다'라고 했습니다."

그것을 따랐다. 조금 있다가[未幾] 극량에게 부임하도록 명했는데, 극량이 이전의 죄로 장형(杖刑)의 집행을 겪지 않은 때문이다. 한참만에 이조(吏曹)에서 또 아뢰어 말했다.

"가만히 보건대, 판내섬시사(判內贍寺事-내섬시 판사) 허권(許權)은 일찍이 관천(官賤)을 죽였고 전 해진 군사(海珍郡事) 박초(朴礎)는 일찍이 관철(官鐵)을 도둑질해, 그 죄가 모두 장(杖) 100대 이상에 좌죄됐으나 감등해 시행했습니다. 이 두 사람을 원죄(元罪)대로 따르면 마땅히 서용하지 말아야 하고 감등한 대로 따르면 마땅히 서용해야 하는데, 어느 것을 따르겠습니까?"

상이 말했다.

"허권과 박초는 이미 특별한 은혜로 감등했으니 서용해야 하나 전에 하교한 것을 고치면 사람들이 법을 두려워하지 않을 것이므로, 이 두 사람은 각각 따로 전지(傳旨)하는 것이 어떠하겠는가?"

---

8 『당률소의(唐律疏義)』에 의하면, 모반(謀反)·모대역(謀大逆)·모반(謀叛)·악역(惡逆)·부도(不道)·대불경(大不敬)·불효(不孝)·불목(不睦)·불의(不義)·내란(內亂)을 말하는데, 사유(赦宥)에서 제외됐다.

9 감독해 지키는 관리가 스스로 그 물건을 도둑질하는 것을 말한다. 『대명률(大明律)』 「형률(刑律)·감수자도율(監守自盜律)」에 보면 "무릇 감림(監臨)하여 일을 주관하다가 스스로 창고(倉庫)의 전량(錢糧) 등의 물건을 도둑질하면, 수범(首犯)·종범(從犯)을 가리지 않고 아울러 장죄(贓罪)로써 논죄한다"라고 했다. 감림자도(監臨自盜)라고도 한다.

10 관리를 보증 천거한 사람을 말한다.

유사눌(柳思訥)이 아뢰어 말했다.

"본죄(本罪)를 따르든지 감등을 따르든지 간에 범례(凡例)를 들어 판부(判付)[11]하고, 그 허권·박초는 논하지 않는 것이 어떻겠습니까?"

상이 말했다.

"그렇다. 감등에 따라 판부(判付)하고, 금후로는 경솔히 쉽게 감등하지 않는 것이 좋겠다."

이에 이조에서 아뢰었다.

"장(杖) 100대 이상의 죄를 짓고서 은혜를 입어 감등해 장(杖) 90대 이하로 결단한 경우에는 서용하지 않는 법전을 쓰지 마소서."

을사일(乙巳日-10일)에 이조에서 소를 올렸는데 대략 이러했다.

'(지방관인) 목민(牧民)의 직임은 구황(救荒)이 가장 급한 것입니다. 이제부터 대소 수령 가운데 매번 흉년을 만나면 여러 방법으로 백성을 진휼해 굶주려 죽는 일이 없게 한 자는 감사(監司)가 포장(褒獎)해 상등으로 삼아 그 실적을 갖추어 계문해 서용하고 임기가 차지 않은 자는 한 자급(資級)을 더하며, 구황(救荒)을 하지 못해 경내(境內) 인민이 하나라도 굶주려 죽는 일이 있게 하면 비록 다른 일에 쓸 만한 것이 있더라도 곧 파출(罷黜)을 행하도록 하는 것을 길이 항식(恒式)으로 삼으소서.'

그것을 따랐다.

○ 천추전(千秋箋)을 배송(拜送)할 때와 본국(本國)에서 전(箋)을 올

---

11 신하가 아뢰어 청한 일을 임금이 윤허(允許)하는 것을 말한다. 판하(判下)라고도 한다.

릴 때 청옥 용정자(靑屋龍亭子)를 썼으니, 병조(兵曹)의 계문(啓聞)에 따른 것이다.

**병오일(丙午日-11일)**에 형조·대간(臺諫)에서 무휼(無恤)·무회(無悔) 등의 죄를 청했다.

○ 일본(日本) 구주(九州) 절도사(節度使)가 친아들을 보내와서 토산물을 바쳤다.

**정미일(丁未日-12일)** 밤 4경에[四鼓] 부엉이가 경복궁(景福宮) 융문루(隆文樓) 지붕 위에서 울었다.
<sub>사고</sub>

○ 까치가 근정전(勤政殿) 위 망새[鷲頭]에 집을 지었다.
<sub>취두</sub>

○ 이의륜(李義倫)을 충주목사(忠州牧使)로 삼았다.

진산부원군(晉山府院君) 하륜(河崙)이 실봉(實封)[12]해 말씀을 올렸다.

'윤회(尹淮)는 경사(經史)를 널리 통하여 대언(代言)이 될 만하고, 김첨(金瞻)은 고금(古今)을 널리 통해 육조판서(六曹判書)가 될 만하고, 박제(朴濟)는 노성해 관학(館學)의 소임이 될 수 있고, 이의륜(李義倫)·이신전(李愼全)·최유항(崔有恒)·최명달(崔明達)·강비(姜愍)도 모두 쓸 만합니다.'

---

12 신하가 임금에게 밀계(密啓)할 때 소장(疏章)의 내용을 다른 사람이 보지 못하도록 봉(封)하는 일을 가리킨다.

모두 류(崙)과 친하고 가까운 사람[親昵]이었다. 상이 지신사(知申事) 유사눌(柳思訥)에게 보이며 말했다.

"김첨은 내가 이미 써서 수년(數年)이 못 돼 발탁해서 재상에 두었으나 무구(無咎)·무질(無疾)에게 당부(黨附)하다가 불충한 죄로 헌부(憲府)에서 형벌을 받았으니, 이는 사람들이 함께 아는 일인데 류이 몽롱하게 천거했으니 남의 신하가 된 자가 과연 이러할 수 있는가? 다만 그 훈구(勳舊)를 생각해 책망하지 않을 뿐이다. 이 말을 누설하지 말라."

마침내 의륜(義倫)을 목사로 삼았다.

○ 형조·사헌부(司憲府)·사간원(司諫院)에서 모두 사직했다. 애초에 교장(交章)해 청해 말했다.

"근자에 무휼(無恤)·무회(無悔)의 불충한 죄로 신 등과 공신(功臣)·정부(政府)·육조(六曹)에서 각각 소장(疏章)을 올려 근본과 연유를 물어서 밝게 그 죄를 바로잡기를 청한 것이 이미 여러 달이 됐는데, 전하께서는 다만 사사로운 은혜로써 유윤(兪允-윤허)을 내리지 않고 다만 형제로 하여금 기내(畿內) 전장(田庄)에 완취(完聚)해 마침내 평상시와 다름이 없게 했습니다. 가만히 생각건대, 본인 등이 이미 불충한 죄를 범해 정상이 나타나고 일이 명백하게 되었으니 하루라도 천지 사이에 용납할 수 없습니다. 엎드려 바라건대 전하께서는 종사(宗社)의 대계를 생각해 대의로써 결단해 신 등으로 하여금 국문해 죄를 바로잡게 하소서."

(상이) 듣지 않았기 때문에 사직했다.

○ 창덕궁(昌德宮)으로 거처를 옮겼다.

**무신일(戊申日-13일)**에 공신 진산부원군(晉山府院君) 하륜(河崙) 등이 무휼(無恤)·무회(無悔) 등의 죄를 청하며 말씀을 올렸다.

"전날에 여러 번 장소(章疏)를 올려 무휼·무회 등의 죄를 청했으나 윤허를 얻지 못했습니다. 또 대간·형조에서 그 청한 것을 얻지 못해 이미 모두 사직했습니다. 법을 집행하는 관원은 하루라도 없을 수 없으니, 바라건대 그 청한 것을 윤허하고 명해서 직사에 나오게 하소서. 무휼·무회는 죄가 이보다 더 클 수 없으니 조선(朝鮮)의 신자(臣子)로서 누가 성토하기를 원하지 않겠습니까? 감히 이 때문에 청합니다."

상이 말했다.

"이미 밖에 나가 있게 했으니 더할 수 없다. 어제 대부인(大夫人)이 아들이 있는 곳으로 가고자 하므로 내가 뜻을 굽혀[屈意] 그것을 따랐다."
굴의

륜(崙)이 아뢰어 말했다.

"대부인이 어찌 한 나라 모의(母儀)의 영화로운 봉양(奉養)을 버리고 도리어 불충한 자식에게로 나아갈 이치가 있겠습니까?"

상이 말했다.

"대부인이 반드시 함께 있고자 하므로 내가 인정에 못 이겨서 굳이 머물게 하지[苦留] 못하다가, 지금 이미 받들어 보냈다. 더위가 심하니 각각 집으로 나가는 것이 마땅하겠다."
고류

○ 황자후(黃子厚)를 충청도 도관찰사(忠淸道都觀察使), 이귀산(李貴山)을 강원도 도관찰사(江原道都觀察使), 이숭문(李崇文)을 판안동대도호부사(判安東大都護府事)로 삼았다. 숭문(崇文)의 임명은 상왕(上

王)의 청으로 인한 것이다. 황자후가 대궐에 나아와 사은하고 그 참에 아뢰어 말했다.

"신이 지난번에[向=向者] 어미의 병으로 회덕현(懷德縣)에 있었기 때문에 분부(分符-지방 수령에 임명하는 부절을 받음)의 명령을 구했는데, 지금 어미의 병이 이미 나았고 전하께서 오래 편치 못하신데 신이 전의(典醫)를 겸해 직책이 상약(嘗藥-의약을 책임짐)에 있으니 어찌 차마 전하를 떠나서 밖으로 나가겠습니까?"

상이 그것을 따라서 우희열(禹希烈)에게 명해 그 직책을 그대로 맡게 했다.


기유일(己酉日-14일)에 육조(六曹)에서 무휼(無恤)·무회(無悔)의 죄를 청하며 아뢰어 말했다.

"빌건대 밝은 결단을 내리시어 대간(臺諫)의 청에 답하소서."

상이 말했다.

"대간의 청이 옳지 않은 것은 아니나. 다만 내가 즉시 청단(聽斷)하지 못할 뿐이다."

○ 호조에서 저화(楮貨)를 유통시키는 조목을 올렸다.

'첫째, 저화가 천(賤)해지면 제용감(濟用監)의 국용(國用) 외의 잡물(雜物)로써 저화를 사서 관가에 들이고, 저화가 귀해지면 그 저화로써 잡물을 사서 관가에 들이는 것으로써 항식(恒式)을 삼을 것.

둘째, 묵어서 썩는 잡곡으로써 저화와 바꿀 것.

셋째, 무사(巫士)·무녀(巫女)의 업(業) 가운데서 외방의 예에 의거해 저화로 공(貢)을 거둘 것.

넷째, 각 도의 여러 섬과 각 고을에 산재해 있는 사복마(司僕馬) 가운데 13세 이상의 거세(去勢)한 말과 병든 말을 적당히 값을 정해 저화로 바꿀 것.'

가르쳐 말했다.

"무녀 등에게 공(貢)을 거두는 일 외의 나머지는 모두 거행하라."

호조에서 또 아뢰었다.

"저화는 경작하는 땅의 많고 적은 것에 따라서, 20결(結) 이상의 대호(大戶)에는 3장(張)으로 하고 10결마다 1장을 더하며, 10결 이상의 중호(中戶)에는 2장으로 하고, 5결 이상의 소호(小戶)에는 1장으로 하고, 3결 이상의 잔호(殘戶)에는 두 호를 아울러 1장으로 하고, 2결 이하의 잔호에는 세 호를 아울러 1장으로 하고, 1결 이하와 환과고독(鰥寡孤獨)은 모두 면제하소서. 그 각 도, 각 고을의 세공저화(歲貢楮貨)는 산장(山場)·수량(水梁)이 있는 각 고을 109곳은 이전의 수에서 반을 감하고, 산장(山場)·수량(水梁)이 없는 각 고을 121곳은 이전의 수에서 3분의 2를 감하소서."

그것을 따랐다.


신해일(辛亥日-16일)에 일본 구주(九州) 절도사(節度使)의 사인(使人)이 와서 토산물을 바쳤다.

○ 좌대언(左代言) 탁신(卓愼)이 병비(兵備)에 대한 사의(事宜)를 올렸다.

'첫째, 각 고을에서 성자(城子-성)를 정하지 않은 곳과 쌓지 않은 곳을 빠짐없이[無遺] 토의하고 정해서 때때로 단단히 쌓고 각각 그
무유

성 위의 여장(女墻)[13] 수와, 합해 들어간 인정(人丁) 수와, 들어간 양식 수와, 사방 가까운 성(城)의 거리 이수(里數)와, 도로의 험하고 평이한 것과, 봉화(烽火)의 서로 바라보이는 곳을 모조리 책(策)에 써서 나라를 지키는 방도를 갖추소서.

둘째, 사방 변경의 산하(山河)가 험조(險阻)해 적은 사람으로 많은 사람을 당할 수 있는 곳, 큰 배가 정박해 언덕에 의지할 수 있는 곳, 병기를 갈무리하고 많은 사람을 가릴 수 있는 곳을 고루 알아서 군사를 쓸 수효를 헤아리고 적을 제어할 방도를 갖추어 써서 갈무리해 획책(劃策)의 도구로 삼으소서.

셋째, 중외 각 고을의 군정(軍丁)·병선(兵船)·군기(軍器)·의갑(衣甲-갑옷)·각색 기휘(旗麾)·쟁뇨(錚鐃-징)·고각(鼓角)의 수와, 각기 가지고 있는 마필의 대중소의 총수(摠數)를 병조(兵曹)로 하여금 호조(戶曹)의 전곡(錢穀)의 예에 의해 회계(會計)하여 시행케 해서, 하나는 내전(內殿)에 들이고 하나는 승정원(承政院)에 비치하는 것을 항식(恒式)으로 삼으소서.

넷째, 군기감(軍器監)의 화통(火㷁)이 비록 이미 1만여 자루[柄]에 이르나 각 도의 성자(城子) 100여 곳과 각 포(浦)의 병선 160여 척과 산하(山河)의 험조(險阻)함에 기대어 설비할 곳 등 그 쓰이는 곳이 대단히 많아서 오히려 부족하므로, 남아 있는 주철(鑄鐵) 2만여 근으로 오는 8월에 녹여 만들기 시작해서 그 용도를 풍족하게 하며, 전습하는 사람은 별군(別軍) 가운데 개월(箇月)이 이미 차고 아직 거

---

13 성 위에 낮게 쌓은 담을 말한다.

관(去官)하지 않은 자를 쓰도록 하소서.

다섯째, 병선(兵船)은 왜구(倭寇)가 오래 잠잠함으로 인해서 태만하고 해이해져 적을 제어하는 도구를 수리하지 않는데, 매등(每等)의 경차관(敬差官)이 다만 그 군인의 의갑(衣甲)·군기(軍器)·화통(火㷌)·기휘(旗麾)와 선체의 실하고 실하지 않은 것만을 상고할 뿐이니, 그 나머지 기계(器械)를 어찌 다 상고하겠습니까? 또 화통(火㷌)·화약(火藥) 같은 것은 점화(點火)만 되면 해가 오래되어도 쓸 수 있고 배 위에서 또한 점화할 수 있으니 곰팡이가 끼지[着霾] 않게 해야 하는데, 근래에 각 도에서 바다 기운으로 곰팡이가 끼고 해가 오래되도록 쓰지 않다가 고쳐 받는 자가 매우 많으니, 그 나머지 허실(虛實)을 따라서 알 수 있습니다. 그 대선(大船)·중선(中船)의 쓰는 기계의 수량과 종목을 각 도 수군절제사(水軍節制使)로 하여금 일일이 써서 갖춰 병조에 보고하게 하고, 병조에서는 그 수량과 종목을 사람에게 위임해 점고(點考)하게 하고 아울러 화통의 점화하는 형태를 상고해 상벌을 가하며, 실하지 않은 것은 다시 갖춰 실하게 해 불우(不虞-예기치 못한 사태)에 대비하도록 하소서.

여섯째, 거북선[龜船][14]의 법은 많은 적과 충돌해도 적이 능히 해치지 못하니 가위 결승(決勝)의 좋은 계책이라고 하겠습니다. 다시 견

---

14 이분(李芬)의 『이순신행록(李舜臣行錄)』에 의하면 "위에는 판자를 덮고 판자 위에 십자 모양의 작은 길을 내어서 사람들이 위로 다닐 수 있게 했다. 나머지는 모두 칼과 송곳을 꽂아서 사방으로 발붙일 곳이 없었다. 앞에는 용머리를 만들고 입에는 총구멍을 만들고 뒤에는 거북 꼬리를 만들었다. 대개 모양이 거북 모양과 같았으므로 이름을 거북선이라 했다"라고 했다.

고하고 교묘하게 만들게 해서 전승(戰勝)의 도구를 갖추게 하소서.'

신(愼)이 이때에 병조를 맡았는데[知], 상이 읽어보고 병조에 내렸다.
지

임자일(壬子日-17일)에 큰바람이 불고 비가 내려 화곡(禾穀)이 넘어지고 나무가 뽑혔다. 숭례문(崇禮門) 안의 행랑(行廊) 13영(楹)과 흥복사(興福寺) 문 남쪽 행랑 15영과 내사복(內司僕) 문 3영이 무너졌다. 상이 감역제조(監役提調)인 병조판서 박신(朴信)에게 일러 말했다.

"행랑이 기울고 무너졌으니, 이는 짓기를 단단하게 하지 못한 까닭이다. 일을 위임했는데 마음을 다하지 않았으니 될 일인가?"

신(信)이 부끄러워서 사죄했다. 안성부원군(安城府院君) 이숙번(李叔蕃), 이조판서 박은(朴訔) 등이 말했다.

"나무를 깎은 것이 가지런하지 못하고 모나고 둥근 것이 맞지 않아서 장차 다 무너질 형세이니, 고쳐 지어야 마땅합니다."

신도 그렇게 여겼다. 상이 탄식해 말했다.

"지난해에 백성을 수고롭게 하고 재물을 써서 지었는데 지금 마침내 이와 같으니 어찌 구원(久遠)한 계책이겠는가? 또 지금 다시 짓자면 어떤 사람들을 역사시킬 것인가?"

명해 그때의 감역관들이었던 전 부정(副正) 송진생(宋辰生), 전 부사직(副司直) 조복초(趙復初), 전 주부(注簿) 김관(金灌)과 대장(大匠) 덕해(德海)를 가두었다가 3일 만에 풀어주어 그대로 역사를 감독하게 하고, 병조판서 박신, 전 이조판서 황희(黃喜)를 행랑도감 제조로 삼아 행랑을 고쳐 짓게 했다. 그 군인은 화통군(火㷁軍) 400명, 사재감(司宰監) 수군 100명, 의금부의 번상(番上)한 도부외(都府外)[15] 50명, 보충군(補充軍) 50명, 선공감(繕工監)의 목수(木手)·석수(石手)·노야장(爐冶匠) 등이었다. 사령(使令)은 출번(出番)한 근장(近仗)으로 충당했다.

○ 박자청(朴子靑)을 우군도총제(右軍都摠制), 황자후(黃子厚)를 공안부 윤(恭安府尹), 강순덕(姜順德)을 군자 주부(軍資注簿-6품관)로 삼았다. 순덕(順德)은 이숙번(李叔蕃)의 사위다. 당시 숙번(叔蕃)의 기세가 펄펄 날았기에[赫赫] 입사(入仕)한 지 다섯 달 사이에 세 번이나 승진해 주부가 됐다.

○ 의정부·삼공신(三功臣)·육조에서 교장(交章)해 무휼(無恤)·무회(無悔) 등의 죄를 청했는데 대략 이러했다.

"불충한 마음이 안에 쌓인 연후에 불충한 말이 밖에 나타나는 것이니, 남의 신하가 되어서 불충한 죄가 있는 자는 만세에 용납하지 못하는 것입니다. 무휼·무회 등의 불충한 죄는 참으로 신 등이 여러 번 일찍이 계문(啓聞)한 것과 같으니, 엎드려 바라건대 전하께서는 대의로써 결단하시어 유사로 하여금 국문해 과죄하는 것을 허락하시어 나라의 법을 바로잡고 후세를 경계하소서."

윤허하지 않았다.

○ 삼공신(三功臣)·의정부·육조에서 각 도로 하여금 별선(別膳)을

---

15 순군부(巡軍府)에 속한 군대(軍隊)의 하나로, 경기(京畿)의 민호(民戶)로 충당했다. 금란(禁亂)·포도(捕盜)·순작(巡綽) 등의 임무를 수행했다.

올리게 하도록 청하니 허락했다.

 계축일(癸丑日-18일)에 편전(便殿)에서 일을 보았다. 이숙번(李叔蕃) 과 박은(朴訔)·박신(朴信)·이원(李原) 등이 무휼(無恤)·무회(無悔)의 죄를 청하니 가르쳐 말했다.

 "이 일은 이미 끝났다. 어찌 다시 청하는가? 누가 인정이 없을까마는, 특별히 장모[外姑]가 있기 때문에 법대로 논하지 못하는 것이다."
 숙번(叔蕃)이 말했다.

 "누가 전하의 지극한 정리를 알지 못하겠습니까? 다만 무휼·무회 가 범한 것이 애매해 사람들이 함께 알지 못하기 때문에 신 등이 바 라기는, 유사에 내려 밝게 문안(文案)을 세워서 그 죄를 밝게 보인 뒤에 특별히 넓은 은혜를 내려 성명(性命)을 보전하기를 이거이(李居 易)의 고사(故事)와 같이 하신다면 사은(私恩)과 공의(公義)의 두 가 지가 다 이뤄질 수 있을 것입니다. 또 삼성(三省)은 국가의 기강(紀 綱)이어서 잠시도 없을 수 없으니, 만일 모두 적당치 않거든 마땅히 고쳐 임명하고, 만일 그 죄가 없거든 마땅히 출사(出仕)하도록 명하 소서."
 상이 말했다.

 "삼성(三省)이 나오는 것을 내가 어찌하고자 하지 않을까마는, 특별 히 출사(出仕)하도록 명하면 또다시 전과 같을 것이요, 비록 다른 사 람으로 바꾸더라도 반드시 또 뒤를 이어 청할 것이다. 그러므로 즉시 도로 취직(就職)하는 것을 명하지 않고 있을 뿐이다."
 숙번이 말했다.

"조선(朝鮮)의 신자(臣子)로서 하늘을 이고 땅을 밟고 무릇 자고 먹는 자라면, 누가 토죄(討罪)해 충성을 다하고자 하지 않겠습니까? 또 전하께서 비록 보전하고자 하더라도 나라 사람들이 따르지 않을 것입니다. 그러나 이거이(李居易)도 능히 보전했으니, 이 예에 의하는 것이 편할 것입니다."

가르쳐 말했다.

"이미 일찍이 육조(六曹)·대간(臺諫)에게 속하게 해 조정에서 힐문하게 했으니, 어찌 명백해지지 않았겠는가? 만일 유사(攸司)에 내리면 고문(栲問)을 할 터인데, 반드시 대부인(大夫人)의 마음을 상할 것이다. 무휼·무회는 내가 일찍이 무구(無咎)·무질(無疾)을 베었으므로 항상 화가 미칠까 봐 염려하더니, 마음에 의심을 품어 형적을 가리지 못하다가 드디어 이 지경에 이르렀다. 내가 비록 용서하더라도 어찌 은덕에 감사하겠는가? 다만 송씨(宋氏)가 돌아간 뒤에[身後= 死後] 마땅히 이를 버릴 뿐이다. 지난번에 (충청도) 중련(中連)에 나가 있도록 명했을 때 내가 이질에 걸려 무휼 등에게 이르기를, '내가 만일 평안하면 너희들도 마땅히 환(患)이 없을 것이고, 내가 만일 편안치 못하면 너희들의 화는 더욱 빠를 것이다'라고 한 것 또한 이 뜻이었다."

숙번이 말했다.

"무구·무질이 해를 당한 까닭에 복수할 마음을 품은 것 아닙니까?"

상이 말했다.

"그렇지는 않다. 일찍이 보건대, 무회가 성질이 본래 사납고 고약해

어질지 못할 뿐이니 어찌 형제의 원수를 돌아보고 생각하겠느냐? 지난번에 일찍이 계사(啓事)함으로 인해 두 형의 일을 가련하게 여기지 않는다는 것을 알았다. 특별히 다른 음모가 있어 화가 미칠까 염려된다."

숙번이 끝까지 캐물은 다음에 용서해줄 것을 굳게 청했으나 상은 오랫동안 천장만 쳐다보고 있을 뿐 차마 유사(攸司)에 내리지는 못했다. 아뢰기를 마치자[啓畢] 여러 판서는 추창(趨蹌-종종걸음)해 나가고, 숙번과 박은이 남았다. 상이 재이(災異)에 말이 미치자 탄식해 말했다.

"근래에 재변이 거듭 이르는 것을 보고 심히 정사를 닦아 밝히고자 하나, 어떤 일을 마땅히 행해야 하고 어떤 일을 마땅히 그만두어야 할지를 알지 못하겠다. 매번 지극한 의견을 널리 구해서 뜻을 가다듬어 행하고자 하나, 훌륭한 의견과 좋은 말을 듣지 못했다. 감선(減膳)하고 철악(輟樂)하는 것은 실로 말단의 일일 뿐이다. 그러나 마음에 대단히 근심되므로 또한 그렇게 하지 않을 수 없다."

다시 탄식하며 말했다.

"한 해 내내 가물어서 벼가 마르더니 어제는 큰바람이 불어 나무가 뽑히고 곡식이 손실됐으니, 무슨 좋지 못한 일들이 쌓여서 이러한 여러 재앙이 찾아오는가? 내가 일찍이 방문을 닫고 가만히 생각하니 이대로 살고 싶지가 않았다. 즉위한 이래로 공덕(功德)이 생민(生民)을 복되게 한 것이 없다. 근일에 교하(交河)의 백성이 말하기를 '시기가 멸망할 때를 당해 이런 재이(災異)가 있다'고 했으니 어찌 부끄러움이 없겠는가? 정사를 도모하는 대신들은 서로 체대(遞代)되고 나는 오래 재위(在位)했으니 세자에게 전위(傳位)하여 근심과 걱정을 조금 풀고자 하나, 세자가 어려서 일을 경험하지 못했으므로 또한 그렇게도 하지 못한다. 누가 나의 밤낮으로 이처럼 근심하고 고민하는 마음을 알겠는가?"

이어서 눈물을 줄줄 흘리고 슬픔을 스스로 이기지 못했다. 숙번과 은 등이 황공하고 놀라서 제대로 우러러보지도 못하고 말했다.

"전하께서 지성으로 가엾게 여기고 슬퍼하며 하늘을 공경하고 백성을 근심해 정성이 천지에 닿았습니다. 그러므로 사방이 다스려져 편안하고 백성이 모두 생업을 즐깁니다. 이 같은 한재(旱災)는 성탕(成湯)도 면하지 못한 것입니다."

이때 상이 가뭄을 근심해 날마다 한 끼씩 들고 혹은 햇볕 가운데에 나가 앉았으니, 이 때문에 몸이 편치 못해서 이질에 걸려 심히 괴로워하다가 오래 뒤에 겨우 회복됐다[平復=平愈].

○ 형조(刑曹)·대간원(臺諫員)을 불러서 직사에 나오게 하고, 그 참에 꾸짖어 말했다.

"언책(言責)에 있는 자가 그 말대로 되지 않으면 간다[去]고 할 때는, 노(魯)나라로 가거나 제(齊)나라로 가거나 초(楚)나라로 가는 것을 말하는 것이다. 지금 사직서를 올리는 것은 과인으로 하여금 두려워하게 하고자 함일 뿐이다. 지금부터 만일 사직서를 올리려거든, 제주(濟州)가 비록 바다 밖에 있으나 곧 내 땅이니 마땅히 일본(日本)이나 요동(遼東)으로 달아나는 것이 가할 것이다."

집의(執義) 안망지(安望之)가 대답했다.

"이른바 간다[去]는 것은 그 직책을 떠나는 것[去]을 이른 것입니다."

○ 병조 지인(兵曹知印)을 보내어 가서 경기(京畿)의 병선(兵船)을 살펴보게 했으니, 풍우에 표류해 깨졌을까 염려한 것이다.

○ 경복궁(景福宮) 성 북쪽 길을 막아 사람들이 왕래하는 것을 금지했다.

갑인일(甲寅日-19일)에 삼공신(三功臣)·의정부·육조(六曹)에서 무휼(無恤)·무회(無悔) 등의 죄를 청하니, 윤허하지 않았다.

을묘일(乙卯日-20일)에 태백성(太白星)이 낮에 나타나 하늘을 가로질렀다[經天].

○ 개국공신(開國功臣)·정사공신(定社功臣)·좌명공신(佐命功臣)·의정부·육조·삼군도총제부(三軍都摠制府)·대간 및 각사(各司)에서 소를 올려 민무휼·민무회의 죄를 청했는데, 소는 이러했다.

'신 등이 생각건대, 죄가 있으면 반드시 벌주고 장(將)[16]이 있으면 반드시 베는 것은 왕정(王政)의 큰 권세요 고금의 통하는 의리입니다. 이제 무휼·무회 등이 가만히 세자에게 불충한 말로 고했다가 세자가 좋아하지 아니하고 말하기를 "그대들의 가문이 또한 좋지 않다"라고 하자 곧 세자에게 그 말을 주상에게 아뢰지 말도록 청했으니, 그 금장(今將)의 마음이 있었다는 것을 따라서 알 수 있습니다.

---

16 『춘추공양전(春秋公羊傳)』에 말하기를 "임금의 친척에게는 장(將-장차)이 없고, 장(將)이 있으면 반드시 벤다"고 했는데, 『한서(漢書)』「숙손통전(叔孫通傳)」에 "장(將)은 역란(逆亂)을 말한다"고 했다. 금장(今將)이라고도 한다.

전하께서 세자와 공신(功臣)·정부(政府)의 청으로 인해 육조·대간으로 하여금 그 말한 바를 묻게 하니 숨기고 고하지 않았다가 세자의 변명하는 말을 들은 뒤에야 대강 일단을 고하고 실제 정상을 다 말하지 않았으니, 불충한 죄를 가릴 수 없습니다. 대간·육조·정부·공신이 서로 잇달아 죄를 청했는데도 다만 직책을 거두고 경기 안에 안치하게 했으니, 이것은 죄가 있으면 반드시 벌주는 의리가 아닙니다. 엎드려 바라건대, 전하께서는 대의로 결단하시어 유사(攸司)로 하여금 정실(情實)을 국문해 밝게 그 죄를 바로잡도록 허락하소서.'

○ 사간원에서 아뢰었다.

"대부인(大夫人) 송씨(宋氏)가 두 아들을 따라서 촌사(村舍)에 나가 있으니, 만일 사책(史冊)에 쓰면 후세에 대부인이 아들과 죄를 함께 해 밖에 쫓겨나가 있다고 할 것이니 청컨대 서울로 돌아오도록 명하소서."

○ 일본 대내전(大內殿)이 사자(使者)를 보내와서 토산물을 바쳤다. 사자가 『대장경(大藏經)』을 청구하기를 심히 간절히 하니, 예조판서 이원(李原)이 아뢰어 말했다.

"본국에 오직 한 전본(全本)이 있으니 어떻게 대답하오리까?"

상이 말했다.

"불법(佛法)은 비록 그 옳고 그름을 알지 못하나, (이번에) 주게 되면 후일에 자주 와서 청구할 것이니 잇대기가 어려울 것이다. 마땅히 대답하기를 '이 경은 전날에 각 진(鎭)에서 구해 가서 거의 없어졌고, 비록 그 판(板)이 있으나 현시(現時)에 인쇄한 것이 없고 그 질(秩)의 수가 많아서 곧 찍어 보내지는 못한다'고 하라."

○충청도 도관찰사(忠淸道都觀察使) 우희열(禹希烈)이 벼 이삭의 길고 아름다운 것을 골라서 바쳤는데, 상이 살펴보고 말했다.

"벼가 결실되지 못한 것이 경기가 가장 심하고 다른 도는 심하지 않다. 그러나 모두가 벼가 잘 여물었다고 즐겁게 고하고 실상대로 아뢰지 않는다."

**무오일(戊午日-23일)**에 통사(通事) 강유경(姜庾卿)이 요동에서 돌아와 아뢰어 말했다.

"7월 초4일에 왜적(倭賊)이 여순(旅順) 항구에 들어와서 천비(天妃)를 모신 낭랑전(娘娘殿)¹⁷의 보물을 모조리 거두었으며 2만여 인을 살상(殺傷)하고 150여 인을 노략질한 뒤 등주(登州)의 전함을 모두 불사르고 돌아갔습니다."

상이 최한(崔閑)에게 명해 승정원(承政院)에 가르침을 전해[傳教]
전교
말했다.

"왜적이 중국을 침구(侵寇)한 것이 여러 번인데, 이번이 가장 심하다. 황제가 만일 노하여 정벌하고자 하면 반드시 (우리에게) 정벌을 도우라는 명이 있을 것이니 장차 어찌할 것인가? 또 우리나라가 일본과 교통하여 왜사(倭使)가 잇달아 오는데[絡繹], 황제가 만일 알면
낙역
반드시 우리나라에 허물을 돌릴 것이니 또한 장차 어찌할 것인가?"

---

17 바다의 여신(女神)을 섬기는 사당(祀堂)이다. 천비(天妃)는 해신(海神)의 이름인데, 『통아(通雅)』에 의하면 "수신(水神)은 음(陰)에 속하기 때문에 천비(天妃)라 한다"라고 했고, 『연경세시기(燕京歲時記)』에서는 "낭랑묘(娘娘廟)는 만수사(萬壽寺) 서쪽 8~9리(里)에 있다"라고 했다.

유사눌(柳思訥)이 대답했다.

"실로 염려스럽습니다."

○ 검교 호조참의(檢校戶曹參議) 김계란(金桂蘭)과 내관(內官) 노희봉(盧希鳳)의 죄를 용서했다.


애초에 상이 부처의 진위(眞僞)를 시험하고자 해 중 사근(思近)·설오(雪悟) 등 100명을 흥천사(興天寺) 사리전(舍利殿)에 모아놓고 정근법석(精勤法席)[18]을 베풀어 분신(分身-불·보살의 화현(化現))에게 기도했다. 희봉(希鳳)과 승록 장무승(僧錄掌務僧)이 먼저 사리(舍利) 1개를 바쳤다. 이때에 이르러 계란(桂蘭)을 불러 물었다.

"지난번 정근법석 때 얻은 것이 과연 사리였는가?"

대답해 말했다.

"신이 명을 받고 곧 중을 사리전(舍利殿)에 모아 정근(精勤)했는데, 이튿날 아침에 이르러 중들과 더불어 보니 푸른 보자기 위에 분같이 흰 가늘고 작은 물건이 4개 있었습니다. 중들이 모두 말하기를 '3개는 서기(瑞氣)고, 조금 큰 것 1개는 사리다'라고 하니, 곧 철발(鐵鉢)에 갈아서 향수(香水)로 씻고서 서기와 함께 그릇에 담아 보자기로 싸서 희봉과 장무승(掌務僧)에게 주어 바쳤습니다."

명해 말했다.

"너희들이 말하는 사리를 곧 마늘을 먹지 않는 사람을 시켜 비벼

---

18 나라에 가뭄이나 재앙(災殃)이 들 때 중들을 모아 정성을 다해 기도하고 법회(法會)를 열어 설법(說法)하는 일을 말한다. 보통 정근(精勤)에서는 중 대신 무당을 동원하기도 했다.

보니 손에서 가루가 되었다. 진짜 사리가 아니건만 어째서 나를 속이느냐?"

계란이 말했다.

"그때 여러 중과 더불어 친히 보고 바쳤는데, 반드시 중간에 잃어버린 것입니다. 또 사리는 신통한 물건이라 숨었다 나타났다 하는 것이 무상합니다. 중들이 모두 말하기를 '불결하면 곧 잃어버린다'고 합니다."

희봉에게 물었다.

"네가 처음에 가지고 올 때 과연 사리를 보았는가?"

대답해 말했다.

"계란과 중들이 모두 말하기를 '분신(分身)한 사리다'라고 했고, 신도 가늘고 작은 흰 물건을 보고 사리라 생각해 받들어 드렸는데, 지금 내어보니 과연 흰 가루일 뿐이었습니다."

다시 계란에게 물었다.

"네 말이 과연 옳으냐?"

대답해 말했다.

"참으로 옳습니다. 감히 기망하지는 못합니다."

명해 말했다.

"내가 불법(佛法)의 허실(虛實)을 시험하고자 해 중을 모아 기도를 명했다. 가져왔다는 것을 듣고 근시(近侍)하는 작은 환자로 하여금 깨끗한 곳에서 보게 했는데, 만일 사리가 있다면 무슨 불결한 것을 싫어해 도로 숨었겠느냐? 너희들이 처음에 다른 물건을 가지고 와서 나를 속였다. 속인 것이 드러나고 계교가 궁해지니 도리어 숨는다고 말하나, 참으로 속이는 것이다."

의금부 당직관(當直官)을 불러 두 사람을 옥에 가두고 국문(鞫問)하고자 하다가 실행하지는 않았다.


경신일(庚申日-25일)에 편전(便殿)에 나아가 정사를 보았다. 말이 금년 한재(旱災)에 미치자 말했다.

"요즈음 각 도 감사들이 보고한 것을 보면 모두 화곡(禾穀)이 무성하다고 말하는데, 나를 속이는 것이 아닌가? 그렇지만 감사·수령은 백성을 가까이하는 관원이니 어찌 거짓말을 하겠는가?"

예조판서 이원(李原), 호조판서 윤향(尹向), 지신사 유사눌(柳思訥) 등이 말했다.

"반드시 모두 흉년은 아닐 것입니다."

상이 말했다.

"여름철에 서울 사람들이 많이 의창(義倉)의 쌀과 콩을 꿔다가 미리 준비하니, 인심이 어찌 그리 간사한 것이 많은가?"

남성군(南城君) 홍서(洪恕)가 말했다.

"금년에 경기(京畿)에는 여름내[終夏] 비가 오지 않았으니, 흉년이
이보다 더 심한 때가 없습니다. 각 도 감사가 주상께서 진념(軫念)하는 것을 염려해 모두 가뭄이 재앙이 되지 않고 화곡이 무성하다고 말하지만, 이것은 모두 거짓말입니다. 서울 안의 가난하고 부유한 것은 쌀값으로 증험해 알 수 있습니다."

상이 말했다.

"경의 말이 옳다. 이것은 반드시 감사·수령이 나를 속이는 것일

뿐이다. 그러나 아직 금년의 화곡이 여물 때도 되지 않았는데 쌀이 귀해지고 흉년이 든다는 것을 (그들이) 어찌 알았느냐?"

이조판서 박은(朴訔)이 말했다.

"지난해에 화곡이 또한 여물지 않아서 금년에 흉년이 왔을 뿐입니다."

상이 말했다.

"나는 지난해의 흉년이 이 지경에 이른지를 알지 못했다."

○ 종정무(宗貞茂)의 사인(使人)이 와서 토산물을 바치고 연철(煉鐵)을 청구했다.

○ 조지소(造紙所)를 두었다. 호조(戶曹)에서 전날에 의정부에 상납한 각 도의 휴지로 저화지(楮貨紙)를 만들어 외방에서 종이 만드는 폐단을 줄이도록 청하니, 그것을 따랐다.

○ 사헌부에서 소를 올려 박자청(朴子靑)의 죄를 청했는데, 소는 대략 이러했다.

'자청(子靑)은 별다른 재행(才行)이 없고 오로지 토목(土木)의 작은 공로로 지위가 2품에 이르렀으니, 마땅히 마음을 다해 보은하기를 도모해야 할 것입니다. (그런데) 그가 행랑을 지을 때 속성(速成)할 공로를 구하고 장구한 계책을 생각하지 않아서 밤낮으로 혹독하게 감독함으로써 견고하지 못하게 만들었습니다. 두어 달 동안에 두 번이나 기울어지고 엎어졌으니, 백성을 수고롭게 하고 재물을 손상한 것이 이보다 더 심할 수 없습니다. 박신(朴信)·안성(安省)은 명령을 받아 함께 일을 맡아보면서 자청이 하는 것을 익히 보고 태연하게 염려를 하지 않아서 일을 실패하게 했으니, 아울러 직첩을 거두고 안

율(按律)하여 과죄(科罪)하소서.'

또 감역 관원(監役官員) 홍리(洪理) 등의 죄를 청하니, 상이 읽어보고 말했다.

"세 사람의 죄가 같으니 마땅히 한결같이 시행해야 한다. 그러나 밤낮으로 혹독하게 감독한 자를 잘못이라고 일컫는데, 남의 죄를 청하려면 마땅히 그 실상에 합당해야 한다. 어찌 감히 무함하고 보태어 죄를 얽어 씌우겠는가?"

장무 지평(掌務持平)을 불러 꾸짖고, 다시 자청에게 명해 제조로 삼고 홍리 등이 전과 같이 감역하게 했다.

○ 형조(刑曹)에서 노비(奴婢)의 사의(事宜)를 아뢰었다. 계문(啓聞)은 이러했다.

"결절(決絶)한 뒤에도 노비(奴婢)를 잉집(仍執)한 자, 타인의 노비를 거집(據執)한 자는 4품 이하는 직접 가두고 3품 이상은 그 아들·사위를 가두되, 만약 여전히 잉집하거나 거집한다면 연후에 사연을 갖추어 아뢰게 하소서."

그것을 따랐다. 그 뒤에 상이 좌부대언(左副代言) 조말생(趙末生)에게 일러 말했다.

"노비를 결절(決絶)한 뒤에 잉집하거나 거집한 것은 마땅히 엄하게 징계하고, 비록 재상이라도 공신(功臣)을 제외하고는 마땅히 그 아들을 가두라. 이것은 내가 박하게 대접하는 것이 아니라 (그들이) 자취(自取)한 것일 뿐이다."

그 참에 승정원(承政院)에 명해 말했다.

"전에 정장(呈狀)한 양천(良賤)의 일로서 갑오년(甲午年-1414년) 정월에 미처 정장(呈狀)하지 못한 것은, 6월에 신정(申呈)한 예에 의하여 접장(接狀)해 결절하라."

형조에서 이에 아뢰었다.

"전에 수교(受敎)에 이르기를 '판결한 뒤에도 잉집한 자는 3품 이상의 관원은 다만 아들과 사위를 가두라'고 했기 때문에 관법(官法)을 두려워하지 않고 여전히 잉집·거집하고 있어 송사(訟事)가 끊이지 않습니다. 이제부터 판결한 뒤에 노비를 잉집하는 자, 타인의 노비를 거집한 자는 3품 이하는 직접 가두고 2품 이상은 계문(啓聞)해 수금(囚禁)해서, 탐(貪)하고 간사한 것을 징계하소서."

상이 말했다.

"만일 재상을 가둔다면 공신(功臣) 외의 1품도 모두 갇히게 돼 과중한 것 같으니, 그 아들과 사위를 가두는 것이 가하다. 참의(參議) 이하는 시직(時職)·산직(散職)을 물론하고 모두 그 당자를 가두고, 2품 이상은 그 아들과 사위를 가두되 여전히 잉집·거집하는 자는 사연을 갖추어 아뢰어 보고하라[啓聞]."
<sub>계문</sub>

신유일(辛酉日·26일)에 의정부 우의정(議政府右議政) 유량(柳亮)이 백관을 거느리고 무휼(無恤)·무회(無悔) 등의 죄를 청하니, 윤허하지 않았다.

○ 여러 제사(祭祀)의 축판(祝板)을 모두 소나무를 쓰라고 명했다.

이숙번(李叔蕃)이 아뢰었다.

"근일에 허조(許稠)를 만나보았는데, 조(稠)가 이르기를 '축문(祝

文)을 종이에 써서 판에 붙이는 것은 고전(古典)에 어긋남이 있다'고 했습니다. 당초에 상정(詳定)할 때 진산부원군(晉山府院君) 하륜(河崙)이 주장했었는데, 조가 굳게 다투었으나 뜻을 이루지 못했을 뿐입니다."

상이 말했다.

"어떤 것이 옳은지 알지 못하겠다."

유사눌(柳思訥)이 아뢰어 말했다.

"신이 일찍이 선공판사(繕工判事)로 있을 때 『홍무예제(洪武禮制)』와 『문공가례(文公家禮)』를 상고해보았는데, 아울러 종이를 쓰라고 칭했으니 청컨대 종이를 나무로 대신하소서."

숙번(叔蕃)이 말했다.

"신이 애초에 예문(禮文)을 보지 못했고, 다만 조의 말을 이같이 들었을 뿐입니다."

상이 이럴까 저럴까 하여[依違] 곧 바꾸지 못하다가 이때에 이르러 이런 명이 있었다.

○2품 수령(守令)이 복명(復命)하는 법을 세웠다. 예조(禮曹)에서 아뢰었다.

"2품 수령(守令)이 교대되는 경우에는 사명(使命)을 받들고 밖에 나가는 관원의 예에 의거해서 대궐에 나와 복명(復命)하는 것을 항구적인 법규로 삼고, 어기는 자는 헌사(憲司)에서 규리(糾理)하게 하소서."

그것을 따랐다.

○사간원(司諫院)에서 고신(告身)에 서경(署經)하는 법을 올렸다. 말

씀을 올렸다.

"조사(朝士)의 고신에 서경하는 것은, 빌건대 예전대로 하여 50일을 기다리게 한다면 거의 상총(上聰)을 번거롭게 하지 않을 것입니다."

가르쳐 말했다.

"일단은 그대로 따르라. 뒤에 만일 폐단이 있으면 마땅히 고치겠다."

○ 사헌부(司憲府)에서 아뢰었다.

"헌납(獻納) 장진(張晉)이 가난한 것을 싫어하고 부자가 되기를 구해 조강지처(糟糠之妻)를 버리고 판원주목사(判原州牧使) 정남진(鄭南晉)의 병든 딸에게 다시 장가들었으니, 마음과 행실이 청렴하지 못합니다. 신 등은 감히 고신을 서출(署出)하지 못하겠습니다."

이에 예조정랑(禮曹正郞)으로 고쳐 제수했다.


임술일(壬戌日·27일)에 경기 도관찰사(京畿都觀察使) 윤림(尹臨)이 바람에 화곡(禾穀)이 손실된 상황을 올렸다. 애초에 림(臨)에게 뜻을 전해 말했다.

"이미 익은 화곡은 빨리 수확하게 하여 풍손(風損)을 당하지 않게 하라고 여러 번 교지를 내렸는데, 일찍 수확하지 않아 바람에 타격을 받게 했으니 장차 그 이유를 묻겠다. 빨리 경력(經歷)을 보내 대궐에 나오게 하라."

림이 이때에 이르러 풍손(風損)의 상황을 올렸다. 상이 그 피해가 많은 것을 혐의해 양주 부사(楊州府使) 최식(崔湜)을 불러 물으니 식

(湜)이 대답했다.

"양주 안에는 풍손(風損)된 곳이 없습니다."

다시 경력 신이(辛頤)를 불러 물으니 이(頤)가 대답했다.

"10분의 9는 손실됐습니다."

계해일(癸亥日-28일)에 순안(順安) 신사(薪寺)의 나한(羅漢) 및 국창사(國昌寺)의 석불(石佛)과 함주(咸州) 성사(城寺)의 철불(鐵佛)이 땀을 흘렸다. 상이 말했다.

"사사(寺社)를 혁파할 때를 맞아 마땅히 모두 땀이 났어야 할 것인데 그렇지를 않았고, 지금은 어째서 땀이 나는가? 부처에서 땀나는 것은 보통 일이니 괴이할 것이 없다."

○ 병조판서(兵曹判書) 박신(朴信)이 목공(木工)을 쇄출(刷出-차출)할 것을 청했으나 윤허하지 않았다.

아뢰어 말했다.

"행랑(行廊)을 개조하는 정부(丁夫)의 수가 적어서 빨리 이룩하지 못하니, 청컨대 외방 각 고을에서 목공 200인을 쇄출해 오겠습니다."

상이 말했다.

"추수 때를 당했으니 쇄출할 수 없다. 이미 부역(赴役)한 100인으로도 족하다."

신(信)이 다시 아뢰어 말했다.

"기후가 점점 추워지니 빨리 역사를 마쳐야겠습니다. 비록[縱]
종
200인은 얻지 못하더라도 150인은 얻기를 바랍니다."

상이 말했다.

"금년에 한재(旱災)가 심하니, 매우 불가하다."

갑자일(甲子日-29일)에 처음으로 계추(季秋-늦가을)에 산천에 제사를 지냈다.

예조에서 말씀을 올렸다.

"「월령(月令)」에는 '중추(仲秋)에 산천에 두루 제사를 지낸다'고 했으나, 산천에 제사하면 곧 서리가 내리는 응험(應驗)이 있습니다. 금년에는 이른 한재(旱災)와 늦은 수해(水害)로 인해 화곡(禾穀)이 익지 못하니, 서리가 만일 일찍 내리면 백성이 먹는 것이 더욱 어려워질 것입니다. 청컨대 계추(季秋)에 산천에 제사를 지내소서."

그것을 따랐다.

○ 밀린 옥사(獄事)를 심리(審理)했다. 형조에 뜻을 내려 말했다.

"외방 각 도에 의심스러운 죄로 옥에 체류된 자를 그 도의 관찰사(觀察使)로 하여금 사연을 갖춰 정부(政府)에 보고하게 하고, 정부에서 대강 초(抄)하여 아뢰는 것을 항구적인 법규로 삼으라고 일찍이 교지(敎旨)를 내렸다. 금년 여름 석 달 동안 각 도의 수도계본(囚徒啓本)[19] 안에 해가 지나도록 결단하지 않은 죄수가 매우 많으나 그 까닭을 기록하지 않았으니, 이제부터 한결같이 일찍이 내린 교지에 의

---

19  각 도의 도사(都事)나 경력(經歷)이 3개월마다 그 계절의 마지막 달에 감옥(監獄)에 갇힌 죄수(罪囚)에 관한 현황을 형조(刑曹)와 임금에게 보고하는 계본(啓本)을 말한다. 죄수계본(罪囚啓本)이라고도 한다.

거해 시행하라."

또 형조로 하여금 각 도의 수도(囚徒)를 계문할 때에, 죄인 이름 아래에 범한 죄명과, 이미 보고한 형결(刑決) 안에 조율(照律)하고 조율하지 않은 것과, 의심나는 사단(事端)으로 다시 추문(推問)해 끝나지 않은 까닭을 아울러 모두 기록해 계문하는 것을 항식(恒式)으로 삼게 했다.

○ 일본(日本) 농주 태수(濃州太守) 평종수(平宗壽)와 비주 태수(肥州太守) 원창청(源昌淸)이 각각 사인(使人)을 보내와서 토산물을 바쳤다.

○ 새로 사고(瀉庫)[20]를 지었다. 상이 말했다.

"무릇 서울과 외방의 용도(用度-관청에 물품을 공급하는 일) 및 진대(賑貸-진휼해 꿔주는 것)에는 모두 묵은 곡식을 먼저 주고, 창고를 짓는 데는 모두 중국의 제도를 쓰라."

---

20 쥐의 침입을 막기 위해 주위에 빙 둘러가며 물을 댄 창고(倉庫). 태종 10년(1410년)에 중국의 제도를 본떠 외방의 창고를 이처럼 만들고 곡식을 비축하도록 했으나, 운수(運輸)에 폐단이 있어 성공하지 못했다.

丙申朔 小雨. 右議政柳亮等勸進別膳 不允.
병신 삭 소우　우의정 유량 등 권진 별선 불윤

安置無恤 無悔于海豐.
안치 무휼 무회 우 해풍

震臨淵縣人韓同 抱川縣人趙成吉及女寶花.
진 임단현 인 한동　포천현 인 조성길 급 여 보화

丁酉 罷長興都護府使宋克良職. 司憲執義安望之等上疏 略曰:
정유 파 장흥도호부사　송극량 직　사헌 집의 안망지 등 상소　약왈

'民生休戚 專係守令 故每降教條 中外官吏 貪汚亂政 已蒙罪者
민생 휴척 전계 수령 고 매강 교조 중외 관리 탐오 난정 이몽죄자

永不敍用; 朦朧保擧者 依律施行. 前萬戶宋克良曾知宣州 貪汚
영 불서용 몽롱 보거 자 의율 시행　전 만호 송극량 증 지 선주 탐오

亂政 已蒙貶黜 歲在辛卯 兵曹不審教旨 薦爲水軍都萬戶 諫院條具
난정 이몽 폄출 세재 신묘 병조 불심 교지 천위 수군 도만호 간원 조구

貪汚亂政之由 啓聞罷黜. 今吏曹判書朴訔 文選司正郎殷汝霖 佐郎
탐오 난정 지유 계문 파출　금 이조판서 박은 문선사 정랑 은여림 좌랑

裵閏等職在 亦不體教旨 朦朧薦擧爲長興都護府使 以負殿下愛
배윤 등 직재 역 불체 교지 몽롱 천거 위 장흥도호부사　이부 전하 애

斯民 重守令之義 豈人臣奉法之意乎? 其訔 汝霖 閏朦朧之罪 上裁
사민 중 수령 지의 기 인신 봉법 지의호　기 은 여림 윤 몽롱 지죄 상재

施行 且罷克良職 以安一邑之民.'
시행 차 파 극량 직　이안 일읍 지민

命停克良職 訔 汝霖 閏等勿論. 克良本朴訔所擧也.
명정 극량 직 은 여림 윤 등 물론　극량 본 박은 소거 야

宗貞茂使人來獻土物.
종정무 사인 내헌 토물

豐海道黃州 永康蝗 令佃者拾而埋之.
풍해도 황주 영강 황 영 전자 습이 매지

震草溪縣人雙龍 山陰縣人金千和尙.
진 초계현 인 쌍룡　산음현 인 김천화상

戊戌 明嬪及三宮主移于本宮.
무술 명빈 급 삼 궁주 이우 본궁

作室于本宮之西.
작실 우 본궁 지서

命京畿都觀察使具宗之 禁無恤 無悔等出入.
명 경기 도관찰사 구종지 금 무휼 무회 등 출입

庚子 臺諫交章請完原府院君李良祐之罪.
경자 대간 교장 청 완원부원군 이양우 지죄

命還給趙瑚子須 雅等家財臧獲.
명 환급 조호 자수 아 등 가재 장획

辛丑 大雨.
신축 대우

吏曹判書朴訔上書 書曰:
이조판서 박은 상서 서왈

‘水旱之災 無歲無之 賑恤之政 莫先於備荒. 今氣候不順 雨澤
수한 지재 무세 무지 진휼 지정 막선 어 비황 금 기후 불순 우택

失時 然百里之內 雨暘異處 一縣之內 燥濕不同 雖値旱乾之歲
실시 연 백리 지내 우양 이처 일현 지내 조습 부동 수치 한건 지세

必有登熟之穀. 臣恐農民迫於今日之飢 不暇來歲之計 盡食新穀
필유 등숙 지곡 신 공 농민 박어 금일 지기 불가 내세 지계 진식 신곡

以絶種子 則竭倉廩以賑之 不能救也. 伏望命攸司 多發州縣倉廩之
이절 종자 즉 갈 창름 이 진지 불능 구야 복망 명 유사 다발 주현 창름 지

舊穀 以易民間所食之新穀 及至來歲 分給爲種 且令中外廣備救荒
구곡 이역 민간 소식 지 신곡 급지 내세 분급 위종 차 영 중외 광비 구황

之物 以濟生民之命.’
지물 이제 생민 지명

從之. 訔又上言毋變改舊制 上謂代言等曰: “訔言良是. 古人云:
종지 은 우 상언 무 변개 구제 상 위 대언 등 왈 은언 양시 고인 운

‘治民如治亂繩.’ 宜與六曹 悉體予意 毋立新法 但當靜以治之.”
치민 여 치 난승 의 여 육조 실체 여의 무립 신법 단 당 정이 치지

承政院啓: “京畿沿海 喬桐居民請採黃角於忠淸道 以備年荒.”
승정원 계 경기 연해 교동 거민 청채 황각 어 충청도 이비 연황

許之.
허지

賜蘇木于議政府 六曹及諸代言 倭使所獻也.
사 소목 우 의정부 육조 급 제 대언 왜사 소헌 야

壬寅 雨. 六曹判書等詣闕陳賀 上曰: “今雖得雨 無及於農矣.”
임인 우 육조판서 등 예궐 진하 상 왈 금 수 득우 무 급어 농 의

判書等復曰: “禾稼復蘇 二豆蕎麥亦以結實 其利豈小哉?” 因請復
판서 등 부왈 화가 부소 이두 교맥 역 이 결실 기리 기소 재 인 청복

各道進膳 且進藥酒 上曰: “酒但不當加釀. 若舊釀雖不用何益? 當
각도 진선 차 진 약주 상 왈 주 단 부당 가양 약 구양 수 불용 하익 당

用之矣. 各道進膳則予惡其疲困各驛 毋復言. 但以無所進於仁德宮
용지 의 각도 진선 즉 여오기 피곤 각역 무부언 단 이무 소진 어 인덕궁

爲慮耳." 仍命賜藥酒.
위려 이 잉명사약주

命戶曹 發陳米豆二千石 換楮貨.
명 호조 발 진미 두 이천석 환 저화

減交河人 金文永造妖言之罪一等. 義禁府啓: "文永律應處斬
감 교하인 김문영 조 요언 지 죄 일등 의금부 계 문영 율 응 처참

其聞而不告縣人趙方朔 戶長金石堅 應杖一百 徒三年." 命各減等
기 문이 불고 현인 조방삭 호장 김석견 응 장 일백 도삼년 명 각 감등

施行.
시행

刑曹 臺諫交章請致庸 無恤等罪.
형조 대간 교장 청 치용 무휼 등 죄

癸卯 置酒報平殿 賜爵啓事臣僚 且賜酒于入直大小臣僚 徧及
계묘 치주 보평전 사작 계사 신료 차 사주 우 입직 대소 신료 편급

軍士. 上論旱災之故曰: "春秋書正月不雨 至于秋七月 且歷代有
군사 상 논 한재 지 고 왈 춘추 서 정월 불우 지우 추 칠월 차 역대 유

五年 二年之旱. 予以否德 何敢避之? 且旱乾之災 非作於勞民用衆
오년 이년 지 한 여 이 부덕 하감 피지 차 한건 지 재 비 작어 노민 용중

之日 必在於勞民用衆之後. 太祖營建此都 而予不審 歸于松都
지 일 필 재어 노민 용중 지 후 태조 영건 차도 이 여 불심 귀우 송도

未久還來 以都邑營修之故 頻年用衆勞民 今日之旱 予實當之. 曩
미구 환래 이 도읍 영수 지 고 빈년 용중 노민 금일 지 한 여 실 당지 낭

禮曹判書李原請聚僧禱雨 予不卽諾. 梁武帝豪傑之主 而好之尤甚
예조판서 이원 청 취승 도우 여 부즉 낙 양무제 호걸 지 주 이 호지 우심

予豈敢以爲是非而不爲哉? 我國自指空懶翁之後 予所見知者 無一
여 기감 이위 시비 이 불위 재 아국 자 지공 나옹 지 후 여 소견지 자 무일

僧精於其道者. 今禱雨而得之 必被人之欺笑 若祈雨而不得 必以爲
승 정어 기도 자 금 도우 이 득지 필 피인 지 기소 약 기우 이 부득 필 이위

毀佛之故. 是以 不輕許也." 因論神仙之道曰: "秦皇 漢武莫不好之.
훼불 지 고 시이 불 경허 야 인 논 신선 지 도 왈 진황 한무 막불 호지

以眞西山大學衍義觀之 斥之極矣 而文獻通考 山堂考索則竝載
이 진서산 대학연의 관지 척지 극의 이 문헌통고 산당고색 즉 병재

其說. 近予閔雨之甚 使黃子厚行太乙醮而果得雨. 昨予講求太乙之
기설 근 여 민우 지 심 사 황자후 행 태을초 이 과 득우 작 여 강구 태을 지

篇而以疾未就 禮曹宜考其天尊上號之例以聞."
편 이 이질 미취 예조 의 고 기 천존 상호 지 례 이문

命戶曹曰: "旱氣太甚 禾穀槁矣. 令各道都觀察使 都巡問使踏驗
명 호조 왈 한기 태심 화곡 고의 영 각도 도관찰사 도순문사 답험

以聞." 又傳旨于京畿經歷辛頤曰: "道內已稔禾穀 大風前令民
速穫."

下旨曰: "六典內 凡冤抑未伸者 京中則呈主掌官 外方則呈守令
監司 不爲究治 具告憲司 亦不爲究治 乃來擊鼓. 近年擊鼓及申呈
竝皆奴婢事. 其他非法受罪 强暴侵逼 冤抑未伸等事 竝不申呈
有乖立法之意 致傷和氣. 中外大小人民 如有冤抑未伸等事 一依
六典施行."

刑曹 臺諫請致庸 無恤等罪 甲辰亦如之.

復命長興都護府使宋克良赴任. 克良旣罷 朴訔啓請中外官吏
貪汚亂政條目 令六曹擬議啓聞 上從之. 禮曹遂啓曰: "曹與諸曹
議得: '中外官吏眞犯十惡 監守自盜 非法殺人 受財等罪 已坐杖
一百已上 依律不敍 罪及擧主." 從之. 未幾 命克良赴任 以克良
前罪未經杖斷也. 久之 吏曹又啓: "竊見判內贍寺事許權嘗殺官賤
前海珍郡事朴礎曾盜 其罪皆坐杖一百已上 而減等施行. 此二人 從
元罪則當不敍 從減等則當敍用 未審何從?" 上曰: "許權 朴礎旣
以特恩減等 在所敍用 然更改前教 則人不畏法. 此二人各別傳旨
如何?" 柳思訥啓曰: "從本罪從減等之中 擧凡例判付. 其許權 朴礎
不擧論如何?" 上曰: "然. 可從減等判付 而今後不輕易減等可也."
於是 吏曹啓: "杖一百以上罪 蒙恩減等 杖斷九十以下者 毋用不敍
之典."

乙巳 吏曹上疏 略曰:
을사 이조 상소 약왈

'牧民之任 救荒爲急. 自今大小守令 每遇歲凶 多方賑恤 民無
목민 지임 구황 위급 자금 대소 수령 매우 세흉 다방 진휼 민무

飢殍者 監司褒爲上等 具其實績 啓聞敍用 其未考滿者 加一資.
기표 자 감사 포위 상등 구기 실적 계문 서용 기미 고만 자 가 일자

不能救荒 境內人民一有餓死 雖於他事 有所可取 卽行罷黜 永爲
불능 구황 경내 인민 일유 아사 수어 타사 유 소가취 즉행 파출 영위

恒式.'
항식

從之.
종지

拜千秋箋及本國進箋時 用靑屋龍亭子 從兵曹之啓也.
배 천추전 급 본국 진전 시 용 청옥 용정자 종 병조 지계야

丙午 刑曹 臺諫請無恤 無悔等罪.
병오 형조 대간 청 무휼 무회 등죄

日本 九州節度使親男 來獻土宜.
일본 구주 절도사 친남 내헌 토의

丁未 夜四鼓 鵂鶹鳴于景福宮 隆文樓屋上.
정미 야 사고 휴류 명우 경복궁 융문루 옥상

鵲巢于勤政殿上鷲頭.
작 소우 근정전 상 취두

以李義倫爲忠州牧使. 晉山府院君河崙實封上言: '尹淮博通
이 이의륜 위 충주목사 진산부원군 하륜 실봉 상언 윤회 박통

經史 代言; 金瞻博通古今 可爲六曹判書; 朴濟老成 可爲館學之
경사 대언 김첨 박통 고금 가위 육조판서 박제 노성 가위 관학 지

儲; 李義倫 李愼全 崔有恒 崔明達 姜悊亦皆可用.' 皆崙之所親昵
저 이의륜 이신전 최유항 최명달 강비 역개 가용 개 륜지 소친 닐

也. 上以示知申事柳思訥曰: "金瞻予旣用之不數年 擢置宰相. 乃
야 상 이시 지신사 유사눌 왈 김첨 여기 용지 불수년 탁치 재상 내

黨於無咎無疾 而以不忠之罪 受刑於憲府 人所共知 而崙朦朧薦擧
당어 무구 무질 이이 불충 지죄 수형 어 헌부 인 소공지 이 륜 몽롱 천거

爲人臣者果如是乎? 然念其勳舊而勿責耳 毋洩此言." 乃以義倫爲
위인신자 과 여시 호 연 념기 훈구 이 물책 이 무설 차언 내이 의륜 위

牧使.
목사

刑曹 司憲府 司諫院皆辭職. 初 交章請曰:
형조 사헌부 사간원 개 사직 초 교장 청왈

"近以無恤 無悔不忠之罪 臣等及功臣 政府 六曹各上疏章 請問
근 이 무휼 무회 불충 지죄 신등 급 공신 정부 육조 각상 소장 청문

根由 明正其罪 已累月矣 而殿下但以私恩 不賜兪允 止令兄弟完聚
근유 명정 기죄 이 누월 의 이 전하 단이 사은 불사 유윤 지령 형제 완취

畿內田庄 乃與平時無異. 竊念 本人等旣犯不忠 情現事白 雖一日
기내 전장 내 여 평시 무이 절념 본인 등 기범 불충 정현 사백 수 일일

不可容於天地之間. 伏望殿下 念宗社之計 斷以大義 許令臣等鞫問
불가 용어 천지 지간 복망 전하 염 종사 지계 단이 대의 허령 신등 국문

正罪."
정죄

不聽 故辭.
불청 고사

移御昌德宮.
이어 창덕궁

戊申 功臣晉山府院君河崙等請無恤 無悔等罪 上言曰: "前日
무신 공신 진산부원군 하륜 등 청 무휼 무회 등 죄 상언 왈 전일

累上章疏 請無恤 無悔等罪 未蒙允許. 且臺諫 刑曹不得其請 已皆
누상 장소 청 무휼 무회 등 죄 미몽 윤허 차 대간 형조 부득 기청 이개

辭職. 執法之官 不可一日無也 望允其請 而命使就職. 無恤 無悔罪
사직 집법 지관 불가 일일 무야 망윤 기청 이 명사 취직 무휼 무회 죄

莫大焉 朝鮮臣子 孰不願討? 敢以爲請." 上曰: "已令出居于外 無以
막대 언 조선 신자 숙불 원토 감이 위청 상왈 이령 출거 우외 무이

加矣. 昨大夫人欲往子之居處 予屈意從之." 崙啓曰: "大夫人安有
가의 작 대부인 욕왕 자지 거처 여 굴의 종지 륜 계왈 대부인 안유

棄一國母儀之榮養 而反就不忠之子之理乎?" 上曰: "大夫人必欲
기 일국 모의 지 영양 이 반취 불충 지자 지리 호 상왈 대부인 필욕

同處 予迫於人情 不能苦留 今已奉送矣. 熱甚 宜各就第."
동처 여 박어 인정 불능 고류 금이 봉송 의 열심 의 각 취제

以黃子厚爲忠淸道都觀察使 李貴山江原道都觀察使 李崇文
이 황자후 위 충청도 도관찰사 이귀산 강원도 도관찰사 이숭문

判安東大都護府事. 崇文之除 因上王之請也. 黃子厚詣闕謝恩 因
판안동대도호부사 숭문 지제 인 상왕 지청 야 황자후 예궐 사은 인

啓曰: "臣向以母疾在懷德縣 故乞分符之命. 今母病已愈 而殿下
계왈 신 향이 모질 재 회덕현 고걸 분부 지명 금 모병 이유 이 전하

比久違豫 臣兼典醫 職在嘗藥 安忍離殿下而出外乎?" 上從之 命
비구 위예 신 겸 전의 직재 상약 안인 이 전하 이 출외 호 상 종지 명

禹希烈仍其職.
우희열 잉 기직

己酉 六曹請無恤 無悔之罪啓曰: "乞賜明斷 以答臺諫之請." 上
기유 육조 청 무휼 무회 지죄 계왈 걸사 명단 이답 대간 지청 상

曰: "臺諫之請 非不是也 但予未卽聽斷耳."
왈 대간 지청 비불 시야 단 여 미즉 청단 이

戶曹上楮貨流行條目:
호조 상 저화 유행 조목

‘其一 楮貨賤則以濟用監國用外雜物 買楮貨入官; 楮貨貴則將其
기일 저화 천즉 이 제용감 국용 외 잡물 매 저화 입관 저화 귀즉 장 기

楮貨 買雜物入官 以爲恒式. 其二 陳朽雜穀 易換楮貨. 其三 巫女
저화 매 잡물 입관 이위 항식 기이 진후 잡곡 역환 저화 기삼 무녀

業中 依外方例 以楮貨收貢. 其四 各道諸島及各官散在司僕馬內
업중 의 외방 례 이 저화 수공 기사 각도 제도 급 각관 산재 사복마 내

十三歲以上騸馬及病馬 量宜定價 以楮貨易換.’
십삼 세 이상 선마 급 병마 양의 정가 이 저화 역환

敎曰: “巫女等收貢事外 餘皆擧行.” 戶曹又啓: “楮貨用所耕多少
교왈 무녀 등 수공 사외 여개 거행 호조 우계 저화 용 소경 다소

二十結以上大戶三張 每十結加一張. 十結以上中戶二張 五結以上
이십 결 이상 대호 삼장 매 십결 가 일장 십결 이상 중호 이장 오결 이상

小戶一張 三結以上殘戶二幷一張 二結以下殘戶三幷一張 一結
소호 일장 삼결 이상 잔호 이 병 일장 이결 이하 잔호 삼 병 일장 일결

以下及鰥寡孤獨一皆蠲免. 其各道各官歲貢楮貨 有山場水梁各官
이하 급 환과고독 일개 견면 기 각도 각관 세공 저화 유 산장 수량 각관

一百九 於前數減半; 無山場水梁各官一百二十一 於前數減三分之
일백 구 어 전수 감반 무 산장 수량 각관 일백 이십 일 어 전수 감 삼분 지

二.” 從之.
이 종지

辛亥 日本 九州節度使使人來獻土宜.
신해 일본 구주 절도사 사인 내헌 토의

左代言卓愼上兵備事宜:
좌대언 탁신 상 병비 사의

‘其一 各官城子未定處及未築處 無遺議定 以時堅築. 各其城上
기일 각관 성자 미정 처 급 미축 처 무유 의정 이시 견축 각 기 성상

女墻數 合入人丁數 所入糧餉數 四方隣城相去里數 道路險易 烽火
여장 수 합입 인정 수 소입 양향 수 사방 인성 상거 이수 도로 험이 봉화

相望處 悉書于策 以備守國之道.
상망 처 실서 우책 이비 수국 지도

其二 四方邊境山河險隘 以寡當衆處 大船泊立依岸處 藏兵
기이 사방 변경 산하 험애 이 과 당중 처 대선 박립 의안 처 장병

覆衆處 無不周知 以量用軍之數 以備制敵之方 書而藏之 以爲
복중 처 무불 주지 이량 용군 지수 이비 제적 지방 서이 장지 이위

畫策之具.
획책 지구

其三 中外各目軍丁兵船軍器衣甲 各色旗麾錚鐃鼓角之數 各
기삼 중외 각목 군정 병선 군기 의갑 각색 기휘 쟁뇨 고각 지수 각

持馬匹大中小摠數 令兵曹依戶曹錢穀例 會計施行 一入內 一置
지 마필 대중소 총수 영 병조 의 호조 전곡 례 회계 시행 일 입내 일 치

承政院 以爲恒式.
승정원 이위 항식

其四 軍器監火㷁已至萬餘柄 各道城子百餘 各浦兵船百六十
기사 군기감 화통 이지 만여 병 각도 성자 백여 각포 병선 백 육십

餘隻及山河險阨設備處 其用甚多 萬餘柄猶爲不足. 以餘在鑄鐵
여척 급 산하 험액 설비 처 기용 심다 만여 병 유위 부족 이 여재 주철

二萬餘斤 來八月始鑄成 以足其用; 傳習人用別軍箇月已滿 未
이만 여근 내 팔월 시 주성 이족 기용 전습 인용 별군 개월 이만 미

去官者.
거관 자

其五 兵船因倭寇久息 制敵之具怠弛不修. 每等敬差官但考其
기오 병선 인 왜구 구식 제적 지구 태이 불수 매등 경차관 단 고 기

軍人衣甲 軍器 火㷁 旗麾 船體實不實而已 其餘器械焉能悉考?
군인 의갑 군기 화통 기휘 선체 실 불실 이이 기여 기계 언능 실고

且如火㷁火藥 苟能點火 年久可用 船上亦可點火 不令着霾. 近來
차 여 화통 화약 구능 점화 연구 가용 선상 역 가 점화 불령 착매 근래

各道以海氣着霾 年久不用 改受者頗多有之 其餘虛實 從可知矣.
각도 이 해기 착매 연구 불용 개수 자 파다 유지 기여 허실 종 가지 의

其大中船所用器械數目 令各道水軍節制使開寫具報兵曹 以其數目
기 대중 선 소용 기계 수목 영 각도 수군절제사 개사 구보 병조 이 기 수목

委人點考 竝考火㷁點火形止 仍加賞罰 其不實者 更令備實 以備
위인 점고 병고 화통 점화 형지 잉가 상벌 기 불실 자 갱령 비실 이비

不虞.
불우

其六 龜船之法 衝突衆敵 而敵不能害 可謂決勝之良策. 更令
기육 귀선 지법 충돌 중적 이 적 불능 해 가위 결승 지 양책 갱령

堅巧造作 以備戰勝之具.’
견교 조작 이비 전승 지구

愼時知兵曹. 上覽之 下兵曹.
신시 지 병조 상 람지 하 병조

壬子 大風以雨 禾偃木拔. 崇禮門內行廊十三楹 興福寺門南行廊
임자 대풍 이우 화언 목발 숭례문 내 행랑 십삼 영 흥복사 문 남 행랑

十五楹及內司僕門三楹頹. 上謂監役提調兵曹判書朴信曰: “行廊
십오 영 급 내사복 문 삼 영퇴 상 위 감역제조 병조판서 박신 왈 행랑

傾頹 此造成不牢固之所致也. 委任以事 而不致慮可乎?” 信愧謝.
경퇴 차 조성 불 뇌고 지 소치 야 위임 이사 이 불 치려 가호 신 괴사

安城府院君李叔蕃 吏曹判書朴訔等曰: “斲木不齊 方圓不合 勢將
안성 부원군 이숙번 이조판서 박은 등 왈 착목 부제 방원 불합 세 장

盡傾 宜改構." 信亦以爲然. 上嘆曰: "往年勞民費財而構成 今乃

若此 豈久遠計哉? 且今更構 役何人乎?" 命囚其時監役官前副正

宋辰生 前副司直趙復初 前注簿金灌及大匠德海 三日而釋之 仍令

監役. 以兵曹判書朴信 前吏曹判書黃喜爲行廊都監提調 改構行廊.

其軍人則火㷡軍四百 司宰監水軍一百 義禁府番上都府外五十

補充軍五十名及木石手 爐冶匠等人也. 使令則以出番近仗充之.

以朴子靑爲右軍都摠制 黃子厚恭安府尹 以姜順德爲軍資注簿.

順德 李叔蕃之壻也. 時叔蕃氣勢赫赫 故入仕五月間 三遷爲注簿.

議政府 三功臣 六曹交章請無恤 無悔等罪 略曰: "不忠之心蘊於

中 然後不忠之言著於外 爲人臣而有不忠之罪者 萬世之所不容.

無恤 無悔等不忠之罪 誠如臣等累曾啓聞 伏望殿下 斷以大義 許令

有司鞫問科罪 以正邦憲 以戒後世." 不允.

三功臣 議政府 六曹請令各道進別膳 許之.

癸丑 視事于便殿. 李叔蕃及朴訔 朴信 李原等請無恤 無悔罪

教曰: "此事已畢何容更請? 許無人情 特以外姑在焉 未得論如法

耳." 叔蕃曰: "誰不知殿下至情哉? 但無恤 無悔所犯曖昧 人不共知

故臣等望下攸司 明立文案 昭示其罪 然後特降洪恩 保全性命如

李居易故事 則私恩公義可謂兩得. 且三省 國家綱紀 不可暫無. 若

皆不當 宜改置之 如其無罪 宜命出仕." 上曰: "三省之出 吾豈不欲?

特命之出仕 則又復如前 雖易以他人 必且繼踵而請 故不卽命還

就職耳." 叔蕃曰: "朝鮮臣子戴天履地 凡有寢食 孰不欲討以效忠
취직 이 숙번 왈 조선 신자 대천 이지 범유 침식 숙 불욕 토 이 효충

乎? 且殿下雖欲全之 國人不從矣. 然居易亦能保全 依此例爲便."
호 차 전하 수욕 전지 국인 부종 의 연 거이 역 능 보전 의 차례 위편

敎曰: "已嘗屬其六曹 臺諫 廷詰之矣 豈不明白? 若下攸司 須用
교왈 이상 속 기 육조 대간 정힐지 의 기 불명백 약 하 유사 수용

拷問 必傷大夫人之心矣. 無恤 無悔以予曾誅無咎 無疾 常慮及禍
고문 필 상 대부인 지심 의 무휼 무회 이여 증주 무구 무질 상려 급화

心懷疑貳 迹不能掩 遂至此極. 予雖恕之 豈感德乎? 但宋氏身後
심회 의이 적 불능 엄 수지 차극 여 수 서지 기 감덕 호 단 송씨 신후

當去之耳. 向命出居中連時 予得痾疾 謂無恤等云: '予若安在 汝當
당 거지 이 향 명 출거 중련 시 여 득 이질 위 무휼 등 운 여약 안재 여당

無患 予若未寧 汝禍尤速.' 亦以此意也."
무환 여약 미령 여화 우속 역 이 차의 야

叔蕃曰: "得無以無咎 無疾見敗之故 懷復讐之心乎?"
숙번 왈 득 무이 무구 무질 견패 지고 회 복수 지심 호

上曰: "不然. 嘗觀 無悔性本狠愎不仁耳 安有顧念兄弟之讐乎?
상 왈 불연 상관 무회 성 본 한퍅 불인 이 안유 고념 형제 지수 호

向嘗因啓事 知不憫二兄之事 特慮禍及 有異謀耳."
향 상 인 계사 지 불민 이형 지사 특려 화급 유 이모 이

叔蕃固請究問而原之 上仰視久之 尙未忍下於攸司. 啓畢 諸判書
숙번 고청 구문 이 원지 상 앙시 구지 상 미인 하어 유사 계필 제 판서

趨出 叔蕃 朴嘗在焉. 上語及災異歎曰: "比見災變荐至 甚欲修明
추출 숙번 박은 재언 상어 급 재이 탄왈 비견 재변 천지 심 욕 수명

政事 然未知某事當行 某事當止 每欲廣求至論 銳意行之 亦未聞有
정사 연 미지 모사 당행 모사 당지 매욕 광구 지론 예의 행지 역 미문 유

偉議昌言 減膳輟樂 亦末事耳. 然情迫于中 亦不得不爲."
위의 장언 감선 철악 역 말사 이 연 정박 우중 역 부득 불위

復歎曰: "終年暵旱 禾稼旣槁 昨日大風 樹拔穀損. 積何不善 致
부 탄왈 종년 한한 화가 기고 작일 대풍 수발 곡손 적 하 불선 치

此衆災? 予嘗閑室靜思 如不欲生. 卽位以來 未有功德以福生民.
차 중재 여상 한실 정사 여 불욕생 즉위 이래 미유 공덕 이복 생민

近日 交河民云: '時當滅亡 有此災異.' 豈無愧乎? 圖政大臣 更相
근일 교하 민운 시 당 멸망 유 차 재이 기 무괴 호 도정 대신 갱상

遞代 予久在位 欲傳位於世子 稍弛憂慮 然幼未更事 亦不果也.
체대 여 구 재위 욕 전위 어 세자 초이 우려 연 유 미 경사 역 불과 야

誰知予日夜此憂憫之懷?"
수지 여 일야 차 우민 지 회

因涕泣縱橫 悲不自勝. 叔蕃 訔等惶愕莫能仰視曰: "殿下至誠
인 체읍 종횡 비 불자승 숙번 은등 황악 막능 앙시 왈 전하 지성

惻怛 敬天憂民 誠貫天地 故四方乂安 民皆樂生. 如此旱災 成湯
측달 경천 우민 성관 천지 고 사방 예안 민개 낙생 여차 한재 성탕

所不免也." 是時上憂旱 日御一膳 露坐日中 以致違豫 得水痢甚苦
소불면 야 시시 상우한 일어 일선 노좌 일중 이치 위예 득 수리 심고

久乃平復.
구내 평복

召刑曹 臺諫員就職 仍責之曰: "有言責者 不得其言則去 是 去魯
소 형조 대간 원 취직 잉 책지 왈 유 언책 자 부득 기언 즉거 시 거노

去齊 去楚之謂也. 今之呈辭 欲使寡人畏之耳. 自今若欲呈辭 濟州
거제 거초 지위 야 금지 정사 욕사 과인 외지 이 자금 약욕 정사 제주

雖在海外 乃我土也 當走日本與遼東可矣." 執義安望之對曰: "所謂
수재 해외 내 아토 야 당주 일본 여 요동 가의 집의 안망지 대왈 소위

去者 去其職之謂也."
거자 거 기직 지위 야

遣兵曹知印 往審京畿兵船 慮爲風雨所漂毁也.
견 병조 지인 왕심 경기 병선 여위 풍우 소표훼 야

塞景福宮城北路 禁人往來.
색 경복궁 성북로 금인 왕래

甲寅 三功臣 議政府 六曹請無恤 無悔等罪 不允.
갑인 삼공신 의정부 육조 청 무휼 무회 등죄 불윤

乙卯 太白晝見經天.
을묘 태백 주견 경천

開國定社佐命功臣 議政府 六曹 三軍都摠制府 臺諫及各司上疏
개국 정사 좌명 공신 의정부 육조 삼군도총제부 대간 급 각사 상소

請無恤 無悔罪 疏曰:
청 무휼 무회 죄 소왈

'臣等竊惟 有罪必罰 將而必誅 王政之大權 古今之通義也. 今者
신등 절유 유죄 필벌 장이 필주 왕정 지 대권 고금 지 통의 야 금자

無恤 無悔等密告世子以不忠之言 世子不悅曰: "君等家門亦不好
무휼 무회 등 밀고 세자 이 불충 지언 세자 불열 왈 군등 가문 역 불호

矣." 卽請世子不以其言聞于上聰 其有今將之心 從可知矣. 殿下因
의 즉청 세자 불이 기언 문우 상총 기유 금장 지심 종 가지 의 전하 인

世子及功臣 政府之請 令六曹臺諫問其所言 殷而不告 及聞世子
세자 급 공신 정부 지청 영 육조 대간 문기 소언 은이 불고 급문 세자

辨說 略告一端 不盡情實 其不忠之罪不可掩矣. 臺諫 六曹 政府
변설 약고 일단 부진 정실 기 불충 지죄 불가 엄 의 대간 육조 정부

功臣相繼請罪 只令收職 安置畿內 此非有罪必罰之義也. 伏望殿下
공신 상계 청죄 지령 수직 안치 기내 차비 유죄 필벌 지의 야 복망 전하

斷以大義 許令攸司鞫問情實 明正其罪.'
단이 대의 허령 유사 국문 정실 명정 기죄

司諫院啓: "大夫人宋氏隨二子出居村舍 若書諸史冊 則後世以爲
大夫人與子同罪 而逐居于外 請命還京."

日本大內殿遣使來獻土物. 使者求大藏經甚切 禮曹判書李原
啓曰: "本國惟一全本在 何以答之?" 上曰: "佛法雖未知其是非
與之則後日數來求之 難繼矣. 宜答曰: '此經 前日各鎭求去殆盡
雖有其板 時無所印 以其秩多 未卽印送.'"

忠淸道都觀察使禹希烈擇禾穗之長美者以進 上覽曰: "禾之不登
京畿爲最 而他道則不至於甚. 然類皆以禾稔樂告 而不以實聞."

戊午 通事姜庾卿遼東啓曰: "七月初四日 倭賊入旅順口 盡收
天妃娘娘殿寶物 殺傷二萬餘人 虜掠一百五十餘人 盡焚登州戰艦
而歸." 上命崔閑傳敎承政院曰: "倭寇中國數矣 而今也爲甚. 帝
若怒而欲征之 則必有助征之命 將若之何? 且我國交通日本 倭使
絡繹 帝若知之 則必歸咎我國 亦將若之何?" 柳思訥對曰: "誠可慮
也."

宥檢校戶曹參議金桂蘭 內官盧希鳳罪. 初 上欲驗佛氏之眞僞
聚僧思近 雪悟等一百于興天寺舍利殿 設精勤法席 以祈分身 希鳳
與僧錄掌務僧先進一枚. 至是 召桂蘭問曰: "向者精勤 果舍利乎?"
對曰: "臣受命 卽會僧於舍利殿精勤 至翌日朝 與僧見靑袄上有
粉白細微之物四箇. 僧等皆云: '三箇是瑞氣 差大一箇乃舍.' 卽磨利
於鐵鉢 洗以香水 幷將瑞氣 盛器裹袄 授希鳳及掌務僧以獻." 命曰:

“汝曹所言舍利 卽令不茹葷者擦之 隨乎成粉 非眞舍利. 何誑我
爲?” 桂蘭曰: “其時與諸僧親見而獻之 必是中失. 且舍利神物 隱見
無常. 僧等皆言: ‘不潔卽失.’” 問希鳳曰: “汝初持來 果見舍利乎?”
對曰: “桂蘭及僧皆曰: ‘分身舍利.’ 臣亦見細微白物 以爲舍利奉獻
及今出視 果見白屑耳.” 更問桂蘭曰: “汝言果是乎?” 對曰: “誠是.
不敢欺罔.” 命曰: “吾欲試佛法虛實 會僧命祈. 及聞持來 令近侍
小宦見於淨處 若有舍利惡何不潔而反隱乎? 汝等初持他物以來
誑我 及詐見計窮 反云晦隱 眞欺罔也.” 召義禁府當直官 欲下二人
于獄鞫問 不果.

　庚申 御便殿視事. 語及今年旱災曰: “比見各道監司所報
皆言禾穀張茂 無乃欺予乎? 然監司守令近民之官 豈其妄乎?”
禮曹判書李原 戶曹判書尹向 知申事柳思訥等曰: “未必皆凶.”
上曰: “夏月京中人多糶義倉米豆 預爲之備 何人心之多姦也?”
南城君洪恕曰: “今年 京畿終夏不雨 歲之不熟 無甚於此. 各道
監司慮上軫念 類言旱不爲災 禾穀暢茂 此皆妄也. 京中貧富 驗諸
米價可見.” 上曰: “卿言是矣. 此必監司守令誑我耳. 然今年禾穀 時
未登場 何以知米貴而年凶乎?” 吏曹判書朴訔曰: “去年禾穀亦不熟
以致今年之凶耳.” 上曰: “予未知去年不登至於斯也.”

　宗貞茂使人來獻土宜 求煉鐵.

　置造紙所. 戶曹請以前日議政府上納各道休紙 造楮貨紙 以減

外方造紙之弊 從之.
외방 조지 지폐 종지

司憲府上疏 請朴子青罪 疏略曰:
사헌부 상소 청 박자청 죄 소 약왈

‘子青無他才行 專以土木微勞 位至二品 宜盡心圖報. 其作行廊
자청 무타 재행 전이 토목 미로 위지 이품 의 진심 도보 기 작 행랑

也 乃徼速成之功 不慮長久之計 晝夜侵督 以致不堅 數月之間二次
야 내요 속성 지공 불려 장구 지계 주야 침독 이치 불견 수월 지간 이차

傾覆 勞民傷財 莫此爲甚. 朴信 安省受命同幹 熟視子青之所爲 恬
경복 노민 상재 막차 위심 박신 안성 수명 동간 숙시 자청 지소위 념

不爲慮 以致敗事 幷收職牒 按律科罪.’
불 위려 이치 패사 병수 직첩 안율 과죄

且請監役官員洪理等罪 上覽之曰: “三人罪同 宜一施之 然謂
차 청 감역관 원 홍리 등 죄 상 람지왈 삼인 죄동 의일 시지 연위

晝夜侵督者誤矣. 請人之罪 宜當其實 何敢誣增羅織哉?” 乃召掌務
주야 침독 자오의 청 인지죄 의당 기실 하감 무증 나직 재 내소 장무

持平責之 復命子青爲提調 洪理等監役如舊.
지평 책지 부명 자청 위 제조 홍리 등 감역 여구

刑曹啓奴婢事宜. 啓曰: “決後奴婢仍執者及他人奴婢據執者
형조 계 노비 사의 계왈 결후 노비 잉집 자급 타인 노비 거집 자

四品以下直囚 三品以上 囚其子壻. 如前仍執據執然後 具辭以聞.”
사품 이하 직수 삼품 이상 수 기 자서 여전 잉집 거집 연후 구사 이문

從之. 厥後 上謂左副代言趙末生曰: “奴婢決後仍執 據執 當痛懲
종지 궐후 상위 좌부대언 조말생 왈 노비 결후 잉집 거집 당 통징

之. 雖宰相 除功臣外 當囚其子. 此非予待之以薄 乃自取耳.” 仍
지 수 재상 제 공신 외 당수 기자 차 비여 대지 이박 내 자취 이 잉

命承政院曰: “在前呈狀良賤事 甲午年正月未及呈者 依六月申呈
명 승정원 왈 재전 정장 양천 사 갑오년 정월 미급 정자 의 육월 신정

例 接狀決絶.” 刑曹乃啓: “前此受教: ‘決後仍執者 三品以上員 但
례 접장 결절 형조 내계 전차 수교 결후 잉집자 삼품 이상 원 단

囚子壻.’ 故不畏官法 如前仍據執 爭訟不絶. 自今決後奴婢仍執者
수 자서 고 불외 관법 여전 잉 거집 쟁송 부절 자금 결후 노비 잉집 자

他人奴婢據執者 三品以下直囚 二品以上啓聞囚禁 以懲貪奸.” 上
타인 노비 거집 자 삼품 이하 직수 이품 이상 계문 수금 이징 탐간 상

曰: “若囚宰相 則功臣外一品 亦皆被囚 似乎過重 囚其子壻可矣.
왈 약수 재상 즉 공신 외 일품 역개 피수 사호 과중 수기 자서 가의

參議以下勿論; 時散皆囚其身; 二品以上囚其子壻; 如前仍據執者
참의 이하 물론 시산 개 수 기신 이품 이상 수 기 자서 여전 잉 거집 자

具辭啓聞.”
구사 계문

辛酉 議政府右議政柳亮率百官 請無恤 無悔等罪 不允.
신유 의정부 우의정 유량 솔 백관 청 무휼 무회 등 죄 불윤

命諸祀祝板 皆用松木. 李叔蕃啓: "近日見許稠 稠云: '祝文書
명 제사 축판 개용 송목 이숙번 계 근일 견 허조 조 운 축문 서

於紙 而貼於板 有乖古典.' 當初詳定 晉山府院君河崙主之 稠固爭
어지 이첩어판 유괴 고전 당초 상정 진산부원군 하륜 주지 조 고쟁

不得耳." 上曰: "未審何者爲是." 柳思訥啓曰: "臣曾爲繕工判事 考
부득 이 상왈 미심 하자 위시 유사눌 계왈 신 증위 선공 판사 고

洪武禮制及文公家禮 幷稱用紙. 請以紙代木." 叔蕃曰: "臣初不見
홍무예제 급 문공가례 병칭 용지 청이지대목 숙번왈 신초 불견

禮文 但聞稠言如此耳." 上依違未卽易之 至是有是命.
예문 단문 조언 여차 이 상 의위 미즉 역지 지시 유시명

立二品守令復命之法. 禮曹啓: "二品守令見代者 依奉使出外員
입 이품 수령 복명 지법 예조 계 이품 수령 견대 자 의 봉사 출외 원

例 詣闕復命 以爲恒規 違者憲司糾理." 從之.
예 예궐 복명 이위 항규 위자 헌사 규리 종지

司諫院上署告身法. 上言: "朝士告身暑經 乞仍舊待五十日 則庶
사간원 상서 고신 법 상언 조사 고신 서경 걸 잉구 대 오십 일 즉 서

不煩於上聰." 教曰: "姑從之 後若有其弊 當改之矣."
불번 어 상총 교왈 고종지 후약유 기폐 당 개지 의

司憲府啓: "獻納張晉厭貧求富 棄糟糠之妻 改娶判原州牧事
사헌부 계 헌납 장진 염빈 구부 조강지처 개취 판원주목사

鄭南晉之病女 心行不廉 臣等不敢署出告身." 於是改除禮曹正郎.
정남진 지 병녀 심행 불염 신등 불감 서출 고신 어시 개제 예조정랑

壬戌 京畿都觀察使尹臨上風損禾穀之狀. 初傳旨于臨曰: "已熟
임술 경기 도관찰사 윤림 상 풍손 화곡 지상 초 전지 우림왈 이숙

禾穀 速令收穫 毋致風損 屢下教旨 不曾收穫 致令風擺 將問其由
화곡 속령 수확 무치 풍손 누하 교지 부증 수확 치령 풍파 장문 기유

速遣經歷赴闕." 臨至是上風損之狀 上嫌其多 召楊州府使崔湜問之
속견 경력 부궐 림 지시 상 풍손 지상 상 혐 기다 소 양주부사 최식 문지

湜對曰: "州內無風損處." 又召經歷辛頤問之 頤對十分損九.
식 대왈 주내 무풍손 처 우소 경력 신이 문지 이 대 십분 손구

癸亥 順安薪寺羅漢及國昌寺石佛 咸州城寺鐵佛出汗. 上曰: "當
계해 순안 신사 나한 급 국창사 석불 함주 성사 철불 출한 상왈 당

革寺社時 宜皆汗而不然 今何以汗乎? 佛之汗常事 不足怪也."
혁 사사 시 의개한이불연 금 하이 한호 불지한 상사 부족 괴야

兵曹判書朴信請刷木工 不允. 啓曰: "行廊改造 丁夫數少 未能
병조판서 박신 청쇄 목공 불윤 계왈 행랑 개조 정부 수소 미능

遽就 請於外方各官 刷木工二百人以來." 上曰: "時當秋穫 不可刷
거취 청어 외방 각관 쇄 목공 이백 인 이래 상왈 시당 추확 불가 쇄

也. 已赴百人足矣." 信復啓曰: "時候漸寒 須速畢役. 縱未得二百人
願得一百五十人." 上曰: "今年旱甚 甚不可也."

甲子 初以季秋祭山川. 禮曹上言: "月令 仲秋遍祀山川 然祭山川
卽有霜降之應. 今年因旱旱晩水 禾穀未登 霜若早降 民食尤艱.
請於季秋祭山川." 從之.

審理滯獄. 下旨刑曹曰:

"外方各道疑罪滯獄者 令其道觀察使具辭報政府 略抄以聞 以爲
恒規 曾有敎旨 而今夏三朔各道囚徒啓本內 經年未決罪囚頗多 而
不錄其故 自今一依曾降敎旨施行. 且令刑曹 各道囚徒啓聞之時
罪人名下 所犯罪名與已報刑決內 照律未照律 以疑端更推 而未到
之故 竝皆具錄啓聞 以爲恒式.

日本 濃州太守平宗壽 肥州太守源昌淸各使人來獻土物.

新作瀉庫. 上曰: "凡京外用度及振貸 皆以陳穀爲先給之; 凡作
倉庫 皆用中國之制."

태종 15년 을미년
8월

# 八月

**을축일(乙丑日-1일)** 초하루에 예조(禮曹)의 정랑(正郎) 이안유(李安柔)[1]·유맹문(柳孟聞), 좌랑(佐郎) 조상(曹尙)·이종규(李宗揆)·주면(周冕)을 파직했다.

예조참의(禮曹參議) 차지남(車指南)은 순군 영사(巡軍令史) 출신(出身)이었는데, 참의가 되자 안유(安柔) 등이 지남(指南)에게 기꺼이 일을 맡기려 하지 않았다. 지남이 화가 나[恚=怒] 판서 이원(李原)에게 말하자 (이원이) 안유의 종을 가두어 경계하고자 형조(刑曹)에 관문(關文)을 보냈는데, 상(尙)이 선뜻 서명하지 않으려 했다. 원(原)이 화가 나 상의 종까지 가두려 하니, 안유와 상이 모두 병이라 고하고 사진(仕進-출근)하지 않았다. 원이 사령(使令)을 보내 안유의 가노(家奴)를 붙잡자 안유가 노해 사령을 구타했다. 원이 심히 노해 그 상황을 갖추어 아뢰니 안유와 상을 의금부에 내렸고, 낭관(郎官)이 패를 지어 관장(官長)을 업신여긴다고 해서 안유와 상에게 장(杖) 80대를 속

---

1  경승부 승(敬承府丞)으로 있다가 1405년 문과에 급제해 정언(正言)이 되고, 1412년에 헌납(獻納)으로 승진되었으며, 풍해도 경력(豊海道經歷), 이조와 예조 정랑(正郎)으로 승진됐다. 1418년(태종 18년)에 강상인(姜尙仁)의 교무옥(矯誣獄)에 연루되어 직첩이 몰수되고 경상북도 경산으로 귀양 갔다가 9년 만에 고향으로 돌아와 살았다. 유방선(柳方善)이 시를 주어 말하기를 "백성의 뜻은 오래토록 왕안석 일어나길 생각하고, 임금의 맘은 응당 자네 돌아오길 생각하리라"라고 했다.

(贖) 받고 맹문(孟聞)·종규(宗揆)·면(冕)과 더불어 모두 그 직책을 파면했다.

○ 김제군(金堤郡)에 벽골제(碧骨堤)를 쌓을 것을 명했다.


전라도 도관찰사(全羅道都觀察使) 박습(朴習)이 아뢰어 말했다.

"성곽은 봉수(封守)[2]를 튼튼히 하고 외모(外侮-외부 침략)를 막는 수단이고 제방(堤坊)은 수택(水澤)을 저축하고 관개(灌漑)를 통하게 하는 방법이니, 실로 환난에 대비하고[備患] 가뭄을 구제하는 좋은 계책이므로 둘 다 없어서는 안 되는 것입니다. 그러나 토공(土功)을 일으키고 민력(民力)을 쓰는 것은, 먼저 사세(事勢)의 완급을 살펴 때맞게 조처한 뒤에야 일이 쉽게 이뤄지고 백성의 원망이 없는 것입니다. 요즈음 병조·호조의 청으로 인해 김제군 벽골제와 연해(沿海) 3읍(邑)의 성을 수축하는 일로 이미 교지를 내리셨으니, 가을걷이[西成]를 한 뒤를 기다려서 마땅히 아울러 쌓아야 할 것입니다. 그러므로 신이 주군(州郡)에 순행해 두루 그 땅을 살펴보니, 장흥(長興)·고흥(高興)·광양(光陽) 3읍(邑)의 땅은 모두 바닷가에 있어 왜구가 배를 대는 곳인데, 전일에 설치한 성이 모두 좁고 나무를 세워 진흙으로 발랐으므로, 세월이 오래되니 기울고 무너진 것이 심하고 혹은 샘과 우물이 없습니다. 더욱이 지금 왜선 수십 척이 몰래 여러 섬에 의지해 틈을 엿보고 있으니, 만일 예기치 못한 변이라도 있으면 신은 후회해도[噬臍] 미치지 못할까 두렵습니다. 지리(地理)를 살피고 형세

---

2  땅을 지키는 것을 말한다.

를 살펴서 성을 쌓고 못을 파며 봉수(封守)를 튼튼히 함으로써 우리 생민(生民)을 보전하는 것이 참으로 오늘의 급무입니다. 만일 도내의 제언(堤堰)이라면 모두 이미 수축했을 것입니다. 고부(古阜)의 눌지(訥池)는, 신이 친히 살펴보니, 저수한 땅은 얕거나 깊고 제방 아래의 밭은 지세가 높아서 물을 끌어 관개하기가 어렵습니다. 그렇다면 비록 많이 저수해도 쓸 데가 없습니다. 오직 김제(金堤)의 벽골제(碧骨堤)는, 신도 한 번 가서 보았는데, 그 둑을 쌓은 곳의 길이가 7,196척이고 넓이가 50척이며 수문이 네 군데로 가운데 세 곳은 모두 돌기둥을 세웠는데, 둑 위의 저수한 곳이 거의 일식(一息)이나 되고 둑 아래의 묵은 땅은 광활하기가 제(堤)의 3배나 됩니다. 지금 농사일이 한참이어서 두루 볼 수 없으니 농극(農隙-농한기)을 기다렸다가 상하의 형세를 살펴보아 다시 계문(啓聞)하겠습니다. 오직 3읍의 성은 반드시 영축(營築)해야 하는데, 이 벽골제를 쌓는 것을 동시에 아울러 시작하면 백성의 힘이 견디기 어렵습니다. 신이 생각건대, 먼저 성보(城堡)를 쌓아 봉수(封守)를 견고히 한 뒤에 제언(堤堰)을 수축해 관개(灌漑)를 갖추면, 거의 사기(事機)가 둘 다 얻어져서 실패가 없을 것입니다."

세 성을 수축하는 것은 일단[姑] 잠깐[且] 정지하고, 먼저 벽골제(碧骨堤)를 쌓으라고 명했다.

○ 전라도 도관찰사(全羅道都觀察使) 박습(朴習), 영길도 도순문사(永吉道都巡問使) 조흡(曹洽)이 그 도(道)의 사의(事宜)를 올렸는데, 모두 작은 고을을 다시 세울 곳과 병합할 곳에 대해 말한 것이다. 형조판서 정역(鄭易)이 말했다.

"전조(前朝-고려) 때에 주현(州縣)을 병합하지 않았어도 국용(國用)이 넉넉했으니, 빌건대 예전 제도대로 하소서."

상이 말했다.

"예전 법이라고 해서 어찌 다 따를 수 있겠는가? 전조 말년에 전제(田制)가 문란해져 태조(太祖)께서 고쳤다."

이어서 좌우에게 일렀다.

"하는 일이 바른 데에 부합한다면 비록 어리석은 백성이 원망하더라도 하늘이 싫어하겠는가? 만일 백성의 원하는 것을 다 따른다면 백성이 어찌 부역(賦役)을 하고자 하겠는가? 이와 같이 한다면 재상이 어떻게 그 조(租)를 거두며, 국가가 어떻게 다스려지겠는가? 예로부터 아래위가 예절이 있은 뒤에야 국가가 다스려질 수 있었다. 지금 모든 시설에 있어 이미 시행하고 있는데, 일의 옳고 그른 것을 돌아보지 않고 시끄럽게 말이 많다. 대개는 여러 사람의 원망이니 마땅히 곧 고쳐야 한다고 생각해 내가 듣는 것을 번거롭게 한다. 내가 『문헌통고(文獻通考)』를 보니, '법제(法制)를 어지럽게 고쳐 한재(旱災)를 가져왔더라도 이미 시행한 일은 고칠 수 없다'라고 했다. 재상은 모름지기 글을 읽은 사람을 쓰는데, 경 등이 이미 글을 읽고 일을 맡았으니 『주역(周易)』 태괘(泰卦)를 보면³ 나라 다스리는 방도를 대개 알 수 있을 것이다."

○ 경차관(敬差官)을 여러 도에 나눠 보냈다. 호조판서 윤향(尹向)이 아뢰어 말했다.

---

3  태괘는 태평성대를 상징하는 괘다.

"신이 좌랑(佐郞) 윤수미(尹須彌)를 시켜 손실경차관(損實敬差官)을 나눠 보내는 일의 편부(便否-편리함의 여부)를 진산부원군(晉山府院君) 하륜(河崙)에게 물으니 륜(崙)이 말하기를 '마땅히 보내야 한다'고 했고, 우의정(右議政) 유량(柳亮)에게 물으니 량(亮)이 말하기를 '내가 듣건대 폐단이 많다. 보내는 것이 마땅하지 않다'고 했습니다."

상이 말했다.

"만일 금년을 흉년[儉年]이라 하여 보내지 않는다면, 이는 마치 다른 해에 보내 취렴(聚斂)하기 위한 것처럼 보일 것이다. 경차관이 가면 수령과 간사하고 교활한 무리가 어찌 두려워하지 않겠는가?"

호조에서 마침내 아뢰었다.

"금년 각 도의 전답 손실(損實)은, 공평하고 청렴한 품관(品官)으로 도(道)를 바꿔 나눠 차견(差遣-파견)해서, 『육전(六典)』에 의거해 매번 2~300결(結)을 1부(部)⁴로 만들어서 답험(踏驗)해 수손급손(隨損給損)⁵한다면 관가와 백성이 둘 다 편할 것입니다. 그 고을의 수령으로 하여금 위관(委官)⁶이 답험한 곳에 따라 곧 척간(擲奸)⁷해서 그 불공평한 자는 경차관에게 보고하게 하면, 경차관이 불시에 나아가 두루 다니며 척간해서 그중에 실(實)을 손(損)이라 하고 손을 실이라

---

4  토지의 면적 단위다. 여말선초에 토지를 간심(看審)할 때 2~300결(結)을 묶어 1부(部)라 했다.

5  손실에 따라 조세를 덜어주는 것을 말한다.

6  임금이 일의 처리를 위해 임시로 품관(品官) 중에서 임명해 보내는 판정관(判定官) 또는 재판장(裁判長)을 말한다.

7  부정이나 간사한 짓을 캐어 살피는 것을 말한다.

하거나 기경(起耕)한 것을 진전(陳田)이라 해 불공평하게 답험한 수령과 위관을, 3품 이상은 상신(上申)하여 아뢰고 4품 이하는 직접 결단하게 하소서. 또 각 호에 꿔준 의창(義倉)의 쌀·콩·잡곡은 각 고을 각 호의 화곡의 풍년 들고 흉년 든 것을 살펴서, 실농(失農)한 민호(民戶)는 풍년에 한하여 수납하고 실농하지 않은 민호는 수에 의하여 수납하게 하소서. 또 실농한 각 고을의 굶주리는 백성은 만일 진휼하지 않으면 그 생활이 염려되니, 빌건대 본조(本曹)에서 이미 일찍이 수교(受敎)한 구황(救荒)의 영에 의거해 경차관으로 하여금 아울러 고찰(考察)을 가하게 하소서."

그것을 따랐다. 이조에서 아뢰었다.

"각 도의 대소 사신(使臣)과 수령(守令)·만호(萬戶)·천호(千戶)·교수관(敎授官)·역승(驛丞)이 법을 범한 일과, 용렬하여 직임을 감당하지 못하는 자를 손실경차관으로 하여금 아울러 조사해 물어서 계문(啓聞)하게 하소서."

그것을 따랐다. 병조에서 아뢰었다.

"이번 각 도 경차관이 가는 길에 칭간칭척(稱干稱尺)[8]인 자와 각품(品) 비첩(婢妾)의 자손을 다시 캐어 물어서 성적(成籍)하게 하소서."

상이 말했다.

"금년에는 가뭄이 심하니 다만 민간의 질고(疾苦)를 물어서 화곡

---

8   일반적으로 간(干)이나 척(尺)이라 부르는 신분의 사람으로, 신분(身分)은 양인(良人)이면서 하는 일은 천역(賤役)인 계층으로, 즉 간척(干尺)을 말한다. 신량역천(身良役賤)이 바로 그들을 두고 하는 말이다.

의 손과 실을 공평히 하는 것을 급무로 삼을 뿐이다."

병인일(丙寅日·2일)에 무패응자(無牌鷹子)⁹를 금지하는 법을 거듭 엄하게 했다.

○ 중군 경력(中軍經歷) 이덕생(李德生)·도사(都事) 권이(權移)를 파직했다. 우군녹사(右軍錄事) 우형(禹衡)이 병조참의(兵曹參議) 신개(申槩)에게 실례(失禮)하고 도리어 헌부(憲府)에 고소했는데, 병조에서 본군(本軍)에 관문(關文)을 보내 녹(錄)을 없애도록 하니 덕생(德生) 등이 따르지 않으므로 병조에서 계문해 죄를 청한 때문이다.

○ 우군동지총제(右軍同知摠制) 윤유충(尹惟忠), 공조정랑(工曹正郎) 변순(卞純), 풍저창사(豊儲倉使) 강안수(姜安壽), 사섬서령(司贍署令) 유인통(劉仁統)을 파직했다. 유충(惟忠) 등이 전임 공조관(工曹官)이 격고(擊鼓)해 나눠 받은 한월(韓鉞) 등의 노비를 시일을 오래 끌고 결단하지 않다가 중분(中分)할 때도 불공평하게 한 때문이다.

○ 강축(杠軸)¹⁰을 각사(各司)에 주니, 중국 사람[華人] 장자화(張自和)가 만든 것이다.
    화인

정묘일(丁卯日·3일)에 육조판서, 삼군도총제, 여섯 대언에게 말 각각 1필을 주었으니, 제주(濟州)산이었다. 또 전라도 도관찰사 박습(朴習)

---

9  패(牌)가 없이 매를 가지고 다니는 사람을 말한다. 당시 사사로이 매를 가지는 자는 국가에서 허가의 신표로서 왕패(王牌)를 하사받았다.
10  짐을 실어 나르는 수레의 하나다.

에게 약을 주니, 습(習)이 제주의 말을 잘 기른 때문이다.


　무진일(戊辰日-4일)에 처음으로 이조(吏曹)에 대간(臺諫)을 고공(考功-인사 고과)하라고 명했다.

　상이 말했다.

　"이조에서 대간을 고공(考功)하는 것은 『육전(六典)』에 실려 있다. 헌사(憲司)에서는 이제부터 다시(茶時)[11]를 없애고 매일 일을 다스리며, 간원(諫院)에서도 매일 제좌(諸坐)[12]하라."

　이조판서(吏曹判書) 박은(朴訔)이 아뢰어 말했다.

　"예전에 본조(本曹)에 명해 대간을 고공(考功)하게 했으나 대간에서 말하기를 '출사(出謝)[13]하는 때는 반드시 본사(本司)에서 제좌(諸坐)한다'라고 하고서 지난달에 제수한 5~6인의 고신(告身)을 지금까지 서경(署經)하지 않으므로, 그 까닭을 묻고자 해 사람을 시켜 서리(書吏)를 부르니 보내지 않습니다."

　상이 말했다.

　"본사(本司)에서 제좌(諸坐)하는 것도 그 사람들이다. 공사(公事)는 사(笥-서류함)에 두는데 어찌 반드시 본사에서 출사(出謝)하겠는가? 또 대간의 말을 사람들이 복종하게 되면 소사원이라 할 수 있지만,

---

11　사헌부(司憲府)의 벼슬아치가 그 본사(本司)에 회좌(會座)해 차를 마시면서 중요한 공사(公事)를 의논하는 일을 가리킨다.

12　중대한 안건(案件)을 처리할 때 여러 관원이 가지런히 모여 앉아 일을 의논하는 것을 말한다. 제좌(齊坐)라고도 한다.

13　고신(告身)에 서경(署經)하는 것을 말한다.

이은(李垠) 같은 무리를 어찌 소사원(所司員)으로 삼을 수 있겠는가? 설령 임금에게라고 하더라도 말할 일이 있으면 모두 말할 수 있는데, 하물며 대간의 시비(是非)야 어찌 말하지 못하겠는가?"

○ 육조(六曹)에서 비로소 이문(移文)에 배서(背書)하는 법을 시행했으니, 예조(禮曹)의 계문(啓聞)에 따른 것이다. 예조에서 또 말했다.

"관리가 서로서로 각 아문(衙門)에 사사로이 모여서 공공연하게 청탁을 행하고 시비(是非)를 변란(變亂)하니 사풍(士風)이 아름답지 못합니다. 이제부터 공사로 인한 것이 아니고 사사로이 각 아문에 모이는 자는 헌사(憲司)에서 엄격히 다스리게 하소서."

그것을 따랐다.


기사일(己巳日-5일)에 승문원 정자(承文院正字) 신기(愼幾)가 글을 올렸는데[上書], 그 글은 이러했다.
상서

'무자년(戊子年-1408년)에 신의 아비 이충(以衷)이 황달충(黃達衷)을 때려서 죽게 만든 까닭으로써 노비 12구(口)를 달충(達衷)의 일가인 검교 판한성(檢校判漢城) 유한우(劉旱雨)에게 주고 고발(告發)하지 말도록 청했는데, 한우(旱雨)가 부족하게 여기고 도리어 신의 아비의 죄를 나직(羅織)해서 소장(訴狀)을 내 원통함을 호소했습니다. 지금 신의 아비는 이미 사유(赦宥)를 입었는데 그 노비를 증여(贈與)했다고 속공(屬公)했으니, 빌건대 환급하게 하소서.'

상이 말했다.

"한우가 받은 것도 비록 잘못이지만 기(幾)는 본래 아비의 죄를 면

하고자 스스로 주고서도 도리어 한우를 가리켜 죄를 나직(羅織)했다
고 하니, 이것이 어찌 유사(儒士-유학하는 선비)의 말인가? 사헌부에
서 일찍이 '함부로 상서(上書)하여 자기 욕심을 이루려고 도모하는
잘못'을 말했는데, 그때는 마음이 다른 데 있었기 때문에 그 말을 그
르게 여겼더니 지금에서야 함부로 상서한다는 것이 이런 사람을 말
한 것인 줄을 알겠다."

이에 승정원(承政院)에 명해 불러서 꾸짖게 했다.

○ 평도전(平道全)을 불러 바닷길의 험이(險易-험난함과 평이함)를 물
었다.


좌대언(左代言) 탁신(卓愼)이 아뢰어 말했다.

"마땅히 유구국(琉球國)에 사신을 보내서 왜구(倭寇)가 노략질해
팔아넘긴[轉賣] 사람을 돌려보내도록 청해야 합니다."
　　　전매

상이 옳게 여겨 말했다.

"족속(族屬)과 헤어져 떨어졌으니 그 정상이 애석하다. 데려오는
사람은 마땅히 벼슬로써 상을 주겠다."

이에 도전(道全)을 불러 물었다. 임금이 유구국(琉球國)에 사신을
보내고자 했으나, 바다가 험하고 멀기 때문에 모두 가고자 하지 않으
니 명하기를, 죄를 입은 사람 중에서 능히 임금의 명을 욕되게 하지
않을[不辱君命][14] 사람을 가려 뽑아서 아뢰라고 했다.
　　불욕　군명

---

14 『논어(論語)』「자로(子路)」에 나오는 공자의 말이다. 사신 가는 사람의 기본 사명을 말한
　　것이다. 자공이 묻는다. "어찌해야 선비라 이를 수 있습니까?" 공자가 말했다. "몸가짐에
　　부끄러움이 있으며, 사방으로 사신이 되어 가서 임금의 명에 욕됨이 없게 한다면[不辱
　　　　　　　　　　　　　　　　　　　　　　　　　　　　　　　　　　　　　　　　불욕

○ 병조(兵曹)와 삼군 도진무(三軍都鎭撫)가 함께 토의해 취각령(吹角令)을 올렸다. 아뢰어 말했다.

"전하께서 영(令)을 낼 때를 맞아 내취각인(內吹角人)【내취라치(內吹螺赤)라고도 한다.】에게 명해 각(角)을 한 통[一通]을 불면, 외취각인(外吹角人)【병조취라치(兵曹吹螺赤)라고도 한다.】이 곧 문루(門樓)에 올라가 각(角)으로써 호응한 뒤 다시 사방 높은 곳에 나눠 올라가서 군마(軍馬)가 다 모일 때까지 이를 붑니다. 안에서 각성(角聲)이 처음 발할 때 궐내에서 당직하는 총제(摠制)·상호군(上護軍)·대호군(大護軍)·호군(護軍)·내금위(內禁衛)·내시위(內侍衛)·별시위(別侍衛)·갑사(甲士)·별패(別牌)·시위패(侍衛牌)·응양위(鷹揚衛)·도성위(都城衛)·각령 방패(各領防牌) 등은 곧 병기와 갑주(甲胄)를 갖추어 각문을 지키고, 명령을 받은 외에는 출입을 못 합니다. 각 차비(差備)는 감히 대궐 밖에서 각성(角聲)으로써 서로 호응하지 못합니다. 병조의 입직(入直)하는 당상관(堂上官)이 친히 명을 품(稟-명을 받음)하여 선자기(宣字旗)를 받아서 궐문 바깥 북쪽에 가까운 위차(位次)에 세우면, 입번(入番)한 삼군 진무(三軍鎭撫)가 각각 그 군(軍)의 기(旗)를 정한 장소의 위차에 세웁니다.

출번(出番)한 각군 총제(各軍摠制)와 각위 절제사(各衛節制使) 이하 원래 시위(侍衛)에 속한 각 군사는 각(角) 소리를 들은 선후(先後)에 따라 곧 갑옷을 갖추고 그 기 아래에 서서 운(運)을 나눠 둔주(屯住)합니다. 중군(中軍)이 앞에 있는데 세 휘(麾-깃발)가 따르고, 좌군(左

───────

君命] 선비라 이를 수 있다."

軍)이 그다음이고, 우군(右軍)이 그다음입니다.【만일 행재소(行在所)라면 각각 그 땅의 알맞은 데에 따른다.】주상이 장수가 될 자 세 사람을 불러 삼군 직문기(三軍織紋旗)를 주면, 기를 받아 가지고 나와서 그 군에 나가서 세우고 병조의 호령(號令)을 듣습니다.【기를 받드는 사람으로는 입번(入番)한 근장(近仗)을 쓴다.】만일 어두운 밤에 기(旗)의 빛깔을 분변하지 못하면 그 군의 각 소리를 듣고 모입니다. 중군은 대각(大角)을 불고, 좌군은 중각(中角)을 불고, 우군(右軍)은 소각(小角)을 불어, 각 군의 군이 다 모이면 각(角) 부는 것을 그칩니다. 병조와 출번 진무(出番鎭撫), 대언(代言)은 모두 선자기(宣字旗) 가까운 곳에 나와 명령을 기다립니다.

의정부(議政府), 육조(六曹), 종친(宗親), 훈구(勳舊), 시직(時職)·산직(散職) 2품 이상으로서 응당 급히 달려 나와야 할 자는 연고가 있는 것을 제외하고는 정한 수의 반당(伴儻)을 거느리고 병기를 갖춰 각각 궐문 밖의 근처 의막(依幕)[15]에 모여 명령을 기다립니다. 그중에 늙고 병들어 무사(武事)에 합당치 않은 자는 와서 모이는 것을 허락하지 말고, 삼군 총제(三軍摠制) 이하 각 군사의 둔주(屯住)하는 차서는 진무소(鎭撫所)의 서립도(序立圖)[16]에 의거해 감히 어긋남이 없게 하고 감히 떠들지도 못하게 합니다. 직문기(織紋旗)가 없이 군령을 내린 자, 직문기를 보지 못하고 추령(趨令)[17]하는 자, 평상시에 병

---

15 임시로 거처하기 위해 천으로 만든 막사(幕舍)를 말한다.

16 군사를 배치하는 진법(陣法)의 그림을 말한다.

17 명령에 따라 시기에 늦지 않도록 정해진 장소에 급히 달려 나오는 일을 가리킨다.

조의 명문(明文)이 없이 사사로이 군사를 모으는 자 같은 경우는 모두 모역(謀逆)으로 논합니다. 영을 어길 경우 여러 사람이 진고(陳告)하도록 허락해, 고한 것이 사실이면 3등을 뛰어 벼슬로 상을 주되 범인의 가산으로 상에 충당하고, 무고한 자는 반좌(反坐)율을 씁니다. 군사의 도착하고 도착하지 않은 것은 병조의 진무(鎭撫)가 고찰해 과죄(科罪)합니다. 군사 외에 각사(各司) 및 성중관(成衆官)은 명령을 기다려서 모이고, 오직 의금부(義禁府)·사복시(司僕寺)·군기감(軍器監)의 관원은 제색장인(諸色匠人)을 거느리고 본감(本監)을 지키며, 내시부(內侍府)는 또한 궐문 밖의 의막(依幕)에 모이게 합니다."

봉교의윤(奉敎依允)[18]했다.


경오일(庚午日-6일)에 부원군(府院君-하륜)과 의정부(議政府)·육조(六曹)를 조계청(朝啓廳)에 불러 술을 내려주었다. 호조판서 윤향(尹向)에게 명해 말했다.

"금년에 경기(京畿)에 가뭄이 심해 사대부(士大夫)의 집에서도 의창(義倉)의 쌀을 꿔간다고 들었으니, 참으로 예전에 드문[罕古] 흉년
한고
이다. 백성을 이주시켜 취식(就食)하게 할 수는 없으니, 마땅히 상공(常貢)하는 액수 외에 별도로 전수(轉輸)를 시행해[另行=別行] 궁핍
영행 별행
(窮乏)한 사람을 진휼(賑恤)하게 하라. 충주(忠州) 경원창(慶原倉)의 묵은쌀 5,000석을 사선(私船)으로 삯 내어 실어다가, 봄이 되거든 혹

---

18 임금이 윤허(允許)한 것을 받드는 일을 말한다. 태종(太宗) 11년 9월에 신판의신(申判依申)을 봉교의윤(奉敎依允)으로 고쳤다.

꿔주고 혹 진제(賑濟)하고 혹 팔아서 저폐(楮幣)를 회수하게 하라."

병조판서 박신(朴信)이 아뢰었다.

"쌓아놓을 만한 곳이 없습니다."

상이 말했다.

"내년 장마가 아직 멀어 노적할 수 있으니 세전(歲前)에 수운하도록 하라."

이어서 향(向)에게 말했다.

"듣건대 상의원(尙衣院)에서 한 달에 다리미[熨斗]에 쓰는 숯이 으레 8석(石)이라 하니, 이것도 백성이 판비(辦備-제공)하는 것이다. 어찌 함부로 쓸 수 있겠는가? 마땅히 그 반을 감하라. 내가 이렇게 하는 것은 물건을 아끼는 것이 아니라 백성을 불쌍히 여기는 것이다 [恤民=愛民].[19] 경기 백성의 폐단이 겨울에는 숯과 땔나무에 있고, 여름에는 사복시(司僕寺)의 생추(生芻-꼴)를 대기가 또한 어렵기 때문에 내사복(內司僕)의 말을 40필로 정했다. 궁중에서 내가 아는 일은 또한 내시(內侍)를 시켜 이미 일찍이 감하여 덜었으니, 밖에 있는 공상(供上)하는 일도 공상이라 말하지 말고 마땅히 유추(類推)해 적당하게 수를 덜어서 백성을 편하게 하라."

또 말했다.

"경상도 감사(慶尙道監司) 안등(安騰)이 노비(奴婢)를 결절(決絶)한 폐단을 말할 때는 금년에 실농(失農)했다고 말하고, 화곡의 상황을

---

19 『논어(論語)』「학이(學而)」에 나오는 공자의 말과 통한다. "나라의 절용을 아껴서 백성을 사랑하라[節用而愛人]."

보고할 때는 가뭄이 재앙이 되지 않았다 했다. (그래서) 일찍이 명하여 힐문했더니 말하기를 '전에 실농했다고 보고한 것은 틀렸습니다'라고 했으니, 어찌 착란(錯亂)함이 이와 같은가? 오히려 이것뿐 아니라 각 도 사람에게 널리 물으니 모두 말하기를 '예전과 같고, 오직 서울 서쪽의 두어 고을과 연안(延安)·배천(白川)이 먹을 것이 없을 뿐입니다'라고 했다. 내가 들은 것이 그러한지를 자세히 알지는 못하겠으나 일찍이 듣기에 가뭄이 심하다고 했는데, 오곡이 풍년 들고 익어 재앙이라고 하니 금년의 결실은 괴이한 일이 아닌가?"

박신이 대답했다.

"신이 매번 각 도 사람이 온 것을 볼 때마다 화곡을 묻는데, 모두 대단히 좋다[甚好]고 말했습니다."
<sub>심호</sub>

신미일(辛未日-7일)에 광연루(廣延樓) 아래에 술자리를 베풀고 종친과 더불어 격구(擊毬)를 했다. 승정원(承政院)에 뜻을 전했다.

"5~6월을 당해서는 내가 비록 먹으나 어찌 살로 갈 수가 있겠는가? 오늘 종친이 모두 있어서 풍악을 잡혔으나, 내가 듣고도 즐기지를 못한다. 내가 쌀 5,000여 석을 서울 안으로 운송하라고 명했으니, 먼저 궁한 백성을 구제한 뒤에야 먹을 수가 있겠다."

지신사(知申事) 유사눌(柳思訥)이 아뢰어 말했다.

"5~6월의 가무는 때를 당해서는 상께서 추성(秋成-추수)의 가망이 없다고 이르시고 생각하시는 것이 여기에 이르렀는데, 올가을은 벌써 어느 정도 풍년이 들었습니다."

상이 대군(大君)·종친으로 하여금 여러 대언(代言)에게 작(爵-술잔)

을 주게 했다.

○ 한성부(漢城府)에서 도로(道路)의 제도를 올렸다. 말씀을 올렸다.

"나라 안의 도로가 예전에는 9궤(軌)·7궤(軌)의 설(說)[20]이 있었는데, 지금은 정한 제도가 없어 길옆에 사는 백성이 침삭(侵削)함이 없지 않습니다. 빌건대 예조로 하여금 옛것을 상고하고 마땅함을 참작해[酌宜] 넓고 좁은 것을 정하고, 또 개천 양쪽 언덕이 날로 줄어드니 아울러 제도를 정하게 해야 할 것입니다. 또 성 아래 안팎의 길을 열고 성을 맡은 관리로 하여금 성곽의 무너진 곳을 순찰해서 그때그때 즉시 이지러진 곳을 보수하게 하소서."

마땅함을 헤아려[量宜] 시행하라고 명했다.


**임신일(壬申日-8일)**에 예조에서 새로 정한 문소전(文昭殿) 친향의주(親享儀註)를 올렸는데, 문소전은 종묘의(宗廟儀)에 의거해 태조(太祖)·왕후(王后)를 한 향로(香爐)에 함께 상향(上香)해야 한다고 했다.

상이 말했다.

"원묘(原廟)[21]는 종묘와 다르니, 마땅히 각각 한 탁자(卓子)로 해야

---

20 수레의 바퀴와 바퀴 사이의 거리를 1궤(軌)라 하는데, 도로의 너비를 7대의 수레 혹은 9대의 수레가 다닐 수 있게 만든 제도다. 『주례(周禮)』 「고공기(考工記)」에 "궤(軌)는 수레 바퀴 사이의 너비를 말하는데, 승거(乘車)가 6척 6촌에, 양옆으로 7촌을 각각 더해 모두 8척이다"라고 했다.

21 종묘(宗廟) 외에 따로 세운 별묘(別廟)다. 문소전(文昭殿)·광효전(廣孝殿) 같은 것인데, 세종 14년(1432년) 봉선전(奉先殿)을 세우고 5대(代)를 합사(合祀)해서 속례(俗禮)에 따라 받들게 했다.

한다. 종묘에 비해 한 의탁(倚卓)을 함께할 것이 아니다."

예조참의(禮曹參議) 허조(許稠)가 아뢰었다.

"신 등이 살피지 못한 것이 있습니다. 삼가 마땅히 예전대로 각 위(位)에 향로를 베풀고 각각 신위(神位)에 나아가 향을 올리고 작(爵)을 드리게 하소서."

유사에 명했다.

"이제부터 종묘·문소전 및 여러 곳의 축판(祝板)과 폐백을 예감(瘞坎-구덩이)에 묻었다가, 다음 제사를 기다려 새것을 드리고 묵은 것을 불태우라."

예조에서 또 아뢰었다.

"문소전 친향(親享)의 여러 집사(執事)를 종묘 집사의 직품(職品)대로[視] 하소서."
시

그것을 따랐다.


갑술일(甲戌日-10일)에 상이 백관을 거느리고 문소전(文昭殿)에 나아가 추석제(秋夕祭)를 행했는데, 시복(時服) 차림으로 행례했다. 상이 말했다.

"근래에 예관이 원묘(原廟)의 친향의(親享儀) 또한 종묘례(宗廟禮)에 의거할 것을 청했으므로 오늘 새벽에 이미 이 예에 의해 행사(行事)했다. 그러나 생각건대 종묘는 신도(神道)로 섬기므로 예가 극히 엄숙해 매번 행사할 때가 되면 전전긍긍(戰戰兢兢)하고 삼가 두려워해 사람들로 하여금 송연(悚然)하게 하는데, 문소전(文昭殿)은 오로지 생시(生時)를 본뜨므로 용의(容儀)가 완연하고 정회(情懷)가 기뻐서 평소처럼[怡如] 슬하에서 승안(承顔-얼굴을 뵈옴)하는 날과 같은데, 문호(門戶)에 출입할 때에 배읍(拜揖)하는 도수(度數)가 없으니 대단히 온당치 않다. 또 평일에는 뇌(罍-제지의 일종)와 작(爵)을 쓰지 않다가 지금은 쓰니, 어찌 죽음을 섬기기를 삶을 섬기듯이 하는 도리이겠는가? 경 등은 어떻게 생각하는가?"

박은(朴訔)·이원(李原)이 말했다.

"원묘의 의(儀-의례)는 과연 종묘의 예(禮)와 다릅니다."

상이 말했다.

"마땅히 고치겠지마는 진실로 오늘 행한 것은 마음에 맞지 않을 뿐이다. 내가 지난번에 시기에 맞게 얻은 생선으로 문소전에 드리고자 하니, 모두 말하기를 '원묘에는 고기를 쓰는 것이 마땅치 않습니다'라고 하므로 드디어 그만두었다. 이것은 곧 불씨(佛氏)의 법이니, 그 제수(祭需)는 종묘의 예를 쓰지 않으면서 오직 기명(器皿)만 종묘에 의하는 것이 어찌 그릇되지 않겠는가?"

○ 상왕(上王)이 건원릉(健元陵)에 참배했다.

○ 이조(吏曹)에서 초입사(初入仕)[22]를 시취(試取)하는 법(法)을 아뢰었다. 이전까지는 교서관(校書館)에서 초입사하는 사람을 취재(取才)해서 높고 낮은 것으로 등급 차례를 나누면 이조에서 그 등급 차례에 의거해 직명(職名)을 제수했는데, 이때에 이르러 다시 상고해 등

---

22 음사(蔭仕)로 처음 벼슬에 임명되는 일을 말한다. 공신(功臣)의 자손으로 벼슬길에 종사하기를 자원하는 자가 나이·본관(本貫)·삼대(三代) 조상을 써서 대간(臺諫)의 서경(署經)을 받으면, 교서관(校書館)에서 3등급으로 나눠 도염서(都染署)·혜제고(惠濟庫)와 성중애마(成衆愛馬) 등에 임명했다.

급을 나누도록 청하니 그것을 따랐다. 그 참에 사람을 쓰는 도리에 말이 미치자, 우대언(右代言) 한상덕(韓尙德)이 아뢰었다.

"『육전(六典)』에 '문음(門蔭)으로 벼슬을 제수하는 자도 나이 18세이고, 한 경서(經書)로 시험해 능히 대의(大義)를 통해야 바야흐로 전주(銓注)를 허락하게 한다'라고 실려 있습니다. 그 법이 대단히 좋으나 지금 행하지 않으니, 바라건대 거행하게 하소서."

상이 말했다.

"이 법은 행할 만하다."

박은(朴訔)·박신(朴信)이 말했다.

"전조(前朝)에는 참외(參外)가 조반(朝班)에 들어오지 못했는데, 지금은 참외가 모두 조열(朝列)에 참여하고 나이 18세가 못 돼 사판(仕版)에 오른 자는 없습니다."

윤향(尹向)이 말했다.

"비록 나이가 18세에 찼어도 어리석고 어려서[愚騃=愚蠢] 관청 일
　　　　　　　　　　　　　　　　　　　　 우애　　우준
을 알지 못하는 바가 많습니다."

상이 말했다.

"그 부조(父祖)가 나라에 공로가 있고 늦게 자식이 있으면 모두 자손의 이름을 나라의 관직에 올리고자 하니, 나이 18~9세가 되었더라도 임무를 감당할 수 있으면 벼슬시켜 본받게 하는 것이 좋겠다."

○ 과전(科田)의 수조법(收租法)을 토의했다. 명했다.

"각 품 과전(科田)의 수조(收租)에 대해서는 관원을 임명해 답험(踏驗)하게 한 것을 예전대로[仍舊] 시행하라."
　　　　　　　　　　　　　　　　　　　 잉구
마침내 좌우에 일러 말했다.

"지난번에 진언(陳言)한 것을 보니 전주(田主)가 조세를 많이 거둔다고 말한 사람이 많기 때문에 관원으로 하여금 답험하게 했다. 그러나 지금 생각건대, 관사(官司)가 전지를 답험한 뒤에 전주가 다시 사람을 보내 수조하면 가난한 백성이 두 번 지응(支應-지원 응대)을 감당하니 도리어 소요(騷擾)하게 된다. 전주로 하여금 답험해 수조하게 하고 관사에서 횡렴(橫斂)하는 것을 살펴 금지하는 것만 못하다."

박신(朴信)·이원(李原) 등이 대답해 말했다.

"참으로 상의 말씀과 같습니다. 또 아무 관원이 밭을 답험한 것이 너무 가볍다고 다투어 말해 분운(紛紜-시끄러움)함이 그치지 않아 도리어 소요를 일으킵니다. 상께서 그 폐단을 환히 아시어 특별히 예전과 같게 하시니, 심히 여망(輿望)에 맞습니다."

조말생(趙末生)이 아뢰어 말했다.

"관사(官司)에서 전지를 답험한 뒤에 어찌 감히 분운(紛紜)하게 고소하겠습니까? 답험이 너무 가벼운 것은 반드시 없을 일입니다. 관사에서 이미 답험했으면 전주는 그대로 수조할 뿐이니 무슨 해가 있겠습니까?"

이백지(李伯持)가 말했다.

"전주가 답험하면 과중하게 거둘 뿐 아니라 천(薦-쑥)·탄(炭-숯)·신(薪-장작)·초(草-꼴) 같은 것을 횡렴하니 요구하는 바가 한두 가지가 아닙니다."

상이 말했다.

"이같이 횡렴하는 것은 나라에서 금지하는 법이 있으니, 전객(佃客-소작인)이 반드시 고해야 한다. 저들이 만일 고하지 않으면 나라에서 알 수가 없다. 나라에선들 고하지 않는 것을 어찌하겠는가?"

상이 좌우에 일러 말했다.

"내가 듣건대, 사전(私田)의 수조하는 때를 당해 전객이 한 섬을 바치고자 하면 반드시 23~4두(斗)를 써야 한다고 한다."

형조판서 정역(鄭易)이 말했다.

"청컨대, 추핵(推劾)해 좌죄(坐罪)하소서."

호조판서 윤향(尹向)이 말했다.

"조세 외에 재목과 잡물을 횡렴(橫斂)하는 자가 또한 있습니다."

이조판서 박은(朴訔)이 말했다.

"신 같은 자는 한 말[一斗]이라 해도 어찌 감히 더 거두겠습니
　　　　　　　　일두
까? 이는 곧 말하기 어려운 곳[難言之處－권신]에서 하는 짓일 뿐입
　　　　　　　　　　　난언 지 처
니다."

상이 말했다.

"도리를 알지 못하는 한두 사람이 이와 같이 하는 것이다."

호조에서 아뢰었다.

"과전(科田)·공신전(功臣田)의 조(租)를 거둘 즈음에 전주의 사자(使者)가 명백하게 답험(踏驗)하며, 조를 바칠 때에 전객으로 하여금 스스로 헤아리고 스스로 평미레질하게 하며, 그중에 불공평하게 답험해 과중하게 조를 거두고 잡물을 횡렴(橫斂)하는 자는 수령이 고찰해서 그 사자를 가두고 전주의 성명을 곧 헌사(憲司)에 보고하며, 만일 수령이 혹 사정(私情)을 끼거나 혹 용렬해 능하지 못한 자는 감사와 경차관(敬差官)이 엄하게 견책과 폄출(貶黜)을 가해서 『육전(六典)』에 의거해 논죄(論罪)하며, 예전 습관을 그대로 따라서 전주

를 두려워해 관가에 고하지 않는 경우에는 전객도 아울러 논하게 하소서."

그것을 따랐다.

○ (전라도) 능성현(綾城縣) 임내(任內)인 철야현(鐵冶縣)을 남평현(南平縣)에 병합하고, 태인현(泰仁縣)의 치소(治所)를 거산역(居山驛)으로 옮기고, 장사현(長沙縣)의 치소를 무송현(茂松縣)으로 옮겼으니, 도관찰사 박습(朴習)의 계문(啓聞)에 따른 것이다.

○ 병조로 하여금 국마(國馬)를 회계(會計)하게 했다.


좌대언(左代言) 탁신(卓愼)이 아뢰었다.

"외방 각 고을에 나눠 기르는 말을 마땅히 기록해 회계해야 합니다."

상이 말했다.

"내외 사복(內外司僕) 및 각 고을에서 나눠 기르는, 각 목장(牧場)에 들여 방목(放牧)하는 말의 수와 거세(去勢)한 피마[雌馬·자마]·상마[雄馬·웅마]의 연령·모색(毛色)을 갖춰 써서 회계해 시행하는 것을 길이 항식(恒式)으로 삼으라."

○ 우의정(右議政) 유량(柳亮)이 늙고 병들었다고 해 사직하니, 윤허하지 않았다.

○ 공신과 의정부·육조 2품 이상이 대궐에 나아와 무휼(無恤)·무회(無悔) 등의 죄를 청하니, 듣지 않았다[不聽=不許·불청 불허].


정축일(丁丑日-13일)에 명했다.

"무릇 조획(條畫)은 한결같이 『원육전(元六典)』의 왕지(王旨)를 따르라. 『속육전(續六典)』의 내용 중 『원전(元典)』의 조획을 고친 것이 미편한 것은 다시 참고해 예전대로 시행하고, 그중 어쩔 수 없이 조획을 고친 것은 상량하고 토의해 계문(啓聞)하라."

예조에서 여러 조와 더불어 토의해 삼가 기록했다.

'수령의 권차(權差)와 수령의 부임(赴任), 「이전(吏典)」의 거관(去官)[23], 선군(船軍)의 상직(賞職), 수령의 보거(保擧), 과전(科田)의 체수기한(遞受期限), 정3품의 의대(衣帶), 문과(文科)를 시취(試取)할 때의 좌차(坐次), 예문자(禮文字)의 상통(相通), 기복(起復), 형결삼복(刑決三覆), 노비상송(奴婢相訟) 삼조(三條), 차지수금(次知囚禁)[24], 의죄삼도취초(疑罪三度取招), 재상범죄처결(宰相犯罪處決), 대소사신상회례(大小使臣相會禮), 재외수임자(在外受任者)가 관교(官敎)[25]를 받는 것, 이상 18조는 『원전(元典)』을 따르고, 전지(田地)의 수손급손(隨損給損), 전(錢) 1관(貫)은 포(布) 10필에 준할 것, 이상 2조는 『속전(續典)』을 따르는 것이 어떠하겠습니까?'

가르쳐 말했다.

"『원전』을 고쳐서 『속전』에 실은 것을 모두 삭제하고, 그중에 어쩔 수 없는 일은 『원육전』 각 조목 아래에 그 각주(脚注)를 쓰라."

---

23 관리가 임기가 만료되어 관직을 떠나는 것을 말한다.
24 주인을 대신해 형벌을 받는 하인 또는 다른 사람을 대신해 대가(代價)를 받고 형벌을 받는 사람을 '차지(次之)'라고 한다.
25 조선조 태조(太祖) 때 1품에서 4품까지의 관리에게는 대간(臺諫)의 서경(署經)을 거치지 않고 왕이 내리는 교지인 관교(官敎)만으로 벼슬에 임명할 수 있도록 했다.

○ 형조에서 고소해 붙잡게 한 사람에게 상을 주는 법을 아뢰었다. 형조에서 여러 조와 더불어 함께 토의해 아뢰었다.

"대역(大逆)·모반(謀叛)의 간당(姦黨)과 보초(寶鈔)[26]를 위조(僞造)한 자를 고해 붙잡게 한 사람은 범인의 가산으로 율에 의거해 상을 주고, 인신(印信)을 위조하거나 관방인기(關防印記)[27]를 위조한 자, 익명서(匿名書)를 던져서 남의 죄를 고해 말한 자를 고해 붙잡게 한 사람은 관가에서 상으로 은(銀)을 차등 있게 주소서. 그러나 본국에서 백은(白銀)이 나지 않으니, 은 10냥을 저화(楮貨) 50장으로 준해서 대신 쓰게 하소서."

그것을 따랐다.

○ 이조에서 녹사(錄事)의 천전(遷轉-인사이동)하는 법을 올렸다. 아뢰어 말했다.

"의정부(議政府)·육조(六曹)·가각고(加閣庫) 녹사의 거관(去官)은 교지(敎旨) 전에는 입속연월(入屬年月)을 쓰고 교지 후에는 도숙(到宿)[28]을 쓰는데, (교지) 전의 수에 의거해 거관하는 것이 어떠합니까?"

그것을 따랐다.

---

26 중국에서 송(宋)나라·원(元)나라 이래로 사용하던 저폐(楮幣)다. 송나라 진종(眞宗) 때 철전(鐵錢)이 무거워서 질제(質劑-일종의 어음)의 법을 만들었고, 송나라 인종(仁宗) 때 교자(交子)를 만들어 썼고, 원나라 세조(世祖) 때 중통교초(中統交鈔)·지원보초(至元寶鈔) 등을 만들어 사용했다.

27 공문서(公文書)의 위조(僞造)를 막기 위해 찍는 장방형(長方形)의 인(印)을 말한다.

28 도수(到數), 즉 도목(都目)할 때 근무한 일수(日數)를 따져서 거관하는 법을 말한다.

무인일(戊寅日-14일)에 대간(臺諫)에서 대궐에 나아와 삼한국대부인(三韓國大夫人) 송씨(宋氏)를 소환하기를 청했다.

○ 공신·의정부·육조의 2품 이상이 무휼(無恤) 등의 죄를 청하니 상이 병으로 사양하고, 또 말했다. "이미 그 뜻을 알았다."

○ 사간원에서 소를 올려 이조에서 대간을 고공(考功)하는 법을 정지할 것을 청했다. 소는 이러했다.

'옛날 사람이 벼슬을 설치함에 있어 반드시 대간의 권세를 중하게 한 것은 조정을 중하게 하기 위함입니다. 한(漢)나라에서는 백관과 더불어 자리를 떨어져 앉게 했고, 당(唐)나라에 있어서는 백관으로 하여금 길을 피해 가게 했습니다. 예전에 말하기를 "어사부(御史府)가 높으면 천자가 높아진다. 어사부는 조정의 강기(綱紀)의 직책이 되기 때문에, 대신은 공상(公相) 이하로부터 모두 기운을 물리치고 숨을 죽이고 자기 자리에 나아가서 자질(資質)을 바로한다"라고 했고, 또 말하기를 "어사(御史)가 재상보다 지나치니, 정권[鈞]을 잡고 중요한 직위[軸]에서 법도[百揆]를 바로잡는다. 천공(天工)을 대신해 묘당(廟堂)에 앉아서 백관(百官)을 진퇴시키는 것은 재상의 영광이며, 오부(烏府)[29]가 매우 엄하고 치관(豸冠)[30]이 위엄 있고 엄숙해 기강을 떨치고 풍채(風采)를 일깨우는 것은 어사의 영광이다"라고 했습니다. 이것에 대해 경중(輕重)을 따진다면 어사가 더합니다. 말이 승여(乘興-천자)에 관계되면 천자가 얼굴을 고치고, 일이 낭묘(廊廟)에 관계

---

29  어사대(御史臺)의 다른 이름이다.
30  시비(是非)를 가리는 법관이 쓰는 관(冠)이다.

되면 재상이 대죄(待罪)하고, 백간(白簡)[31]의 앞에 서면 간사한 자가 기운을 움츠리니, 권세가 있는 것이 특히 백관을 진퇴시키는 것뿐이 아닙니다. 구경(九卿)[32]·백집사(百執事)가 각각 그 직책이 있으니, 이부(吏部)의 관원이 병부(兵部)를 다스리지 못하고 홍려시(鴻臚寺)의 경(卿)이 광록시(光祿寺)를 다스리지 못하는 것은 각각 지킴이 있기 때문입니다.

만일 천자의 득실(得失)과 생민(生民)의 이해와 사직의 대계로써 오직 듣고 보는 대로 해서 직사에 매이지 않는 것은 홀로 재상이 행할 수 있지만, 간관은 (그에 대해) 말할 수 있으니, 간관이 비록 낮으나 재상과 대등(對等)합니다. 천자가 말하기를 "불가하다" 하면 재상은 말하기를 "가하다" 하고 천자가 말하기를 "그렇다" 하면 재상은 말하기를 "그렇지 않다" 하여, 묘당 위에 앉아서 천자와 더불어 서로 가부(可否)를 말하는 것은 재상이지만, 천자가 말하기를 "옳다" 하면 간관은 말하기를 "그르다" 하고 천자가 말하기를 "반드시 행하겠다" 하면 간관은 말하기를 "반드시 행하지 못한다" 하여, 전폐(殿陛) 사이에 서서 천자와 더불어 시비(是非)를 다투는 것은 간관입니다.

우리 성조(盛朝)에서도 대간을 중히 여겨 총애를 달리하는 것이

---

31 관리를 탄핵하는 상소문이다.
32 중국의 역대 왕조에서 실권을 전장(專掌)했던 9인의 대신(大臣)이다. 주(周)나라에서는 소사(小師)·소부(小傅)·소보(小保)·총재(冢宰)·사도(司徒)·사공(司空)·사마(司馬)·사구(司寇)·종백(宗伯)이었고, 한(漢)나라에서는 태상(太常)·광록훈(光祿勳)·위위(衛尉)·태복(太僕)·정위(廷尉)·대홍려(大鴻臚)·종정(宗正)·대사농(大司農)·소부(小府)였고, 명(明)나라에서는 6부 상서(六部尙書)와 도찰원도어사(都察院都御史)·통정사사(通政司使)·대리시경(大理寺卿)이었다.

재상과 서로 대등해서 백사(百司)·서부(庶府)가 감히 겨루지 못하니, 강기(綱紀)가 이것으로 말미암아 떨쳐지고 조정이 이것으로 말미암아 더욱 높아집니다. 무릇 이 직책에 있는 자가 풍절(風節)을 격려하지 않음이 없어서 오로지 국가를 위해 그 몸을 돌아보지 않는 것은 참으로 이 때문입니다. 대간(臺諫)을 고공(考功)하는 법이 비록 태조 원년에 세워지기는 했으나 지금까지 24년의 오랜 동안에 거행한 적이 있음을 듣지 못했으니, 그 거행하지 않은 것에 어찌 까닭이 없겠습니까? 맡기기를 전적으로 한결같게 하고 총애하기를 달리한 때문입니다.

지금 이조에서 옛 법을 상고하지 않고 다만 육아일(六衙日)[33]에 대간을 고공(考功)하는 법이 『육전(六典)』에 실려 있기 때문에 거행하고자 합니다. 신 등이 삼가 『원전(元典)』을 상고하건대 고공하는 법은 대간(臺諫)·정조(政曹)[34]와 대소 각사의 사진(仕進)하고 사진하지 않는 것을 보는 것으로, 이조의 겸고공원(兼考功員)이 매 아일에 공좌부(公座簿)[35]를 상고해서 까닭 없이 사진하고 사진하지 않은 것을 고찰해, 신병(身病)으로 이미 100일이 찬 자는 상서사(尙瑞司)에 이문(移文)하고 또 연말에 도력장(都歷狀)[36]을 일일이 써서 상서사에 보내

---

33 매달 여섯 번씩 백관(百官)이 모여 조회(朝會)해 임금에게 정무(政務)를 아뢰는 날을 말한다. 고려 때에는 초1일·초5일·11일·15일·21일·25일이었으나, 조선조 때는 초1일·초6일·11일·16일·21일·26일이었다. 조참일(朝參日)이라고도 한다.

34 이조·병조의 통칭이다.

35 관리가 관아(官衙)에 출근할 때 그 이름을 적는 장부다. 고공사(考功司)에서 이것을 기준으로 관리의 근태(勤怠)를 평가했다.

36 도목정사(都目政事)를 하기 위해 관리의 근무 성적을 기록한 장부다.

출척(黜陟)에 빙거하라고 했는데, 이 법이 행해지면 대간이 각사와 무엇이 다를 것이 있겠습니까? 어찌 예전에 재상과 대등하게 한 뜻이겠습니까? 하물며 남에게 제재를 받으면서 능히 남을 규찰하는 것은 이런 이치가 없습니다.

신 등이 생각건대, 대간의 권리는 권귀(權貴)에게 옮길 수 없습니다. 권세가 만일 한 번 옮겨지면, 장차 두렵건대, 대간을 진퇴(進退)시키는 것이 모두 전조(銓曹)의 손에 있을 것이니, 사람이 진취(進取)하기를 구하는 자가 분주하기에 겨를이 없을 것이니 어찌 능히 전조(銓曹)의 밝고 밝지 않은 것을 탄핵하겠습니까? 성조(聖朝)에 있어서는 오히려 가하겠지만, 그 말류(末流)의 폐단을 어찌 다 말하겠습니까? 소식(蘇軾, 1037~1101년)[37]이 말하기를 "대간을 뽑아 쓰는 것이 반드시 모두 뛰어난 것이 아니요 말하는 것이 반드시 모두 옳은 것은 아니겠지만 그 예기(銳氣)를 기르고 무거운 권리를 빌려주어야 한다"라고 했습니다. 신 등이 기국(器局)과 식량(識量)이 용렬하고 고루하며 학문이 공허하고 소루한데 다행히 성명(聖明)의 때를 만나 언관에 갖추어졌으니, 비록 곤직(袞職)을 보충하는 공효(功效)는 없으나 항상 견마(犬馬)의 정성을 품어 성은(聖恩)의 1만 분의 1이라도 갚고자 하는데, 지금 전조(銓曹)의 고공(考功)하는 법을 당하니 신 등

---

37 소순(蘇洵)의 아들이고 소철(蘇轍)의 형으로, 대소(大蘇)라고도 불렸다. 송나라 최고의 시인이며, 당송팔대가(唐宋八大家)의 한 사람이다. 인종(仁宗) 가우(嘉祐) 2년(1057년) 진사에 급제하고, 다시 제과(制科)에 합격했다. 봉상부첨서판관(鳳翔府簽書判官)으로 있다가 불려 사관(史館)에 근무하면서 개봉부추관(開封府推官)을 지냈다. 구양수(歐陽脩)에게 인정을 받아 문단에 등장했다. 대표작 「적벽부(赤壁賦)」는 불후의 명작으로 널리 애창되고 있다.

은 실로 한스러움이 있습니다.

엎드려 바라건대, 전하께서는 특별히 굽어 예감(睿鑑)하시어 대간을 고공하는 법을 정지하도록 명하여 귀와 눈[耳目-대간]의 부탁을 중하게 여기소서.'

상이 읽어보고 장무 정언(掌務正言) 김상직(金尙直)에게 가르침을 전해[傳教] 말했다.

"소사원(所司員)의 말은 마땅히 예전의 법에 의거해야 하건만 어째서 대간을 고공하는 것을 24년 동안 거행한 것을 듣지 못했다고 말하는가? 이것은 혹시라도 『육전』을 거행하지 않고자 하는 것인가?"

상직(尙直)이 대답했다.

"이 법이 비록 세워지기는 했으나 전일에 행해지지 않았으니, 신 등은 미편해서 행하지 않은 것이라 생각합니다. 옛날에 말하기를 '어사(御史)는 재상과 대등하다'라고 했으니, 그렇다면 재상과 대간의 진퇴는 오로지 전하에게 달려 있는 것입니다. 지금 재상은 고공하는 것이 없고 대간은 고공하는 것이 있으니, 그러므로 신 등의 마음에 미편하게 여겨 감히 아뢰지 않을 수 없었습니다. 성조(盛朝)의 모든 시위(施爲)가 대부분 반드시 옛날을 본받아서 전장문물(典章文物)이 찬연히 갖추어졌는데, 홀로 이 대간을 고공하는 법은 임신년(壬申年)에 세워졌으나 그 행하는 것은 오늘에 시작되었으니, 신은 아마도 이 법이 옛날의 제도는 아닐 것이라고 여깁니다. 만일 옛날의 제도가 아니라면 마땅히 사전(史傳)에 써서 만세에 전할 것이 아닙니다. 빌건대 신 등의 계목(啓目)을 예관에게 내려 옛날의 제도를 참고해 성조(盛朝)의 아름다운 법전으로 삼으소서."

이튿날 상이 승정원에 물어 말했다.

"어제 간원(諫院)의 계목(啓目)을 그냥 올렸는데, 너희들은 내가 글을 안다고 생각하는가?"

대언(代言) 이백지(李伯持)가 아뢰어 말했다.

"신 등이 보고 또한 그 그른 것을 알았으나, 간원(諫院)의 소장(疏章)을 임의로 그만둘 수 없어서, 이 때문에 올린 것입니다."

상이 말했다.

"간원의 말을 너희들이 옳다고 생각하는가? 『논어(論語)』에 이르기를 '3년을 아비의 도(道)를 고치지 말라'[38]고 했으니, 일을 이렇게 할 수도 있고 저렇게 할 수 있는 것도 오히려 그렇거늘, 하물며 고공(考功)하는 법은 태조(太祖)께서 정한 법이니 어찌 행하지 않을 수 있겠느냐?"

지신사 유사눌(柳思訥)이 아뢰어 말했다.

"간관이 마음으로 생각하기를 '이 법이 서기는 했으나 일찍이 거행하지 않았다가 지금 비로소 행하고자 하는 것이다'라고 하는 것입니다. 그러나 소사(所司)도 마땅히 의심하고 두려워하는 곳이 있어야 하니, 고공하는 법은 없을 수 없습니다."

상이 더는 묻지 않고 사헌(司憲) 장무 장령(掌務掌令) 정촌(鄭村)을 불러 가르침을 전해 말했다.

"공좌부(公座簿)를 이미 이조에 보냈는데, 공사(公事)를 고찰하는

---

38 『논어(論語)』「학이(學而)」에 나오는 공자의 말이다. "3년이 지나도록 아버지가 살아 있을 때 보여준 도리를 조금도 잊지 않고 따른다면, 그것은 효라고 이를 만하다."

것을 불가하다고 하는 것은 왜인가?"

촌(村)이 대답했다.

"『원육전(元六典)』에는 다만 공좌부를 취해 사진(仕進)하고 사진하지 않은 것을 고찰하는 것이 있을 뿐이요, 조방(朝房)[39]·조사(朝謝)·서합(署合) 등의 공사(公事)를 고찰하는 법은 없습니다. 지금 이조에서 부연(敷衍)하여 하교를 받은 때문입니다."

상이 말했다.

"이른바 고공(考功)이라는 것이 다만 공좌부(公座簿)를 고찰하는 것뿐이고 다른 뜻은 없느냐?"

촌이 대답했다.

"고공이라는 말은, 공사를 고찰하는 뜻도 그 속에 들어 있으나, 『원전(元典)』에 이르기를 '이조의 겸고공원(兼考功員)이 공좌부를 상고해 사진하고 사진하지 않은 것을 고찰해서, 병으로 100일이 찬 자는 상서사(尙瑞司)에 이관(移關)하고 연말에 도력(都歷)[40]해 출척에 빙거한다'라고 했고 『속전(續典)』에 이르기를 '형조와 한성부 이하 각사의 공사를 사헌부와 이조의 고공사(考功司)가 고찰한다'라고 하여, 대간의 공사(公事)를 고찰하는 법은 말하지 않았기 때문에 신은 어떨까 하는 것입니다."

상이 말했다.

---

39 조신(朝臣)들이 조회(朝會) 때를 기다리기 위해 아침에 각사(各司)별로 모이는 방으로, 대궐(大闕) 문밖에 있었다.
40 관리의 근무 성적을 장부에 기록하는 것을 말한다.

"내 뜻은 법을 마땅히 행해야 한다고 생각하나, 너희들이 행하지 않고자 하기 때문에 불러서 묻는 것일 뿐이다."

이조판서 박은(朴訔)이 아뢰어 말했다.

"다만 대간의 공좌부만 고찰하고 공사를 고찰하지 않는다면 (차라리) 고공을 없애는 것이 어떻겠습니까?"

상이 말했다.

"『육전(六典)』에는 어떠한가?"

은(訔)이 대답하기를

"대간에서 말하기를 '『육전』에 말한 것은 다만 형조·한성부 이하 각사의 공사를 고찰하는 것뿐이다'라고 합니다. 물을 일이 있어서 사람을 보내면 문을 닫고 들이지 않고 서리(書吏)를 부르면 보내지 않으니, 이것은 사사로운 일 같고 나랏일을 위한 것은 아닙니다. 청컨대 한 번 정하소서."

상이 말했다.

"내가 장차 정하겠으니 『육전』을 일일이 써서 올리라."

승정원에서 『육전』 내의 고공하는 법을 써서 올리자, 상이 읽어보고서 말했다.

"이것은 공좌부를 고찰하는 것뿐이니 소사(所司)의 말이 옳다."

○ 상이 말했다.

"헌부(憲府)의 공사(公事)가 대체로 바른 것을 따르지만, 그러나 그 중에는 옳지 못한 일도 있다. 예를 들어 염치용(廉致庸)·이중무(李仲茂)의 노비의 일 같은 것이 어찌 옳은 것이겠는가? 또 군왕과 대신 사이의 일을 함부로 말해 추고할 때를 당해, 상소해 말하기를 '은

밀히 상서할 것이 있다'라고 해서는 제 욕심을 이루기를 도모하고 제 죄를 면하기를 꾀했기 때문에 전등(前等)의 대원(臺員)들에게 죄준 것일 뿐이다."

박은(朴訔)이 아뢰어 말했다.

"예전에 조참(朝參)[41]하는 자를 참상(參上)[42]이라 하고 조참하지 못하는 자를 참외(參外)[43]라고 했는데, 예전의 감찰(監察)은 참외였기 때문에 조회에 들어오지 못했지만, 지금의 감찰은 참상이면서 또한 조회에 수반(隨班)하지 못하니 이것은 예가 아닙니다[無禮].[44] 또 예전에는 겸규정(兼糾正)·겸지후(兼祗候)가 있었으니, 지금 서반(西班)으로 감찰을 겸하면 어떻겠습니까? 이렇게 하면 녹봉도 줄어들 것입니다."

상이 말했다.

"삼한갑족(三韓甲族)의 자제도 갑사(甲士)가 되기 때문에 일찍이 갑사로 감찰을 삼았다. 그러나 지사간(知司諫)·겸집의(兼執義)도 상호군(上護軍)·대호군(大護軍) 중에서 오히려 얻기 어려운데, 하물며 사직(司直)·부사직(副司直) 가운데에서 감찰을 겸할 사람을 어찌 쉽게 얻겠는가?"

---

41 매 아일(衙日)에 받는 조회(朝會)다. 한 달에 조참(朝參)을 받는 날은 대개 5일 만에 한 번씩으로 정해져서, 6아일(六衙日) 또는 4아일(四衙日)이 있었다.
42 조참(朝參)에 참여하는 종3품 이하에서 6품까지의 관원의 총칭이다.
43 조참(朝參)에 참여하지 못하는 7품 이하에서 종9품까지의 관원의 총칭이다.
44 사리에 맞지 않다는 말이다.

기묘일(己卯日-15일)에 상이 인덕궁(仁德宮)에 나아가 헌수(獻壽)하고 마음껏 즐겼고, 종친들이 시연(侍宴)했다.

경진일(庚辰日-16일)에 사헌부에서 소를 올렸는데, 소는 이러했다.

'남의 신하 된 자로서 불충은 그 죄가 매우 큽니다. 그러므로 『춘추(春秋)』에 난신적자(亂臣賊子)에게 더욱 엄하게 했습니다. 난신 이무(李茂)·이빈(李彬)·유기(柳沂)·윤목(尹穆)·조희민(趙希閔)·강사덕(姜思德)·조호(趙瑚)[45]는 마땅히 멸족(滅族)의 형벌을 가해야 할 것인데, 전하께서 다만 차마 실행하지 못하는 마음[不忍之心=仁] 때문에 그 처자를 다만 몰입(沒入)해 관천(官賤)을 삼았으니, 왕법에 어그러짐이 있습니다. 또 오래 가무는 것을 걱정해 난신의 처자를 모두 가볍게 용서해 관천(官賤)을 면하게 했으니, 만일 죄의 경중이 없이 모두 용서한 뒤에야 천도(天道)를 순하게 할 수 있다면, 이무 등의 처자에게 관천을 면해주어 자원안치(自願安置)하는 날에 하늘이 과연 뭉게뭉게[油然] 구름을 일으켜서 쫙쫙[霈然] 비가 쏟아지겠습니까? 이것은 신 등이 알지 못하는 것입니다. 엎드려 바라건대 전하께서는 『춘추』의 법을 본받아서, 위 항목의 난신 이무 등의 처자를 각각 전에 있던 곳으로 도로 천역(賤役)을 정함으로써 후래(後來)를 경계하소서.'

그것을 따랐고, 다만 조호의 처자만은 내버려두고 논하지 말라고 했다.

---

45 모두 민무구·민무질 사건에 연루된 사람들이다.

임오일(壬午日-18일)에 평안도(平安道)·영길도(永吉道)의 연호(煙戶-
일반 민호)의 저화(楮貨)를 감면해주라고 명했다.

○ 대간에서 대궐에 나아와 무휼(無恤)·무회(無悔) 등의 죄를 청
했다.

○ 독자(獨子)를 존류(存留-살려줌)시켜 부모를 봉양하는 율을 거듭
밝혔다.


동부(東部) 사리(司吏) 장덕생(張德生)이 그 부(部)의 인신(印信)을
도둑질해 사용했는데, 형조에서 아뢰었다.

"율이 참형에 해당합니다."

덕생(德生)의 어미가 신정(申呈)해 독자이니 사형을 용서해달라
[貸=赦]고 빌었다.
  대  사

상이 말했다.

"살인강도도 율에 존류(存留)하여 부모를 봉양하게 하라는 조문이
있으니, 이것이 어찌 인(印)을 도둑질한 것보다 가볍겠느냐? 지금 덕
생을 존류시켜 부모를 봉양하게 하고자 하는데, 어떠한가?"

박은(朴블)·박신(朴信) 등이 말했다.

"상의 뜻이 옳습니다."

상이 말했다.

"이는 삼복주(三覆奏)"했기 때문에 살게 된 것이다."

---

46 사죄(死罪)에 해당하는 죄인의 심사(審査)에 신중을 기하기 위해서 세 차례 거듭해서 조
   사해 아뢰는 제도다.

마침내 명해서 말했다.

"덕생이 정말로 독자(獨子)이면 존류(存留)시켜 한 등을 감하여 시행하고, 이제부터 유사(宥赦) 때 용서하지 못하는 죄 외의 죽을죄를 범한 사람도 만일 독자이면 매번 논보(論報)할 때를 맞아 유양(留養)하는 율문을 아울러 기록해서 계문(啓聞)하는 것을 항식(恒式)으로 삼으라."

○ 종친들을 불러 광연루(廣延樓) 아래에서 격구(擊毬)를 했다.


**갑신일(甲申日-20일)**에 (강원도) 원주(原州)·평창(平昌)·횡성(橫城)·낭천(狼川)·홍천(洪川)의 조세를 수운해 납부하지 말고 각각 본 고을에 거두어 축적하라고 명령했으니, (앞으로) 다른 날에 있을 강무(講武)의 행차에 대비한 것이다.

○ 사헌부·사간원에서 대궐에 나와 무휼(無恤)·무회(無悔)의 죄를 청했다. 아뢰어 말했다.

"무회 등이 나라에 죄를 얻었으니[得罪=獲罪] 왕법으로 마땅히 다스려야 합니다. 지난번에 대소신료와 신 등이 같은 말로 죄를 청했는데 전하께서 다스리지 말라고 명하셨으니, 사은(私恩)에는 가할 것입니다. 그러나 사은으로 공의(公義)를 해칠 수는 없습니다. 청컨대 법과 같이 논하소서."

상이 말했다.

"인군(人君)도 사은이 없을 수 없다. 처치하기가 심히 어렵다. 대언 등이 모두 내 뜻을 알 것이다."

○ 사헌부에서 소를 올렸는데 대략 이러했다.

'근래에 유사(攸司)에서 수교(受敎)했는데, 난신(亂臣)의 자손은 서용(敍用)을 허락하지 말라고 했으니, 난적(亂賊)의 당에 엄하게 하고 후인을 경계한 것입니다. 가만히 보건대, 난신 남은(南誾)·이근(李勲)·박위(朴葳)·변남룡(卞南龍)·심효생(沈孝生)·유만수(柳曼殊)의 아들이 현달한 벼슬을 두루 거쳐 안팎에 퍼져 있으니, 심히 악한 것을 징계하고 착한 것을 권하는 도리가 아닙니다. 무인년(戊寅年) 이후부터 난신의 자손은 그 벼슬을 파면하소서.'

상이 읽어보고 말했다.

"남은은 (자기가) 섬기던 이에게 충성했으니 어찌 난신이라고 할 수 있겠는가? 옛날에 당(唐)나라 태종(太宗)이 왕규(王珪, 571~639년)[47]·위징(魏徵)을 썼으니 지금 말한 것은 심히 무리하다. 너희들이 혹 알지 못한 것이니, 이치를 아는 사람에게 물어보라."

대언(代言)에게 명해 말했다.

"빨리 이 소(疏)를 봉해 다른 사람들이 보지 못하게 하라."


을유일(乙酉日-21일)에 의정부 찬성(議政府贊成) 유정현(柳廷顯) 등이 민무휼(閔無恤)·민무회(閔無悔)의 죄를 청해 아뢰어 말했다.

---

47 어릴 때 고아가 됐지만, 성격이 우아하고 담아해 욕심이 적었고, 빈천(貧賤)에도 편안하면서 남에게 영합하려고 하지 않았다. 당나라에 들어 태자(太子) 이건성(李建成)의 중사인(中舍人)이 됐다. 태종이 평소 그의 재주를 알아 불러 간의대부(諫議大夫)에 임명했다. 항상 정성을 다해 충언을 올리니 태종이 많이 가납했고, 황문시랑(黃門侍郞)으로 옮겼다. 태자우서자(太子右庶子)를 겸했다.
정관(貞觀) 2년(628년) 시중(侍中)이 돼 방현령(房玄齡)과 이정(李靖), 온언박(溫彦博), 위징(魏徵) 등과 함께 국정(國政)을 지휘했다. 다른 사람의 장점을 잘 추천하고 자신의 처지를 아는 지혜가 있었다.

"신 등이 베기를 청하는 것이 아니라 다만 말한 사연을 알지 못합니다. 바라건대 죄명을 밝게 바로잡아서 대부인(大夫人)으로 하여금 실로 무휼 등의 죄가 무슨 일인지[某事]는 알게 하소서."

상이 말했다.

"공사(公事)로 논하면 이에 대해 말할 수 있고, 인정으로 논하면 이에 대해 말할 수 없다. 그러나 내가 장차 말하겠다. 나도 이 사람들이 죄가 없다고 하는 것은 아니다. 또 세자(世子)로 하여금 대변(對辨)하지 않게 하고 또한 승정원에 말하지 않은 것은, 가만히 그 사람을 불러서 그 말을 물어보아 다시 살피고서 마침내 그만두려 한 것이다. 옛날에 무구(無咎)·무질(無疾)의 일은 국가의 대절(大節)에 관계되므로 어쩔 수 없이 죄를 주었다. 이것도 대절에 관계되지 않는 것은 아니지만, 송씨(宋氏)가 말하기를 '내 생전이 며칠이나 되겠느냐?'라고 하니, 나도 사람이다. 어찌 부처(夫妻)·자모(子母)의 인정이 없겠느냐? 이 때문에 어렵다."

정현(廷顯)이 대답해 말했다.

"상의 뜻이 비록 그러하지만, 공의(公義)는 폐기할 수 없습니다."

상이 대언(代言)들을 물리치고[辟=屛] 마침내 정현(廷顯)·유관(柳觀)·박은(朴訔)·이원(李原)·정역(鄭易) 등과 더불어 비밀리에 토의했다.

○ (전라도) 보안(保安)·부령(扶寧)을 합쳐 부안현(扶安縣)을 만들었다.

○ 삼공신(三功臣)과 2품 이상이 무휼 등의 죄를 청하고 형조·대간에서는 교장(交章)해 또한 청했으나, 모두 윤허하지 않았다.

정해일(丁亥日-23일)에 경기 인천(仁川) 등 9읍(邑)의 요역(徭役)을 면제했는데, 관찰사 허지(許遲)가 인천(仁川)·부평(富平)·금양(衿陽)·통진(通津)·강화(江華)·교동(喬桐)·임단(臨湍)·원평(原平)·고양(高陽)이 모두 실농(失農)했다고 보고한 때문이다. 또 경기의 별패(別牌)·시위패(侍衛牌)의 번상(番上)을 정지하도록 명했다. 호조판서 윤향(尹向)이 경기의 절식(絶食-식량이 끊어짐)한 호수(戶數)를 아뢰니 상이 말했다.

"백성이 굶주리면 의창(義倉)의 군자(軍資)를 모두 퍼내 진휼하고 꿔주어야 한다. 들으니 교동(喬桐)이 가뭄이 더욱 심하다고 하는데 절식한 사람이 어찌 16호(戶)만 되겠는가?"

향(向)이 말했다.

"지금 당장 절식(絶食)한 자는 이것뿐입니다."

얼마 후에 허지가 또 말씀을 올렸다.

"통진현(通津縣) 백성이 장(狀)을 바치어 고칭(告稱)하기를 '한재로 인해 실농(失農)해 피곡(皮穀-벼) 5두(斗)를 찧어도 겨우 쌀 1두 혹은 7, 8승(升)을 얻는데 모두 싸라기[碎米]이고, 콩도 영글지 않아서 공세(貢稅)를 준비하기 어렵다'라고 했습니다. 위의 현(縣)이 실농이 더욱 심해 봄 종자가 염려됩니다. 빌건대 금년의 세미(稅米)를 경창(京倉)으로 바치지 말고 다만 피곡으로 거뒀다가 봄이 되면 흩어주어 종자로 삼게 하고, 콩의 세(稅)도 그와 같이 하소서."

명해 말했다.

"똑같이[一樣] 실농했으니, 인천 등 8읍도 이 예에 준하게 하라."

○ 행랑(行廊)에 부역(赴役)한 목공(木工)을 놓아 보냈으니, 외방에

서 뽑아 온 목공이 모두 94명이었다.

상이 병조판서 박신(朴信)에게 물었다.

"행랑을 수조(修造)할 곳이 얼마나 되는가?"

대답해 말했다.

"거의 되었습니다[庶幾]."
서기

상이 말했다.

"외방의 군인들을 놓아 보내고자 한다."

신(信)이 대답했다.

"미곡을 쌓을 곳을 아직 다 수리해 고치지 못했으니, 놓아 보낼 수 없습니다."

상이 말했다.

"군인들이 응당 경 등을 미워할 것이다. 전일에 견고하게 짓지 못해 무너지게 해서 다시 이 역사가 있게 했으니 말이다."

신이 말이 막혔다[語塞].
어색

○ 유우소(乳牛所)의 거우(車牛)의 반을 줄였다.

○ 형조·대간에서 다시 무휼(無恤) 등의 죄를 청하니, 윤허하지 않았다.

무자일(戊子日·24일)에 달이 귀성(鬼星)을 범했다.

○ (영길도) 영흥부(永興府) 보현사(普賢寺)의 미륵불(彌勒佛)이 땀을 흘렸다.

○ 갈반제법(喝班齊法)을 고쳤다.

상이 말했다.

"판통례문사(判通禮門事-통례문 판사)가 홀(笏)을 잡고 얼굴을 붉히면서 빨리 나왔다 빨리 물러갔다 하는 것이, 그 모양이 예에 맞지 않다. 내가 오래전부터 고치고자 했는데, 다만 말하는 사람이 없었을 뿐이다."

유사눌(柳思訥)이 아뢰어 말했다.

"진산부원군(晉山府院君) 하륜(河崙)이 일찍이 말하기를 '상께서 전(殿)에 좌정한 뒤에 갈반제(喝班齊)[48]하는 것은 무의미하다[無義]'라고 했습니다."
<sub>무의</sub>

상이 말했다.

"륜(崙)의 말이 옳다. 이제부터는 세자(世子)가 입정(入庭)한 뒤에 갈반제하라."

○ 의정부에 명해 사죄(死罪)를 심복(審覆)했다.


형조에서 말씀을 올렸다.

"중외(中外)의 죽을죄를 정부가 참작하고 토의해 사유를 갖춰 기록해 본조에 이문하는 것을 길이 항식으로 삼으소서."

그것을 따랐다.


**기축일(己丑日·25일)**에 병조에서 강무(講武)를 청했다. 상이 말했다.

---

48 임금이 전(殿)에 들어오면 통찬(通贊)이 '반열(班列)을 가지런히 하라'라고 외쳐 장내를 조용하고 엄숙하게 하는 일을 가리킨다.

"어찌 너무 이르게 하는가?"

판서 박신(朴信)이 말했다.

"지난해에는 강무가 9월 초에 있었습니다."

상이 말했다.

"내가 강무하고 싶지 않다. 노루·사슴과 꿩은 가을이 돼야 맛이 있다. 제향(祭享)에 생뢰(牲牢)를 쓰기는 하지만 나는 야미(野味)를 겸해 올리고자 한다. 마땅히 양근(楊根) 등지로 가야겠는데, 오직 산에 오르고 물에 뜨는 짐승을 얻기가 어렵다."

신(信)이 말했다.

"섭대장(攝隊長)·섭대부(攝隊副) 1,000명이 있습니다."

○ 강원도 도관찰사(江原道都觀察使) 이귀산(李貴山)이 양주 부사(襄州府使)의 정장(呈狀)에 의거하여 새로 창고를 지을 것을 청했다. 상이 사인(使人)에게 일러 말했다.

"돌아가서 너의 관찰사에게 말하라. 화곡(禾穀)이 결실하지 못했는데 풍년이라 하면 이것은 간사한 신하이고, 결실했는데 흉년이라 하면 이것도 곧지 못한 것[不直]이다. 양주 부사가 정장(呈狀)한 가운데에는 흉년이라고 말하지 않았는데 감사는 보통 흉년[中儉年]이라고 말했다. 이렇게 한 것은 생각건대, 강무를 미리 방지하려는 것이다."

또 승정원(承政院)에 명해 말했다.

"진언(陳言)하는 자가 강무의 정지를 청하고, 또 내가 대간의 말을 듣기 싫어서 행하고자 하지 않는다."

또 대언(代言) 등에게 일러 말했다.

"내가 본래 횡성(橫城) 등지에서 강무하고자 하지 않는데, 감사가 그래도 풀을 베게 하는 것은 무슨 까닭인가? 종묘(宗廟)에 짐승을 바치고자 (강무를) 하는 것이니, 양근 등지에 나가서 4~5일이면 충분하다."

유사눌(柳思訥)이 말했다.

"만일 4일로 제한했다가 짐승이 없으면 곤란합니다. 며칠을 더하소서."

명해 말했다.

"경기의 실농(失農)한 사람을 역사시킬 수는 없다."

또 경기 및 강원도 도관찰사에게 뜻을 전해 말했다.

"지금부터 사렵(私獵)을 금하는 곳에 상수리 열매 줍는 사람까지 금하지는 말라."


경인일(庚寅日-26일)에 서리가 내렸다.

○ 형조·대간에서 무휼(無恤) 등의 죄를 청했다.


임진일(壬辰日-28일)에 군기감 정(軍器監正) 이천(李蕆)을 평안도(平安道)·영길도(永吉道)에 보냈으니, 각 영(營)의 군기(軍器)·의갑(衣甲)을 점고(點考)하기 위함이었다. 또 두 도의 변경부터 도성까지 산하(山河)의 험하고 막힌 곳을 순찰해 계문(啓聞-아뢰어 보고함)하게 했다.

○ 2품 이상과 형조·대간에서 무휼(無恤)·무회(無悔) 등의 죄를 청했다.

계사일(癸巳日-29일)에 예전 승녕부(承寧府)의 전지와 인구를 경승부(敬承府)[49]로 옮겨 소속시켰다. 형조판서 정역(鄭易)이 아뢰었다.

"혁거(革去)한 사사(寺社)의 노비 8만여 구(口)를 오로지 전농시(典農寺)에 소속시키면 그 생산물(生産物)을 다 상고하지 못할까 두렵습니다. 그러므로 청컨대 각사(各司)에 나눠 속하게 하는 것이 거의 편할까 합니다."

이조판서 박은(朴訔)과 병조판서 박신(朴信)이 아뢰어 말했다.

"비록 전농시에서 맡더라도 공(貢)을 거두는 것은 제용감(濟用監)이므로 경비(經費)를 돕는 것이 대단히 큽니다. 만일 각사에 나눠 소속시킨다면 모두 다른 곳에 사역해 나라에 도움이 없을 것입니다."

상이 말했다.

"그렇다."

그 참에 좌우에게 일러 말했다.

"승녕부를 지금 전농시에 합쳐 속하게 하고 전농시로 하여금 동궁(東宮)의 술을 공봉(供奉)하게 하는 것은 심히 명분과 실상에 어긋난다. 마땅히 승녕부의 전지와 노비를 경승부(敬承府)에 옮겨 소속시켜서 오로지 세자의 의복·음식을 공봉하기를 공안부(恭安府)의 예와 같이 하면 내자시(內資寺)·내섬시(內贍寺)가 또한 조금 어깨를 덜 것이다[息肩]. 예(禮)에 세자의 용도가 임금과 같은 것을 이해하지 못
식견

---

49  태종(太宗) 2년 5월에 세자전(世子殿)을 공궤(供饋)하기 위해 특별히 설치한 관청이다. 태종 18년 6월에 양녕대군(讓寧大君) 이제(李禔)가 폐세자(廢世子)되자 순승부(順承府)로 바뀌었다.

하겠다는 글이 있으나, 출납이 모두 청대(請臺)[50]를 경유하니 거의 절도 없이 쓰는 데까지는 이르지 않을 것이다."

여러 신하가 모두 좋다고 말했다.

○ 각사(各司) 노비(奴婢)의 쇄권색(刷卷色)[51]을 두었다. 애초에 안성군(安城君) 이숙번(李叔蕃)이 아뢰어 말했다.

"공처(公處-관공서)의 노비를 각사의 원리(員吏)가 혹은 추쇄(推刷)하지 못해 숨고 나타나지 않는 자가 있고, 죄를 지어 속공(屬公)한 뒤에 그 본주(本主)가 숨겨두고 사환(使喚)하는 자 또한 많습니다. 빌건대, 쇄권색(刷卷色)을 세워 공처의 노비를 모두 추쇄해 신적(新籍)에 고쳐 올리소서."

그것을 따랐다. 찬성(贊成) 유정현(柳廷顯)을 도제조(都提調)로 삼고, 전 판서(判書) 황희(黃喜)·한성윤(漢城尹) 이안우(李安愚)를 제조(提調)로 삼고, 지승문원사(知承文院事-승문원 지사) 윤회(尹淮)·의정부 사인(議政府舍人) 조서로(趙瑞老) 등 8인을 별감(別監)으로 삼아서 대간 각각 한 사람으로 참여해 듣게 했다. 대소인민이 속공한 노비를 함부로 점거한 자가 있으면 금년 4월 교지(教旨)에 의거해 시행하게 했다.

○ 의정부·육조·삼공신 2품 이상 및 대간에서 대궐에 나아와 무휼(無恤)·무회(無悔)의 죄를 청했다. 아뢰어 말했다.

---

50 각 관아에서 섣달그믐께 사무를 마치고 창고(倉庫)를 봉해둘 때 사헌부(司憲府)의 관원을 불러 검사받는 일을 말한다.

51 태종(太宗) 때 각사(各司)의 도망한 공처 노비(公處奴婢)를 추쇄(推刷)하기 위해 특별히 설치한 관청이다.

"두 사람의 죄악이 하늘에 가득 찼는데[滔天], 전하께서는 사은(私恩)으로 내버려두고 묻지 않은 채 관외(關外)에 있게 하셨습니다. 그러나 죄가 나타나지 않아서 사람들이 모두 알지 못합니다. 또 상께 득죄했을 뿐 아니라 동궁과 더불어 뜰에서 대질해 누(累)가 세자에게까지 미쳤습니다. 청컨대 신 등의 아뢴 것에 따라서 밝게 전형(典刑)을 바로잡으소서."

상이 말했다.

"인군(人君)도 사은이 없을 수 없으니, 들어주지 못하겠다."

여러 신하가 뜰에 서서 진시(辰時)부터 오시(午時)까지 있다가 물러갔다.

○ 충청도 도관찰사(忠淸道都觀察使) 우희열(禹希烈)이 청량속(靑梁粟)으로 구황(救荒)하는 법을 보고했다. 호조에 보고해 말했다.

"도내 백성이 굶주리니, 청량속의 법을 시행할 것을 청합니다."

판서 윤향(尹向)이 가지고 승정원에 나오니 여러 대언(代言)이 웃으며 말했다.

"전일에 화곡을 바치고 풍년이라 했는데, 지금 도리어 청량속의 법을 청하는 것은 무슨 까닭입니까?"

갑오일(甲午日-30일)에 삼공신(三功臣) 및 2품 이상이 무휼(無恤)·무회(無悔) 등의 죄를 청하고, 대간에서 또한 청했으나 윤허하지 않았다.

乙丑朔 罷禮曹正郎李安柔 柳孟聞 佐郎曹尙 李宗揆 周冕職.

禮曹參議車指南出身巡軍令史 及爲參議 安柔等不肯課事於指南

指南恚言於判書李原 欲囚安柔奴以警之 移關刑曹 尙不肯署. 原怒

欲幷囚尙奴. 安柔及尙皆告病不仕 原遣使令執安柔家奴 安柔怒 歐

使令. 原怒甚 具其狀以聞 命下安柔及尙于義禁府. 以郎官朋比而

慢長官 贖安柔 尙杖八十 與孟聞 宗揆 冕皆罷其職.

命築金堤郡碧骨堤. 全羅道都觀察使朴習啓曰: "城郭所以固

封守 禦外侮; 堤防所以貯水澤 通灌漑 實備患救旱之良策 皆不可

廢. 然興土功 用民力 須先審事勢之緩急而時措之 然後事易成

而民無怨矣. 比者 因兵曹 戶曹之請 而金堤郡碧骨堤與沿海三邑

城子修築之事 已下敎旨 候西成之後 當幷營築 故臣巡行州郡 遍察

其地. 長興 高興 光陽三邑 地皆濱海 而倭寇泊船之處也. 前日所置

城子 皆隘窄 立木泥塗 歲月旣久 傾頹已甚 或無泉井 矧今倭船

數十隻潛依諸島 窺覘間隙 如有不虞之變 則臣竊恐噬臍無及矣. 相

地理審形勢 築城鑿池 固其封守 保我生民 誠今日之急務也.

若道內堤堰 皆已修築矣. 古阜訥池 臣親審之 畜水之地低深 堤下

之田勢高 難於引水灌漑. 然則雖多貯水 無所用也. 唯金堤碧骨之

堤 臣亦一至而觀之 其所築處長七千一百九十六尺 廣五十尺 渠門

四處 而中三處皆立石柱. 堤下水貯處 幾至一息 堤下陳地之遼廣

三倍於堤. 今農務方殷 未可遍觀 待農隙審觀上下之形勢 更將

啓聞. 唯三邑之城 必須營築 若此 碧骨之築 一時竝擧 則民力難堪

臣以爲先築城堡 以固封守 後修堤堰 以備灌漑 則庶事機 兩得而

無失矣." 命三城修築姑且停之 先築碧骨堤.

　　全羅道都觀察使朴習 永吉道都巡問使曹洽上其道事宜 皆以小縣

可復立處 可幷合處也. 刑曹判書鄭易曰: "前朝之時 不幷合州縣 而

國用尙足 乞依舊制." 上曰: "古法安可盡循? 前朝之季 田制紊而

太祖革之." 仍謂左右曰: "所爲之事 若合於正 雖愚民怨咨 天其厭

哉? 若盡從民願 則民豈欲賦役哉? 若是則宰相安得收其租 而國家

何由治乎? 自古以來 有上下禮節而後 國家可得而治也. 今凡設施

業已施行 而不顧事之是非 囂囂多言 類以爲衆怨 宜卽改之 以煩

予聽. 予觀文獻通考 紛更法制 以致旱災 已行之事 更改. 宰相須用

讀書人 卿等旣讀書而任事 觀易泰卦 則爲國之蓋可知矣."

　　分遣敬差官于諸道. 戶曹判書尹向啓: "損實敬差官分遣便否 臣

使佐郞尹須彌問於晉山府院君河崙 崙曰: '宜遣.' 問於右議政柳亮

亮曰: '吾聞多弊 不宜遣之.'" 上曰: "若以今年爲儉年而不遣 則

是他年之遣 似爲聚斂也. 敬差之行 守令及奸猾之徒 豈不畏哉?"

戶曹乃啓: "今年各道田畓損實 以公廉品官 換道分差 依六典每以
<small>호조 내계 금년 각도 전답 손실 이 공렴 품관 환도 분차 의 육전 매이</small>

二三百結爲一部踏驗 隨損給損 官民兩便 令其官守令於委官踏驗
<small>이삼 백결 위 일부 답험 수손급손 관민 양편 영 기관 수령 어 위관 답험</small>

處 隨卽擲奸 其不公平者 報敬差官. 敬差官出其不意 周行擲奸
<small>처 수즉 척간 기 불공평 자 보 경차관 경차관 출 기불의 주행 척간</small>

其中以實爲損 以損爲實 以起爲陳 不公踏驗守令委官 三品以上
<small>기중 이실 위손 이손 위실 이기 위진 불공 답험 수령 위관 삼품 이상</small>

申聞 四品以下直斷. 又各戶所貸義倉米豆雜穀 察各官各戶禾穀
<small>신문 사품 이하 직단 우 각호 소대 의창 미두 잡곡 찰 각관 각호 화곡</small>

豐歉 其失農民戶 限豐年收納 不失農民戶 依數收納. 且失農各官
<small>풍겸 기 실농 민호 한 풍년 수납 불실 농 민호 의수 수납 차 실농 각관</small>

飢民 若不賑恤 其生可慮 乞依本曹已曾受敎救荒之令 令敬差官
<small>기민 약불 진휼 기생 가려 걸의 본조 이증 수교 구황 지령 영 경차관</small>

幷加考察." 從之. 吏曹啓: "各道大小使臣及守令 萬戶 千戶 敎授官
<small>병가 고찰 종지 이조 계 각도 대소 사신 급 수령 만호 천호 교수관</small>

驛丞犯法事及庸劣不勝任者 令損實敬差官幷搜訪啓聞." 從之.
<small>역승 범법 사급 용렬 불 승임 자 영 손실 경차관 병 수방 계문 종지</small>

兵曹啓: "今各道敬差之行 稱干稱尺者及各品婢妾子孫 更加推訪
<small>병조 계 금 각도 경차 지행 칭간칭척 자급 각품 비첩 자손 갱가 추방</small>

成籍." 上曰: "今年旱甚 但問民間疾苦 而以平其禾穀損實爲務耳."
<small>성적 상왈 금년 한심 단문 민간 질고 이 이평 기 화곡 손실 위무 이</small>

丙寅 申嚴無牌鷹子之禁.
<small>병인 신엄 무패응자 지금</small>

罷中軍經歷李德生 都事權移職. 右軍錄事禹衡失禮於兵曹參議
<small>파 중군 경력 이덕생 도사 권이직 우군 녹사 우형 실례 어 병조참의</small>

申槩 而反告訴於憲府. 兵曹移關本軍 使之除錄 而德生等不從
<small>신개 이반 고소 어 헌부 병조 이관 본군 사지 제록 이 덕생 등 부종</small>

兵曹啓聞請罪故也.
<small>병조 계문 청죄 고야</small>

罷右軍同知摠制尹惟忠 工曹正郎卞純 豊儲倉使康安壽 司贍署
<small>파 우군동지총제 윤유충 공조정랑 변순 풍저창 사 강안수 사섬서</small>

令劉仁統職. 以惟忠等前任工曹官 擊鼓分下韓鈇等奴婢 淹留不決
<small>령 유인통 직 이 유충 등 전임 공조 관 격고 분하 한월 등 노비 엄류 불결</small>

至其中分 又不平也.
<small>지 기 중분 우 불평 야</small>

給杠軸于各司 華人張自和所造也.
<small>급 강축 우 각사 화인 장자화 소조 야</small>

丁卯 賜六曹判書 三軍都摠制 六代言馬各一匹 濟州産也. 且賜藥
<small>정묘 사 육조판서 삼군 도총제 육대언 마 각 일필 제주 산야 차 사약</small>

於全羅道都觀察使朴習 以習善養濟州馬也.
어 전라도 도관찰사 박습 이습 선양 제주 마야

戊辰 初命吏曹 考功臺諫. 上曰: "吏曹考功臺諫 載在六典. 憲司
무진 초명 이조 고공 대간 상왈 이조 고공 대간 재재 육전 헌사

自今除茶時 每日治事; 諫院亦每日齊坐." 吏曹判書朴訔啓: "前命
자금 제 다시 매일 치사 간원 역 매일 제좌 이조판서 박은 계 전명

本曹 考功臺諫 然臺諫以謂 若其出謝 則必於本司齊坐 而前月除授
본조 고공 대간 연 대간 이위 약기 출사 즉필어 본사 제좌 이 전월 제수

五六人告身 迨今不署經 欲問其故 使人招書吏 不遣." 上曰: "本司
오륙 인 고신 태금 불 서경 욕문 기고 사인 초 서리 불견 상왈 본사

齊坐 亦此人也. 其公事在笥 何必於本司出謝乎? 且臺諫之言 可爲
제좌 역 차인 야 기 공사 재사 하필 어 본사 출사 호 차 대간 지언 가위

人所服 則謂之所司員可也 如李垠等安得爲所司員乎? 雖人君 而有
인 소복 즉 위지 소사원 가야 여 이은 등 안득 위 소사원 호 수 인군 이유

可言之事 則皆得言之 況臺諫是非 豈可不言?"
가언 지사 즉 개득 언지 황 대간 시비 기가 불언

六曹始行移文背書法 從禮曹之啓也. 禮曹又言: "官吏互相私聚
육조 시행 이문 배서 법 종 예조 지계 야 예조 우언 관리 호상 사취

於各衙門 公行請托 變亂是非 士風不美. 自今非因公事 私聚各
어 각 아문 공행 청탁 변란 시비 사풍 불미 자금 비인 공사 사취 각

衙門者 憲司痛理." 從之.
아문 자 헌사 통리 종지

己巳 承文院正字愼幾上書 書曰:
기사 승문원 정자 신기 상서 서왈

'歲在戊子 臣以父以衷打黃達衷致死之故 給奴婢十二口於達衷之
세재 무자 신 부 이충 타 황달충 치사 지고 급 노비 십이 구 어 달충 지

族檢校判漢城劉旱雨 請勿發告 旱雨以爲不足 反羅織臣父之罪 而
족 김교 판한성 유한우 청물 발고 한우 이위 부족 반 나직 신부 지죄 이

發狀訴冤. 今臣父已蒙赦宥 而其奴婢以贈與屬公 乞令還給.'
발장 소원 금 신부 이몽 사유 이 기 노비 이 증여 속공 걸령 환급

上曰: "旱雨之受雖非 幾則本欲免父罪而自與之 反指旱雨爲羅織
상왈 한우 지수 수비 기 즉 본욕 면부죄 이자 여지 반지 한우 위 나직

此豈儒士之言乎? 司憲府嘗言汎濫上書 圖濟己欲之非. 當是時 心
차 기 유사 지언 호 사헌부 상언 범람 상서 도제 기욕 지비 당시 시 심

在於他 故以其言爲非. 今乃知汎濫上書者 殆謂如此之人乎?" 仍命
재어 타 고이 기언 위비 금 내지 범람 상서 자 태위 여차 지인 호 잉명

承政院召而責之.
승정원 소 이 책지

召平道全 問海路險易. 左代言卓愼啓曰: "宜遣使琉球國 請還
소 평도전 문 해로 험이 좌대언 탁신 계왈 의 견사 유구국 청환

倭寇擄掠轉賣之人." 上然之曰: "分離族屬 其情可惜. 其率來者 當

賞以職." 乃召道全問之 上欲遣使琉球國 以其海險遠 皆不欲往 命

被罪人中 選揀能不辱君命者以聞.

　　兵曹與都鎭撫同議上吹角令啓曰: "殿下當出令時 命內吹角人

【內吹螺赤】吹角一通 外吹角人【兵曹吹螺赤】卽登樓門 應之

以角 又分登四方高處 以軍馬畢會爲限吹之. 內角聲初發時 闕內

當直摠制 上大護軍 護軍 內禁衛 內侍衛 別侍衛 甲士 別牌 侍衛牌

鷹揚衛 都城衛 各領防牌等 卽具兵甲 守各門 承命外不得出入. 各

差備毋敢有闕外角聲相應. 兵曹入直堂上官親稟命 受宣字旗 立於

闕門外近北次 入番三軍鎭撫 各以其軍之旗 立於定所次.

　　出番各軍摠制 各衛節制使以下 元係侍衛各軍士 隨其聞角聲

先後 卽具衣甲 立於其旗之下 分運屯住. 中軍在前 三麾隨焉 左軍

次之 右軍次之.【若行在則各隨其地之宜】上召當爲將帥者三人

授三軍織紋旗. 受旗而出 就其軍立之 聽兵曹號令【捧旗人用入番

近仗.】若暮夜 未辨旗色 則聞其軍角聲聚會. 中軍吹大角 左軍吹

中角 右軍吹小角 各軍軍馬畢會 則吹角止. 兵曹及出番鎭撫代言

俱詣宣字旗近處待命.

　　議政府 六曹 宗親 勳舊時散二品以上 應合赴急者 除有緣故外

各率定數伴黨備兵器 各於闕門外近處依幕 聚會待命 其中老病

不合武事者 不許來會. 三軍摠制以下各軍士屯住次序 依鎭撫所

序立圖 毋敢有違 毋敢喧譁. 若無織紋旗而出令者 不見織紋旗而
서립도 무감유위 무감 훤화 약무 직문기 이 출령 자 불견 직문기 이

趨令者 常時無兵曹明文而私聚軍士者 皆以謀逆論. 如有違令 許
추령 자 상시무 병조 명문 이 사취 군사 자 개이 모역 논 여유 위령 허

諸人陳告 所告實者 超三等賞職 將犯人家産充賞 誣告者反坐.
제인 진고 소고 실자 초 삼등 상직 장 범인 가산 충상 무고자 반좌

軍士到未到 兵曹鎭撫考察科罪. 軍士外各司及成衆官 待命乃會 唯
군사 도 미도 병조 진무 고찰 과죄 군사 외 각사 급 성중관 대명 내회 유

義禁府 司僕寺 軍器監官率諸色匠人 守本監 內侍府亦於闕門外
의금부 사복시 군기감 관 솔 제색 장인 수 본감 내시부 역 어 궐문 외

依幕 聚會." 奉敎依允.
의막 취회 봉교의윤

　庚午 召府院君 議政府 六曹于朝啓廳賜酒. 命戶曹判書尹向日:
경오 소 부원군 의정부 육조 우 조계청 사주 명 호조판서 윤향 왈

"今年 京畿旱甚 聞士大夫家亦貸義倉米 眞罕古之凶年. 不可移民
금년 경기 한심 문 사대부 가 역대 의창 미 진 한고 지 흉년 불가 이민

就食 宜於常貢額外 另行轉輸 以賑窮乏. 其忠州慶原倉陳米五千石
취식 의어 상공 액외 영행 전수 이진 궁핍 기 충주 경원창 진미 오천 석

可顧私船輸來 至春或貸給 或賑濟 或糶 以收楮幣." 兵曹判書朴信
가고 사선 수래 지춘 혹 대급 혹 진제 혹 조 이수 저폐 병조판서 박신

啓: "無可儲處矣." 上曰: "來年霾雨尙遠 可以露積 當及歲前以運."
계 무 가저 처 의 상왈 내년 매우 상원 가이 노적 당급 세전 이운

因語向日: "聞 尙衣院一月熨斗炭例八石 是亦百姓之所備也 安可
인어 향왈 문 상의원 일월 위두 탄 예 팔석 시역 백성 지 소비 야 안가

妄費? 宜減其半. 予之爲此 非吝其物 以恤民也. 京畿百姓之弊 冬
망비 의감 기반 여 지 위차 비인 기물 이휼민 야 경기 백성 지폐 동

則在於炭及燒木; 夏則司僕生芻亦難 故內司僕馬定數四十匹矣.
즉 재어 탄 급 소목 하즉 사복 생추 역 난 고 내사복 마 정수 사십 필 의

宮中予所知事 亦令內豎已曾減損 其在外供上之 莫謂供上 宜推類
궁중 여 소지 사 역령 내수 이증 감손 기 재외 공상 지 막위 공상 의 추류

酌中減數 以便百姓."
작중 감수 이편 백성

　又曰: "慶尙道監司安騰陳奴婢決絶弊瘼 則以爲今年失農 報禾穀
우왈 경상도 감사 안등 진 노비 결절 폐막 즉 이위 금년 실농 보 화곡

之狀 則以爲旱不爲災. 嘗命詰問則曰: '前報失農非是.' 何其錯亂
지상 즉 이위 한 불위 재 상명 힐문 즉왈 전보 실농 비시 하기 착란

若是乎? 不寧惟是 廣問之人 皆云如舊 唯京西數郡及延安 白川
약시 호 불녕 유시 광문 지인 개 운 여구 유 경서 수군 급 연안 배천

爲無可食耳. 未審予之所聽然歟? 嘗聞旱甚而五穀豐熟爲災 今年
위무 가식 이 미심 여지 소청 연여 상문 한심 이 오곡 풍숙 위재 금년

418

之稔 得非怪事?” 朴信對曰:“臣每見各道人來 輒問禾穀① 皆言
甚好.”

辛未 置酒廣延樓下 與宗親擊毬. 傳旨承政院:“當五六月 予雖食
豈充肌膚? 今日宗親咸在而擧樂 予聞之亦未樂也. 予命輸米五千
餘石于京中 先濟窮民 而後乃可食.” 知申事柳思訥啓曰:“當五六月
旱時 上謂無西成之望 動念至此 今秋已稍熟矣.” 上使大君 宗親 賜
諸代言爵.

漢城府上道路之制. 上言:“國中道路 古有九軌七軌之說 今無
定制 路傍居民不無侵削. 乞令禮曹稽古酌宜 以定廣狹 且川溝兩岸
日縮 併令定制. 又開城下內外之途 使掌城官吏巡察 城郭頹處
隨卽補缺.” 命量宜施行.

壬申 禮曹上新定文昭殿親享儀註 文昭殿儀宗廟儀 太祖王后共
一爐上香. 上曰:“原廟異於宗廟 宜各爲一卓 不比宗廟同一倚卓.”
禮曹參議許稠啓:“臣等有所不察. 謹當仍舊 各位設香爐 各就神位
上香獻爵.” 命有司 自今宗廟 文昭殿及諸處祝板幣帛 埋於瘞坎 俟
次祭納新焚舊. 禮曹又啓:“文昭殿親享諸執事 視宗廟執事職品.”
從之.

甲戌 上率百官 詣文昭殿 行秋夕祭 以時服行禮. 上曰:“比見
禮官請親享儀 亦依宗廟禮. 今晨已依此禮行事 然念宗廟神道事之
禮極嚴肅 每當行事 戰兢祗畏 令人悚然 而文昭殿專象生平 容儀

宛然 情懷悅懌 怳如承顏膝下之日 而門戶 無拜揖度數 殊不穩愜.
완연 정회 열역 황여 승안 슬하 지일 이 문호 무 배읍 도수 수불 온협

且平日不用罍爵 今則用之 豈事死如事生之道乎? 卿等以爲如何?"
차 평일 불용 뇌작 금즉 용지 기 사사 여 사생 지도호 경등 이위 여하

朴訔 李原曰: "原廟之儀 果異於宗廟之禮." 上曰: "固當改之 直以
박은 이원 왈 원묘 지의 과이어 종묘 지례 상왈 고당 개지 직이

今日所行爲未愜耳. 予於向者 欲以趁時所得鮮味 輒獻文昭殿 皆謂
금일 소행 위 미협 이 여어 향자 욕이 진시 소득 선미 첩헌 문소전 개위

原廟不當用肉 遂止. 是乃佛氏之法 其殆不用宗廟之禮 唯器皿獨依
원묘 부당 용육 수지 시내 불씨 지법 기손 불용 종묘 지례 유 기명 독의

宗廟 豈不誤哉?"
종묘 기불 오재

上王拜健元陵.
상왕 배 건원릉

吏曹啓初入仕試取法. 先是 校書館以初入仕人取才 高下分等第
이조 계 초입사 시취법 선시 교서관 이 초입사 인 취재 고하 분 등제

吏曹依其等第差職名. 至是 請更考而分等 從之. 因語及用人之道
이조 의기 등제 차 직명 지시 청 갱고 이 분등 종지 인 어급 용인 지도

右代言韓尙德啓: "六典載文蔭拜官者 亦令年十八試以一經 能通
우대언 한상덕 계 육전 재 문음 배관 자 역영 연 십팔 시이 일경 능통

大義 方許銓注. 其法甚美 而今不行 願令擧行." 上曰: "此法可行."
대의 방허 전주 기법 심미 이금 불행 원령 거행 상왈 차법 가행

朴訔 朴信曰: "前朝參外不入朝班 今者參外皆參朝列 無年未十八
박은 박신 왈 전조 참외 불입 조반 금자 참외 개참 조열 무년 미 십팔

得登仕版者." 尹向曰: "雖滿十八 亦多愚騃 不了官事." 上曰: "其
득등 사판 자 윤향 왈 수 만 십팔 역 다 우애 불료 관사 상왈 기

父祖有勳勞於國 晩有兒息 皆欲子孫登名王官. 年苟至十八九 可能
부조 유 훈로 어국 만유 아식 개욕 자손 등명 왕관 연구지 십팔구 가능

勝任 使之仕而效之可也."
승임 사지 사이 효지 가야

議科田收租法. 命: "各品科田收租 除官爲踏驗 仍舊施行." 乃謂
의 과전 수조법 명 각품 과전 수조 제관 위 답험 잉구 시행 내위

左右曰: "向見陳言 多言田主多收租稅 故令官爲踏驗. 然今思之
좌우 왈 향견 진언 다언 전주 다수 조세 고영 관위 답험 연금 사지

官司驗田之後 田主又遣人收租 則貧民再被支應 反爲騷擾. 不若令
관사 험전 지후 전주 우 견인 수조 즉 빈민 재피 지응 반위 소요 불약 영

田主踏驗收租 而官爲察禁橫斂之爲愈也." 朴信 李原等對曰: "誠如
전주 답험 수조 이 관위 찰금 횡렴 지위유 야 박신 이원 등 대왈 성여

上旨. 又有爭言某官驗田太輕 紛紜不止 反生騷擾. 蒙上灼知其弊
상지 우유 쟁언 모관 험전 태경 분운 부지 반생 소요 몽상 작지 기폐

特令依舊 甚愜輿望." 趙末生啓曰: "官司驗田之後 安敢紛紜告訴?

驗之太輕 必無之事也. 官司旣已踏驗 田主斂衽收租而已 何害之

有?" 李伯持曰: "田主踏驗 則不止重斂 又有橫斂 如薦炭薪草所需

非一." 上曰: "若此橫斂 國有常禁 佃客必告 彼若不告 國無由知

國家其奈不告何?" 上謂左右曰: "予聞 當私田收租 佃客欲納一石

必用二十三四斗." 刑曹判書鄭易曰: "請推劾坐罪." 戶曹判書尹向

曰: "稅外材木與雜物橫斂者 亦有之." 吏曹判書朴訔曰: "如臣者

雖一斗 豈敢過取? 直是難言之處之所爲耳." 上曰: "一二不知理者

如此也." 戶曹啓: "科田 功臣田收租之際 田主使者明白踏驗 納租

之時 令佃客自量自槪. 其中不公踏驗 高重收租 雜物橫斂者 守令

考察 因其使者 田主姓名直報憲司. 若守令或挾私情 或庸劣不能者

監司敬差官嚴加譴貶 依六典論罪; 因循舊習 畏其田主 不告于官者

佃客竝論." 從之.

　　幷綾城縣任內 鐵冶縣于南平縣 移泰仁縣治於居山驛; 長沙縣治

於茂松縣 從都觀察使朴習之啓也.

　　令兵曹會計國馬. 左代言卓愼啓: "外方各官分養之馬 宜錄會計."

上曰: "內外司僕及各官分養 各場入放數及騸雌雄齒歲毛色 開具

會計施行 永爲恒式."

　　右議政柳亮以老疾辭 不允.

　　功臣及議政府 六曹二品以上詣闕 請無恤 無悔等罪 不聽.

丁丑 命: "凡條畫 一從元六典王旨. 續六典內 元典條畫 更改
정축 명 범 조획 일종 원육전 왕지 속육전 내 원전 조획 경개

未便 更令參考 仍舊施行 其中不得已更改條畫 擬議啓聞." 禮曹與
미편 갱령 참고 잉구 시행 기중 부득이 경개 조획 의의 계문 예조 여

諸曹擬議謹錄:
제조 의의 근록

‘守令權差守令赴任 吏典去官 船軍賞職 守令保擧 科田遞受期限
수령 권차 수령 부임 이전 거관 선군 상직 수령 보거 과전 체수 기한

正三品衣帶 文科試取時坐次 禮文字相通 起復 刑決三復 奴婢相訟
정삼품 의대 문과 시취 시 좌차 예문자 상통 기복 형결 삼복 노비 상송

三條 次知囚禁 疑罪三度取招 宰相犯罪處決 大小使臣相會禮 在外
삼조 차지 수금 의죄 삼도 취초 재상 범죄 처결 대소 사신 상회례 재외

受任者受官敎 已上十八條 從元典 田地隨損給損 錢一貫準布十四
수임자 수 관교 이상 십팔조 종 원전 전지 수손 급손 전 일관 준포 십팔

已上二條 從續典何如?’
이상 이조 종 속전 하여

敎曰: "元典更改 續典所載 竝皆削除. 其中不得已事 元六典 各
교왈 원전 경개 속전 소재 병개 삭제 기중 부득이 사 원육전 각

其條下 書其注脚."
기조 하 서 기 주각

刑曹啓告捕給賞之法. 曹與諸曹同議啓: "大逆 謀叛姦黨 僞造
형조 계 고포 급상 지법 조 여 제조 동의 계 대역 모반 간당 위조

寶鈔者告捕人 將犯人家産 依律充賞; 僞造印信 僞造關防印記者
보초 자 고포 인 장 범인 가산 의율 충상 위조 인신 위조 관방인기 자

投匿名書 告言人罪者告捕人 官給賞銀有差. 然本國白銀不産 銀十
투 익명서 고언 인죄 자 고포 인 관 급상 은 유차 연 본국 백은 불산 은 십

兩準楮貨五十張代用." 從之.
량 준 저화 오십 장 대용 종지

吏曹上錄事遷轉法. 啓目: "議政府 六曹 架閣庫錄事去官 敎旨前
이조 상 녹사 천전 법 계목 의정부 육조 가각고 녹사 거관 교지 전

用入屬年月; 敎旨後 用到宿 依在前數去官何如?" 從之.
용 입속 연월 교지 후 용 도숙 의 재전 수 거관 하여 종지

戊寅 臺諫詣闕 請召還三韓國大夫人宋氏.
무인 대간 예궐 청 소환 삼한국대부인 송씨

功臣及議政府 六曹二品以上請無恤等罪 上辭以疾 且曰: "已知
공신 급 의정부 육조 이품 이상 청 무휼 등죄 상 사 이질 차왈 이지

其意矣."
기의 의

司諫院上疏 請停吏曹考功臺諫之法. 疏曰:
사간원 상소 청정 이조 고공 대간 지법 소왈

古人設官 必重臺諫之權者 所以重朝廷也. 在漢使與百官絶席而
고인 설관 필중 대간 지권자 소이 중 조정 야　재한 사여 백관 절석 이

坐; 在唐使與百官避道而行. 古云: "御史府尊 則天子尊. 御史府爲
좌　재당 사여 백관 피도 이행　고운　어사부 존 즉 천자 존　어사부 위

朝廷綱紀之職 故大臣由公相以下 皆屛氣絶息 就我而資正." 又云:
조정 강기 지직 고 대신 유 공상 이하 개 병기 절식 취아 이 자정　우운

"御史過於宰相 秉鈞當軸 宅揆代工 坐廟堂以進退百官 爲宰相之
어사 과어 재상 병균 당축 택규 대공 좌 묘당 이 진퇴 백관 위 재상 지

榮; 烏府深嚴 豸冠威肅 得以振紀綱而警風采 爲御史之榮." 就是
영　오부 심엄 치관 위숙 득이 진 기강 이 경 풍채 위 어사 지영　취시

而輕重之 則御史爲甚. 何者? 言關乘輿 天子改容 事關廊廟 宰相
이 경중 지 즉 어사 위심　하자　언관 승여 천자 개용 사관 낭묘 재상

待罪 白簡前立 奸回氣懾 則權之所在 不特進退百官而已也. 九卿
대죄 백간 전립 간회 기섭 즉 권지 소재 불특 진퇴 백관 이이 야　구경

百執事各有其職 吏部之官不得治兵部; 鴻臚之卿不得治光祿 以
백집사 각유 기직 이부 지관 부득 치 병부　홍려 지경 부득 치 광록 이

各有守也. 若夫天子之得失 生民之利害 社稷之大計 惟所聞見 而
각유 수야 약부 천자 지 득실 생민 지 이해 사직 지 대계 유 소문견 이

不繫職事者 獨宰相可行之; 諫官可言之耳. 諫官雖卑 與宰相等.
불계 직사 자 독 재상 가 행지　간관 가 언지 이　간관 수비 여 재상 등

天子曰不可 宰相曰可 天子曰然 宰相曰不然 坐于廟堂之上 與天子
천자 왈 불가 재상 왈 가 천자 왈 연 재상 왈 불연 좌우 묘당 지상 여 천자

相可否者 宰相也. 天子曰是 諫官曰非 天子曰必行 諫官曰必不行
상 가부 자 재상 야 천자 왈 시 간관 왈 비 천자 왈 필행 간관 왈 필 불행

立乎殿階之間 與天子爭是非者 諫官也.
입호 전계 지간 여 천자 쟁 시비 자 간관 야

惟我盛朝 亦重臺諫 而其寵異之也 與宰相等 百司庶府無敢抗衡.
유아 성조 역중 대간 이 기총 이지 야 여 재상 등 백사 서부 무감 항형

綱紀由是以振 朝廷由是益尊. 凡居是職者 莫不激勵風節 專爲國家
강기 유시 이진 조정 유시 익존　범거 시직 자 막불 격려 풍절 전위 국가

而不計其身 良以此也. 考功臺諫之法 雖立於太祖之元年 迨今
이 불계 기신 양 이차 야　고공 대간 지법 수 입어 태조 지 원년　태금

二十四年之久 未聞有所擧行也. 其未擧行 豈無謂歟? 以其任之專
이십사 년 지구 미문 유 소거행 야　기 미거행 기무 위여　이기 임 지전

而寵之異也. 今吏曹不稽古法 但以六衙日臺諫考功之法 載諸六典
이 총지 이야　금 이조 불계 고법 단이 육아일 대간 고공 지법 재저 육전

欲以擧行.
욕이 거행

臣等謹按 元典考功之法 臺諫 政曹及大小各司仕不仕 吏曹兼
신등 근안 원전 고공 지법 대간 정조 급 대소 각사 사 불사 이조 겸

考功員每衙日 考功座簿 無故不仕 身病百日已滿者 移文尙瑞司 又
於年終 都歷狀開寫 傳送尙瑞司 以憑黜陟. 此法行則臺諫其與各司
何異哉? 豈古者與宰相等之之意乎? 況受制於人而能糾人 無有
是理.

臣等竊惟念 臺諫之權 不可移於權貴. 權若一移 將恐進退臺諫
皆在銓曹之手. 人之求進者 固奔走之不暇 豈能劾銓曹之明不明
乎? 其在聖朝 猶云可也 其末流之弊 可勝言哉? 蘇軾云: "選用
臺諫 未必皆賢 所言未必皆是. 然須養其銳氣 借其重權." 臣等器識
庸陋 學問空疎 幸際聖明 得備言官 雖無補袞之效 常懷犬馬之誠
欲報聖恩之萬一 今被銓曹考功之法 臣等實有憾焉. 伏望殿下 特垂
睿鑑 命停考功臺諫之法 以重耳目之寄.

上覽之 傳敎掌務正言金尙直曰: "所司員之言 當依古法 何以言
考功臺諫二十四年 未聞擧行乎? 是欲六典之不擧行歟?" 尙直對曰:
"此法雖立 而不行於前日 臣等意其以爲未便而不行也. 古云: '御史
等於宰相.' 然則宰相與臺諫之進退 專在殿下. 今宰相無考功 而
臺諫有考功 故臣等之心以爲未便 而不敢不啓也. 盛朝凡所施爲
動必師古 典章文物 粲然備具. 獨此考功臺諫之法 立於壬申 而其
行之也 始於今日 臣恐此法非古制也. 若非古制 則不宜於史 傳之
萬世. 乞將臣等啓目下禮官 參考古制 以爲盛朝之令典."

翼日 上問承政院曰: "昨進諫院啓目 汝等謂予知書乎?" 代言

李伯持啓曰: "臣等見之 亦知其非. 然諫院之章 不可擅止 是以
上進." 上曰: "諫院之言 汝等以爲然乎? 論語曰: '三年無改父之道.'
事可東西者尙然 況考功之法 太祖成憲 何可不行?" 知申事柳思訥
啓曰: "諫官之心以爲 此法雖立 而未嘗擧行 今欲始行耳. 然所司亦
當有疑畏處 考功之法不可無也." 上不復問. 召司憲掌務掌令鄭村
傳敎曰: "公座簿已送吏曹 乃以公事考察爲不可何也?" 村對曰:
"元六典但有取公座簿考察仕不仕耳 無朝房 朝謝 署合公事考察之
法. 今吏曹敷衍受敎故也." 上曰: "所謂考功 但公座簿考察而已 無
他意歟?" 村對曰: "於考功之言 公事考察之意 亦在其中. 然元典
云: '吏曹兼考功員考其公座簿仕不仕 考察病滿百日者 移關尙瑞司
年終都歷 以憑黜陟.' 續典云: '刑曹 漢城府以下各司公事 司憲府
及吏曹考功司考察.' 而不言臺諫公事考察之法 故臣以爲如何耳."
上曰: "予意法所當行 而爾等欲不行 故召問之耳." 吏曹判書朴訔
啓曰: "但考臺諫公座簿 而不考公事 則除考功如何?" 上曰: "於
六典如何?" 訔對曰: "臺諫謂六典所言 但刑曹 漢城府以下各司
公事考察耳. 如有問之之事 送人則閉門不納 呼書吏則不送 是如
私事 非爲國事也. 請一定." 上曰: "吾將定之 可開寫六典以進." 及
承政院寫進六典內考功之法 上覽之曰: "此公座簿考察耳 所司之言
然矣."

上曰: "憲府公事 大抵從正 然其間亦有不是的事. 如廉致庸

李仲茂奴婢事 豈其是乎? 且當妄言君王 大臣間事推考之時 上疏
이중무 노비 사 기 기시호 차 당 망언 군왕 대신 간사 추고 지시 상소

言: '有隱密上書 圖濟己欲 規免己罪者.' 是以罪責前等臺員耳."
언 유 은밀 상서 도제 기욕 규면 기죄 자 시이 죄책 전등 대원 이

朴訔啓曰: "古者 朝參者謂之參上 不得朝參者謂之參外. 古之監察
박은 계왈 고자 조참 자위지 참상 부득 조참 자위지 참외 고지 감찰

參外 故不入朝會 今之監察參上 而亦不隨朝 是無禮也. 且古有兼
참외 고 불입 조회 금지 감찰 참상 이역 불 수조 시 무례야 차 고유 겸

糾正 兼祗候 今以西班兼監察如何? 如此則祿俸亦減矣." 上曰:
규정 겸 지후 금이 서반 겸 감찰 여하 여차즉 녹봉 역감의 상왈

"三韓甲族子弟 亦爲甲士 故嘗以甲士爲監察 然知司諫 兼執義於上
삼한 갑족 자제 역위 갑사 고상 이 갑사 위 감찰 연 지사간 겸 집의 어상

大護軍中尙難得 況司直 副司直中 兼監察之人 豈易得乎?"
대호군 중 상 난득 황 사직 부사직 중 겸 감찰 지인 기 이득호

己卯 上詣仁德宮 獻壽盡歡 宗親侍宴.
기묘 상예 인덕궁 헌수 진환 종친 시연

庚辰 司憲府上疏 疏曰:
경진 사헌부 상소 소왈

'人臣而不忠 罪莫大焉 故春秋尤嚴於亂臣賊子. 亂臣李茂 李彬
인신 이 불충 죄 막대언 고 춘추 우엄 어 난신적자 난신 이무 이빈

柳沂 尹穆 趙希閔 姜思德 趙瑚宜加赤族之誅 殿下但以不忍之心
유기 윤목 조희민 강사덕 조호 의가 적족 지주 전하 단이 불인 지심

其妻子只沒爲官賤 有乖王法 又憫久旱 至於亂臣妻子 皆輕赦宥
기 처자 지몰 위 관천 유괴 왕법 우민 구한 지어 난신 처자 개경 사유

以免官賤. 若曰罪無輕重 皆令赦宥 然後以順天道 則李茂等妻孥
이면 관천 약왈 죄무 경중 개령 사유 연후 이순 천도 즉 이무 등 처노

免賤 自願安置之日 天果油然作雲 霈然下雨乎? 是臣等所未知也.
면천 자원 안치 지일 천과 유연 작운 패연 하우 호 시 신등 소미지 야

伏望殿下 體春秋之法 上項亂臣李茂等妻子 各於前所 還定賤役
복망 전하 체 춘추 지법 상항 난신 이무 등 처자 각어 전소 환정 천역

以戒後來.'
이계 후래

從之 唯趙瑚妻子 置而勿論.
종지 유 조호 처자 치이 물론

壬午 命鐥平安 永吉道烟戶楮貨.
임오 명선 평안 영길도 연호 저화

臺諫詣闕請無恤 無悔等罪.
대간 예궐 청 무휼 무회 등 죄

申獨子存留養親之律. 東部司吏張德生盜使其部印信 刑曹啓:
신 독자 존류 양친 지율 동부 사리 장덕생 도사 기부 인신 형조 계

"律當處斬 德生之母申呈以爲獨子 乞貸其死." 上曰: "殺人强盜
於律亦有存留養親之文 是豈輕於盜印乎? 今欲存留德生養親
如何?" 朴訔 朴信等曰: "上意然矣." 上曰: "此三覆奏 故得生也."
乃命曰: "德生眞是獨子 則存留 減一等施行. 自今常赦所不原外 犯
死罪之人 則每當論報之時 其留養律文 倂錄啓聞 以爲恒式."

召宗親 擊毬於廣延樓下.

甲申 命原州 平昌 橫城 狼川 洪川租稅勿令輸納 各於本官收貯
以備他日講武之行也.

司憲府 司諫院詣闕請無恤 無悔罪. 啓曰: "無悔等得罪於國 王法
當治. 向者大小臣僚及臣等同辭請罪 殿下命勿治之 於私恩則可矣.
然不可以私恩 害公義 請論如法." 上曰: "人君亦不可無私恩 處之
甚難 代言等悉知予意."

司憲府上疏 略曰:

'近日攸司受敎 亂臣子孫勿許敍用 所以嚴亂賊之黨 而戒後人也.
竊見 亂臣南誾 李懃 朴葳 卞南龍 沈孝生 柳曼殊之子 揚歷顯秩
布列中外 甚非所以懲惡勸善之道. 自戊寅年以後亂臣子孫 請免
其職.'

上覽之曰: "南誾忠於所事 何以謂之亂臣? 昔唐太宗用王珪 魏徵
今所言甚爲無理. 爾等或未知 問於識理者." 命代言曰: "速封此疏
勿令人見."

乙酉 議政府贊成柳廷顯等請無恤 無悔罪 啓曰: "臣等非請誅
을유 의정부 찬성 유정현 등 청 무휼 무회 죄 계왈 신등 비 청주

之 但未知所言之辭. 願明正罪名 令大夫人亦知無恤等罪爲某事
지 단 미지 소언 지사 원 명정 죄명 영 대부인 역지 무휼 등 죄 위 모사

也." 上曰: "以公事論之 則可言於此; 以人情論之 則不可言於此
야 상왈 이공사 논지 즉 가언 어차 이인정 논지 즉 불가 언 어차

也. 然予將言之 予亦非謂此人等無罪 且不使世子對隻 亦不言於
야 연 여장 언지 여역 비위 차인 등 무죄 차 불사 세자 대척 역 불언 어

承政院 欲潛召其人 以問其言 更省乃止. 昔者無咎 無疾之事 關於
승정원 욕 잠소 기인 이문 기언 갱성 내지 석자 무구 무질 지사 관어

國家大節 不得已而與罪. 此亦非不關於大節 然宋氏謂我: '生存有
국가 대절 부득이 이 여죄 차역 비불 관어 대절 연 송씨 위아 생존 유

幾日乎?' 予亦人也 豈無夫妻子母之人情乎? 是以難也." 廷顯對曰:
기일호 여역 인야 기무 부처 자모 지 인정 호 시이 난야 정현 대왈

"上意雖如此 公義不可廢也." 上辟代言等 乃與廷顯 柳觀 朴訔
상의 수 여차 공의 불가 폐야 상벽 대언 등 내여 정현 유관 박은

李原 鄭易等密議.
이원 정역 등 밀의

合保安 扶寧爲扶安縣.
합 보안 부령 위 부안현

三功臣及二品以上請無恤等罪 刑曹 臺諫交章亦請 皆不允.
삼공신 급 이품 이상 청 무휼 등 죄 형조 대간 교장 역청 개 불윤

丁亥 免京畿 仁川等九邑徭役 以觀察使許遲報仁川 富平 衿陽
정해 면 경기 인천 등 구읍 요역 이 관찰사 허지 보 인천 부평 금양

通津 江華 喬桐 臨湍 原平 高陽皆失農故也. 又命停京畿別牌
통진 강화 교동 임단 원평 고양 개 실농 고야 우 명정 경기 별패

侍衛牌番上. 戶曹判書尹向啓 京畿絶食戶數 上曰: "百姓飢則義倉
시위패 번상 호조판서 윤향 계 경기 절식 호수 상왈 백성 기즉 의창

軍資 皆當發以賑貸. 聞喬桐旱氣尤甚 絶食者 豈獨十六戶?" 向曰:
군자 개 당발 이 진대 문 교동 한기 우심 절식 자 기독 십육 호 향왈

"時方絶食者止此耳." 未幾 許遲又上言: "通津縣民投狀告稱: '因旱
시방 절식 자 지차 이 미기 허지 우 상언 통진현 민 투장 고칭 인한

失農 春皮穀五斗 僅得米一斗或七八升 竝是碎米 豆亦不熟 難備
실농 춘 피곡 오두 근득 미 일두 혹 칠팔 승 병시 쇄미 두역 불숙 난비

貢稅.' 右縣失農尤甚 春種可慮. 乞將今年稅米 勿解納京倉 只收
공세 우현 실농 우심 춘종 가려 걸장 금년 세미 물 해납 경창 지수

皮穀 當春俵散爲種 其豆稅亦如之." 命曰: "一樣失農 仁川等八邑
피곡 당춘 표산 위종 기 두세 역 여지 명왈 일양 실농 인천 등 팔읍

亦準此例."
역준 차례

放行廊赴役木工. 自外方刷來木工 凡九十四名. 上問兵曹判書

朴信曰: "行廊修造處幾何?" 對曰: "庶幾." 上曰: "欲放外方軍人."

信對曰: "儲米穀處皆未修改 不可放送." 上曰: "軍人應疾視卿等

前日不能堅造 以致頹圮 而復有此役." 信語塞.

減乳牛所車牛之半.

刑曹 臺諫復請無恤等罪 不允.

戊子 月犯鬼.

永興府普賢寺彌勒佛汗.

改喝班齊法. 上曰: "判通禮門事執笏作色 趨進疾退 其容不中

於禮 予久欲改之 但無言之者耳." 柳思訥啓曰: "晉山府院君河崙

嘗言: '上坐殿後 喝班齊無義.'" 上曰: "崙之言然. 自今世子入庭後

喝班齊."

令議政府審覆死罪. 刑曹上言: "中外死罪 政府擬議 具錄辭由

移文本曹 永爲恒式." 從之.

己丑 兵曹請講武 上曰: "何太早也?" 判書朴信曰: "去年講武 在

九月初." 上曰: "予不欲講武 顧獐鹿與雉 至秋有味. 祭享雖用牲牢

予欲兼薦野味 當往楊根等處 唯登山浮水之獸爲難得也." 信曰:

"攝隊長 隊副一千在焉."

江原道都觀察使李貴山據襄州府使呈 請新作倉庫 上謂使人曰:

"歸語爾觀察使. 禾穀不稔 而謂之豐 則是佞臣也; 稔而謂之儉 則

是亦不直也. 襄州呈內 不言儉年 而監司謂之中儉年. 如此者 意其
시역 부직 야 양주 정내 불언 검년 이 감사 위지 중검년 여차 자 의기

預防講武也." 又命承政院曰: "陳言者請停講武 且予厭聞臺諫之言
예방 강무 야 우명 승정원 왈 진언자 청정 강무 차여 염문 대간 지언

亦不欲行." 又謂代言等曰: "予本不欲講武於橫城等處 而監司尙令
역 불욕행 우위 대언 등왈 여본 불욕 강무 어 횡성 등처 이 감사 상령

刈草 何哉? 欲爲宗廟薦禽 出於楊根等處四五日足矣." 柳思訥曰:
예초 하재 욕위 종묘 천금 출어 양근 등처 사오 일 족의 유사눌 왈

"若止四日而無禽 則難矣 請加數日." 命曰: "不可役京畿失農之人."
약지 사일 이 무금 즉 난의 청가 수일 명왈 불가 역 경기 실농 지인

又傳旨京畿及江原道都觀察使曰: "自今私獵禁處 毋竝禁拾橡實之
우 전지 경기 급 강원도 도관찰사 왈 자금 사렵 금처 무 병금 습 상실 지

人."
인

庚寅 隕霜.
경인 운상

刑曹 臺諫請無恤等罪.
형조 대간 청 무휼 등죄

壬辰 遣軍器監正李蕆于平安 永吉道 點考兩道各營軍器衣甲也.
임진 견 군기감 정 이천 우 평안 영길도 점고 양도 각영 군기 의갑 야

又令自兩道邊境至都城山下險阨處 巡審啓聞.
우 령자 양도 변경 지 도성 산하 협액 처 순심 계문

二品以上與刑曹 臺諫請無恤 無悔等罪.
이품 이상 여 형조 대간 청 무휼 무회 등죄

癸巳 以古承寧府田口 移屬敬承府. 刑曹判書鄭易啓: "革去
계사 이 고 승녕부 전구 이속 경승부 형조판서 정역 계 혁거

寺社奴婢八萬餘口 專屬典農寺 恐不能悉考其生産物. 故請分屬
사사노비 팔만 여구 전속 전농시 공 불능 실고 기 생산물 고 청 분속

各司 庶爲便益." 吏曹判書朴訔 兵曹判書朴信啓曰: "雖掌於典農寺
각사 서위 편익 이조판서 박은 병조판서 박신 계왈 수 장어 전농시

而收貢則在濟用監 其助經費甚大. 若分屬各司 則率皆役於他處
이 수공 즉재 제용감 기 조 경비 심대 약 분속 각사 즉 솔개 역어 타처

無益於國." 上曰: "然." 因謂左右曰: "承寧府今合屬典農 令典農供
무익 어국 상왈 연 인위 좌우 왈 승녕부 금 합속 전농 영 전농 공

東宮之酒 甚乖名實. 宜將承寧府田地奴婢 移屬敬承府 專供世子
동궁 지주 심괴 명실 의장 승녕부 전지 노비 이속 경승부 전공 세자

衣服飮食如恭安府例 則內資 內贍亦少息肩矣. 禮有不會世子用度
의복 음식 여 공안부 예 즉 내자 내섬 역 소식 견의 예유 불회 세자 용도

與君同之文 然出納皆由請臺 庶不至於用之無節矣." 群臣咸稱善.
여 군 동지 문 연 출납 개유 청대 서 부지 어 용지 무절 의 군신 함 칭선

置各司奴婢刷卷色. 初 安城君李叔蕃啓: "公處奴婢 各司員吏
치 각사 노비 쇄권색　초　안성군 이숙번 계　공처노비　각사 원리

或不能推刷 隱匿不現者有之; 被罪屬公之後 其本主容隱使喚者
혹 불능 추쇄 은닉 불현 자유지　피죄 속공 지후 기 본주 용은 사환 자

亦多. 乞立刷卷色 公處奴婢一皆推刷 改置新籍." 從之. 乃以贊成
역 다　걸립 쇄권색 공처노비 일개 추쇄 개치 신적　종지　내 이 찬성

柳廷顯爲都提調 前判書黃喜 漢城尹李安愚爲提調 知承文院事
유정현 위 도제조 전 판서 황희 한성윤 이안우 위 제조　지승문원사

尹淮 議政府舍人趙瑞老等八人爲別監 以臺諫各一員參聽. 其有
윤회　의정부사인 조서로 등 팔인 위 별감 이 대간 각 일원 참청　기유

大小人民冒占屬公奴婢者 依今年四月敎旨施行.
대소 인민 모점 속공노비 자 의 금년 사월 교지 시행

議政府 六曹 三功臣 二品以上及臺諫詣闕 請無恤 無悔之罪.
의정부　육조　삼공신　이품 이상 급 대간 예궐 청 무휼 무회 지죄

啓曰: "二人罪惡滔天 殿下以私恩置而不問 令居關外 然罪不顯著
계왈　이인 죄악 도천 전하 이 사은 치 이 불문 영거 관외 연 죄 불 현저

人皆不知. 且不惟得罪於上 又與東宮廷辨 累及儲副. 請依臣等
인개 부지　차 불유 득죄 어상 우 여 동궁 정변 누급 저부　청의 신등

所啓 明正典刑." 上曰: "人君亦不可無私恩 未能聽也." 群臣入庭
소계 명정 전형　상왈　인군 역 불가 무 사은 미능 청야　군신 입정

自辰至午而退.
자 진 지 오 이 퇴

忠淸道都觀察使禹希烈報靑粱粟救荒之法. 報戶曹曰: "道內民飢
충청도　도관찰사 우희열 보 청량 속 구황 지법　보 호조 왈　도내 민기

請效靑粱粟法." 判書尹向持進 承政院諸代言笑曰: "前日進禾穀
청효 청량 속법　판서 윤향 지진 승정원 제 대언 소왈　전일 진 화곡

以爲年豐 今反請靑粱粟法何哉?"
이위 연풍 금반 청 청량 속법 하재

甲午 三功臣及二品以上 請無恤 無悔等罪 臺諫亦請 不允.
갑오　삼공신 급 이품 이상 청 무휼 무회 등죄 대간 역 청 불윤

| 원문 읽기를 위한 도움말 |

① 臣每見各道人來 輒問禾穀: 每~輒…은 '~할 때마다 …한다'는 구문
신 매견 각도 인래 첩문 화곡　매 첩
이다.

태종 15년 을미년
9월

# 九月

을미일(乙未日-1일) 초하루에 마전포(麻田浦)에 행차해 매사냥을 구경했다.

병신일(丙申日-2일)에 종정무(宗貞茂)의 사인(使人)이 와서 토산물을 바치고, 아울러 사람을 보내 배를 만들어줄 것을 청했다.

○ 동지총제(同知摠制) 박령(朴齡)을 외방에 유배 보냈다. 령(齡)이 노비 계권(契券-문서)에 다른 글씨로 추가해 쓰고 양인(良人)을 억압해 천인(賤人)으로 만들었으니, 그 죄가 직첩을 거두고 장(杖) 80대를 때려 몸은 수군(水軍)에 채워 넣는 데 해당하나, 상이 령이 두 번이나 평안도(平安道)의 변방 고을을 지키면서 어렵고 험한 일을 고루 겪었다[備經]고 해 다만 부처(付處-유배)하게 했다.
비경

정유일(丁酉日-3일)에 편전(便殿)에 술자리를 베풀었는데, 정부·육조·공신과 여러 대언이 입시(入侍)했다.

○ 해유(解由)[1]의 법을 거듭 밝혔다.

---

1  관원들이 전직(轉職)할 때, 재직 중(在職中)의 회계·물품 출납에 대한 책임을 해제 받는 일을 말한다. 인수인계가 끝나면 호조나 병조에 보고하고, 이상이 없음이 확인되면 이조에 통지하여 해유 문자를 발급했다.

이조에서 아뢰었다.

"지금부터 3~4품 직책을 받은 수령과 산직(散職)에 속한 사람 등은 해유(解由)하기 전에는 직임을 떠나는 것을 허락하지 말고, 각사의 원리(員吏)가 주직(晝直)²을 궐(闕-빠트림)한 것은 사진(仕進)을 궐한 예에 의거해 속(贖)을 거두소서."

그것을 따랐다.

○ 처음으로 사헌 감찰(司憲監察)이 (조정의) 반열(班列)에 따르도록 [隨班] 명했다. 애초에 이조에서 말씀을 올렸다.
수반

"대소 조회(大小朝會)에 감찰이 반열에 따르지 않고 나라에 큰일이 있어도 조회에 따르지 않으니, 조금도 인신(人臣-남의 신하 된 자)의 예가 없습니다. 예도감 감찰(禮度監監察)³이 뜰에 서서 절하지 않으니 또한 사리가 아닙니다[無禮]. 빌건대 예관으로 하여금 상정(詳定)
무례
하게 하소서."

그것을 따랐다. 이때에 이르러 예조에서 아뢰어 말했다.

"삼가 당(唐)나라 제도를 상고하니 '압반어사(押班御史)가 응립(凝立)해 가만히 보아서 그 거취(去就)를 검찰한다'라고 했고, 송(宋)나라 제도에 '어사(御史) 두 사람이 조회를 나눠 규찰한다'라고 했습니다. 빌건대 대소 조회에 예도감 감찰과 통례문(通禮門)의 여러 집사자(執事者)로 하여금 먼저 직차(職次)에 들어와서 겹줄로 계수(稽首-머리를

---

2　각사(各司)에서 관리가 1인씩 서로 바꿔 낮으로 당직(當直)하는 일을 말한다. 태종 13년 7월부터 이 법을 세우고 궐(闕)하면 수속(收贖)했다.

3　나라의 큰 의식(儀式)이 있을 때 관원의 예의와 법도를 규찰하는 임무를 맡은 사헌부의 감찰을 말한다.

숙임)해 네 번 절한 뒤 각각 백관(百官)을 인도해 위차(位次)에 나아가게 하고 (상께서) 거둥하시어 동가(動駕)할 때 백관이 길 왼편에 서립(序立)하면 예도감 감찰이 직차에 따라 서립했다가 백관이 지나가고 나면 뒤를 따라 규찰하게 하며, 그 나머지 감찰은 조회와 동가할 때 각각 직차에 따라서 반열을 따라 예를 행하게 하소서.”

그것을 따랐다. 뒤에 예조에서 아뢰었다.

“감찰도 대장(臺長)‘의 예에 의거해 시신(侍臣)에 참여하는 것이 어떠하겠습니까?”

상이 말했다.

“반열에 따르는 것이 마땅하다.”

○ 진산부원군(晉山府院君) 하륜(河崙)이 글을 올렸다.

‘하나, 금년에 서울 안의 각 호(戶)가 모두 식량이 어려우니, 군기감 장인(軍器監匠人), 화통군(火㷁軍), 별군(別軍), 병조 보충군(兵曹補充軍), 사재감 수군(司宰監水軍) 가운데 요속(料粟)을 받지 않는 예에 있는 자는 전체의 3분의 2를 놓아 보내 두 달을 간격으로 교대하도록 허락하소서.

하나, 각 도(道)의 시위군(侍衛軍)·진속군(鎭屬軍)·기선군(騎船軍)·월과군기장(月課軍器匠)⁵ 등의 사람도 3분의 2를 놓아 보내는 것을

---

4  사헌부나 사간원에서 실무(實務)를 전장(專掌)하는 각 분서(分署)의 우두머리를 말한다. 사헌부의 집의(執義)·장령(掌令)·지평(持平), 사간원의 사간(司諫)·헌납(獻納)이 이에 해당한다.

5  각 도의 주(州)·군(郡)·현(縣)에 매달 부과(賦課)해서 상공(常貢)하도록 한 군수 물자를 만드는 공장(工匠)을 말한다.

허락하소서. 경보(警報)가 있거든 영을 내려 모아도 모자랄 것이 없을 것입니다.

하나, 방목(放牧)하는 말은 겨울에는 비록 야위나 병이 없어 봄·여름 교대할 때에 이르면 도로 살찌는데, 육지에 나와서 나눠 기르는 것은 비록 살찌게 하려고 하는 것이나 병이 많이 납니다. 빌건대 머물러 방목해 겨울을 지내는 것을 허락해서 나눠 기르는 폐단을 없애고, 그 결과를 시험하소서.

하나, 한성부(漢城府)에서 부채(負債)를 추징하고 지름길을 새로 내는 것을, 빌건대 정지시켜 보류하도록 허락해 후년을 기다리소서.'

육조에 내려 토의하게 해 의견을 모았다.

"군기감 장인(匠人), 화통군(火熥軍), 사재감 수군 및 실농한 각 고을의 당번 군인(當番軍人)은 반으로 나눠 번(番) 들게 하고, 말을 기르는 일은 사복(司僕)으로 하여금 분간(分揀)해 시행하게 하고, 추징하는 것과 길을 내는 등의 일은 상서(上書)한 것에 의하여 시행하소서."

그것을 따랐다. 륜이 또 글을 올려 말했다.

'금년에 제언(堤堰)을 쌓는 이익이 오로지 상의 은혜에서 나왔으니, 나랏사람이 모두 그 효과를 압니다. 빌건대, 각 도 감사로 하여금 추수 때 밤을 주운 뒤를 맞아 10월 초에 역사를 시작해 20일 내에 공사를 마치게 해 수리(水利)를 더하게 하소서.'

육조에 내려 토의하게 해 의견을 모았다.

"전년에 각 도에 안무사(安撫使)를 위임해 보내 설치한 제언(堤堰) 내에 수리(水利)를 일으킬 만한 곳은 아울러 수축하게 하되, 그중에 모두 실농한 호수(戶數)는 역사시키지 말도록 하소서."

그것을 따랐다.

○ 예조에서 제향 의식을 아뢰었다. 아뢰어 말했다.

"문소전(文昭殿) 조석상식상(朝夕上食床)에는 9첩(楪)을 쓰고 찬(饌)
은 5기(器)를 쓰며, 계성전(啓聖殿)·문소전(文昭殿)의 사시대향(四時大
享)·유명일 별제(有名日別祭)·섭행(攝行)에는 유밀과(油蜜果) 사주상
(四注床)과 찬(饌) 9기(器)를 쓰소서."

또 아뢰었다.

"목조(穆祖) 이하 여러 산릉(山陵)은 원일(元日)·한식(寒食)·단오(端
午)·추석(秋夕)·동지(冬至)·납일(臘日)에 사신을 보내 제사를 거행하
고, 건원릉(健元陵)·제릉(齊陵)의 삭망(朔望) 및 원일·한식·단오·추
석·동지·납일의 제사는 한결같이 전례에 의하며, 봄가을 중월(仲月)
에 예관을 보내 여러 능을 순시하고 그 참에 심릉안(審陵案)을 만들
어서 본조(本曹)에 감춰두소서."

또 아뢰었다.

"계성전·문소전은 조석상식과 유명일 별제 외에 사시대향을 없애
고, 준원전(濬源殿)은 여러 산릉의 유명일 제사의 예에 의거해 사신
을 보내 제사를 행하고 삭망(朔望)은 없애며, 경주(慶州)·전주(全州)·
평양(平壤)의 태조진전(太祖眞殿)의 유명일 별제는 전례에 의거해 본
도(本道)의 사신과 수령으로 하여금 제사를 행하게 하고 사시대향은
없애소서."

모두 그것을 따랐다.

무술일(戊戌日-4일)에 안개가 자욱했다.

○ 한성부(漢城府)에 명해 집터[家基]의 세를 거두되 을미년부터 시작하고, 지나간 해의 세를 추징해 받지 말라고 했다. 유사(攸司)에 명해 경원창(慶源倉)의 묵은 보리를 수운해 굶주린 백성을 진휼하게 했다. 호조판서 윤향(尹向)이 아뢰었다.

"서울 안에 연로(年老)한 사람과 절식(絶食)한 사람이 500여 인이나 되니, 그 진휼을, 청컨대, 말[斗]로 고루 주게 하소서."

상이 두 사람을 아울러서 1석을 주라고 명했다. 완산부원군(完山府院君) 이천우(李天祐)·병조 판서 박신(朴信) 등이 아뢰어 말했다.

"세 사람을 아울러서 1석을 주어도 괜찮습니다."

상이 말했다.

"(그래 봤자) 실로 250여 석에 지나지 않을 뿐이다. 재상의 상사(喪事)에 부조할 경우에도 두터운 예로 더하면 하사하는 것이 이 수량에 이르는데, 굶주린 백성을 진휼함에 있어 어찌 불가할 것이 있겠는가? 1석으로 두 사람에게 진휼하라."

향(向)이 또 아뢰었다.

"절식한 자가 많아 이루 다 진휼할 수가 없습니다."

상이 말했다.

"없을 때까지 한도로 삼으라."

예조판서 이원(李原)이 아뢰어 말했다.

"세전(歲前)에는 환상(還上)을 주고 세후(歲後)에는 진제(賑濟)를 주는 것이 어떻겠습니까?"

상이 그렇다고 여겼다.

○ 전라도 도관찰사(全羅道都觀察使) 박습(朴習)이 병마도절제사(兵馬都節制使) 조원(趙源)의 죄를 청했다. 원(源)이 영선(營繕)으로 작폐한 일 등의 19조를 갖춰 아뢰니, 명해 직첩을 거두고 장(杖) 80대를 수속(收贖)하게 했다.

기해일(己亥日-5일)에 공신·의정부·육조·대간이 예궐(詣闕)해 무휼(無恤)·무회(無悔) 등의 죄를 청하니, 윤허하지 않았다. 승정원에 뜻을 전해 말했다.

"전날 조계(朝啓)에 무휼을 청죄(請罪)하는 일로 난잡하게 말이 많았기 때문에, 그래서 한두 달[一二朔] 동안 조계(朝啓)를 정지하고 공신을 보지 않으려고 한다. 너희들은 이 뜻을 육조와 소사(所司)에 전달하라."

유사눌(柳思訥)이 대답해 말했다.

"청죄하는 일을 들어주지 않으면 될 뿐이지, 조계를 정지하는 것은 아마 안 될 일인 듯합니다."

상이 말했다.

"내가 죄를 가하려 하지 않는 것이 아니라 송씨(宋氏)의 100년 뒤[百年後-사망]를 기다리는 것뿐이다. 지금은 아무리 말해도 내가 듣지 않겠다."

○ 경기 도관찰사(京畿都觀察使) 허지(許遲)가 편민(便民)의 사의(事宜)를 아뢰었다. 아뢰어 말했다.

"장빙(藏氷-얼음을 보관)할 때를 맞아 경기의 백성을 써서 얼음을 저장하는 여러 일에 대비하소서. 얼음을 떠내고 얼음을 들이고 하는 것은 성저인(城底人)을 쓰고, 선공감(繕工監)에 속한 초완(草薍-풀과 억새)은 사람을 불러 모아서 베게 해 그 값을 주고, 국용(國用) 외에 남는 것은 모두 팔아서 용도에 충당해야 합니다. 또 금년에 가뭄으로 인해 볏짚[稻稗]이 매우 귀하니, 사복시(司僕寺)의 마초(馬草)를 그 있는 것을 헤아려서 거두는 것을 줄이소서.”

신축일(辛丑日-7일)에 사헌부에서 편민(便民)의 사의(事宜) 2조(條)를 올렸는데, 소(疏)는 이러했다.

'동요(東窯)·서요(西窯)는 국용에 필요한 것이니 폐지할 수 없습니다. 그러나 종묘·궁실의 무릇 부득이한 영선(營繕)은 이미 모두 완전히 갖추어졌는데 기와를 굽는 나무의 수량은 줄이지 않고 예전 그대로이며, 모두 경기의 백성에게 판비(辦備-제공)시킵니다. 금년의 가뭄은 경기 안이 더욱 심하니, 빌건대 동요·서요를 풍년이 들 때까지로 한해 정파하소서. 또 외방에서 연례로 바치는 재목을 비록 폐할 수는 없으나, 벌채하는[斫取] 노고와 수운하는 폐단이 적지 않습니다. 전(傳)[6]에 이르기를 “백성이 재물을 부지런히 모으게 하려면 공부(貢賦)를 줄여줘야 한다”라고 했으니, 연례의 재목도 풍년 때까지로 한해 바치는 것을 정지해서 민력(民力)을 풀어주소서.'

그것을 따랐다.

○ 한성부에서 중외(中外)의 호구(戶口)를 성적(成籍)하도록 계청(啓請)하니 상이 말했다.

---

6  『춘추곡량전(春秋穀梁傳)』을 말한다.

"호구를 성적하는 사람이 양식을 싸 오는가?"

이원(李原)이 아뢰어 말했다.

"세계(世系)를 발명(發明)하고자 해서 양식을 싸 오는 사람이 혹 더러[容或] 있습니다."
<sub>용혹</sub>

상이 말했다.

"경기(京畿)·풍해도(豐海道)의 실농한 각 고을 외에는 전례에 의거해 혹은 사조(四祖) 혹은 조부(祖父)를 각각 아는 대로 성적하라."

○ 각사노비쇄권색(各司奴婢刷卷色)이 계목(啓目)을 올렸다.

'하나, 이전에 공처 노비(公處奴婢)를 서로 송사해 끝내지 못한 것과 지금 추고(推考)한 다음 새로 소송하는 등의 일을, 주장관(主掌官)이 이송(移送)해서 날짜를 정해 분간(分揀)할 것.

하나, 외방에 문자(文字)를 서로 통하는 격식(格式)은 갑오년(甲午年) 변정도감(辨正都監)의 예에 의거할 것.

하나, 전에는 경차관(敬差官)이 다만 각사 노비의 생산 형지안(生産形止案)[7]에 기록한 것을 조사했기 때문에 지금 고쳐 성적(成籍)한 뒤로는 빙고(憑考)하기가 실로 어려우니, 각 고을에 흩어져 있는 원속(元屬)·가속(加屬) 노비는 노유(老幼)를 물론하고 나이·이름 및 조부모·부모 이름자를 도목장(都目狀)에 상납(上納)한 것과 각년 형지안(各年形止案)[8]에 올린 물고(物故)한 노비와 각별 도목장(各別都目狀)[9]

---

7 노비(奴婢)의 출생(出生) 관계를 따로 기록한 노비의 원적부(原籍簿)를 말한다.

8 노비(奴婢)의 사망(死亡) 관계를 해마다 따로 기록한 원적부(原籍簿)를 말한다.

9 각 관청에서 각각 전조(銓曹)에 보내는, 관리의 근만(勤漫)이나 군인과 노비의 소속과 이름을 일일이 기록한 문적(文籍)을 말한다.

에 상납한 것 등을 상세히 추고(推考)해 각 도 감사에게 이문할 것.

하나, 각사 노비를 추고(推考)한 다음 각기 해당 관리가 문안(文案)을 싸 와서 참고에 빙거할 것.

하나, 각사의 노비가 적지 않은데 선두안(宣頭案)[10]과 수많은 형지안(形止案)을 다만 색고직(色庫直) 한 명으로 간수하기가 미편하니, 각기 사(司)에서 영사(令史)·사령(使令)을 정해 보내 일이 끝날 때까지로 한해 간수할 것.

하나, 각사 노비를 숨겨서 사용하는 인원(人員)을 불러서 취조할 것.

하나, 외방 각 도에 이문(移文)해 추고한 다음 정한 날짜에 불급(不及)하거나 마음을 써서 추고하지 않은 각 고을 수령은 헌부(憲府)에 이문해 논죄하고, 마음을 써서 고찰하지 않은 감사도 아울러 헌사(憲司)에 이문할 것.

하나, 소송하는 자는 사문(私門)에 이르지 못하고, 통정(通政) 이하는 현신(現身)해 친히 송사하며, 2품 이상은 자서제질(子壻弟姪)을 시켜 대신하되 어쩔 수 없이 친히 일을 고하게 되면 제조청(提調廳)에 나와서 말할 것.

하나, 색(色)에서 만든 형지안(形止案)에 봉사인(奉使印)을 쓰는 것은 대단히 미편하니, 별도로 인신(印信)을 만들어서 행하게 할 것.'

모두 그것을 따랐다. 각사 노비를 숨겨서 사용한 사람은 형조에 이

---

10  내수사(內需司)에 속하는 노비(奴婢)를 20년마다 자세히 조사해서 새로 만들어 임금에게
바친 원적부(原籍簿)를 말한다.

송하게 했다. 쇄권색이 또 아뢰었다.

"증여(贈與)해 속공(屬公)한 노비는 전에 대신 세운 노비와 이때에 대신 세운 노비의 경우에 적(籍)에 이름을 기록하게 하소서."

임인일(壬寅日-8일)에 유성(流星)이 규성(奎星)에서 나와 위성(胃星) 동쪽으로 들어갔는데, 모양이 병과 같았다.

갑진일(甲辰日-10일)에 화성(火星)이 태미원(太微垣)의 서번(西蕃) 상장(上將)을 범했다.

○ 동교(東郊)에서 매사냥을 구경했다.

○ 교서 정자(校書正字) 배추(裵樞)를 의금부(義禁府)에 내려 장(杖) 80대를 속(贖) 받고 파직(罷職)했다. 역삭(役朔)으로 입직을 당해 날이 어두워진 뒤에 사사로이 개인의 집에 나가서 잔 데에 좌죄(坐罪)된 것이다.

무신일(戊申日-14일)에 경기 경차관(京畿敬差官)이 사전(私田)을 답험(踏驗)하는 법을 올렸다.

말씀을 올렸다.

"과전(科田)·공신전(功臣田)의 전주(田主)가 추수하기 전에 사람을 시켜 답험하지 않고 혹 겨울이 깊은 뒤나 혹 해가 바뀐 뒤에 사람을 보내 모두 실지 수확한 수로써 조(租)를 거두니, 경작하는 사람의 원망이 더욱 심하여 성상(聖上)의 흠휼(欽恤)하는 뜻에 어긋남이 있습니다. 빌건대 전주(田主)로 하여금 벼를 베기 전에 사람을 보내 답험하게 하소서."

그것을 따랐다.

○ (풍해도) 연안(延安)·배천(白川)의 상공(常貢)을 면제하고 안악(安岳)은 반을 감면했으니, 관찰사 이발(李潑)의 계문(啓聞)을 따른 것이다. 실농(失農)의 경중으로 차등을 두었다.

**신해일(辛亥日-17일)**에 동교에 행차해 매사냥을 구경했다.

○ 의주(義州) 사람이 금물(禁物-금지 품목)을 매매하는 것을 금지했다.

육조에서 말씀을 올렸다.

"이익을 보려고 하는 사람들(-상인)이 금물을 매매하는 것을, 경차관이 그 도(道)의 감사(監司)·수령관(首領官)과 고찰(考察)해서 수취(收取)하도록 하소서."

그것을 따랐다.

**계축일(癸丑日-19일)**에 유성(流星)이 대릉(大陵)에서 나와 각도(閣道)로 들어갔는데, 크기가 됫박[升] 같았다.

○ 돈화문(敦化門) 서쪽 경상도(慶尙道) 군영(軍營)에 불이 나서 행랑 27간이 연소(延燒)되고 불길이 장차 돈화문에 미치려 하자 힘껏 구제해 방지했다. 화염이 바람을 따라 동쪽 행랑을 넘어서 호군방(護軍房)을 연소시켰다. 이제부터 전곡(錢穀)이 있는 각사(各司)에는 불을 삼가라고 명하고, 행랑에는 10간마다 간격을 두고서 화방장(火防

446

墻)[11]을 쌓아 화재를 방비하라고 명하고, 행랑도감(行廊都監)에는 화재를 입은 행랑을 고쳐 지으라고 명했다.

○ 대간이 강무(講武)를 정지하도록 청하니 상이 말했다.

"내가 다시 깊이 헤아려보겠다[商量]."
　　　　　　　　　　　　　　상량

**을묘일(乙卯日·21일)**에 사헌부·사간원이 모두 소를 올려 강무(講武)를 정지할 것을 청하니, 상이 헌사(憲司)의 상소 중에 나무 열매와 풀을 먹는 사람을 역사시킨다는 말을 갖고서 이렇게 말했다.

"내가 이런 사람을 역사시키겠느냐? 어느 도 어느 고을이 이렇게 실농했는가?"

지평(持平) 오영로(吳寧老)가 대답해 말했다.

"신 등은 아무도 아무 고을이 실농한 것은 알지 못하나, 각 도의 감사·수령이 우택(雨澤)은 보고하지 않고 화곡이 결실한 것만 보고했는데 신 등은 그렇지 않다고 생각합니다. 또 5~6월에 비가 오지 않아 경기(京畿)가 실농했으니, 다른 도인들 어찌 홀로 풍년이 들었겠습니까?"

상이 말했다.

"너희들이 곧이듣지 않았으면 왜 거짓말로 보고한 감사·수령을 핵실해 고찰하지 않았는가? 예전에는 사시(四時)에 사냥이 있었으나 지금 나는 단지[止] 봄가을의 강무만 행할 뿐인데, 어찌하여 금하라
　　　　　　　　　　　　　　지

---

11　화재(火災)의 연소(延燒)를 막기 위해 흙에다 돌을 섞어서 땅부터 중방(中枋·벽 한가운데에 가로지르는 나무) 밑까지 쌓아 올린 담장을 말한다.

는 말이냐? 참으로 만일 실농해 (백성이) 나무 열매와 풀을 먹는데 강무한다면 이것은 무도(無道)한 임금이니 너희들이 버리는 것이 가하고, 나무 열매와 풀을 먹지 않는데 이렇게 말했다면 이는 임금의 잘못을 드러내는 것이니 (내가) 너희들의 임금 노릇 하기도 어렵지 않겠느냐?"

그래서 헌사로 하여금 화곡이 결실했다고 거짓말로 보고한 감사·수령을 고찰하고 핵실해 아뢰라고 했다.

○ 개성부유후(開城副留後) 한옹(韓雍), 밀양부사(密陽府使) 이간(李 陳)을 파직했다. 애초에 간(陳)이 감사에게 신보(申報)해 동불(銅佛)을 파괴하고 군기감(軍器監)에 충당해 화통철(火㷁鐵)에 보태도록 청했는데, 옹(雍)이 그때 감사로 있으면서 그것을 허락했으므로 헌사에서 탄핵해 아뢴 때문이다.

○ 남재(南在)를 의령부원군(宜寧府院君), 구성량(具成亮)을 평안도 도안무사 판안주목사(判安州牧事-안주목 판사), 조의방(趙義方)을 사천진병마사(泗川鎭兵馬使) 판사천현사(判泗川縣事-사천현 판사), 전시귀(田時貴)를 울산진병마사(蔚山鎭兵馬使) 지울산군사(知蔚山郡事-울산군 지사)로 삼았다. 사천·울산이 진(鎭)으로 된 것이 이때 시작됐다.

○ 한성부에서 화재를 방비하는 계목을 올렸다.

'사복시(司僕寺)·내자시(內資寺)·군자감(軍資監)·제용감(濟用監)·풍저창(豐儲倉) 등 각사의 인가가 조밀하고 가까워서 화재가 염려되고 행랑의 북쪽에 인가가 매우 가까이 붙었으므로 아울러 모두 분간해 헐어버리고, 위의 집이 헐린 사람에게는 자원을 들어서 각 사람이 집을 다 지은 남은 땅과, 성안 각사(各司)·사원(寺院)의 채전(菜田)과, 반송방(盤松坊)·반석방(盤石坊)의 마을 창고 및 남전(藍田)·청태전(靑苔田)의 채지(菜地)와, 성안 사청(射廳)·침장고(沈藏庫)의 채지(菜地)를 나눠주는 것이 어떠하겠습니까?'

그것을 따랐다. 유정현(柳廷顯)·박은(朴訔)이 아뢰어 말했다.

"마땅히 헐어야 할 집이 1,000여 호로 계산되니, 백성이 반드시 살 곳을 잃을 것입니다. 빌건대 (다) 헐지 말고, 헐어야 할 집과 행랑에 사는 자들로 하여금 각각 힘을 써서 외영(外楹)에 담을 쌓아 불이 번지지 못하게 하고, 물을 비축해 불을 방비하게 하소서."

상이 말했다.

"불을 쓰는 것은 겨울에 심하니 금화(禁火)의 영(令)을 엄하게 더하고, 명년 봄을 기다려 담을 쌓게 하라."

○ 사직(司直) 민광미(閔光美)를 보내 도망쳐 온 적인(賊人) 김양백(金良白) 등 2명을 압령해 요동(遼東)에 돌려보냈다.


무오일(戊午日·24일)에 의정부 찬성 유정현(柳廷顯)과 육조판서 박은(朴訔) 등이 상왕(上王)의 행행(行幸-행차)을 정지해줄 것을 청하니 윤허하지 않았다.


아뢰어 말했다.

"대가(大駕-임금의 수레)는 강원도(江原道)에 순행(巡幸)하는데 상왕(上王)은 교하(交河)에 나아갑니다. 교하 등지에 흉년이 더욱 심해 비록 소채의 공급도 판비하기가 어려울 듯합니다. 신 등은 청컨대, 상왕전에 나가서 면전에서 진달하겠습니다."

상이 말했다.

"그러지 말라[毋]. 상왕이 연로(年老)하니 출행(出幸)하는 것이 (앞으로) 몇 번이나 되겠는가?"

그러고는 병조에 명해 마필을 갖춰 제공하게 했다.

기미일(己未日-25일)에 강원도(江原道)에서 강무했다.

○ 내시별감(內侍別監)을 보내 용진(龍津)의 신(神)에게 제사를 지냈다.

○ 상왕(上王)이 교하(交河) 등지에 유행(遊幸)했다. 이날 밤에 비 오고 바람 불고 우레와 번개가 치고 우박이 왔다. 3경(三更)에 이르러 유성(流星)이 북하(北河) 동쪽에서 나와 상대(上臺) 서쪽으로 들어갔는데, 모양이 됫박과 같고 빛이 붉었다.

경신일(庚申日-26일)에 내시별감(內侍別監)을 보내 양근(楊根)의 성황(城隍)과 용문산(龍門山)의 신(神)에게 제사를 지냈다.

○ 병조판서 박신(朴信)에게 구마(廐馬-대궐 마구간에서 기르는 말)를 내려주었다.

임술일(壬戌日-28일)에 내시별감(內侍別監)을 보내 치악산(雉岳山)의 신에게 제사를 지냈다.

계해일(癸亥日-29일)에 강릉(江陵) 태화역(太和驛) 서쪽 들에 머무르

고, 대가를 따르는 대소인원에게 5일 동안의 인마(人馬)의 요속(料粟)
을 내려주었다.

○ 대마도(對馬島) 임온(林溫)이 친아들을 보내 예물을 바쳤다.

○ 강원도 경력(江原道經歷) 정환(鄭還)을 의금부(義禁府)에 가두
었다. 요전에[前此] 몰이꾼 매 10명에 화정(火鼎)¹² 한 명을 정하라고
   전차
명했는데, 임의로 4명을 추가한 때문이다. 이때에 몰이꾼의 수가 강
원도(江原道) 4,400명, 충청도(忠淸道) 1,000명으로, 모두 5,400명이
었다.

---

12 솥에 불을 때서 식사(食事)를 마련하는 사람을 가리킨다.

乙未朔 幸麻田浦 觀放鷹.
을미 삭 행 마전포 관 방응

丙申 宗貞茂使人來獻土物 兼請遣人造船.
병신 종정무 사인 내헌 토물 겸 청 견인 조선

流同知摠制朴齡于外方. 齡於奴婢契券 異筆追書 壓良爲賤 其罪
유 동지총제 박령 우 외방 령 어 노비 계권 이필 추서 압량 위천 기죄

應坐收職牒 杖八十 身充水軍. 上以齡再守平安道邊郡 備經艱險
응 좌수 직첩 장 팔십 신충 수군 상 이 령 재수 평안도 변군 비경 간험

只令付處.
지 령 부처

丁酉 置酒便殿 政府 六曹 功臣 諸代言入侍.
정유 치주 편전 정부 육조 공신 제 대언 입시

申解由法. 吏曹啓: "自今三四品受職守令及屬散人等 解由前
신 해유법 이조 계 자금 삼 사 품 수직 수령 급 속산 인 등 해유 전

不許離任. 且各司員吏闕晝直 依闕仕例收贖." 從之.
불허 이임 차 각사 원리 궐 주직 의 궐사 예 수속 종지

初令司憲監察隨班. 初 吏曹上言: "大小朝會 監察不隨班 雖國有
초 령 사헌 감찰 수반 초 이조 상언 대소 조회 감찰 불 수반 수 국유

大事 亦不隨朝 殊無人臣之禮; 禮度監監察 立庭不拜亦無禮 乞令
대사 역 불 수조 수 무 인신 지 례 예도감 감찰 입정 불배 역 무례 걸령

禮官詳定." 從之. 至是 禮曹啓曰: "謹按唐制 押班御史凝立靜觀
예관 상정 종지 지시 예조 계왈 근안 당제 압반 어사 응립 정관

檢其去就; 宋制 御史二人分糾朝會. 乞令大小朝會 禮度監監察與
검 기 거취 송제 어사 이인 분규 조회 걸령 대소 조회 예도감 감찰 여

通禮門諸執事者先入 職次重行 稽首四拜 各就位後 引百官就位;
통례문 제 집사자 선입 직차 중행 계수 사배 각 취위 후 인 백관 취위

行幸動駕時 百官序立道左 禮度監監察從職次序立 百官過行 隨後
행행 동가 시 백관 서립 도좌 예도감 감찰 종 직차 서립 백관 과행 수후

糾察 其餘監察 朝會及動駕時 各從職次 隨班行禮." 從之. 後 禮曹
규찰 기여 감찰 조회 급 동가 시 각 종 직차 수반 행례 종지 후 예조

啓: "監察依臺長例 參侍臣何如?" 上曰: "宜隨班."
계 감찰 의 대장 례 참 시신 하여 상왈 의 수반

452

晉山府院君河崙上書:
진산부원군 하륜 상서

‘一 今年京中各戶皆難食. 軍器監匠人 火㷁軍 別軍 兵曹補充軍
일 금년 경중 각호 개 난식 군기감 장인 화통군 별군 병조 보충군

司宰監水軍 不在受料之例者 皆許三分放二 隔兩月更代.
사재감수군 부재 수료 지례자 개허 삼분 방이 격 양월 갱대

一 各道侍衛軍 鎭屬軍 騎船軍 月課軍器匠等人 亦許 三分放二
일 각도 시위군 진속군 기선군 월과군기장 등인 역허 삼분 방이

有警乃出令而聚 亦無不及.
유경 내 출령 이취 역무 불급

一 放牧之馬 冬月雖瘦無病 至春夏之交還肥 出陸分養 雖欲其肥
일 방목 지마 동월 수수 무병 지 춘하 지교 환비 출륙 분양 수욕 기비

亦多生病. 乞許留放經冬 以除分養之弊 且試其驗.
역 다생병 걸허 유방 경동 이제 분양 지폐 차시 기험

一 漢城府追徵負債及新開捷徑 乞許停留 以待後年.’
일 한성부 추징 부채 급 신개 첩경 걸허 정류 이대 후년

下六曹議得: “軍器監匠人 火㷁軍 司宰監水軍及失農各官當番
하 육조 의득 군기감 장인 화통군 사재감수군 급 실농 각관 당번

軍人 爲半分番. 其牧馬之事 令司僕分揀施行. 其追徵開徑等事 依
군인 위반 분번 기 목마 지사 영 사복 분간 시행 기 추징 개경 등사 의

上書內施行.” 從之. 崙又上書言:
상서 내 시행 종지 륜 우 상서 언

‘今年堤堰之利 全出上恩 國人皆知其效. 乞令各道監司 當秋
금년 제언 지리 전출 상은 국인 개지 기효 걸령 각도 감사 당추

收拾栗後 十月初始役 十二日內畢功 以增水利.’
수습 율후 십월 초 시역 십이 일 내 필공 이증 수리

下六曹議得: “前年各道委遣安撫使 檢置堤堰內水利可興處 並令
하 육조 의득 전년 각도 위견 안무사 검치 제언 내 수리 가흥 처 병령

修築 其中全失農戶 毋得役使.” 從之.
수축 기중 전실 농호 무득 역사 종지

禮曹啓祭享儀式. 啓曰: “文昭殿朝夕上食 床用九楪 饌用五器;
예조 계 제향 의식 계왈 문소전 조석 상식 상용 구접 찬용 오기

啓聖殿 文昭殿四時大享 有名日別祭攝行 用油蜜果四注 床饌
계성전 문소전 사시 대향 유명일 별제 섭행 용 유밀과 사주 상찬

九器.” 又啓: “穆祖以下諸山陵 元日 寒食 端午 秋夕 冬至 臘日
구기 우계 목조 이하 제 산릉 원일 한식 단오 추석 동지 납일

遣使行祭; 健元陵 齊陵朔望及元日 寒食 端午 秋夕 冬至 臘日之祭
견사 행제 건원릉 제릉 삭망 급 원일 한식 단오 추석 동지 납일 지제

一依前例. 春秋仲月 遣禮官巡諸陵 仍成審陵案 藏諸本曹.” 又啓:
일의 전례 춘추 중월 견 예관 순 제릉 잉성 심릉안 장저 본조 우계

"啟聖殿 文昭殿朝夕上食及有名日別祭外 除四時大享; 濬源殿依
諸山陵有名日祭例 遣使行祭 而除朔望; 慶州 全州 平壤太祖眞殿
有名日別祭 依前例 令本道使臣守令行祭 而除四時大享." 皆從之.

戊戌 霧塞.

命漢城府收家基之稅 始者乙未年 毋令追納往年之稅. 命攸司輸
慶源倉陳麥 以賑飢民. 戶曹判書尹向啓: "京中年老與絶食者五百
餘人. 其賑濟 請以斗均給." 上命幷二人給一石. 完山府院君李天祐
兵曹判書朴信等啓曰: "幷三亦可." 上曰: "亦不過二百五十餘石耳.
若宰相助哀 加以厚禮 則賜至此數 於賑濟飢民 豈不可乎? 其以
一石賑濟二人." 向又啓: "絶食者衆 不勝賑濟." 上曰: "以無爲限."
禮曹判書李原啓曰: "歲前給還上 歲後給賑濟如何?" 上然之.

全羅道都觀察使朴習請兵馬都節制使趙源罪 具源營繕作弊等事
十九條以聞 命收職牒 杖八十收贖.

己亥 功臣 議政府 六曹 臺諫詣闕 請無恤 無悔等罪 不允. 傳旨
承政院曰: "前日朝啓以無恤請罪事 亂雜多言 故欲於一二朔內 停
朝啓 而不見功臣. 汝等達此意於六曹與所司." 柳思訥對曰: "只
不聽請罪事耳 停朝啓 恐不可." 上曰: "予非不欲加罪也 待宋氏
百年後耳. 此時雖言之 予不聽也."

京畿都觀察使許遲啓便民事宜. 啓曰: "當藏氷之時 用京畿民 備
藏氷諸事 而鑿氷納氷 用城底人. 其繕工監屬草亂 令募人刈取 給

454

其賞役 國用外餘皆賣之 以充用度. 且今年因旱 稻稗甚貴 司僕
기 상역 국용 외여개 매지 이충 용도 차 금년 인한 도패 심귀 사복

馬草 量其有而減收."
마초 양 기유 이 감수

辛丑 司憲府上便民二條 疏曰:
신축 사헌부 상 편민 이조 소왈

'東西窯 國用所需 不可廢也. 然宗廟 宮室凡不得已營構 已皆
동 서요 국용 소수 불가 폐야 연 종묘 궁실 범 부득이 영구 이개

完具 其燔木之數 不減於古 皆取辦於京畿之民. 今年之旱 畿內
완구 기 번목 지수 불감 어고 개 취판 어 경기 지민 금년 지한 기내

尤甚 乞東西窯 限豐年停罷. 且外方年例材木 雖不可廢 然其斫取之
우심 걸 동서요 한 풍년 정파 차 외방 연례 재목 수 불가 폐 연 기 작취 지

勞 輪轉之弊 不爲小矣. 傳曰: "民勤於財則貢賦少." 其年例材木 亦
로 수전 지폐 불위 소의 전왈 민 근어 재 즉 공부 소 기 연례 재목 역

限豐年停納 以弛民力.' 從之.
한 풍년 정납 이이 민력 종지

漢城府啓請中外戶口成籍 上曰: "戶口成籍之人 裏糧來乎?"
한성부 계청 중외 호구 성적 상왈 호구 성적 지인 과량 내호

李原啓曰: "欲發明世系 裏糧來者 容或有之." 上曰: "京畿 豐海道
이원 계왈 욕 발명 세계 과량 내자 용혹 유지 상왈 경기 풍해도

失農各官外 依前例 或四祖 或祖父 各以所知成籍."
실농 각관 외 의 전례 혹 사조 혹 조부 각이 소지 성적

各司奴婢刷卷色上啓目:
각사 노비 쇄권색 상 계목

'一 在前公處奴婢相訟未畢 及今推考次 新訟等事 主掌官移送
일 재전 공처노비 상송 미필 급금 추고 차 신송 등사 주장관 이송

定日分揀.
정일 분간

一 外方文字相通格式 依甲午年辨正都監例.
일 외방 문자 상통 격식 의 갑오년 변정도감 례

一 在前敬差官但推各司奴婢生産形止案 載錄而已 故今改成籍
일 재전 경차관 단 추 각사 노비 생산형지안 재록 이이 고금 개 성적

次 憑考實難. 各官散接元加屬奴婢 老幼勿論 年歲 名字及祖父母
차 빙고 실난 각관 산접 원 가속 노비 노유 물론 연세 명자 급 조부모

父母名字細推 都目狀上納 各年形止案付物故奴婢 各別都目狀
부모 명자 세 추 도목장 상납 각년 형지안 부 물고 노비 각별 도목장

上納等事 移文各道監司.
상납 등사 이문 각도 감사

一 各司奴婢推考次 各其當該官吏文案齎來 以憑參考.
일 각사 노비 추고 차 각기 당해 관리 문안 재래 이빙 참고

一 各司奴婢不小 宣頭案及數多形止案 但以色庫直一名看守
일 각사 노비 불소 선두안 급 수다 형지안 단 이 색고 직 일명 간수

未便. 各其司定送令史使令 事畢爲限看守.
미편 각 기사 정송 영사 사령 사필 위한 간수

一 各司奴婢容隱使用人員 取招推辨.
일 각사 노비 용은 사용 인원 취초 추변

一 外方各道移文推考次 定日不及與不用心者推考各官守令 移文
일 외방 각도 이문 추고 차 정일 불급 여 불용심 자 추고 각관 수령 이문

憲府論罪; 不用心考察監司 幷移文憲司.
헌부 논죄 불용심 고찰 감사 병 이문 헌사

一 訟者不許至私門 通政以下現身親訟 二品以上令子壻弟姪
일 송자 불허 지 사문 통정 이하 현신 친송 이품 이상 영 자서 제질

代身; 有不得已親告事 則提調廳進白.
대신 유 부득이 친고 사 즉 제조 청 진백

一 色所成形止案 用奉使印 殊爲未便 別鑄印信行使.'
일 색 소성 형지안 용 봉사인 수위 미편 별주 인신 행사

皆從之. 各司奴婢容隱使用人員 移送刑曹. 刷卷色又啓: "贈與
개 종지 각사 노비 용은 사용 인원 이송 형조 쇄권색 우계 증여

屬公奴婢 以前此代立奴婢及此時代立奴婢 錄名于籍."
속공노비 이 전차 대립 노비 급 차시 대립 노비 녹명 우적

壬寅 流星出奎入胃東 狀如瓶.
임인 유성 출규 입 위동 상여 병

甲辰 火星犯太微西蕃上將.
갑진 화성 범 태미 서번 상장

觀放鷹于東郊.
관 방응 우 동교

下校書正字裵樞於義禁府 贖杖八十 罷其職. 坐當役朔入直 因昏
하 교서 정자 배추 어 의금부 속장 팔십 파 기직 좌 당 역삭 입직 인혼

出宿私舍也.
출숙 사사 야

戊申 京畿敬差官上私田踏驗法. 上言: "科田 功臣田田主不於
무신 경기 경차관 상 사전 답험법 상언 과전 공신전 전주 불어

刈穫前使人踏驗 或冬深 或改歲後遣人 皆以實數收租 佃客之怨
예확 전 사인 답험 혹 동심 혹 개세 후 견인 개 이 실수 수조 전객 지원

尤甚 有違聖上欽恤之意. 乞使田主 禾稼未穫前遣人踏驗." 從之.
우심 유위 성상 흠휼 지의 걸사 전주 화가 미확 전 견인 답험 종지

免延安 白川常貢 減安岳之半 從觀察使李潑之啓也. 以失農輕重
면 연안 배천 상공 감 안악 지반 종 관찰사 이발 지계 야 이 실농 경중

爲差.
위차

辛亥 幸東郊 觀放鷹.
신해 행동교 관 방응

禁義州人買賣禁物. 六曹上言: "興利人所買賣禁物 敬差官與
금 의주인 매매 금물 육조 상언 흥리인 소매매 금물 경차관 여

其道監司首領官考察收取." 從之.
기도 감사 수령관 고찰 수취 종지

癸丑 流星出大陵 入閣道 大如升.
계축 유성 출 대릉 입 각도 대여 승

敦化門西 慶尙道軍營火 延燒行廊二十七間. 火將及敦化門 力救
돈화문 서 경상도 군영 화 연소 행랑 이십 칠간 화장 급 돈화문 역구

而止之. 火焰隨風越東行廊 延燒護軍房. 命自今有錢穀各司鎭火[13]
이 지지 화염 수풍 월동 행랑 연소 호군방 명 자금 유 전곡 각사 진화

又命行廊隔十間 築火防墻備災. 命行廊都監 改造火災行廊.
우명 행랑 격 십간 축 화방장 비재 명 행랑도감 개조 화재 행랑

臺諫請停講武 上曰: "予更商量."
대간 청정 강무 상왈 여갱 상량

乙卯 司憲府 司諫院皆上疏 請停講武 上擧憲司之疏 役使木實
을묘 사헌부 사간원 개 상소 청정 강무 상거 헌사 지소 역사 목실

草食之人之言: "予役如此人乎? 河道何州如此乎?" 持平吳寧老
초식 지인 지언 여역 여차 인호 하도 하주 여차 호 지평 오영로

對曰: "臣等未知某道某州失農 然各道監司守令不報雨澤 而但報
대왈 신등 미지 모도 모주 실농 연 각도 감사 수령 불보 우택 이단 보

禾穀之實 臣等以謂不然. 且五六月不雨而京畿失農 則他道豈能獨
화곡 지실 신등 이위 불연 차 오륙 월 불우 이 경기 실농 즉 타도 기능 독

豐乎?" 上曰: "汝等不實聽 則何不覈考妄報監司守令乎? 古者四時
풍호 상왈 여등 불실 청 즉 하불 핵고 망보 감사 수령 호 고자 사시

有田 今予止行春秋講武耳 何以禁乎? 誠若失農 木實 草食而講武
유전 금여 지행 춘추 강무 이 하이 금호 성약 실농 목실 초식 이 강무

則是無道之君 汝等棄之可也; 不爲木實 草食而言之若是 則是揚
즉시 무도 지군 여등 기지 가야 불위 목실 초식 이 언지 약시 즉시 양

君之過 爲爾君者 不亦難乎?" 仍令憲司 考覈妄報禾穀有實監司
군지과 위 이군 자 불역 난호 잉령 헌사 고핵 망보 화곡 유실 감사

守令以聞.
수령 이문

罷開城副留後韓雍 密陽府使李暕職. 初 暕申報監司 請破銅佛
파 개성 부유후 한옹 밀양부사 이간 직 초 간 신보 감사 청파 동불

___

13 원문은 신화(愼火)로 돼 있다.

以充軍器監納火㷁鐵 雍時爲監司而許之 憲司劾啓故也.

以南在爲宜寧府院君 具成亮平安道都安撫使判安州牧事 趙義方

泗川鎭兵馬使判泗川縣事 田時貴蔚山鎭兵馬使知蔚山郡事. 泗川

蔚山之爲鎭 自此始.

漢城府上備火災啓目:

'司僕寺 內資寺 軍資監 濟用監 豐儲倉等各司 密近人居 火災

可慮. 且行廊之北 人家逼近 竝皆分揀破去. 其上項破家之人 聽

其自願 將各人畢造家餘地及城內各司 寺院菜田 盤松坊 盤石坊里

倉庫 藍田 靑苔田菜地 城內射廳 沈藏庫菜地折給何如?'

從之. 柳廷顯 朴誾啓曰:"家之當毁者 以千餘計 民必失所. 乞

勿毁 而使當毁之家及居行廊者各勉其力 築墻外楹 使火不得延及

又畜水以備火." 上曰:"火之爲用 冬月爲甚 嚴加禁火之令 待明春

築墻."

遣司直閔光美 管押逃來賊人金良白等二名 還遼東.

戊午 議政府贊成柳廷顯及六曹判書朴誾等請止上王行幸 不允.

啓曰:"大駕巡幸江原 而上王出幸交河. 交河等處年荒爲甚 雖蔬菜

之供 恐難辦也. 臣等請詣上王殿面陳." 上曰:"毋. 上王年老 其

出幸幾度哉?"仍命兵曹具馬匹以供.

己未 講武于江原道.

遣內侍別監 祭龍津之神.

上王遊幸于交河等處. 是夜 風雨 雷電 雨雹 至三更 流星出北河

東 入上台西 狀如升 色赤.

庚申 遣內侍別監 祭楊根城隍及龍門山之神.

賜廏馬于兵曹判書朴信.

壬戌 遣內侍別監 祭雉岳之神.

癸亥 次于江陵 太和驛西坪 賜隨駕大小人員五日人馬料.

對馬島林溫遣親子獻禮物.

囚江原道經歷鄭還于義禁府. 前此 命驅軍每十名定火鼎一名

而擅加四名故也. 是時驅軍之數 江原道四千四百 忠淸道一千 摠

五千四百.

태종 15년 을미년
10월

# 十月

을축일(乙丑日-1일) 초하루에 미면산(米面山)에서 몰이했다. 이날 날 짐승 50여 마리를 잡아 대가(大駕)를 따르는 인원에게 나눠주었다.

정묘일(丁卯日-3일)에 대가가 진보역(珍寶驛) 남쪽에 이르자 사람을 보내 종묘에 새를 바쳤다.

○ 대가를 따르는 대소인원에게 5일 동안의 인마(人馬)의 요속(料粟)을 내려주었다.

○ 병조에서 강원도 도관찰사(江原道都觀察使) 이귀산(李貴山)의 죄를 탄핵해 청했으니, 임의로 몰이꾼과 화정(火鼎)을 더한 때문이다. 논하지 말라고 명하고, 그 참에 가뒀던 정환(鄭還)을 풀어주었다.

무진일(戊辰日-4일)에 간방(艮方)[1]에 번개가 있었다.

○ 춘천 도호부사(春川都護府使) 윤개(尹愷)를 가두었다. 이귀산이 윤개를 행궁지응 도차사원(行宮支應都差使員)으로 삼았는데, 상이 그것을 알고 그 읍(邑)으로 돌려보내라고 명했으나, 개(愷)가 지체하며 머무르고 돌아가지 않은 때문이다. 3일 만에 풀어주었다.

---

1  정북쪽과 정동쪽 사이의 한가운데를 중심으로 한 45도 각도 안의 방위를 말한다.

신미일(辛未日-7일)에 돌아오다가 방림역(芳林驛) 동쪽 들에 머물러서 술자리를 베풀었는데, 종친과 도진무(都鎭撫)·대언(代言)이 시연(侍宴)했다. 그 참에 대가(大駕)를 따르는 대소인원에게 술을 내려주었다.

계유일(癸酉日-9일)에 횡성(橫城) 실미원(實美院) 들에 머물렀고, 몰이꾼을 놓아 보냈다. 경상도 도관찰사 안등(安騰)이 사람을 보내 술 100병을 바쳤다.

갑술일(甲戌日-10일)에 눈이 내렸다.

○ 이귀산(李貴山)에게 표리(表裏-옷감)를 내려주고, 정환(鄭還)에게 유의(襦衣-겨울옷)를 내려주었다.

병자일(丙子日-12일)에 궁으로 돌아왔다.

정축일(丁丑日-13일)에 사헌부에서 소를 올려 의령부원군(宜寧府院君) 남재(南在)와 이직(李稷)·염치용(廉致庸)·민무휼(閔無恤)·무회(無悔) 등의 죄를 청하니 회답하지 않았다. 명하기를, 무휼·무회가 있는 곳에는 섶을 지고 물을 긷는 외의 그 나머지 노비·안마(鞍馬)·복종(僕從)을 모두 옮겨두고 왕래를 금하며, 양미(糧米)를 운반하는 것은 모두 소를 쓰고 말을 쓰지 말게 해서, 만일 말로 왕래하는 자가 있으면 그 말을 관가에 몰수하라고 했다.

**무인일**(戊寅日-14일) 아침에 안개가 끼고 간방(艮方)에 우레와 번개가 있었다.

○ 전라도 도관찰사 박습(朴習)이 제언(堤堰)을 쌓는 사목(事目)을 올렸다. 보고는 이러했다.

'김제군(金堤郡) 벽골제(碧骨堤)의 수문(水門)을 수축(修築)하겠으니, 빌건대 석공(石工) 3명을 보내주시면 신이 본도 각 고을의 군인을 모아 이달 20일까지 기초를 닦고 쌓기 시작하겠습니다.'

**경진일**(庚辰日-16일)에 처음으로 세자(世子)의 악차(幄次)²를 전정(殿庭) 동쪽 섬돌 아래에 설치하고, 초1일과 16일의 대조회(大朝會) 때 백관이 세자에게 행례하게 했다. 세자의 악차는 인정문(仁政門) 밖에 있었는데, 이때에 이르러 전정(殿庭)에 두었다.

○ 종정무(宗貞茂)가 보낸 사람과 올량합(兀良哈) 천호(千戸) 등이 와서 토산물을 바쳤다.

○ 처음으로 맥전조세법(麥田租稅法)을 정했다. 가을에 심은 대맥(大麥)·소맥(小麥)을 이듬해 초여름에 이르러 수확하고 콩을 심는데, 예전 예에는 다만 1년의 조세(租稅)만 거두었으나 호조(戸曹)에서 세를 두 번 거두기를 청했다.

경기 감사(京畿監司) 허지(許遲)가 청했다.

"보리를 거둘 때 답험(踏驗)하고 콩을 거둘 때 또 답험해, 손(損)과 실(實)을 통계(通計)해 1년의 세(稅)만 (한 번에) 거두소서."

---

2  임금이나 세자(世子)가 거둥할 때 임시로 쉬도록 장막을 둘러친 곳을 가리킨다.

그것을 따랐다. 형조판서 정역(鄭易)이 조세(租稅)를 두 번[兩番]<sup>양번</sup> 거둘 것을 청하니, 여러 판서(判書)가 모두 말했다.

"만일 그렇게 하면 이는 조세를 두 번 거두는 것입니다."

○ 상의 말이 실농(失農)에 미치자 병조판서 박신(朴信)이 나아와 말했다.

"실농이 똑같지는 않습니다. 농사가 잘된 곳도 많습니다. 또 금년에 메밀은 대단히 잘됐습니다."

호조판서 윤향(尹向)이 말했다.

"심은 것은 결실했지만 심지 못한 것은 어찌합니까? 감사들이 대부분 말하기를 '금년은 실농해서 있는 곳마다 식량이 어렵다'고 하니 청컨대 조세 부과의 분수(分數)를 줄이소서."

상이 말했다.

"수손급손(隨損給損)이 참으로 좋은 법이지만 어찌 반드시 그렇게 하겠는가? 또 공전(公田)은 혹 이렇게 할 수 있겠지만, 대소인원에게 준 과전(科田)을 어떻게 일률적으로 분수(分數)를 감할 수 있겠는가? 마땅히 수손급손의 법을 지키고, 만일 손(損)을 주는 것이 불공평한 것이 있으면 백성으로 하여금 관가에 고하게 하는 것이 편하다."

이에 각 도 경차관(敬差官)에게 손실(損失)의 분수를 넉넉히 주라고 명했다.

상이 그 참에 물었다.

"근일에 동쪽(-강원도)으로 행차해 폐단이 있지 않았는가?"

박신이 말했다.

"만에 하나도 폐단이 없었습니다. 듣건대 수령들이 말하기를, '이러한 행차는 비록 한가을에 두 번 나오더라도 무엇이 백성에게 해롭겠는가?'라고 했다 합니다."

상이 빙긋이 웃었다[哂之].
신지

○ 이조(吏曹)에서 이전(吏典)의 천전(遷轉)하는 법을 올렸다. 아뢰어 말했다.

"각사 이전(各司吏典), 권지 직장(權知直長), 삼방(三房)³의 도목(都目)에서, 거관(去官)은 실십오인처(實十五人處)에는 1년에 1인을 쓰고 다음해에 2인을 쓰며, 단오인처(單五人處)에는 1년을 건너뛰어 서용(敍用)하는 것을 항식(恒式)으로 삼으소서."

그것을 따랐다.

○ 이조(吏曹)에서 또 아뢰었다.

"호조 영사(戶曹令史) 2인은 으레[例] 산학박사(算學博士)를 받고,
예
권지 중감(權知重監) 2인은 그 조(曹)의 중감(重監)을 받고, 소격전 서제(昭格殿書題) 2인은 그 전(殿)의 전직(殿直)을 받고, 양현고 녹사(養賢庫錄事) 2인은 그 고(庫)의 녹사(錄事)를 받아서 거관(去官)하기 전에 식(式)에 의해 직책을 받는데, 기타 사무가 고달픈 각사 이전(各司吏典)은 여러 해 동안 전함(前銜)으로 위의 직(直)에 사진(仕進)하니 심히 고르지 못합니다. 호조의 산학박사 1인과 중금(重禁) 1인과 소격전 전직 1인과 양현고 녹사 1인 등 녹관(祿官)을, 육조 영사(六曹令史) 및 사무가 번다한 각사 이전(各司吏典)의 초번(初番)과 이번(二番) 중에서 한 차례씩 서용(敍用)해 녹을 받게 하는 것이 어떠하겠습

---

3    이방(吏房)·병방(兵房)·형방(刑房)을 가리킨다.

니까?"

그것을 따랐다.

○ 길주도 찰리사(吉州道察理使), 영길도 도순문사(永吉道都巡問使)에게 송골매를 바치라고 명했다.

○ 예조(禮曹)에서 권학(勸學)하는 법을 거듭해 아뢰었다.

"각 도의 교수관(教授官)·학장(學長)이 교훈하는 것의 잘하고 못하는 것과 생도(生徒)가 수업하는 것의 부지런하고 게으른 것에 대해, 성균관(成均館)과 오부 학당(五部學堂)의 예에 의거해서 매 월말에 교훈한 경서와 수업의 부지런하고 게으른 것을 감사로 하여금 추핵(推覈)해 본조에 관문(關文)을 보내 고찰하게 하소서."

그것을 따랐다.


**신사일(辛巳日-17일)**에 대호군(大護軍) 이군실(李君實)을 (강원도) 이천(伊川)에 보냈다.


여러 신하가 일을 아뢰어 끝나자 모두 나가고 이조판서 박은(朴訔), 병조판서 박신(朴信)이 뒤에 남았다가, 신(信)이 아뢰어 말했다.

"지금 강무(講武)하는 곳을 보니 해주(海州)만 한 곳이 없습니다. 이미 사람이 들어가 거접(居接)하는 것을 허락했지만, 청컨대 감고(監考)를 정해 사렵(私獵)을 금하소서."

상이 말했다.

"해주는 길이 멀어서 봄철에 강무하고 돌아올 때 짐을 실은 말이 많이 쓰러졌다. 내가 나이 50이 됐으니 강무를 몇 번이나 할까마는, 세자의 기상을 보니 반드시 사냥을 좋아할 것이다. 내가 그러므로 전번에 해주곶(海州串) 안에 사람이 들어가 거접(居接)하는 것을 허락하고 사렵을 금하지 않았으니, 다시 해주에 가지 않고자 한 것이다. 경 등은 강무할 일정한 곳을 잘 정하라."

은(誾)과 신(信)이 아뢰어 말했다.

"해주가 다른 곳에 비하면 비록 한두 밤 자는 먼 곳도 있기는 하나, 강무하기에는 이만한 곳이 없으니 빌건대 해주곶이 안과 연봉(烟鳳) 등지에 사렵을 금하소서."

상이 말했다.

"이천(伊川)을 강무하는 곳으로 삼을 만하다."

마침내 군실(君實)을 보내 돌아다니면서 살펴보게 했다[行視].
행시

임오일(壬午日-18일)에 공조판서 조견(趙狷), 좌군동지총제(左軍同知撤制) 강회중(姜淮仲)을 경사(京師-중국 서울)에 보냈으니, 신정(新正)을 하례하기 위함이다.

계미일(癸未日-19일)에 상이 인덕궁(仁德宮)에 나아가 잔치를 베풀었다. 세자와 종친이 시연(侍宴)해 극진히 즐기고서 마쳤다.

을유일(乙酉日-21일)에 상이 상왕(上王)을 모시고 풍양현(豐壤縣)에 가서[如] 사냥을 구경했다.
여

병술일(丙戌日-22일)에 가평(加平) 수화이산(愁火伊山)에 머물렀다.

상이 친히 큰 멧돼지를 쏘아 잡았는데, 보는 자들이 위태하게 여겼다.

정해일(丁亥日-23일)에 손방(巽方)<sup>4</sup>·건방(乾方)<sup>5</sup>에 작은 우레가 있었고, 건방에 또 번갯빛이 있었다.

○ 상이 상왕을 모시고 환궁하니, 각사(各司)에서 예궐(詣闕)해 기거(起居)를 물었다. 상이 행차한다고 구전(口傳)하지 않았는데 각사에서 모인 것에 노하여, 예조좌랑(禮曹佐郞) 이심(李審)을 가두었다가 조금 뒤에[旣而=俄而-尋] 풀어주었다.
　　　　　　기이　　아이　심

○ 황제가 우리 조정에 「동인도(銅人圖)」<sup>6</sup>를 내려주었다. 천추사(千秋使) 오진(吳眞)이 경사(京師)에서 돌아왔는데, 예부(禮部)에서 자문(咨文)으로 말했다.

"국왕의 자문에 준하면, '우리 본국에 침구방서(針灸方書)가 적어 이자(移咨)하니, 주청(奏請)해 동인(銅人)을 내려주면 본받기가 편하고 도움이 되겠다'라고 했습니다. 본부관(本部官)이 성지(聖旨)를 받들었는데 '태의원(太醫院)을 시켜 2개를 그려서 저들에게 주어 가지고 가게 하라' 하셨습니다. 이에 의하여 태의원에 이문해 침구동인(針灸銅人) 앙(仰)·복(伏) 2축(軸)을 채색으로 그려 오진에게 부쳐 돌

---

4　정동쪽과 정남쪽 사이의 한가운데를 중심으로 한 45도 각도 안의 방위인 동남 방향을 말한다.

5　정북쪽과 정서쪽 사이의 한가운데를 중심으로 한 45도 각도 안의 방위인 서북 방향을 말한다.

6　침술(鍼術)을 연습하기 위해 온몸에 침혈(鍼穴)이 뚫려 있는, 구리로 만든 사람의 형상을 그린 그림이다.

아가게 했습니다."

진(眞)이 아뢰어 말했다.

"달단(韃靼-達達) 등이 개평부(開平府)에 있는 야인(野人)의 조헌
(朝獻)[7]하는 길을 막아 끊으므로 황제가 명해 정벌하니, 달달이 항복
하기를 애걸하고 말 3,000필을 바쳐 사례했습니다. 또 외국에서 사
자(獅子)를 바쳤는데 조정 신하들이 하례했습니다."

예조(禮曹)에서 (명나라 조정에) 진하(進賀)하기를 청하자 상이 말
했다.

"전기(傳記)를 보면 사자를 얻은 것을 상서로운 일로 삼은 적은
없다. 홀로 불가(佛家)에서 사자를 말할 뿐이다. 천하에서 우리나라
가 예를 안다고 말하는데, 지금 만일 가서 하례하면 어찌 남의 웃음
거리가 되지 않겠는가?"

**무자일(戊子日-24일)**에 비가 오고 우레와 번개가 쳤다.

○ 경승부 윤(敬承府尹) 이현(李玄, ?~1415년)[8]이 졸(卒)하니, 내관(內

---

7　입조(入朝)해 조공을 바치는 것을 말한다.

8　귀화인 후손으로, 고려 대도로총관(大都路摠官) 이백안(李伯顔)의 증손(曾孫)이다. 한어
(漢語)에 능통하여 주로 중국 사신으로 파견되었다. 1394년(태조 3년) 사역원 부사(司譯院
副使)로 명나라에 다녀왔고, 정종이 즉위하자 통사(通事)의 직함으로 중추원부사(中樞院
副使) 김륙(金陸)과 경사(京師)로 가서 승습(承襲)을 허락받는 외교술을 구사해 내구마(內
廐馬) 1필을 하사받았다. 판전중시사(判殿中寺事)로 재임 중 태종이 즉위하자 사은사(謝
恩使) 서장관(書狀官) 안윤시(安允時)와 함께 태종의 왕위 계승을 인정받고 온 공으로 안
마(鞍馬)와 밭 50결, 노비 4구가 하사됐다. 1403년(태종 3년)에는 전 호조전서의 신분으로
대명 외교에서 수고한 공로로 내구마(內廐馬) 1필이 하사됐고, 이듬해 호조참의에 올랐다
가 1406년 주문사(奏聞使)의 임무를 성공리에 마친 뒤 태종으로부터 임주(林州)를 사향
(賜鄕) 받았다. 1407년 세자와 황녀의 결혼을 의논한 죄로 구금되었으나, 곧 동지총제(同

官)을 보내 조위(弔慰)하고 치부(致賻)했으며 관곽(棺槨)을 주었다.


　　**기축일(己丑日·25일)**에 쇄권색(刷卷色)에서 청송(聽訟)의 사의(事宜)를 올렸다.

　'하나, 속공(屬公)한 노비(奴婢) 내에 입안(入案)하지 않은 노비는, 증여(贈與)한 당사자와 그 자손 중에서 현존(現存)한 자로 하여금 다른 노비로써 전에 수교(受敎)한 것에 의해 충당해 세우게 하고, 만일 증여한 사람이 자식이 없이 죽은 자는 그 노비를 전득(傳得)한 자로 하여금 충당해 세우게 하는 것이 어떻겠습니까?'

　"위의 조항은 계문(啓聞)에 의거해 시행하라."

　'하나, 세력 있는 곳[勢處]에 증여한 노비를 속공한 뒤에 혹은 종량
　　　　　　　　　　　　세처
(從良)하든지 혹은 다른 곳에 속(屬)하든지 하라는 명문(明文)이 비록 있으나 처음에 벼슬을 사거나 죄를 면하기 위해 불실(不實)하게 노비를 증여했으면 마땅히 증여한 당사자·자손과 그 노비를 전득(傳得-이어받아 소유함)한 사람으로 하여금 충당해서 세우게 해야 하나, 속공한 뒤에 종량(從良)하든지 다른 곳에 속하든지 하라는 것이 이미 명문이 있으면 다시 거론할 것이 없을 듯합니다.'

　"위의 조항은, 속공한 뒤에 종량하든지 다른 곳에 속하게 하라는 것이 만일 명문이 있으면 거론하지 말라."

---

知摠制)에 올라 정조(正朝)를 하례(賀禮)하기 위해 파견된 세자의 시종관(侍從官)으로 입조(入朝)해 쌀 60석과 상포(常布) 100필이 하사됐다. 그 뒤 중군총제(中軍摠制), 검교판한성부사(檢校判漢城府事)를 거쳐, 1415년(태종 15년) 경승부윤(敬承府尹) 재임 중 세상을 떠났다.

'각사 노비(各司奴婢) 가운데 사처(私處)에서 이미 일찍이 결절(決折)을 얻어 사용한 노비를 신사년(辛巳年) 뒤 형지안(形止案-노비 원적부)에 기록만 돼 있을 뿐이고 추쇄(推刷)해 입역(立役)하지 않았다가 이번 쇄권(刷卷)⁹으로 인해 현출(現出)한 노비는, 그 역사시키는 자가 기한(期限) 안에 정장(呈狀)해 다시 변리(辨理)하지 못했다 해서 공처(公處) 형지안에 따라 시행하는 것은 미편할 것 같습니다. 사처(私處)에서 결절을 얻어 사용했고 공처에서 다시 얻었다는 명문이 없이 다만 형지안에 기록만 돼 있는 것은, 기한 안에 정장했거나 정장하지 않았거나를 물론하고 주장관(主掌官)에게 이송(移送)해 다시 변리(辨理)해 바른 것에 따라 시행하는 것이 어떻겠습니까?'

"위의 조항은 주장관에게 이송해 변리하라."

'하나, 종전(從前)에 장부를 변리하지 않고 시행해 각사의 사령(使令)으로 정속(定屬)한 사람은 역사(役使)한 지가 이미 오래됐는데 외방(外方)의 형지안에는 혹 노비로 시행하고 서울 안의 형지안에는 사령으로 기록됐으니, 한 사(司)에 속한 한 뿌리[一根]의 사람이 서울과 외방에서 양인(良人)·천인(賤人)으로 서로 다르게 시행하는 것이 실로 미편합니다. 기한 안에 정장했거나 안 했거나를 막론하고 주장관으로 하여금 사실을 조사해 바른 것에 따라 시행하는 것이 어떻겠습니까?'

"위 조항의 서울 안 각사에 속해 있는 장부를 변리하지 않고 시행한 사람 가운데 한 뿌리가 외방 형지안에서 노비로 실려 있는 자는,

---

9  노비(奴婢)의 문권(文券)을 조사해 노비를 추쇄(推刷)하는 것을 말한다.

그 한 뿌리의 진위(眞僞)를 변정(辨正)해 시행하라."

'하나, 종전에 각사 노비(各司奴婢)를 정속(定屬)할 때에 부모형제를 나눠 정속했기 때문에 서로 의지해 살지 못해 생리(生理-생계)가 간고(艱苦)하니, 지금 부모·동복(同復)을 한 사(司)에 합쳐 붙인 뒤 옮겨간 각사에는 다른 노비로 충당해 붙이고, 지금 쇄권(刷卷)할 때 나타난 노비도 각각 그 부모·동복이 속한 곳에 시행하소서.'

"위의 조항은 계문(啓聞)대로 시행하라."

○ 형조(刑曹)에서 아뢰었다.

"각사(各司)의 누락된 노비를 진고(陳告-신고)하는 자에게 상(賞)이 있기 때문에 무식한 사람들이 전계(傳繼)가 명백한 다른 사람의 노비와 양인(良人)을 함부로 진고하는 경우가 더러 있습니다. 이제부터 다른 사람의 노비를 진고한 자는 '다른 사람의 노비를 모인(冒認)한 율'에 의거하고, 양인을 진고한 자는 '양인을 억압해 천인을 만든 율'에 의거해 논죄하소서."

그것을 따랐다.

○ 전 판사재감사(判司宰監事-사재감 판사) 김효손(金孝孫), 예조정랑(禮曹正郎) 윤상(尹祥)의 직첩을 거두고 영구히 서용하지 말도록 했다. 헌사(憲司)에서 두 사람이 일찍이 도관원(都官員)이 돼 양인과 천인을 그릇되게 결절한 죄를 청했기 때문이다.

임진일(壬辰日-28일)에 성석린(成石璘)을 영의정부사(領議政府事)로, 하륜(河崙)을 좌의정(左議政)으로, 남재(南在)를 우의정(右議政)으로, 유량(柳亮)을 문성부원군(文城府院君)으로, 이귀령(李貴齡)을 검교 우

의정(檢校右議政)으로 삼았다.

**계사일(癸巳日-29일)에 간방(艮方)에 번갯빛이 있었다.**
○ 좌의정(左議政) 하륜(河崙)에게 노비 30구(口)를 특별히 내려주었다.

죽은 전보문(全普門)의 처 송씨(宋氏)가 후사(後嗣)가 없이 죽었는데, 노비가 매우 많아 그 족친(族親)들이 서로 다투고 빼앗아 소송을 그치지 않았다. 갑신년(甲申年-1404년)에 이르러 상이 모두 전계(傳繼)한 명문(明文)이 없다고 해 속공(屬公)하게 했는데, 하륜 등이 오히려 각각 집류(執留)해 사역시키다가 이때에 이르러 쇄권색(刷卷色)에게 추쇄(推刷)당하니 륜(崙)이 홀로 아뢰어 말했다.

"사역시킨 지가 이미 오래돼 주인과 종이 서로 친해져서 헤어지기가 실로 어려우니, 빌건대 공신(功臣)으로 받은 노비를 이름을 대조해[照名] 바꿔 바치겠습니다."
조명

상이 말했다.

"륜은 국가에서 중하게 여기는 바이니, 어찌 수십 구의 노비를 아끼겠느냐?"

바꿔 바치지 말라고 명하고 다 주어버렸다.

○ 호조판서 윤향(尹向)을 면직했다.

향(向)이 일찍이 아뢰었다.

"무진년(戊辰年-1388년)에 회군(回軍)한 거사는 오로지 태조(太祖)

께서 천의(天意)에 응해 인심을 따라 의리에 의해 행한 것이고 여러 장수의 공이 아니니, 한 고조(漢高祖-유방)와 정공(丁公)[10]의 일로 헤아려보면 죄책을 면한 것으로 족합니다. 초창(草創)하는 날과 수성(守成)하는 때가 상경(常經)과 권도(權道-시중(時中))가 같지 않으니, 빌건대 회군공신(回軍功臣)의 전지(田地)를 도로 주는 것을 허락하지 말아서 조선 만세의 법을 세우소서."

이때에 이르러 형조(刑曹)에서 그 죄를 탄핵해 청했고, 사간원(司諫院)에서도 말씀을 올렸다.

"무진년에 최영(崔瑩)이 그 임금을 속이고 꾀어 공연히 군사를 일으켜 중국(中國)을 침범하는데 우리 태조께서 거의(擧義)해 회군해서 동방을 보전했으니, 그 백성에게 공덕이 있는 것을 이루 다 말할 수 있겠습니까? 그렇다면 회군할 때에 의거에 순종한 장사(將士)의 공이 적지 않고, 포상의 은전을 보이는 것이 마땅합니다. 지금 향이 공신의 밭을 거두기를 청하고 도리어 죄를 논하기 위해 한 고조와 정공의 일을 끌어다가 비교했습니다. 무릇 회군한 장사를 정공에게 비교할 수 없다는 것은 무릇 유식한 자가 함께 아는 바입니다. 향이 어려서부터 글을 읽어 도리를 알지 못하는 것이 아닌데도 갑자기 이런 말을 발했으니, 마음을 실로 헤아리기 어렵습니다. 엎드려 바라건대,

10  초(楚)나라 항우(項羽)의 장수다. 한(漢)나라 고조(高祖) 유방(劉邦)이 일찍이 싸움터에서 크게 패배하여 쫓기게 되었는데, 그 형세가 자못 위급하게 되자 유방이 자신을 바짝 뒤쫓는 정공(丁公)에게 애걸하여 목숨을 구했다. 그 후 한나라가 초나라를 멸망시킨 뒤에 정공이 고조를 뵙자, 고조가 말하기를 '후세에 남의 신하가 된 사람들로 하여금 정공을 본받지 말도록 하라' 하고 정공을 베었다.

전하께서는 명하여 유사에 내려서 그 직첩을 거두고 그 연유를 국문해 율에 의거해 시행하소서."

다른 일은 그만두고 파직하라고 명했다.

乙丑朔 驅米面山. 是日 獲禽五十餘口 分賜隨駕人員.
을축 삭 구 미면산   시일 획금 오십 여구  분사 수가 인원

丁卯 駕至珍寶驛南 遣人獻禽於宗廟.
정묘 가 지 진보역 남 견인 헌금 어 종묘

賜隨駕大小人 五日人馬料.
사 수가 대소 인 오일 인마 료

兵曹劾請江原道都觀察使李貴山罪 以擅加驅軍火鼎也. 命勿論
병조 핵청 강원도  도관찰사   이귀산 죄 이 천가 구군 화정 야  명 물론

仍釋鄭還囚.
잉 석 정환 수

戊辰 艮方有電.
무진 간방 유전

囚春川都護府使尹愷. 李貴山以尹愷爲行宮支應都差使員 上
수 춘천  도호부사 윤개  이귀산 이 윤개 위 행궁 지응  도차사원   상

知之 命遣還其邑 愷遲留不歸故也. 三日而釋之.
지지 명 견환 기읍 개 지류 불귀 고야  삼일 이 석지

辛未 還次芳林驛東坪置酒 宗親及都鎭撫 代言侍宴. 仍賜酒于
신미 환차 방림역 동평 치주 종친 급 도진무  대언 시연  잉 사주 우

隨駕大小人員.
수가   대소인원

癸酉 次于橫城實美院坪 放還驅軍. 慶尙道都觀察使安騰遣人
계유 차우 횡성 실미원 평  방환 구군  경상도  도관찰사  안등 견인

獻酒一百瓶.
헌주 일백 병

甲戌 雨雪.
갑술 우설

賜表裏李貴山 又賜襦衣于鄭還.
사 표리 이귀산  우 사 유의 우 정환

丙子 還宮.
병자 환궁

丁丑 司憲府上疏 請宜寧府院君南在及李稷 廉致庸 閔無恤 無悔
정축 사헌부 상소 청 의령부원군  남재 급 이직 염치용  민무휼  무회

等罪 不報. 命無恤 無悔在處負薪汲水外 其餘奴婢 鞍馬僕從 竝皆
등 죄 불보 명 무휼 무회 재처 부신 급수 외 기여 노비 안마 복종 병개

移置 禁其往來. 糧米轉輸皆用牛 而不用馬匹 如有以馬匹來往者
이치 금기 왕래 양미 전수 개 용우 이 불용 마필 여유 이 마필 내왕 자

其馬沒官.
기마 몰관

戊寅 朝霧 艮方有雷電.
무인 조무 간방 유 뇌전

全羅道都觀察使朴習上築堤事目. 報云: '金堤郡碧骨堤水門修築
전라도 도관찰사 박습 상 축제 사목 보운 김제군 벽골제 수문 수축

乞送石工三名 則臣聚本道各官軍人 以今月二十日 開基始築.'
걸송 석공 삼명 즉 신 취 본도 각관 군인 이 금월 이십일 개기 시축

庚辰 初設世子幄次於殿庭東階下 初一日及十六日大朝會則百官
경진 초설 세자 악차 어 전정 동계하 초일일 급 십육일 대조회 즉 백관

行禮於世子. 世子幄次在仁政門外 至是設於殿庭.
행례 어 세자 세자 악차 재 인정문 외 지시 설어 전정

宗貞茂使送人及兀良哈千戶等來獻土物.
종정무 사송 인급 올량합 천호 등 내헌 토물

初定麥田租稅法. 秋種大小二麥 至翼年初夏收穫 又種豆 然舊例
초정 맥전 조세법 추종 대소 이맥 지 익년 초하 수확 우 종두 연 구례

只收一年之租 戶曹請再稅. 京畿監司許遲請於收麥之時踏驗 至
지수 일년 지조 호조 청 재세 경기감사 허지 청어 수맥 지시 답험 지

收豆之時又踏驗 通計損實 只收一年之稅 從之. 刑曹判書鄭易請
수두 지시 우 답험 통계 손실 지수 일년 지세 종지 형조판서 정역 청

兩番收租 諸判書咸曰: "若爾 是兩收其租矣."
양번 수조 제 판서 함왈 약이 시 양수 기조 의

上語及失農 兵曹判書朴信進曰: "失農不同 亦多好處. 且今年
상어 급 실농 병조판서 박신 진왈 실농 부동 역 다 호처 차 금년

蕎麥甚好." 戶曹判書尹向曰: "種者固熟 未種者何? 監司多言今年
교맥 심호 호조판서 윤향 왈 종자 고숙 미종 자하 감사 다언 금년

失農 所在艱食 請減租賦分數." 上曰: "隨損給損 固是良法 何必
실농 소재 간식 청감 조부 분수 상왈 수손급손 고시 양법 하필

然也? 且公田則或可如此 大小人員仰給科田 何可槪減分數? 宜隨
연야 차 공전 즉 혹 가 여차 대소인원 앙급 과전 하가 개감 분수 의수

隨損給損之法. 若有給損不平 令民告官爲便." 乃命各道敬差官
수손급손 지법 약유 급손 불평 영민 고관 위편 내명 각도 경차관

寬給損分. 上因問: "近日東幸 得無有弊?" 朴信言: "萬無一弊. 聞
관급 손분 상 인문 근일 동행 득무 유폐 박신 언 만무 일폐 문

守令等云: '如此行幸 雖一秋再出 何害於民?'" 上哂之.
수령 등 운 여차 행행 수 일추 재출 하해 어민 상 신지

吏曹上吏典遷轉法. 啓曰:"各司吏典 權知直長 三房都目去官
이조 상 이전 천전 법 계왈 각사 이전 권지 직장 삼방 도목 거관

實十五人處 一年用一人 次年用二人 單五人處 隔一年敍用 以爲
실 십오 인 처 일년 용 일인 차년 용 이인 단 오인 처 격 일년 서용 이위

恒式." 從之.
항식 종지

吏曹又啓:"戶曹令史二 例受算學博士; 權知重監二 受其曹重監;
이조 우계 호조 영사 이 예수 산학박사 권지 중감 이 수 기조 중감

昭格殿書題二 受其殿殿直; 養賢庫錄事二 受其庫錄事 未去官前
소격전 서제 이 수 기전 전직 양현고 녹사 이 수 기고 녹사 미 거관 전

依式受職 其他苦務各司吏典 以長年前衙仕上直 甚爲不均. 將戶曹
의식 수직 기타 고무 각사 이전 이 장년 전함 사 상직 심위 불균 장 호조

算學博士一 重監一 昭格殿直一 養賢庫錄事一等祿官 以六曹令史
산학박사 일 중감 일 소격전 직 일 양현고 녹사 일등 녹관 이 육조 영사

及事務煩多各司吏典 初二番中 一度敍用受祿何如?" 從之.
급 사무 번다 각사 이전 초 이번 중 일도 서용 수록 하여 종지

命吉州道察理使 永吉道都巡問使 進松骨鷹.
명 길주도 찰리사 영길도 도순문사 진 송골 용

禮曹申勸學法. 啓曰:"各道教授官 學長教訓能否 生徒受業勤慢
예조 신 권학법 계왈 각도 교수관 학장 교훈 능부 생도 수업 근만

依成均館 五部學堂例 每月季 教訓經書 受業勤慢 令監司推覈
의 성균관 오부학당 예 매월 계 교훈 경서 수업 근만 영 감사 추핵

移關本曹考察." 從之.
이관 본조 고찰 종지

辛巳 遣大護軍李君實于伊川. 群臣啓事畢皆出 吏曹判書朴訔
신사 견 대호군 이군실 우 이천 군신 계사 필 개출 이조판서 박은

兵曹判書朴信後 信啓曰:"今觀講武之所 莫若海州. 雖已許人入接
병조판서 박신 후 신 계왈 금관 강무 지소 막약 해주 수 이 허인 입접

請定監考 禁私獵." 上曰:"海州路遠 春等講武回來時 卜馬多顚仆
청정 감고 금 사렵 상왈 해주 노원 춘등 강무 회래 시 복마 다 전부

者. 予年至五十 講武幾許? 觀世子氣象 必好田獵 吾用是 前者於
자 여 연지 오십 강무 기허 관 세자 기상 필호 전렵 오용시 전자 어

海州串內許人入接 而不禁私獵 不復爲海州之行也. 卿等善定講武
해주곶 내 허인 입접 이 불금 사렵 불부 위 해주 지 행야 경등 선정 강무

常所." 訔 信啓曰:"海州比他處 雖有一二宿之遠 講武無如此所.
상소 은 신 계왈 해주 비 타처 수유 일이 숙지원 강무 무 여차 소

乞於海州串內及烟鳳等處禁私獵." 上曰:"伊川可以爲講武之所."
걸어 해주곶 내 급 연봉 등처 금 사렵 상왈 이천 가이 위 강무 지소

乃遣君實行視.
내 견 군실 행시

壬午 遣工曹判書趙狷 左軍同知摠制姜淮仲如京師 賀正也.
임오 견 공조판서 조견 좌군동지총제 강회중 여 경사 하정 야

癸未 上詣仁德宮設享. 世子及宗親侍宴 極歡而罷.
계미 상 예 인덕궁 설향 세자 급 종친 시연 극환 이 파

乙酉 上奉上王如豐壤縣觀獵.
을유 상 봉 상왕 여 풍양현 관렵

丙戌 次加平愁火伊山. 上親射大豵獲之 見者危之.
병술 차 가평 수화이산 상 친사 대희 획지 견자 위지

丁亥 巽乾方微雷 乾方且有電光.
정해 손 건방 미뢰 건방 차유 전광

上奉上王還宮 各司詣闕起居. 上怒其非口傳行幸而會各司 囚
상 봉 상왕 환궁 각사 예궐 기거 상 노 기 비 구전 행행 이 회 각사 수

禮曹佐郎李審 旣已釋之.
예조좌랑 이심 기이 석지

帝賜我銅人圖. 千秋使吳眞回自京師 禮部咨曰: "準國王咨 該
제 사 아 동인도 천추사 오진 회자 경사 예부 자왈 준 국왕 자 해

本國針灸方書鮮少 移咨奏請 給降銅人 取法便益. 本部官欽奉
본국 침구 방서 선소 이자 주청 급강 동인 취법 편익 본부 관 흠봉

聖旨: '着太醫院畫兩簡與他去.' 欽此 行移太醫院 綵畫針灸銅人仰
성지 착 태의원 화 양개 여 타거 흠차 행이 태의원 채화 침구 동인 앙

伏二軸 就付吳眞領回." 眞啓曰: "韃靼等在開平府 欄截野人朝獻之
복 이축 취부 오진 영회 진 계왈 달단 등 재 개평부 난절 야인 조헌 지

路 帝命征之 韃靼乞降 進馬三千以謝. 又有外國進獅子 廷臣稱賀."
로 제 명 정지 달단 걸항 진마 삼천 이사 우유 외국 진 사자 정신 칭하

禮曹請進賀 上曰: "觀傳記 無以得獅子爲瑞 獨佛家言獅子耳. 天下
예조 청 진하 상왈 관 전기 무이 득 사자 위서 독 불가 언 사자 이 천하

固謂東方知禮 今若往賀 豈不取笑於人乎?"
고위 동방 지례 금약 왕하 기불 취소 어인 호

戊子 雨 雷電.
무자 우 뇌전

敬承府尹李玄卒 遣內官弔慰致賻 且賜棺槨.
경승부 윤 이현 졸 견 내관 조위 치부 차 사 관곽

己丑 刷卷色上聽訟事宜:
기축 쇄권색 상 청송 사의

"一 屬公奴婢內未立奴婢 使贈與當身及其子孫現存者 以他
일 속공노비 내 미립 노비 사 증여 당신 급 기 자손 현존 자 이타

奴婢 依前受敎充立. 若贈與人無子息身故者 令其傳得奴婢者充立
노비 의전 수교 충립 약 증여 인 무자식 신고 자 영 기 전득 노비 자 충립

何如?"
하여

"右條 依啓聞施行."
우조 의 계문 시행

"一 勢處贈與奴婢屬公後 或從良 或屬他 雖有明文 其初欲買官
일 세처 증여 노비 속공 후 혹 종량 혹 속타 수유 명문 기초 욕 매관

免罪 將不實奴婢贈與 則宜令贈與當身子孫與其奴婢傳得人充立
면죄 장 불실 노비 증여 즉 의령 증여 당신 자손 여기 노비 전득 인 충립

然屬公之後 從良 屬他 旣有明文 則更合無擧論."
연 속공 지후 종량 속타 기유 명문 즉 갱합 무 거론

"右條 屬公後從良 屬他 如有明文 則毋擧論."
우조 속공 후 종량 속타 여유 명문 즉 무 거론

"一 各司奴婢內 私處已曾得決使用奴婢 辛巳年後形止案暗錄
일 각사 노비 내 사처 이증 득결 사용 노비 신사년 후 형지안 암록

而已 不推立役. 今刷卷次 現出奴婢 以其役使者不得限內呈狀更辨
이이 불추 입역 금 쇄권 차 현출 노비 이기 역사 자 부득 한내 정장 갱변

從公處形止案施行 似爲未便. 私處得決使用 而公處無更得明文
종 공처 형지안 시행 사위 미편 사처 득결 사용 이 공처 무 갱득 명문

但於形止案暗錄者 限內呈未呈勿論 主掌官移送更辨 從正施行
단 어 형지안 암록 자 한내 정 미정 물론 주장관 이송 갱변 종정 시행

如何?"
여하

"右條 移送主掌官辨理."
우조 이송 주장관 변리

"一 從前未辨帳施行 各司使令定屬之人 役使已久 外方形止案 或
일 종전 미 변장 시행 각사 사령 정속 지인 역사 이구 외방 형지안 혹

以奴婢施行 京中形止案則 以使令載錄 一司屬一根之人 京外良賤
이 노비 시행 경중 형지안 즉 이 사령 재록 일사 속 일근 지인 경외 양천

互相施行 實爲未便. 勿論限內呈未呈 亦令主掌官閱實 從正施行
호상 시행 실위 미편 물론 한내 정 미정 역령 주장관 열실 종정 시행

何如?"
하여

"右條 京中各司屬未辨帳施行人 一根外方形止案以奴婢載錄者
우조 경중 각사 속 미 변장 시행 인 일근 외방 형지안 이 노비 재록 자

其一根眞僞 辨正施行."
기 일근 진위 변정 시행

"一 從前各司奴婢定屬時 父母兄弟分屬 而不得相資以生 生理
일 종전 각사 노비 정속 시 부모형제 분속 이 부득 상자 이생 생리

艱苦 今以父母同腹一司合屬 其於移屬各司 以他奴婢充屬 今刷卷
간고 금 이 부모 동복 일사 합속 기어 이속 각사 이타 노비 충속 금 쇄권

之時所現奴婢 亦於各其父母同腹屬處施行."
지시 소현 노비 역어 각기 부모 동복 속처 시행

"右條 依啓聞施行."

刑曹啓: "各司漏落奴婢陳告者有賞 故無識人等 將傳繼明白他人奴婢及良人 汎濫陳告者 容或有之. 自今他人奴婢陳告者 依冒認他人奴婢律; 良人陳告者 依壓良爲賤律論罪." 從之.

收前判司宰監事金孝孫 禮曹正郞尹祥職牒 永不敍用. 憲司請二人曾爲都官員 誤決良賤之罪.

壬辰 以成石璘爲領議政府事 河崙左議政 南在 柳亮文城府院君 李貴齡檢校右議政.

癸巳 艮方有電光.

特賜左議政河崙奴婢三十口. 卒全普門妻宋氏無後而死 臧獲甚多 其族親互相爭奪 訴訟不已. 至甲申年 上以皆無傳繼明文屬公 河崙等猶各執役使. 至是爲刷卷色所推 崙乃獨啓曰: "役使已久 主奴相親 分離實難. 乞以功臣受賜奴婢 照名換納." 上曰: "崙 國家所重 何惜數十口奴婢乎?" 命勿換納 盡以與之.

戶曹判書尹向免. 向嘗啓: "戊辰回軍之擧 專是太祖應天順人 仗義而行 非諸將之功 揆之漢高 丁公之事 則得免罪責足矣. 草創之日與守成之時 經權不同 乞回軍功臣田地 勿許還給 以立朝鮮萬世之法." 至是 刑曹劾請其罪 司諫院亦上言: "歲在戊辰 崔瑩誑誘其主 妄興師旅 侵犯上國 我太祖擧義回軍 以保東方. 其有功德於民 可勝言哉? 然則回軍之時 順義將士之功 不爲少矣 其示

褒賞之典宜矣. 今向請收功臣之田 反欲論罪 至引漢祖 丁公之事
포상 지전 의의　금향 청수 공신 지전 반욕 논죄　지인 한조　정공 지사

爲比. 夫回軍將士之不可比諸丁公 凡有識者所共知也. 向自幼讀書
위비　부 회군 장사 지 불가 비저 정공　범 유식자 소공지 야　향 자유 독서

非不知理也 遽發此言 心實難測. 伏望殿下 命下攸司 收其職牒
비부 지리 야 거발 차언 심 실 난측　복망 전하　명하 유사　수 기 직첩

鞫問其由 依律施行." 命除他事罷職.
국문 기유　의율 시행　명제 타사 파직

태종 15년 을미년
11월

# 十一月

**갑오일(甲午日-1일)** 초하루에 화성(火星)이 진현성(進賢星)을 범했다.

○ 사헌부에서 영돈녕부사(領敦寧府事-돈녕부 영사) 이지(李枝, 1349~1427년)[1]를 탄핵했으니, 고(故) 중추원 부사(中樞院副使) 조화(趙禾)의 아내 김씨(金氏)에게 장가든 때문이다. 김씨는 문하시랑 찬성사(門下侍郎贊成事) 주(湊)의 딸이다. 아름답고 음란하여 늙을수록 더욱 심했고, 형제와 어미가 모두 추한 소문이 있었다. 기묘년(己卯年-1399년)에 헌사(憲司)에서 형(刑)에 처치하고자 했는데, 세력을 이용해 벗어나고 외방에 유배 갔었다. 이때에 이르러 헌사에서 또 탄핵하니, 상이 듣고 헌부에 뜻을 전해 말했다.

"아내 없는 남자와 남편 없는 여자가 스스로 서로 혼인하는 것을 어찌 반드시 묻겠는가? 하물며 지(枝)가 계실(繼室)을 취(娶)한 것을 내가 실로 아니 다시는 핵론(劾論)하지 말라."

---

1  태조의 종제(從弟)다. 8세 때 부모를 여의고 이왕기(李王琦)의 집에서 양육되었다. 뒤에 태조의 배려로 잠저(潛邸)에서 생활하면서 항상 가까이 있었다. 1388년 위화도회군 당시 중랑장(中郎將)으로 정예기마병을 인솔하고 앞장서서 큰 공을 인정받았다. 1392년 조선이 건국되면서 원종공신(原從功臣)이 되어 상호군(上護軍)에 오른 뒤, 이조·호조·예조의 전서(典書)를 거쳐 순녕군(順寧君)에 봉해졌고, 좌상군사(左廂軍士)를 겸했다. 1398년(태조 7년) 이방원(李芳遠)이 정도전(鄭道傳)·남은(南誾) 등을 제거한 1차 왕자의 난 당시 연루되어 귀양을 갔다가, 1400년 방원이 왕위에 오르자 유배에서 풀려나 다시 순녕군에 봉해졌다. 1414년(태종 14년) 영공안돈녕부사(領恭安敦寧府事)에서 우의정에 오른 뒤 좌의정을 거쳐 1418년 영의정으로 치사했다가 다시 영돈녕부사가 됐다.

애초에 김씨가 이지에게 시집가기를 꾀하면서 아들 명초(明初) 등이 알지 못하게 했다. 어두운 저녁에 지가 이르니, 명초가 그제야 알고서 지의 목덜미를 잡고 함께 땅에 쓰러져서 목놓아 슬피 울며 말렸으나 어쩔 수가 없었다. 김씨가 이미 동뢰(同牢)²하고 나서 이튿날 사람들에게 말했다.

"나는 이분이 늙었는가 했더니, 마침내 참으로 늙지 않은 것을 알았다."

김씨의 그때 나이 57세였다.

○ 전라도(全羅道) 고창현(高敞縣) 선군(船軍) 주안도(朱安道)의 아내 여귀(黎貴)의 마을을 정표(旌表)했다. 도관찰사(都觀察使) 박습(朴習)이 보고했다.

'여귀는 학사(學士) 김인우(金仁祐)의 딸입니다. 안도(安道)가 병을 얻으니 여귀가 시탕하기를 게을리하지 않았는데, 달이 넘어서 안도가 죽자 여귀가 바야흐로 임신 중인데도 시체를 안고 지나치게 슬퍼하므로 그 어미가 힘써 말리기를 "임신한 여자가 상(喪)에 임해 너무 애통해하면 안 된다"라고 하고 데리고 집으로 돌아갔습니다. 이날 저녁 여귀가 뽕나무에 올라가 목매어 죽었습니다. 여귀의 나이 겨우 [甫]  26세였습니다. 바야흐로 임신 중에 있으면서 생명을 가볍게 하여 자진(自盡)해 함께 죽어서 동혈(同穴-한 구덩이에 묻힘)한다는 맹세를 확연히 바꾸지 않았으니, 마땅히 문려(門閭)를 정표(旌表)해 후래

---

2  신랑·신부가 신방(新房)에 들기 전에 술잔을 나누고 음식을 먹는 의식이다. 이때 남은 음식은 싸서 본가(本家)로 보냈다.

488

에 보이소서.'

상이 그대로 윤허하고[依允] 상장(喪葬)의 물자를 양의(量宜-마땅함
을 헤아림)해주라고 명했다.

○ 사헌부에서 전사 소윤(典祀少尹) 민의생(閔義生), 의성 현령(義
城縣令) 최사유(崔士柔)의 죄를 청했다. 이지로(李智老)란 자가 있어
일찍이 탐오불법(貪汚不法)한 데 좌죄(坐罪)돼 장(杖) 100대, 유(流)
3,000리에 처해졌는데, 의생(義生) 등이 일찍이 병조 무선사(武選司)
가 돼서 지로(智老)를 천거해 달량 만호(達梁萬戶)를 시킨 때문이다.
(죄를) 논하지 말라고 명했다.

○ 좌군도총제(左軍都摠制) 박자청(朴子靑)을 경사(京師)에 보냈으
니, 「동인도(銅人圖)」를 준 것을 사례하기 위함이다.


**병신일(丙申日-3일)**에 외방(外方)에 있는 제수(除授)한 2품 이상은
조계(朝啓)에 나와 참여하도록 명했으니, 외방의 일을 물어보고자 함
이었다.

○ 사간원에서 소를 올려 윤향(尹向)의 죄를 청했다. 소는 대략 이
러했다.

'무진년(戊辰年)에 위주(僞主-가짜 임금) 신우(辛禑)의 광망(狂妄)함
과 그 신하 최영(崔瑩)의 잔인함으로 인해 농사철에 군사를 일으켜
상국을 침범했으니, 만일 우리 태조께서 여러 장사를 거느리고 거의
(擧義)해 회군하지 않았더라면 생령(生靈)은 반드시 도탄에 이르렀
을 것입니다. 그렇다면 태조의 높은 공과 성덕(盛德)은 마땅히 만세
에 썩지 않을 것이고, 의거에 순종한 장사의 공도 어찌 작다고 하겠

습니까? 또 회군하던 처음에 신우(辛禑)의 아들 신창(辛昌)을 세웠다가, 조금 뒤에 신창이 왕씨가 아니라 하여 다시 왕씨의 후손을 세웠고, 공양왕(恭讓王)이 혼미해 왕위를 잃은 연후에는 신민에게 압박을 받아 어쩔 수 없이 왕위에 올랐습니다. 우리 태조께서 애초에 어찌 왕씨에게 두 마음이 있었겠습니까? 상국에 충성한 것과 왕씨에게 마음을 다한 것은 비록 만세의 뒤에도 알 수 있는 것입니다. (그런데) 지금 향(向)이 도리어 회군공신을 죄가 있다 해 정공(丁公)에 비교했으니, 신 등은 생각건대 회군의 의거가 한 고조(漢高祖)와 정공의 일과는 절대로 같지 않은데도 향이 탄망(誕妄)한 말로 끌어다가 비교해 우리 태조의 성덕(盛德)에 누가 되게 했으니, 그 죄가 어찌 파직에 그치겠습니까? 벌이 죄에 맞지 않으니 매우 섭섭함이 있습니다. 바라건대, 유사에 내려서 율에 의거해 시행하소서.'

사헌부에서도 소를 올려 청하니, 상이 말했다

"향이 만일 다른 마음이 있다면 어찌 내게 고했겠는가? 이것은 다만 고론(高論-고담준론)하기를 좋아한 것일 뿐이다. 만일 경중을 따진다면 내가 어찌 윤향을 아끼고 태조를 돌아보지 않겠는가? 이에 [其] 더는 말하지 말라."
　기

　○ 권우(權遇)·정초(鄭招, ?~1434년)[3]·정연(鄭淵) 등에게 수속(收贖)

---

3　정희(鄭熙)의 아들이다. 1405년(태종 5년) 문과에 급제하고, 1407년 중시에 합격했다. 이조판서·대제학을 지냈다. 세종 초의 과학 사업에 중요한 소임을 맡아 정인지(鄭麟趾)·정흠지(鄭欽之)와 함께 대통통궤(大統通軌)를 연구, 『칠정산내편(七政算內篇)』을 편찬하고, 간의대(簡儀臺)를 제작, 설치하는 일을 관장했다. 그 밖에도 왕명에 의해 『농사직설(農事直說)』·『회례문무악장(會禮文武樂章)』·『삼강행실도』 등을 편찬했다.

한 것과 과전(科田)을 주라고 명했다.

상이 가을철 부시 방목(賦詩榜目)에 사재감 정(司宰監正) 정초의 이름이 있는 것을 보고 말했다.

"내가 생각건대 초(招)는 장차 시문(詩文)에 쓸 만하다고 하여, 죄를 받아 폄출(貶黜)한 가운데에서 발탁했다."

형조판서 정역(鄭易)이 아뢰어 말했다.

"초가 죄를 받을 때에 원종공신(元從功臣)의 아들로 은유(恩宥)를 입지 못했으니, 일반인들과 다를 것이 없습니다. 권우·정연도 그렇습니다."

상이 큰 소리로 말했다.

"대언(代言) 등은 그런 때를 당해서 어찌 고하지 않았는가?"

한상덕(韓尙德)이 말했다.

"죄가 무겁기 때문에 신 등이 감히 아뢰지 못했습니다."

상이 말했다.

"내가 너희들이 아뢰지 않은 뜻을 안다. 이런 때를 당해 내가 노하여 하지(下旨)하기 때문에 아뢰지 않은 것일 뿐이다. 만일 바르지 않아서 노했다면 너희들이 어째서 말하지 않는가? 원종공신을 용서하는 것이 후세에 미치는 것은 수판(受判)[4]한 일이고 나의 사정(私情)이 아닌데, 아뢰지 않았으니 대언의 죄다."

---

4  교지(敎旨)를 받는 것이다. 고려가 원(元)나라의 지배를 받으면서 격을 낮춰 왕지(王旨)를 판지(判旨)라고 부른 데서 나온 말로, 수교(受敎)와 같다.

마침내 이런 명이 있었다. 상이 말하다가 대간(臺諫)이 일을 말하는 것이 쇄쇄(瑣碎-자질구레함)하다는 말에 미치자 이렇게 말했다.

"말할 만한 일이 없는 때를 당하면 비록 일을 논하지 않더라도 직책을 비우는 것이 되겠는가? 그러나 공의(公議)가 두려워서 반드시 사단(事端)을 지적해 언사(言事)의 이름을 바라니, 이렇다 이를 만한 것이 없는 것이다."

정역이 말했다.

"근래에 대간이 조계(朝啓)에 참여하지 못해 정령(政令)을 알지 못하니, 말할 바를 알지 못합니다. 청컨대 조계에 들어와 참여하도록 명하소서."

상이 말했다.

"옛날에 입참(入參)하게 했었는데, 입참하면 말하지 않고 물러가면 소(疏)를 갖추어 논렬(論列)하기 때문에 미워서 입참하지 못하게 한 것이다. 저들이 비록 밖에 있더라도 어찌 알지 못하겠는가? 또 육조와 대신이 일의 옳고 그른 것을 보면 곧 행하고 폐지할 것을 건백(建白-건의)해 마땅히 다하지 않는 것이 없을 것이다. 어찌 대간이 입참해 일을 논하는 것에 힘입겠느냐?"

정유일(丁酉日-4일)에 종친을 거느리고 광연루(廣延樓) 아래에서 격구(擊毬)를 하고, 이어서 술자리를 베풀어 날이 저물어서야 마쳤다.

무술일(戊戌日-5일)에 사헌부에서 지송(止訟)의 사의(事宜)를 올렸다. 아뢰어 말했다.

"갑오년(甲午年-1414년) 12월 기한 안에 격고(擊鼓)해 신정(申呈)한 소장[所志] 내의 한쪽에 전부 준 일, 잘못되어 수리(受理)하지 않은 일이 일찍이 변정(辨正)을 거친 것은 시비를 물을 것 없이 모두 중분(中分)해서 교지(敎旨)에 의거해 시행하소서. 갑오년 6월 내에 변정도감(辨正都監)에 정장(呈狀)했다가 즉시 퇴각을 당한 자 및 외방 관찰사에게 정장했다가 퇴각을 당한 자가 한결같이 기한 안에 격고해 신정한 것으로 말하면, 일찍이 변정을 거친 것과 그릇 수리하지 않은 것의 예에 의거해 중분(中分)하고자 소송하는 자가 매우 많은데, 이미 일찍이 퇴장(退狀)한 일을 그릇 수리하지 않은 예에 의하는 것은 불편하니 빌건대 청리(聽理)를 허락하지 마소서."

가르쳐 말했다.

"갑오년 6월에 서울과 외방의 변정이 즉시 퇴장(退狀)한 일은 청리하지 말라."

○ 헌부(憲府)에서 수교(受敎)했다.

"신사년(辛巳年-1401년) 형지안(形止案)에 연고(緣故)에 따라 시행한 노비와 신사년 이후에 투속(投屬)한 노비는 바른 원칙에 따라 결절(決折)해, 속공(屬公)하는 것도 당사자에 한해 속공하고 사처(私處)에도 당사자에 한해 속사(屬私)하라."

○ 한성부 윤(漢城府尹) 이안우(李安愚)가 파면됐다. 이에 앞서 상이 월랑(月廊)에 나와 꿇어앉아 향(香)을 전하면 향축(香祝)을 받는 자가 문에 들어와 땅에 엎드렸다가 나와서 꿇어앉아 향을 받았다. 상이 말했다.

"향축을 받기 위해 문에 들어와 땅에 엎드리는 것은 의리상으로 자연스럽지 못하니, 금후로는 문에 들어와 땅에 엎드리는 것은 없애라."

전달 그믐에 종묘행향사(宗廟行香使) 마천목(馬天牧), 계성전 행향사(啓聖殿行香使) 이안우(李安愚) 등이 대궐에 나아오니, 지신사(知申事) 유사눌(柳思訥)이 말했다.

"금후로는 향을 받을 때는 문에 들어와 땅에 엎드리는 것은 없애시오."

안우(安愚) 등이 잘못 듣고 생각하기를 '향을 받을 때는 꿇어앉지 않는 것이구나' 하여, 향을 전할 때 이르러 서서 받았다. 상이 여러 대언(代言)을 꾸짖어 말했다.

"너희들은 근신(近臣)이 되어 어째서 이런 사람들을 가르치지 않았느냐? 내가 즉위한 지 16년 만에 일찍이 이런 일은 보지 못했다."

그 참에 육조판서에게 명해 여러 대언이 제대로 가르치지 않은 죄를 물으니, 사눌(思訥)과 탁신(卓愼)·조말생(趙末生)이 모두 관을 벗고 초사(招辭)를 바치자 한참 만에 일이 정지됐다[事寢]. 뒤에 다시 육조에 명해 마천목·이안우 등이 전향(傳香)을 서서 받은 죄를 물으니 육조에서 초사를 받아 아뢰었는데, 임금이 모두 용서했다. 이때에 이르러 헌부가 실례(失禮)한 죄를 탄핵해 청했기 때문에, 안우를 파직시키고 천목은 공신이니 논하지 말라고 했다. 헌부에서 다시 율에 의거해 죄 주기를 청하니 상이 말했다.

"정직(停職)으로 족한 것이다. 어찌 반드시 무겁게 논하겠느냐?"

명했다.

"이제부터 향축을 친히 전할 때 판통례문사(判通禮門事-통례문 판사)로 하여금 집례(執禮)하게 하는 것을 항식으로 삼으라."

기해일(己亥日-6일)에 편전에서 일을 보았다. 명해 말했다.

"이제부터 사직하는 인원이 (사직서를) 승정원에 올리면 계달할 것 없이 이조·병조에 나눠 내려보내, 전주(銓注)할 때 계문(啓聞)해 주수(注授-임명)하라."

○사헌부에서 아뢰어 말했다.

"송화 현감(松禾縣監) 유흡(柳洽)이 그 임기[考]가 차지 않았는데 차례를 건너 좌랑을 제수했으니, 이 때문에 고신(告身)을 서경(署經)⁵ 하지 않은 지 거의 50일이 되었습니다."

상이 말했다.

"내가 듣건대 대원(臺員)이 흡(洽)을 탄핵한다 하나, 이것은 흡의 죄가 아닌데 반드시 흡에게 물으니 대원이 정식(程式-규정)에 맞지 않음이 심한 것이다. 근년에 (대간에) 적합한 사람을 얻지 못해 매번 장소(章疏)로 인해 그 글을 만든 것이 고루한 것을 비웃게 된다. 만일 사관(史官)이 곧장 그 글을 실어 후세에 전한다면 그 수치가 심할 것이다. 이제부터는 반드시 고금에 통달한 자를 쓰도록 하라."

○유사눌(柳思訥)이 아뢰어 말했다.

"대소신료가 자기의 사정을 말하고자 상서(上書)하는 것이 대단히

---

5 임금이 관원(官員)을 서임(敍任)한 뒤에 그 사람의 성명(姓名)·문벌(門閥)·이력(履歷)을 갖춰 써서 대간(臺諫)에게 그 가부(可否)를 구하는 일이다. 고려 때는 1품(一品)에서 9품(九品)까지 모든 관원의 임명(任命)에 대간의 서경(署經)을 거쳤으나, 조선 때는 관교(官敎)의 실시로 대개 5품 이하의 관원만 서경했다.

많아서 상총(上聰-임금의 귀)을 번거롭게 합니다."

상이 말했다.

"그 글을 떼어보고[拆見] 매번 육조에 내려 그 잘잘못을 토의해서,
만일 불실(不實)한 것이 있으면 제 욕망을 이루기를 도모하고 제 죄
를 면하기를 꾀해 거짓말하고 사실대로 하지 않는다는 율로 죄 주어
항식(恒式)으로 삼으라."

○ 상이 여러 판서에게 일러 말했다.

"딸 하나가 있는데 나이는 아직 어리나 국가에 일이 없는 때 마땅
한 사람[適人]에게 보내고자 해서, 대언(代言) 등에게 명해 4~5품 이
하 사부(士夫)의 집 아들을 널리 구해 부마(駙馬)를 삼으려고 하니,
어제 여러 대언이 세 사람을 아뢰었다. 그중에서 의정(議政) 남재(南
在)의 손자⁶가 명격(命格)에 그런대로 부합하기에 이제 이미 정했다.
부마가 되는 자는 빈천(貧賤)을 걱정할 것이 없다. 문벌(門閥) 자손의
경우에는 교만하고 부귀한 데 습관이 돼 패망하지 않는 것이 적다.
그러므로 내가 특별히 관직이 낮은 족속(族屬) 가운데 과부의 아들
과 같은 자를 취해 이를 삼으려는 것이다. 이 아이가 비록 의정(議政)
의 손자이기는 하나, 의정이 이미 늙었고 그 아비가 일찍 죽어서 과
부 어머니에게서 자라났으니 단연코[端] 교만하고 방종하지 않을 것
이다. 내가 일찍이 여러 사위를 보니, 처음에 사위를 삼을 때 평양
백(平壤伯) 조준(趙浚)이 개국원훈이고 나라와 휴척(休戚)을 같이하
기 때문에 사적에 실린 것과 황조(皇朝)의 일을 널리 보았으리라 여

--------
6    남휘(南暉)를 말한다. 그 손자가 남이(南怡) 장군이다.

겨 그 아들 조대림(趙大臨)으로 부마를 삼았는데, 무자년 겨울에 과연 목적(睦賊-목인해)에게 오도(誤導)돼 하마터면 제명에 죽지 못할 뻔했다. 만일 내가 천륜지정(天倫至情)에 측연해 마음을 다해 추명(推明)하지 않았더라면 그 후회되는 것을 이루 말할 수 있겠는가? 이것은 여러 경이 함께 목격한 일이다. 그때 이무(李茂)가 재상이었는데, 반드시 속히 다스리려 해 (내가) 거의 큰 웃음거리를 남길 뻔했다. 청평군(淸平君)의 아비 이거이(李居易)도 대죄(大罪)에 좌죄됐는데 아들 때문에 고종명(考終命)할 수 있었으니, 아비가 비록 죄가 있더라도 아들이 부마이면 일의 난처하기가 더 심할 수 없다. 그러므로 지금 벼슬이 낮은 집에서 구하면 거의 교만한 버릇[驕蹇之習]이 없을 것이다."

○ 대언이 아뢰었다.

"걸식하는 사람 중 미처 진휼을 받지 못해 충녕대군(忠寧大君)에게 여쭌 자가 있습니다."

상이 말했다.

"서울과 외방의 굶주린 백성을 이미 유사(有司)로 하여금 자세히 물어서 진제(賑濟)하게 했는데, 무슨 까닭으로 유사가 빠짐없이 물어서 고루 주지 못해 스스로 대군에게 말하게 했는가? 대군은 다만 내가 굶주리고 추워하는 사람을 불쌍히 여기는 것을 보았기 때문에 듣고 본 것이 있어서 곧 반드시 와서 고하게 한 것이다. 지난번에 이와 같은 자가 있었는데, 내가 특별히 주라고 명했다. 그러나 어찌 유사가 법을 받들지 못해 요행히 한번 왕자(王子)를 보고 스스로 말해서 먹이를 구해 진제를 얻는 이치가 있겠는가?"

박신(朴信)이 아뢰어 말했다.

"이것은 호조(戶曹)의 허물입니다."

정역(鄭易)이 말했다.

"대군께서 굶주리고 추운 사람을 마음으로 불쌍히 여기기 때문에 문득 상문(上聞)한 것입니다. 만일 불가하다고 한다면 하정(下情)이 상달할 길이 없으니, 백성은 더욱 곤할 것입니다."

상이 말했다.

"그렇지만 마땅히 주장하는 자가 있어야 한다. 대군 등은 사체(事體)가 다르니 응당 이렇게 하지 않아야 한다. 마땅히 해당 부령(部令)을 추문하여 막고 고하지 않은 죄를 힐문하라."

일을 아뢰는 것이 장차 끝나려 할 때, 상이 여러 판서에게 눈짓하면서[目] 말했다.
목

"노비를 결단한 뒤에 공문(公文)을 만들지 않을 수 없으니 마땅히 도관(都官)에 신정(新呈)한 것은 모두 중분(中分)하게 해 속히 공문을 주겠지만, 그 중분(中分)하는 토의는 어떠한가?"

박은(朴訔)이 대답했다.

"노비의 법은 진실로 때에 미쳐서 하지 않을 수 없습니다. 만일 지금을 놓치고 하지 않으면 영구히 할 날이 없을 것이고, 여러 해 결절(決折)을 하고 공문을 만들지 않으면 쟁단(爭端)이 다시 일어날 것입니다. 그러나 중분한다는 의견은 잘못입니다. 지난번에 변정할 때에 본래 일이 이러할 수도 저러할 수도 있어 결단하기 어려운 것만 중분하도록 허락한 것입니다. 사리(事理)가 전혀 굽은 것을 또한 시비를 묻지 않고 모두 중분(中分)하게 한다면 어찌 모람(冒濫)하고 원통하고 억울한 것이 심한 경우가 없겠습니까? 이왕의 일은 다시 구제할 수 없지만, 어찌 지난 일을 답습해 다시 이러한 일을 할 수 있겠습니까? 지금 도관(都官)에 새로 신정(申呈)한 것이 또한 심히 많지 않으니 속히 결단할 수 있습니다. 만일 또 중분하게 하면 민심이 장차 이르기를 '시비를 물을 것 없이 장(狀)만 바치면 반드시 받는 것을 얻을 이치가 있다'고 해서, 한쪽으로 쏠리며[靡然] 서로 따라 쟁송(爭訟)하는 일이 날마다 일어날 것이니, 더욱 속히 결단할 수 없습니다."

박신도 중분하는 것은 불가하다고 하니 상이 말했다.

"그러면 공문(公文)을 주지 않겠는가?"

모두 대답해 말했다.

"지난여름에 가뭄으로 인해 자원해서 이를 하도록 했으나 사람이 모두 하고자 하지 않으니, 누가 하려고 하겠습니까? 사람들이 걱정하는 것은 수(數)를 한정하는 데 있습니다."

상이 말했다.

"수를 한정하는 법에 대해서는 나도 이익됨은 없고 원망을 산다고 생각한다. 한정하지 않는 것이 낫겠다."

모두 말하기를 대단히 좋다고 했다.

○ 골간올적합(骨看兀狄哈) 백호(百戶) 저용개(這容介)가 머물러 시위(侍衛)하기를 청하니, 그것을 따랐다.

○ 지삼등현사(知三登縣事-삼등현 지사) 임자현(林子賢)을 파직했다. 사헌부에서 아뢰어 말했다.

"수령의 잘하고 잘못하는 것은 한결같이 감사의 출척(黜陟)에 따라서 감히 혹시라도 어기지 못합니다. 전번에 지삼등현사 임자현이 금령(禁令)을 따르지 않고 때가 아닌데 백성을 노역시켜 망령되이 토목(土木)을 일으켰으므로 그 도의 감사가 법에 의거해 파직시켰는데, 지금 다시 그 직임을 주니 악을 징계할 길이 없을 뿐 아니라 성법(成法)에도 어긋남이 있습니다. 빌건대 그 직을 파면해 불법을 징계하소서."

그것을 따랐다.


경자일(庚子日-7일)에 유관(柳觀)을 검교 의정부 찬성(檢校議政府贊成)[7], 황희(黃喜)를 의정부 참찬(議政府參贊), 심온(沈溫)을 호조판서(戶曹判書), 노구산(盧龜山)을 좌군총제(左軍摠制)로 삼았다.


신축일(辛丑日-8일)에 윤향(尹向)을 추방해 전리(田里)로 돌아가게 했다.


임인일(壬寅日-9일)에 이제부터 진상(進上)하는 의대(衣襨)의 보자기와 자리에 선 두르는 것을, 가는 명주를 쓰지 말고 8승(升) 이하의 명주를 써서 하라고 명했다.


계묘일(癸卯日-10일)에 아침 안개가 자욱했다.
○ 동교(東郊)에서 매사냥을 구경했다.

---

7  '검교'란 여말선초(麗末鮮初)에 정원(定員) 이외의 사람에게 녹봉을 주기 위해 내린 벼슬 앞에 붙이는 칭호로, 실직(實職)이 아닌 허직(虛職)임을 말한다.

갑진일(甲辰日-11일)에 의정부 찬성(議政府贊成) 이하가 번갈아 조계(朝啓)에 들어올 것을 명했다. 정부가 조계에 참여한 것은 이때부터 시작됐다.

○ 의정부(議政府)·육조(六曹)에 명하여 각 품(品)의 노자(奴子-노비)의 수를 토의해 정했다. 좌의정 하륜(河崙)이 아뢰었다.

"변정(辨正)이 끝나지 않았으니, 이송(移送)한 것과 새로 신정(申呈)한 것의 서로 송사하는 노비를 또한 중분(中分)하게 하는 것이 어떻겠습니까?"

상이 말했다.

"시비를 물을 것 없이 중분한 것은 송사를 없애고자 한 것이다. 지금 또 중분하면 후일에 새로 신정(申呈)하는 자가 또한 있을 것이다. 마땅히 각사(各司)에 나눠 바른 대로 결절하라."

또 아뢰었다.

"공사(公私)에서 서로 소송하는 노비의 문계(文契)가 분명하지 못해서 오래 끌고 결단하지 못한 것은 중분하게 하는 것이 어떻겠습니까?"

상이 말했다.

"이는 내가 일찍 듣지 못한 것이다. 있다면 중분하는 것이 좋겠다."

우의정 남재(南在)가 아뢰어 말했다.

"사처(私處)가 나라와 중분하는 것은 맞지 않습니다."

상이 이에 유사눌(柳思訥)에게 명했다.

"갑오년(甲午年)에 변정이 끝나지 않아 이송(移送)한 사건과 10월 이후에 신정(申呈)해 서로 소송하는 사건은 형조(刑曹)로 하여금 각사(各司)에 나눠 보내 결절하게 하라."

○ 처음으로 함주목 판관(咸州牧判官)과 영흥도 경차관(永興道敬差官)을 두었다.


판군자감사(判軍資監事-군자감 판사) 이적(李迹)이 편의(便宜) 4조(條)를 진달하니, 육조에 내려 토의해 결론을 내리게 했다.

'하나, 함주(咸州)의 토전(土田)은 2만 7,000여 결(結)이고 거민(居民)은 3,800여 호인데, 영흥부(永興府)와 비교하면 두 배가 됩니다. 또 한 도의 중앙이 되어서 도로의 평탄한 것과 성곽의 완전한 것과 관청[廨宇]의 구비한 것이 한 도에서 제일입니다. 하물며 우리 전하께서 탄생하신 땅이고 8릉(八陵)이 있는 곳이 아니겠습니까? 제수할 즈음에 비록 간능(幹能)하고 민첩한 재주를 택하더라도 부역(賦役)·쟁송(爭訟)의 번다함을 감당하기가 쉽지 않으니, 능실(陵室) 삭망(朔望)의 전(奠)을 어떻게 겸할 수 있겠습니까? 빌건대, 영길도(永吉道)의 본영(本營)을 여기에 옮기고 영흥(永興)의 토관(土官)을 모두 옮겨 배치하소서. 아니면 판관(判官)을 더 두어서 서무(庶務)를 다스리게 하소서.'

"위의 조항은 진언(陳言)에 의해 판관을 더 두는 것이 어떻겠습니까?"

'하나, 청주(靑州)는 토전이 1만여 결이고 거민이 1,000여 호인데, 저들 적이 내왕하는 요충(要衝)의 땅입니다. 처음에 부관(府官)을 세울 때 지상(地相-땅의 형상)을 보지 않고 설치했는데, 인민이 모여 사는 땅도 아니고 수재의 위험이 있습니다. 빌건대, 지상(地相)을 보는

사람을 보내 땅을 잘 골라서 옮겨 배치하고, 성곽을 축조해서 변경을 방비하고 민생을 두텁게 하소서.'

"위의 조항은 지상을 보아 옮겨 배치하고 읍성을 축조하는 일의 편부(便否)를 도순문사(都巡問使)·도절제사(都節制使)로 하여금 일동이 친히 가서 체험하게 하고, 그 읍 인민에게 물어서 계문(啓聞)하게 하는 것이 어떻겠습니까?"

'하나, 영흥부(永興府)는 한 도 도순문사의 본영(本營)이어서 호령(號令)이 출입하고 병마(兵馬)가 집합하는 곳인데 저들 땅의 객인(客人)들이 왕래하니, 마땅히 군기(軍機)를 엄하게 하고 첨시(瞻視)를 존엄하게 하는 것이 군국(軍國)의 먼저 할 일입니다. 그런데 읍에 성곽이 없고 관우(館宇)가 조잔(凋殘)하며 민거(民居)가 소색(蕭索)해서 도무지 비변(備邊)의 의미가 없습니다. 빌건대 읍성을 쌓고, 군량을 저축하고, 기계를 설치하고, 군사의 위의를 엄하게 하는 것을 한결같이 요동(遼東)의 법제를 따르소서.'

"위의 조항은 예전 그대로 하는 것이 어떻겠습니까?"

'하나, 경성(鏡城)의 방어는 군사를 수고롭게 하는 폐단을 염려하지 않을 수 없습니다. 한 번 올량합(兀良哈)의 무리가 그들의 욕망을 구하는 것으로 인해 와서 부언(浮言)을 선동하기만 하면 도(道) 안이 청주(靑州) 이북으로부터 병마를 있는 대로 부방(赴防)하니, 8~9일 거리를 왕래하는 수고로움과 상설(霜雪) 속에서 유방(留防)하는 괴로움이 있고 장병(掌兵)한 관원의 사냥하는 폐해가 있어 사람들이 심히 괴롭게 여깁니다. 빌건대 이제부터 만일 와서 말하는 자가 있으면 경성절제사가 평상시에 관장하는 경성 병마 300필과 도내의 서로 교체해 유방(留防)하는 200필로 성을 지켜 변에 대비하고, 일이 발생한 것을 기다려서 도절제사에게 고하면 도절제사가 청주 이북의 병마를 거느리고 달려가더라도 늦지 않을 것입니다. 저들 적이 많아서 형세가 대적하기 어려우면 경성의 병마가 성벽을 굳게 지켜 나오지 말고 길주(吉州)의 구원병을 기다리는 것이 가하고, 만일 대적할 만하면 나와서 공격하는 것도 가합니다. 어찌 한 사람의 부언(浮言)으로 수백 리 거리에 군사를 움직여서 수고롭게 하겠습니까?'

"위의 조항은 진언한 것 안의 사리가 실로 마땅합니다[允當]. 금후로는 중간 잡인의 근거 없는 부설(浮說)로 말[馬]을 주어 전보(傳報)하는 것을 없애고, 만일 저들 적이 와서 침노하면 경성군(鏡城郡)의 병마와 부방(赴防)한 군마로써 진언에 따라, 저들이 강하면 성벽을 굳게 지켜 나오지 말고 도절제사에게 치보(馳報)해서 구원병이 이르는 것을 기다리고, 저들이 약하면 힘을 헤아려 출격(出擊)해서 임기(臨機)로 처치하게 하며, 그 군(郡)의 병마도 평상시에는 번을 나눠 성을 지키고 일이 있으면 번을 합쳐 변에 응하는 것이 어떻겠습니까?"

육조에서 낸 의견에 의거해 시행하라고 명했다.

○ 군정(軍丁)의 봉족(奉足)[8]의 수를 정했다. 육조에서 실상에 맞춰 토의해[擬議] 아뢰어 말했다.

"갑사(甲士)의 봉족은 경작하는 것과 인정(人丁)의 많고 적은 것으

---

8  보조자(補助者)란 뜻이다. 정군(正軍) 1명에 대해 봉족(奉足) 한두 사람을 지급해 정군을 돕게 하고, 정군이 출역(出役)했을 경우에는 그 집안일을 돕게 한 급보 제도(給保制度)다.

로 참작해서, 경작하는 것이 3~4결(結)이고 인정이 2~3명 이하인 자는 봉족 2호(戶)를 주고, 5~6결에 4~5명 이하인 자는 1호를 주고, 10여 결에 7~8명 이상인 자는 주지 말고, 3~40결에 10명 이상인 자는 다른 역사를 더 정합니다. 이미 교지(敎旨)가 있는 별패(別牌)·시위패(侍衛牌)·기선군(騎船軍)도 이 예에 따라서 정해주고, 호패(號牌)에 더 나타난 인정(人丁)은 교지에 의거해 군역(軍役)을 정하지 말고, 호별(戶別)로 쌍정(雙丁)이 있는 자는 따로 군역을 정하는 것이 어떻겠습니까?"

그것을 따랐다.


**병오일(丙午日-13일)**에 상이 상왕(上王)을 모시고 광연루 아래에 술자리를 베풀었으니, 동지(冬至)였기 때문이다. 세자와 여러 종친이 시연(侍宴)했다.


**정미일(丁未日-14일)** 밤에 강화부(江華府)에 천둥이 치고 지진(地震)이 일어났으며, 번갯빛이 번쩍여 낮과 같았다.

○ 대간(臺諫)에서 교장(交章)해 무휼(無恤)·무회(無悔) 등의 죄를 청했다. 소는 이러했다.

'상벌(賞罰)은 착한 것을 권하고 악한 것을 징계하는 것이어서 밝히지 않을 수 없으므로 인주(人主-임금)가 마땅히 삼가야 할 것입니다. 지난번에 신 등이 각각 장소(章疏)를 갖춰 무휼·무회·염치용(廉致庸)·이직(李稷)·윤향(尹向) 등의 죄를 청했는데 유윤(俞允)을 얻지 못했으니 실로 한스러움이 있습니다. 신 등이 엎드려 생각건대,

무휼·무회는 자신이 불충한 죄를 범했는데도 전하의 은혜를 입어서 기전(畿甸)에 편안히 있고, 치용은 근거 없는 말을 날조해 상덕(上德)에 누를 끼쳤으니 불충하기가 심하고, 이직은 무인년(戊寅年)에 남은(南誾)에게 당부했고 그 뒤에 무구·무질에게 아부했으며 몸이 헌부(憲府)의 장(長)이 되었으면서도 지금 무회·치용에게 당부해 동렬(同列)의 청죄(請罪)하는 의견을 굳이 거절했으니 불충한 것이 명백합니다. 신하가 되어 불충한 죄를 범하고서 머리를 보전한다는 것은 예전에 듣지 못했습니다. 윤향은 망령되게 이상한 의견을 내어 회군한 장사(將士)를 정공(丁公)에 비교했으니, 향은 글을 읽은 자인데 어찌 태조(太祖)의 이 일이 한결같이 충의(忠義)로 한 것임을 알지 못하겠습니까? 그러나 갑자기 이런 말을 발했으니 태조의 신하가 아닌 것이 분명합니다. 만일 태조의 신하가 아니라면 어찌 전하의 신하가 될 수 있습니까? (그런데도) 다만 파직만 하여 전리(田里)로 돌아가게 했으니, 이것이 신 등이 감히 침묵하지 못하는 바입니다. 또 오용권(吳用權)은 난역의 꾀에 참여해 부도한 말을 퍼뜨리고도 아직까지 삶을 도적질하고 있으니 뒷사람을 경계할 수 없습니다. 신 등이 생각건대, 전하께서 남들에게 차마 하지 못하는 마음[不忍人之心=仁]을 불충한 사람에게 베푸시니, 이로써 죄인이 서로 잇달아 끊어지지 않는 것입니다. 사직(社稷)의 계책에 어찌하겠으며, 반드시 벌주는 의리에 어찌하겠습니까? 엎드려 바라건대, 유사로 하여금 위의 항목의 사람들을 밝게 그 죄를 바로잡게 하소서.'

들어주지 않았다.

무신일(戊申日-15일)에 좌의정(左議政) 하륜(河崙)에게 명해 광주(廣州)에 수릉(壽陵)[9] 자리를 보게 했는데, 지신사(知申事) 유사눌(柳思訥)이 따라갔다가 복명해 말했다.

"광주 서쪽 대모산(大母山) 남쪽에 좋은 땅을 보아 얻었습니다."

○ 대간에서 재차 무회·무휼 등의 죄를 청하니, 윤허하지 않았다. 상이 편전에 나아가 사헌 집의(司憲執義) 안망지(安望之), 지평(持平) 오영로(吳寧老), 우사간(右司諫) 이맹균(李孟畇), 우정언(右正言) 김상직(金尙直)을 불러서 일깨워주며 말했다.

"치용(致庸)은 분기를 이기지 못해 비록 그릇되게 근거 없는 말을 발했는데, 가산을 적몰하고 먼 변방[遐陲]에 귀양 보냈으니 다만 죽지 않은 것뿐이다. 어찌 반드시 죽인 뒤에 그만둘 것인가? 무회·무휼은 비록 큰 죄가 있으나, 노모(老母)가 있으니 인정을 돈절(頓絶-갑자기 끊음)할 수 없다. 노모가 죽은 뒤에 마땅히 법대로 처치하겠으므로 우선 기내(畿內)에 안치한 것이다. 이직(李稷)은 정승인데도 공신녹권(錄券)과 직첩을 거두고 시골에 방치(放置)했으니, 이것도 죽지 않은 것뿐이다. 너희들은 생각해보라. 반드시 죽인 연후에야 마땅하다고 하겠는가? 오용권(吳用權)은 회안(懷安)의 때를 당해 형세가 어쩔 수 없어서 그러한 것이지만, 이미 직첩을 거두고 귀양 보냈다. 윤향(尹向)은 고론(高論)하기를 좋아한 것이지만, 이미 파직하고 궁벽한 시골로 내보냈다. 너희들은 생각하여보라."

망지(望之)가 말했다.

---

9  임금이 죽기 전에 미리 만들어둔 무덤을 말한다.

"죄인을 죄주지 않으면 죄인이 서로 잇따를까 두렵습니다."

상이 말했다.

"내가 옛 선인들을 본받고자 해 너희들이 극렬히 청하기 전에 내가 다 말하는 것이다. 너희들은 생각하여보라."

○ 경기 도관찰사(京畿都觀察使) 허지(許遲)가 구황 사목(救荒事目)을 올렸는데, 육조에 내려 실상에 맞춰 토의하게 했다. (육조에서 각각에 대해) 아뢰어 말했다.

'굶주린 백성의 연례 요역(徭役)을 상고하면 다른 도에 비하여 배나 많은데, 하물며 금년에는 참으로 지판(支辨)하기가 어렵습니다. 사복시(司僕寺)·유우소(乳牛所)·예빈시(禮賓寺)·전구서(典廐署)·채원(菜園)·빙고(氷庫)·목(牧)·감(監) 각처에 바치는 짚이 3만 9,500여 동인데, 교지(敎旨)에 의거해 실농이 더욱 심한 교동(喬桐)·통진(通津) 등 9현(縣)을 면제하고 나면 그 나머지 각 고을에 나눠 정한 짚의 수량은 예전의 배가 더합니다. 또 각 고을에서 받는 우마를 기르는 짚을 모두 백성에게 거두니, 오는 2월부터 4월까지 위 항목의 각처에 바치는 짚을, 빌건대 충청도(忠淸道)·강원도(江原道) 물가의 실농하지 않은 각 고을에 금년만 한정해서 옮겨 정하는 것이 어떻겠습니까?

하나, 사복시(司僕寺)의 마초(馬草)는 이미 교초(郊草-들풀)를 아울러 바치게 했으니, 모든 과전(科田)에서 바치는 풀도 교초로 수납하는 것이 어떻겠습니까?'

"위 조항의 곡초(穀草)·교초(郊草)는 경작자의 자원대로 수납하게 하소서."

'하나, 환상(還上)은 자원(自願)을 들어서 모두 피곡(皮穀)을 거두어 종자에 대비하고, 공사 전조(公私田租)를 전객(佃客-소작농)의 자원을 들어 잡곡을 아울러 거두는 것이 어떻겠습니까?'

"위의 조항은 계문(啓聞)에 의거하소서."

'하나, 수령이 진제(賑濟)할 때를 당하면 민간 각 호 인구의 다소와 양식의 유무를 두루 알지 않음이 없은 뒤에야 균일하게 진휼해 굶주림이 없게 할 수 있습니다. 비록 작은 고을이라도 수령 한 사람으로서는 사세가 날마다 두루 돌아다니기가 어려우니, 자혜(慈惠)하고 간사(幹事)할 수 있는 사람을 골라서 한 곳마다 감고(監考) 한 사람을 정해 오로지 진제(賑濟)를 맡겨, 그 관장(管掌)하는 구역 안의 인구의 다소와 가산의 등급을 핵실(覈實)해 갖춰 기록해서 진제하는 물건을 받아 완급(緩急)과 선후(先後)를 일체 그 뜻대로 들어주소서. 그중에 능히 진제하는 자가 있으면 계문해 탁용(擢用)하고, 만일 마음을 쓰려 하지 않아서 인명을 상하게 한 자가 있으면 율에 의거해 무겁게 논하는 것이 어떻겠습니까?'

"위의 조항은 계문(啓聞)에 의거하소서."

'하나, 도내 각 고을의 창고의 곡식은 모두 환상(還上)을 주고 남은 저축이 많지 않으니, 지금 비록 독촉하더라도 형세가 꼭 받아들이지 못할 것입니다. 유후사(留後司) 및 충주(忠州) 경원창(慶源倉)의 쌀을 실농이 더욱 심한 교동(喬桐) 등 9현(縣)에 수운해 우선 진제하는 것이 어떻겠습니까? 도내 각 고을의 궁사창(宮司倉)[10]과 각사(各司)에

10 궁실(宮室)의 비용(費用)을 충당하기 위해 마련된 궁사전(宮司田)에서 거둔 곡식을 저장

속한 전조(田租) 내에서 반드시 해야 할 상납(上納) 외에 그 나머지는 모두 그 고을에 납부해 오는 해의 농사지을 동안 먹을 양식과 종자에 대비하고, 수운의 폐단을 제거하는 것이 어떻겠습니까?'

"위의 조항은 소격전(昭格殿) 외에는 상납하지 말게 하소서."

'하나, 한재가 있고 없는 것은 참으로 미리 정확히 알기가 어렵습니다. 금년에 실농이 더욱 심한 곳은 대개 수리(水利)를 일으키지 않아서 그러한 것입니다. 만일 실농한 땅에 공사를 일으키는 것이 마땅치 않다 해서 제언(堤堰)을 쌓지 않는다면, 한재가 있을 경우에는 다시 금년같이 될 것입니다. 실농이 심한 각 고을에 우선 제언을 쌓을 만한 곳은, 대소를 물론하고 날을 정해 양식을 주어서 제언을 축조하고 수리를 일으킴으로써 한재를 면하게 하는 것이 어떻겠습니까?'

"위의 조항은 제언을 쌓을 만한 곳에 때에 맞게 축조하게 하소서."

○ 예조(禮曹)에 명해 호구(戶口)의 식(式)을 상정(詳定)하게 했다. 한성부(漢城府)에서 아뢰었다.

"국조(國朝)의 일체 문자격식(文字格式)이 모두 『홍무예제(洪武禮制)』에 의하는데, 호구 격식만은 아직도 전조(前朝)의 예전 제도를 답습하니 미편한 것 같습니다. 빌건대 예조에 내려 상정(詳定)하게 하소서."

그것을 따랐다.

○ 개성 유후사(開城留後司)에 속한 네 고을의 궁한 백성을 진휼했다.

---

하는 나라의 창고(倉庫)를 말한다.

개성 유후사에서 보고했다.

'본사(本司)에 속한 네 고을의 인호(人戶)가 가뭄으로 인해 실농해서 세전(歲前)에 양식이 끊어졌는데, 개성에 151호, 해풍(海豐)에 274호, 덕수(德水)에 185호, 송림(松林)에 26호입니다. 빌건대 풍저창(豐儲倉)·군자창(軍資倉)의 쌀·콩·보리를 내어 적당히 주소서.'

명했다.

"그중에 조금 나은 자는 환상으로 주고, 식량이 끊어진 자는 진휼해주라."

기유일(己酉日·16일)에 우레가 쳤다.

○호조(戶曹)에 명해 진관사(津寬寺)에 쌀·콩을 헤아려 주게 했다. 이보다 먼저 진관사에서 아뢰었다.

"수륙재(水陸齋) 위전(位田) 100결(結)에 묵고 감해진 것을 제외하고 거둔 쌀·콩을 10월 수륙재에 쓰고 나니 남아 있는 것이 정월 수륙재에 부족합니다."

그 때문이다.

경술일(庚戌日·17일)에 제언(堤堰)을 쌓는 영을 거듭했다. 호조(戶曹)에 뜻을 내려 말했다.

"제언을 쌓는 것은 한재에 대비하는 것인데, 각 도의 감사·수령 등이 모두 마음을 쓰지 않는다. 그러므로 경차관(敬差官)을 보내 순행(巡行)하며 고찰하고자 한다. 만일 수리하지 않고 축조하지 않은 곳이 있거든 수령뿐 아니라 감사도 논죄할 것이다. 이를 마땅히 이문

(移文)해 알리라[知會]."
<sub>지회</sub>

　신해일(辛亥日-18일)에 결송(決訟)한 문서에 성명을 쓰고 수결하는 법을 세웠다. 형조(刑曹)에서 아뢰었다.

　"무릇 결송하는 관리가 문빙(文憑)에 성명은 쓰지 않고 다만 서압(署押)[11]만을 하니 후일에 빙고하기가 어렵고, 관리가 또한 이것으로 인해 마음을 쓰려고 하지 않아서 혹 착오를 가져오게 됩니다. 이제부터 해당 관리가 곧 성명을 쓰고 서압해 항식(恒式)으로 삼게 하소서."

　그것을 따랐다.


　임자일(壬子日-19일)에 각 도의 번상(番上)하는 별패(別牌)·시위패(侍衛牌)를 놓아 보냈으니, 성안의 쌀값이 치솟은 때문이다.

　○ 형조(刑曹)에서 강원도 도관찰사(江原道都觀察使) 이귀산(李貴山), 경력(經歷) 정환(鄭還), 춘천 도호부사(春川都護府使) 윤개(尹愷)의 죄를 청했다. 아뢰어 말했다.

　"귀산(貴山) 등이 강무(講武)의 지응(支應)을 칭탁해 각 고을에 가외로 거두면서 숙소(宿所)에 공상(供上)을 올리는 것을 궐했으니, 신자(臣子-신하)의 임금을 받드는 뜻에 어그러짐이 있습니다. 청컨대, 직첩을 거두고 율에 의하여 과죄(科罪)하소서."

　논하지 말라고 명했다. 임금이 동쪽으로 순행했을 때 귀산이 도내

---

11　화압(花押)을 누르는 것을 말한다.

의 주현(州縣)으로 하여금 각각 호피(虎皮) 1령(領)과 납촉(蠟燭) 두어 자루를 내게 했는데, 대개 권요(權要-권력자)에게 뇌물을 행하고자 한 것이다.

○ 일본의 소마이온도로(蘇摩二溫都老)가 보낸 객인(客人) 등이 와서 토산물을 바쳤다.

○ 당인(唐人-명나라 사람) 유사의(劉思義)·이선(李宣)을 전라도(全羅道)에 보내 당선(唐船)을 만들었다.

뜻을 내려 말했다.

"각 도의 병선(兵船)이 수년이 지나지 않아 문득 벌레가 파손했다며 해마다 고쳐 만드니, 인력(人力)이 노고할 뿐 아니라 재목이 또한 장차 지탱하지 못할 것이다."

이에 사의(思義) 등을 보내 배를 만들어 시험했다.

○ 광연루(廣延樓) 아래에 나아가 종친을 거느리고 격구(擊毬)를 하고, 그 참에 술자리를 베풀었다.

**갑인일(甲寅日-21일)**에 해의 가장자리에 푸르고 붉은 기운이 있었다.

○ 형조(刑曹)에서 각 품(品)의 노비(奴婢)의 수를 다시 정해 아뢰었는데, 의정부와 육조에서 토의해 결론을 얻었다.

"갑오년(甲午年)에 수교(受敎)한 대소 각 품 인원 및 직책이 있는 양반(兩班) 자손과 유직(有職)·무직(無職)의 승인(僧人), 서인(庶人), 공사 천구(公私賤口)에게 공문(公文)을 만들어줄 노비의 수는 다시 그 수를 정해 계목(啓目) 뒤에 기록했습니다. 빌건대, 일찍이 내린 교지의 규식(規式)에 의해 공문을 만들어주소서. 종친(宗親)·부마(駙馬)의 1품은 노(奴) 150구(口)이고 2품 이하는 노 130구(口), 문무(文武) 1품 이하 2품 이상은 노 130구(口), 3품 이하 6품 이상은 노 100구(口), 7품 이하 9품 이상은 노 80구(口)이고 유직(有職) 양반 자손은 같으며, 각 품의 정처(正妻)는 남편의 관직을 따르고, 양첩(良妾)은 남편의 관직을 따르되 5분의 2를 감하고, 천첩은 남편의 관직을 따르되 5분의 4를 감하고, 서인 유직(庶人有職)은 전에 정한 수에 의해 10구(口)이고, 공사 천인(公私賤人)은 전에 정한 수에 의해 5구(口)이고, 승인(僧人)의 경우 각 종(宗) 판사(判事) 이하 선사(禪師) 이상은 전에 정한 수에 의해 15구(口)이고 중덕(中德) 이하 대선(大禪) 이상은 전에 정한 수에 의해 10구(口)이며 무직(無職) 승인은 전에 정한 수에 의해 5구(口)이고, 비(婢)는 수를 구애하지 말고, 공신이 하사를 받은 노비는 수 외에 서로 전하게 하소서."

명해 각 품(品)의 노비(奴婢)는 정한 수를 제외하고 공문(公文)을 만들어주게 했다.

○ 상이 인덕궁(仁德宮)에 나아가 헌수하니 여러 종친이 시연(侍宴)했고, 해가 저물어서 마쳤다.


**정사일(丁巳日-24일)**에 일본(日本) 지좌전(志佐殿) 및 종정무(宗貞茂) 등이 보낸 객인(客人)이 와서 토산물을 바쳤다.

○ 육조에서 장관(長官)을 매욕(罵辱)하면 결벌(決罰)하는 예를 토의해 올렸다[議上]. 아뢰어 말했다.

"시직(時職)·산직(散職) 3품 이하 9품 이상이 2품 이상을 꾸짖은 자는 『대명률(大明律)』의 '수령(首領) 및 통속관(統屬官)이 5품 이상 장관을 꾸짖은 예'에 준해 장(杖) 80대를 때리고, 7품 이하와 양인 (良人) 등이 6품 이상을 꾸짖은 자는 『대명률』의 '6품 이하 장관을 꾸짖은 자는 3등을 감하는 예'에 준해 태(笞) 50대를 때려 시행하소서."

상이 그대로 윤허했다. 형조판서 정역(鄭易)의 청을 따른 것이다.

○ 처음으로 대간이 도력장(都歷狀)을 바치도록 했다.


이조판서 박은(朴訔)이 아뢰어 말했다.

"각사에서 모두 도력장을 바치는데, 오직 대간에서 기꺼이 바치려고 하지 않습니다. 『육전(六典)』에 상고하면 대간이 도력을 바치지 않는 법 또한 없습니다."

상이 말했다.

"도력의 법이 다만 이조에만 바치고 신(臣)이라 칭하지 않는가?"

대답했다.

"모두 신이라 칭합니다."

상이 말했다.

"신이라 칭하는 장(狀)을 대간에서 어째서 기꺼이 하지 않으려 하는가?"

조회가 끝나자 유사눌(柳思訥)에게 명해 대간원을 불러 타일렀다.

○ 대마주(對馬州) 종우마윤무세(宗右馬允茂世)와 축전주(筑前州) 종상사무현(宗像社務顯)이 각각 사람을 시켜서 예물을 바쳤다.

경신일(庚申日-27일)에 대간에게 조계(朝啓)에 입참(入參)하도록 명했으니, 사간원의 계청(啓請)을 따른 것이다.

신유일(辛酉日-28일)에 광연루 아래에 나아가 종친을 거느리고 격구(擊毬)를 하고, 그 참에 술자리를 베풀었다.

임술일(壬戌日-29일)에 옥색(玉色) 옷을 입는 것을 금하지 말고 짙게 물들여 입는 것을 허락하라고 명했다.

甲午朔 火星犯進賢星.

司憲府劾領敦寧府事李枝 以娶故中樞院副使趙禾妻金氏也.

金氏 門下侍郎贊成事湊之女也. 美而淫 老益甚 兄弟及母 俱有

醜聲. 歲己卯 憲司欲置於刑 夤緣得脫 被流于外 至是憲司又

劾之. 上聞之 傳旨憲府曰: "無妻之男 無夫之女 自相婚嫁 何必問

也? 況枝娶繼室 予實知之 更勿劾論." 初 金氏謀嫁枝 不令子明初

等知. 昏夕枝至 明初乃知之 扼枝吭 與俱仆地 號哭而止之不得.

金氏旣同牢 翼日謂人曰: "吾意此公老 乃知眞不老也." 金氏時年

五十七矣.

旌表全羅道 高敞縣船軍朱安道妻黎貴之閭. 都觀察使朴習報:

'黎貴 學士金仁祐女也. 安道得疾 黎貴侍藥不懈 踰月而安道死.

黎貴方孕 抱尸過哀 其母力止曰: "孕婦不可臨喪過哀." 率歸其家.

是夕 黎貴上桑樹縊死 黎貴年甫二十有六. 方其孕時 輕生自盡 其

偕死同穴之誓 確然不易 宜旌表門閭 以示後來.' 上依允 且命喪葬

之資量宜以給.

司憲府請典祀少尹閔義生 義城縣令崔士柔罪. 有李智老曾坐

貪汚不法 杖一百 流三千里 義生等嘗爲兵曹武選司 擧智老爲達梁
탐오 불법 장 일백 유 삼천리 의생 등 상위 병조 무선사 거 지로 위 달량

萬戶故也. 命勿論.
만호 고야 명 물론

遣左軍都摠制朴子靑如京師 謝賜銅人圖也.
견 좌군도총제 박자청 여 경사 사사 동인도 야

丙申 命在外除授二品以上進參朝啓 欲問外方之事也.
병신 명 재외 제수 이품 이상 진참 조계 욕문 외방 지사 야

司諫院上疏 請尹向之罪. 疏略曰:
사간원 상소 청 윤향 지죄 소 약왈

‘歲在戊辰 以僞主辛禑之狂妄 其臣崔瑩之殘忍 乃於農月興師
세재 무진 이 위주 신우 지 광망 기신 최영 지 잔인 내어 농월 흥사

動衆 侵犯上國 苟非我太祖率諸將士擧義回軍 則生靈必至於塗炭
동중 침범 상국 구비 아 태조 솔 제 장사 거의 회군 즉 생령 필 지어 도탄

矣. 然則太祖之隆功盛德 當萬世不朽 而順義將士之功 抑豈小哉?
의 연즉 태조 지 융공 성덕 당 만세 불후 이 순의 장사 지공 억 기소 재

且回軍之初 立禑子昌 旣而 以昌非王氏 復立王氏之後 及恭讓之
차 회군 지초 입우 자창 기이 이 창비 왕씨 복립 왕씨 지후 급 공양 지

昏迷失御 然後爲臣民所迫 不獲已而踐祚. 我太祖初豈有二於王氏
혼미 실어 연후 위 신민 소박 불획이 이 천조 아 태조 초 기유 이어 왕씨

哉? 其效忠於上國 盡心於王氏 雖在萬世之下 尙可知也. 今向反以
재 기 효충 어 상국 진심 어 왕씨 수재 만세 지하 상 가지 야 금 향 반이

回軍功臣爲有罪 比之丁公. 臣等以謂 回軍之擧 其與漢高 丁公之事
회군 공신 위 유죄 비지 정공 신등 이위 회군 지거 기여 한고 정공 지사

殊不同 而向也以誕妄之說 援而比之 累我太祖之盛德 其罪豈止於
수 부동 이 향야 이 탄망 지설 원이 비지 누 아 태조 지 성덕 기죄 기 지어

罷職哉? 罰不償罪 竊有憾焉. 望下攸司 依律施行.’
파직 재 벌 불 상죄 절 유감 언 망하 유사 의율 시행

司憲府亦上疏請之 上曰: “向若有他心 則豈告於予哉? 是特好爲
사헌부 역 상소 청지 상왈 향 약유 타심 즉 기 고어 여재 시 특 호위

高論耳. 若較輕重 則予豈愛向而不顧太祖哉? 其勿復言.
고론 이 약교 경중 즉 여 기 애향 이 불고 태조 재 기 물부언

命給權遇 鄭招 鄭淵等收贖及科田. 上覽秋等賦詩榜目 有司宰監
명급 권우 정초 정연 등 수속 급 과전 상람 추등 부시 방목 유 사재감

正鄭招名 乃曰: “予謂招將可用於詩文 擢於罪貶之中.” 刑曹判書
정 정초 명 내왈 여위 초장 가용 어 시문 탁어 죄폄 지중 형조판서

鄭易啓曰: “招於受罪之時 以元從之子 未蒙恩宥 其與凡人無異.
정역 계왈 초어 수죄 지시 이 원종 지자 미몽 은유 기여 범인 무이

權遇 鄭淵亦然.” 上大言曰: “代言等當其時 何不告乎?” 韓尙德曰:
권우 정연 역연 상 대언 왈 대언 등 당 기시 하 불고 호 한상덕 왈

“以罪重 故臣等未敢啓.” 上曰:“予知汝等未啓之意. 當是時 以予
이 죄중 고 신등 미감계 상왈 여지 여등 미계 지의 당시시 이여

怒而下旨 故未啓耳. 若不以正而怒也 汝等何不言乎? 元從功臣宥
노 이 하지 고 미계 이 약불 이정 이노야 여등 하 불언 호 원종공신 유

及後世 受判之事 非我之私也 而乃不啓 代言之罪也.” 乃有是命.
급 후세 수판 지사 비 아지사 야 이내 불계 대언 지죄야 내유 시명

上語及臺諫言事瑣碎曰:“時當無事可言 則雖不論事 豈爲曠職? 然
상어 급 대간 언사 쇄쇄 왈 시당 무사 가언 즉수 불 논사 기위 광직 연

懼公議 必指摘事端 以希言事之名 甚無謂也.” 鄭易曰:“近者 臺諫
구 공의 필 지적 사단 이희 언사 지명 심무위 야 정역왈 근자 대간

未參朝啓 不知政令 未知所言. 請命入參朝啓.” 上曰:“昔令入參.
미참 조계 부지 정령 미지 소언 청명 입참 조계 상왈 석령 입참

入參則不言 退而具疏論列 故惡之而令不入參. 彼雖在外 豈不
입참 즉불언 퇴이 구소 논열 고 오지 이영불 입참 피수 재외 기불

知之? 且六曹 大臣見事是非 輒建白興廢 宜無不盡. 何賴臺諫入參
지지 차 육조 대신 견사 시비 첩 건백 흥폐 의무 부진 하 뢰 대간 입참

而論事乎?”
이 논사 호

　丁酉 率宗親擊毬於廣延樓下 仍置酒 日暮乃罷.
　정유 솔 종친 격구 어 광연루 하 잉 치주 일모 내파

　戊戌 司憲府上止訟事宜. 啓曰:“甲午十二月限內 擊鼓申呈所志
　무술 사헌부 상 지송 사의 계왈 갑오 십이월 한내 격고 신정 소지

內 全給一邊事 誤不受理事 曾經辨正者 無問是非 悉令中分 依敎
내 전급 일변사 오불 수리 사 증경 변정 자 무문 시비 실령 중분 의교

施行. 甲午六月內辨正都監呈狀 卽時見退者及外方觀察使處呈狀
시행 갑오 육월 내 변정도감 정장 즉시 견퇴 자 급 외방 관찰사 처 정장

見退者 一於限內 擊鼓申呈爲辭 依曾經辨正誤不受理例 欲其中分
견퇴 자 일어 한내 격고 신정 위사 의 증경 변정 오불 수리 예 욕기 중분

而訟者頗多. 已曾退狀之事 依誤不受理例不便 乞勿許聽理.” 敎曰:
이 송자 파다 이증 퇴장 지사 의오 불 수리 예 불편 걸물 허 청리 교왈

“甲午六月京外辨正 卽時退狀事 勿令聽理.”
갑오 육월 경외 변정 즉시 퇴장 사 물령 청리

　憲府受敎:“辛巳年形止案緣故施行奴婢及辛巳年以後 投屬奴婢
　헌부 수교 신사년 형지안 연고 시행 노비 급 신사년 이후 투속 노비

從正決折 屬公限當者屬公 私處限當者屬私.”
종정 결절 속공 한 당자 속공 사처 한 당자 속사

　漢城府尹李安愚免. 先是 上出月廊 跪而傳香 受香祝者入門
　한성부윤 이안우 면 선시 상출 월랑 궤이 전향 수 향축 자 입문

伏地 而進跪受香. 上曰:“爲受香祝而入門伏地 於義未便. 今後
복지 이진 궤 수향 상왈 위 수 향축 이 입문 복지 어의 미편 금후

除入門伏地." 前月晦 宗廟行香使馬天牧 啟聖殿行香使李安愚等
제 입문 복지　　전월 회　종묘 행향사　마천목　　계성전　행향사 이안우 등

詣闕 知申事柳思訥曰:"今後受香時 入門除伏地."安愚等誤聽而
예궐　지신사 유사눌 왈　금후 수향 시　입문 제 복지　　안우 등 오청 이

意其受香時不跪 至于傳香 立而受之. 上責諸代言曰:"汝等爲近臣
의기 수향 시 불궤　지우 전향　입이 수지　상책 제 대언 왈　여등 위 근신

胡不敎此等人? 予卽位十六年 未曾見如此事."因命六曹判書 問
호 불교 차등 인　여 즉위 십육 년　미증 견 여차 사　인명 육조판서　문

諸代言不敎之罪. 思訥及卓愼 趙末生皆免冠納招 有頃事寢. 後
제 대언 불교 지죄　사눌 급 탁신　조말생 개 면관 납초　유경 사침　후

又命六曹 問天牧 安愚等立受傳香之罪. 六曹受辭以啓 上皆原之.
우 명 육조　문 천목　안우 등 입수 전향 지죄　육조 수사 이계　상 개 원지

至是 憲府劾請失禮之罪 故罷安愚職 天牧以功臣勿論. 憲府復請
지시　헌부 핵청 실례 지죄 고파 안우 직　천목 이 공신 물론　헌부 부청

依律罪之 上曰:"停職足矣 何必重論?"命自今香祝親傳時 使
의율 죄지　상 왈　정직 족의　하필 중론　명 자금 향축 친전 시　사

判通禮門事執禮 以爲恒式.
판통례문사　집례　이위 항식

己亥 視事便殿. 命自今辭職人員 呈承政院 不須啓達 分下吏兵曹
기해 시사 편전　명 자금 사직 인원　정 승정원　불수 계달　분하 이 병조

當銓注時 啓聞注授.
당 전주 시　계문 주수

司憲府啓曰:"松禾縣監柳洽未滿其考 越次授佐郎. 以故 不署
사헌부 계왈　송화현감 유흡 미만 기고　월차 수 좌랑　이고　불서

告身 幾五十日."上曰:"予聞 臺員劾洽 然此非洽之非也 而必問於
고신 기 오십 일　상 왈　여문　대원 핵흡　연차 비 흡지 비야　이 필문 어

洽 此臺員不中程式之甚也. 近年未得其人 每因章疏 笑其爲文之
흡　차 대원 부중 정식 지 심야　근년 미득 기인　매인 장소　소 기 위문 지

陋. 若史官直載其文 傳之於後 則其恥甚矣. 自今須用通達古今者
루　약 사관 직재 기문　전지 어후　즉 기치 심의　자금 수용 통달 고금 자

爲之."
위지

柳思訥啓曰:"大小臣僚欲言己私 上書甚多 致煩上聰."上曰:
유사눌 계왈　대소 신료 욕언 기사　상서 심다　치번 상총　상 왈

"拆見其書 每下六曹 議其得失. 如有不實者 以圖濟己欲 規免己罪
탁견 기서　매하 육조　의기 득실　여유 불실 자　이 도제 기욕　규면 기죄

詐不以實之律罪之 以爲恒式."
사 불이 실지 율 죄지　이위 항식

上謂諸判書曰:"有一女年尙幼少 然及國家無事 欲令適人 命
상 위 제 판서 왈　유 일녀 연상 유소　연급 국가 무사　욕령 적인　명

代言等廣求四五品以下士夫家子 以爲駙馬. 昨日諸代言以三人聞
대언 등 광구 사오 품 이하 사부 가자 이위 부마　작일 제 대언 이 삼인 문

就中議政南在之孫 命格稍合 故今已定之. 其爲駙馬者 不患貧賤
취중 의정 남재 지손 명격 초합 고금 이정 지　기위 부마 자 불환 빈천

若門閥子孫 習於驕貴 鮮有不敗 故吾特取官卑之族 若寡婦之子
약 문벌 자손 습어 교귀 선유 불패 고오 특취 관비 지족 약 과부 지자

以爲之耳. 此兒雖是議政之孫 然議政已老 其父早世 鞠於寡母 端
이위 지이 차아 수시 의정 지손 연 의정 이로 기부 조세 국어 과모 단

不驕逸.
불 교일

予嘗以諸壻觀之 初納壻時 以平壤伯趙浚開國元勳 與國同休戚
여상 이제서 관지 초 납서 시 이 평양백 조준 개국원훈　여국 동 휴척

故博觀載籍及皇朝之事 以子大臨爲駙馬 戊子冬 果爲睦賊所誅 幾
고 박관 재적 급 황조 지사 이자 대림 위 부마 무자 동 과위 목적 소주 기

不得其死. 儻非予惻然於天倫至情 盡心推明 則其爲後悔 可勝言
부득 기사 당비 여 측연 어 천륜 지정 진심 추명 즉 기위 후회 가 승언

哉? 此乃諸卿所共目擊之事也. 其時李茂爲相 必欲速治 幾貽大笑.
재 차내 제경 소공목격 지사야　기시 이무 위상 필욕 속치 기 이 대소

淸平君之父居易亦坐大罪 以子之故 得保令終. 父雖有罪 子爲駙馬
청평군 지부 거이 역좌 대죄 이 자지고 득보 영종　부수 유죄 자위 부마

事之難處 亦莫甚焉 故今者求於位卑之家 庶其無驕蹇之習也."
사지 난처 역 막심 언 고 금자 구어 위비 지가 서기 무 교건 지습야

代言啓: "有乞食人不及受賑濟 白於忠寧大君者." 上曰: "京外
대언 계 유 걸식 인 불급 수 진제 백어 충녕대군 자　상왈 경외

飢民 已令有司細問賑濟 何故有司不能悉訪均給 以致自言於大君
기민 이령 유사 세문 진제 하고 유사 불능 실방 균급 이치 자언 어 대군

乎? 大君但見予矜恤飢寒 故有所聞見 輒必來告. 向亦有如是者 予
호 대군 단견 여 긍휼 기한 고유 소문견 첩필 내고 향 역유 여시 자 여

特命賜之 然安有攸司不能奉法 而幸一見王子 自言求食 乃得賑濟
특명 사지 연 안유 유사 불능 봉법 이행 일견 왕자 자언 구식 내득 진제

之理乎?" 朴信啓曰: "此是戶曹之過." 鄭易曰: "大君心恤飢寒 輒
지 리호 박신 계왈 차시 호조 지과 정역 왈 대군 심휼 기한 첩

以上聞 儻以爲不可 則下情無由上達 而民尤憊矣." 上曰: "雖然
이 상문 당 이위 불가 즉 하정 무유 상달 이민 우비 의　상왈 수연

宜有主者 而大君等 事體自別 不應如是. 宜推當該部令 以詰壅遏
의유 주자 이 대군 등 사체 자별 불응 여시 의추 당해 부령 이힐 옹알

不告之罪." 啓事將畢 上目諸判書曰: "奴婢決斷之後 不可不成公文
불고 지죄 계사 장필 상목 제 판서 왈 노비 결단 지후 불가 불성 공문

宜將都官新呈 悉令中分而速給公文 其中分之議何如?" 朴訔對曰:
의장 도관 신정 실령 중분 이속 급 공문 기 중분 지의 하여　　박은 대왈

"奴婢之法 固不可不及時而爲之 若失今不爲 則永無可爲之日. 且
노비 지법 고불가 불급 시이 위지 약 실금 불위 즉영무 가위 지일 차

累年決折而不成公文 則爭端復起矣. 然中分之議則非也. 向者辨正
누년 결절 이불성 공문 즉 쟁단 부기 의 연 중분 지의 즉비야 향자 변정

之時 本謂事可東西而難決者 則許令中分 而乃至事理全曲者 亦
지시 본위 사가 동서 이 난결 자 즉 허령 중분 이내지 사리 전곡 자역

勿問是非 悉令中分 豈無冒濫冤枉之甚? 已往之事 不可復救 豈可
물문 시비 실령 중분 기무 모람 원왕 지심 이왕지사 불가 부구 기가

踵武襲迹 復爲如此之事乎? 今都官新呈 亦不甚多 而可以速決. 若
종무 습적 부위 여차 지사호 금 도관 신정 역불 심다 이 가이 속결 약

又令中分 則民心將謂無問是非 苟得投狀 則必有得受之理 靡然
우 영중분 즉 민심 장위 무문 시비 구득 투장 즉 필유 득수 지리 미연

相從 爭訟日起 尤不可速決矣." 朴信亦以爲不可中分 上曰: "然則
상종 쟁송 일기 우 불가 속결 의 박신 역 이위 불가 중분 상왈 연즉

不給公文乎?" 皆對曰: "去夏因旱 令自願爲之. 然人皆不欲 誰肯
불급 공문 호 개 대왈 거하 인한 영 자원 위지 연 인개 불욕 수긍

爲之? 人之所患 在於限數." 上曰: "限數之法 予亦料其無益而取怨
위지 인지 소환 재어 한수 상왈 한수 지법 여역 료기 무익 이 취원

不若不限之爲愈也." 皆曰: "甚善."
불약 불한 지 위유 야 개왈 심선

骨看兀狄哈百戶這容介請留侍衛 從之.
골간올적합 백호 저용개 청류 시위 종지

罷知三登縣事林子賢職. 司憲府啓: "守令臧否 一從監司黜陟
파 지삼등현사 임자현 직 사헌부 계 수령 장부 일종 감사 출척

無敢或違. 前者知三登縣事林子賢不遵禁令 非時勞民 妄興土木
무감 혹위 전자 지삼등현사 임자현 부준 금령 비시 노민 망흥 토목

其道監司據法罷職 今復授其任 非唯懲惡無門 有違成法 乞罷其職
기도 감사 거법 파직 금 부수 기임 비유 징악 무문 유위 성법 걸파 기직

以懲不法." 從之.
이징 불법 종지

庚子 以柳觀爲檢校議政府贊成 黃喜議政府參贊 沈溫戶曹判書
경자 이 유관 위 검교 의정부 찬성 황희 의정부 참찬 심온 호조판서

盧龜山左軍摠制.
노구산 좌군총제

辛丑 放尹向歸田里.
신축 방 윤향 귀 전리

壬寅 命自今進上衣襨袚及席緣 除細紬 用八升以下紬爲之.
임인 명 자금 진상 의대 복급 석연 제 세주 용 팔승 이하 주 위지

癸卯 朝霧塞.
계묘 조무 색

522

觀放鷹于東郊.
관 방응 우 동교

甲辰 命議政府贊成以下 迭入朝啓. 政府之參與朝啓 始於此.
갑진 명 의정부 찬성 이하 질입 조계 정부 지 참여 조계 시 어차

命議政府 六曹 議定各品奴子之數. 左議政河崙啓: "辨正未畢
명 의정부 육조 의정 각품 노자 지 수 좌의정 하륜 계 변정 미필

移送與新呈相訟奴婢 亦令中分如何?" 上曰: "無問是非中分 欲
이송 여 신정 상송 노비 역령 중분 여하 상 왈 무문 시비 중분 욕

斷訟也. 今又中分 則後日新呈者亦有之 宜分各司 從正決折."
단송 야 금우 중분 즉 후일 신정 자 역 유지 의분 각사 종정 결절

又啓: "公私相訟奴婢 文契不明 而留滯未決者 令中分何如?" 上曰:
우계 공사 상송 노비 문계 불명 이 유체 미결 자 영 중분 하여 상 왈

"此予未嘗得聞 有則中分可也." 右議政南在啓曰: "私處與國中分
차 여 미상 득문 유즉 중분 가야 우의정 남재 계왈 사처 여국 중분

未便." 上仍命柳思訥曰: "甲午年辨正未畢移送事及十月以後新呈
미편 상 잉명 유사눌 왈 갑오년 변정 미필 이송 사 급 십월 이후 신정

相訟事 令刑曹分送各司決折."
상송 사 영 형조 분송 각사 결절

初置咸州牧判官. 永興道敬差官判軍資監事李迹陳便宜四條 下
초치 함주목 판관 영흥도 경차관 판군자감사 이적 진 편의 사조 하

六曹議得:
육조 의득

"一 咸州土田則二萬七千餘結 民居則三千八百餘戶 以永興府
일 함주 토전 즉 이만 칠천 여결 민거 즉 삼천 팔백 여호 이 영흥부

比之兩倍焉. 且爲一道之中 道路之均 城郭之完 廨宇之備 冠於
비지 양배 언 차위 일도 지중 도로 지균 성곽 지완 해우 지비 관어

一道 況我殿下誕生之地 而八陵之所在乎? 除拜之際 雖擇幹敏
일도 황 아 전하 탄생 지지 이 팔릉 지 소재 호 제배 지제 수택 간민

之才 賦役爭訟之煩 尙未易當之 陵室朔望之奠 豈能兼之? 乞移
지재 부역 쟁송 지번 상 미이 당지 능실 삭망 지전 기능 겸지 걸이

永吉道本營于此 永興土官 一皆移排. 否則加置判官 以治庶務."
영길도 본영 우차 영흥 토관 일개 이배 부즉 가치 판관 이치 서무

"右條 依陳言 加置判官何如?"
우조 의진언 가치 판관 하여

"一 靑州土田一萬餘結 居民一千餘戶 而彼賊來往要衝之地. 初
일 청주 토전 일만 여결 거민 일천 여호 이 피적 내왕 요충 지지 초

建府官之時 不相地而設 非人民聚居之地 且有水災之危. 乞差相地
건 부관 지시 불 상지 이설 비 인민 취거 지지 차 유 수재 지위 걸차 상지

之人 擇地移排 造築城郭 以備邊境 以厚民生."
지인 택지 이배 조축 성곽 이비 변경 이후 민생

"右條 相地移排 邑城造築便否 令都巡問使 都節制使一同親到
體驗 亦訪其邑人民 啓聞何如?"

"一 永興府乃一道都巡問使本營 而號令之出入 兵馬之聚會處也.
彼土客人往來 宜嚴軍機尊瞻視 是軍國之所當先也. 玆者 邑無城郭
館宇凋殘 民居蕭索 殊無備邊之義. 乞築邑城 儲糧餉 設器械 嚴
軍威 一遵遼東之法制."

"右條 仍舊何如?"

"一 鏡城防禦勞軍之弊 不可不慮. 一有兀良哈之輩 因求所欲 來
動浮言 則道內自靑州以北兵馬 盡數赴防 八九日程途往來之勞
霜雪之中留防之苦 且有掌兵之官田獵之弊 人甚苦之. 乞自今如有
來說者 鏡城節制使以常時所掌 鏡城兵馬三百與道內相遞留防二百
守城待變 乃待其事發 告于都節制使 而都節制使領靑州以北兵馬
而赴之 猶未晚也. 彼賊之衆 勢難當之 則鏡城兵馬 堅壁不出 以待
吉州之救兵可也 如其可當 出擊之亦可也. 何以一人之浮言 而動
數百里之兵以勞軍乎?"

"右條 陳言內事理允當. 今後以中間雜人無根浮說 除給馬傳報
若彼賊來侵 則令鏡城郡兵馬及赴防軍馬 依陳言 彼强則堅壁不出
馳報都節制使 以待救兵; 彼弱則量力出擊 臨機處置 其郡兵馬 亦
令常時分番守城 有事則合番應變何如?" 命依六曹擬議施行.

定軍丁奉足之數. 六曹擬議啓曰: "甲士奉足以所耕及人多丁少

參酌. 所耕三四結 人丁二三名以下者 給奉足二戶; 五六結 四五
참작 소경 삼사 결 인정 이삼 명 이하 자 급 봉족 이호 오륙 결 사오

名者 給一戶; 十餘結 七八名以上者 不給; 三四十結 十名以上者
명자 급일호 십여 결 칠팔 명 이상 자 불급 삼사 십 결 십명 이상 자

加定他役. 已有敎旨 別牌 侍衛牌 騎船軍亦依此例定給 其號牌
가정 타역 이유 교지 별패 시위패 기선군 역 의 차례 정급 기 호패

加現人丁 依敎旨毋定 軍役戶別有雙丁者 別定軍役何如?" 從之.
가현 인정 의 교지 무정 군역 호별 유 쌍정 자 별정 군역 하여 종지

丙午 上奉上王 置酒廣延樓下 冬至也. 世子及諸宗親侍宴.
병오 상봉 상왕 치주 광연루 하 동지 야 세자 급 제 종친 시연

丁未 夜 江華府雷動地震 電光如晝.
정미 야 강화부 뇌동 지진 전광 여주

臺諫交章請無恤 無悔等罪. 疏曰:
대간 교장 청 무휼 무회 등 죄 소왈

'賞罰所以勸善懲惡 不可不明 人主所當愼也. 曩者 臣等各具章疏
상벌 소이 권선징악 불가 불명 인주 소당 신야 낭자 신등 각구 장소

請無恤 無悔 致庸 李稷 尹向等罪 未蒙俞允 實有憾焉. 臣等竊伏
청 무휼 무회 치용 이직 윤향 등 죄 미몽 유윤 실 유감 언 신등 절복

惟念 無恤 無悔身犯不忠之罪 得蒙殿下之恩 安於畿甸. 致庸構爲
유념 무휼 무회 신범 불충 지죄 득몽 전하 지은 안어 기전 치용 구위

無根之言 以累上德 其不忠甚矣. 稷在戊寅 黨於南誾 又在其後
무근 지언 이루 상덕 기 불충 심의 직 재 무인 당어 남은 우 재 기후

阿附無咎 無疾 身爲憲府之長而一不請罪. 今黨無悔 致庸 固拒
아부 무구 무질 신위 헌부 지장 이 일불 청죄 금 당 무회 치용 고거

同列請罪之議 其爲不忠明矣. 爲人臣而犯不忠之罪 保全首領 未之
동렬 청죄 지의 기위 불충 명의 위 인신 이범 불충 지죄 보전 수령 미지

前聞. 向妄生異議 以回軍將士 比之丁公. 向 讀書者也 豈不知太祖
전문 향 망생 이의 이 회군 장사 비지 정공 향 독서 자야 기 부지 태조

是擧 一以忠義也哉? 然而遽發此言 其非太祖之臣明矣. 苟非太祖
시거 일이 충의 야재 연이 거발 차언 기비 태조 지신 명의 구비 태조

之臣 則豈得爲殿下之臣乎? 止令罷職 許歸田里 此臣等之所以不敢
지신 즉 기득 위 전하 지신 호 지령 파직 허귀 전리 차 신등 지 소이 불감

緘默也. 且吳用權參謀亂逆 布揚不道之言 而尙偸生 無以戒後.
함묵 야 차 오용권 참모 난역 포양 부도 지언 이 상 투생 무이 계후

臣等以謂 殿下以不忍人之心 施於不忠之人 此罪人之所以相繼而
신등 이위 전하 이 불인 인 지심 시어 불충 지인 차 죄인 지 소이 상계 이

不絶者也. 其於社稷之計何; 其於必罰之義何? 伏望許令攸司 將
부절 자야 기어 사직 지계 하 기어 필벌 지의 하 복망 허령 유사 장

上項人等 明正其罪.'
상항 인등 명정 기죄

不聽.
불청

戊申 命左議政河崙 相壽陵於廣州 知申事柳思訥從之. 復命曰:
무신 명 좌의정 하륜 상 수릉 어 광주 지신사 유사눌 종지 복명 왈

"廣州西 大母山南 相得善地.
광주 서 대모산 남 상 득 선지

臺諫再請無悔 無恤等罪 不允. 上御便殿召見司憲執義安望之
대간 재청 무회 무휼 등 죄 불윤 상 어 편전 소견 사헌 집의 안망지

持平吳寧老 右司諫李孟畇 右正言金尙直 諭之曰: "致庸不勝憤氣
지평 오영로 우사간 이맹균 우정언 김상직 유지 왈 치용 불승 분기

雖謬發無根之言 然籍沒家産 放流遐陬 但不死而已 豈必至於殺
수 유발 무근 지언 연 적몰 가산 방류 하수 단 불사 이이 기필 지어 살

而後已哉? 無悔 無恤雖有大罪 老母在焉 人情不可頓絶. 老母卒
이후 이재 무회 무휼 수유 대죄 노모 재언 인정 불가 돈절 노모 졸

後 當置於法 故姑且安置于畿內. 李稷以政丞而收功臣錄券與職牒
후 당 치어 법 고 고차 안치 우 기내 이직 이 정승 이 수 공신녹권 여 직첩

放置於鄉 是亦不死而已. 汝等思之 必置於殺而後 果當然乎? 用權
방치 어향 시역 불사 이이 여등 사지 필 치어 살 이후 과 당연 호 용권

當懷安之時 勢不得已爾 然已收職牒而放流之. 尹向則好爲高論耳
당 회안 지시 세 부득이 이 연 이수 직첩 이 방류 지 윤향 즉 호위 고론 이

然已罷職而出送于村巷 汝等思之." 望之曰: "罪人不罪 恐罪人之
연 이 파직 이 출송 우 촌항 여등 사지 망지 왈 죄인 부죄 공 죄인 지

相繼也." 上曰: "予欲効古先 汝等請之極 而予說之盡 汝等思之."
상계 야 상 왈 여 욕효 고선 여등 청지 극 이여 설지 진 여등 사지

京畿都觀察使許遲上救荒事目 下六曹擬議. 啓曰: "考飢民年例
경기 도관찰사 허지 상 구황 사목 하 육조 의의 계왈 고 기민 연례

徭役 比他道倍多 況以今年固難支辦. 司僕 乳牛所 禮賓 典廏 菜園
요역 비 타도 배다 황이 금년 고난 지판 사복 유우소 예빈 전구 채원

氷庫 牧監各處納藁草 三萬九千五百餘同 依教旨 失農尤甚 喬桐
빙고 목감 각처 납 고초 삼만 구천 오백 여동 의 교지 실농 우심 교동

通津等九縣除免外 其餘各官分定 草數倍加於前 又各官所受牛馬
통진 등 구현 제면 외 기여 각관 분정 초수 배가 어전 우 각관 소수 우마

養飼藁草 皆斂於民. 自來二月至四月 上項各處所納藁草 乞於忠清
양사 고초 개 염어 민 자래 이월 지 사월 상항 각처 소납 고초 걸어 충청

江原水邊不失農各官 限今年移定何如?
강원 수변 불 실농 각관 한 금년 이정 하여

一 司僕馬草 旣令郊草幷納 凡科田所納草 亦以郊草輪納何如?"
일 사복 마초 기령 교초 병납 범 과전 소납 초 역이 교초 수납 하여

"右條 穀草 郊草以作者自願輪納."
우조 곡초 교초 이 작자 자원 수납

"一 還上聽自願 皆收皮穀 以備種子; 公私田租 亦聽佃客自願
일 환상 청 자원 개 수 피곡 이비 종자 공사 전조 역 청 전객 자원

雜穀幷收何如?"
잡곡 병수 하여

"右條 依啓聞."
우조 의 계문

"一 守令當賑濟時 民間各戶人口多小 糧餉有無 靡不周知 然後
일 수령 당 진제 시 민간 각호 인구 다소 양향 유무 미불 주지 연후

平均惠養 俾無飢饉 雖小邑 以一守令勢難逐日遍行 擇其慈惠幹事
평균 혜양 비무 기근 수 소읍 이일 수령 세난 축일 편행 택 기 자혜 간사

人 每一所定一監考 專掌賑濟. 其掌內人口多小 家産等第 覈實
인 매일 소정 일 감고 전장 진제 기 장내 인구 다소 가산 등제 핵실

具錄 以受賑濟之物 緩急先後 一聽其意. 其中有能賑濟者 啓聞
구록 이수 진제 지물 완급 선후 일청 기의 기중 유능 진제 자 계문

擢用 如有不肯用心 致傷人命者 依律重論何如?"
탁용 여유 불긍 용심 치상 인명 자 의율 중론 하여

"右條 依啓聞."
우조 의 계문

"一 道內各官倉庫之穀 皆給還上 餘儲不多 今雖督促 勢不能
일 도내 각관 창고 지곡 개급 환상 여저 부다 금 수 독촉 세 불능

準納. 留後司及忠州慶源倉米漕轉 失農尤甚 喬桐等九縣 爲先賑濟
준납 유후사 급 충주 경원창 미 조전 실농 우심 교동 등 구현 위선 진제

何如? 道內各官宮司倉 各司屬田租內 必須上納外 其餘皆納其官
하여 도내 각관 궁사창 각사 속 전조 내 필수 상납 외 기여 개 납 기관

以備來歲農糧種子 且除轉輸之弊何如?"
이비 내세 농량 종자 차제 전수 지폐 하여

"右條 昭格殿外 勿令上納."
우조 소격전 외 물령 상납

"一 旱災有無 固難必也. 今年失農尤甚之處 率皆水利不興而
일 한재 유무 고 난필 야 금년 실농 우심 지처 솔개 수리 불흥 이

然. 若謂失農之地 不宜興工 不築堤堰 則如有旱災 復如今年矣. 其
연 약위 실농 지지 불의 흥공 불축 제언 즉 여유 한재 부여 금년 의 기

失農尤甚各官 爲先堤堰可當處 勿論大小 定日給糧造築堤堰 以興
실농 우심 각관 위선 제언 가당 처 물론 대소 정일 급량 조축 제언 이흥

水利 以免旱災何如?"
수리 이면 한재 하여

"右條 堤堰可當處 及時造築."
우조 제언 가당 처 급시 조축

命禮曹詳定戶口之式. 漢城府啓: "國朝一應文字格式 竝依
명 예조 상정 호구 지식 한성부 계 국조 일응 문자 격식 병의

洪武禮制 獨戶口格式尙仍前朝舊制 似爲未便. 乞下禮曹詳定."

從之.

賑開城留後司屬四縣窮民. 開城留後司報: '司屬四縣人戶
因旱失農 歲前絕食 開城一百五十一戶 海豐二百七十四戶 德水
一百八十五戶 松林二十六戶. 乞發豐儲 軍資米豆眞麥 量宜給之."
命其中稍可者以還上給之 絕食者賑給.

己酉 雷.

命戶曹量給米豆于津寬寺. 先是 津寬寺啓: "水陸齋位田一百結
除陳損外 其所收米豆 用於十月水陸齋 遺在者不足於正月水陸."
故也.

庚戌 申築堤堰之令. 下旨戶曹曰: "堤堰乃是旱乾之備 而各道
監司守令等 皆不用心 故欲遣敬差官 巡行考察. 如有不修 不築處
非但守令 幷監司論罪①. 宜移文知會.

辛亥 立決訟文書幷署姓名法. 刑曹啓: "凡決訟官吏 於文憑不書
姓名 只押署 後日憑考爲難 官吏亦因此不肯用心 或致失錯. 自今
當該官吏直書姓名押署 以爲恒式." 從之.

壬子 放各道番上別牌 侍衛牌 以城中米價踊貴也.

刑曹請江原道都觀察使李貴山 經歷鄭還 春川都護府使尹愷罪.
啓曰: "貴山等託講武支應 橫斂各官 而關進宿所所供上 有乖臣子
奉上之意. 請收職牒按律科罪." 命勿論. 上之東巡也 貴山令道內

州縣各出虎皮一領 蠟燭數柄 蓋欲行賂於權要也.

日本 蘇摩二溫都老使送客人等來獻土宜.

遣唐人劉思義 李宣于全羅道 造唐船. 下旨曰: "各道兵船 不過
數年 輒言蟲損 連年改造 非唯人力勞苦 材木亦將不支." 乃遣思義
等 造船試驗.

御廣延樓下 率宗親擊毬 仍置酒.

甲寅 日邊有青赤氣.

刑曹更定各品奴婢之數以聞. 議政府與六曹議得: "甲午年受敎
大小各品人員及兩班子孫與有無職僧人 庶人 公私賤口 公文成給
奴婢之數更定其數 啓目後錄 乞依曾降敎旨規式 公文成給. 宗親
駙馬一品 奴一百五十口; 二品以下 奴一百三十口. 文武一品以下
二品以上 奴一百三十口; 三品以下六品以上奴一百口; 七品以下
九品以上 奴八十口; 有職兩班子孫同. 各品正妻從夫職; 良妾從
夫職減五分之二; 賤妾從夫職減五分之四; 庶人有職 依前定數
十口; 公私賤人 依前定數五口; 僧人各宗判事以下禪師以上 依
前定數十五口; 中德以下大禪以上 依前定數十口; 無職僧人 依
前定數五口 婢不拘數; 功臣受賜奴婢 數外相傳." 命各品奴婢 除
定數公文成給.

上詣仁德宮獻壽 諸宗親侍宴 日暮乃罷.

丁巳 日本 志佐殿及宗貞茂等使送客人來獻土宜.

六曹議上罵長官決罰例. 啓曰:“時散三品以下九品以上 罵二品
육조 의상 매 장관 결벌 례　계왈　시산 삼품 이하 구품 이상　매 이품

以上者 比大明律首領及統屬官 罵五品以上長官例 杖八十; 七品
이상 자 비 대명률 수령 급 통속관　매 오품 이상 장관 례 장 팔십　칠품

以下及良人等 罵六品以上者 比大明律罵六品以下長官 減三等例
이하 급 양인 등 매 육품 이상 자 비 대명률 매 육품 이하 장관 감 삼등 례

笞五十施行.” 上兪允. 從刑曹判書鄭易之請也.
태 오십 시행　상 유윤　종 형조판서 정역 지 청 야

　初令臺諫呈都歷狀. 吏曹判書朴訔啓曰:“各司皆呈都歷狀 唯
초 령 대간 정 도력장　이조판서 박은 계왈　각사 개 정 도력장 유

臺諫不肯呈. 考諸六典 臺諫不呈都歷之法亦無.” 上曰:“都歷之法
대간 불긍 정　고저 육전 대간 부정 도력 지 법 역 무　상왈　도력 지 법

但呈吏曹 而不稱臣乎?” 對曰:“皆稱臣.” 上曰:“稱臣之狀 臺諫何
단 정 이조　이 불 칭신 호　대왈　개 칭신　상왈　칭신 지 장 대간 하

不肯爲?” 朝罷 命柳思訥 召臺諫員諭之.
불긍 위　조파　명 유사눌　소 대간 원 유지

　對馬州宗右馬允茂世 築前州宗像社務顯各使人獻禮物.
대마주 종우마 윤무세 축전주 종상사 무현 각 사인 헌 예물

　庚申 命臺諫入參朝啓 從司諫院之啓也.
경신 명 대간 입참 조계 종 사간원 지 계 야

　辛酉 御廣延樓下 率宗親擊毬 仍置酒.
신유 어 광연루 하 솔 종친 격구 잉 치주

　壬戌 命毋禁服玉色 許令深染穿着.
임술 명 무금 복 옥색 허령 심염 천착


| 원문 읽기를 위한 도움말 |

① 非但守令 幷監司論罪: 非但~幷…은 ‘~뿐 아니라 …도 아울러’라는 구
비단　수령　병 감사 논죄　비단　병
문이다.

태종 15년 을미년
12월

# 十二月

**갑자일(甲子日-1일)** 초하루에 2품 이상 수령과 목관(牧官)에게 전(箋)을 올리라고 명했다.

예조(禮曹)에서 아뢰어 말했다.

"각 도 동지(冬至) 하전(賀箋)의 예를 살펴보건대, 수원 도호부(水原都護府), 김해 도호부(金海都護府)는 전(箋)을 올리는데 다른 도호부는 그렇지 않고, 영해진 병마사(寧海鎭兵馬使), 삭주 병마사(朔州兵馬使)는 전을 올리는데 경성 병마사(鏡城兵馬使)는 그렇지 않고, 목관(牧官)은 모두 전을 올리는데 함주목(咸州牧)은 전을 올리지 못하니 실로 잘못된 것입니다."

마침내 이런 명이 있었다.

○ 진도별감(津渡別監)을 고쳐 도승(渡丞)이라고 했다.

이조(吏曹)에서 아뢰었다.

"진도별감은 구전(口傳)[1]으로 차임(差任)하고 관찰사의 포폄(褒貶-인사 평가)에 빙거해 고만(考滿-임기 만료)된 뒤에 외방에 서용하고 있

---

1 삼망(三望)을 거치지 않고 관원을 임명하는 제도다. 이조(吏曹)나 병조(兵曹)에서 당하관(堂下官)을 임명할 때 이런 방법을 썼다.

습니다. 그러나 별감 구전원이면서 감사에게 포폄을 받으니, 실로 (이런) 사례가 없습니다. 이제부터는 역승(驛丞)의 예에 의거해 5~6품 이하 9품 이상 원인(員人)으로 차하(差下)해서, 아무 도승(渡丞)이라 칭하고 반인(半印)²을 주소서.'

그것을 따랐다.

을축일(乙丑日-2일)에 태백(太白)이 낮에 보였고 하늘을 가로질러 갔다[經].
경

병인일(丙寅日-3일)에 사헌부에서 소(疏)를 올렸다. 소는 대략 이러했다.

'천거는 정밀하게 하지 않을 수 없습니다. 그러므로 양부(兩府-의정부와 중추원)로부터 현관(顯官) 6품까지 각각 아는 사람을 천거하게 해서 전주(銓注-인사 선발)에 대비해야 합니다. 만일 천거 받은 사람[所擧]이 적임자가 아니면[非人] 죄가 거주(擧主-천거한 사람)에게 미쳐 요행히 폐단을 끊고 있지만, 전함관안(前銜官案)³으로 제수된 자와 구전으로 제수된 자는 설사 탐오불법(貪汚不法)에 연루됐다 하더라도 죄가 미치는 영(令)이 없으니 포폄의 법에 있어 참으로 잘못입니다. 청컨대 이제부터는 그때에 전선(銓選)을 맡았던 자를 거주(擧
소거               비인

---

2  역승(驛丞)이나 도승(渡丞)에게 주는 장방형(長方形)의 인(印-도장)이다. 일반 인신(印信)의 정방형(正方形)을 반(半)으로 나눈 장방형을 사용한 데서 비롯된 말이다.

3  전직(前職) 벼슬아치를 기록한 전조(銓曹)의 문적(文籍)이다. 관리(官吏)의 성적을 매겨 포폄(褒貶)의 참고 자료로 삼기 위한 것이다.

534

主)의 예에 의거해 논죄하소서.'

그것을 따랐다.

○ 개성부 부유후(開城府副留後) 우희열(禹希烈)을 불러 보고[召見=소견 引見] 제언(堤堰) 쌓는 일을 토의했다. 상이 말했다.
인견

"내가 듣건대 경이 각기병[脚疾]이 있다는데 지금은 나았는가?"
각질

대답했다.

"지금도 아직 낫지 않았습니다."

상이 말했다.

"만일 나으면 내가 장차 경을 외방에 임명하려 한다. 지난번에 들으니[曩聞] 경이 충청도 감사(忠淸道監司)가 돼 힘써 제언을 쌓아 백낭문
성을 이롭게 했다고 했다."

희열(希烈)이 제언과 잠상(蠶桑-누에치기와 뽕나무 기르기)의 이점을 갖춰 진달했다. (희열이) 나가고 나자 상이 유사눌(柳思訥)에게 일러 말했다.

"이 사람이 항상 농상(農桑)의 일에 마음이 있기 때문에, 그래서 그 말이 이와 같은 것이니 내가 심히 아름답게 여긴다. 이 사람에게 아들이 있는가?"

대답했다.

"있습니다. 전 감찰(監察) 우경부(禹敬夫)입니다."

상이 말했다.

"이번 도목정(都目政)*에 잊지 말고 제수하라. 또 희열을 유후사(留

---

4  관원의 근무 성적을 고과(考課)해 출척(黜陟)과 이동(移動)을 행하는 일이다. 매년 6월에

後司)로 돌아가게 하지 말라. 내가 장차 제언(堤堰)의 임무를 줄 것이다."

○ 상이 대언(代言) 등에게 일러 말했다.

"내가 원윤(元尹) 이인(李裀, 1402~1467년)[5]을 신이충(愼以衷, ?~?)[6]의 집에 결혼시키고자 한다. 그러나 듣건대, 이충(以衷)에게 허물이 있다던데 그러한가?"

조말생(趙末生)이 대답해 말했다.

"지난날에 상을 당했을 때[丁憂] 사람을 죽였습니다."
<sub>정우</sub>

유사눌(柳思訥)이 대답해 말했다.

"이뿐 아니라 이충은 설회(薛懷)의 사위이고 설회는 채홍철(蔡洪哲)의 손서(孫壻)인데, 채씨는 본래 기생의 손자입니다. 어찌 금지(金枝-왕실 집안)와 연결할 수 있겠습니까?"

상이 말했다.

"인(裀)의 어미도 천한데 무슨 혐의가 있겠는가? 다만 내가 이미 최사강(崔士康, 1385~1443년)[7]의 딸에게 정혼했는데 정적(正嫡)의 아

---

행하는 것을 소정(小政)이라 하고 12월에 행하는 것을 대정(大政)이라 했는데, 이를 합쳐 도목정(都目政)이라 했다.

5  태종과 신빈(信嬪) 신씨(辛氏) 사이에서 난 왕자 함녕군(諴寧君)이다.

6  어려서부터 가학을 이어받아 문장에 능했으며, 1377년(우왕 3년) 연방시(蓮榜試)에 급제 했다. 당시 집권자인 신돈(辛旽)의 전횡(專橫)을 비판하면서 태학의 여러 생도와 연맹 상 소를 올리기도 했다. 조선 개국 후 1397년(태조 6년) 황해도 감찰(黃海道監察)을 지냈으 며, 1410년(태종 10년)에 지방관으로 재직 당시 부친 상중에 종과 양민을 때려죽인 일과 아전을 때려죽인 일로 사헌부의 탄핵을 받았으나 고의로 한 일이 아니라는 점이 참작돼 용서를 받았다. 한편 1420년(세종 2년) 판이천현사(判利川縣事)로 재직하면서 양녕대군의 비위를 고발하기도 했다.

7  1416년(태종 16년) 2월 중군경력(中軍經歷) 재직 중에 장녀가 태종의 왕자인 성녕군(誠寧

들이니 일생 동안에 무슨 간난(艱難)함이 있겠는가마는, 이 자식들의 경우에는 내가 죽은 뒤[身後=死後]에 반드시 처부모의 은애(恩愛)를 받아야만 그 삶을 편안히 살 수가 있겠으므로 장획(臧獲-노비)과 산업을 구비한 곳에 결혼시키려고 하는 것일 뿐이다. 원윤의 어미는 내가 이미 작(爵)을 봉했으니 무슨 비천한 것이 있겠느냐?"

사눌이 말했다.

"참으로 상(上)의 뜻과 같습니다."

○ 명해 사재감(司宰監) 보충군(補充軍)을 병조(兵曹)에 옮겨 소속시키고, 전농시(典農寺)에서 없앤 사사노비(寺社奴婢)를 사재감에 소속시켰다.

○ 한성부(漢城府)에서 호구식(戶口式-호구 작성 약식)을 올렸다. 아뢰어 말했다.

"대소인원의 호구(戶口) 작성을 기한을 정해 안(案)을 만들어 수납

君)에게 출가하면서 현귀(顯貴)했으니, 곧 지사간원사(知司諫院事)에 초천(超遷-특진)됐다. 1418년(세종 즉위년) 9월 다시 당상관에 오르면서 승정원동부대언(承政院同副代言)에 발탁, 우부대언을 거쳐 다음해 12월에 예조참의를 지내고, 1420년 3월에 경기도도관찰사로 파견됐다. 1421년 12월 경상도도관찰사에 전임되고 이듬해 12월 중군동지총제(中軍同知摠制)로 입조, 1423년 3월 병조참판이 되고, 이후 1431(세종 13년)년까지 좌군동지총제·호조참판·대사헌·병조참판·이조참판 등을 차례로 역임했다. 병조판서에 승진, 세종의 총애가 계속되는 가운데 1434년 1월 장남인 고(故) 봉례랑(奉禮郞) 최승녕(崔承寧)의 딸이 왕자인 임영대군(臨瀛大君)에게 출가, 1436년 12월 의정부 참찬에 개수됐다. 이듬해 2월 차녀가 다시 왕자인 금성대군(錦城大君)과 혼인했다. 또 같은 달에 전년의 의정부 서사제(議政府署事制) 실시와 관련되어 찬성·참찬이 각 1인 증치되고 좌우로 세분됨에 따라 의정부 우참찬에 개수됐다. 1441년(세종 23년) 9월 의정부 우찬성에 승진, 이듬해 6월 판이조사(判吏曹事)를 겸대했고, 같은 해 8~12월에 걸쳐 사은사(謝恩使)가 돼 명나라를 내왕하다가 이듬해 죽었다. 왕실과 연혼하면서 갑자기 현귀했으나 분수를 지킨 까닭에 세종의 은총이 떠나지 않았고, 이를 배경으로 의정부·육조의 요직을 두루 역임하면서 세종 성세의 일익을 담당했다.

하게 했으나, 위 항목의 호구 안에 노비를 아울러 기록할 때 양인(良人)의 자녀와 공처(公處)의 노비와 타인의 노비를 마구 섞어서 시행하는 경우가 없지 않으니, 이와 같은 인원은 '영구토록 준수하라'는 교지(敎旨) 내에서 '힘없는 사람의 노비를 빼앗아 점거한 자'와 '양인을 억압해 천인으로 만든 자'의 예에 의거해 사첩(謝牒-직첩 혹은 고신)을 거두고 장(杖) 80대를 때리며 몸은 수군에 편입시키는 일을 호구의 끝에 아울러 기록해서 만들어줌으로써 일을 삼가지 못하는 것[不恪]을 징계하는 것이 어떻겠습니까?"

불각

육조(六曹)에서 의견을 모았다.

"호구단자(戶口單子)[8]를 수납하도록 기한을 정해, 서울 안의 시직(時職)·산직(散職) 2품에서 사서인(士庶人)까지는 오는 병신년(丙申年-1416년) 정월 안에 수납을 끝내 5월 안에 다 만들어주고, 외방은 위 항목의 예에 의거해 8월 내에 수납해서 12월 내에 다 만들어주는 것이 어떻겠습니까?"

그대로 윤허했다[依允].

의윤

○ 한성부(漢城府)에서 또 아뢰었다.

"대소인원의 호구 단자(戶口單子)를 수납하는 것을 수교(受敎)에 의거해 방(榜)을 붙여 독촉해 수납하되, 일찍이 내린 교지(敎旨)에 의거해 호수인(戶首人-호주)의 부처(夫妻), 내외 사조(內外四祖) 및 데리고 있는 아들·동생·조카와 노비의 연령을 자세히 갖춰 기록하게 해서,

---

8  각 호(戶)의 호수인(戶首人) 부처(夫妻)·내외 4조(內外四祖)와 솔거(率居)하는 아들·동생·조카 및 노비(奴婢)의 연령 등을 자세히 기록한 초안(草案)을 말한다.

만일 갖춰 기재한 자가 있으면 들어주고 다만 혹 할아비나 혹 아비를 기록한 자도 들어주어야 할 것입니다. 8조(祖)를 갖춰 기재한 것을 들어준다면 대소인원이 모두 8조를 기재하고자 하는데, 각각 조상의 오래된 문계(文契)를 추심하자면 일이 번잡해 폐단이 있을 뿐 아니라 나라에 이익될 것이 없습니다. 다만 호수인 부처(夫妻)의 4조(四祖)로써 시행해 문계(文契)를 수납해서 상고하여 시행하고, 비록 문계가 없더라도 자신의 4조 안에 일찍이 현질(顯秩)을 지내 여러 사람이 함께 아는 것을 아울러 기록하고 그 나머지 규식(規式)은 일찍이 내린 교지에 의거하는 것이 어떻겠습니까?"

그대로 윤허했다[依允].
의윤

**경오일(庚午日-7일)**에 태백(太白)이 낮에 보였고, 하늘을 가로질러 갔다.

○ 이숙번(李叔蕃)을 안성부원군(安城府院君), 김승주(金承霔)를 판중군도총제부사(判中軍都摠制府事-중군도총제부 판사), 이지숭(李之崇)을 판좌군도총제부사(判左軍都摠制府事-좌군도총제부 판사), 최이(崔迤)를 의정부 참찬(參贊), 이행(李行)을 개성 유후사 유후(開城留後司留後), 우희열(禹希烈)을 경기 도관찰사(京畿都觀察使), 이발(李潑)을 사헌부 대사헌(司憲府大司憲)으로 삼았다. 판공안부사(判恭安府事-공안부 판사) 하나를 혁파하고 의정부 참찬 하나를 더 두었으며, 갑산(甲山)·영덕(盈德)·울산(蔚山)의 만호(萬戶)를 고쳐 지군사(知郡事)로 삼고, 고성(固城)·하동(河東)·장기(長鬐)·기장(機張)의 현감(縣監)을 지현사(知縣事)로 삼아 아울러 4품 이상으로 제수했다[差]. 중군
차

부사정(中軍副司正) 넷, 좌우군부사정(左右軍副司正) 각각 셋을 더 두었다.

신미일(辛未日-8일)에 광연루 아래에 나아가 종친을 거느리고 격구(擊毬)를 하고 술자리를 베풀었다.

○ 처음으로 성균(成均)과 교서(校書)의 권지(權知-수습 관리)의 차년법(差年法)을 혁파했다.

이조(吏曹)에서 아뢰었다.

"성균 권지, 교서 권지 등을 구전(口傳)한 뒤에 본관(本館)에 사진(仕進-출근)하지 않고 문득 제 집으로 돌아갔다가, 도목(都目)이 임박할 때를 맞아 제배(除拜)의 차례를 당한 한두 사람이 서울에 올라와 취재(取才)에 응해 직(職)을 받으니 심히 잘못입니다. 이제부터 매월 취재해 그 분수(分數)를 매기고 실제로 사진한 것의 많고 적음을 상고해 서용(敍用)하고, 사진이 많은 자는 비록 분수가 미치지 못하더라도 또한 서용하게 하소서."

그것을 따랐다.

○ 형조(刑曹)에서 옥사(獄事)를 판결하는 삼한(三限)⁹의 법을 올렸다. 아뢰어 말했다.

"『문헌통고(文獻通考)』를 삼가 살펴보건대, 형고(刑考) 안에 '주관

_____

9  형옥(刑獄)을 결단하는 기한(期限)을 세 등급으로 나눠 체옥(滯獄)되지 못하게 하는 제도다. 대개 대사(大事)는 3~40일, 중사(中事)는 20일, 소사(小事)는 10일 안으로 각각 한정했다.

(周官) 소사구(小司寇)[10]가 오형(五刑)[11]으로 만민의 옥송(獄訟)을 들어 형(刑)을 내리는 데 마음을 써서[用情=用心] 신문하고, 10일이 지나면 마침내 결단한다[蔽之]. 또 향사(鄕士)[12]·수사(遂士)[13]·방사(方士)[14]·아사(訝士)[15]가 그 지방의 옥송의 직책을 맡아 조정의 결단을 들으니 각각 기한된 날이 있는데, 국중(國中)은 열흘이고 교(郊)는 스무 날이고 야(野)는 서른 날이고 도(都)는 석 달이고 방국(邦國)은 한 해다'라고 했습니다. (『서경(書經)』의) 「강고(康誥)」에서 이르기를 '옥사(獄辭)의 중요한 것[要囚]을 5~6일을 두고 생각해서, 10일에 이르러 크게 옥사의 중요한 것을 결단한다'라고 했고, 송(宋)나라 태종(太宗)은 태평흥국(太平興國) 6년에 조(詔)하여 말하기를 '이제부터 장리(長吏)는 죄수를 염려해서 매 5일에 한 번씩, 정상을 얻은 것은 곧 결단하라'라고 했습니다. 당시 위에서 천하에 체옥(滯獄)이 있을까 염려해 다시 삼한(三限)의 제도를 세웠는데, 대사(大事)는 40일이고 중사(中事)는 20일이고 소사(小事)는 10일이며, 추포(追捕)할 것 없이 쉽게 결단할 것은 3일에 이르지 않았습니다. 위에서도 모두 땅의 멀고 가까운 것이나 일의 어렵고 쉬운 것에 따라 그 결단하는 기

---

10 주대(周代)에 형벌을 맡은 벼슬이다.
11 주대(周代) 이래 사용한 다섯 등급의 형벌이다. 곧 자자(刺字)하는 묵형(墨刑), 코를 베는 의형(劓刑), 발꿈치를 잘라내는 월형(刖刑), 생식기를 제거하는 궁형(宮刑), 사형시키는 대벽(大辟)을 말한다.
12 주대 육향(六鄕)의 형벌을 맡은 사람을 말한다.
13 주대 육수(六遂)의 옥(獄)을 다스리는 사람을 말한다.
14 주대 채지(采地)의 옥을 다스리는 사람을 말한다.
15 사방(四方)의 옥사를 다스리는 사람을 말한다.

한을 정해, 관리로 하여금 오래 끌고 지체해 원망을 부르고 화기를 상하지 않게 한 것입니다. 바라건대 이제부터 삼가 예전 제도에 의거해 날짜의 한정을 정하고 세워서, 일이 죽을죄를 범해 사증(辭證)이 30일이 걸리는 정도(程途)에 있는 것은 대사(大事)로 하고, 일이 도류(徒流)를 범해 사증이 20일이 걸리는 정도에 있는 것은 중사(中事)로 하고, 일의 크고 작은 것이 없이 사증이 경내(境內)에 있고 형적이 밝게 나타난 것은 10일에 이르지 말게 하며, 결단하기 쉬운 것은 실로 3일을 지나지 않는 것을 항식(恒式)으로 삼으소서. (그리하여) 해당 관리가 즐겨 마음을 쓰지 않고 시간을 끌고 머물러서 기한을 넘긴 것은 법으로 엄하게 다스리고[痛繩], 그중에 형적을 밝히기 어렵고 사증이 얽히어 피차를 참험(參驗)해야 하기 때문에 어쩔 수 없이 기한을 넘긴 것은 사유를 갖춰 계문(啓聞-보고)하게 하소서."

그것을 따랐다.

○ 병조판서 박신(朴信)과 도진무(都鎭撫) 한규(韓珪)를 불러 말했다.

"충청도에서 강무(講武)하면 길이 멀고 폐단이 있다. 내가 왕방산(王方山) 현종(懸鍾) 등지에 10일을 한정해 강무하되 각 고을로 하여금 지응(支應-지원)하지 말게 하려고 하니, 경 등은 숙소와 몰이꾼[驅軍]의 출처를 토의해 아뢰라."

신(信)이 말했다.

"서울 안에서 2,000명을 얻을 수 있고, 경기(京畿)의 강무는 근처의 군민을 조발(調發-조달)할 수 있습니다."

최한(崔閑)이 말했다.

"상의 뜻은 경기의 백성을 번거롭게 하지 않으려 하는 것입니다."
신이 말했다.

"가까운 곳의 강원도 군민도 괜찮습니다."

○ 길주(吉州)·영흥(永興)의 성이 완성됐다고 보고했다.

○ 전 소윤(少尹) 권보(權堡)가 매화 한 분(盆)을 바쳤다.


**임신일(壬申日-9일)**에 좌의정(左議政) 하륜(河崙)에게 술과 고기를 내려주었다. 이때 륜(崙)이 상복을 입고 있었는데, 상이 대언 서선(徐選)을 보내 개소(開素)[16]하도록 뜻을 전했다.

"늙어지면 육식을 끊을 수 없다. 우리 두 사람이 편안한 연후라야 나라가 편안하다."

○ 이제부터 세자(世子)가 설[歲時]에 연향을 베푸는데, 경승부(敬承府)에서 판비하는 것을 항식(恒式)으로 삼도록 명했다.


**계유일(癸酉日-10일)**에 판승문원사(判承文院事-승문원 판사) 이적(李迹)을 양근(楊根)·가평(加平) 등지에 보내 양잠(養蠶)할 곳을 살피게 하고, 중국의 누에 종자를 구하게 했다. 적(迹)을 채방사(採訪使)로 삼아 가평의 속현(屬縣) 조종(朝宗)에서 양잠하게 하고, 이사흠(李士欽)을 채방 별감(採訪別監)으로 삼아 양근 속현 미원(迷原)에서 양잠하게 했다.

---

16 상을 당하거나 천재지변을 당해 근신하는 의미에서 소선(素膳)을 들다가 비로소 육선(肉膳)을 들기 시작하는 것을 말한다.

○ 여러 도의 경력(經歷)들을 의금부(義禁府)에 가두었다.

이조(吏曹)에서 아뢰었다.

"경상도 도관찰사(慶尙道都觀察使) 안등(安騰)과 경력 은여림(殷汝霖), 전 충청도 도관찰사(忠淸道都觀察使) 우희열(禹希烈)과 경력 윤처성(尹處誠), 강원도 도관찰사(江原道都觀察使) 이귀산(李貴山)과 경력 정환(鄭還), 전 경기 도관찰사(京畿都觀察使) 허지(許遲)와 경력 성개(成槪) 등이 수령(守令)의 포폄장(褒貶狀)을 기한에 미치지 못했으니, 청컨대 '교지(教旨)를 따르지 않은 것'으로 논하소서."

명해 단지 수령관(首領官)[17]만 가두었다가 조금 뒤에 석방했다.


을해일(乙亥日-12일)에 세자가 광연루 아래에서 헌수(獻壽)했는데, 여러 종친이 시연(侍宴)했다. 중궁(中宮)이 편전(便殿)에 나아갔는데, 명빈(明嬪)·숙빈(淑嬪) 및 여러 궁주(宮主)가 시연했다. 상이 승정원(承政院)에 뜻을 전해 말했다.

"내가 잔치를 베푸는 것을 금하고자 하나 부자가 모두 무사하게 한 해를 지내기가 참으로 쉽지 않기 때문에 받는 것일 뿐이니, 경 등은 마땅히 그리 알라."


병자일(丙子日-13일)에 일본(日本) 살마주(薩摩州) 등원뇌구(藤原賴久)가 표(表-표문)를 받들어 예물을 바치고 굶주림을 진휼해줄 것을

---

17 조선조 때 감영(監營)이나 병영(兵營)·수영(水營)에서 관찰사(觀察使)나 절제사(節制使)를 보좌하는 경력(經歷)이나 도사(都事)를 일컫는다.

청했다. 등원뇌시(藤原賴時)가 또한 예물을 바치고 잡혀갔던 사람을 돌려보내며 『대반야경(大般若經)』을 청했다.

정축일(丁丑日-14일)에 해주 목사(海州牧使) 김정준(金廷寯)과 판관 (判官) 김공(金鞏), 연안 부사(延安府使) 전사리(田思理) 등을 파직했다. 애초에 사리(思理)가 연안부 사람 전 소감(小監) 정사현(鄭思賢)의 전지를 빼앗아 박희종(朴希宗)에게 주었는데, 사현(思賢)은 사리가 '전지(田地)는 백근(白根)¹⁸을 따르라'는 교지(敎旨)를 따르지 않았다고 해서 도관찰사 이발(李潑)에게 고소했다. 발(潑)이 그 송사를 해주(海州)에 이송했는데, 정준(廷寯)과 공(鞏) 또한 사리의 판결과 같이했고 발은 보고한 것에 의거해 시행했다. 이때에 이르러 헌부(憲府)에서 핵실해 죄를 청하니, 정준 등은 파직하고 발과 경력 김습(金習)은 정준·사리에 비해 죄가 가볍기 때문에 논하지 말라고 명했다. 그러나 발이 이때에 대사헌(大司憲)에 제수되었는데, 이것으로 본부의 탄핵을 당해 직사에 나오지 못했다.

○ 병조(兵曹)에서 각 역(驛)의 이수(里數) 계목(啓目)을 올렸다. 아뢰어 말했다.

"지금 중국 조정의 이수(里數)에 준해 주척(周尺) 6척(尺)을 1보(步)로 삼고 매 360보를 1리(里)로 삼아서 이것으로 측량하면, 돈화문(敦化門)부터 서쪽으로 영서역(迎曙驛)까지가 18리 194보이고 그 역으

---

18 경작(耕作)하는 전주(田主)가 유망(流亡)하여 그대로 묵히는 전지(田地)를 차지해 경작하는 사람을 말한다. 근거(根據)가 되는 문적(文籍)이 없기 때문에 백근(白根)이라고 한 것이다.

로부터 숫돌고개[礪石古介]까지가 11리 166보이니, 이상이 30리로서
1식(息)이 됩니다. 돈화문부터 남쪽으로 양재역(良材驛)까지가 25리
130보이고 그 역으로부터 장성곶(長城串) 냇가까지가 4리 230보이
니, 이상이 30리로서 1식이 됩니다. 돈화문부터 동쪽으로 명석원(明
石院) 앞들까지가 30리로 1식이 되고, 그 들로부터 평구역(平丘驛)
까지가 3리 10보입니다. 돈화문부터 북쪽으로 광시원(廣施院)까지
가 30리로서 1식이 되고, 그 광시원으로부터 녹양역(綠楊驛)까지가
12리 130보입니다. 신 등이 각 도(道), 각 역(驛)의 식수(息數)를 참상
(參詳)하건대, 상거(相距-서로의 거리)가 혹 멀고 혹 가까워서 모든 차
발(差發)의 기한을 미리 정하기 어렵습니다. 청컨대 각 도로 하여금
위 항목의 척수(尺數)·보수(步數)로써 리(里)·식(息)을 측량하고 정해
서, 매 10리마다 소표(小標)를 두고 30리마다 대표(大標)를 두되 혹
은 돌로도 쌓고 흙으로도 쌓아 각각 그 편의에 따라 하는 것이 어떻
겠습니까?"

그대로 윤허했다[依允].

○ 이제부터는 궐내의 풀 베고 눈 쓰는 등의 일에 방리(坊里) 사람
을 면제하고 섭대장(攝隊長)·섭대부(攝隊副)·보충군(補充軍)으로 대
신하라고 명했다.

○ 명하여 『침구동인도(鍼灸銅人圖)』를 간행·인쇄하게 해 중외에
반포했다.


무인일(戊寅日-15일)에 춘추관(春秋館)에 왕지(王旨)를 내렸다. 하루
전에 상이 의정부 참찬(議政府參贊) 황희(黃喜), 이조판서 박은(朴訔),

지신사(知申事) 유사눌(柳思訥)에게, 민씨(閔氏)가 음참(陰慘)하고 교활(狡猾)해서 원윤(元尹) 이비(李裶)가 처음 태어났을 때 모자를 사지(死地)에 둔 죄를 갖춰 쓰도록 명해서 왕지(王旨)를 내리고자 하다가 제술(製述)한 것이 상의 뜻에 맞지 않아 하지 않았다. 은(誾)이 아뢰어 말했다.

"인신(人臣-남의 신하 된 자)은 비록 음식을 대해서라도 임금의 다수(多壽-장수)하고 다남(多男)하기를 축원하는데, 왕자(王子)가 태어난 날에 어찌 이러한 짓을 할 수가 있겠습니까? 비록 왕지를 내리지 않더라도 신 등이 이미 들었으니 감히 묵묵히 있으며 청하지 않을 수 있겠습니까?"

뜻을 전해 말했다.

"내가 다시 상량(商量)하겠으니 경 등은 각자 집으로 돌아가라."

이틀 후에 경승부 윤(敬承府尹) 변계량(卞季良)을 불러서 왕지(王旨)를 지어 춘추관(春秋館)에 내렸다.

'임오년(壬午年-1402년) 여름 5월에 민씨(閔氏)의 가비(家婢)로서 본래부터[素] 궁에 들어온 자가 임신해 3개월이 된 뒤에 나가서 밖에 살고 있었다. 민씨가 행랑방에 두고 그 계집종 삼덕(三德)과 함께 있게 했다. 그해 12월에 이르러 산삭(産朔)이 돼 이달 13일 아침에 태동(胎動)하여 배가 아프기 시작했다. 삼덕이 민씨에게 고하자 민씨가 문밖의 다듬잇돌[砧杵] 옆에 두게 했으니, 죽이려 한 것이다. 그 형인 이름이 화상(和尙)이라는 자가 불쌍히 여겨 담에 서까래[椽木] 두어 개를 걸치고 거적으로 덮어서 겨우 바람과 해를 가렸다. 진시(辰時)에 아들을 낳았는데, 지금의 원윤 비(裶)다. 그날 민씨가 그 계집종 소장(小庄)·금대(金臺) 등을 시켜 부축해 끌며 아이를 안고서 숭교리(崇教里) 궁노(宮奴)인 벌개(伐介)의 집 앞 토담집에 옮겨 두게 하고, 또 사람을 시켜 화상이 가져온 금침과 자리를 빼앗았다. 종 한상좌(韓上佐)란 자가 있어 그 추위를 무릅쓰는 것을 애석하게 여겨 마의(馬衣)를 주니, 7일이 지나도 죽지 않았다. 민씨가 다시 그 아비와 화상으로 하여금 데려다 소에 실어서 교하(交河)의 집으로 보냈다. 바람과 추위의 핍박과 옮겨 다니는 괴로움으로 인하여 병을 얻고 또 유종이 났으니, 그 모자가 함께 살아난 것은 단지 천행일 뿐이다. 내가 그때는 알지 못했지만, 지금 늙어서 가만히 생각해보면 참으로 측은하다. 핏덩어리[赤子]가 기어 다니는 것을 사람이면 모두 불쌍히 여기는데, 여러 민(閔)씨는 음참(陰慘)하고 교활해 여러 방법으로 꾀를 내서 반드시 사지(死地)에 두고자 했다. 대개 그 종지(宗支)를 제거하기를 꾀하는 생각이 마음에 쌓인 것이 오래됐으므로, 그 핏덩어리에게 하는 짓이 또한 이같이 극악했다. 그러나 천도가 밝고 어그러지지 않아서, 비록 핏덩어리가 미약함에도 보존하고 도와서 온전하고 편안하게 한 것이 지극했다. 어찌 간사하고 음흉한 무리로 하여금 그 악한 짓을 이루게 하겠느냐? 이것이 실로 여러 민가(閔家)의 음흉한 일이다. 내가 만일 말하지 않는다면 사필(史筆)을 잡은 자가 어찌 능히 알겠는가? 참으로 마땅히 사책(史冊)에 상세히 써서 후세에 밝게 보여 외척으로 하여금 경계할 바를 알게 하라.'

왕지가 이미 내려지자 지관사(知館事-춘추관 지사) 이숙번(李叔蕃)이 왕지를 적어 대간에 이문(移文)하고자 했으나, 영관사(領館事) 하륜(河崙)이 지체했다. 숙번(叔蕃)이 위태한 말로 륜(崙)을 공동(恐動-

겹줘서 움직이게 함)하니, 류이 감히 어기지 못했다.

○ 전 지덕주사(知德州事-덕주 지사) 김일기(金一起)를 자산(慈山)에 구류해 두고[羈置] 출입을 금지했다.
<sub>기치</sub>

○ 사헌부에 명했다.

"대사헌이 만일 연고가 있으면 집의(執義)가 개인(開印)[19]하라."


기묘일(己卯日-16일)에 사헌집의(司憲執義) 정초(鄭招), 사간원 우사간대부(司諫院右司諫大夫) 조계생(趙啓生) 등이 소를 올렸다. 사헌부의 소는 이러했다.

'지난여름에 오랫동안[彌時] 비가 오지 않으니 전하께서는 백성
<sub>미시</sub>
을 근심하고 불쌍히 여기시어 형옥(刑獄) 사이에 혹 원통한 것이 있을까 염려해서, 형조에 명해 난신(亂臣) 등의 형제·처자 중에 몰입해 관천(官賤)이 된 자를 모두 놓아 보내게 했으나 단비는 얻지 못하고 한갓 죄 있는 자들만 풀어주었습니다. 본부에서 전일에 계본(啓本)을 갖춰 신청해 이무(李茂)·이빈(李彬)·유기(柳沂)·윤목(尹穆)·조희민(趙希閔)·강사덕(姜思德) 등의 처자를 각각 전에 정한 곳에 역사를 정하게 했는데, 아직도 조순화(趙順和)·이지성(李之誠)은 외방종편(外方從便)하고 있습니다. 임오년 이래로 난신의 처자·형제 등으로서 천역을 면하고 편안히 있는 자를 신 등이 가만히 생각해보건대, 순화(順和)는 자신이 친히 난을 꾸몄고 지성(之誠)은 적신에게 당부(儻附)했는데도 그 목숨을 보존하고 있으니 신하들이 함께 분하게 여

---

19 관부(官府)의 인신(印信)을 열어 문안(文案)에 찍는 일을 말한다.

깁니다. 빌건대, 순화·지성 등은 밝게 전형(典刑)을 바로잡고, 임오년 이후 난신의 처자·형제로서 일찍이 몰입해 관천이 됐다가 놓아 보내진 자들은 모두 전에 정했던 곳에 소속시켜 천토(天討)를 순리대로 하소서. 전하께서 조호(趙瑚)의 죄를 용서해 그 아들 조수(趙須)·조아(趙雅)를 풀어주었는데, 신 등이 생각건대 조수·조아는 희민의 동산(同産)이니 함께 면할 수 없습니다. 빌건대, 조수·조아를 또한 전의 곳의 관천에 소속시켜 후래(後來)를 경계하소서.'

○ 간원의 소는 이러했다.

'신 등이 생각건대, 죄 중에 불충보다 더 큰 것이 없고 정사 중에 악한 것을 버리는 것보다 앞설 것이 없습니다. 불충한 사람을 능히 버리지 못한다면 난역의 무리가 무엇으로 징계되겠습니까? 지난번에 치용(致庸)·무휼(無恤)·무회(無悔)·이직(李稷)·용권(用權)·윤향(尹向)의 죄를 가지고 소를 올려 그 죄를 바로잡기를 청했으나 유윤을 얻지 못했으니, 운월(隕越)함을 이기지 못해 감히 죽음을 무릅쓰고[眜死] 아룁니다. 신 등이 엎드려 생각건대, 치용은 사사로운 분을 이기지 못해 갑자기 근거도 없는 말을 발하여 상덕(上德)을 더럽히고자 했고, 무휼·무회·이직 등은 서로 기대며 두 마음을 품었고, 용권은 난역의 꾀에 참여해 크게 부도한 말을 발했으니, 이것이 모두 불충하기 심한 자입니다. 윤향의 죄는 전하께서 말씀하기를 "말의 실수일 뿐, 다른 마음이 없다"라고 하나, 신 등이 생각건대 말이라는 것은 마음의 소리입니다. 만일 그 마음이 없다면 어찌 말의 형용이 되겠습니까? 회군(回軍)한 장사(將士)를 정공(丁公)에 비교해 말하기를 "겨우 죄책을 면한 것으로도 족하다"라고 했으니, 그 마음을 어떠하다고 하겠습니까? 이 또한 용서하지 못할 죄입니다. 또 이지성(李之誠)은 난신 이무(李茂)의 당(黨)으로서 요행히 천망(天網)을 빠져나가 홀로 머리를 보존했고, 조수(趙須)·조아(趙雅)는 그 아비 조호(趙瑚)가 범한 것이 비록 밝게 나타나지는 않았으나 그 형 조희민(趙希閔)이 난역으로 복주(伏誅)됐으니 법에 마땅히 연좌돼야 하는데도 특별히 사유(赦宥)를 입었고, 유기(柳沂)의 아우 유한(柳漢)도 사유를 입어 종이 되는 것을 면했으므로, (이처럼) 징계하는 것이 없으니 불충한 무리가 서로 잇따라서 끊어지지 않는 것입니다. 엎드려 바라건대 전하께서는 대의(大義)로써 결단하시어, 치용·무휼·무회·이직·윤향·용권·지성을 유사(攸司)에 내려 밝게 그 죄를 바로잡고 율에 의거해 시행하고, 조수·조아·유한 등을 환속시켜 종을 만들어 신민의 울분을 쾌하게 하소서.'

모두 윤허하지 않았다.

○전 정주 도호부사(定州都護府使) 안승경(安承慶) 등을 의금부(義禁府)에 내렸다.


사헌 장무지평 오영로(吳寧老)를 불러 뜻을 전해 말했다.

"무구(無咎)·무질(無疾)의 자녀의 혼가(婚嫁)를, 비록 그 어미가 있으나 과부가 어떻게 혼자 했겠느냐? 반드시 더불어 의논한 자가 있을 것이니 이에 추고하라."

영로(寧老)가 대답해 말했다.

"신 등이 일찍이 자식이 있다는 것은 들었으나 혼인한 것은 듣지 못했는데, 오늘에야 마침내 명을 들었습니다. 상의 가르침이 참으로 옳습니다."

상이 말했다.

"왕씨(王氏)의 후손도 살려주었는데 내가 어찌 이 사람의 자식들을 죄주고자 하겠느냐? 그러나 지난날 백관이 죄주기를 청한 사람의 자식을 중매해 혼인시키는 자가 있으니, 국가의 법이 어디 있는가? 다만 그 자식의 혼인만 추고하면 죄를 주고자 하는가 의심할 것이니, 그 자녀를 중매해 혼인시킨 자를 아울러 추고해 계문(啓聞)하라. 내가 장차 죄는 주지 않겠다."

조금 뒤에 정초(鄭招)·오영로를 불러 뜻을 전해 말했다.

"전에 여러 민씨와 더불어 서로 혼인한 자를 추고하라고 명한 것은 죄주고자 하는 것이 아니다. 온 나라 사람이 모두 말하기를 '여러 민씨가 불충하다'고 하는데, 불충한 사람과 연혼(連婚)하는 것이 실로 미편하다. 처음에는 법관으로 하여금 추핵하게 했으나, 정조(正朝)와 춘향(春享)이 임박해서 속히 끝내고자 하므로 이제 이미 의금부에 옮겨 내렸다."

초(招)가 아뢰어 말했다.

"서로 더불어 연혼한 자를 대략 추고했는데, 무구의 아들이 신용화(辛用和)의 딸에게 장가들 때 무휼이 전 도호부사(都護府使) 안승경(安承慶)을 불러 말하기를 '상이 명하기를 "여러 민씨의 자식을 내가 이미 죽이지 않았으니, 나이가 장성한 자가 있으면 모두 성혼하게 하라"라고 했다'고 하고, 이어 승경을 시켜 이 말을 용화에게 전달해서 시집보내게 했다고 합니다."

상이 말했다.

"내가 어찌 승정원에 전하지 않고 갑자기 무휼에게 전했겠느냐? 참으로 거짓으로 전한 것이다. 장차 무휼과 승경을 의금부의 한 곳에서 빙문(憑問)하라."

이어서 초로 하여금 국문에 참여하게 했다. 의금부에서 무구·무질의 자녀의 혼가와 중매한 사람 가운데 잡아 가둔 자를 갖추어 아뢰니, 상이 말했다.

"이같이 만연(蔓延)하게 큰 옥을 이루는 것은 내 뜻이 아니다. 그러니 부인과 어린 자식은 먼저 석방하라."

경진일(庚辰日-17일)에 사헌부·사간원에서 소를 올렸는데, 간원의 소는 이러했다.

'신 등이 생각건대, 여러 민씨의 불충한 죄가 이미 사책(史冊)에 실렸으니 감히 천총(天聰)을 두 번 번독하지 못하거니와 우선 그 한두 가지를 들어 말하겠습니다. 임오년에 원윤 이비(李裶)를 장차 낳으려 할 때 얼고 추운 때를 당했는데 다듬잇돌 곁에 내버려두었고, 그 낳은 뒤에 당일로 2~3리 밖으로 옮기어 토담집에 두고 또 덮고 까는 제구를 빼앗았으니, 이것은 그 모자를 함께 죽이고자 한 것입니다. 천행으로 죽지 않자 끌어다 소에 실어 또 교하(交河) 땅으로 보내 반드시 죽이려고 했으니, 이것을 차마 한다면 무엇을 차마 못 하겠습니까? 여러 민씨의 전횡(專橫)하고 방자해 상총(上聰)을 가리고 종지(宗支)를 제거하기를 꾀해서 음참(陰慘)하고 교활한 것이, 무엇이 이보다 심하겠습니까? 착한 것을 복주고 음란한 것을 화 주는 것은 하늘의 도입니다. 그러므로 무구·무질이 이미 천주(天誅)를 당했으나 무휼·

무회는 상은(上恩)을 입어 아직까지 목숨을 보전하고도 개전(改悛)하는 마음이 없어, 무회는 이미 세자에게 향해 불경한 말을 내뱉었고 또 치용으로 더불어 근거 없는 말을 날조해 상의 다움을 더럽히고자 했으며, 무휼은 무회의 말을 숨기고 세자를 무망(誣妄)한 데에 빠뜨리고자 했으니, 그 반복해서 불충한 마음이 유래한 데가 있어 죄가 주살을 당해서라도 용납될 수 없습니다. 엎드려 바라건대, 전하는 대의로 결단하시어 유사에게 명해 무회·무휼의 죄를 밝게 바로잡으소서. 또 무구·무질의 처자가 한곳에 모여 삶을 영위하는 것이 평일과 다름이 없으니 왕법에 어그러짐이 있습니다. 빌건대, 유사에게 명해 율에 의거해 시행해 후래(後來)를 경계하소서'

헌부의 소는 이러했다.

'신 등이 춘추관(春秋館)의 관문(關文)에 의거해 하지(下旨)를 삼가 읽었는데, 여러 민씨가 종지(宗支)를 제거하기를 꾀한 일이 입으로 차마 말할 수 없을 뿐 아니라 귀로 차마 들을 수 없는 것입니다. 생각건대, 여러 민씨가 잔적(殘賊)하고 참인(慘忍)해 죄악이 관영(貫盈-흘러넘침)했는데도 무구·무질이 겨우 천주(天誅)를 당하고 무휼·무회는 아직도 성명(性命)을 보존하고 있으니, 만세의 뒤에 이러한 역사 기록을 읽는 자도 오히려 팔뚝을 걷어붙이고 이를 갈겠거늘 하물며 신 등이 집법(執法)이 돼 몸소 이러한 적을 보고 한 하늘 밑에 함께 있으면서 어떻게 한세상의 선비를 보겠습니까? 신 등만이 아니라 무릇 전하의 신하 된 자가 누가 이 마음이 없겠습니까? 빌건대, 무휼·무회 등을 밝게 전형(典刑)대로 처치해 신민의 울분을 쾌하게 하소서.'

신사일(辛巳日-18일)에 의금부 도사(義禁府都事) 이문간(李文幹)·송인산(宋仁山)에게 명해 무휼·무회를 잡아 와서 의금부에 가두게 했다.

임오일(壬午日-19일)에 금루방(禁漏房)[20]을 서운관(書雲觀)에 합쳤다.

이조에서 아뢰었다.

"장루(掌漏) 사신(司辰)은 직책이 서운관(書雲觀)에 있는데 따로 금루방(禁漏房)을 두었으니 실로 할 말이 없습니다. 청컨대 금루방을 혁파하고 여러 관원을 서운관에 합쳐 소속시키고, 권지(權知)를 취재(取才)해 서용하는 것이 편하겠습니다."

그것을 따랐다.

○사헌부에서 무휼·무회 등의 죄를 청했다. 아뢰어 말했다.

"신 등이 엎드려 하지(下旨)를 보고 놀랍고 두려움을 이기지 못하겠습니다. 청컨대 전의 소를 내려 밝게 그 죄를 바로잡아 나라 사람에게 밝게 알리소서."

상이 말했다.

"하지(下旨)한 것은 이 사람을 죽이고자 한 것이 아니라 내가 중매와 결혼을 무휼이 했다는 말을 듣고 그 일을 물어보고자 해서 불러온 것이고, 무회는 하지한 일을 알리고자 해서 부른 것이다."

장령(掌令) 조종생(趙從生)이 재차 청해 말했다.

---

20 궁중(宮中)의 누각(漏刻)을 맡아보는 관사를 가리킨다.

"이것뿐 아니라 전일의 죄가 이미 찼습니다. 청컨대 법대로 논해 나라 사람들이 바라는 바를 위로하소서."

상이 말했다.

"이 사람들이 어찌 그 죄를 면하겠는가? 다만 노친이 있기 때문에 내가 사정을 끊지 못하는 것일 뿐이니 더는 말하지 말라."

계미일(癸未日-20일)에 대간에서 다시 무휼·무회의 죄를 청했다.

○ 명해 양주(楊州) 동촌(東村), 가평(加平) 남촌(南村), 조종(朝宗) 서촌(西村) 등지의 사렵(私獵)을 금지했다.

갑신일(甲申日-21일)에 의정부·육조에서 무휼·무회의 죄를 청하니, 최한(崔閑)에게 명해 뜻을 전했다.

"내 뜻은 모두 하지(下旨)에 있다. 다만 송씨가 있기 때문에 인정상으로 차마 못 하는 것이 있다. 죄안(罪案)이 이뤄지면, 비록 송씨가 죽은 뒤에 이르더라도 그 죄가 어찌 풀어지겠는가? 내가 독기(毒氣)를 면상에 드러내며 말하고 싶지는 않으니, 그리 대답해 보내라."

○ 의금부에 명해 무휼·무회를 국문하게 했다. 편전에 나아가 우사간(右司諫) 조계생(趙啓生), 집의(執義) 정초(鄭招), 의금부 제조(義禁府提調) 이천우(李天祐)·박은(朴訔)·허조(許稠)를 불러서 무회·무휼이 원윤 비(裶)의 모자를 죽이고자 한 죄와 세자에게 불경한 죄를 자세히 말하고, 그 연유를 국문해 밝게 죄안에 쓰게 했다. 천우(天祐) 등이 나가니, 조금 뒤에 최한을 시켜 뜻을 전해 말했다.

"신하가 임금을 죽이면 관직에 있는 자가 죽여서 용서하지 않고,

자식이 아비를 죽이면 궁궐에 있는 자가 죽여서 용서하지 않는 것이다. 무회 등의 죄는 비록 이것과 같지는 않으나, 그 꾀에 참여한 민씨의 집 노비를 아울러 그 죄를 국문하라."

천우 등이 아뢰었다.

"예전부터 큰 옥을 국문하는 데는 반드시 위관(委官-임시 재판관)이 있습니다."

이에 의정부 참찬 최이(崔迤), 우부대언 서선(徐選)을 명해 위관으로 삼았다. 이날 밤에 계집종 삼덕(三德), 사내종 화상(和尚)·상좌(上佐) 등 세 사람을 내정(內庭)으로 나오게 해서 친히 묻고 승정원으로 하여금 초사를 받게 한 뒤 세 사람을 의금부에 내렸다.

○ 서선(徐選)과 의금부 진무(鎭撫) 전흥(田興) 등이 아뢰어 말했다.

"어제 국문(鞫問)했는데, 무휼은 공칭(供稱-공초 진술)하기를 '그때는 알지 못했다가 을유년(乙酉年)·병술년(丙戌年) 사이에 애를 낳아서 교하(交河)에 가 있다는 말을 들었고, 기축년에 이르러 아비 상을 당해 교하에 가서 상견(相見)했다'라고 했고, 무회는 공칭하기를 '그때는 알지 못했다가 기축년에 이르러 교하에 가서 있다는 말은 들었으나, 일찍이 보지 못했다'라고 했습니다. 또 지난번에 세자에게 고한 말을 국문하니, 무휼은 공칭하기를 '옛날 중궁(中宮)이 편찮을 때 아우와 더불어 대궐에 나갔는데, 내가 아우 무회가 세자를 향해 눈을 흘기자 세자가 안색이 변하는 것을 보고서는 물러나올 때 내가 말하기를 "쓸데없는 말은 하지 말라"라고 했고 또 귀양 갈 때에 어미 앞에 이르러 무회와 더불어 말하기를 "네가 전에 세자에게 무슨 말을 했는가?"라고 하니 무회가 말하기를 "세자가 말하기를 너희들의 가문이 좋지 않다고 하기에, 내가 말하기를 세자는 어느 곳에서 자랐는가라고 했다"고 했다'라고 했으며, 무회를 국문하니 공칭하기를 '세자에게 고한 말을 잊어서 기억하지 못한다'라고 했습니다."

가르침을 전해 말했다.

"왕지(王旨)를 내린 일은 내가 자세히 알고 있다. 지금 먼저 세자에게 고한 말을 국문하라."

이어서 삼덕 등 세 사람이 바친 초사를 바쳤다. 조금 뒤에 의금부 도사 이문간(李文幹)이 나아와 말했다.

"무회가 승복하지 않아서[不承] 두 사람을 써서 압슬(壓膝)[21]했으나 오히려 승복하지 않으므로, 또 두 사람을 더해 압슬하니 그제야 말하기를 '내가 세자에게 고하기를 "형들이 모반한 것이 아닌데 죽었으니 죄 없이 죽은 것이다. 세자가 우리 가문에서 자랐으니, 원컨대 우리들을 불쌍히 여기라"고 하니, 세자가 말하기를 "가문이 좋지 않다" 하기에, 내가 말하기를 "세자는 어느 곳에서 자랐는가"라고 했다'고 했습니다."

가르침을 전해 말했다.

"말의 실마리가 이미 나왔으니, 형제의 말을 다시 추궁해 서로 합하게 하라."

이에 세자가 여러 대언에게 말했다.

"여산군(驪山君)이 일찍이 나와 더불어 말하기를 '형들이 모반한 것이 아닌데 죽었으나, 우리들은 상의 덕분으로 살아 있으니 착한 일

---

21  죄인을 심문할 때 무릎을 무거운 물건으로 짓눌러 고통을 주는 고문(拷問)의 하나다.

을 하고자 한다. 세자는 우리 가문에서 생장했으니 우리들을 불쌍히 여기라'라고 하므로 내가 말하기를 '가문이 좋다 할 수 없다'라고 했는데, 이러한 오늘의 말은 옳다."

상이 대언에게 뜻을 전해 말했다.

"이미 형들이 죄 없이 죽었다고 말했으니 무슨 일을 더 추문하겠느냐? 추문하지 않는 것이 어떠한가?"

유사눌(柳思訥)이 아뢰어 말했다.

"의금부에서 추문하고 추문하지 않는 것은 신이 알지 못하나, 그 형의 죄는 나라 사람들이 함께 아는 것인데 홀로 죄가 없다고 말하니 신 등의 뜻으로는 그 까닭을 추문하고자 합니다."

뜻을 전해 말했다.

"경 등의 말이 옳다. 삼성(三省-형조와 대간과 의금부)에서 이것을 추문하는 것은 괜찮지만, 만일 다른 일을 추문하면 어찌하겠느냐?"

사눌(思訥)이 아뢰어 말했다.

"사람을 시켜 전지하면 이에 괜찮을 것입니다."

이에 내시[內豎]를 시켜 서선(徐選)과 의금부 관원을 부르니, 서선·
내수
전흥(田興) 등이 와서 말씀을 올렸다.

"무휼은 결박하고 곤장 한 대밖에 안 때렸는데 말하기를 '아우 무회가 세자에게 고하기를 "형들이 본래 모반한 것이 없으니 죽은 것이 애석하다. 세자가 우리 부모의 집에서 자랐으니 특별한 보호를 입기 바란다"라고 하니, 세자가 말하기를 "가문이 좋지 않다"고 하므로 무회가 말하기를 "세자는 어디서 자랐느냐?"라고 했다'고 했습니다."

사눌에게 뜻을 전해 말했다.

"일국의 신하들이 모두 죄를 청해 복주(伏誅)했는데 홀로 죄가 없다고 한다. 이것은 공처(公處)에서 말한 것이 아니고 세자에게 말한 것이지만, 세자는 국본(國本)이니 마땅히 잘 배양(培養)해야 하거늘 이와 같은 지경에 이르렀다. 아비에게 불충한 신하를 세자가 허여하겠는가? 죄가 없다고 한 말이 큰 뜻을 품었다."

이어서 의금부에 뜻을 전해 말했다.

"일국의 신하들이 죄주기를 청한 사람을 죄가 없다고 한 까닭을 다시 추문하라."

**을유일(乙酉日·22일)**에 상왕이 건원릉(健元陵)에 참배했다.

○ 올적합(兀狄哈) 천호(千戶) 여급보용아(汝及甫容我)가 와서 토산물을 바쳤다.

**병술일(丙戌日·23일)**에 명해 민무휼(閔無恤)을 원주(原州)에 안치하고, 무회(無悔)를 청주(淸州)에 안치했다.

유사눌(柳思訥)에게 명해 의금부에 뜻을 전해 말했다.

"오늘 무휼·무회의 죄 묻기를 끝내고 우선 외방에 유배 보내라."

사눌(思訥)이 부복(俯伏)해 응하지 않자, 상이 노해 지팡이로 땅을 치며 말했다.

"네가 내 말을 알아듣지 못하니 어떻게 저 사람들에게 말을 전하겠느냐? 지금 중궁(中宮)이 이 일을 듣고 울면서 먹지 않으니, 늙은 어머니 송씨 때문이다. 내가 어찌 차마 서울의 거리에서 형을 집행하겠는가? 하물며[矧] 생각건대 종묘에 친향(親享)할 날이 심히 가까우니 여러 옥을 숙청(肅淸)해야 하겠고, 해가 또 바뀐다. 지금 이런 때를 당해 아울러 외방에 유배 보내 일국 신민의 청을 기다리는 것이 실로 늦지 않다."

사눌이 이에 명을 받고 의금부에 뜻을 전하고, 무휼·무회 등의 죄를 헤아렸다[數罪]. 의금부에서 무회에게 물었다.

"무구·무질의 죄는 일국 신민이 함께 아는 것인데, 너는 어째서 가만히 세자에게 고하기를 '죄가 없는데 죄를 입었다'라고 했느냐?"

무회가 말했다.

"무구·무질이 종지(宗支)를 제거하려고 꾀한 죄에 좌죄됐기 때문에 두 대군이 궁내로 들어가기를 기다린 뒤에야 마침내 고했을 뿐입니다."

○ 병조판서 박신(朴信), 호조판서 심온(沈溫), 참찬 황희(黃喜) 등이 청했다.

"이지성(李之誠)을 잡아다가[將] 시종(侍從)이 조현(朝見)할 때 비밀리에 세자에게 고하기를 '무구·무질이 죄가 없다'라고 하고, 이어서 '금상(今上)이 백세(百歲-사망)한 뒤에 세자가 즉위하면 마땅히 불러들여야 합니다'라고 청한 말을 국문하소서."

곧바로 명해 지성(之誠)을 옥에 가두었다.

○ 의금부에서 아뢰어 말했다.

"민무휼(閔無恤)이 공칭(供稱)하기를 '국가에서 이미 일찍이 난신(亂臣)을 엄하게 징계해서 범한 죄의 경중(輕重)을 의논했다. 계사년(癸巳年-1413년) 여름에 이르러 중궁이 편찮았을 때 아우 무회와 더불어 함께 궐내에 들어갔는데, 두 대군이 궁내에 들어간 뒤에 무회가 세자에게 말하기를 "형 무구·무질이 본래 모반한 일이 없는데 죄를 얻었으니 애석하다. 세자께서는 우리 집에서 생장하셨으니, 바라건대 우리 두 사람을 애호하라"고 하니, 세자가 대답하기를 "외삼촌의 가문이 좋지 않다"라고 했는데, 지난번에 육조·대간·의금부가 함께 물었으나 골육의 정리로 숨기고 고하지 않았다'라고 했고, 무회는 공칭하기를 '형 무구·무질이 본래 모반한 것이 없다는 말을 두 대군이 궁내에 들어가기를 기다린 뒤에 세자에게 고한 것은 형들이 두 대군을 해하기를 꾀하고 세자에게 뜻을 쏟다가 이미 일찍이 복주(伏誅)된 때문에 세자가 홀로 있는 때에 고한 것이고, 또 내가 장차 세자의 은혜를 바랐기 때문에 갑자기 이 말을 발한 것이고, 또 계사년 전에 형 무휼과 더불어 함께 어머니의 집에 가서 무구·무질이 죄 없는 것을 의논하고 다행히 틈을 타서 세자에게 고한 것일 뿐이다'라고 했고, 무휼·무회 등이 또 공칭하기를 '원윤(元尹)의 모씨(母氏)가 임산(臨産)이었을 때 부모가 다듬잇돌 옆에 내다 두게 했고, 아들을 낳던 날에 숭교리(崇教里) 집에 옮겨 두었고, 몹시 추운 때 금침과 자리를 빼앗았고, 7일 뒤에 교하(交河)로 보냈는데, 우리들이 알고도 금하지 않았으니 범한 것이 사실입니다'라고 했습니다."

이날 저물녘에 의금부에서 두 번 세 번 죄를 청하고 형조·대간이 또한 그 죄를 청하니, 상이 말했다.

"이 사람들의 죄가 크다. 내가 어찌 사직(社稷)의 대계(大計)를 위하지 않을까마는, 송씨(宋氏)가 병을 얻었으니 일단은 후일을 기다려 바로잡겠다."

마침내 이런 명이 있었다.

정해일(丁亥日·24일)에 의정부·육조·대간에서 다시 무휼·무회 등의 죄를 청하니 윤허하지 않았다.

형조판서 정역(鄭易) 등이 소를 올려 말했다.

'대역(大逆)은 천지(天地)에서 용납하지 않는 것이고 왕법에서 마땅히 죽이는 것입니다. 역신(逆臣) 무휼·무회 등이 종지(宗支)를 제거하고자 하고 사직(社稷)을 위태롭게 하기를 꾀한 정상이 나타나고 일이 명백하게 돼 이미 스스로 항복했으니 마땅히 극형에 처해야 하는데, 전하가 송씨의 연고 때문에 외방에 안치했습니다. 신 등은 사은(私恩)과 공의(公義)가 어떤 것이 얕고 어떤 것이 깊으며, 사직과 송씨가 어떤 것이 가볍고 어떤 것이 무거운가 합니다. 엎드려 바라건대 전하는 대의(大義)로 결단하시어 밝게 전형(典刑)대로 처치해 신민(臣民)의 울분을 쾌하게 하소서.'

사헌부에서 소를 올려 말했다.

'종지를 제거해 왕실을 약하게 해서 무슨 일을 하고자 한 것은 여러 민씨가 함께한 것입니다. 무구·무질은 비록 이미 복주(伏誅)됐으나 무휼·무회가 아직도 그대로 있어 화가 불측한 데 있습니다. 천지·종사의 위령에 힘입어 가만히 그 마음을 달래니, 세자가 혼자 앉았을 때를 엿보아 그 간계를 말했으나 지금 그 정상이 하나하나 나타났습니다. (그런데도) 전하께서는 도리어 그 어머니 송씨가 늙고 병들었다고 해서 예전 은혜를 생각해 마음을 상하게 하지 않으려고 다만 유배만 보냈습니다. 신 등이 생각건대, 전하께서는 전날에 무구·무질 등을 보전하려 했으나 전형(典刑)을 바로잡지 않을 수 없고 죄인을 오래 머물러 둘 수 없다며 나라 사람들이 모두 말하기를 "죽여야 한다"고 하므로, 어길 수 없어 힘써 따르되 송씨를 생각하지 못했습니다. 지금 무휼·무회의 죄가 무구·무질과 같은데, 전하께서는 어떻게 송씨 때문에 핑계할 수 있겠습니까? 옛날에 박소(薄昭)가 한(漢)나라 사자를 죽이자 문제(文帝)가 베었는데, 박소는 태후(太后)의 아우입니다. 문제가 어찌 태후의 마음이 상할 것을 생각지 않았겠습니까? 다만 법이라는 것은 천하와 함께하는 것이어서 사사로움을 행해 용서할 수 없기 때문입니다. 지금 무휼·무회 등의 죄가 박소보다 무겁고 송씨의 은혜가 모후(母后)와는 같지 않아서, 경중(輕重)이 명백하기가 하늘과 땅 같습니다. 엎드려 바라건대, 전하께서는 종묘·사직을 생각하시어 무휼·무회 등을 시중[市朝]에서 거열(車裂)해 신민의 울분을 쾌하게 하소서.'

시조

사간원에서도 소를 올려 말했다.

'신 등이 생각건대, 무휼·무회의 불충한 죄는 일국의 신하들이 함께 알아서 통분하게 여기는 바입니다. 더군다나 지금 그 간사하고 참혹하고 반복하고 배역한 형적이 의금부의 조사한 데 갖춰 나타났으니, 참으로 불공대천(不共戴天)의 원수입니다. 신 등이 생각건대, 형벌로 악한 것을 징계하는 것은 실로 하늘이 토벌하는 것이어서 하루도 구차하게 지체할 수 없습니다. 엎드려 바라건대 전하께서는 대의로 결단하시어 밝게 전형(典刑)대로 처치하소서.'

○ 상이 인덕궁(仁德宮)에 나가서 헌수했는데, 세자와 여러 종친이

시연(侍宴)했다.

무자일(戊子日-25일)에 의정부·공신·육조·대간에서 대궐에 나아와
무휼·무회 등의 죄를 청했다.

기축일(己丑日-26일)에 화성(火星)이 저성(氐星) 가운데로 들어갔다.

신묘일(辛卯日-28일)에 상이 몸소 문소전(文昭殿)에 제사를 지냈다.
○ 이원(李原)을 사헌부 대사헌(司憲府大司憲), 이화영(李和英)을 의
정부 참찬(議政府參贊), 황희(黃喜)를 호조판서, 성발도(成發道)를 형
조판서, 조용(趙庸)을 예조판서, 박자청(朴子靑)을 판한성부사(判漢
城府事-한성부 판사), 정역(鄭易)을 예문관 대제학(藝文館大提學), 심온
(沈溫)을 좌군도총제(左軍都摠制), 김우(金宇)를 우군도총제(右軍都摠
制)로 삼았다. 검교 의정부 참찬(檢校議政府參贊) 하나를 더 두었다.

계사일(癸巳日-30일)에 대간·형조에서 대궐에 나아와 무휼·무회의
죄를 청했다. 아뢰어 말했다.
"무휼·무회의 죄상이 이미 나타났으니, 바라건대 신 등의 청을 허
락하소서."
승정원에 뜻을 전해 말했다.
"오늘은 명일(名日)[22]이고 내일은 삭제(朔祭-초하루 제사)이니, 그리

---

22 민속으로 해마다 일정하게 지키며 즐기는 날을 말한다. 곧 설·단오·동지·납일(臘日) 등

대답해 보내라."

○ 일향주(日向州) 도진(島津) 원원구(源元久)와 신납(新納) 등뇌명(藤賴明)이 각각 사인(使人)을 보내 예물을 바쳤다.

○ 충녕대군(忠寧大君)【지금의 상이다】이 의령부원군(宜寧府院君) 남재(南在)에게 식사를 대접했다[餉].

대군이 남재에게 그 집에서 식사를 대접했는데, 재(在)가 여러 사람이 있는 자리에서 대군에게 일러 말했다.

"옛날에 상께서 잠저(潛邸)에 계실 때 내가 학문을 권하니, 상께서 말씀하시기를 '왕자는 참여할 데가 없으니 학문은 해서 뭘 하겠느냐?' 하기에, 제가 말하기를 '군왕의 아들이라면 누가 임금이 되지 못하겠습니까?'라고 했습니다. 지금 대군께서 배움을 좋아하는 것[好學]이 이와 같으니 내 마음이 그것을 기쁘게 여깁니다."

뒤에 상이 이를 듣고 크게 웃으며 말했다.

"과감하다! 이 노인네."

───────
을 가리킨다.

甲子朔 命二品以上守令及牧官進箋. 禮曹啓曰: "看詳各道冬至
賀箋例 水原 金海都護府進箋 他都護府不然; 寧海鎭 朔州兵馬使
進箋 而鏡城兵馬使不然; 牧官竝皆進箋 而咸州牧不得進箋 實爲
未便." 乃有是命.

改津渡別監爲渡丞①. 吏曹啓: "津渡別監口傳差任 憑觀察使
褒貶 考滿後外方敍用. 然以別監口傳員受褒貶於監司 實無例焉.
自今依驛丞例 以五六品以下九品以上員人差下 稱某渡丞 給半印."
從之.

乙丑晝見經天.

丙寅 司憲府上疏. 疏略曰:

'薦擧不可不精 故自兩府至顯官六品 各擧所知 以備銓注. 若所擧
非人 則罪及擧主 以絶僥倖之弊 然以前銜官案而除授者及口傳而
除授者 雖坐貪汚不法 而無罪及之令 於褒貶之法 誠爲未便. 請
自今其時掌銓選者 依擧主例論罪.'
從之.

召見開城府副留後禹希烈 議堤堰事. 上曰: "予聞 卿有脚疾 今

愈乎?"對曰: "今尙未愈." 上曰: "若愈則予將使卿於外. 曩聞 卿爲

忠淸道監司 務築堤堰以利民." 希烈具陳堤堰 蠶桑之利. 旣出上謂

柳思訥曰: "此人常有心於農桑之務 故其言如此 予甚嘉之. 此人

有子乎?" 對曰: "有. 前監察敬夫." 上曰: "今都目政 勿忘除授. 且

毋使希烈歸留後司 予將授以堤堰之任."

　上謂代言等曰: "予欲以元尹禍結婚於愼以衷家. 然聞以衷有咎

然乎?" 趙末生對曰: "往者丁憂殺人." 柳思訥對曰: "非獨此也.

以衷 薛懷之女壻 薛懷 蔡洪哲之孫壻. 蔡氏本妓孫也 豈可連結

金枝?" 上曰: "禍之母賤 何嫌乎哉? 然予已定婚於崔士康之女矣.

正嫡之子 一生之內 豈有艱難? 若此子等 我之身後 必蒙妻父母

恩愛 乃安其生 故欲於臧獲産業俱備處結婚耳②. 元尹之母 予已

封爵 何卑賤之有?" 思訥曰: "誠如上旨."

　命司宰監補充軍 移屬兵曹 以典農寺革去寺社奴婢屬司宰監.

　漢城府上戶口式. 啓曰: "大小人員戶口成籍定限 擧案收納 然

上項戶口內 奴婢幷錄次 良人子女 公處奴婢 他人奴婢 汎濫施行

者 不無有之. 如此人員 依永爲遵守敎旨內 微劣人奴婢奪占者

壓良爲賤者例 謝貼收取 決杖八十 身充水軍事 於戶口季後幷錄

成給 以懲不恪何如?"

　六曹議得: "戶口單子收納定限 京中時散二品以至士庶人 來

丙申年正月內畢收納五月內畢成給; 外方依上項例 八月內收納

十二月內畢成給何如?" 依允.

漢城府又啓: "大小人員戶口單子收納 依受教出榜督納. 以曾降

教旨 戶首人夫妻內外四祖及率居子弟姪奴婢年歲 備細載錄 如有

具載者聽 只錄或祖或父者亦聽. 然八祖具載者聽許 則大小人員 皆

欲載其八祖 各其祖上久遠文契推尋 非惟事煩有弊 無益於國家.

但以戶首人夫妻四祖施行 收納文契 相考施行 雖無文契 當身及

四祖內 曾經顯秩 衆所共知者幷錄 其餘規式 依曾降教旨何如?"

依允.

庚午 太白晝見經天.

以李叔蕃爲安城府院君 金承霍判中軍都摠制府事 李之崇

判左軍都摠制府事 崔迤議政府參贊 李行開城留後司留後

禹希烈京畿都觀察使 李潑司憲府大司憲. 革判恭安府事一 加置

議政府參贊一. 改甲山 盈德 蔚山萬戶爲知郡事 固城 河東 長鬐

機張縣監爲知縣事 竝以四品以上差. 加置中軍副司正四 左右軍

副司正各三.

辛未 御廣延樓下 率宗親擊毬 置酒.

初罷成均校書權知差年法. 吏曹啓: "成均校書權知等 口傳後

不仕本館 却歸其家 當都目臨近之時 其除拜當次一二人上京 取才

受職 甚爲未便. 自今每月取才 第其分數 且考實仕多小敍用 仕

多者雖分數不及 亦令敍用." 從之.

刑曹上決獄三限之法. 啓曰: "謹按 文獻通考 刑考內 '周官
형조 상 결옥 삼한 지법 계왈 근안 문헌통고 형고 내 주관

小司寇 以五刑聽萬民之獄訟 附于刑 用情訊之 至于旬乃蔽之. 又
소사구 이 오형 청 만민 지 옥송 부우 형 용정 신지 지우 순 내 폐지 우

鄉士 遂士 方士 訝士掌其地獄訟職 聽于朝 各有期日 國中一旬 郊
향사 수사 방사 아사 장 기지 옥송 직 청우 조 각유 기일 국중 일순 교

二旬 野三旬 都三月 邦國期.' 康誥云: '要囚服念五六日至于旬時
이순 야 삼순 도 삼월 방국 기 강고 운 요수 복념 오륙일 지우 순시

不蔽要囚.' 宋太宗 太平興國六年詔: '自今長吏每五日一慮囚 得情
불폐 요수 송 태종 태평흥국 육년 조 자금 장리 매 오일 일 여수 득정

者卽決之.' 時上慮天下有滯獄 復建三限之制 大事四十日 中事二十
자 즉결 지 시 상 려 천하 유 체옥 부건 삼한 지제 대사 사십 일 중사 이십

日 小事十日 有不須追捕易決者 不至三日. 右皆用地之遐邇 事之
일 소사 십일 유 불수 추포 이결 자 부지 삼일 우개 용 지지 하이 사지

難易 定其決限 勿令官吏淹延滯留 以至於召怨傷和也. 願自今敬依
난이 정기 결한 물령 관리 엄연 체류 이 지어 소원 상화 야 원 자금 경의

古制 定立日限 事干死罪 辭證在於三十日程途者爲大事; 事干徒流
고제 정립 일한 사간 사죄 사증 재어 삼십일 정도 자위 대사 사간 도류

辭證在於二十日程途者爲中事; 事無大小 辭證在於境內 而形迹
사증 재어 이십 일 정도 자위 중사 사무 대소 사증 재어 경내 이 형적

明著者 不至十日; 其易決者亦不過三日 定爲恒式. 當該官吏不肯
명저 자 부지 십일 기 이결 자 역 불과 삼일 정위 항식 당해 관리 불긍

用心 稽留過限者 痛繩以法 其中有形迹難明 辭證牽連 彼此參驗
용심 계류 과한 자 통승 이법 기중 유 형적 난명 사증 견련 피차 참험

不得已過限者 開具事由啓聞." 從之.
부득이 과한 자 개구 사유 계문 종지

召兵曹判書朴信 都鎭撫韓珪曰: "講武於忠淸道 則路遠而有弊
소 병조판서 박신 도진무 한규 왈 강무 어 충청도 즉 노원 이 유폐

矣. 予欲於王方山 懸鍾等處 限十日講武 毋令各官支應 卿等其議
의 여욕 어 왕방산 현종 등처 한 십일 강무 무령 각관 지응 경등 기의

宿所及驅軍出處以聞." 信曰: "京中可得 二千且調發京畿講武近處
숙소 급 구군 출처 이문 신왈 경중 가득 이천 차 조발 경기 강무 근처

軍民可也." 崔閑曰: "上意不欲煩京畿之民." 信曰: "近處江原道
군민 가야 최한 왈 상의 불욕 번 경기 지민 신왈 근처 강원도

軍民亦可."
군민 역 가

吉州 永興城告成.
길주 영흥 성 고성

前少尹權堡獻梅花一盆.
전 소윤 권보 헌 매화 일분

壬申 賜酒肉于左議政河崙. 時 崙持服 上遣代言徐選 傳旨開素
임신 사 주육 우 좌의정 하륜 시 륜 지복 상 견 대언 서선 전지 개소

曰: "老來不可絕肉食. 我二人安 然後國家安矣.
왈 노래 불가 절 육식 아 이인 안 연후 국가 안의

命自今世子歲時設享 敬承府供辦 以爲恒式.
명 자금 세자 세시 설향 경승부 공판 이위 항식

癸酉 遣判承文院事李迹于楊根 加平等處 相養蠶所 求唐蠶種.
계유 견 판승문원사 이적 우 양근 가평 등처 상 양잠 소 구 당 잠종

以迹爲探訪使 養蠶于加平屬縣朝宗 李士欽爲探訪別監 養蠶于
이적 위 채방사 양잠 우 가평 속현 조종 이사흠 위 채방 별감 양잠 우

楊根屬縣迷原.
양근 속현 미원

囚諸道經歷于義禁府. 吏曹啓: "慶尙道都觀察使安騰 經歷
수 제도 경력 우 의금부 이조 계 경상도 도관찰사 안등 경력

殷汝霖 前忠淸道都觀察使禹希烈 經歷尹處誠 江原道都觀察使
은여림 전 충청도 도관찰사 우희열 경력 윤처성 강원도 도관찰사

李貴山 經歷鄭還 前京畿都觀察使許遲 經歷成槪等 守令褒貶狀
이귀산 경력 정환 전 경기 도관찰사 허지 경력 성개 등 수령 포폄 장

不及期限 請以敎旨不從論." 命只囚守令官 尋釋之.
불급 기한 청 이 교지 부종 론 명 지 수 수령관 심 석지

乙亥 世子獻壽于廣延樓下 諸宗親侍宴. 中宮御便殿 明嬪 淑嬪
을해 세자 헌수 우 광연루 하 제 종친 시연 중궁 어 편전 명빈 숙빈

及諸宮主侍宴. 上傳旨承政院曰: "予欲禁設宴 而父子皆無事經年
급 제 궁주 시연 상 전지 승정원 왈 여 욕금 설연 이 부자 개 무사 경년

殊未易 故受之耳 卿等宜知之."
수 미이 고 수지 이 경등 의 지지

丙子 日本 薩摩州 藤原賴久奉表獻禮物 請賑飢. 藤原賴時亦獻
병자 일본 살마주 등원뇌구 봉표 헌 예물 청 진기 등원뇌시 역 헌

禮物 發還被擄人 請大般若經.
예물 발환 피로인 청 대반야경

丁丑 罷海州牧使金廷雋 判官金鞏 延安府使田思理等職. 初思理
정축 파 해주목사 김정준 판관 김공 연안부사 전사리 등직 초 사리

奪府人前少監鄭思賢田 以與朴希宗. 思賢以思理不從田地從白根
탈 부인 전 소감 정사현 전 이여 박희종 사현 이 사리 부종 전지 종 백근

之敎 訴于都觀察使李潑 潑移其訟於海州 廷雋 鞏亦如思理之決
지교 소우 도관찰사 이발 발 이 기송 어 해주 정준 공 역 여 사리 지결

潑依所報施行. 至是 憲府覈實請罪 罷廷雋等職. 潑及經歷金習 比
발 의 소보 시행 지시 헌부 핵실 청죄 파 정준 등직 발급 경력 김습 비

廷雋 思理 罪爲輕 故命勿論. 然潑時除大司憲 以此被本府之劾
정준 사리 죄 위경 고 명 물론 연 발 시제 대사헌 이차 피 본부 지 핵

不得就職.
부득 취직

 兵曹上各驛里數啓目. 啓曰: "今準中朝里數 以周尺六尺爲一步
 병조 상 각역 이수 계목 계왈 금준 중조 이수 이 주척 육척 위 일보

每三百六十步爲一里. 以此打量 自敦化門西至迎曙驛 十八里
매 삼백 육십 보위 일리 이차 타량 자 돈화문 서지 영서역 십팔 리

一百九十四步; 自其驛至礪石古介 十一里一百六十六步. 已上三十
일백 구십 사보 자 기역 지 여석고개 십일 리일백 육십 육보 이상 삼십

里爲一息. 自敦化門南至良才驛 二十五里一百三十步; 自其驛至
리위 일식 자 돈화문 남지 양재역 이십오 리일백 삼십보 자 기역 지

長城串川邊 四里二百三十步. 已上三十里爲一息. 自敦化門東至
장성곶 천변 사리 이백 삼십보 이상 삼십 리위 일식 자 돈화문 동지

明石院前坪 三十里爲一息. 自其坪至平丘驛 三里十步; 自敦化門
명석원 전평 삼십 리위 일식 자 기평 지 평구역 삼리 십보 자 돈화문

北至廣施院 三十里爲一息. 自其院至綠楊驛 十二里一百三十步.
북지 광시원 삼십 리위 일식 자 기원 지 녹양역 십이 리일백 삼십보

臣等參詳各道各驛息數 相距或遐或近 凡差發期限 預定爲難. 請令
신등 참상 각도 각역 식수 상거 혹하 혹근 범 차발 기한 예정 위난 청령

各道 以上項尺數步數 量定里息 每十里置小標 三十里大標 或積石
각도 이 상항 척수 보수 양정 이식 매 십리 치 소표 삼십 리 대표 혹 적석

積土 各從其便爲之何如?" 依允.
적토 각종 기편 위지 하여 의윤

 命自今闕內除草掃雪等事 除防里人 代以攝隊長 隊副及補充軍.
 명 자금 궐내 제초 소설 등사 제 방리인 대이 섭 대장 대부 급 보충군

 命刊印鍼灸銅人圖 頒布中外.
 명 간인 침구 동인도 반포 중외

 戊寅 下王旨于春秋館. 前一日 上命議政府參贊黃喜 吏曹判書
 무인 하 왕지 우 춘추관 전 일일 상명 의정부참찬 황희 이조판서

朴訔 知申事柳思訥 備書閔氏陰慘狡猾 元尹初生時 令母子置於
박은 지신사 유사눌 비서 민씨 음참 교활 원윤 초생 시 영 모자 치어

死地之罪 欲下王旨 以製述未稱意不果. 訔啓: "人臣雖當飲食 祝君
사지 지죄 욕하 왕지 이 제술 미 칭의 불과 은계 인신 수당 음식 축군

多壽多男. 王子卿等宜各就第." 越翼日 召敬承府尹卜季良 製王旨
다수 다남 왕자 경등 의각 취제 월 익일 소 경승부 윤 변계량 제 왕지

下春秋館曰:
하 춘추관 왈

 '歲在壬午夏五月 閔氏家婢素入宮者有娠 旣三月 出居于外. 閔氏
 세재 임오 하 오월 민씨 가비 소 입궁 자 유신 기 삼월 출거 우외 민씨

置之行廊之房 與其婢三德居. 至其年十二月臨産 是月十三日朝 以
치지 행랑 지방 여 기비 삼덕 거 지 기년 십이월 임산 시월 십삼일 조 이

胎動腹始痛. 三德以告閔氏 令出置門外砧杵之側 欲其死也. 其兄
<sub>태동 복시통 삼덕 이고 민씨 영 출치 문외 침저 지측 욕 기사 야 기형</sub>

名和尙憐之 就墻架數椽 覆以苫 僅蔽風日. 辰時生子 今元尹所輪
<sub>명 화상 연지 취장가 수연 복이점 근폐 풍일 진시 생자 금 원윤 소수</sub>

衾枕褥席. 奴有韓上佐者惜其冒寒 乃以馬衣授之 經七日得不死.
<sub>금침 욕석 노유 한상좌 자석 기 모한 내 이 마의 수지 경 칠일 득 불사</sub>

閔氏又令其父及和尙携持載牛 送之交河之家. 乃因風寒之逼 遷徙
<sub>민씨 우영 기부 급 화상 휴지 재우 송지 교하 지가 내인 풍한 지핍 천사</sub>

之苦得疾 且乳腫 其母子之俱生也特幸耳. 予於其時 未之知也.
<sub>지고 득질 차 유종 기 모자 지구생 야특행이 여어 기시 미지 지야</sub>

今予老矣 靜言思之 良用惻然. 赤子匍匐 人所同隱 諸閔陰慘狡猾
<sub>금 여 노의 정언 사지 양용 측연 적자 포복 인 소동은 제민 음참 교활</sub>

多方爲計 必欲置之死地 蓋其謀剪宗支之念 積於中者旣久 故其
<sub>다방 위계 필욕 치지 사지 개 기모 전 종지 지념 적 어중 자기구 고기</sub>

施於赤子亦若是其極也. 雖然天道赫然不爽 雖於赤子之微 所以
<sub>시어 적자 역 약시 기극 야 수연 천도 혁연 불상 수어 적자 지미 소이</sub>

保佑而全安之者至矣. 豈使奸憸之輩 得以遂其惡哉? 此實諸閔之
<sub>보우 이 전안 지자 지의 기사 간섬 지배 득이 수 기악 재 차 실 제민 지</sub>

陰事 予苟不言 秉筆者焉能知之? 誠宜詳書史冊 昭示後世 使外戚
<sub>음사 여구 불언 병필 자 언능 지지 성의 상서 사책 소시 후세 사 외척</sub>

知所戒焉.'
<sub>지 소계 언</sub>

旨旣下 知館事李叔蕃欲錄旨 移文臺諫 領館事河崙遲之. 叔蕃以
<sub>지 기하 지관사 이숙번 욕 녹지 이문 대간 영관사 하륜 지지 숙번 이</sub>

危言動崙 崙不敢違.
<sub>위언 동륜 륜 불감 위</sub>

羈置前知德州事金一起于慈山 禁其出入.
<sub>기치 전 지덕주사 김일기 우 자산 금 기 출입</sub>

命司憲府曰: "大司憲若有故 執義開印."
<sub>명 사헌부 왈 대사헌 약 유고 집의 개인</sub>

己卯 司憲執義鄭招 司諫院右司諫大夫趙啓生等上疏. 司憲府
<sub>기묘 사헌 집의 정초 사간원 우사간대부 조계생 등 상소 사헌부</sub>

疏曰:
<sub>소왈</sub>

'去夏不雨彌時 殿下憂悶元元 恐刑獄之間 或有所寃 乃命刑曹
<sub>거하 불우 미시 전하 우민 원원 공 형옥 지간 혹유 소원 내명 형조</sub>

亂臣等同産 妻孥 沒爲官賤者 悉令放遣 未獲甘霈 徒釋有罪. 本府
<sub>난신 등 동산 처노 몰위 관천 자 실령 방견 미획 감주 도석 유죄 본부</sub>

於前日 具本申請 將李茂 李彬 柳沂 尹穆 趙希閔 姜思德等妻子 各
<sub>어 전일 구본 신청 장 이무 이빈 유기 윤목 조희민 강사덕 등 처자 각</sub>

於前定所定役 尚有趙順和 李之誠從便外方 壬午以來 亂臣妻子
同産人等 免賤安居者. 臣等竊念 順和身親爲亂 之誠黨於賊臣
得保腰領 臣子共憤. 乞將順和 之誠等 明正典刑 將壬午以後亂臣
妻子 同産 曾沒爲賤放遣者 悉付前所 以順天討. 殿下赦趙瑚之罪
釋其子須 雅 臣等以爲 須 雅乃希閔同産 不可俱免. 乞幷須 雅 亦
於前所屬賤 以戒後來.

諫院疏曰:

'臣等竊謂 罪莫大於不忠 政莫先於去惡. 不忠之人不能去之 則
亂逆之徒 何所懲乎? 向者將致庸 無恤 無悔 李稷 用權 尹向罪
上疏 請正其罪 未蒙兪允 不勝隕越 敢昧死以聞. 臣等竊伏惟念
致庸不勝私憤 遽發無根之言 欲累上德; 無恤 無悔 李稷等互相
阿附 有懷貳心; 用權參謀亂逆 發大不道之說 此皆不忠之甚者也.
尹向之罪 殿下以爲: "言之失耳 非有他心." 臣等以爲 言者心之聲
也. 苟無其心 豈形於言? 以回軍將士 比之丁公曰: "僅免罪責 亦云
足矣." 其心謂何? 且亦不宥之罪也. 且李之誠以亂臣茂之黨與 幸
漏天網 獨保首領; 趙須 趙雅其父瑚之所犯 雖未明著 其兄希閔以
亂逆伏誅 法當連坐 特蒙赦宥; 柳沂之弟柳漢亦蒙赦宥 俱免爲奴
無有懲戒. 此 不忠之徒 所以相繼而不絶者也. 伏望殿下 斷以大義
將致庸 無恤 無悔 李稷 尹向 用權 之誠 下攸司 明正其罪 依律
施行; 趙須 趙雅 柳漢等 還屬爲奴 以快臣民之憤.'

皆不允.
개 불윤

下前定州都護府使安承慶等于義禁府. 召司憲掌務持平吳寧老
하 전 정주 도호부사 안승경 등 우 의금부 소 사헌 장무 지평 오영로

傳旨曰: "無咎 無疾子女婚嫁 雖有其母 寡婦豈能獨爲? 必有與之
전지 왈 무구 무질 자녀 혼가 수유 기모 과부 기능 독위 필유 여지

議論者 其推之." 寧老對曰: "臣等嘗聞有子 未聞婚姻 今日乃聞命
의논 자 기 추지 영로 대왈 신등 상문 유자 미문 혼인 금일 내 문명

矣. 上敎誠然." 上曰: "王氏之後 亦令生存 予豈欲罪此人之子乎?
의 상교 성연 상왈 왕씨 지후 역령 생존 여기 욕죄 차인 지자 호

然昔百官請罪之人之子 有媒聘婚姻者 國家之法安在? 但推其子
연 석 백관 청죄 지인 지자 유 매빙 혼인 자 국가 지법 안재 단 추 기자

之婚姻 則疑若欲其與罪也 其子女媒聘婚姻者 竝推啓聞 予將不
지 혼인 즉 의약 욕기 여죄 야 기 자녀 매빙 혼인 자 병추 계문 여장 불

與罪也." 旣而 召鄭招 吳寧老傳旨曰: "前命推考與諸閔相婚者 非
여죄 야 기이 소 정초 오영로 전지 왈 전명 추고 여 제민 상혼 자 비

欲罪之也. 擧國皆以爲諸閔不忠 其與不忠連姻 實爲未便. 初令
욕 죄지 야 거국 개 이위 제민 불충 기여 불충 연인 실위 미편 초령

法官推劾 正朝及春享逼近 欲令速筆 故今旣離下義禁府矣." 招
법관 추핵 정조 급 춘향 핍근 욕령 속필 고 금 기 이하 의금부 의 초

啓曰: "相與連婚者 大略推考. 無咎之子娶辛用和之女時 無恤招
계왈 상여 연혼 자 대략 추고 무구 지자 취 신용화 지녀 시 무휼 초

前都護府使安承慶語曰: '上有命: "諸閔之子 予旣不殺 其有年壯
전 도호부사 안승경 어왈 상 유명 제민 지자 여기 불살 기유 연장

者 悉令成婚.'" 仍使承慶 通此言於用和嫁之." 上曰: "予豈不傳於
자 실령 성혼 잉사 승경 통 차언 어 용화 가지 상왈 여기 부전 어

承政院 而遽傳於無恤乎? 眞詐傳也. 可將無恤 承慶於義禁府一處
승정원 이 거전 어 무휼 호 진 사전 야 가장 무휼 승경 어 의금부 일처

憑問." 仍令招參鞫. 義禁府具無咎 無疾子女婚嫁及媒聘之人逮繫
빙문 잉 령 초 참국 의금부 구 무구 무질 자녀 혼가 급 매빙 지인 체계

者以聞 上曰: "如此蔓延以成大獄 非予志也. 其婦人小子 可先
자 이문 상왈 여차 만연 이성 대옥 비 여지 야 기 부인 소자 가선

釋之."
석지

庚辰 司憲府 司諫院上疏. 諫院疏曰:
경진 사헌부 사간원 상소 간원 소왈

'臣等竊惟 諸閔不忠之罪 已載史冊 不敢再瀆天聰 姑擧其一二
신등 절유 제민 불충 지죄 이재 사책 불감 재독 천총 고거 기 일이

言之. 歲在壬午 元尹裶之將生也 當沍寒之時 露置砧側. 及其生也
언지 세재 임오 원윤 비 지장생 야 당 호한 지시 노치 침측 급 기생 야

卽日移於二三里之外 置之土宇 又奪其覆藉之資 是欲其母子俱死
也. 幸而不死 携持載牛 又送交河之地 必欲其死 是可忍也 孰不
可忍也? 其諸閔專橫自恣 蒙蔽上聰 謀剪宗支 陰慘狡猾 孰甚於此?
福善禍淫 天之道也. 故無咎 無疾旣伏天誅 無恤無悔曲蒙上恩 向
今偸生 罔有悛心. 無悔則旣向世子 發不敬之言 又與致庸搆無根
之說 欲累上德; 無恤則隱無悔之言 欲陷世子於誣妄 其爲反復不忠
之心 有自來矣 罪不容誅. 伏望殿下 斷以大義 命攸司 將無悔 無恤
明正其罪. 且無咎 無疾妻子 完聚營生 無異平日 有乖王法. 乞命
攸司 依律施行 以戒後來.'

憲府疏曰:

'臣等據春秋館關 伏讀下旨 諸閔謀剪宗支之事 非唯口不忍言
抑亦耳不忍聞. 竊惟諸閔殘賊慘忍 罪惡貫盈 無咎 無疾僅就天誅
無恤 無悔尙全性命. 萬世之後 讀此史文者 尙當扼腕切齒 況臣等
忝爲執法 身見此賊 共戴一天 何以見一世之士? 非唯臣等 凡爲
殿下之臣者 孰不有此心? 乞將無恤 無悔等 明置典刑 以快臣民之
憤.'

辛巳 命義禁府都事李文幹 宋仁山 執無恤 無悔以來 囚于
義禁府.

壬午 合禁漏房於書雲觀. 吏曹啓: "掌漏司辰 職在書雲 而別置
禁漏房 實爲無謂. 請革禁漏房 其諸員合屬於書雲 權知取才敍用

576

便." 從之.
편 종지

司憲府請無恤 無悔等罪. 啓曰:"臣等伏覩下旨 不勝驚恐. 請下
사헌부 청무휼 무회 등죄 계왈 신등 복도 하지 불승 경공 청하

前疏 明正其罪 以曉國人." 上曰:"下旨 非欲殺此人也. 予聞 媒聘
전소 명정 기죄 이효 국인 상왈 하지 비욕살 차인 야 여문 매빙

結婚之事 無恤爲之 欲問其事而招來. 若無悔卽欲令知下旨事而召
결혼 지사 무휼 위지 욕문 기사 이초래 약무회 즉욕령 지하지 사이소

也." 掌令趙從生再請曰:"非特此也 前日之罪已盈. 請論如法 以慰
야 장령 조종생 재청 왈 비특 차야 전일 지죄 이영 청론 여법 이위

國人之望." 上曰:"此人等焉免其罪? 但有老親 故予未斷私情耳 勿
국인 지망 상왈 차인 등언 면기죄 단유 노친 고여 미단 사정 이 물

復言."
부언

癸未 臺諫復請無恤 無悔之罪.
계미 대간 부청 무휼 무회 지죄

命禁楊州東村 加平南村 朝宗西村等處私獵.
명금 양주 동촌 가평 남촌 조종 서촌 등처 사렵

甲申 議政府 六曹請無恤 無悔之罪 命崔閑傳旨曰:"予意盡在
갑신 의정부 육조 청무휼 무회 지죄 명 최한 전지왈 여의 진재

下旨 但宋氏在 故情有所不忍也. 罪案成 則雖至宋氏之後 其罪豈
하지 단 송씨 재 고정유 소불인 야 죄안 성 즉수 지 송씨 지후 기죄 기

可釋乎? 予覺毒氣發於面上 不肯於言 其答以遣."
가석 호 여각 독기 발어 면상 불긍 어언 기답 이견

命義禁府 鞫無恤 無悔. 御便殿 召右司諫趙啓生 執義鄭招
명 의금부 국 무휼 무회 어 편전 소 우사간 조계생 집의 정초

義禁府提調李天祐 朴訔 許稠 詳語無悔 無恤欲死元尹裶母子之罪
의금부 제조 이천우 박은 허조 상어 무회 무휼 욕사 원윤 비 모자 지죄

與向世子不敬之罪 令鞫問其由 明書罪案. 天祐等出 俄而使崔閑
여향 세자 불경 지죄 영 국문 기유 명서 죄안 천우 등출 아이 사 최한

傳旨曰:"臣弑君 在官者殺無赦 子弑父 在官者殺無赦. 無悔等罪
전지왈 신 시군 재관자 살 무사 자 시부 재관자 살 무사 무회 등죄

雖不類此 然其與謀閔氏家奴婢 竝鞫問其罪." 天祐等啓:"自古鞫
수불 유차 연기 여모 민씨 가 노비 병 국문 기죄 천우 등계 자고 국

大獄 則必有委官." 乃命議政府參贊崔迤 右副代言徐選爲委官.
대옥 즉 필유 위관 내명 의정부 참찬 최이 우부대언 서선 위 위관

是日夜 進婢三德 奴和尙 上佐等三人于內庭 親問之. 令承政院
시일 야 진비 삼덕 노 화상 상좌 등 삼인 우 내정 친문 지 영 승정원

取招 下三人於義禁府.
취초 하 삼인 어 의금부

徐選及義禁府鎭撫田興等啓曰："昨日鞫問 無悔供稱：'其時不知
서선 급 의금부 전무 전흥 등 계왈 작일 국문 무회 공칭 기시 부지

乙酉丙戌年間 聞産兒往在交河. 至己丑年 丁父喪 歸交河相見.'
을유 병술 연간 문 산아 왕재 교하 지 기축년 정 부상 귀 교하 상견

無悔供稱：'其時不知 至己丑年乃聞往在交河 而未嘗見也.' 又鞫
무회 공칭 기시 부지 지 기축년 내문 왕재 교하 이 미상 견야 우국

前者告于世子之言 無悔供：'昔中宮未寧之時 與弟進闕. 吾見弟
전자 고우 세자 지언 무회 공 석 중궁 미령 지시 여제 진궐 오견 제

無悔向世子極目視之 世子變色. 及退時吾曰："休無用之言." 至
무회 향 세자 극목 시지 세자 변색 급 퇴시 오왈 휴 무용 지언 지

流配時 至母前 與無悔言："汝昔說何言於世子乎?" 無悔言："世子
유배 시 지 모전 여 무회 언 여 석설 하언 어 세자 호 무회 언 세자

言：'汝等家門不善.' 吾言：'世子何處長乎?'" 鞫無悔則供：'告于
언 여등 가문 불선 오언 세자 하처 장호 국 무회 즉공 고우

世子之言 忘而不記."
세자 지언 망이 불기

傳敎曰："下王旨事則予詳知之. 今可先鞫告于世子之言." 仍授
전교 왈 하 왕지 사즉 여 상지 지 금가선국 고우 세자 지언 잉수

三德等三人納招. 旣而 義禁府都事李文幹進言曰："無悔不承 故用
삼덕 등 삼인 납초 기이 의금부도사 이문간 진언 왈 무회 불승 고용

二人壓膝 而猶不伏承 及加二人壓膝 乃曰：'吾告于世子曰："兄等
이인 압슬 이유 불복승 급 가 이인 압슬 내왈 오 고우 세자 왈 형등

非爲謀反而死 乃無罪而死. 世子長於我家門 願矜恤我等." 世子
비위 모반 이사 내 무죄 이사 세자 장어 아 가문 원 궁휼 아등 세자

曰："家門不善." 吾 言："世子何處長乎?'" 傳敎曰："言端已出 令
왈 가문 불선 오 언 세자 하처 장호 전교 왈 언단 이출 영

兄弟之言 更推相合." 於是 世子謂諸代言曰："驪山君嘗與我言：
형제 지언 갱추 상합 어시 세자 위 제 대언 왈 여산군 상 여아 언

'兄等非爲謀反而死 然我等於上德生存 而欲以爲善. 世子生長我
형등 비위 모반 이사 연 아등 어 상덕 생존 이욕 이위 선 세자 생장 아

家門 矜恤我等焉.' 予曰：'家門旣不可謂善矣.' 是今日之言然矣." 上
가문 궁휼 아등 언 여왈 가문 기 불가위 선의 시 금일 지언 연의 상

傳敎代言曰："旣言兄等無罪而死 則更推何事? 勿推如何?" 柳思訥
전교 대언 왈 기언 형등 무죄 이사 즉 갱추 하사 물추 여하 유사눌

啓曰："義禁府推不推 臣所未知 然其兄之罪 國人所共知 獨曰
계왈 의금부 추 불추 신 소미지 연 기형 지죄 국인 소공지 독왈

無罪. 臣等之意 欲推其故." 傳敎曰："卿等之言然. 三省 義禁府推
무죄 신등 지의 욕추 기고 전교 왈 경등 지언 연 삼성 의금부 추

此則可也 若推他事則如何?" 思訥啓曰："使人傳旨乃可." 於是 使
차즉 가야 약추 타사 즉 여하 사눌 계왈 사인 전지 내가 어시 사

內竪召徐選及義禁府官員. 於是 徐選 田興等來上言曰: "無恤結縛
내수 소 서선 급 의금부 관원　어시 서선 전흥 등 내 상언 왈　무휼 결박

不下一杖 而乃白: '弟無悔告于世子曰: "兄等本無謀反 其死可惜[23].
불하 일장 이 내백　제 무회 고우 세자 왈　형등 본무 모반 기사 가석

世子長於我父母家 冀蒙殊護." 世子曰: "家門旣不善矣." 無悔言:
세자 장어 아 부모 가 기몽 수호　세자 왈　가문 기 불선 의　무회 언

"世子何處長乎?"" 傳敎思訥曰: "一國臣下皆請罪而伏誅 獨以爲
세자 하처 장호　전교 사눌 왈　일국 신하 개 청죄 이 복주 독 이위

無罪. 此非言於公處 乃言於世子. 國本宜善培養 而至於如此 父之
무죄　차 비 언어 공처 내 언어 세자　국본 의선 배양 이 지어 여차 부지

不忠之臣 世子與之乎? 以爲無罪之言 含大意." 仍傳敎義禁府曰:
불충 지신 세자 여지 호　이위 무죄 지언 함 대의　잉 전교 의금부 왈

"一國臣下請罪之人 以爲無罪之故更推."
일국 신하 청죄 지인 이위 무죄 지고 갱추

乙酉 上王拜健元陵.
을유 상왕 배 건원릉

兀狄哈千戶 汝及甫容我來獻土物.
올적합 천호 여급보용아 내헌 토물

丙戌命置閔無恤于原州 于淸州. 命柳思訥傳旨于義禁府曰:
병술 명치 민무휼 우 원주 우 청주　명 유사눌 전지 우 의금부 왈

"今日畢問無恤 無悔之罪 姑流外方." 思訥俯伏不應 上怒以杖擊地
금일 필문 무휼 무회 지죄 고류 외방　사눌 부복 불응 상 노 이장 격지

曰: "汝不審予言 安能傳言於彼哉? 今中宮聞此事 涕泣不食 爲緣
왈　여 불심 여언 안능 전언 어피 재　금 중궁 문 차사 체읍 불식 위연

老母宋氏之故 予豈忍致刑於京都也? 矧惟親享宗廟之日甚近 當
노모 송씨 지고 여 기인 치형 어 경도 야　신유 친향 종묘 지일 심근 당

肅淸諸獄 歲且除矣. 今當是時 竝流于外 以待一國臣民之請 亦
숙청 제옥 세차제의　금당 시시 병류 우외 이대 일국 신민 지청 역

未晩也." 思訥乃承命 傳旨於義禁府 且數無恤 無悔等罪. 義禁府
미만 야　사눌 내 승명 전지 어 의금부 차 수 무휼 무회 등죄　의금부

問無悔曰: "無咎 無疾之罪 一國臣民所共知. 汝何以密告於世子曰
문 무회 왈　무구 무질 지죄 일국 신민 소공지　여 하이 밀고 어 세자 왈

無罪而被罪乎?" 無悔曰: "無咎 無疾坐謀除宗支之罪 故俟兩大君
무죄 이 피죄 호　무회 왈　무구 무질 좌 모제 종지 지죄 고 사 양 대군

入內而後 乃告之耳."
입내 이후 내 고지 이

---

23 원문은 차(借)로 돼 있는데, 착오인 듯하다.

兵曹判書朴信 戶曹判書沈溫 參贊黃喜等 請將李之誠鞫問侍從
병조판서 박신 호조판서 심온 참찬 황희 등 청장 이지성 국문 시종

朝見時 密告世子曰: "無咎 無疾無罪." 因請今上百年後 世子卽位
조현 시 밀고 세자 왈 무구 무질 무죄 인청 금상 백년 후 세자 즉위

宜宣喚之言 卽命下之誠于獄.
의 선환 지언 즉명 하 지성 우옥

義禁府啓曰: "閔無恤供稱: '國家已曾痛懲亂臣所犯之罪 輕重
의금부 계왈 민무휼 공칭 국가 이증 통징 난신 소범 지죄 경중

議論. 至癸巳夏 中宮未寧 時與弟無悔同進闕內. 兩大君入內
의논 지 계사 하 중궁 미령 시여제 무회 동진 궐내 양 대군 입내

後 無悔白于世子曰: "兄無咎 無疾本無謀反 得罪可惜. 世子生長
후 무회 백우 세자 왈 형무구 무질 본무 모반 득죄 가석 세자 생장

我家 願愛護我二人." 世子答曰: "舅氏家門不善矣." 頃者六曹 臺諫
아가 원 애호 아 이인 세자 답왈 구씨 가문 불선 의 경자 육조 대간

義禁府同問以骨肉情愛 隱諱不告 無悔供稱: '兄無咎 無疾本無
의금부 동문 이골육 정애 은휘 불고 무회 공칭 형무구 무질 본무

謀反之言 待兩大君入內而後 告于世子者 右兄等謀害兩大君 注意
모반 지언 대양 대군 입내 이후 고우 세자 자 우 형등 모해 양 대군 주의

世子 而已曾伏誅 故於世子獨在之時乃告之 且予將望世子之恩 故
세자 이 이증 복주 고어 세자 독재 지시내 고지 차여 장망 세자 지은 고

遽發此言. 又癸巳年前 與兄無恤同往母家 議無咎無疾之無罪 幸乘
거발 차언 우 계사년 전 여형 무휼 동왕 모가 의 무구 무질 지 무죄 행승

間隙 告于世子耳.' 無恤 無悔等又供稱: '元尹母氏臨産時 父母令
간극 고우 세자 이 무휼 무회 등 우 공칭 원윤 모씨 임산 시 부모 영

出置砧側; 生子日 崇敎里家移置; 嚴寒之時 衾枕褥席奪取 七日後
출치 침측 생자 일 숭교리 가 이치 엄한 지시 금침 욕석 탈취 칠일 후

送于交河. 吾等知而不禁 所犯是實."是日暮 義禁府請罪再三 刑曹
송우 교하 오등 지이 불금 소범 실실 시일 모 의금부 청죄 재삼 형조

臺諫亦請其罪 上曰: "右人等罪大矣. 予豈不爲社稷大計? 然宋氏
대간 역청 기죄 상왈 우인 등죄 대의 여기 불위 사직 대계 연 송씨

得疾 姑待後日正之." 乃有是命.
득질 고대 후일 정지 내유 시명

丁亥 議政府 六曹 臺諫復請無恤 無悔等罪 不允. 刑曹判書鄭易
정해 의정부 육조 대간 부청 무휼 무회 등죄 불윤 형조판서 정역

等上疏曰:
등 상소 왈

'大逆天地所不容 王法所當誅. 逆臣無恤 無悔等欲剪宗支 謀危
대역 천지 소불용 왕법 소당주 역신 무휼 무회 등욕 육진 종지 모위

社稷 情顯事白 旣自辭伏 宜當極刑 殿下以宋氏之故 安置于外.
사직 정현 사백 기자 사복 의당 극형 전하 이 송씨 지고 안치 우외

臣等竊謂 私恩 公義 孰爲淺深; 社稷 宋氏 孰爲輕重? 伏望殿下
신등 절위 사은 공의 숙 위 천심 사직 송씨 숙 위 경중 복망 전하

斷以大義 明置典刑 以快臣民之憤.'
단이 대의 명치 전형 이쾌 신민 지 분

司憲府上疏曰:
사헌부 상소 왈

'剪除宗支 以弱王室 欲有所爲 諸閔氏所共也. 無咎 無疾雖已
전제 종지 이약 왕실 욕유 소위 제 민씨 소공 야 무구 무질 수 이

伏誅 無恤 無悔尙存 禍在不測. 賴天地宗社之靈 陰誘其衷 潛伺
복주 무휼 무회 상존 화 재 불측 뇌 천지 종사 지 령 음유 기충 잠사

世子獨坐之時 進其奸計. 今其情狀一一著白 殿下顧以其母宋氏
세자 독좌 지 시 진 기 간계 금 기 정상 일일 저백 전하 고 이 기모 송씨

老病 念其舊恩 不欲傷心 只令放流. 臣等切念 殿下前日欲全無咎
노병 염 기 구은 불욕 상심 지 령 방류 신등 절념 전하 전일 욕전 무구

無疾等 以典刑不可不正 罪人不可久留 國人皆曰可殺 不可以違
무질 등 이 전형 불가 부정 죄인 불가 구류 국인 개 왈 가살 불가이 위

黽勉俯從 不能以宋氏爲念. 今無恤 無悔之罪 與無咎 無疾同 殿下
민면 부종 불능 이 송씨 위념 금 무휼 무회 지 죄 여 무구 무질 동 전하

安得以宋氏爲辭哉? 昔薄昭殺漢使者 文帝誅之. 薄昭 太后之一弟
안득 이 송씨 위사 재 석 박소 살 한 사자 문제 주지 박소 태후 지 일제

也. 文帝豈不念傷太后之心哉? 但以法者 天下之所共 不可行私而
야 문제 기 불념 상 태후 지 심 재 단 이 법 자 천하 지 소공 불가 행사 이

赦. 今無恤 無悔等罪 重於昭; 宋氏之恩 非如母后 輕重別白 有如
사 금 무휼 무회 등 죄 중어 소 송씨 지 은 비여 모후 경중 별백 유여

天壤. 伏望殿下 以宗廟社稷爲計 將無恤 無悔等 轘諸市朝 以快
천양 복망 전하 이 종묘사직 위계 장 무휼 무회 등 환 저 시조 이쾌

臣民之憤.'
신민 지 분

司諫院亦上疏曰:
사간원 역 상소 왈

'臣等竊謂 無恤 無悔不忠之罪 一國臣子所共知而痛憤 矧今其
신등 절위 무휼 무회 불충 지 죄 일국 신자 소공지 이 통분 신 금 기

奸回慘酷 反覆背逆之迹 具著於義禁府之案驗 誠不共戴天之讎
간회 참혹 반복 배역 지 적 구저 어 의금부 지 안험 성 불공대천 지 수

也. 臣等以謂 刑以懲惡 實惟天討 不可一日而苟留. 伏望殿下 斷以
야 신등 이위 형 이 징악 실 유 천토 불가 일일 이 구류 복망 전하 단이

大義 明置典刑.'
대의 명치 전형

上詣仁德宮獻壽 世子 諸宗親侍宴.
상 예 인덕궁 헌수 세자 제 종친 시연

戊子 議政府 功臣 六曹 臺諫詣闕 請無恤 無悔等罪.

己丑 火星入氐中.

辛卯 上親祭于文昭殿.

以李原爲司憲府大司憲 李和英議政府參贊 黃喜戶曹判書 成發道

刑曹判書 趙庸禮曹判書 朴子靑判漢城府事 鄭易藝文館大提學

沈溫左軍都摠制 金宇右軍都摠制. 加設檢校議政府參贊一.

癸巳 臺諫 刑曹詣闕 請無恤 無悔之罪. 啓曰:"無恤 無悔罪狀

已著 望許臣等之請." 傳旨承政院曰:"今日爲名日 而來日則朔祭

也. 其答以遣."

日向州 島津源元久及新納 藤賴明各使人獻禮物.

忠寧大君【今上】餉宜寧府院君南在. 大君餉南在於其家 在於

衆坐 謂大君曰:"昔在上之潛邸 予勸學問 上曰:'王子無所與 學問

何爲?' 予曰:'君王之子 孰不爲君?' 今大君好學如此 予心喜之也."

後上聞之 大笑曰:"果敢哉 是翁!"


| 원문 읽기를 위한 도움말 |

① 改津渡別監爲渡丞: 改~爲…의 구문으로 '~를 바꿔 …로 삼는다'는 뜻
이다.

② 故欲於臧獲産業俱備處結婚耳: 欲은 조동사로 본동사는 結婚이다.

KI신서 9803

# 이한우의 태종실록 재위 15년

1판 1쇄 인쇄 2021년 8월 4일
1판 1쇄 발행 2021년 8월 11일

**옮긴이** 이한우
**펴낸이** 김영곤
**펴낸곳** (주)북이십일 21세기북스
**출판사업부문 이사** 정지은
**유니브스타본부장** 장보라
**인문기획팀** 양으녕 최유진
**디자인 표지** 씨디자인 **본문** 제이알컴
**유니브스타사업팀** 엄재욱 이정인 나은경 이다솔 김경은
**영업팀** 김수현 최명열
**제작팀** 이영민 권경민

**출판등록** 2000년 5월 6일 제406-2003-061호
**주소** (10881) 경기도 파주시 회동길 201 (문발동)
**대표전화** 031-955-2100 **팩스** 031-955-2151 **이메일** book21@book21.co.kr

**(주)북이십일 경계를 허무는 콘텐츠 리더**

21세기북스 채널에서 도서 정보와 다양한 영상자료, 이벤트를 만나세요!
페이스북 facebook.com/jiinpill21포스트 post.naver.com/21c_editors
인스타그램 instagram.com/jiinpill21홈페이지 www.book21.com
유튜브 youtube.com/book21pub

당신의 인생을 빛내줄 명강의! 〈유니브스타〉
유니브스타는 〈서가명강〉과 〈인생명강〉이 함께합니다.
유튜브, 네이버, 팟캐스트에서 '유니브스타'를 검색해보세요!

© 이한우, 2021

ISBN 978-89-509-9646-8 04900
      978-89-509-7105-2 (세트)